Erweckung im Wilden Westen

Peter Cartwrights Autobiografie

ADULLAM

Originally published in English under the title
Peter Cartwright – The Backwoods Preacher by Peter Cartwright

Adullam Verlag
St.-Ulrich-Platz 8
85630 Grasbrunn
Tel. 089 468801
www.adullam.de

ISBN 978-3-931484-82-8

1. Auflage, Oktober 2008

Bestellungen bitte an oben stehende Adresse richten.

Übersetzung: Horst Herold
Umschlag: Anne Dittrich, Druckerei Mißbach
Lektorat: Joshua Werling, www.wortschoepfung.info
Korrektorat: Barbara Doering, Das gute Wort
Satz und Umbruch: Adullam Verlag
Druck: GGP Media GmbH, Pößneck

Vorwort des Verlegers

Über viele Jahre hinweg hatte ich in Predigten und Büchern immer wieder von einem starken geistlichen Aufbruch im frühen Amerika gehört. Die Zitate, auf die ich aus dieser Zeit stieß, waren äußerst bewegend. Auch wenn ich nicht viel über die Geschichte Amerikas wusste, war mir doch klar, dass diese Zeit eine sehr entbehrungsreiche und herausfordernde Zeit gewesen sein muss. Mich bewegte eine Frage ganz besonders. Wie verhielten sich die Christen damals? Wie lebten sie unter solchen Umständen? Wie gingen sie mit der Ungerechtigkeit um, die sie umgab? Viele Gegenden waren praktisch ohne Gesetz und die Kriminalität ein ernstes Problem. Dazu kamen die Bedrohung durch die Indianer und der Schrecken der Sklaverei. Ich wollte wissen, ob die Christen in Amerika, die oft eben deswegen nach Amerika gekommen waren, weil sie ihres Glaubens wegen verfolgt worden waren, aktiv die Situation beeinflussten oder ob sie sich zurückzogen. So kam es, dass ich auf dieses Buch von 1856 stieß. Um ehrlich zu sein, las ich dieses Buch als erstes Buch aus dieser Zeit, da ich eine lustige Geschichte über Peter Cartwright gehört hatte und hoffte, wenigstens etwas Lustiges zu lesen, wenn ich schon nichts Interessantes zu meinen Fragen finden sollte. Was ich dann las, faszinierte mich und gab mir so viele Denkanstöße, dass mein geistliches Leben nachhaltig beeinflusst wurde. Da ich annehme, dass dieses Buch nicht nur auf mich eine solche Auswirkung haben kann, wollte ich es auch deutschsprachigen Lesern zugänglich machen.

Ein so umfangreiches Buch zu einem so ausgefallenen Thema ist schwer zu vermarkten und wir haben im Verlag darüber diskutiert, ob es nicht möglich wäre, eine gekürzte Fassung zu veröffentlichen. Teile der frühen Lebensgeschichte hätten ausgelassen werden können, doch bekäme der Leser dann kein so gutes Bild der damaligen Zeit. Eine andere Überlegung war, die Statistiken wegzulassen, die die Entwicklung der Bischöflichen Methodistenkirche über die Jahre dokumentieren, doch dann würde verloren gehen, welchen Preis die Prediger für die Ausbreitung des Evangeliums zahlten und was sie bewirkten. Was wir auch erwägten, es schien mir immer, als würde der Leser wichtiger Details beraubt, und so kam es, dass nun das gesamte Werk auf Deutsch erhältlich ist. Wir haben nur eine Sache geändert - den Titel. „Peter Cartwright, der Hinterwäldler-Prediger“ wäre wohl kaum geeignet gewesen, dieses Werk eines geistlichen Helden in die Hände interessierter Leser zu bekommen.

Ich möchte dich das Buch möglichst unbefangen lesen lassen und spreche deshalb ganz bewusst nicht an, welche Punkte ich in diesem Buch besonders beachtenswert finde und welcher Aspekte wir uns als Christen heutzutage meines Erachtens beraubt haben. Dennoch möchte ich ein paar Anmerkungen machen, bevor du dieses Buch liest. So sehr ich Peter Cartwright auch schätze und von seiner Biografie profitiert habe, stimme ich doch nicht mit allen seinen Standpunkten überein. Beim Thema der Taufe beispielsweise vertritt Cartwright vehement den Standpunkt der Bischöflichen Methodistenkirche und greift alle Andersdenkenden scharf an. Ich kann das biblisch nicht nachvollziehen und denke, dass hier das Kind mit dem Bade ausgeschüttet wurde. Und doch hätte das Buch sein Ziel verfehlt, wenn deswegen nun Diskussionen losgetreten würden oder wenn sich ansonsten geneigte Leser davon abhalten ließen, sich mit den wichtigen Wahrheiten zu beschäftigen, die in diesem Buch enthalten sind. Bitte lasse dich von dem Eifer und der Hingabe Peter Cartwrights in diesem Buch anstecken und verliere dich nicht in den Nebensächlichkeiten (siehe 1. Kor. 13, 9).

Wir dürfen auch nicht vergessen, dass es sich hierbei um eine Autobiografie handelt. Wird die Biografie von dem verfasst, von dem sie handelt, so ist sie weniger historisch und in diesem Sinne wissenschaftlich und der Autor hebt hervor, was ihm wichtig scheint. So auch in diesem Fall. Verfasser historischer Werke heben fast immer hervor, dass Peter Cartwright gegen Abraham Lincoln antrat und unterlag; Peter Cartwright erwähnt diesen Punkt nicht einmal. Seine politische Laufbahn schildert er allgemein nur kurz. Eine Autobiografie birgt also die Gefahr, sachlich weniger ausgewogen und nicht vollständig zu sein, gleichzeitig gibt sie uns aber einen Einblick in die Gedanken und Gefühle des Autors, der sonst so wohl kaum möglich wäre.

Vergessen wir auch nicht, zu welcher Zeit Cartwright lebte. Als er geboren wurde, war Amerika gerade einmal neun Jahre alt.

Seit ich mich mit Kirchengeschichte befasse, kann ich mich denen, die jammern, wie schlimm unsere Zeit doch sei, nicht mehr anschließen. Ja, wir stehen zahlreichen Herausforderungen gegenüber. Wie es in der Zeit des Wilden Westens raue Prediger benötigte, denke ich, dass wir heute in einer Zeit, die von Kompromissen und Lauheit charakterisiert wird und in der alles toleriert wird, feurige Prediger brauchen, die so heilig leben, dass sie ein Dorn im Auge der Gesellschaft sind.

Ich wünsche dir, bei der Lektüre dieses Buches gestärkt, herausgefordert und ganz neu ermutigt zu werden.

Michael Schmidt
Adullam Verlag

Vorwort des Autors

Ich bin einer der ältesten methodistischen Reiseprediger westlich der Berge. Seit vielen Jahren, insbesondere in den letzten zehn bis zwölf Jahren, wurde ich immer wieder gedrängt, meine Lebensgeschichte aufzuschreiben. Ein solcher Bericht wäre zwangsläufig mit der Geschichte der Entwicklung der Bischöflichen Methodistenkirche im großen Tal des Mississippi verbunden. Sicherlich würde so eine Darstellung die Kirche und viele ihrer Freunde sehr interessieren, wenn sie von einem kompetenten Schreiber verfasst würde, der über die packenden Begebenheiten Bescheid weiß, die sich im Zusammenhang mit der Kirchengeschichte und dem Dienst der ersten Pioniere im Reisedienst zugetragen haben. So würde er auch dazu beitragen, dass diese Geschichten, die bisher unbekannt sind, weil kein Historiker sie je zu Papier gebracht hat, nicht für immer in Vergessenheit geraten.

Ich bedauerte zeitlebens, dass diejenigen meiner Zeitgenossen, die für eine solche Aufgabe wesentlich besser qualifiziert waren, nicht aufgeschrieben haben, wovon ich in meiner unvollkommenen Darstellung berichte. Hätte ich ernsthaft daran gedacht, einen solchen Bericht einmal zu veröffentlichen, hätte ich mich wesentlich besser darauf vorbereitet. Allerdings darf man nicht vergessen, dass viele der ersten Reiseprediger, die sich damals in die unendlichen Weiten des Westens aufmachten, wenig oder gar keine Ausbildung hatten. In der Regel gab es kaum Bücher, aber selbst wenn wir welche bekommen konnten, fehlte uns die Zeit, sie zu lesen. Im Umkreis von Hunderten von Kilometern gab es keine Gymnasien, ja noch nicht einmal eine respektable Grundschule. Unsere Lesefibel war der alte Dyke oder Dilworth, und das wenige, das wir lernten, mussten wir im Laufe der Zeit, als es bessere Ausbildungsmöglichkeiten gab, wieder verlernen, was sehr schwierig war.

Jetzt, da ich alt und hochbetagt bin, bin ich davon überzeugt, dass ich kein respektables oder lesenswertes Buch schreiben kann, aber weil meine vielen Freunde mich so sehr darum baten, gab ich schließlich widerwillig nach. Ich bin mir bewusst, dass dieses Werk viele Ungenauigkeiten enthält und unvollkommen ist. Ich kann nicht auf andere Bücher zurückgreifen, um die notwendigen Informationen nachzulesen, und auch mein Gedächtnis spielt nicht mehr richtig mit. Ich kann mich an Tausende interessanter Details nicht mehr erinnern und habe Namen und Orte vergessen, deshalb fürchte ich, dass viele Schauplätze und Begebenheiten, wie sie sich mir in meiner Erinnerung darstellen, unvollkommen sind - möglicherweise fehlen Details oder andere sind fälschlicherweise dazugekommen.

Ich bin mir dessen bewusst, dass ich als exzentrischer Prediger angesehen werde und sicherlich werden einige Menschen enttäuscht sein, wenn Tausende von Geschichten, die mittlerweile bekannt geworden sind und mir zugeschrieben werden, in diesem Buch nicht zu finden sind. Doch ich vertraue darauf, dass sich stattdessen in diesem Buch wahrhaftige Versionen wiederfinden, die vielleicht nicht so phänomenal, aber dennoch recht interessant sind. Ich weiß von vielen Begebenheiten zu berichten, die niemals zuvor an die Öffentlichkeit gelangt sind, und die gewiss ebenso mitreißend wie die bereits bekannten sind - und die Tatsache, dass sie sich wirklich so zugetragen haben, macht sie umso interessanter.

Einige unserer geliebten Bischöfe, Buchhändler, Redakteure und älteren Prediger und Kirchenmitglieder, ebenso wie eine Schar unserer jungen starken Männer und Prediger, die mittlerweile darum bemüht sind, unsere Kirche mit aufzubauen, drängten mich, meine Lebensgeschichte aufzuschreiben. Ich hatte nicht die Freiheit, das abzulehnen, aber ich veröffentliche diesen Bericht mit allen Unzulänglichkeiten und in der Hoffnung, dass er dem Königreich des Erlösers nützlich sein wird. Ich hoffe, dass dadurch mehr bewirkt wird, als nur die nutzlose Neugier von Menschen zu befriedigen oder die gebildeten Prediger unserer Tage mit ihrem anspruchsvollen Geschmack vor den Kopf zu stoßen. Sie haben das glorreiche Vorrecht, über Bücher und eine bessere Ausbildung zu verfügen, und leben unter solch besseren Verhältnissen, wie es uns nahezu unbekannt war.

An dieser Stelle möchte ich Folgendes dazu sagen und ich hoffe, dabei frei von Selbstgefälligkeit zu sein: Wenn ich über die Schwierigkeiten und die unüberwindlichen Hindernisse nachdenke, mit denen es die ersten Methodistenprediger zu tun hatten, als sie in der Wildnis des riesigen Mississippitals das Evangelium verkündigten, und mir dann anschaue, welche fantastischen Vorteile ihre Nachfolger inzwischen genießen, ist es mir unerklärlich, weshalb unsere modernen Prediger nicht besser predigen können oder mehr Gutes bewirken, als es der Fall ist. In den frühen Jahren mussten die Reiseprediger häufig unter freiem Himmel kampieren und dabei ohne Feuer und ohne Nahrung auskommen - ihre Pferde konnten sie häufig auch nicht mit Futter versorgen. Unsere Bibliothek bestand aus einer Taschenbibel, einem Gesangbuch und unserer Kirchenverordnung. Es stimmt, dass viele von uns kein Verb konjugieren und einen Satz nicht korrekt gliedern konnten und damit der Sprache häufig Gewalt antaten. Doch wenn wir das Wort predigten, lag eine göttliche Salbung darauf - Tausende fielen unter der mächtigen Kraft Gottes. Auf diese Weise wurde die Bischöfliche Methodistenkirche in der Wildnis des Westens gepflanzt, was von vielen herrlichen Zeichen begleitet wurde, und dass Zeichen folgen, wird sich bis ans Ende der Zeit nicht ändern.

In der Anfangsphase meines Dienstes fing ich an, Tagebuch zu führen. Ich behielt das einige Jahre bei, bis schließlich einige unserer ersten Missionare aus dem Natchez-Gebiet zurückkehrten, die ebenfalls Tagebuch geführt hatten. Unter dem Eindruck, dass sie mich hinsichtlich ihrer Tagebücher bei Weitem übertrafen, warf ich meine Tagebücher weg. Diese Entscheidung bedauere ich zutiefst, denn hätte ich weiterhin Tagebuch geführt, könnte ich jetzt auf viele interessante Fakten - Daten, Namen, Gegebenheiten - zurückgreifen, was mir für die Erstellung meines Berichts sehr hilfreich wäre.

Ich weiß, dass es für meine Freunde nicht nachvollziehbar ist, wie beschämend es für mich ist, keinen sicheren Leitfaden zu haben, um meinem dürftigen Erinnerungsvermögen auf die Sprünge zu helfen. Deshalb bitte ich alle, die diesen unvollkommenen Bericht lesen, um Nachsicht und ich bete, dass unser gütiger Retter mir alle Ungenauigkeiten und Fehler vergeben möge, die darin möglicherweise enthalten sind. Ich würde penibel Tagebuch führen, wenn ich noch einmal die Chance hätte, mein Leben im Dienst zu leben. Doch das ist nicht möglich und deshalb muss ich mich mit den Gegebenheiten abfinden.

Und jetzt, da ich diese Einleitung zum Abschluss bringe, bitte ich Gott für alle Fehler in diesem Werk um Vergebung – auch für alle Fehler, die ich im Laufe meines Lebens, insbesondere im Dienst, gemacht habe. Als einer ihrer unwürdigen Diener bitte ich auch die Bischöfliche Methodistenkirche für alle Verfehlungen um Vergebung, die ich ihr oder der Welt gegenüber begangen habe. Ich bitte ergebenst darum, dass die Kirche für mich betet, dass jetzt, wo meine Sonne rasch untergehen und auf Erden nicht mehr aufgehen wird, ich ein friedliches und zufriedenes Ende haben möge, und dass ich alle, denen ich Gutes tun konnte, und meine teuren Brüder sicher im Himmel wiedertreffen werde, um mit ihnen Gott ewiglich zu preisen. Amen.

Peter Cartwright

PLEASANT PLAINS, ILL., 1856

Inhaltsverzeichnis

1

Herkunft

Ich wurde am 1. September 1785 in der Provinz Amherst, am James River, im Staate Virginia geboren. Meine Eltern waren arm. Während des Unabhängigkeitskrieges mit Großbritannien, dieses großen Kampfes für die Freiheit, war mein Vater Soldat und diente zwei Jahre lang. Meine Mutter war ein Waisenkind. Kurz nachdem die vereinten Kolonien die Unabhängigkeit erlangt hatten, zogen meine Eltern nach Kentucky. Es war ein neues Land. In diesen frühen Tagen erstreckte sich die Wildnis nahezu ohne Unterbrechung von Virginia bis nach Kentucky. Dort gab es Tausende von feindlich gesinnten Indianern, und mehrere Tausende von Auswanderern ließen auf dem Weg nach Kentucky ihr Leben. Zu jener Zeit gab es keine Straßen für Pferdegespanne, und obwohl Tausende von Auswanderern unterwegs waren, blieb ihnen nichts anderes übrig, als sich mit Packeseln fortzubewegen. Viele abenteuerlustige junge Männer zog es in dieses neue Land. In jenem Herbst, in dem mein Vater sich nach Kentucky aufmachte, schlossen sich viele Familien zu diesem Unterfangen zusammen, um sich gegenseitig Sicherheit zu geben. Außer den zweihundert Familien, die sich auf diese Weise zusammengeschlossen hatten, gab es da noch einhundert gut bewaffnete junge Männer. Sie hatten sich damit einverstanden erklärt, diese Familien auf ihrem Weg zu beschützen und als Gegenleistung für ihre Dienste die notwendige Unterstützung zu erhalten. Nachdem wir kaum einen Tag unterwegs gewesen waren, erreichten wir die Wildnis und fanden einige Weiße, die auf ihrer Reise nach Kentucky, oder auf dem Rückweg von dort, von Indianern getötet und skalpiert worden waren. Wir setzten unsere Reise bis Sonntag fort, aber anstatt an diesem Tag Rast zu machen, war die Mehrheit dafür, weiterzuziehen.

Es war ein dunkler, wolkenverhangener Tag, neblig und regnerisch. Von unseren Wachen wurden viele umherschleichende Indianer ausgemacht. Am späten Abend erreichten wir dann einen Ort mit Namen „Lager der Niederlage“, wo kurz zuvor einige Auswandererfamilien von den Wilden ermordet worden waren. Die Reisegesellschaft beschloss, hier das Nachtlager aufzuschlagen. Es war eine ernste, bedrückende Stimmung; unsere Herzen bebten vor Furcht.

Der Anführer der Gruppe der jungen Männer stellte sehr bald Wachen rings um das Lager auf. Der Viehbestand und die Frauen und Kinder wurden in der Mitte des Lagers untergebracht. Die meisten der männlichen Familienoberhäupter wurden mit etwas Abstand um die Frauen und Kinder herum postiert. Die anderen erhielten den Befehl, außerhalb des Lagers, am Rande des Unterholzes, Stellung zu beziehen. Die Finsternis der Nacht war bedrückend. Alle erwarteten einen Indianerangriff.

Mein Vater wurde in jener Nacht, ausgerüstet mit einem guten Gewehr, am Rande des Unterholzes als Wache postiert. Kurz nachdem er seine Stellung bezogen hatte und im Lager alles ruhig geworden war, glaubte er, etwas auf sich zukommen zu hören, etwas, das wie ein Schwein grunzte. Er wusste, dass niemand in der Reisegesellschaft ein Schwein besaß, aber es war so dunkel, dass er nicht erkennen konnte, was es war. Bald bemerkte er etwas Dunkles in der Ferne, das allerdings schon näher war, als er gemeint hätte. Überzeugt davon, dass es ein Indianer war, der es darauf abgesehen hatte, ihn zu überwältigen und zu ermorden, legte er sein Gewehr an, zielte, so gut er konnte, auf dieses dunkle „Etwas" und schoss. Er erkannte schnell, dass er getroffen hatte, sein Gegner zappelte wild. Mein Vater riss sich zusammen und rannte zum Lager.

Als der Schuss fiel, brachen die Frauen und Kinder im Lager in ein schreckliches Geschrei aus. Alsbald wurde mein Vater gefragt, was geschehen sei. Er erklärte ihnen die Situation, aber einige meinten, er würde nur nach einem Vorwand suchen, um ins Lager gelassen zu werden, weil er furchtsam sei. Er bekräftigte jedoch, dass es sich nicht so verhalte, sondern dass dort tatsächlich etwas gewesen sei, das er erschossen hätte. Wenn sie nun eine Lampe nähmen und mit ihm mitkämen und nichts fänden, dann könnten sie ihn für immer einen Feigling nennen. Sie nahmen also eine Lampe und gingen hinaus und fanden dort einen toten Indianer, der in der einen Hand noch ein Gewehr und in der anderen einen Tomahawk hielt. Die Gewehrkugel meines Vaters hatte den Indianer fast genau in der Mitte des Kopfes getroffen.

In jener Nacht schliefen alle im Lager nur sehr wenig. Die Nacht verging jedoch ohne einen weiteren Alarm und viele frohe Herzen begrüßten bei Sonnenaufgang den neuen Tag. Am nächsten Morgen wurde die Reise so schnell wie möglich fortgesetzt.

Ein paar Tage später trafen wir einen Mann, der sich uns mit dem Namen „Baker" vorstellte. Er war von einem Indianer angeschossen worden und blutete sehr stark aus dem Mund. Die Indianerkugel hatte mehrere seiner Zähne herausgebrochen und seinen Kiefer zerschmettert. Sein Bericht über die Schlacht mit den Indianern lautete im Wesentlichen folgendermaßen:

Sieben junge weiße Männer befanden sich auf dem Rückweg von Kentucky nach Virginia. Sie alle waren gut bewaffnet und einer von ihnen, ein Franzose, hatte eine beachtliche Summe Geld bei sich. Alle sieben waren mit guten Pferden unterwegs und sieben Indianer lauerten ihnen auf.

Als diese weißen Männer sich dem Hinterhalt näherten, wurden sie von den Indianern beschossen. Drei von ihnen wurden niedergeschossen, die anderen vier saßen von ihren Pferden ab und schossen drei Indianer nieder. Bei der zweiten Salve der Indianer fielen zwei weitere der Weißen und durch die zweite Salve der Weißen fielen ebenfalls zwei der Indianer. Nun blieben also zwei gegen zwei. Bei der dritten Salve der Indianer fiel dann der letzte Gefährte Bakers und er selbst wurde am Mund verwundet. Als ihm klar wurde, dass seine Chancen nun schlecht standen, schwenkte er um und rannte los. Während er rannte, lud er sein Gewehr. Er entdeckte einen großen, hohlen Baumstamm und krabbelte mit den Füßen zuerst hinein. Sein Gewehr war schussbereit und er beabsichtigte, zu feuern, sobald die Indianer in den Baumstamm schauen würden. Er hörte die Indianer zweimal an seinem Versteck vorbeigehen, doch sie entdeckten ihn nicht.

In diesem gefährlichen Augenblick hörte er die große Kuhglocke eines der Tiere unserer Viehherde. Kurz darauf krabbelte er aus dem Baumstamm und schlug sich zu uns durch. Ich glaube, er war der glücklichste Mensch, den ich je gesehen habe. Unsere jungen Männer eilten dann zu dem Schlachtfeld, auf dem sie die Toten liegen sahen. Sie hoben zwei Gräber aus und beerdigten sie dort. Die Pferde, die Kleidung und das Geld des Franzosen nahmen sie an sich, denn die überlebenden Indianer hatten nicht genug Zeit gehabt, die getöteten Weißen zu skalpieren und auszuplündern.

Als wir noch etwa zehn Kilometer vom „wilden Obstgarten" entfernt waren, wo es ein Fort und die erste Siedlung der Weißen gab, war es bereits Nacht. Wir hielten an und stimmten darüber ab, ob wir noch bis zum Fort weiterziehen oder unser Nachtlager aufschlagen sollten. Tagsüber waren Indianer hinter uns gesichtet worden. Bis auf sieben Familien, die sich weigerten, weiterzuziehen, waren alle dafür. Die meisten zogen also weiter, die übrigen sieben Familien legten sich jedoch leichtsinnigerweise schlafen und stellten nicht einmal Wachen auf.

Irgendwann in jener Nacht fielen ungefähr 25 Indianer über sie her. Männer, Frauen und Kinder, alle wurden getötet, bis auf einen Mann, der von seinem Bett aufsprang und barfuß in seinen Nachtgewändern zum Fort rannte. Er überbrachte die traurige Nachricht des Gemetzels.

Der Hauptmann des Forts war ein alter, erfahrener Waldläufer und Indianerkrieger. Diese mörderischen Banden von Wilden lebten nördlich des Ohio River, den sie überquerten, um in Kentucky zu töten und zu stehlen. Anschließend kehrten sie wieder in ihr Land zurück. Der alte Hauptmann kannte sich in diesem Land sehr gut aus und kannte die Stellen, an dem die Indianer den Ohio überquerten. Früh am nächsten Morgen suchte er nach freiwilligen berittenen Männern. Er sagte, dass er den Indianern zuvorkommen könne. Es kam eine stattliche Mannschaft zusammen und tatsächlich, sie konnten den Indianern zuvorkommen und legten ihnen einen Hinterhalt. Es dauerte nicht lange, bis sie die Indianer auf sich zukommen sahen, und zu einem verabredeten Signal eröffneten sie das Feuer. Bis auf drei wurden bereits bei der ersten Salve alle getötet; die anderen wurden verfolgt. Zwei weitere Indianer wurden getötet und nur einer von ihnen konnte entkommen, um die traurige Nachricht weiterzuerzählen. Alles, was den ermordeten Familien als Beute abgenommen worden war, wurde zurückerobert.

Du siehst also, in was für gefährlichen Zeiten die ersten Siedler lebten, als sie auf dem Weg in das schöne, neue „Land des Zuckerrohrs und der Truthähne" waren.

Kentucky wurde zwar von keinem bestimmten Indianerstamm beansprucht, wurde aber von den verschiedenen Stämmen aus Osten, Westen, Norden und Süden als gemeinsames Jagdgebiet angesehen. Verschiedenartiges und kostbares Wild wie Büffel, Elche, Bären, Hirsche, Truthähne sowie viele andere kleinere Wildarten gab es hier im Überfluss. Aus diesem Grund kämpften die Indianer heftig darum, die Weißen daran zu hindern, dieses Land in Besitz zu nehmen. Es wurden viele blutige Schlachten gefochten und auf beiden Seiten kamen Tausende ums Leben. Dieses Land wurde zu Recht „Land des Blutes" genannt. Letztendlich wurden die Indianer niedergerungen und vertrieben und der weiße Mann erbeutete einen friedlichen und ruhigen Besitz.

Hauptsächlich wurde es von „Virginiern" besiedelt, einem stattlichen und tapferen Menschenschlag. Kentucky lag jedoch weit abseits, weit entfernt von der Atlantikküste. Ein Teil gehörte zwar zum großen Tal des Mississippi, aber der überwiegende Teil von der Mündung des Mississippi und Tausende von Kilometern flussaufwärts dieses „Vaters der Wasser" gehörte fremden und in gewissem Sinne feindlichen Nationen, die gegenüber der neuen Republik nicht wohlgesinnt waren.

Die Bewohner Kentuckys litten unter vielen, vielen Nachteilen und Entbehrungen. Wenn das Land nicht so fruchtbar und reich an Wild gewesen wäre, hätten sie das schwierige Leben dort vermutlich kaum ertragen. Doch schon bald wurde das Land von zahlreichen Menschen besiedelt und das Leben wurde Stück für Stück angenehmer.

2

Die frühen Jahre

In Kentucky angekommen pachtete mein Vater in der Provinz Lincoln für zwei Jahre eine Farm. Dieses Gebiet wurde „die hängende Gabelung des Dick's River" genannt und befand sich in der Nähe der Kreisstadt Lancaster.

Meine Mutter, die Mitglied der Bischöflichen Methodistenkirche war, bemühte sich mit Erfolg darum, mit den beiden methodistischen Wanderpredigern John Page und Benjamin Northcut bekannt gemacht zu werden. Diese Männer genossen großes Ansehen. Sie gehören zu den frühen Pionieren des Westens und brachten große Opfer, um die damals noch in den Kinderschuhen steckende Methodistenkirche inmitten der Wildnis aufzubauen. Sie gehören heute zu den ältesten noch lebenden Methodistenpredigern dieses Kontinents. (Northcut ist inzwischen verstorben.)

Im Herbst des Jahres 1793 beschloss mein Vater, in den Süden Kentuckys zu ziehen, und zwar in das Gebiet, das damals „Land des grünen Flusses" genannt wurde. Er ließ sich in der Provinz Logan nieder. Dieses Gebiet lag 14 Kilometer südlich der Bezirksstadt Russellville und war höchstens anderthalb Kilometer von der Landesgrenze Tennessees entfernt.

Kurz nachdem wir von Lincoln nach Logan umgezogen waren, bekam mein Vater Besuch von Jacob Lurton. Er war Reiseprediger der Bischöflichen Methodistenkirche. Auch wenn mein Vater sich nicht zum Glauben bekannte, ein Glaubensgegner war er jedenfalls nicht, denn als Jacob Lurton ihn fragte, ob er in seiner Hütte predigen dürfe, stimmte er bereitwillig zu. Ich war damals acht Jahre alt und mir wurde die Aufgabe übertragen, die Nachbarn zu den Versammlungen einzuladen. Als es schließlich so weit war, strömten die Menschen herbei und die Hütte wurde proppenvoll. Jacob Lurton war wahrlich ein „Sohn des Donners". Er predigte mit gewaltiger Kraft und nahezu alle Versammelten mussten weinen – einige schrien laut um Gnade, und meine Mutter schrie laut vor Freude.

Jacob Lurton war für einige Jahre im Reisedienst, heiratete schließlich und siedelte sich in Kentucky an. Von dort zog er nach Illinois und lebte in der Nähe von Alton, wo er vor einigen Jahren glücklich und friedlich verstarb.

Kurz nachdem Jacob Lurton in der Hütte meines Vaters gepredigt hatte, gründete er oder sein Nachfolger eine kleine Klasse [eine rechenschaftliche Gemeinschaft der Methodisten von ungefähr zwölf Personen mit jeweils einem Leiter]. Der Treffpunkt der Klasse war ungefähr sechs Kilometer von der

Hütte meines Vaters entfernt. Meine Mutter schloss sich ihnen an und wurde dadurch wieder Mitglied der Kirche. Ich glaube, die Klasse hatte 13 Mitglieder – einen Lokalprediger, einen Ermahner und einen Klassenleiter. Jahrelang ging meine Mutter zu Fuß zu diesen sonntäglichen Klassenversammlungen und es kam selten vor, dass sie dieses „Gnadenmittel" versäumte. Diese kleine Gemeinschaft erlebte hinsichtlich ihrer Mitglieder über Jahre hinweg sowohl Rückgang als auch Wachstum, bis dann etwa um das Jahr 1799 eine mächtige Erweckung ausbrach und Scharen dazukamen. Wir bauten eine kleine Kirche, die wir Ebenezer nannten. Damals gehörte dieses Gebiet zum sogenannten Cumberland-Bezirk, der zum Kentucky-Distrikt und der Westkonferenz gehörte – der siebten Konferenz in den Vereinigten Staaten. [Bezirke waren Gebiete, für die ein Reiseprediger verantwortlich war. Er beritt seinen Bezirk und betreute die dort lebenden Menschen geistlich. Distrikte waren Gruppen von Bezirken, denen eine Ältestenschaft und ein Vorsitzender der Ältestenschaft vorstanden. Konferenzen waren schließlich von Bischöfen geleitete Gruppen von Distrikten.]

Als mein Vater in die Provinz Logan zog, wurde dieses Gebiet noch „Schurkenhafen" genannt. Viele Flüchtlinge aus nahezu allen Staaten der Union kamen hierher, um der Justiz und ihrer Strafe zu entkommen. Es galten zwar auch hier Recht und Gesetz, doch Urteile konnten hier nicht vollstreckt werden, und das war ein hoffnungsloser gesellschaftlicher Zustand. Mörder, Pferdediebe, Straßenräuber und Fälscher flohen hierher und schlossen sich zusammen, bis sie schließlich in der Überzahl waren. Diese erbärmlichen Schurken wurden zwar von den aufrichtigen und ehrlichen Bürgern zur Rechenschaft gezogen, doch jene hatten sich zuvor verbündet und sagten einander zugunsten aus, sodass sie freikamen. Sie missachteten das Gesetz und waren dabei so gewalttätig und bösartig, dass der rechtschaffene Teil der Bevölkerung sich gezwungen sah, sich zusammenzuschließen und mithilfe der sogenannten „Ordner" die Dinge selbst in die Hand zu nehmen – ein äußerst hoffnungsloser Zustand.

Kurz nachdem die Ordner sich zu einem Verband zusammengeschlossen hatten, erließen sie an einem Gerichtstag in Russellville, wo beide Gruppen anwesend waren, eine Ortssatzung. Es dauerte nicht lange, bis es zum Streit kam, der in eine regelrechte Schlacht zwischen den Ordnern und den Kriminellen ausartete. Sie kämpften mit Gewehren, Pistolen, Dolchen, Messern und Knüppeln. Einige wurden getötet, viele wurden verletzt. Die Kriminellen siegten und behielten das Feld; sie vertrieben die Ordner aus der Stadt. Die vertriebenen Ordner sammelten sich erneut und jagten, lynchten und töteten viele der Kriminellen, bis etliche von ihnen flohen und sich in unbekannte Gebiete zurückzogen. Zum Entsetzen der zivilen Bevölkerung gab es auf beiden Seiten große Verluste. Das war nur ein Aspekt des Lebens im Grenzgebiet.

Als mein Vater sich in der Provinz Logan niederließ, gab es südlich vom Green River noch keine Zeitung und im Umkreis von 64 Kilometern keine Mühle. Es gab dort auch keine Schulen, die diesen Namen verdient hätten. Der

Sonntag galt als ein Tag des Jagens, Fischens, der Pferderennen, des Kartenspielens, der Bälle, des Tanzvergnügens und allerlei anderer Vergnügungen. Unser Fleisch erhielten wir von selbst erlegten Waldtieren, unsere Mahlzeiten und unser Maismehl bereiteten wir mit Stößel und Mörser zu. Wir spannten Tierhäute auf einen Rahmen und brannten mit einer Mistgabel Löcher in sie hinein, dann siebten wir unser Schrotmehl, buken unser Brot und aßen es. Das war eine erstklassige Mahlzeit. Unseren Tee bauten wir selber an oder sammelten ihn in den Wäldern. Salbei, Schwarztee, Kreuzrebe, Gewürze und Sassafrastee hatten wir im Überfluss, aber was Kaffee angeht, bin ich mir nicht mehr sicher, ob ich ihn in zehn Jahren überhaupt einmal gerochen habe. Zucker und Sirup galten damals als Luxusartikel, die wir aus dem Saft des Ahornbaums gewannen.

Baumwolle und Flachs bauten wir auch selbst an. Den Flachs legten wir in Wasser ein, brachen ihn von Hand und schlugen ihn. Wir bearbeiteten und verarbeiteten den Flachs und die Baumwolle. Unsere Mütter und Schwestern kämmten und sponnen die Fasern. Anschließend webten sie Stoffe daraus. Dann schnitten sie die Stoffe zu und fertigten daraus unsere Kleidung, Bettwäsche, und was wir sonst noch brauchten. Wenn wir in unseren selbst geschneiderten Anzügen ausgingen und uns in Gesellschaft begaben, fühlten wir uns nicht im Geringsten im Nachteil.

Auf der Farm meines Vaters gab es zwei große Höhlen und nur ungefähr 800 Meter weiter war eine weitere Höhle. Dort gab es jede Menge Substanzen, aus denen man Salpeter herstellen konnte. Wir fanden sehr schnell heraus, wie das geht. Unser Klassenführer war ein großartiger Schießpulverhersteller.

Nur zur Erinnerung: In jenen Tagen gab es bei uns keine Kurzwarenläden oder Lebensmittelgeschäfte. In Fort Messick, das am Nordufer des Ohio River im Süden von Illinois lag, unterhielten die Vereinigten Staaten einen Militärposten. Dort hatte die Regierung Lagervorräte deponiert. Es mag etwas befremdlich klingen, aber nachdem wir aus Salpeter eine beachtliche Menge erstklassigen Schießpulvers hergestellt hatten, kam es unserem Klassenleiter in den Sinn, eine „Geschäftsreise“ nach Fort Messick anzutreten. Sehr bald kam die Frage auf, welches Schiff für diese Reise startklar gemacht werden sollte. Das Problem wurde schnell gelöst. Er fällte eine große Pappel und baute daraus ein schönes großes Kanu. Das brachte er zum Red River, um von dort zum Cumberland River zu gelangen und von dessen Mündung über den Ohio River das Fort zu erreichen.

Anschließend wurde die Nachbarschaft dazu aufgerufen, Geld oder Zahlungsmittel zu bringen. Schießpulver war das Haupterzeugnis, das auf diese „Geschäftsreise“ mitgenommen wurde. Man sollte auch unterschriebene Listen mit Artikeln, die man haben wollte, mitbringen. Manche bestellten ein Viertelpfund Kaffee, manche mehrere Meter Band, manche ein Schlachtermesser und andere einen Blechnapf – so gab es die verschiedensten Wünsche. Ich wünschte, ich hätte noch eine dieser Listen, dann würde ich dieses Dokument – eine literarische Rarität der frühen Jahre – stiften.

Unser Leiter machte sich auf den Weg und kehrte sicher und wohlbehalten wieder zurück. Zur Zufriedenheit nahezu aller Auftraggeber hatte er ein gutes Tauschgeschäft gemacht. Es herrschte wochenlang Freude darüber, dass wir selbst in Kentucky herausgefunden hatten, welche herrlichen Vorzüge die Schifffahrt hatte.

Ich war von Natur aus ein wilder, lasterhafter Junge und hatte meine Freude an Pferderennen, Kartenspielen und am Tanzen. Mein Vater ließ mich meistens gewähren, aber meine Mutter sprach oft mit mir. Sie weinte wegen mir, betete für mich und wischte auch mir häufig die Tränen aus den Augen. Oftmals weinte ich, wenn ich eine Predigt gehört hatte und gelobte Besserung und mich um den Glauben zu bemühen, brach aber meine Gelübde, suchte mir junge Gesellschaft, nahm an Pferderennen teil, spielte Karten und ging tanzen.

Schließlich gab mir mein Vater ein junges Rennpferd, das mir auf Dauer zum Verhängnis wurde. Er kaufte mir auch ein Kartenspiel und ich war ein sehr erfolgreicher junger Spieler. Obwohl ich nicht in die Tricks der professionellen Glücksspieler eingeweiht war, gelang es mir häufig, Geld zu gewinnen. Das Spiel faszinierte mich und wurde zu einer Sünde, die mich beherrschte, obwohl ich noch ein Junge war. Meine Mutter machte mir deshalb fast täglich Vorhaltungen und ich musste meine Karten vor ihr verstecken. Sie hätte sie sonst verbrannt oder auf andere Weise vernichtet. Oh, das Glücksspiel ist eine schlimme Täuschung! Es ist so faszinierend, deshalb ist es auch so schwierig, einen geübten Glücksspieler zurückzugewinnen. Es war nichts anderes als die Kraft der Gnade Gottes, die mich von dieser erbärmlichen Sünde befreite.

Mein Vater schickte mich auf Dr. Beverly Allens Schule, wo ich auch Kost und Logis erhielt. Mein Lehrer war allerdings nicht besonders gut qualifiziert, sodass ich nur kleine Fortschritte machte. Immerhin lernte ich Lesen, Schreiben und auch ein bisschen Rechnen, wenn auch nur sehr eingeschränkt. Ich wohnte bei Dr. Allen, der in seinen jüngeren Jahren als Reiseprediger für die Bischöfliche Methodistenkirche gearbeitet hatte. Zu jener Zeit wurde er nach Georgia gesandt und galt als sehr gebildeter, beliebter Prediger, der viel Gutes tat. In Georgia heiratete er eine feine, gottesfürchtige Frau. Sie war dort Gemeindemitglied. In der Stunde der Versuchung fiel er allerdings, ähnlich wie König David, später in Sünde und verletzte die Landesgesetze. Es wurde ein Haftbefehl gegen ihn erlassen. Er warnte den Sheriff davor, seinen Raum zu betreten, denn andernfalls, so versicherte er ihm, würde er ihn erschießen. Der Sheriff warf sich auf ihn und Allen erschoss ihn. Um der Justiz zu entkommen, flüchtete er aus der Gegend und ließ sich in der Provinz Logan, die damals „Schurkenhafen" genannt wurde, nieder. Seine Familie folgte ihm und dort arbeitete er als Arzt. Um seinem belasteten Gewissen Erleichterung zu verschaffen, ließ er sich auf die Lehre der Allaussöhnung ein [theologische Lehre, die besagt, dass letztendlich alle Menschen errettet werden]. Dennoch blieb er zeitlebens ein großer Freund der Methodistenkirche.

Ich hatte bereits einige Jahre als Prediger gedient, als mir die Aufgabe zukam, den Doktor, der inzwischen im Sterben lag, zu besuchen. Ich redete und betete mit ihm. Kurz bevor er starb, fragte ich ihn, ob er bereit sei, auf Grundlage seiner theologischen Position der Allaussöhnung vor seinen Schöpfer zu treten, was er deutlich verneinte. Er sagte, dass er sich vorstellen könne, dass die Gnade Gottes für jeden ausreiche außer für ihn selbst. Er dachte, für ihn gäbe es kein Erbarmen mehr. In diesem Zustand verließ er diese Welt. Er sagte seiner Familie auf ewig Lebewohl und warnte sie davor, auch an diesen fürchterlichen Ort der Qualen zu kommen, zu dem er sich auf ewig verdammt sah.

3

Cane-Ridge-Lagerversammlung

Im Laufe der Zeit nahm die Bevölkerung um uns herum schnell zu und die Lebensbedingungen im Land wurden besser. Pferdediebe und Mörder wurden verjagt und die Zivilisation machte beachtliche Fortschritte. Prediger aus verschiedenen Denominationen kamen angereist und predigten überall im Land, aber an diesem Ende der Welt waren die Methodistenprediger die Wegbereiter für die Botschaft der Errettung. Selbst in „Schurkenhafen" gab es eine Baptistengemeinde, die nur wenige Kilometer westlich der Gemeinde meines Vaters lag. Nördlich von uns gab es eine Gemeinde der Presbyterianer und ein paar Kilometer südlich von uns war die Ebenezer-Gemeinde der Methodisten.

Ich möchte von zwei Baptistenpredigern berichten. Der eine, ein alter Mann, hatte einen sehr scharfen Verstand und war auch sonst bemerkenswert begnadet. Er war als strenger Calvinist erzogen worden und hatte gelernt, die Prädestinationslehre zu predigen. Schließlich rebellierte sein gesunder Menschenverstand gegen diese grauenvolle Anschauung, da er aber nicht die richtigen theologischen Lehrbücher hatte, verfiel er nun in das andere Extrem der Allaussöhnung. Er wohnte in einer sehr verruchten Siedlung. Dieser Prediger erwählte einen bestimmten Tag, um seine Verbindung mit dem Calvinismus öffentlich zu widerrufen und seine Sichtweise hinsichtlich der Allaussöhnung kundzutun. Das ganze Land strömte aus einem Umkreis von einigen Kilometern zusammen, um diese erfreulichen Neuigkeiten zu hören. Als er mit seiner Rede fertig war, fingen die abscheulichsten der Abscheulichen an, lautstark ihre Freude kundzutun, dass es weder eine Hölle noch ewige Strafe gab.

Jetzt möchte ich von einer anderen Begebenheit berichten, die ich selbst mit diesem Mann erlebte, als er schon älter war. Er war ein starker Raucher. Als er eines Tages auf dem Weg zu einer Trauung war, die er abhalten sollte, kam er an unserer Hütte vorbei, trat an den Zaun heran, rief nach mir und sagte: „Peter, wenn du mir eine glühende Kohle bringst, damit ich mir meine Pfeife anzünden kann, sage ich dir, wie du aus der Hölle wieder herauskommst, solltest du jemals dort landen." Obwohl ich zu diesem Zeitpunkt wirklich gottlos war, erschütterte mich seine Aussage und weder der Teufel selbst noch irgendeiner seiner Prediger konnten mich seither ernsthaft versuchen, dieser lästerlichen Lehre zu glauben.

Der andere Baptistenprediger verfiel der Trunksucht und verlor somit seine Errettung durch die Taufe. Falls es in der Hölle jemals ein Freudenfest gegeben haben sollte, dann fand es zu diesem Zeitpunkt wegen dieser abtrünnigen und abgefallenen Prediger, B. A. und Dr. Allen, statt.

Irgendwann zwischen 1800 und 1801 fand an einem denkwürdigen Ort namens Cane Ridge im Norden Kentuckys auf Initiative einiger presbyterianischer Prediger ein Abendmahlsgottesdienst statt. Obwohl es scheinbar weder die Prediger noch die Besucher erwartet hatten, offenbarte sich die mächtige Kraft Gottes in dieser Versammlung auf außergewöhnliche Weise. Viele Menschen wurden zu Tränen bewegt und schrien laut um Gnade. Die Versammlung ging über mehrere Wochen und sowohl tagsüber als auch abends fanden Gottesdienste statt. Aus nah und fern strömten Prediger herbei. Tausende erfuhren von diesem mächtigen Wirken Gottes und kamen zu Fuß, zu Pferd, mit Gespannen und Wagen. Man sagt, dass zu manchen Zeiten während der Versammlung zwischen 12.000 und 25.000 Menschen anwesend waren. Hunderte fielen unter der Kraft Gottes zu Boden; es sah aus, als wären Soldaten in einer Schlacht gefallen. In den Wäldern wurden Podien errichtet, von denen Prediger aus den unterschiedlichsten Gemeinden Botschaften über die Umkehr zu Gott und den Glauben an unseren Herrn Jesus Christus verkündigten. Sowohl Augen- als auch Ohrenzeugen berichteten, dass während dieser Versammlungen zwischen 1.000 und 2.000 Seelen voller Freude errettet wurden. Es war nicht ungewöhnlich, dass ein, zwei, drei oder sogar vier bis sieben Prediger gleichzeitig von den zu diesem Zweck errichteten Podien zu den Tausenden von Zuhörern predigten. Das himmlische Feuer verbreitete sich nahezu in alle Richtungen. Vertrauenswürdige Zeugen berichteten, dass manchmal mehr als 1.000 Personen gleichzeitig in so lautes Schreien ausbrachen, dass es noch kilometerweit zu hören war.

Die Neuigkeiten von dem, was dort geschah, verbreiteten sich durch alle Gemeinden und durch das ganze Land, was einerseits Verwunderung und Erstaunen auslöste, aber auch ein Glaubensfeuer entfachte, das sich über ganz Kentucky und viele weitere Staaten ausbreitete. Es sei mir erlaubt, an dieser Stelle zu erwähnen, dass es die erste Lagerversammlung war, die jemals in den Vereinigten Staaten abgehalten wurde, und die darauffolgenden von hier ausgehend ihren Lauf nahmen.

Als die Prediger aus den Reihen der Presbyterianer, Methodisten und Baptisten, die sich für den gesegneten Dienst während dieser Versammlung zusammengeschlossen hatten, in ihre Heimatgemeinden zurückkehrten und dort von den mächtigen Dingen berichteten, die sie erlebt hatten, verbreitete sich die Erweckung rasch im Land. Viele Prediger und Gemeindemitglieder der Synode von Kentucky versuchten allerdings, dieses Werk aufzuhalten, weil sie es als eine Störung ansahen. Jene ihrer Prediger, die sich in diese Erweckung eingebracht hatten, wurden vorgeladen, um Rechenschaft abzugeben – anschließend wurden sie getadelt und zum Schweigen gebracht. Dagegen begehrten diese Prediger auf und sagten sich gemeinsam von den

Presbyterianern los. Sie gründeten eine eigene Gemeinschaft, die sie als „christlich" bezeichneten. Später entstand daraus die sogenannte New-Lights-Bewegung. Sie sagten sich ebenfalls vom Westminster-Glaubensbekenntnis und sämtlicher Gemeindezucht los und behaupteten, das Neue Testament wäre die Grundlage ihrer Gemeindeordnung. Sie hatten keine feste Lehrposition, jeder sollte selbst das Neue Testament lesen und sich dann seine eigene Lehre zurechtlegen. Marshall, M'Namar, Dunlevy, Stone, Huston und weitere waren die maßgeblichen Leiter dieses Unsinns. Schon sehr bald kam es zu einer Vielzahl unterschiedlicher Meinungen und sie gerieten in babylonische Verwirrung. Manche predigten Arianismus [von Arius, auf dessen Lehren man sich bezog und der behauptet hatte, dass der Sohn (Jesus) nicht das gleiche Wesen wie der Vater (Gott) hätte und als Bevollmächtigter geschaffen wurde, die Welt zu erschaffen], manche Sozinianismus [Theologische Bewegung des 16. und 17. Jahrhunderts. Der Glaube an Gott wurde zwar bekannt und ein Festhalten an der Schrift propagiert, die Göttlichkeit Christi wurde jedoch verneint und somit auch die Dreieinigkeit], und andere wiederum predigten Lehren der Allaussöhnung. So dauerte es nicht lange, bis man nicht mehr wusste, wer was meinte und was zu tun und was zu lassen sei. Die Methode des Untertauchens, dieser Wassergott aller exklusiven Abweichler, wurde von ihnen praktiziert. Das hatte zur Folge, dass es zu großen Meinungsverschiedenheiten hinsichtlich der Frage kam, wie man in den Himmel kommt, sei es durchs Wasser oder doch übers Land.

Ein Überrest jener Prediger, die sich 1792 von der Bischöflichen Methodistenkirche abgespalten hatten, kam in der Zwischenzeit nach Kentucky, um sich mit der New-Lights-Bewegung zusammenzutun. Ihr Anführer war James O'Kelly, der seinen eigenen Kreis gegründet hatte, hauptsächlich weil er in seiner Kirche nicht Bischof werden konnte. Diesen Kreis nannte er dann Republikanische Methodistenkirche. Nahezu in jedem Bereich der Bischöflichen Methodistenkirche gab es nun Streit und Kriegsgerüchte. Die haarsträubende Meinungsvielfalt über viele Lehrfragen innerhalb der New-Lights-Bewegung sowie der Mangel jeglicher Grundlagen und regelmäßiger Korrektur ließ sie zu einer leichten Beute für umherschleichende Wölfe werden. Es war unbeschreiblich.

Kurz darauf kamen die „Schüttelpriester" auf und M'Namar, Dunlevy und Huston schlossen sich alsbald diesem törichten Irrtum an. Marshall und andere zogen sich zurück. B. W. Stone blieb in der New-Lights-Bewegung hängen. Er trug viele leere Kämpfe aus, bis er schließlich alt und grau wurde. Dann trat plötzlich der mächtige Alexander Campbell in sein Leben, der dem alten Mann so gehörig den Kopf wusch, dass er sich schließlich diesem Irrlehrer anschloss. Als er starb, wurde dieser Verlust nur wenig beklagt, er hatte nur einen kleinen Freundeskreis - ebenso erging es auch anderen Leiterpersönlichkeiten der New-Lights-Bewegung.

Diese New-Lights-Gemeinde bestand überwiegend aus kraftlosen, verwirrten Menschen, wenngleich es auch einige gute Christen unter ihnen gab. Ich vermute, dass es seit dem Pfingsttage keine größere Glaubenserweckung mehr gegeben hat als die in Cane Ridge. Möglicherweise wären Tausende der Gemeinde erhalten geblieben, wären unentwegt Prediger vor Ort gewesen, die fest gegründet in der richtigen biblischen Lehre und dem Umgang mit Gemeindezucht waren. So aber verirrten sich viele in den Labyrinthen unnützer Spekulationen über geistliche Dinge, erlitten schließlich Schiffbruch im Glauben, fielen ab, wurden wieder zu Heiden und verloren für immer ihr Seelenheil. Es ist aber offensichtlich, dass das Werk Gottes während dieser Zeit einen neuen Auftrieb erlebte. Viele, sehr viele haben Grund, Gott dankbar zu sein und ihn für diese Erweckung für alle Zeiten zu preisen.

4

Bekehrung

Im Jahre 1801 fand ganz in unserer Nähe eine Hochzeit statt. Ich war 16 Jahre alt. Zusammen mit meinem Vater und meinem Halbbruder ging ich dorthin. So wie es in jenen Tagen üblich war, gab es auch hier jede Menge Tanzvergnügen und Alkohol. Ich trank dort wenig oder gar nichts, denn das Tanzen war für mich von größerem Interesse. Als es schließlich sehr spät geworden war, machten wir uns zu Pferd auf den Heimweg - ich war mit meinem Rennpferd unterwegs.

Kurz nachdem wir die Pferde in den Stall gebracht hatten und zu Hause am Feuer saßen, begann ich, darüber nachzudenken, wie ich diesen Tag verbracht hatte. Ich fühlte mich schuldig und unter Verdammnis. Ich stand auf und fing an, hin und herzugehen. Meine Mutter war bereits schlafen gegangen. Auf einmal war es mir, als ob mir das Blut in den Kopf schießen, mein Herz erzittern und ich innerhalb weniger Minuten erblinden würde. Der furchtbare Gedanke, dass der Tod vor der Tür stand und ich aufs Sterben nicht vorbereitet war, schoss mir durch den Kopf. Ich fiel auf meine Knie und flehte Gott um Gnade an.

Meine Mutter stürzte aus dem Bett, eilte zu mir und kniete dann an meiner Seite. Sie betete für mich und ermunterte mich, die Gnade Christi in Anspruch zu nehmen. Auf der Stelle versprach ich dem Herrn, dass ich sein Angesicht suchen und ihm dienen würde, wenn er Gnade walten und mein Leben verschonen würde. Dieses Versprechen habe ich nie vollständig gebrochen. Meine Mutter betete sehr lange für mich. Als wir uns schließlich schlafen legten, kam ich nicht wirklich zur Ruhe. Am nächsten Morgen stand ich auf, fühlte ich mich unglaublich jämmerlich. Ich versuchte, im Neuen Testament zu lesen, und den ganzen Tag über betete ich heimlich, aber ich konnte keine Erleichterung verspüren. Mein Rennpferd gab ich meinem Vater und bat ihn, es zu verkaufen. Meiner Mutter brachte ich mein Kartenspiel; sie warf es ins Feuer. Ich fastete, wachte, betete und las regelmäßig im Neuen Testament. Ich war so betrübt und unglücklich, dass ich nicht in der Lage war, meinen Pflichten nachzukommen.

Auch mein Vater war wegen meines Zustands außerordentlich bekümmert, da er dachte, ich würde sterben und er somit seinen einzigen Sohn verlieren. Er stellte mich von meinen Verpflichtungen frei, um mich zu schonen. Die Kunde über meinen zerfahrenen Zustand machte bald die Runde und viele meiner ehemaligen Kumpanen in der Sünde kamen zu Besuch, um mich von meiner Trübsinnigkeit abzulenken – aber ohne Erfolg. Ich ermahnte sie, ihren sündigen Lebenswandel, dem wir zuvor gemeinsam gefrönt hatten, aufzugeben. Der Klassenleiter und der Prediger des Ortes wurden zu mir gerufen. Sie bemühten sich, mir das blutende Lamm vor Augen zu malen, und beteten angestrengt für mich – dennoch fand ich keinen Frieden. Obwohl ich nie an die Prädestination geglaubt hatte, war ich ernstlich versucht, zu glauben, dass ich ein hoffnungsloser Fall sei, für immer verworfen, verdammt und verloren, ohne eine Chance, jemals errettet zu werden.

Eines Tages hatte ich mich auf unsere Pferdekoppel zurückgezogen, um zu beten. Ich war in großen Qualen und händeringend ging ich dort auf und ab, als ich plötzlich eine Stimme vom Himmel sprechen zu hören glaubte, die sagte: „Peter, schau auf mich." Augenblicklich verspürte ich ein Gefühl der Erleichterung; ich bekam neue Hoffnung und wurde ermutigt, Gnade zu suchen, aber immer noch verspürte ich diese Sündenlast. Ich kehrte zum Haus zurück und erzählte meiner Mutter, was ich dort bei der Pferdekoppel erlebt hatte. Augenblicklich schien sie zu verstehen, was geschehen war. „Das hat der Herr getan, um dich zu ermutigen, damit du auf seine Gnade hoffst", sagte sie. Dann ermutigte sie mich, zuversichtlich zu sein und weiterhin den Herrn zu suchen, weil Gott mich bei einer anderen Gelegenheit ganz bestimmt mit einer Gewissheit meiner Sündenvergebung segnen würde.

Auf der Farm meines Vaters gab es eine Höhle und dorthin zog ich mich ein paar Tage später zurück, um im Verborgenen zu beten. Meine Seele litt; ich weinte, betete und sagte zum Herrn: „Nun Herr, wenn es für mich noch Gnade gibt, dann lass es mich erkennen" – der Retter und das Verständnis der Versöhnung mit Gott schienen mir nun zum Greifen nah. Ganz plötzlich wurde ich von solch einer Furcht vor dem Teufel gepackt, dass es mir vorkam, als ob er persönlich im Raum stünde und mich nun an Körper und Seele ergreifen und in die Hölle zerren würde. Von äußerstem Entsetzen ergriffen sprang ich auf und rannte zu meiner Mutter ins Haus. Sie machte mir klar, dass es sich um eine List Satans handelte, die mich davon abhalten sollte, den nahen Segen zu finden. Es vergingen weitere drei Monate, ohne dass ich den Segen der Sündenvergebung erkannt hatte.

In diesem Jahr (1801) gab es bereits die Westkonferenz und wenn ich mich recht erinnere, gehörte nur ein Distrikt dazu, dem ein Vorsitzender der Ältestenschaft vorstand, der sogenannte Kentucky-Distrikt. Der spätere Bischof William M'Kendree wurde in den Kentucky-Distrikt berufen. Einer der Bezirke dieses Distrikts war der Cumberland-Bezirk. Dieser Bezirk deckte sowohl Gebiete Kentuckys als auch Tennessees ab und die abzureitende Strecke war etwa 970 Kilometer lang. John Page und Thomas Wilkerson waren diesem Distrikt zugeteilt worden.

Im Frühjahr dieses Jahres setzte ein Prediger der Presbyterianischen Kirche, Herr M'Grady, für seine Gemeinde einen Abendmahlsgottesdienst an, zu dem er auch verschiedene Methodistenprediger einlud – vor allem auch den unter den Presbyterianern wohlbekannten und vollmächtigen Diener des

Evangeliums, John Page. Er folgte der Einladung und predigte mit großer Vollmacht und großem Erfolg. Das Gemeindegebäude, das wir damals noch „Versammlungshaus" nannten, war nur ungefähr 5 Kilometer vom Haus meines Vaters entfernt.

Es gab zu der Zeit noch keine regelmäßigen Lagerversammlungen, aber aufgrund der großen Erweckung, die wie bereits erwähnt in Cane Ridge ihren Anfang nahm, strömten viele Menschen in diese Abendmahlsgottesdienste. Das Gemeindegebäude war noch nicht einmal für ein Zehntel der Besucher groß genug. Die Verantwortlichen der Gemeinde sorgten dafür, dass nun im angrenzenden, schattigen Wäldchen ein Podium und ausreichend Sitzplätze für eine große Versammlung aufgebaut wurden.

Die Menschen strömten aus nah und fern herbei, um an dieser Versammlung teilhaben zu können. Sie kamen mit großen Wagen, die meist mit Lebensmitteln beladen waren. Die Frauen schliefen auf dem Wagen und die Männer darunter. Viele von ihnen blieben tagelang auf dem Versammlungsgelände. Diejenigen, die keinen Proviant dabeihatten, wurden von ihren Nachbarn versorgt. Die Kraft Gottes offenbarte sich auf wunderbare Weise; während der Predigt fielen Hunderte von Sündern wie erschlagene Männer zu Boden; die Christen schrien vor Freude.

Ich ging zu dieser Versammlung - ich war ein elender, schuldbeladener Sünder. Am Samstagabend war ich unter den Scharen weinender Menschen, die nach vorne gingen. Vor dem Podium fiel ich auf meine Knie und betete ernstlich um Gnade. Mitten während meines ernstlichen Kampfes um meine Seele hatte ich den Eindruck, als spräche eine Stimme zu mir: „Deine Sünden sind dir vergeben." Ich wurde von göttlichem Licht umstrahlt und unaussprechliche Freude erfüllte meine Seele. Ich sprang auf, öffnete meine Augen und fühlte mich, als wäre ich im Himmel - die Bäume, die Blätter, alles um mich herum schien Gott zu preisen! Meine Mutter erhob einen Siegesschrei und meine christlichen Freunde scharten sich um mich, um mit mir gemeinsam Gott zu preisen. Auch wenn ich seither bei vielen Gelegenheiten versagt habe, so habe ich doch niemals auch nur für einen Moment daran gezweifelt, dass der Herr mir dort an jenem Abend meine Sünden vergeben und mir den rechten Glauben geschenkt hatte.

Der Gottesdienst ging ohne Unterbrechung die ganze Nacht hindurch und mehr als 80 Menschen bekehrten sich - das sagten jedenfalls die, die es wissen mussten. Ich zog nun freudig meines Weges und diese Freude erfüllte mich tagelang. Der Gottesdienst, von dem ich hier berichtet habe, fand im Mai statt. Es war Juni, als unser Prediger John Page unsere kleine Gemeinde Ebenezer besuchte. Im selben Monat wurde ich auch Mitglied der Bischöflichen Methodistenkirche - was ich niemals auch nur für einen Augenblick bereute. Ich war auch niemals versucht, aus der Bischöflichen Methodistenkirche auszutreten, und hätte sie mich ausgeschlossen, hätte ich so lange an die Tür geklopft, bis sie mich wieder aufgenommen hätte. Ich meine, es war ab dem Jahr 1786, dass Methodistenprediger in den Westen gesandt wurden. Unter ihnen waren die frühen Pioniere F. Poythress, der Vorsitzende der Ältestenschaft, T. Williamson, I. Brooks, Wilson Lee, James Haw, P. Massie, B. M'Henry, B. Snelling, J. Hartly, J. Talman, J. Lillard, Kobler und andere.

Die Konferenz, die im April des Jahres 1789 in Kentucky abgehalten wurde, war wohl die erste im Westen. Es folgten weitere Treffen an verschiedenen Orten, bis die Westkonferenz im Jahre 1800 etabliert war. Das Einzugsgebiet erstreckte sich von Redstone und Greenbrier bis nach Natchez - es wurde also nahezu das gesamte Mississippi-Tal abgedeckt. Aus dieser Zeit gibt es eine Aufzeichnung. Demnach gab es im Jahr 1787 fünf Reiseprediger und 90 Mitglieder. Von 1787 bis 1800 besuchte Bischof Asbury den Westen. Er lud die Prediger zu den Konferenzen ein, tauschte sie von Zeit zu Zeit aus und regelte die Angelegenheiten der noch jungen Kirche, so gut er konnte. Es war des Öfteren erforderlich, dass sich die Westprediger auf ihrem Weg durch die Berge in Richtung Osten bewaffneten, um Bischof Asbury Geleitschutz zu geben. Diese Einöde wimmelte von feindlich gesinnten, blutrünstigen Wilden und ein Durchqueren dieses Gebietes bedeutete für alle eine Gefahr für Leib und Leben. Im Angesicht aller Gefahren bewies Bischof Asbury, dieser bedeutsame Apostel der amerikanischen Methodisten, dass er sein Leben nicht so hoch achtete, dass er für die „Schafe" in der Einöde des Westens nicht hätte sorgen können.

Als ich im Jahre 1801 der Kirche beitrat, gab es im gesamten Gebiet der Westkonferenz 2.484 Mitglieder, einschließlich der Anwärter und Farbigen, sowie etwa 15 Reiseprediger. Diese Informationen habe ich aus den verlässlichsten Dokumenten, die ich finden konnte. In den Vereinigten Staaten und den dazugehörigen Gebieten im Osten, Westen, Norden und Süden, einschließlich Kanadas, gab es 72.874 Mitglieder. Insgesamt hatte die Bischöfliche Methodistenkirche in Amerika und Europa 196.502 Mitglieder. Im Jahre 1801 gab es im gesamten Gebiet Amerikas und Kanadas 307 Reiseprediger, und im selben Jahr konnte die Bischöfliche Methodistenkirche ein Wachstum von 8.000 Mitgliedern verzeichnen.

Ich glaube, dass ich den Lokalpredigern, die in den frühen Tagen des Westens kamen, nicht Unrecht tue, wenn ich sage, dass James Haw und Benjamin Ogden die beiden ersten Reiseprediger waren. Sie wurden im Jahre 1786 ausgesandt. Nachdem sie jahrelang als Reiseprediger gedient hatten, wurden beide mit der Bischöflichen Methodistenkirche unzufrieden. Als die Gruppe um James O'Kelly, den ich an anderer Stelle erwähnte, sich im Jahre 1792 von der Kirche abspaltete, erklärten sie ebenfalls ihren Austritt. O'Kelly war ein sehr bekannter und vollmächtiger Prediger und durch ihn wurden viele weitere Prediger und Tausende von Mitgliedern „abgezogen". Er gründete die Republikanische Methodistenkirche, die zunächst ein paar Jahre florierte, doch dann kam es auch dort zu Unstimmigkeiten und Spaltungen. Manche seiner Prediger wurden Arianer oder Universalisten, andere schlossen sich der sogenannten New-Lights-Bewegung an und manche kehrten in die Bischöfliche Methodistenkirche zurück. Das Letzte, was ich aus zuverlässiger Quelle über O'Kelly hörte, war, dass er in hohem Alter ein einsamer Mann war und gerne in die Bischöfliche Methodistenkirche zurückgekehrt wäre – ob man ihn dort wieder aufgenommen hat, weiß ich nicht. Die erste große Abspaltung von unserer geliebten Kirche war hiermit beendet.

Wie bereits erwähnt, James Haw und Benjamin Ogden gehörten zu den Unzufriedenen, die gemeinsam mit weiteren Anhängern O'Kellys die Kirche verließen. Ihnen wurde jedoch sehr bald klar, dass sie es in der Wildnis des Westens nicht sehr weit bringen würden. Haw kehrte um und schloss sich den Presbyterianern an. Er wurde sogar Pastor in einer ihrer Gemeinden und bekam ein festes Gehalt, aber er lebte und starb als ein relativ unbekannter Mann.

Ogden fiel ab, hörte auf zu predigen, unterhielt einen Spirituosenladen und führte ein lasterhaftes Leben. Er brachte seine Familie gegen die Methodisten auf. Ich traf ihn im Jahre 1813 bei einer Lagerversammlung im Breckenridge-Bezirk. Ich arbeitete damals in diesem Bezirk, der zum Wabash-Distrikt und zur Tennessee-Konferenz gehörte. Bei dieser Lagerversammlung kam es zu einer wunderbaren Erweckung und auch Ogden wurde stark überführt und bekannte, dass er zurückgefunden hatte. Er schloss sich erneut der Kirche an, erhielt seine Erlaubnis, zu predigen, zurück und es dauerte nicht lange, bis er der Reiseverbindung vorgeschlagen und dann auch in sie aufgenommen wurde. Fortan lebte er bis zu seinem Tode als guter Methodistenprediger. Er war durch Gnade gerettet worden, wie es bei allen Separatisten der Bischöflichen Methodistenkirche der Fall ist, falls sie überhaupt errettet sind.

Um deutlich zu machen, mit welcher Unkenntnis sich die frühen Methodistenprediger auseinandersetzen mussten, werde ich auf zwei Situationen eingehen, die Wilson Lee in Kentucky erlebte. Er war einer der ersten Pioniere von Methodistenpredigern, die in den Westen gesandt wurden. Er war ein sehr ernster und würdevoller Prediger. Eines Tages nahm er bei einer Familie einen Besuchstermin wahr, die ein mutterloses Lamm als Haustier besaß. Die spitzbübischen Söhne hatten dem Lamm beigebracht, auf ein Zeichen hin zu rammen. Das lief so ab, dass sie sich zunächst dem Tier näherten und bestimmte Kopfbewegungen machten; daraufhin buckelte es und sprang auf sie zu, aber die Kinder wichen aus, sodass das Lamm sie verfehlte.

Ein Mann, der die ganze Nacht zuvor durchgezecht hatte, kam in die Versammlung. Er kam zu spät und nahm auf dem äußersten Ende der Sitzbank, in der Nähe der Türe Platz. Weil er die ganze vorherige Nacht nicht geschlafen hatte, nickte er ein. Als er nun mit dem Kopf nickte und sich nach vorne beugte, spazierte das Lamm durch die Tür und nahm dieses Signal als Aufforderung zum Spielen wahr. Augenblicklich begann es, zu buckeln und loszuspringen, und versetzte dem Eingeschlafenen einen so heftigen Kopfstoß, dass er umfiel. Die Versammelten amüsierten sich köstlich darüber und lachten, und selbst der ernsthafte Prediger Herr Lee bekam einen solchen Lachanfall, dass er beinahe das Gleichgewicht verlor. Nachdem er sich ein wenig beruhigt hatte, setzte er seine Predigt ernsthaft und eindrucksvoll fort. Sein Thema waren die Worte unseres Herrn: „Und wer nicht sein Kreuz trägt und mir nachkommt, kann nicht mein Jünger sein" (Lk. 14, 27). Mit zitternder Stimme und Tränen in den Augen ermahnte er die Gemeinde, das Kreuz aufzunehmen, koste es, was es wolle.

Ein gottloses holländisches Ehepaar - beide waren in völliger Unkenntnis über die Schrift und die Erlösung, war an diesem Abend unter den Anwesenden. Die Frau war dafür bekannt, ein zänkisches Weib zu sein, die ihrem Mann das Leben derart schwer machte, dass er fast ständig unter Druck stand und ein sehr unglückliches und unbehagliches Leben führte. An diesem Tag gefiel es Gott, die Predigt von Herrn Lee zu gebrauchen, um diese schuldbeladenen Seelen zu erreichen und ihre verhärteten Herzen aufzubrechen. Sie erkannten ihren verlorenen Zustand, fingen laut zu weinen an, versprachen Besserung und, von diesem Moment an das Kreuz aufzunehmen, koste es, was es wolle.

Die ganze Gemeinde war tief betroffen. Herr Lee ermahnte sie und betete so lange für sie, wie er es vermochte. Da er noch am selben Abend einen anderen Termin wahrnehmen musste und noch ein weiter Weg vor ihm lag, entließ er die Versammlung, aß noch ein wenig, sattelte sein Pferd, saß auf und machte sich dann auf den Weg. Nachdem er schon ein gutes Stück des Weges zurückgelegt hatte, bemerkte er plötzlich vor sich einen Mann, der sich abmühte, eine Frau auf seinem Rücken zu tragen. Dieser Anblick versetzte Herrn Lee in großes Erstaunen. Zunächst dachte er, dass die Frau ein Krüppel sei oder sich dermaßen verletzt hätte, dass sie nicht mehr in der Lage war, selbst weiterzulaufen. Der Wanderer war klein und die Frau groß und schwer.

Noch bevor er sie einholte, überlegte er sich, wie er den beiden helfen könnte. Doch siehe da, als er sich näherte, erkannte er, dass es niemand anderes als der Holländer und seine Frau waren, die an diesem Abend so sehr von seiner Predigt ergriffen waren. Als er sie erreicht hatte, fragte er ihn, was geschehen sei und weshalb er seine Frau trug.

Der Holländer wandte sich ihm zu und sagte: „Wie Sie wissen, haben Sie uns in Ihrer Predigt gesagt, dass wir unser Kreuz auf uns nehmen und so unserem Retter nachfolgen sollen, weil wir andernfalls nicht gerettet werden und in den Himmel kommen - und das möchte ich genauso gern, wie jeder andere auch. Meine Frau ist so schlimm und ständig am Meckern und Streiten. Sie ist das größte Kreuz für mich, also habe ich sie jetzt getragen, denn ich will meine Seele retten."

Herr Lee war für einen Augenblick sprachlos, aber nachdem er kurz überlegt hatte, saß er ab und forderte den Holländer auf, seine Frau herunterzulassen. Er wies sie an, auf einem am Straßenrand liegenden Baumstamm Platz zu nehmen. Herr Lee hielt die Zügel seines Pferdes fest und setzte sich zu ihnen. Dann holte er seine Bibel hervor, las ihnen mehrere Schriftstellen vor, erklärte das Gelesene und legte ihnen den Weg des Herrn genauer dar. Er eröffnete ihnen die Bedeutung des Kreuzes Christi; was es ist, wie man es aufnimmt und was es für sie persönlich im Einzelnen bedeuten würde. Nachdem er sie unterwiesen und ihnen Rat gegeben hatte, betete er noch für sie; das

Ehepaar wurde tief bewegt. Dann saß er auf und machte sich auf den Weg zu seinem Ziel, das er sich für diesen Abend vorgenommen hatte.

Als Herr Lee das nächste Mal in diese Gegend des Bezirks kam, hatten der Holländer und sein zänkisches Weib schon längst eine mächtige Bekehrung erlebt. Er besuchte sie und brachte sie in die Gemeinde. Die Frau wurde von ihrer Streitsucht befreit und ihr Mann wurde sein Kreuz los.

Sie führten ein langes, glückliches Leben, hielten ihr Bekenntnis in Ehren und waren ein deutliches Beispiel dafür, dass der Glaube ein zänkisches Weib heilen kann und auch armselige Holländer durch die Kraft Gottes zum Glauben finden können.

Bei unseren Liebesmahlen berichtete der Holländer oft von seinem Erlebnis, und er tat das so eindringlich, dass nahezu alle Anwesenden in Tränen ausbrachen. Ich glaube, einmal war es sogar so, und ich kann mich noch lebhaft daran erinnern, dass bei einem dieser Liebesmahle, das länger gedauert hatte als normalerweise üblich, alle laut vor Freude schrien.

Bruder Lee war also ein ehrwürdiges Werkzeug in der Hand Gottes, um den Methodismus gegen alle Widerstände zu den Siedlern im tiefen Westen zu bringen. Er bezeugte das gute Bekenntnis bis zum Ende. Schon im frühen Stadium seines Dienstes fiel er von den Mauern Zions, die Posaune Gottes in seinen Händen haltend - und nun hat er seinen Lohn im Himmel. Friede seiner Asche!

5

Die große Erweckung

Im Jahre 1801 brach eine Erweckung aus. Diese gesegnete Erweckung hielt jahrelang an und erfasste nahezu alle besiedelten Gegenden des Westens – Kentucky, Tennessee, Carolina und noch viele andere Gebiete. Das Cumberland-Gebiet, dessen Name auf den Cumberland River zurückgeht, wurde ganz besonders von dieser Erweckung heimgesucht. Sowohl die Mündung als auch die Quelle des Cumberland River liegen in Kentucky und er fließt in einem großen Bogen durch den Süden Tennessees, nahe an Nashville vorbei. Presbyterianer und Methodisten schlossen sich größtenteils zusammen, um in der Erweckung zusammenzuarbeiten; man hatte gemeinsame Treffen, betete und predigte zusammen.

Unsere Lagerversammlungen haben in dieser Erweckung ihren Ursprung und wurden jedes Jahr von beiden Denominationen abgehalten. Daran hat sich bis heute mehr oder weniger kaum etwas geändert. Die Lagergebäude wurden aus Baumstämmen gebaut und dann mit Dachschindeln bedeckt. Außerdem wurden großzügige Hallen gebaut, die mit Brettern oder Schindeln bedeckt wurden. Diese Hallen wurden mit Sitzgelegenheiten ausgestattet und boten 5.000 Menschen Schutz vor Wind und Regen. Ein großes Podium wurde ebenfalls errichtet. Hier versammelte man sich also, und die Menschen kamen aus einem Umkreis von 60 bis 80 Kilometern, manchmal von noch weiter her. Zehn, zwanzig und manchmal sogar dreißig Prediger aus unterschiedlichen Denominationen kamen zusammen, um für vier bis fünf Tage tagsüber und abends gemeinsam zu predigen. Ich habe sogar erlebt, dass solche Lagerversammlungen drei bis vier Wochen dauerten und viel gute Frucht brachten. Ich habe gesehen, wie während einer Predigt mehr als 100 Sünder wie erschlagene Männer zu Boden fielen. Ich war Augen- und Ohrenzeuge, als mehr als 500 Christen gleichzeitig in lautes Freudengeschrei ausbrachen und Gott mächtig priesen; und ich wage, zu behaupten, dass durch diese Lagerversammlungen Tausende glücklicher Menschen erweckt wurden und sich bekehrten. Es gab auch Widerstände. Einige Sünder spotteten und manche der alten und steifen Presbyterianerprediger predigten gegen diese Art des Gottesdienstes. Dennoch war dieses Werk nicht aufzuhalten. Es verbreitete sich nahezu in alle Richtungen und gewann zusätzliche Durchschlagskraft, bis es so schien, als käme das ganze Land zurück zu Gott.

Während dieser großen Erweckung blieben die Methodisten gemäßigt und ausgewogen, wir hatten nämlich hervorragende Prediger, die in der Lage waren, das Schiff zu steuern und die Herde zu führen. Es gab allerdings auch einige unter unseren Mitgliedern, die außer Rand und Band gerieten und törichte Dinge taten. Das war nur schwer in den Griff zu bekommen.

Mitglieder und Prediger der Presbyterianer, die eine solche Lautstärke und derartiges Schreien in ihren Gottesdiensten nicht gewohnt waren, verfielen dem Extrem, wurden geradezu wild, als sie das für sie Neue zuließen. Das fügte der von Gott gewirkten Bewegung großen Schaden zu. Die älteren Prediger gaben vielen jungen Männern die Erlaubnis, zu predigen, obwohl sie nicht mit ihrem Glaubensbekenntnis übereinstimmten. Eine Bedingung dieses Glaubensbekenntnisses war, dass die Prediger an die bedingungslose Erwählung und Verdammnis sowie an die bedingungslose Bewahrung der Heiligen glaubten. Diese Grundsätze des Calvinismus gaben nahezu alle auf und predigten eine freie Errettung für alle Menschen. Gemäß des „Westminster Bekenntnisses" war es für jeden angehenden Prediger zwingend erforderlich, zunächst eine liberale Ausbildung zu absolvieren. Dieser Grundsatz wurde aufgegeben und somit bekamen viele tüchtige junge Männer ihre Lizenz, zu predigen, ohne diese Ausbildung und ohne den „hohen Lehren des Calvinismus" zustimmen zu müssen.

Dieser Zustand sorgte für große Unzufriedenheit in der Synode Kentuckys. Einer nach dem anderen wurde vor die Ältesten zitiert, die sie von ihrem falschen Kurs abbringen wollten, aber ohne Erfolg. Schließlich mussten sie sich in einem Prozessverfahren auch noch vor der autorisierten Kirchenleitung verantworten. Einige wurden getadelt, manche wurden suspendiert, aber manche kehrten auch um. Einige gaben ihr Ordinationsdokument zurück und der Rest wurde aus der Kirche ausgeschlossen. In dieser schwierigen Zeit wurde eine Generalversammlung für alle Prediger einberufen. Während einer Vierteljahresversammlung in der Provinz Logan trafen sie sich mit dem Vorsitzenden unserer Ältestenschaft, J. Page, sowie einigen anderen Methodistenpredigern und unterbreiteten ihnen den Vorschlag, der Bischöflichen Methodistenkirche beizutreten. Das wurde von unserem Vorsitzenden allerdings abgelehnt. Stattdessen ermutigte er sie, eine eigene Kirche zu gründen. Sie nahmen seinen Vorschlag nur ungern an, gründeten dann aber die „Presbyterianische Kirche Cumberlands". Aufgrund der Erfahrungen mit Spaltung wegen ihres Glaubensbekenntnisses und der Unterschiede zwischen den Anhängern der Prädestination und des Methodismus lehnten sie die Lehre, Jesus Christus sei nur für die Sünden der Heiligen gestorben, sowie die Lehre, manche seien vorherbestimmt, errettet zu werden, und manche, verloren zu gehen, ab. An der Lehre, dass letztendlich alle Heiligen bewahrt würden, hielten sie aber fest.

Wie absurd! Solange jemand ein Sünder ist, kann er sich also bekehren, wenn er das möchte, und Christ werden; wenn er es nicht tut, bleibt er zu Recht unter Verdammnis, weil er die ihm angebotene Gnade ja verwarf. Wenn er sich nun bekehrt hat, ist er seines freien Willens enthoben und das größte Geschenk des Himmels ist verloren gegangen, und es ist nun völlig egal, ob er vom Glauben abfällt und sich von Christus abwendet, in den Himmel kommt er auf jeden Fall. Wenn er sich wirklich bekehrt hat, kann er also letztendlich nicht verloren gehen.

Als sie versuchten, diesen Teil des Calvinismus zu untermauern, gaben sie keine gute Figur ab. Es sei hier aber zu ihren Gunsten erwähnt, dass sie diese Lehre selten predigen. Sie predigen hauptsächlich methodistische Lehrinhalte und sind Werkzeuge für viel Gutes geworden - und sie hätten noch mehr bewirken können, wenn sie dieses Relikt Johannes Calvins hinter sich gelassen hätten.

Durch diese Erweckung, die im Westen die „Cumberland-Erweckung" genannt wurde, kamen viele Menschen zu den bestehenden Kirchen dazu - besonders bei den Methodisten und den „Cumberland-Presbyterianern". Bei den Baptisten waren es weniger, aber auch sie hatten Wachstum. Der Unglaube erbebte vor der mächtigen Kraft Gottes, die sich unter dem Volk offenbarte. Der Glaube an die Allaussöhnung wurde nahezu vollständig aus dem Land vertrieben. Die Anhänger der Prädestination unternahmen große Anstrengungen, um das Werk Gottes aufzuhalten. Als wir gerade mitten in unseren kontroversen Diskussionen darüber waren, was für starke „Bewegungsphänomene" sich bei Menschen während der Predigt einstellten, brach eine neue Art der Bewegung unter uns aus. Diese Bewegung wurde das „Zucken" genannt und hatte überwältigende Auswirkungen auf Körper und Sinn der Menschen. Gleichgültig, ob es sich um Sünder oder Heilige handelte, ob während eines Liedes oder einer Predigt, sie wurden am ganzen Körper von krampfhaftem Zucken erfasst, dem sie keinesfalls ausweichen konnten. Je mehr sie sich widersetzten, umso heftiger zuckten sie. Wenn sie nicht dagegen ankämpften und ernsthaft beteten, klang das Zucken normalerweise ab. Bei einer meiner großen Versammlungen habe ich es einmal erlebt, dass über 500 Menschen zuckten. Es war nicht ungewöhnlich, dass Menschen, die von diesem Zucken erfasst wurden, aufstanden und zu tanzen anfingen, um, wie sie sagten, „Erleichterung" zu finden. Manche fingen auch an, zu rennen, was aber nichts nützte - andere widerstanden, wodurch die Zuckungen noch verstärkt wurden. Ich musste häufig lachen, wenn ich sah, wie die stolzen jungen Männer und Damen, die sich so herausgeputzt hatten - in Seide gehüllt, ihre Schmucksachen angelegt - von oben bis unten durchgeschüttelt wurden. Bei den ersten Zuckungen flogen ihre feinen Hauben, Hüte und Kämme und ihr Kopf zuckte so plötzlich und ruckartig, dass ihr langes, offenes Haar fast so laut wie die Peitsche eines Kutschers knallte.

Bei einer meiner Versammlungen im Jahre 1804 hatten sich sehr viele Menschen versammelt, um den „Kentuckyjungen", denn so nannten sie mich, zu hören. Unter den Zuhörern befanden sich auch zwei sehr gut gekleidete, feine junge Damen, die in Begleitung ihrer mit schweren Reitpeitschen ausgerüsteten Brüder waren. Obwohl es sich um ein großes Gebäude handelte, war das Versammlungshaus überfüllt. Die beiden jungen Damen kamen spät und nahmen in meiner Nähe Platz, ihre Brüder blieben bei der Eingangstür stehen. Da mir etwas unwohl war, hatte ich ein Pfefferminzfläschchen dabei und nahm einen Schluck, ehe ich anfing, zu predigen. Während meiner

Predigt wurde die Versammlung zu Tränen bewegt. Die beiden jungen Herren entfernten sich bis zum Hofzaun und waren sehr ärgerlich, denn ihre Schwestern waren vom Zucken erfasst worden. An jenem Abend herrschte eine große Aufbruchstimmung in der Versammlung, manche weinten, andere schrien und ehe der Gottesdienst zu Ende war, hatten sich mehrere Menschen bekehrt.

Als ich die Versammelten nach Hause entließ, kam ein Mann auf mich zu. Er warnte mich und riet mir, aufzupassen, denn er hatte gehört, dass die beiden Brüder sich vorgenommen hatten, mich nach dem Gottesdienst auszupeitschen, weil ich ihren Schwestern das Zucken verabreicht hatte. „Nun, wir werden sehen“, sagte ich.

Als ich das Gebäude verließ, sagte ich zu den jungen Männern, dass mir ihre Absicht, mich auszupeitschen, bekannt sei. Einer der beiden bestätigte mir ihr Vorhaben. Ich versuchte, ihm dann klarzumachen, wie absurd die gegen mich vorgebrachte Beschuldigung sei. Er bestand aber darauf, dass ich nicht abstreiten könne, was geschehen sei, denn er habe schließlich gesehen, wie ich das Fläschchen aus der Tasche genommen hätte, in dem das Mittel gewesen sei, das bei seinen Schwestern dieses Zucken ausgelöst hätte. Augenblicklich hatte ich eine Idee, wie ich den Peitschenhieben entkommen würde. Ich zückte das Pfefferminzfläschchen aus meiner Hosentasche und sagte: „Ja, genau, da ich euren Schwestern das Zucken verabreicht habe, werde ich das Gleiche jetzt mit euch tun.“ Ich sah sofort, wie er sich fürchtete. Ich ging auf ihn zu, er wich zurück. Ich näherte mich ihm, er drehte sich um und rannte davon. Er warnte mich, dass er mich umbringen würde, wenn ich ihm noch näher käme. Das brachte ihm Spott ein und ich entkam den drohenden Peitschenschlägen. Es war mir eine Freude, dass alle vier sich noch im gleichen Jahr aufrichtig bekehrten und ich sie in die Gemeinde aufnehmen konnte.

Da ich nun schon bei diesem Thema bin, möchte ich von einer sehr schwerwiegenden Begebenheit berichten. Es geht um einen Mann, der während der sogenannten Ridge-Lagerversammlung in William Magees Gemeinde das Zucken bekam. Bei dieser Lagerversammlung kam es zu einem großartigen geistlichen Aufbruch. Das Zucken trat dort sehr stark auf. Es kam nun eine Gruppe betrunkener Randalierer, die den Gottesdienst stören wollten. Ihr Anführer war sehr groß und ein Trunkenbold. Ihre Taschen hatten sie mit Whiskeyflaschen gefüllt. Der riesige Mann fing an, über die Zuckungen und den Glauben zu lästern. Es dauerte nicht lange, bis auch er vom Zucken erfasst wurde, und zwar so heftig, dass es ihm nicht möglich war, wegzulaufen, obwohl er es versuchte. Bei einer Gruppe Jugendlicher blieb er stehen, und obwohl es ihn heftig schüttelte, holte er eine Flasche Whiskey hervor. Dann schwor er, dass er die verdammten Zuckungen zu Tode saufen würde. Obwohl er es mit aller Macht versuchte, war er nicht in der Lage, die Flasche an seinen Mund zu führen, weil es ihn so heftig schüttelte. Schließlich durchfuhr ihn ein so plötzliches Zucken, dass einer der beistehenden Jugendlichen von der Flasche getroffen wurde. Die Flasche ging zu Bruch und der Whiskey wurde auf den Boden verschüttet. Um ihn herum herrschte dichtes Gedränge, und als er seinen Whiskey verlor, wurde er sehr wütend. Er fluchte und lästerte, aber seine Zuckungen wurden immer stärker. Schließlich gab es einen heftigen Ruck und er brach sich das Genick, fiel zu Boden, und verschied inmitten seines Fluchens.

Ich war immer der Meinung, dass das Zucken ein von Gott gesandtes Mittel ist, um zweierlei zu bewirken: erstens, um Sünder zur Buße zu bringen, und zweitens, um den Gläubigen klarzumachen, dass Gott sowohl durch die bekannten Mittel als auch ohne diese wirken kann und dass er unabhängig von unseren Methoden in der Lage ist, weit mehr zu tun, als wir es für möglich halten. Aufgrund seiner Gnade und mit dem Ziel, dass die ganze Welt errettet wird, tut er, was ihm wohlgefällig ist.

Ich habe keinen Zweifel daran, dass viele von denen, die von sich behaupteten, dieses Zittern erlebt zu haben, es nur vortäuschten, weil sie es gut fanden und wankelmütig, unwissend oder abergläubig waren –, aber dennoch erlebten sehr viele diese Manifestationen völlig unfreiwillig. Mein Rat in allen diesen Fällen lautete, ernsthaft zu beten, was sich nahezu immer als wirksames Gegenmittel erwies.

Während dieser Erweckung traten auch noch viele andere sonderbare und wilde Phänomene auf – das sogenannte „Rennen", „Springen" und „Bellen". Die Methodistenprediger predigten im Allgemeinen gegen diese überspannte Wildheit und ich selbst habe es auch so gehalten. Dadurch erregte ich manchmal Anstoß, aber ich fürchtete mich nicht vor den Konsequenzen, weil ich mir vor allem meiner Verantwortung Gott gegenüber bewusst war. Durch die überhitzten und wilden Fantasien mancher in dieser Bewegung kam jedoch noch ein anderes Übel auf. Sie behaupteten, sie würden in Verzückungen geraten und Visionen sehen. Das geschah sowohl in den öffentlichen Versammlungen, als auch wenn sie allein zu Hause waren. Sie lagen dann wie ohnmächtig, völlig regungslos, ohne zu essen und zu trinken, tage-, manchmal sogar eine Woche lang herum. Als sie dann wieder zu sich kamen, behaupteten sie, den Himmel und die Hölle, Gott, Engel, den Teufel und die Verdammten gesehen zu haben. Sie prophezeiten und unter vorgetäuschter göttlicher Inspiration sagten sie das Ende der Welt und die Ankunft des Tausendjährigen Reiches voraus.

Das war auch die beunruhigendste Täuschung von allen, denn sie zog unwissende, abergläubische und leichtgläubige Menschen an – sowohl die Heiligen als auch die Sünder. Diese Entwicklung wurde von mir aufmerksam beobachtet. Hätte ich mich gegen diese Bewegung gestellt, hätte ich mir auch den Protest der Massen zugezogen, denn wenn sich jemand dagegenstellte, wurde er von eben diesen Visionären ausgegrenzt, und die furchtbaren Gerichte Gottes wurden gegen ihn verkündet. Sie gingen sogar so weit, den genauen Tag anzukündigen, an dem Gott die Welt verbrennen würde. Ebenso wie die der Selbsttäuschung erlegenen Milleriten [eine Vorläufergruppe der Siebenten-Tags-Adventisten]. Sie prophezeiten, dass, wenn sich ihnen jemand widersetzen würde, Gott Feuer vom Himmel senden und sie ebenso verzehren würde wie die frevelhaften Schüttler. Ebenso wie die gottlosen Mormonen behaupteten sie, jede Krankheit heilen und die Toten auferwecken zu können. Sie behaupteten, Umgang mit den Geistern der Toten im Himmel und in der Hölle zu haben, wie es die Spiritisten tun. Solche Zustände habe ich niemals zuvor gesehen und ich vertraue auf Gott, dass ich so etwas nie wieder erleben werde.

Da ich mir meiner Verantwortung bewusst war, dachte ich intensiv über diese Dinge nach. Ich forschte in der Bibel, um die tatsächliche Bedeutung von Verheißung und Prophetie deutlicher zu erkennen. Ich bat Gott um Licht und seine Hilfe. Dann erklärte ich diesen Täuschungen den offenen Krieg. In dieser Phase kamen die Schüttler auf, denen sich auch einer der presbyterianischen Erweckungsprediger, Herr Rankin, anschloss. Aus den Reihen der Methodisten war es der visionäre Lokalprediger Herr G. Wall, der sich ihnen anschloss. Das ganze Land war in Unruhe.

Bei öffentlichen Versammlungen deckte ich durch die Schrift den Irrtum dieser Täuschungen auf. Einige Männer und Frauen dieser Visionäre prophezeiten, dass Gott mich töten würde. Es dauerte nicht lange, bis die Schüttler mein angebliches Verdammnisurteil besiegelten. Das konnte mich keinesfalls erschrecken, denn ich wusste, wem ich geglaubt hatte, und hielt nun Versammlungen direkt vor ihrer Haustür ab. Den Tausenden, die sich versammelt hatten, verkündigte ich „das um so festere prophetische Wort" (siehe 2. Petr. 1, 19). Diese Angriffsmethode versetzte den sogenannten Visionären - den in Selbstbetrug steckenden Propheten - einen ziemlichen Dämpfer. Einige kamen dadurch wieder zur Vernunft, andere wurden zurückgewonnen und die beängstigende Flut der Täuschungen, die durch unser Land rollte, verebbte.

In einer Siedlung namens Busroe, im Staat Indiana, kam es im frühen Stadium dieser Bewegung zu einer Begebenheit, von der ich hier berichten möchte. Viele der ersten Einwanderer dieser Siedlung waren Methodisten, Baptisten und Cumberland-Presbyterianer. Die sogenannten „Schüttelpriester", die alle Abtrünnige aus den Reihen der Methodisten und Cumberland-Presbyterianer waren, machten sich nun auf zu dieser Siedlung. Mit vielen der dortigen Siedler war ich persönlich bekannt. Als sie damals aus Kentucky in dieses neue Gebiet kamen, hatte ich ihnen Empfehlungsschreiben gegeben, denn es gab noch keine Methodistenprediger in diesem Bezirk.

Der alte Bruder Collins war Lokalprediger und er widerstand den Schüttelpriestern. In der privaten Auseinandersetzung konnte er es mit den Schüttlern aufnehmen, da er aber kein redegewandter Sprecher war, konnte mein Bruder ihnen in einer öffentlich geführten Diskussion nicht standhalten. Scharen von Gemeindemitgliedern der unterschiedlichsten Denominationen wurden aus ihrem festgegründeten Stand in die Schlammgrube des „Schüttlertums" gespült.

Die kleine Gruppe, die standhaft geblieben war, bat mich zu kommen und ihnen zu helfen. Zu jenem Zeitpunkt war ich in Kentucky. Ich vereinbarte einen Termin für eine öffentliche Debatte, zu der ich auch die Schüttelpriester einlud. Doch anstatt zu kommen, setzten sie eine Konkurrenzveranstaltung an. Sie warnten die von ihnen so genannten „Gläubigen" und forderten sie auf, sich von meiner Versammlung fernzuhalten. Viele kamen trotzdem, um mir zuzuhören, da sie mich von früher kannten oder eng mit mir befreundet gewesen waren. Es kam eine große Volksmenge zusammen und ich predigte etwa drei Stunden. Ich bin mir sicher, dass Gott mir geholfen hat, denn das Fundament aller anwesenden Schüttler wurde erschüttert. Anschließend baten sie mich, auch zu ihrem abendlichen Gottesdienst zu kommen. Ich ging hin und es kamen viele. Ich schlug ein Rededuell vor und sie wagten es nicht, diesen Vorschlag abzuweisen. Es gab folgende Bedingungen: Der Lokalprediger, der mich begleitet hatte, sollte die Diskussion eröffnen. Anschließend sollte einer oder, wenn sie es wollten, auch alle ihre Prediger die Gelegenheit haben, etwas zu sagen, und ich selbst sollte zum Schluss sprechen. „Mein" Prediger eröffnete die Diskussion, indem er die Unterschiede hervorhob. Es folgte Herr Brayelton, aber anstatt zu argumentieren, war er nur am schimpfen, verleumden und beleidigen. Als er fertig war, ergriff Herr Gill das Wort, aber anstatt zu argumentieren, wurde er beleidigend. Anschließend forderte er die Schüttler auf, sich in ein paar Minuten mit ihm im Hof zu treffen, um ein wenig zu reden, ehe sie ihrer Wege gehen würden.

Unsere Diskussion fand unter freiem Himmel statt und wir hatten uns an der Rückwand einer Hütte versammelt. Ich stand auf, rief sie zur Ordnung und erinnerte daran, dass wir übereingekommen waren, dass ich zum Schluss sprechen und die Versammlung auflösen würde. Ich machte ihnen klar, dass es nichts anderes als Feigheit wäre, jetzt zu gehen, und dass ich ihnen doch nichts anhaben könnte, selbst wenn ich der Teufel persönlich wäre, wenn sie im Recht wären. Herr Gill versammelte eine kleine Schar und dann verließen sie das Treffen gemeinsam. Tagsüber hatten sie den Menschen erzählt, dass Gott an mir ein Exempel statuieren und Feuer vom Himmel senden würde, um mich zu verzehren, falls ich ihnen weiterhin widerstünde. Als ich mich erhob, um mit meinen Ausführungen zu beginnen, hatte ich den geistlichen Eindruck, dass Gott bestätigend mit mir sein und mir Gelingen geben würde.

Ich sprach ungefähr drei Stunden zu der Menschenmenge. Als ich meine Argumentation beendete, öffnete ich die Eingangstür der Kirche. Dann forderte ich all diejenigen, die sich vom Schütteltum lossagen wollten, dazu auf, mir die Hand zu reichen und einzutreten. Es kamen 47 Menschen nach vorne, die sich dann öffentlich von dieser haarsträubenden Täuschung lossagten. Am nächsten Tag suchte ich jene auf, die geflohen waren. Ich ging von Hütte zu Hütte und schrieb die Namen derjenigen auf, die sich wieder den soliden Glaubensgrundlagen zugewandt hatten. Inzwischen hatte sich die Anzahl auf 87 Personen erhöht. Diese Gruppe organisierte ich dann zu einer vorschriftsmäßigen Methodistengemeinde, und ich sorgte dafür, dass im kommenden Herbst ein Prediger zu ihnen gesandt wurde. Es ist durchaus möglich, dass es sich hierbei sogar um die Erstlingsfrüchte des Methodismus in dieser Region des neuen Landes handelte. Wir hatten das Jahr 1808.

Während dieser Versammlung erkundigte ich mich nach den Namen und Ortschaften, in denen man sich methodistische Versammlungen wünschte. Das tat ich, so gut ich konnte, und erarbeitete einen Plan für einen entsprechenden Bezirk. Diesen Plan stellte ich dann auf unserer zuständigen Konferenz vor. Von 1809 bis 1810 wurde dieser Bezirk von dem Vorsitzenden der Ältestenschaft betreut. Im Jahre 1811 bekam der Bezirk den Namen St. Vincennes. Der Bezirk gehörte zum Cumberland-Distrikt und Thomas Stilwell wurde dorthin als Prediger berufen.

6

Dienst als Ermahner und erste Predigt

Doch nun zurück zu meiner persönlichen Geschichte. Ich erfreute mich weiterhin großen Trostes und Friedens. Sowohl bei den Methodisten als auch bei den Presbyterianern besuchte ich mehrere evangelistische Versammlungen. Bei all diesen Versammlungen bekehrten sich viele Menschen, und einmal geschah auch folgende Begebenheit:

Unter den Versammelten kam es zu einem starken Glaubensaufbruch. Es gab aber auch viele, die dagegen waren, unter anderem ein gewisser Herr D., der sich selbst als Jude bezeichnete. Er war ziemlich intelligent und offensichtlich bereitete es ihm großes Vergnügen, sich dem christlichen Glauben zu widersetzen. Während der Pausen zwischen den Gottesdiensten zogen sich unsere gläubigen jungen Männer in die Wälder zurück, um dort zusammen zu beten. Wenn wir von Jugendlichen wussten, die auf der Suche waren, nahmen wir sie mit und beteten dort für sie. Viele fanden durch diese Gebetskreise zum Glauben. Sie erhoben dann ihre Stimmen, um Gott laut zu preisen, und die anderen Gläubigen stimmten in diesen Lobpreis mit ein.

Eines Abends trafen sich viele von uns zum Gebet. Es stellte sich heraus, dass auch jener Herr D. unter uns war. Er wollte nun von uns wissen, weshalb wir zusammengekommen waren. Ich erzählte es ihm. Er sagte, dass es völlig falsch und sogar Götzendienst sei, zu Jesus Christus zu beten – Gott würde solche Gebete nicht beantworten. Mir wurde sehr schnell klar, dass uns sein Einwand in eine Diskussion verwickeln und unser Gebetstreffen auflösen würde. Ich fragte ihn: „Glauben Sie wirklich, dass es einen Gott gibt?“

„Ja, das glaube ich“, sagte er.

„Glauben Sie, dass Gott Ihre Gebete hört?“

„Ja“, sagte er.

„Glauben Sie wirklich, dass das, was hier bei uns geschieht, falsch ist?“

„Ja“, antwortete er.

„Nun gut, mein werter Herr, dann lassen Sie uns doch diese Sache prüfen. Wenn Sie es wirklich ernst meinen, dann gehen Sie auf Ihre Knie und bitten Sie Gott, dieses Wirken zu beenden. Falls das, was wir hier tun, wirklich falsch ist, wird er Ihre Bitte erhören und es beenden, wenn aber nicht, kann selbst die Hölle es nicht verhindern."

Als die Übrigen aus unserer Gruppe meine Kühnheit sahen, fassten sie Mut. Der jüdische Mann zögerte. Ich sagte: „Na, machen Sie schon, beten Sie, denn wenn wir falsch liegen, wollen wir es auch wissen." Als er weiterhin zögerte und unmissverständlich signalisierte, dass er nicht beten wollte, forderte ich ihn abermals heraus. Er kniete sich langsam nieder, räusperte sich und hustete. Ich sagte: „Also los, Jungs, betet mit aller Macht dafür, dass Gott mit Feuer antwortet."

Der jüdische Herr fing an, zu beten, und sagte mit zitternder Stimme: „O Herr, Allmächtiger Gott" - dann hustete er wieder, räusperte sich und fing noch einmal an, indem er dieselben Worte wiederholte. Wir bemerkten diese offensichtliche Verwirrung und begannen, so laut zu beten, wie wir nur konnten. Der Mann sprang auf und rannte los. Wir erhoben einen Schrei und hatten eine herrliche Zeit. Mehrere unserer Bußfertigen bekehrten sich. Wir standen alle auf und rannten so schnell wir konnten zum Lager. Dabei jubelten wir, denn wir waren fest davon überzeugt, dass wir soeben einen beachtlichen Sieg über den Teufel errungen hatten.

Im Jahre 1802 war William M'Kendree der Vorsitzende der Ältestenschaft des Kentucky-Distrikts. John Page und Thomas Wilkerson wurden in den Cumberland-Bezirk berufen. Im Herbst dieses Jahres fand die Konferenz in Tennessee statt und zwar in „Strothers Versammlungshaus". Dort sah ich zum ersten Mal den bedeutsamen und hingegebenen Gottesmann, Bischof Asbury. Während dieser Konferenz wurde auch der Cumberland-Distrikt gegründet und John Page wurde zum Vorsitzenden der Ältestenschaft ernannt. Der Cumberland-Bezirk wurde in Red-River-Bezirk umbenannt und Jesse Walker wurde dorthin als Reiseprediger berufen. Ich selbst wohnte in diesem Bezirk. In jenem Jahr hatte die Westkonferenz 7.201 Mitglieder und einschließlich der Probekandidaten 27 Reiseprediger.

Bei einer unserer vierteljährlichen Versammlungen, im Frühjahr des Jahres 1802, übergab mir der für uns verantwortliche Prediger, Jesse Walker, einen kleinen Papierstreifen, auf dem folgende Worte geschrieben standen:

> **„Peter Cartwright wird hiermit die Erlaubnis erteilt, seine Gaben so lange als Ermahner in der Bischöflichen Methodistenkirche auszuüben, wie er im Einklang mit dem Evangelium handelt. Unterschrieben im Auftrag der Methodistengemeinde in Ebenezer."**
>
> **JESSE WALKER, A. P.**
> **Mai 1802**

Ich war sehr überrascht. Der Prediger hatte weder mit mir zuvor darüber gesprochen, noch hatte ich offiziell versucht, zu „ermahnen". Es stimmt, dass ich in Momenten, in denen meine Seele sehr von der Liebe Gottes erfüllt war, sowohl in der Klasse als auch in anderen Versammlungen auf eine Sitzbank stieg und mit all meiner Kraft ermahnte. Es stimmt, dass ich sehr geübt im Ermahnen, aber auch im Predigen war. Ich sagte zu Bruder Walker, dass ich diese Lizenz zum Ermahnen nicht wolle, denn wenn ich nicht froh sei, könne ich nicht ermahnen, wenn ich allerdings in meiner Seele froh sei, wäre das als Lizenz für mich völlig ausreichend. Er drängte mich, die Lizenz dennoch anzunehmen, weil es der offizielle Weg war. Schließlich willigte ich ein.

Um deutlich zu machen, wie die Dinge in den frühen Tagen des Methodismus gehandhabt wurden, möchte ich an dieser Stelle noch darauf hinweisen, dass diese Erlaubnis, zu ermahnen, die einzige Predigt-Lizenz war, die ich von der Kirche jemals erhielt - später wurde mir dann noch meine Ordination durch ein Pergamentdokument bescheinigt.

Mein Vater zog im Herbst dieses Jahres um, und zwar aus der Provinz Logan hinunter in Richtung Flussmündung des Cumberland River, in die Provinz Lewinston - so nannte man diese Provinz damals. Es handelte sich um ein „neues" Gebiet, das mindestens 129 Kilometer vom nächsten Bezirk entfernt war. Es gab dort also weder einen von Predigern bereisten Bezirk noch eine Klasse, aber in dieser Region wohnten eine ganze Menge verstreuter Mitglieder der Bischöflichen Methodistenkirche. Ich beantragte bei Bruder Page eine Mitgliedsbescheinigung, nicht nur für mich selbst, sondern auch für meine Mutter und eine meiner Schwestern. Er gab uns die Bescheinigungen. Bei näherem Hinsehen bemerkte ich, dass meine keine gewöhnliche Bescheinigung war. Sie war also nicht nur ein Nachweis meiner Mitgliedschaft und meiner Berechtigung, zu ermahnen, sondern besagte darüber hinaus, dass ich berechtigt war, das ganze Gebiet zu bereisen, Versammlungen abzuhalten, Klassen zu gründen und einen Bezirk aufzubauen. Im Herbst des darauffolgenden Jahres, bei der vierten Vierteljahresversammlung des Red-River-Bezirks, sollte ich Bruder Page dann einen fertigen Plan für einen neuen Bezirk vorlegen, einschließlich der Informationen über die Anzahl der Mitglieder, die Namen der Prediger und, falls bereits vorhanden, über die Ermahner, Klassenleiter und alle weiteren Details. Ich bedauere, dass ich dieses Dokument bis zum heutigen Tag nicht erhalten konnte, denn ich bin der Meinung, dass es für die Gebildeten und Vornehmen unter den Methodisten von großem Interesse wäre.

Nachdem ich dieses Schreiben bekommen hatte, fühlte ich mich nicht sehr wohl, denn mir war bewusst, welche Last der Verantwortung ich dadurch zu tragen hätte. Ich teilte Bruder Page mit, dass ich diese Bescheinigung nicht annehmen wolle und dass er mir stattdessen eine einfache Mitgliedsbescheinigung geben sollte. Ich ließ ihn wissen, dass ich glaubte, dass es meine Pflicht sei, ab und an zu predigen, dass ich allerdings auch wüsste, dass mir die nötige Ausbildung fehlte, und ich deshalb vorhätte, im nächsten Jahr die Schule zu besuchen. Daraufhin erklärte er mir, dass die praktische Tätigkeit die beste Schule sei, die ich zwischen Himmel und Erde finden könne. Er gab mir aber noch den Rat, eine moralisch gute Schule mit einem guten Lehrer im Winter zu besuchen, sollte ich denn eine finden, nachdem mein Vater sich vollends niedergelassen hätte. Danach, im Frühling und Sommer, solle ich mich dann, so gut ich konnte, darum kümmern, einen Bezirk aufzubauen.

Kurz nachdem mein Vater sich niedergelassen hatte, erkundigte ich mich nach einem guten Lehrer und einer guten Schule. Es stellte sich heraus, dass es nur wenige Kilometer von uns entfernt eine solche Schule gab. Den Unterricht gab ein sehr gut ausgebildeter Lehrer, ein ehemaliger Prediger der Separatisten, der seine Ausbildung in Lexington, Kentucky, bei Herrn Rankin absolviert hatte. Ich wurde dann Schüler an dieser Schule. Meinen Tisch teilte ich mit einem vornehmen, älteren Methodisten ganz aus der Nähe. Die Schule hieß „Browns-Akademie". Der Lehrer unterrichtete die verschiedenen Fächer, die zu einer üblichen „englischen Ausbildung" gehörten, auch die sogenannten „toten" Sprachen. Ich hatte mir das schon lange gewünscht. Lange war ich dessen beraubt worden und es gab kein Gegenmittel, aber nun schien es mir, als hätte das Schicksal mir den Weg bereitet, eine gute Ausbildung zu erhalten. Ich wurde in die Schule aufgenommen und machte gute Fortschritte.

Der Bruder, mit dem ich an einem Tisch saß, war ein eifriger Mann Gottes. Er bestand darauf, dass wir sowohl sonntags als auch an den Abenden der Wochentage Versammlungen abhielten. Ich willigte ein. An den Abenden hatten wir Gebetsversammlungen und an den Sonntagen bemühte ich mich darum, die vielen Gottesdienstbesucher zu ermahnen. Es dauerte nicht lange, bis wir so viele der verstreuten Methodisten zusammengetrommelt hatten, dass wir auch mit einer Klasse beginnen konnten. Einige bekehrten sich und ich sah, wie wunderbar Gott meinen Weg vorbereitet hatte. Es dauerte allerdings nicht lange, bis ein Sturm der Verfolgung aufkam. Mein Lehrer war ein sehr eifriger Separatist und ich hatte den Eindruck, dass er die Methodisten noch mehr als den Teufel hasste – jedenfalls hasste er sie mehr als die „Flasche", denn von Zeit zu Zeit betrank er sich.

Viele meiner Mitschüler waren genauso alt wie ich und legten ein weltliches Verhalten an den Tag. Ich erkannte die Gefahr, die das für mich persönlich bedeutete, und legte mir selbst strenge Regeln auf, damit mein Verhalten niemandem zum Anstoß würde. Mein Lehrer versuchte vergeblich, mich in ein Streitgespräch zu verwickeln. Meine Mitschüler nahmen sich vor, mir Streiche zu spielen und falsche Gerüchte über mich zu verbreiten. Sie machten sich einen Spaß daraus, mich „Methodistenprediger" zu nennen. Der Lehrer tat das auch. Schließlich sagte ich zu Herrn Brown und den anderen, dass ich kein Prediger sei, aber gern ein guter Prediger wäre. Schließlich heckten zwei meiner Mitschüler einen Plan aus, wie sie mich in den nahegelegenen Fluss werfen könnten. An einem entlegenen Winkel, direkt am Ufer des Baches, gab es eine sehr schöne grasbedeckte Stelle. Diese Uferstelle lag etwa zweieinhalb Meter über dem Bach und direkt dort war ein tiefes Wasserloch von etwa dreieinhalb Metern Tiefe. Unter dem Vorwand, mich für sie beten zu lassen, lockten sie mich an diese Stelle. Sie taten, als wären sie in großen Sündennöten. Ich war skeptisch, dachte mir aber, falls sie es ernst meinten, wäre es falsch, sie abzuweisen. Nun, ich ging mit ihnen und passte so gut ich konnte auf, denn von ihrem Plan wusste ich ja nichts. Als wir an die Uferstelle gelangten, fielen beide über mich her. Sie wollten mich von der erhöhten Uferstelle ins tiefe Wasser stoßen. Schneller, als ich denken konnte, riss ich mich von einem meiner Angreifer los, den anderen beförderte ich durch einen plötzlichen, schnellen Stoß in den Bach. Nun rang ich mit dem anderen, und da wir beide nahezu gleich stark waren, kam es zu einem harten Kampf. In dem Gerangel fielen wir zu Boden, rollten dann hinüber Richtung Steilufer und landeten schließlich beide in dem tiefen Wasserloch. Wir schwammen zurück ans Ufer.

Obwohl es für mich unangenehm war, hatte ich ihnen keinen Grund gegeben, sich über mich lustig zu machen. Ich war zwar nass geworden, aber immerhin hatte ich sie auch ins Wasser befördert. Eine ganze Weile ertrug ich geduldig weitere Angriffe. Als es mir dann zu viel wurde, beschwerte ich mich bei unserem Lehrer, Herrn Brown. Er tat nichts, um für Ordnung zu sorgen. Schließlich verließ ich die Schule. Ich bedauerte es sehr, dass ich des Privilegs, meine Ausbildung abschließen zu können, beraubt worden war. Ich bereitete mich nun darauf vor, mich um die Entstehung eines Bezirks zu kümmern. Zunächst sammelte ich die zerstreuten Mitglieder und organisierte Klassen. An einigen Orten stieß ich auf heftigen Widerstand; anderenorts wurde ich freundlich empfangen. Wir erlebten des Öfteren ein sehr machtvolles Offenbarwerden der göttlichen Gnade. Eine stattliche Anzahl von Menschen fand zum Glauben und ich konnte etwa siebzig neue Mitglieder in der Methodistengemeinde begrüßen. Ich setzte Leiter ein, kümmerte mich um die Klassen, sang, betete und ermahnte - unter den gegebenen Umständen machte ich es nach bestem Wissen und Gewissen.

Hier begegnete ich auch dem berühmten James Axley und nahm ihn in die Kirche auf. Friede seiner Asche! In späteren Jahren fiel er angenehm auf und wurde als vollmächtiger und erfolgreicher Reiseprediger bekannt. Er war ein großartiger und guter Mann Gottes. Er heiratete und ließ sich nieder, und es ist schon lange her, dass er heimging, um seinen Lohn zu empfangen.

Im Herbst des Jahres 1803 traf ich mich mit den Brüdern Page und Walker. Ich berichtete von meinem Erfolg und dem Plan für den Bezirk. Der Bezirk wurde Livingston-Bezirk genannt und Jesse Walker wurde dort als zuständiger Prediger eingesetzt. Er bereiste diesen Bezirk in den Jahren 1804 bis 1805. Der Zuwachs an Mitgliedern in der Konnexion [Verbundsystem der Bischöflichen Methodistenkirche] insgesamt belief sich im Jahre 1805 auf über 9.000. In der Westkonferenz hatte sich die Anzahl der Mitglieder um 1.500 erhöht. Dort waren etwa 35 Reiseprediger im Einsatz. Zur Westkonferenz gehörten vier Distrikte, denen jeweils ein Vorsitzender der Ältestenschaft vorstand. Die Namen der Distrikte waren: Holston, Cumberland, Kentucky und Ohio.

Bruder Page ließ sich nieder und sein Nachfolger für den Cumberland-Distrikt wurde Lewis Garret. Zu diesem Distrikt gehörte der riesige Red-River-Bezirk, für den nur ein Prediger zuständig war - Ralph Lotspeich.

Der neue Älteste, Bruder Garrett, besuchte mich bei meinem Vater und drängte mich, gemeinsam mit Bruder Lotspeich in diesem Bezirk zu arbeiten. Mein Vater war dagegen, aber meine Mutter ermutigte mich sehr zu diesem Schritt. Sie setzte sich durch. Das war im Oktober 1803, als ich gerade einmal 18 Jahre alt war. Es war ein harter Kampf für mich, bis ich schließlich einwilligte. Ich dachte zwar auch, dass es meine Pflicht sei, zu predigen, meinte aber, ich könnte das auch tun, wenn ich mich nicht in die Reihen der Bezirksprediger gesellte, denn ich wusste, was es bedeuten würde: Ich wäre verpflichtet, von Greenbrier bis Natchez zu reisen; aufgrund der wenigen Mitglieder konnte ein Prediger in diesem Bezirk nur schwerlich versorgt werden; die Vorschriften besagten, dass ein einzelner Prediger nur 80 Dollar erhalten durfte, aber in neun von zehn Fällen kam nicht einmal die Hälfte dieses Betrags zusammen. Es waren Zeiten, in denen Seele und Leib der Menschen stark gefordert wurden.

Zu guter Letzt entschied ich mich für diesen Weg und durch diesen Schritt gab ich buchstäblich „die Welt" auf. Meinen Eltern, Brüdern und Schwestern sagte ich Lebewohl und machte mich auf den Weg, um Bruder Lotspeich bei einer Predigtstation in der Provinz Logan zu treffen. Er sagte mir, dass ich bereits am selben Abend predigen solle. Das hatte ich noch nie zuvor getan, denn meine Gabe war es ja, zu „ermahnen". Ich wollte einen Rückzieher machen, doch er drängte mich, es zu versuchen. Ich ging hinaus und betete inständig um Gottes Hilfe. Das Gefühl, niemals in der Lage zu sein, zu predigen, überwältigte mich und ich rang weiter im Gebet. Schließlich bat ich Gott, mir an diesem Abend zu helfen und mir eine Seele zu geben. Falls er mich tatsächlich in den Predigtdienst berufen hätte, sollte das sein bestätigendes Zeichen für mich sein – eine Seele, die sich während meiner Predigt bekehren würde.

Ich ging in das Versammlungshaus, kündigte ein Lied an, sang und betete. Anschließend erhob ich mich, um den Predigttext aus Jesaja Kapitel 26, Vers 4 vorzulesen: „Vertraut auf den Herrn für immer! Denn in Jah, dem Herrn, ist ein Fels der Ewigkeiten." Der Herr schenkte Licht, Freiheit und Kraft; die Versammelten wurden zu Tränen bewegt. Unter ihnen war ein bekennender Ungläubiger, aber durch den ewigen Geist erreichte das Wort sein Herz. Er wurde mächtig überführt und ich bin davon überzeugt, dass er sich an jenem Abend wirklich bekehrte. Er schloss sich der Kirche an und wurde ein aktives Kirchenmitglied. Ich bereiste diesen Bezirk ein Vierteljahr lang und ich nahm 25 Menschen in die Gemeinde auf. Am Ende der drei Monate erhielt ich sechs Dollar. Nachdem Bruder Cratchfield aus gesundheitlichen Gründen seinen Dienst im Waynesville-Bezirk nicht mehr ausüben konnte, wurde ich von Bruder Garrett zu seinem Nachfolger bestimmt, außerdem beauftragte er Thomas Lasley, mich zu begleiten. Der war ein feiner junger Mann; Sohn eines alten Lokalpredigers, der in der Provinz Green lebte.

Der Bezirk, den wir zu betreuen hatten, war sehr groß und umfasste das Gebiet vom nördlichen Green River bis zum Cumberland River und den südlich gelegenen Teil Tennessees. Wir hatten also ein großes Arbeitsgebiet. Die

Strecken, die wir zu Pferd zurücklegen mussten, waren lang, und die wenigen Predigtstationen, die auf dieser Strecke lagen, waren weit voneinander entfernt. In diesem Bezirk wohnten viele Baptisten, darunter auch mehr als dreißig Prediger. Einige von ihnen hatten den Ruf, sehr begabt zu sein. Wir benötigten etwa vier Wochen, um den Bezirk einmal abzureiten. Während dieser Zeit hatten wir nur zwei freie Tage – häufig predigten wir jeden Tag, sowohl tagsüber als auch abends. Obwohl ich schon fast 19 Jahre alt war, hatte ich immer noch keinen richtigen Bartwuchs, und in jenem Jahr entfernte ich mir zwei meiner Backenzähne. Aus diesem Grund wurde ich auch „der Predigerjunge" genannt, und viele kamen zu meinen Versammlungen, um den Jungen predigen zu hören. In vielen anliegenden Gebieten brach Erweckung aus. Viele Seelen bekehrten sich zu Gott und traten der Bischöflichen Methodistenkirche bei – aber auch starke Verfolgung blieb nicht aus.

Ein Ort, an dem wir in diesen frühen Tagen meines Predigtdienstes dienten, war das Stockton-Tal. In dieser Region gab es zwar einige verstreute Mitglieder der Bischöflichen Methodistenkirche, aber noch keine Klasse. Einige Jahre zuvor hatten die Baptisten hier eine Gemeinde, und, wie es zu jener Zeit im Westen üblich war, aus Baumstämmen ein Versammlungshaus gebaut. Das Dach des Gebäudes bestand aus Brettern. Eine ganze Zeit lang gedieh hier die Arbeit der Baptisten und es wurden jeden Monat regelmäßig Gottesdienste abgehalten. Schließlich kam die Arbeit der Gemeinde fast ganz zum Erliegen, sodass dort nun schon seit mehreren Jahren keine Gottesdienste mehr stattgefunden hatten. Das Gebäude war inzwischen alt und reparaturbedürftig. Als ich hier in meinem Bezirk unterwegs war, wurde die Bitte an mich herangetragen, in dieser alten Kirche einen Trauergottesdienst abzuhalten. Ich vereinbarte einen Termin für einen Samstag. Als ich dort ankam, stellte ich fest, dass sich viele Menschen versammelt hatten. Während ich predigte, fiel die Kraft Gottes auf die Versammlung und es kam zu einer Ehrfurcht gebietenden Erschütterung der „Totengebeine". Viele Menschen fielen zu Boden und schrien um Gnade.

Ich wurde nun gebeten, am Abend ein weiteres Mal zu predigen. Also setzte ich einen weiteren Gottesdiensttermin an. Da ich aufgrund von Veränderungsmaßnahmen in diesem Bezirk sieben Tage frei hatte, hielt ich die Versammlung eine ganze Weile Tag und Nacht aufrecht. Die Gnade Gottes erwies sich in jedem Gottesdienst. Viele kamen zum Glauben und es herrschte große Freude unter uns allen. Es gab 23 eindeutige und klare Bekehrungen. Wie selbstverständlich waren diese Menschen mir sehr zugetan, da sie mich als ein Werkzeug Gottes ansahen, durch das sie zum Herrn gekommen waren. Ich war jung, unerfahren und lehrmäßig noch nicht fest gegründet. Vor allem war ich nicht mit den Abwerbetricks derer vertraut, die das volle Untertauchen für die einzig gültige Methode der Taufe hielten. Ich bin mir sicher, dass die Menschen, die sich während dieser Erweckung bekehrt hatten, sofort der Bischöflichen Methodistenkirche beigetreten wären, wenn ich ihnen die Möglichkeit gegeben hätte, doch ich wollte ihnen Zeit geben, damit sie sich selbst informieren konnten. Dementsprechend sagte ich ihnen, dass ich ihnen bei meinem nächsten Kommen unsere Regeln erklären und die Möglichkeit geben würde, unserer Kirche beizutreten. Wenn sie dann mit den Regeln und unserer Lehre einverstanden wären, könnten sie Mitglieder der Kirche werden. Ich überließ ihnen unsere Regeln in mehrfacher Ausführung, damit sie sich in der Zwischenzeit informieren konnten.

Anschließend setzte ich meine Bezirksrunde fort. Obwohl die Baptistenprediger diesen Ort aufgegeben und schon jahrelang nicht mehr dort gepredigt hatten, setzten sie gleich für den nächsten Sonntag Gottesdienste an. Das geschah nur wenige Tage, nachdem ich weitergezogen war. Drei Baptistenprediger wurden gesandt. Sie kamen und alle drei predigten entsprechend ihrer Gewohnheit, indem sie die Gottesdienste mit dem Ruf eröffneten: „Wasser, Wasser, ihr müsst eurem Herrn ins Wasser hinein folgen." Dann kündigten sie für den nächsten Freitag eine sogenannte Unionsversammlung an, die auch noch den ganzen Samstag dauern sollte. Obwohl ich mich viele Jahre darum bemüht habe, konnte ich bis zum heutigen Tag nicht herausfinden, was es bedeutet, wenn ein Baptist von einer Unionsversammlung spricht - doch zurück zu meinem Bericht. Die wenigen verstreuten Methodisten in dieser Gegend schlugen Alarm, denn sie fürchteten, dass diese Prediger „meine Bekehrten" ins Wasser scheuchen würden, noch ehe ich das nächste Mal käme. Sie sandten einen erfahrenen Ermahner mit folgender Nachricht zu mir: „Du musst dich beeilen, zu kommen, denn sonst werden deine Bekehrten alle untergetaucht." Da ich terminlich gebunden war, sagte ich dem Ermahner, dass er meine Termine wahrnehmen müsse, wenn ich käme. Er stimmte bereitwillig zu. Ich ritt also zurück und kam am Freitag rechtzeitig zu ihrer Unionsversammlung. Zwei von ihnen predigten, aber sie schenkten mir keinerlei Beachtung. Da sie keine Abendversammlung geplant hatten, kündigte ich nun meinerseits eine Versammlung bei Herrn S. an. Er und seine Frau hatten sich bei mir bekehrt und von ihren Nachbarn wurden sie nun gewissermaßen als Leiter angesehen. Die Menschen strömten zu ihrem Haus und wir erlebten einen gut besuchten Gottesdienst, bei dem sich zwei Menschen bekehrten.

Am nächsten Tag reparierten wir das alte Versammlungsblockhaus und hörten zwei weitere „Wasserpredigten". Als sie ihre Predigten beendet hatten, gaben sie den Menschen die Möglichkeit, der Gemeinde beizutreten - die Kandidaten sollten bei dieser Gelegenheit von ihren Erfahrungen berichten. Eine alte Dame stand auf und gab Zeugnis von einem Erlebnis, das etwa zehn Jahre zurücklag. Dann erhob sich ein alter Mann und berichtete von einem bemerkenswerten Traum, den er vor 20 Jahren in North Carolina hatte. Beide wurden dann ordnungsgemäß empfangen, indem man ihnen die rechte Hand der Gemeinschaft reichte. Es folgte eine Kunstpause. Die Prediger drängten die Menschen, nach vorne zu kommen und Zeugnis zu geben. Oh, wie ich mich fühlte! Ich befürchtete, dass einige „meiner" jungen Bekehrten nun den Anfang machen und die Übrigen dann folgen würden - und ich somit alle „meine" Bekehrten verlieren würde. Schließlich stand einer von diesen jungen Gläubigen auf und gab sein Zeugnis. Dabei verwies er auf mich, als das von Gott gebrauchte Werkzeug für seine Überführung und Bekehrung. Dann stand noch jemand auf und noch jemand, bis schließlich dreiundzwanzig von ihnen Zeugnis gegeben hatten und dabei auf mich als das von Gott erwählte Werkzeug ihrer Rettung verwiesen.

Ihre Zeugnisse wurden gutgeheißen und man reichte ihnen großzügig die rechte Hand der Gemeinschaft. Es herrschte nun große Freude im Lager, aber für mich sah es eher nach dem sicheren Tod aus. Ich saß da und hatte das Gefühl, es nicht ertragen zu können. Ich fragte mich, was ich tun könnte, und dachte: „Ich bin meiner Kinder beraubt worden, und was bleibt jetzt noch für mich übrig?“ Direkt hinter mir saß eine sehr intelligente Dame - ein langjähriges Mitglied der Bischöflichen Methodistenkirche. Ungefähr zu dem Zeitpunkt, als man mit der Begrüßung der neuen Mitglieder fertig war und sich über die von mir gestohlenen Kinder freute, hatte ich einen starken Eindruck. „Wie wäre es, wenn ich nun nur so täte, als wolle ich der Baptistenkirche beitreten, und mein Zeugnis gäbe? Möglicherweise ist es ja noch nicht zu spät, meine Leute zu retten.“ Ich stand auf, gab mein Zeugnis und sie gaben mir die rechte Hand der Gemeinschaft. Nun herrschte große Freude wegen des predigenden Methodistenjungen.

Gerade in dem Moment, als ich mich setzen wollte, spürte ich, wie mich jemand an der Schulter berührte. Ich drehte mich um und schaute in die Augen meiner intelligenten Methodistenschwester. Große Tränen kullerten ihre Wangen hinunter und tropften von ihrem Kinn.

„Oh Bruder, wirst du uns verlassen?“, fragte sie.

„Liebe Schwester, fürchte dich nicht; ich weiß, was ich tue. Bete eifrig. Ich hoffe, meine Kinder wieder zu mir nehmen zu können.“ Obwohl sie nicht verstand, was ich vorhatte, schien es, als hätte meine Antwort ihre Ängste gelindert.

Ganz in der Nähe des alten Gemeindegebäudes gab es einen schönen Bach. Die Prediger bestellten uns für den nächsten Morgen um neun Uhr dorthin - mit entsprechender Kleidung, denn wir sollten getauft werden. Am Abend dieses Tages hielt ich eine weitere Versammlung ab und hatte eine gute Zeit. Ich befand mich in einer kritischen Situation und dazu kam noch, dass ich mich mit niemandem besprechen konnte. Ich wagte es nicht, irgendjemandem zu erzählen, was ich vorhatte, denn ich fürchtete, mein Plan könnte bekannt werden und somit scheitern. Am nächsten Morgen stand ich früh auf, um zu beten. Ich zog mich in den Wald zurück, und wenn ich Gott jemals ernsthaft um seine Hilfe angefleht habe, dann war es in dieser Situation.

Bruder und Schwester S., bei denen ich wohnte, waren gerade dabei, ihre Wechselgewänder für die Taufe einzupacken. Zur verabredeten Zeit trafen wir uns alle an dem Bach; ich hatte allerdings keine Wechselgewänder dabei. Ich war bereits getauft worden und ich hatte nicht die Absicht, dieser Taufe jetzt abzuschwören - das behielt ich aber für mich. Es hatten sich viele Menschen versammelt, um bei unserer Taufe zuzusehen. Meine 23 jungen

Bekehrten und die beiden betagten, trockenen Träumer, die zuerst Zeugnis gegeben hatten, waren alle entsprechend bekleidet und bereit - bereit für das, was sie für ihre christliche Pflicht hielten. Die Prediger tauchten auf. Einer von ihnen sang und betete, gab ein Wort der Ermahnung und bat uns schließlich, nach vorne zu kommen. Schon die ganze Zeit über war ich mir darüber im Klaren gewesen, dass der Erfolg meines Unterfangens davon abhing, dass ich den Anfang machte. Also trat ich vor und sagte: „Bruder M., wenn ich guten Gewissens Mitglied der Baptistenkirche werden kann, dann ist es mein Wunsch. Ich bin bereits getauft worden und habe Frieden darüber, eine erneute Taufe kommt für mich nicht in Frage. Kann ich so Mitglied Ihrer Gemeinde werden?" Bruder M. war der Prediger und verantwortliche Leiter dieser Taufe.

Meine Aussage erstaunte den Prediger.

„Wann sind Sie getauft worden?", fragte er mich.

„Das ist schon Jahre her", antwortete ich.

„Wie wurde die Taufe durchgeführt? Wer hat Sie getauft?", lauteten seine nächsten Fragen.

„Einer der besten Prediger, die der Herr jemals zu diesem Dienst berufen hat."

„Durch Besprenkeln?"

„Ja, mein Herr."

„Das ist gar keine Taufe."

„In der Schrift heißt es, dass die Taufe nicht ein Ablegen der Unreinheit des Fleisches, sondern die Antwort eines guten Gewissens ist (siehe 1. Petr. 3,21), und mein Gewissen ist gereinigt. Es ist nicht die Aufgabe Ihres Gewissens, meins zu beurteilen."

„Nun, das steht im Gegensatz zu dem, was wir glauben, und entspricht nicht den Vorschriften für die Mitgliedschaft in der Baptistenkirche. So geht das nicht", sagte er.

Ich antwortete: „Bruder M., Ihre Überzeugung und Ihre Vorschriften müssen falsch sein. Die Gemeinde hat mein Zeugnis gehört und hat es für gut befunden. Sie glauben doch auch, dass ich Christ bin, und somit nicht mehr abfallen kann und für immer verloren gehen kann. Was soll ich denn nun tun? Wollen Sie mich von der Kirche fernhalten, sodass ich wie ein einzelnes, verlorenes Schaf um die Kirchenmauern ziehe? Sie müssen mich in die Kirche aufnehmen, Bruder M. Ich bin fest entschlossen, Ihrer Kirche unter diesen Bedingungen beizutreten; werden Sie mich nun in die Kirche aufnehmen?"

Es war offensichtlich, dass der Prediger inzwischen die Geduld verloren hatte. In scharfem Ton forderte er mich auf, zur Seite zu treten und die anderen nicht länger aufzuhalten. Für mich war das jetzt ein aufregender Moment.

Ich warf einen Blick auf die Menge und stellte fest, dass sie sich zu meinen Gunsten entschieden hatten. Den Jugendlichen, die zum Glauben gekommen waren, warf ich einen sehnsüchtigen Blick zu, und sie sahen mich sehr mitfühlend an - viele von ihnen weinten, so sehr waren sie berührt. Unwillkürlich schienen sie nun alle auf mich zuzukommen, und ihren Blicken konnte ich entnehmen, dass sie mir zugetan waren. Es war ein ergreifender Augenblick. Oh, wie ich mich fühlte - es ist mir unmöglich, das in Worte zu fassen.

Ich trat zur Seite. Bruder S. stand neben dem Prediger; sowohl er als auch seine Frau, die an seinem Arm lehnte, trugen Taufgewänder - sie waren bereit. Bruder S. sagte:

„Bruder M., werden Sie Bruder Cartwright zurückweisen und ihm die Aufnahme in die Kirche verwehren?"

„Ich kann ihn nicht aufnehmen", sagte Bruder M.

„Nun, wenn Bruder Cartwright, den Gott als sein Werkzeug für meine Bekehrung und zur Rettung so vieler kostbarer Seelen gebraucht hat, der Kirche nicht beitreten darf, dann kann und will auch ich mich dieser Kirche nicht anschließen", sagte Bruder S. „Ich auch nicht", sagte seine Frau; „ich auch nicht", „ich auch nicht", so machte es weiter die Runde, bis schließlich alle meiner dreiundzwanzig jungen Bekehrten sich um mich scharten. „So ist es richtig, Brüder, unterstützt mich, verlasst mich nicht. Der Herr wird alles in Ordnung bringen!", sagte ich.

Na ja, die beiden alten Träumer wurden getauft. Anschließend drängten die Prediger auch die anderen, zu kommen, aber vergeblich.

Nun, mein lieber Leser, kannst du dir vorstellen, wie mir in diesem Augenblick zumute war?

Ich hatte große Lust, spontan laut vor Freude zu schreien, und das zu Recht, aber zumindest in dieser Situation war Nachsicht geboten.

Wir gingen vom Bach zurück zu der alten Blockhauskirche. Drei von ihren Predigern predigten und du kannst dir sicher sein, dass ich mein Fett abkriegte. Sie verglichen mich mit den alten Pharisäern und behaupteten, ich würde selbst nicht hineingehen und die abhalten, die es wollten (siehe Mt. 23,13). Ich ertrug es, so gut ich konnte. Sie verkündeten, dass die Seelen, die ich behindert hätte, nun aller Wahrscheinlichkeit nach verloren wären, und falls dem so sei, ihr Verdammnisurteil auf mich kommen würde. Das schreckte mich allerdings nicht besonders, denn schließlich hatten auch sie alle Christen für gerecht und wahrhaftig erklärt und in ihren Predigten hervorgehoben, dass ein wahrhaft erretteter Mensch den Glauben nicht mehr verlieren könne. Wie sollte es dann noch möglich sein, dass wir verloren gingen? Was gab es jetzt noch, das uns Furcht einflößen könnte? Die Versammlung erkannte, wie absurd das alles war, und immer mehr der Anwesenden interessierten sich für meine Sichtweise.

Nun kamen sie zum Abendmahl. Auf die Sitzbänke wurden einzelne Bretter gelegt und dann wurden alle ihre Mitglieder, die entsprechend ihres Glaubens getauft worden waren, aufgefordert, darauf Platz zu nehmen. Ich setzte mich ebenfalls dazu, denn ich war entschlossen, ihnen jetzt einen weiteren Rückschlag zu verpassen. Einige der Neubekehrten, die das sahen, nahmen ebenfalls auf den Brettern Platz. Als die Diakone kamen, um Brot und Wein auszuteilen, übergingen sie uns. Nachdem sie ihre Aufgabe erfüllt hatten, stand ich auf und bat um Brot und Wein für mich und die Jugendlichen, die vor Kurzem zum Glauben gekommen waren. Jetzt hatten die Diakone ein Problem und sie fragten den Prediger, ob sie uns die Elemente geben dürften. Das wurde ihnen strikt untersagt.

Daraufhin sagte ich: „Meine Brüder, nachdem ihr unser Zeugnis gehört hattet, habt ihr uns doch zu Christen erklärt, und ihr seid doch auch der Meinung, dass ein Christ nie mehr verloren gehen kann. Unser Retter hat nun auch ein ernstes „Wehe" über denen ausgerufen, die einem dieser Kleinen zum Anstoß werden - also gebt uns jetzt das Brot und den Wein! (siehe Lk. 17, 1-2).

Einer der Prediger wies mich streng zurecht und gebot mir, zu schweigen. Dieses Verhalten brachte mir die Sympathien nahezu aller Anwesenden ein. „Schande! Schande!", riefen sie. Dann, als der Prediger gerade dabei war, die Versammlung zu entlassen, stand ich auf und fragte, ob ich die Möglichkeit bekäme, für 15 bis 20 Minuten zu sprechen, um den Anwesenden meine Sichtweise zu erläutern. Das lehnten sie ab. Daraufhin sagte ich: „Nun gut, ich lebe in einem freien Land und kenne meine Rechte." Als der Prediger den Gottesdienst beendete, sprang ich auf eine Bank und sagte den Menschen, dass sie mich nur einen Steinwurf von der Kirche entfernt treffen könnten, um zu hören, was ich zu meiner Verteidigung zu sagen hätte.

Die Menschen strömten aus der Kirche und scharten sich um mich - ich stand auf einem Baumstamm. Ich zeigte ihnen nun die Ungereimtheiten in den Aussagen der Baptistenprediger und versuchte, so gut ich es aufgrund meiner mangelnden Erfahrung konnte, Klarheit zu schaffen. Zum Schluss gab ich bekannt, dass ich entschlossen sei, eine Methodistengemeinde zu gründen, da mir selbst und ihnen, meinen Kindern im Evangelium, die Aufnahme in die Baptistenkirche verwehrt worden sei. Dann erklärte ich ihnen unsere Regeln und forderte diejenigen, die Mitglieder unserer Kirche werden wollten, auf, nach vorne zu kommen, mir ihre Namen zu nennen und die Hand zu reichen. 27 Menschen traten vor. Die 23 Jugendlichen, die sich durch mich bekehrt hatten, waren darunter, sowie vier weitere Personen. Wir konnten also vor Ende des Jahres 27 Mitglieder in unsere Gemeinde aufnehmen; dagegen erlosch die Arbeit meiner Baptistenfreunde dort fast vollständig. Für mich war es ein großer Ansporn, hingegeben weiterzumachen.

In der Westkonferenz gab es in jenem Jahr (1804) 9.600 Mitglieder - das bedeutete einen Zuwachs um 2.400 Mitglieder. Die Anzahl der Reiseprediger belief sich auf 36. Unsere jährliche Herbstkonferenz war dieses Mal im Oktober und fand in Mount Gerizim, Kentucky, statt. Es war damals üblich, dass diese Konferenzen hinter verschlossenen Türen abgehalten wurden, was bedeutete, dass ausschließlich Mitgliedern der Westkonferenz oder Mitgliedern anderer Jahreskonferenzen, die zu Besuch kommen konnten, die Teilnahme erlaubt wurde. Bei dieser Konferenz hatte Bischof Asbury den Vorsitz.

Gegen Ende meines Dienstes im Waynesville-Bezirk wurde von der zuständigen Konferenz bei deren Vierteljahrestreffen beschlossen, mich der Jahreskonferenz als geeignete Person für die Reiseverbindung vorzuschlagen. Der Konferenz wurden 18 Prediger empfohlen und so viele wurden auch aufgenommen - möglicherweise bin ich der Einzige, der übrig geblieben ist. Aus den Reihen dieser ersten Pioniere im Reisedienst ließ einer nach dem anderen sein Leben. Soweit ich weiß, bekannten sie das gute Bekenntnis bis zum Schluss. Sie sind jetzt im Himmel, um in die Siegesrufe der Erlösten einzustimmen und dort, in diesem Land, das besser als der entlegene Westen ist, ihre geistlichen Kinder zu treffen. Einer von diesen 18 Predigern erlitt allerdings Glaubensschiffbruch - an ihm bestätigte sich das Gotteswort: „Ein Sünder verdirbt viel Gutes." Von all jenen, die zum Zeitpunkt unseres Beitritts Mitglieder der Westkonferenz waren, leben heute, außer mir, möglicherweise nur noch William Burke und Jacob Young. (Mittlerweile ist auch William Burke in seine ewige Heimat gegangen.)

7

Der schlichte Methodismus

Bei der Konferenz im Jahre 1804 wurde beschlossen, mich als Juniorprediger für den Salt-River- und Selbyville-Bezirk einzusetzen. Beide Bezirke wurden zusammengelegt. Benjamin Lakin war für diese Bezirke verantwortlich und William M'Kendree war Vorsitzender der Ältestenschaft.

Der Bezirk befand sich im Kentucky-Distrikt. Es war ein großer Bezirk und man brauchte sechs Wochen, um ihn abzureiten. Der Bezirk erstreckte sich von der schlingernden Gabelung des südlichen Green River bis zum nördlichen Ohio River und sogar noch weiter, bis in den östlichen Teil Indianas hinein. Dieser östliche Teil Indianas wurde damals noch Clark's oder auch Illinois Grant genannt. Wir betrieben ein kleines Buchgeschäft, das damals noch in den Kinderschuhen steckte und um dessen Existenz wir heftig kämpften. Wir hatten noch keine Missionarsgesellschaft, keine Sonntagsschulgesellschaft, keine Gemeindepapiere, keine Bibel- und keine Traktatgesellschaft, keine Bildungseinrichtungen, keine Seminare, Akademien und auch keine Universitäten. Alle Bemühungen, in diesen Vereinigten Staaten und ihren Gebieten unter der Schirmherrschaft der Bischöflichen Methodistenkirche Schulen einzurichten, schlugen fehl. Wir hatten keine Sitzbänke in den Kirchen, keine Chöre, keine Orgeln, kurz gesagt, in keiner unserer Kirchen gab es eine instrumentale Begleitung. In diesen frühen Tagen waren die Methodisten schlicht gekleidet und besuchten treu ihre Versammlungen, insbesondere die Gottesdienste, Gebetstreffen und Klassen. Sie trugen keinen Schmuck und keine Manschetten und es war keine Seltenheit, dass sie an den Sonntagen zehn bis dreizehn Kilometer zu Fuß zurücklegten, um zur Bibelschulklasse und wieder zurück nach Hause zu gelangen. Um an den Vierteljahrestreffen teilnehmen zu können, gingen sie 48 - 64 Kilometer zu Fuß - und sie sahen es als ein ganz besonderes Vorrecht an, wenn sie die Möglichkeit hatten, ihren Vorsitzenden der Ältestenschaft oder die anderen Prediger zu treffen. Nahezu jeder von ihnen kannte unsere Hymnen und geistlichen Lieder. Sie hielten den Sabbat, viele betranken sich auch nicht, und das nicht etwa, weil sie von der Mäßigungsbewegung gehört hatten - sie war in diesen Tagen unbekannt -, sondern weil das die Allgemeinen Regeln unserer Verordnung verboten. In diesen Tagen war es unter den Methodisten üblich, während des Lobpreises dem Prediger gegenüberzustehen, und wenn der Prediger sagte „Lasst uns beten", wurde sowohl in der öffentlichen Versammlung als auch bei anderen Gelegenheiten gekniet. Niemand der Mitglieder betete während einer Gebetszeit im Stehen und schon gar nicht im Sitzen, denn dieses verabscheuungswürdige Verhalten war unter den frühen Methodisten nicht bekannt. Die Eltern verboten ihren Kindern, auf Bälle oder zum Theater zu gehen, und sie schickten sie auch nicht zur Tanzschule. Üblicherweise fasteten sie einmal pro Woche und fast immer an dem Freitag vor unserem Vierteljahrestreffen. Wenn die Methodisten sich damals so gekleidet hätten wie heute, also in diesem übertriebenen Maß der Unanständigkeit, hätten selbst unter den Gläubigen nur sehr wenige noch etwas Glaubenszuversicht gehabt. Wie haben die Dinge sich in diesem Zeitalter der Bildung in der Welt doch zum Schlechten verändert! Ich wage, zu behaupten, dass es in den frühen Tagen des Methodismus nicht nötig war, dass ein Prediger etwas gegen überflüssige, schädliche, modische Kleidung sage – selbst die weltlichsten Gemeindemitglieder wussten, dass es falsch war, und sprachen sich dagegen aus. Von dem Moment an, als wir bemerkten, dass sich jemand entsprechend dem modischen Stil dieser Welt herausputzte, wussten wir, dass er nicht standhalten würde. Erlaube mir, nun zur Bestätigung dessen ein paar Beispiele anzuführen.

In diesem Jahr (1804) lebte in meinem Bezirk eine wohlhabende, modebewusste Familie. Die gute Dame hatte in dieser Familie das Sagen. Als ich in der Gegend war, kam sie zu meiner zweitägigen Versammlung. Am Samstag, während meiner Predigt, berührte der Herr ihr stolzes Herz. Obwohl sie wahrscheinlich die bestgekleidete Person im Gottesdienst war, kam sie als Erste nach vorne, als ich die Bußfertigen dazu aufforderte, und betete laut um Gnade. Gott hatte Wohlgefallen daran, sie noch vor Ablauf des Gottesdienstes mit einer Gewissheit der Vergebung aus Gnade zu segnen. Als sie sich erhob, jubelte sie laut vor Freude und schloss sich der Gemeinde an. Als wir den Gottesdienst beendeten, kündigte ich unser Liebesmahl für den nächsten Morgen um acht Uhr an. Ich verlor kein Wort darüber, wie sie sich anzuziehen hätte. Sie ging nach Hause und plante, am darauffolgenden Tag am Liebesmahl teilzunehmen. Jetzt wurde ihr klar, dass sie sich nun anders kleiden sollte, da sie gläubig geworden war. Ihr kam der Gedanke, dass es an der Zeit sei, den übertriebenen Kleidungsstil aufzugeben, und dass sie als Christ schlichte Kleidung tragen sollte, um ein gutes Beispiel zu geben. Zu ihrem Bedauern stellte sie fest, dass sie kein einziges geeignetes Kleidungsstück besaß, und fragte sich, was sie nun tun solle. Augenblicklich machte sie sich auf die Suche nach dem schlichtesten und für Veränderungen am besten geeigneten Kleidungsstück, das sie hatte. Sie machte sich an die Arbeit und fertigte daraus ein schlichtes Kleidungsstück. Bei dem Liebesmahl berichtete sie dann öffentlich davon, wie schwer es ihr gefallen wäre, angemessene Kleidung zu finden. Noch ein weiteres Beispiel:

Im Jahre 1806 war ich in Ohio unterwegs. In der Nähe von Lancaster hielt ich eine Lagerversammlung ab, die sehr gut besucht wurde. Gott wirkte dort auf eindrucksvolle Weise – viele schrien um Gnade, viele fanden zum Glauben und die Gottlosen waren betroffen. Dort in den Wäldern diente ein großes

Podium als Kanzel. Zwölf Menschen hatten dort Platz und ich war stets darauf bedacht, es freizuhalten und nicht für Schaulustige zugänglich zu machen. Es sollte jederzeit die Möglichkeit bestehen, von dort Anweisungen an die Versammlung weiterzugeben.

Zwei junge Damen, die erst kürzlich aus Baltimore oder irgendwo aus dem Osten gekommen waren, gehörten zu den Gottesdienstbesuchern. Eine tiefgläubige Schwester hatte sich ihrer angenommen und sich im Lager um sie gekümmert. Sie waren sehr modern gekleidet und ich schätze, sie trugen Schmuck im Wert von mindestens 200 Dollar - Ringe, Ohrringe, Armbänder, Goldketten, Medaillons und dergleichen. Bei einem Altarruf kamen sehr viele bußfertige Menschen nach vorne. Die beiden Damen machten inzwischen einen ernsten Eindruck. Sie begegneten mir dort am Podium und baten um Erlaubnis, darauf Platz zu nehmen. Unter der Bedingung - und sie mussten es mir versprechen -, Gott um wahren Glauben zu bitten, erlaubte ich es ihnen. Ich wusste, dass sie sich nicht selbst in den Mittelpunkt stellen wollten, denn dafür waren sie viel zu sehr ergriffen. Als sie schließlich Platz genommen hatten, forderte ich sie auf, zu beten, und ich rief noch weitere zu meiner Unterstützung hinzu. Beide Damen erlebten eine intensive Gebetszeit und gegen Mitternacht schließlich eine mächtige Bekehrung. Sie standen auf, schrien vor Freude über den errungenen Sieg, legten dann bereitwillig ihre Goldketten, Ohrringe, Medaillons und all den weiteren Schmuck ab und übergaben ihn mir mit den Worten: „Wir haben keine Verwendung mehr für diese Götzen, denn wenn der Glaube tatsächlich so fantastisch ist, wie Sie ihn uns vorgestellt haben, stellt er diese Dinge bei Weitem in den Schatten."

Zu diesem Thema habe ich noch ein weiteres Beispiel für euch. Als ich im Jahre 1810 in West-Tennessee unterwegs war, brach in einer meiner Versammlungen eine mächtige Erweckung aus. Für modebewusste Herren war es damals üblich, Hemden mit Halskrause zu tragen. Ein so gekleideter, wohlhabender Herr besuchte unsere Versammlung und kam unter starke Überführung. Zusammen mit den anderen Bußfertigen führte ich ihn nach vorne - er war wirklich ergriffen, aber irgendetwas schien ihn doch zurückzuhalten, etwas, von dem er sich nicht trennen mochte. Ich stand ihm zur Seite, betete für ihn und sprach mit ihm. Ganz plötzlich richtete er sich auf, öffnete sein Hemd, griff nach den Halskrausen, riss sie ab und warf sie dann ins Stroh. Keine zwei Minuten später erlebte er den Segen Gottes, sprang auf und fing an, Gott laut zu preisen.

Ich habe diese Fälle hier angeführt, um zu verdeutlichen, dass eigentlich jedem durch ernsthafte Überführung klar wird, dass modische Frivolitäten im Gegensatz zu der demütigen Gesinnung unseres Retters stehen. Es ist nur denen nicht klar, deren Herzen durch den Betrug der Sünde hart geworden sind. Nun, Götzendienst ist furchtbar trügerisch und wir sollten daran denken, dass kein Götzendiener Anteil am Reich Gottes hat (siehe Eph. 5, 5). Mögen die Methodisten auf der Hut sein.

Damals bekamen wir noch keine Studienkurse verordnet, so wie es heute üblich ist. Ich wurde allerdings seinerzeit schon von meinem Vorsitzenden der Ältestenschaft und späteren Bischof William M'Kendree dazu angehalten, entsprechende Lektüre zu lesen und zu studieren. Er suchte für mich sowohl literarische als auch theologische Werke aus, und bei jedem seiner vierteljährlichen Besuche überprüfte er dann meine Fortschritte. Fehler wurden von ihm korrigiert und es bereitete ihm besondere Freude, mich in englischer Grammatik zu unterrichten.

Bruder Lakin war für diesen Bezirk verantwortlich. Meine Aufgaben bestanden darin, zu predigen, mich um die Klassen zu kümmern, die Gemeinde und die Kranken zu besuchen und das Bücherlesen und Studieren. Ich bin davon überzeugt, dass ich Bischof M'Kendree im Hinblick auf meine theologischen und literarischen Kenntnisse mehr zu verdanken habe, als irgendeinem anderen Menschen auf dieser Welt. Ich bin der Meinung, dass es von größerem Nutzen wäre als alle Bildungseinrichtungen und Bibelinstitute des Landes zusammen, wenn die Vorsitzenden der Ältestenschaft ihren Pflichten gegenüber den jungen Männern in dieser Form nachkämen, denn so hätten sie die Möglichkeit, täglich zu lernen und zu üben.

Stell dir jetzt einmal vor, Herr Wesley wäre verpflichtet worden, zunächst auf eine literarisch und theologisch ausgebildete Gruppe von Predigern zu warten, ehe er mit seinem segensreichen Dienst beginnen durfte. Wie wäre es dann heute um den Methodismus der Wesley Konnexion bestellt? Das Gleiche gilt für die Bischöfliche Methodistenkirche hier in den Vereinigten Staaten; wo stünden wir heute, hätten wir zunächst auf solch qualifizierte Männer warten müssen? Glücklicherweise erkannte John Wesley trotz dieser vermeintlichen Nachteile das herrliche Werk, zu dem Gott ihn berufen hatte, und die Notwendigkeit, die überragende Weisheit Gottes zu ergreifen und Laienprediger auszusenden, um eine schlummernde Welt aufzuwecken. Auch diese Vereinigten Staaten wären von Unglauben überflutet worden, wenn Bischof Asbury auf eine Gruppe ausgebildeter Eliteprediger gewartet hätte.

In Europa wäre es um den Methodismus heute wesentlich besser bestellt, wenn die Wesleyaner an den alten Eckpunkten John Wesleys festgehalten hätten. Aber nein, sie mussten ja Sitzreihen, literarisch und theologisch bildende Institute einführen, um schließlich einen geeigneten Kandidaten, entsprechend der „alten Schule" der schlichten Laienprediger John Wesleys, ausfindig zu machen und ihm dann letzten Endes doch nicht die Erlaubnis zu erteilen, zu predigen. Einige der besten und effektivsten Männer, die Gott je berufen hat, um den Methodismus in diese glückliche Republik zu tragen, waren unter diesen ersten Pionierpredigern des Ostens, Westens, Nordens und Südens – ja, insbesondere des mächtigen Westens. Heutzutage haben wir keine Prediger solchen Formats, wie es einige der ersten waren, die nach Kentucky und Tennessee ausgesandt wurden.

Die Presbyterianer und auch noch andere calvinistische Ableger der protestantischen Kirche waren sehr darum bemüht, eine Dienstausbildung, Kirchenbänke und Instrumentalbegleitung einzuführen - und einen Pastor für jede ihrer Gemeinden fest einzustellen. Die Methodisten wehrten sich dagegen, solche Praktiken einzuführen, und ihre „ungebildeten“ Prediger setzten die Welt, zumindest die amerikanische Welt, buchstäblich in Brand, indem sie ihre Streichhölzer entzündeten und ihren Lauf brennend vollendeten!

Die Methodistenprediger wurden von den gebildeten Herren als Analphabeten und dumme Schwätzer bezeichnet. Ich erinnere mich an eine Begegnung mit einem dieser Latein- und Griechischgelehrten - er hatte einen Abschluss in Theologie. Er sprach mich auf Griechisch an, denn er beabsichtigte, mich öffentlich bloßzustellen. In meiner Jugend hatte ich einiges auf Deutsch gelernt. Ich tat, als verstünde ich ihn, und antwortete auf Deutsch. Das sprach er nicht und Hebräisch konnte er auch nicht. Er nahm an, ich hätte ihm auf Hebräisch geantwortet, und gab augenblicklich klein bei. Dann sagte er zu den Umstehenden: „Das ist der erste gebildete Methodistenprediger, den ich jemals gesehen habe.“

Ich will hier eine gute Ausbildung nicht unterbewerten, aber ich habe so häufig schlechte Erfahrungen mit diesen „gebildeten Predigern“ gemacht, dass ich mich nur angewidert abwenden konnte. Inzwischen befindet sich die Dienst- und Theologieausbildung ja nicht mehr in der Testphase; auch bei anderen Denominationen ist sie inzwischen etabliert und erweist sich als ein völliger Misserfolg. Ist es nicht verwunderlich, dass Methodistenprediger dieses überholte System übernehmen wollen, während erleuchtete Presbyterianer und unabhängige Kirchen inzwischen bemerkt haben, dass die Methodisten weltweit das beste Konzept haben, und es nun durch theologische Institutionen verbessern wollen? Sie behaupten, dass die Struktur unserer Ausbildungseinrichtungen eine Situation herbeigeführt hätte, die diese Verbesserung erforderlich machte. Wir leben wahrlich in bösen Zeiten. Kann es sein, dass wir heute, obwohl wir mehr Ausbildung als je zuvor haben, mehr biblische Unterweisung nötig haben als früher, als wir wenig oder gar keine Ausbildung hatten? Ganz bestimmt, denn wenn wir von unseren Literaturinstitutionen nicht mehr profitieren, brauchen wir biblische Lehre - das sagt mir mein gesunder Menschenverstand.

Ich fürchte sehr um unseren geliebten Methodismus. Sorgt für mehr Schulen, Universitäten, Seminare und Akademien; stockt unsere Agenturen und die Anzahl unserer Redaktionen auf und besetzt sie mit unseren besten und effektivsten Predigern. Das hätte zur Folge, dass ihr Dienst eingeschränkt, örtlich begrenzt und sie selbst säkularisiert würden - und das wäre das Ende des Reisedienstes. Das würde bedeuten, dass wir dann dort stehen blieben, wo alle anderen Denominationen begannen, nämlich im Kongregationalismus. Es ist mein aufrichtiges Verlangen, dass es mit der Bischöflichen Methodistenkirche in jeder Hinsicht gut vorangeht. Wenn unsere Präsidenten, Professoren, Herausgeber und Repräsentanten Laien sein sollen und unsere Prediger weiterhin ihrer Berufung nachkommen sollen, nämlich einer sterbenden Welt das Evangelium zu bringen, müssen sie sich auf ihre Aufgaben konzentrieren und sich niederlassen. Denn so lange diese Ämter und Aufgabenbereiche weiterhin mit jenen besetzt werden, ist das mit Sicherheit ein Schritt in die falsche Richtung, vergleichbar mit einem angebundenen Pferd, mit dem man an einem Rennen teilnehmen wollte. Wer diese Ämter und Aufgaben ausfüllt und dabei weiterhin Mitglied der Reiseverbindung ist, gleicht einem Bremsklotz, der den „Reisedienstwagen“ über kurz oder lang zum Stehen bringen wird – und wenn das geschehen sollte, wird es dunkel für den Methodismus.

Ist es denn nicht offensichtlich, dass die eigentliche Arbeit zu kurz kommt und wir in diesem Bereich inzwischen einen Mangel an Predigern haben, weil viele unserer Prediger in den Agenturen und Professuren angestellt sind? Dazu kommt noch, dass diese Präsidenten, Professoren, Repräsentanten und Herausgeber ein regelmäßiges, weitaus höheres Gehalt bekommen als ein Reiseprediger, der Wind und Wetter ausgesetzt ist und häufig weitaus weniger als die ihm zustehende Aufwandsentschädigung bekommt. Natürlich ist es für die Begabten verlockend, ja, eine große Versuchung, sich um diese Führungspositionen zu bewerben und ihren regulären Dienst, nämlich das Predigen um der Verlorenen willen, aufzugeben. Dem ehrlichen Betrachter sollte längst aufgefallen sein, dass nur sehr wenige der jungen Männer, die davon überzeugt sind, dass Gott sie zum Predigtdienst berufen hat, nach ihrer Ausbildung in den Reisedienst gehen – obwohl sie der festen Überzeugung waren, dass sie auf einer Schule oder einem Bibelinstitut besser für das große Werk des Dienstes qualifiziert würden. Das hat schlichtweg folgenden Grund: Ihr Gewissen wurde mit der schmeichelhaften Salbung ruhiggestellt, schließlich eine geheiligte Ausbildung absolvieren zu können, mit der Aussicht, anschließend als Hochschullehrer oder Lehrer in anderen Institutionen mehr Geld zu verdienen. Ihnen wurde vermittelt, dass sie durch die Verbreitung von geheiligtem Unterricht sogar noch ihren moralischen Pflichten nachkommen könnten. Die Kehrseite des Ganzen ist Folgende: Weil sie während dieser Zeit ihren Pflichten, den sterbenden Sündern das Evangelium zu verkündigen, nicht mehr nachgekommen sind, stumpfte ihr inneres Feingefühl ab. So sicher, wie eine Bleikugel aufgrund der Schwerkraft zu Boden fällt, wird unsere Art, die Dinge zu handhaben, zum Freikirchentum führen. Falls dieser Kurs weiterhin verfolgt wird, kann die Bischöfliche Methodistenkirche sich von ihrem geliebten Reisedienst, dem wir durch Gottes Gnade all das zu verdanken haben, was im Methodismus wirklich zählt, langsam verabschieden.

Wie wir wissen, wird das Bibelinstitut in Concord von sämtlichen Konferenzen Neuenglands unterstützt. Es wird nun behauptet, dass jene jungen Männer, die dort studieren, ihre Abende, vor allem samstags, sehr zur Zufriedenheit und zum Segen der umliegenden Gemeinden, mit Predigt- und Lehrdiensten verbrächten. So erhalten sie also während ihres Studiums von den Brüdern finanzielle Unterstützung. Man müsste schon arg getäuscht, kurzsichtig und voreingenommen sein, um nicht zu erkennen, dass das bewusst geschieht, um auf Kosten des Reisedienstes festangestellte Pastoren einzusetzen. Das wird schließlich mit einem lokalen Dienst enden –, aber ich will jetzt meinen Lebensbericht fortsetzen.

Unsere Herbstkonferenz im Jahre 1805 wurde in Kentucky abgehalten und zwar in Coles Versammlungshaus in der Provinz Scott. Aufgrund seiner Gebrechlichkeit konnte Bischof Asbury nicht daran teilnehmen. Die Konferenz wählte William M'Kendree zu seinem Nachfolger für das Amt des Vorsitzenden. Sechs weitere Prediger wurden auf Probe zugelassen. Die Anzahl der Reiseprediger belief sich auf 38; wir hatten 11.877 Mitglieder. Die Anzahl der Mitglieder hatte sich um 2.277 erhöht.

8

Der Scioto-Bezirk

Von 1805 bis 1806 wurde ich im Scioto-Bezirk eingesetzt, der zum gleichnamigen Distrikt gehörte und in Ohio lag. Der Vorsitzende der Ältestenschaft war John Sale und James Quinn war der verantwortliche Hauptprediger. Der Leser wird erkennen, dass es ein Glücksfall für mich war, die ersten zwei Jahre meines Dienstes als Reiseprediger unter der Leitung solcher Männer wie Benjamin Lakin und James Quinn, vor allem aber auch der beiden Vorsitzenden der Ältestenschaft William M'Kendree und John Sale, verbringen zu dürfen. Diese vier Männer waren kompetente Diener Jesu Christi. Sie hatten ein langes Leben, taten viel Gutes, bezeugten das gute Bekenntnis, starben glücklich und werden jetzt im Schutz des Himmels beherbergt. Friede ihrer Asche!

Der Scioto-Bezirk erstreckte sich vom Ohio River bis nach Chillicothe, das ebenfalls an diesem Fluss liegt, und von dort aus ging es nahe der Mündung auf die andere Flussseite, zum heutigen Portsmouth. Es dauerte vier Wochen, den Bezirk abzureiten, und es lebten 474 Kirchenmitglieder in dem Bezirk. Der Gouverneur des Staates, Dr. Tiffin, war Lokalprediger und sowohl er als auch seine Frau waren geschätzte Mitglieder unserer Kirche. Sie lebten in Chillicothe, dem damaligen Sitz der Regierung des Staates Ohio.

Ich möchte von zwei Begebenheiten berichten, die sich ereigneten, als ich im Süden dieses Bezirks unterwegs war.

In der Nähe von Eagle Creek hatten wir eine Predigtstation. Durch Herrn Dunlevy waren auch die „Schüttler" in diese Gegend vorgedrungen. Wie ich bereits erwähnte, war Herr Dunlevy ein ehemaliger Prediger der Presbyterianer. Nach seinem Austritt aus der Presbyterianischen Kirche hatte er sich der New-Lights-Bewegung angeschlossen. Seine „New Lights" erlebten ein so rapides Wachstum, dass es ihm auch noch den Rest seines ohnehin mäßigen Denkvermögens raubte und er zu einem geschwollen daherredenden „Schüttler" wurde. Es verschlug ihn also auch in diese Gegend. Er machte ein großes Spektakel und eine Menge Menschen fielen darauf herein. Zunächst florierte sein Dienst, aber schließlich verlor er immer mehr an Einfluss und inzwischen hat er das Gebiet „nach unbekannt" verlassen.

Im Südosten des Bezirks hatten wir eine neue Predigtstation gegründet. Die Versammlungen fanden bei Herrn Moor statt und wir predigten dort an den Sonntagen. Herr Moor hatte ein großes, zweistöckiges Blockhaus gebaut. Die zweite Etage war zwar nicht unterteilt, dafür aber bestuhlt, und Herr Moor stellte uns diesen Raum für die Gottesdienste zur Verfügung. Nicht weit von dort lebte ein presbyterianischer Prediger mit seiner Familie. In vielerlei Hinsicht war er ein anständiger Mann, doch unglücklicherweise hatte er einen Hang zum Alkohol entwickelt. In der umliegenden Gegend hatte er Versammlungen abgehalten und er war sehr beliebt, denn er war ein hervorragender Prediger.

Eines Sonntags kam ich zu spät zu meinem Predigttermin, da ich mich auf dem Weg zu Herrn Moor verirrt hatte. Als ich schließlich dort eintraf, stellte ich fest, dass sich viele Menschen versammelt hatten und nun dem presbyterianischen Prediger zuhörten. Er machte seine Sache gut - soweit ich seine Predigt gehört habe, kann ich sagen, dass sie mir durchaus gefiel. Nach Abschluss seiner Predigt entschuldigte er sich öffentlich dafür, dass er wenige Tage zuvor an einem Trinkgelage teilgenommen hatte. „Nun, das ist vermutlich richtig, vollkommen richtig", dachte ich. Dann fing er allerdings an, sein unerklärliches Verlangen nach Whiskey zu rechtfertigen, indem er sagte, seine Mutter hätte ihm gesagt, dass er bereits vor seiner Geburt nach Alkohol verlangt habe. Er nähme an, dass darin die Ursache für sein Verlangen läge, denn so lange er denken kann, hätte er dieses Verlangen gehabt. Das war also der Kern seiner Entschuldigung.

Unmut regte sich in mir. Als ich mich erhob, um den Gottesdienst zu beenden, verkündete ich den Versammelten: „Ich halte die vorgebrachte Entschuldigung des Predigers wegen seiner Trunkenheit für weitaus schlimmer als die Tatsache, dass er sich betrunken hat. Ich sehe diese Entschuldigung als eine Lüge, ja geradezu als eine Beleidigung seiner Mutter an. Ich führe seine Liebe des Whiskeys auf seine Maßlosigkeit zurück, der er in dem Maße nachgab, dass er abhängig wurde. Ich für meinen Teil bin weder bereit, die Entschuldigung in dieser Form anzuerkennen, noch, sie als glaubwürdig anzusehen. Ich fürchte, dass er bis zu seinem Tod ein Trunkenbold bleiben wird und schließlich verdammt werden wird." Dann teilte ich den Anwesenden noch mit, dass es meine Hoffnung sei, dass sie diesen Mann nicht mehr als Prediger empfingen, bis sein Lebenswandel eindeutig beweise, dass er vollständig von der Trunksucht befreit worden sei.

Ich hatte nun den Eindruck, dass Gott die Versammelten hier und jetzt segnen wolle. Ich erhob meine Stimme und ermahnte die Anwesenden so sanft wie möglich. Plötzlich fiel eine mächtige Kraft auf die Versammlung und augenblicklich fielen die Menschen links und rechts zu Boden, viele schrien laut um Gnade. Ich schätze, es gingen mindestens 30 Menschen zu Boden - es machte keinen Unterschied, ob sie alt, jung oder mittleren Alters waren. Damals hatte ich eine klare, kräftige Stimme und konnte nahezu Tag und Nacht singen, ermahnen, beten und predigen. Auch in dieser Versammlung ging ich singend, ermahnend und betend durch die Reihen und führte arme Sünder zu Christus. Während ich das tat, verließ der presbyterianische Prediger den Saal.

Mehrere Gemeindemitglieder, die aus der umliegenden Gegend gekommen waren, wurden sehr ermutigt. Sie jubelten laut vor Freude und unterstützten mich dann dabei, die Sünder zu ermahnen. Der Gottesdienst dauerte die ganze Nacht und fast den ganzen nächsten Tag. Zwischen 20 und 30 Menschen kamen zum Glauben und schlossen sich der Gemeinde an. Viele weitere kamen unter starke Überführung und gingen bekümmert nach Hause. Später kamen viele von ihnen zum Glauben und schlossen sich der Gemeinde an.

Ich möchte jetzt von einer weiteren sehr bemerkenswerten Begebenheit berichten. Es handelt sich um eine etwa 45 Jahre alte Frau. Sie war Mitglied der Presbyterianischen Kirche und eine überzeugte Anhängerin der Prädestinationslehre. Ihr Mann war Methodist und mehrere ihrer Kinder hatten vor Kurzem zum Glauben gefunden. Diese Frau erlebte eine derart starke Überführung, dass sie dachte, sie sei zuvor gar nicht richtig gläubig gewesen. Sie gehörte zu denen, die durch die mächtige Kraft Gottes zu Boden gefallen waren. Tagelang rang sie in intensivem Gebet. Schließlich versuchte sie der Teufel mit der Lüge, dass sie von Gott verworfen sei und dass es keine Gnade mehr für sie gäbe. Durch diese teuflische Versuchung geriet sie in völlige Verzweiflung. Schließlich war sie so verwirrt, dass sie dachte, sie sei Jesus Christus. Sie meinte sogar, die, die zu ihr kamen, segnen oder verfluchen zu müssen.

Natürlich war ihre Familie wegen ihres Zustands sehr bekümmert und auch die Nachbarn waren in großer Sorge. Ihre Freunde und wir versuchten alles in unserer Macht Stehende, um sie zur Vernunft zu bringen, aber ohne Erfolg. Schließlich verweigerte sie jegliche Nahrungsaufnahme. Sie trank auch nichts mehr und weigerte sich, zu schlafen. Fast zwei Wochen lang vegetierte sie so vor sich hin, bis sie schließlich starb. Sie war nicht mehr zur Vernunft gekommen. Einige Verfolger und Kritiker der Methodisten wollten jetzt eine große Sache daraus machen. Sie machten dann aber doch einen Rückzieher, da sie sich davor fürchteten, vom gleichen Schicksal ereilt zu werden.

Nördlich von uns war der Hockhocking River und dazwischen der Scioto River. John Meek und James Axley wurden in diesen Bezirk berufen. Der Bezirk erstreckte sich vom Scioto River bis nach Zanesville, das am Muskingum River liegt. Es war ein schwieriger und arbeitsintensiver Bezirk. Als Bruder Meeks Gesundheit versagte, sorgte unser Vorsitzender der Ältestenschaft dafür, dass ich in diesen Bezirk versetzt wurde. Bruder Axley arbeitete ebenfalls noch in diesem Bezirk. Der Abschied von meinen Brüdern im Scioto-Bezirk, insbesondere von meinem geliebten Bruder Quinn, fiel mir schwer. Bruder Sale blieb aber weiterhin mein Vorsitzender der Ältestenschaft und Bruder Quinns wunderbare Familie wohnte im Hockhocking-Bezirk.

Ich hatte die Möglichkeit, Bruder Quinn auf jeder Runde durch den Bezirk zu sehen. Bruder Axley und ich waren wie Jonathan und David. Es gab damals noch keine Pfarrhäuser. Bruder Quinn wohnte in einer kleinen Hütte auf dem Grundstück seines Schwiegervaters. Er hatte mehrere Kinder und, wie gesagt, die Hütte war klein. Wenn ihn die Prediger besuchten, hatte man

Gemeinschaft und aß zusammen, aber übernachtet wurde in der Hütte von „Vater Teel“, seinem Schwiegervater. Bei meinem ersten Besuch verbrachte ich den Nachmittag mit Bruder Quinn. Er gab mir zu verstehen, dass es besser wäre, in Vater Teels Hütte zu übernachten, weil ich dort besser schlafen könne. Dann sagte er zu mir: „Ich will dir aber noch verraten, worauf du achten musst. Du wirst in der einen Hälfte von Vater Teels Doppelhütte übernachten, er und seine Familie schlafen in der anderen. Er hat die Gewohnheit, sehr früh aufzustehen. Sobald er sich angekleidet hat, stimmt er eine Hymne an, singt und geht dann dazu über, zu beten. Er wartet noch nicht einmal, bis seine Familie aufgestanden ist. Mit den anderen Predigern geht er ebenfalls so um - er war noch nie dafür bekannt, auch nur eine Minute auf irgendeinen Prediger gewartet zu haben, außer auf Bischof Asbury. Wenn du also am Morgengebet teilnehmen möchtest, musst du früh aufstehen, dich schnell anziehen und sofort in den anderen Raum gehen. Ich hielt es für besser, dir das vorher zu sagen, damit du dich hinterher nicht wunderst.“

Ich bedankte mich und fragte: „Weshalb konnten die anderen Prediger ihn nicht von diesem ungebührlichen Benehmen kurieren?“

„Nun, er ist alt und in seinen Gewohnheiten festgefahren“, sagte Bruder Quinn.

„Nur dass du es weißt, ich werde ihn davon kurieren“, sagte ich.

„Oh nein, das kannst du nicht“, antwortete er.

Also ging ich hinüber zu Vater Teel, um dort zu übernachten. Ich nahm noch am Familiengebet teil und zog mich anschließend zurück, um zu schlafen. Ich machte mir wegen dieser Sache keine weiteren Sorgen, schließlich war ich es gewohnt, früh aufzustehen. Ich habe es immer für falsch gehalten, wenn Prediger erst spät aufstehen und ihre Familien warten lassen. Bei Tagesanbruch wachte ich auf. Ich stand auf, aber noch ehe ich mich fertig angekleidet hatte, konnte ich deutlich hören, dass Bruder Teel eine Hymne anstimmte und sang. Als ich dann fertig angekleidet war, hörte ich, dass er betete. Er dankte Gott für die Bewahrung in der Nacht und dass sie nun einen neuen Tag erleben durften. Ich vermute, dass seine Familie zu diesem Zeitpunkt noch tief und fest schlief. Ich öffnete vorsichtig die Tür und ging hinaus zum Brunnen, um mich zu waschen. Anschließend ging ich zurück zur Hütte. Als ich die Tür erreichte, öffnete der alte Mann sie, und als er mich erkannte, sagte er:

„Guten Morgen, mein Herr. Ich habe gar nicht gewusst, dass Sie bereits auf sind.“

„Nun, ich bin schon eine ganze Weile auf“, antwortete ich.

„Warum sind Sie denn nicht zu mir hereingekommen, um mitzubeten?“, fragte er.

„Nun, weil es bei uns nicht üblich ist, am Morgen ein Familiengebet abzuhalten, ehe wir uns gewaschen haben“, sagte ich.

Der alte Mann ging seiner Wege und es wurde kein weiteres Wort mehr über diese Angelegenheit verloren. Am Abend dieses Tages, als wir uns gerade zur Nachtruhe zurückziehen wollten, holte dieser alte Bruder das Gebetsbuch hervor und sagte zu mir:

„Bruder, beten Sie mit uns."

„Nein, mein Herr", sagte ich.

„Nur zu Bruder, nehmen Sie das Buch und beten Sie mit uns", antwortete er.

„Nein, mein Herr, Sie sind doch ein so guter Beter, beten Sie", sagte ich.

Er bestand darauf, aber ich blieb beharrlich bei meinem Nein und sagte:

„Sie lieben es so, selbst zu beten, dass Sie Gott heute Morgen sogar dafür gedankt haben, dass er Sie und Ihre Familie bewahrt hat, um den neuen Tag erleben zu dürfen, obwohl noch kein weiteres Familienmitglied ein Auge aufgemacht hatte, sondern alle noch fest schliefen. Sie halten Ihre Familiengebetszeiten auf eine solch absurde Weise, dass ich nichts damit zu tun haben möchte."

Dann öffnete er das Buch, las daraus vor und betete, aber am nächsten Morgen war alles anders als sonst. Er hatte die ganze Familie um sich geschart und auf mich gewartet. Vater Teel hatte sein Fehlverhalten erkannt und versicherte mir, dass meine Ermahnung die Beste gewesen sei, die er jemals bekommen hätte. Ich betete dann noch mit der Familie und alles wurde gut.

Unser letztes Vierteljahrestreffen jenes Jahres wurde im Rahmen einer Lagerversammlung abgehalten. Viele Zelte wurden aufgeschlagen und dafür, dass es sich um Neuland handelte, hatten wir sehr viele Besucher – allerdings kamen auch so viele Rabauken und so viel Gesindel wie nie zuvor. Sie kamen betrunken in die Versammlung und waren mit Dolchen, Knüppeln, Messern und Pferdepeitschen bewaffnet. Sie hatten sich geschworen, diese Versammlung zu beenden. Nachdem sie uns an einem Samstagabend heftig belästigt hatten, waren sie am Sonntagmorgen erneut zusammengekommen, um einen Krawall anzuzetteln. Ich war für die Morgenpredigt um acht Uhr eingeteilt worden. Als ich mit meiner Predigt etwa halb durch war, spazierten zwei sehr gut gekleidete junge Männer herein. Sie hielten ihre Peitschen bereit, behielten ihre Hüte auf, postierten sich mitten unter die Damen und fingen an, zu lachen und zu reden. Sie waren in der Nähe des Podiums und ich forderte sie auf, still zu sein und von den Bänken zu steigen, aber sie verfluchten mich und gaben mir zu verstehen, dass ich mich um meinen eigenen Kram kümmern solle und dass sie nicht von den Bänken steigen würden. Ich unterbrach meine Predigt und rief einen der für die Sicherheit zuständigen Beamten. Zwei von ihnen waren in der Nähe, aber ich bemerkte, dass sie Angst hatten. Ich forderte sie auf, die Männer in Gewahrsam zu nehmen, aber sie weigerten sich. Während ich das Podium verließ, sagte ich: „Geben Sie mir den Befehl, sie zu ergreifen, und ich werde es unter Einsatz meines Lebens tun." Sie befahlen mir, mich fernzuhalten, aber ich drang vor. Einer schlug mit seiner Peitsche nach meinem Kopf, doch ich konnte ihn überwältigen und von der Bank stoßen. Wir balgten uns und mittlerweile war die gesamte Versammlung in Aufruhr. Ich hörte, wie die Beamten Anweisungen gaben. Sie forderten alle Ordnungsliebenden dazu auf, den Krawall zu unterbinden. Während ich mich mit meinem Gegner raufte, warf ich ihn zu Boden und hielt ihn fest. Er gab sein Bestes, um sich zu befreien, aber ich sagte ihm, dass ich seine Brust ordentlich bearbeiten würde, wenn er nicht Ruhe gäbe. Sein Kumpel war inzwischen ebenfalls überwältigt worden, aber nun machte sich die Horde auf, die beiden Rabauken zu befreien. Ein alter, betrunkener Beamter kam auf mich zu und befahl mir, den „Gefangenen" loszulassen. Ich weigerte mich. Daraufhin schwor er, mich zu schlagen, falls ich mich weiterhin weigern würde. Ich sagte ihm, dass er verschwinden solle. Als ich nun einen meiner Freunde bat, meinen „Gefangenen" zu übernehmen, schlug der betrunkene Richter nach mir, aber ich konnte den Schlag abwehren. Dann packte ich ihn am Kragen und an den Haaren und verpasste ihm einen unerwarteten Schlag, er ging zu Boden und ich stürzte mich auf ihn. Ich sagte ihm, dass ich ihn richtig verprügeln würde, wenn er keine Ruhe gäbe. Dann erreichte der Mob den Schauplatz. Sie schlugen sieben Beamte und sieben Prediger nieder und griffen dann auch weitere Menschen an. Ich übergab meinen betrunkenen „Gefangenen" an jemand anders und warf mich vor die „Ordnungsliebenden". Genau in diesem Moment sah ich mich dem Anführer des Mobs gegenüber. Er wollte mich niederschlagen und holte dreimal aus. Bei seinem letzten Schlag verlor er durch seine Bewegung seine Deckung und drehte mir eine Gesichtshälfte zu. In diesem Augenblick schien ich keine Kraft zu haben, der Versuchung zu widerstehen, und mit einem plötzlichen Schlag auf sein Ohrläppchen streckte ich ihn nieder. Plötzlich fielen die Ordnungsliebenden zu Hunderten über den Mob her und schlugen überall Menschen nieder. Innerhalb weniger Minuten wurde es für den Mob zu ungemütlich und sie flohen in alle Richtungen. Wir konnten dreißig festnehmen und führten sie ab, um sie in einem freien Zelt unterzubringen. Dann stellten wir Wachen auf und hielten sie dort bis Montag fest, um sie dem Richter vorzuführen. Jeder von ihnen wurde mit dem höchstmöglichen Bußgeld belegt. Der Gesamtbetrag der Kosten und Bußgelder betrug 300 Dollar. Sie verurteilten „meinen" alten, betrunkenen Beamten zu 20 Dollar Bußgeld, und bei einer weiteren Verhandlung wurde er seines Amtes enthoben. An jenem Sonntag, an dem wir den Mob besiegt hatten, herrschte im ganzen Lager Bedrückung, und obwohl klar war, dass die Gottesdienste nicht vor Sonnenuntergang fortgesetzt würden, fand sich unter den Predigern niemand, unseren Vorsitzenden der Ältestenschaft John Sale eingeschlossen, der bereit war, die Aufgabe zu predigen zu übernehmen – so groß war unsere Bestürzung. Da ich erkannte, dass wir in böse Zeiten geraten waren, verspürte ich in meinem Geist ein Drängen. Ich sagte zum Ältesten:

„Ich verspüre ein reines Gewissen, denn angesichts der Umstände haben wir richtig gehandelt, und nun bitte ich darum, predigen zu dürfen."

„Tu es, denn es gibt hier außer dir niemanden, der es tun könnte", sagte der Älteste.

Nun wurden die Lichter im Lager entzündet und die Trompete wurde geblasen. Ich begab mich zum Podium und rief jede Seele dazu auf, zum Gottesdienst zu kommen. Die Menschen stürmten herbei. „Wenn es jemals erforderlich war, zu beten, dann jetzt", sagte ich und bat meine Brüder um Gebetsunterstützung. Meine Stimme war kräftig und klar und meine Botschaft diente der Erbauung und Ermutigung. Das Bibelwort für meine Predigt lautete: „Und die Pforten der Hölle sollen sie nicht überwältigen" (siehe Mt. 16, 18). Nach ungefähr einer halben Stunde fiel die Kraft Gottes auf die Versammlung, wie es selten zu sehen ist. Die Menschen fielen in alle Richtungen zu Boden – rechts, links, vorne und hinten. Man vermutete, dass es mindestens 300 Menschen waren, die wie Erschlagene in einer Schlacht zu Boden gingen. Es erübrigte sich, die Bußfertigen aufzurufen, denn überall im Lager vernahm man das zum Himmel aufsteigende Wehklagen und lautes Flehen der Sünder um Gnade. Dazu kam noch das laute Schreien und Rufen der Christen, sodass man den Lärm schon von Weitem hören konnte. Unsere Versammlung dauerte die ganze Nacht, auch noch den ganzen Montag und die nächste Nacht, bis wir sie schließlich am Dienstag beendeten. Bis dahin hatten sich 200 Menschen zum Glauben bekannt, und es waren auch etwa genauso viele, die sich der Gemeinde anschlossen.

Bruder Axley und ich zogen am selben Strang, wie es sich für Jochgenossen gehört. Wir waren beide in der tiefsten Provinz aufgewachsen und mit dem Grenzland vertraut. Bruder Axley war in der Tat ein Naturkind. Er verfügte über eine große Strenge und Entschlossenheit, aber er hatte auch etwas Eigentümliches an sich. Von eleganten Manieren wusste er nichts. An dieser Stelle möchte ich von einer Begebenheit berichten, die sich bei unserem Besuch bei Gouverneur Tiffin, in Chillicothe, ereignete.

In diesem Jahr, als ich noch im Scioto-Bezirk arbeitete, kam Bruder Axley zu Besuch und ich ließ ihn in Chillicothe predigen. Der Gouverneur und seine liebenswürdige Frau waren von ihm sehr angetan. Sie stellten ihr Haus den Predigern zur Verfügung, also gingen wir dorthin. Der Gouverneur war schnell zu begeistern und konnte sein Lachen nicht immer unterdrücken. Schwester Tiffin vermochte sich sehr gut zu beherrschen. Sie hatte die Muskeln in ihrem Gesicht gut im Griff und konnte, wenn sie es wollte, sehr ernst schauen. Sie hatten keine Kinder, aber ein süßes, kleines Schoßhündchen. Zum Abendessen wurden wir in den Salon gerufen. Verschiedenes stand zur Auswahl, unter anderem gab es auch Brathähnchen, Tee und Kaffee. Als Schwester Tiffin Bruder Axley von dem Brathähnchen anbot, sagte er gerne zu, denn er war ganz versessen darauf. Man servierte ihm eine unzerlegte Hähnchenkeule. Axley machte keine Anstalten, das Fleisch vom Knochen zu schneiden, sondern nahm die Keule in die Hand und legte los. Als er den Knochen abgenagt hatte, pfiff er nach dem kleinen Schoßhündchen und warf den Knochen auf den Teppich. Ich bemerkte, dass der Gouverneur fast losgelacht hätte, er konnte sich aber gerade noch beherrschen. Dann schaute ich zu Schwester Tiffin. Sie runzelte die Stirn und schaute mich kopfschüttelnd an, um mir zu verstehen zu geben, ich solle bloß nicht lachen. Die Sache ging noch einmal gut.

Es war damals üblich, eine Weile, bevor es Kaffee und Tee gab, zu essen. „Möchten Sie lieber eine Tasse Tee oder Kaffee?", fragte Schwester Tiffin Bruder Axley. Daraufhin fragte er, ob sie auch Milch hätten. „Ja", antwortete sie. „Nun gut, Schwester, dann geben Sie mir doch lieber etwas Milch, denn mit diesem Kaffee und Tee hat man mir fast den Magen verbrannt - ich mag das Zeug nicht." Ich dachte, dass der Gouverneur jetzt bestimmt einen Lachanfall bekommen würde, aber wieder beherrschte er sich. Bei mir selbst war es so schlimm, dass ich dachte, ich müsse hinausgehen, aber dann sah ich Schwester Tiffin. Sie runzelte die Stirn und schaute mich kopfschüttelnd an, das half mir dann sehr, mich zu beherrschen.

Als wir dann hinaufgingen, um zu Bett zu gehen, sagte ich: „Bruder Axley, du bist wirklich das ungehobeltste Geschöpf, das ich kenne. Wann wirst du endlich Manieren lernen?"

„Was habe ich denn getan?", fragte er.

„Was für eine Frage! Du hast die Hähnchenkeule in die Hand genommen und das Fleisch abgenagt, dann hast du den Hund herbeigepfiffen und den abgenagten Knochen auf den Teppich geworfen. Zu allem Überfluss hast du dann auch noch Schwester Tiffin erzählt, dass du dir den Magen mit Tee und Kaffee verbrüht hast", sagte ich.

Er brach in Tränen aus und sagte: „Warum hast du mich denn nicht eines Besseren belehrt, ich habe es doch nicht besser gewusst?"

Als er am nächsten Morgen aufwachte und aufblickte, bemerkte er, dass der ganze Raum mit Stuckarbeiten verziert war. Daraufhin sagte er: „Wenn ich nach Hause komme, werde ich meinen Familienangehörigen erzählen, dass ich im Haus des Gouverneurs übernachtet habe - in einem Haus, das aus Steinen gebaut und mit Stuckarbeiten verziert ist."

Da er geradezu im Zuckerrohrdickicht aufgewachsen und nichts anderes als den Anblick von Blockhütten gewöhnt war, war es für ihn etwas ganz Besonderes, ein schönes Haus zu betrachten und in einem mit Stuck verzierten Raum zu schlafen. Aber ich sage dir, lieber Leser, er war ein großartiger und guter Diener Jesu Christi. Ich habe ihn oft sagen hören, dass ein wahrhaftiger und guter Prediger gegen eine Dreieinigkeit von Dämonen kämpfen müsse - übertriebene Kleidung, Whiskey und Sklaverei. Darüber predigte er selten, aber wie es sich für einen Mann Gottes geziemt, vermittelte er den betroffenen Personen diese Dinge deutlich.

Im Jahre 1804 wurde Bruder Axley Mitglied der Reiseverbindung. Er war 19 Jahre im Reisedienst, bis er sich schließlich im Jahre 1823 niederließ. Er war bemerkenswert nützlich als Lokalprediger. Bruder Axley war ein fleißiger und sparsamer Mensch und lebte in ordentlichen, angenehmen Verhältnissen - allerdings verlor er fast seinen ganzen Besitz, weil er für einen Freund als Bürge eingetreten war. Er bekam zwar Hilfe von der Kirche, aber der frühere Lebensstandard blieb für ihn unerreichbar, sodass er in relativ ärmlichen Verhältnissen starb.

9

Das Leben als Reiseprediger

Gegen Ende des Jahres 1806 traf ich mich in Lexington mit den Kentuckypredigern. Unter der Führung von William Burke machte sich unsere Gruppe von etwa 20 Personen auf den Weg nach Nollichuckie, in Ost-Tennessee. Dort sollte am 15. September in der Ebenezer-Gemeinde die Jahreskonferenz stattfinden. Unsere Mitgliederzahl hatte sich auf 12.670 erhöht; das bedeutete einen Zuwachs von etwa 800 Personen.

In diesem Jahr wurde der Mississippi-Distrikt in die Westkonferenz aufgenommen - auch diesem Distrikt stand ein Vorsitzender der Ältestenschaft vor. Die Anzahl unserer Reiseprediger hatte sich von 38 auf 49 erhöht. Auch Bischof Asbury nahm an der Konferenz teil. Unter uns waren 13 gewählte und ordinierte Diakone. Fälschlicherweise wurde im Protokoll das Jahr 1807 angegeben, aber die Konferenz fand im Herbst des Jahres 1806 statt. Zwei Jahre zuvor wurden 18 Diakone auf Probe zugelassen, die Anzahl hatte sich innerhalb so kurzer Zeit auf 13 reduziert. Dafür gab es unterschiedliche Gründe: Manche waren auf eigenen Wunsch oder wegen Krankheit ausgeschieden, andere waren aufgrund mangelnder Finanzen gezwungen, vom Reisedienst zurückzutreten.

Wenn ich mich recht erinnere, erhielt ich in jenem Jahr 40 Dollar. Es gab unter unseren Predigern aber auch einige, die noch nicht einmal 20 Dollar bekommen hatten. Es waren harte Zeiten im Wilden Westen und vielen, sehr vielen frommen, wertvollen Predigern blieb nichts anderes übrig, als sich niederzulassen, da sie sonst verhungert wären. „Verhungert" nicht aufgrund eines Mangels an Nahrung, denn obwohl es ein raues Leben war, hatten die Prediger in der Regel genug zu essen. Im Allgemeinen bekamen sie allerdings noch nicht einmal genug Geld, um sich einen neuen Anzug zu kaufen. Wer keine selbstgesponnene Kleidung trug oder von guten Schwestern mit angefertigter Kleidung versorgt wurde, musste sich in der Regel vom Reisedienst zurückziehen und eine andere Arbeit aufnehmen, um sich entsprechend versorgen zu können. In diesen frühen Tagen gab es wenig Geld im Land, doch dem zum Trotz haben einige der besten Männer, die Gott in den Dienst gestellt hat, die Widrigkeiten auf sich genommen. Sie kämpften gegen den Sturm, ertrugen Armut und pflanzten den Methodismus erfolgreich in diesem Teil der Welt.

Als wir während dieser Konferenz zu Diakonen ordiniert wurden, übergab mir Bischof Asbury ein entsprechendes Zertifikat mit folgendem Inhalt:

> **Hiermit gebe ich allen Anwesenden bekannt, dass ich, Francis Asbury, Bischof der Bischöflichen Methodistenkirche Amerikas, unter dem Schutz des Allmächtigen Gottes und einzig und allein zu seiner Ehre heute durch das Auflegen meiner Hände Peter Cartwright in das Amt des Diakons in der Bischöflichen Methodistenkirche eingesetzt habe. Ich halte ihn für diesen Dienst bestens geeignet und empfehle ihn hiermit allen. Er ist berechtigt, in Abwesenheit eines Ältesten Taufen, Eheschließungen und Beerdigungen durchzuführen sowie für die Herde Christi zu sorgen. Solange er es im Geist und gemäß dem Evangelium Christi tut und an den gesunden Worten der fest gegründeten Lehre des Evangeliums festhält, gilt diese Berechtigung.**
>
> **Um seine Echtheit zu bestätigen, habe ich dieses Dokument am 16. September im Jahre unseres Herrn 1806 unterschrieben und mit meinem Siegel versehen.**
>
> **FRANCIS ASBURY**

Ich hatte über 800 Kilometer zurückgelegt, um die Konferenz in Ost-Tennessee zu besuchen; ich war von Zanesville aus aufgebrochen. Als der Einsatzplan verlesen wurde, stellte sich heraus, dass mir der Marietta-Bezirk zugeteilt wurde. Dieser Bezirk lag in der Nähe meines vorigen Bezirks, nur noch etwas weiter südlich. Marietta liegt an der Mündung des Muskingum River, der dort in den Ohio River fließt. Der Bezirk erstreckte sich am nördlichen Ufer des Ohio über etwa 241 Kilometer, führte dann an der Mündung des „Little Kanawha“ auf die andere Flussseite, von dort flussaufwärts bis zum Hughes River und schließlich bis östlich Middle Islands. Ich schätze, es war eine Strecke von etwa 480 Kilometern und auf jeder Runde musste ich den Ohio viermal überqueren.

In diesem Bezirk herrschte viel Armut und es war schwierig, dort zu arbeiten. Marietta und das Umland waren anfangs durch Yankeekolonien [Kolonien der Nordstaatler] besiedelt worden. Ich hatte schreckliche Geschichten über sie gehört und bisher keinen von ihnen zu Gesicht bekommen. Man sagte, sie ernährten sich fast ausschließlich von Kürbissen, Melisse, fetthaltigem Fleisch und Schwarzem Tee. Man sagte, sie könnten keine lautstarken, feurigen Predigten ertragen und hätten deshalb ihre eigenen Prediger mitgebracht. Diese gebildeten Prediger läsen ihre Predigten ab und zögen beständig über uns hinterwäldlerischen Prediger her. Als mein Name verlesen wurde und ich jetzt wusste, dass ich diesen Bezirk übernehmen sollte, war ich äußerst bekümmert. Ich ging zu Bischof Asbury und bat ihn inständig, meinen Platz anderweitig zu besetzen und nach Hause gehen zu dürfen. Der „alte Vater“ nahm mich in seine Arme und sagte: „Oh nein, mein Sohn, gehe im Namen des Herrn. Es wird einen Mann aus dir machen.“

Ich dachte bei mir selbst: „Also, wenn man auf diese Weise zum Mann wird, dann möchte ich keiner werden." Ich weinte deswegen bitterlich und natürlich betete ich auch. Zur Freude meines Vorsitzenden der Ältestenschaft, J. Sale, machte ich mich dann schließlich doch auf den Weg. Viele der Menschen, die ich dort traf, waren freundlich und wohlwollend mir gegenüber, aber dennoch: Wenn ich jemals schwierige Zeiten erlebt habe, dann in jenem Jahr. Es war ein hartes Stück Arbeit, Leib und Seele zusammenzuhalten. Mein erster Hausbesuch führte mich zu einer Methodistenfamilie und es stellte sich heraus, dass der Bruder ein Anhänger der Allaussöhnung war. Nachdem ich den Muskingum River überquert hatte, erreichte ich Marietta. Auch dort kehrte ich zuerst bei einer Methodistenfamilie ein und es stellte sich heraus, dass die Dame, obwohl sie der Bischöflichen Methodistenkirche angehörte, ebenfalls eine entschiedene Anhängerin der Lehre der Allaussöhnung war. Sie war eine geschwätzige Nordstaatlerin mit einem schmalen Gesicht und einer Römernase. Sie war sehr wortgewandt und ich musste mein Bestes geben, um mit ihr mitzuhalten. Es war aber auch eine gute Schule für mich, weil ich angespornt wurde, in meiner Bibel zu lesen. Erlaube mir an dieser Stelle darauf hinzuweisen, dass in dieser Auseinandersetzung alle falschen Lehren erwähnt wurden, von denen ich bis dato gehört hatte. Die Nachkommen der Puritaner waren meist gebildet, aber ihre Vorfahren waren häufig entschiedene Anhänger der Prädestinationslehre. Wenngleich sie in moralischer Hinsicht zeitweise etwas mehr Licht hatten und „die Menschen wie Bäume umhergehen sahen" (siehe Mk. 8, 24), fielen sie dennoch Lehren wie dem Deismus, der Allaussöhnung, dem Unitarismus und dergleichen anheim. Die Auseinandersetzung mit diesen Dingen war für mich sehr lehrreich und überall sah ich mich damit konfrontiert. Der Methodismus schien geschwächt und ich musste mich entscheiden. Entweder ich würde kämpfen oder davonlaufen - ich entschied mich, zu kämpfen.

In Marietta lebte ein ehemaliger Prediger der Allaussöhnung namens A. Sargent. Als er Kontakt zu einem ähnlich kunterbunten Haufen bekam, wie ich es soeben aus meiner eigenen Erfahrung beschrieb, sah er darin ein gefundenes Fressen für seine Hochstapelei - und damit lag er nicht falsch. Dementsprechend nahm er für sich den Namen „Halcyon-Gemeinde" in Anspruch und gab sich selbst als den Millenniumsbotschafter aus. Er behauptete, er sähe Visionen, geriete in Verzückungen und unterhielte sich mit Engeln. Er hatte zahlreiche Anhänger in der Stadt und der ganzen Gegend. Die Pastoren der Presbyterianer und Freikirchen fürchteten sich vor ihm. In seiner Bewegung predigten sowohl Männer als auch Frauen. Die Methodisten hatten in Marietta kein eigenes Gemeindegebäude. Wenn wir die Gelegenheit bekamen, predigten wir im Gerichtsgebäude. Wir hatten wirklich schwer zu kämpfen. Die Kongregationalisten erlaubten mir, in ihrer Akademie zu predigen. Ich bereitete mich darauf vor und erklärte dann der Halcyon-Bewegung den Krieg, was für große Aufregung sorgte. In der Zwischenzeit führten wir in den Vororten von Marietta eine Lagerversammlung durch, bei der auch unser Vorsitzender der Ältestenschaft, Bruder Sale, anwesend war. Herr Sargent kam auch. Er wollte dort sogar predigen, aber während der ganzen Zeit wurde er von Bruder Sale nicht bemerkt. Ich erwähnte ja bereits, dass er vorgab, er sähe Visionen und erlebe Verzückungen. Für gewöhnlich dauerte es nicht lange, bis er in Ohnmacht fiel. Er blieb dann eine ganze Weile liegen, und wenn er wieder zu sich kam, erzählte er von den mächtigen Dingen, die er angeblich gesehen und gehört hatte.

Am Sonntagabend, während unserer Lagerversammlung, machte sich Herr Sargent mit etwas Schießpulver und einer brennenden Zigarre auf den Weg zum etwa 90 Meter entfernten Flussufer. Dort war ein großer Baumstumpf und er deponierte darauf sein Schießpulver, um es dann mit seiner Zigarre zu entzünden. Dadurch entstand ein Blitz, der von vielen im Lager gesehen wurde; manche sahen aber auch bloß ein Leuchten. Als das Pulver aufflammte, fiel Herr Sargent zu Boden, wo er eine ganze Weile liegen blieb. Inzwischen hatten die anderen ihn gefunden und scharten sich nun um ihn. Schließlich kam er zu sich und sagte, dass Gott ihm eine Botschaft für die Methodisten gegeben hätte. Er behauptete, dass Gott in einem Lichtblitz zu ihm herabgekommen sei. Daraufhin wäre er unter der Kraft Gottes zu Boden gefallen und hätte seine Vision empfangen.

Als ich sah, wie viele Menschen sich um ihn geschart hatten, nahm ich eine Lampe und ging zum Ufer hinunter. Ich wollte der Sache auf den Grund gehen. Als ich in die Nähe des Baumstumpfs kam, roch ich den Schwefel des Schießpulvers. Als ich den Baumstumpf erreichte, konnte ich eindeutig erkennen, dass hier Schießpulver benutzt worden war. Ganz in der Nähe lag auch die Zigarre, mit der Herr Sargent das Schießpulver entzündet hatte. Inzwischen verkündigte er eifrig seine Botschaft. Ich ging auf ihn zu und fragte ihn, ob ihm in dem Blitz ein Engel erschienen sei.

„Ja“, antwortete er.

Darauf entgegnete ich: „Sargent, hat der Engel denn nicht nach Schwefel gerochen?“

„Weshalb stellen Sie mir eine so törichte Frage?“, fragte er.

Daraufhin sagte ich: „Falls überhaupt ein Engel mit Ihnen gesprochen hat, dann kam er vom See aus Feuer und Schwefel!“ Nun sprach ich mit noch lauterer Stimme: „Ich rieche selbst jetzt noch den Schwefel!“ Dann ging ich zu dem Baumstumpf hinüber und forderte die Menge auf, ebenfalls dorthin zu kommen, um sich selbst zu überzeugen. Die Menschen stürmten herbei und durchschauten sehr schnell, was hier gespielt wurde. Sie schimpften Sargent einen niederträchtigen Betrüger. Er verschwand dann sehr schnell und wir hatten weder mit ihm noch mit seinen Schwefelengeln weitere Probleme.

Es sei mir erlaubt, an dieser Stelle noch auf Folgendes hinzuweisen: Als ich erfolgreich gegen die Halcyons vorging, wurde ich von den Kongregationalisten sehr respektvoll behandelt, und selbst bei den Verantwortlichen ihrer Akademie fand ich immer ein offenes Ohr, wenn ich dort predigen wollte. Kaum hatte ich die Halcyons überwunden, fing mich ein Ältester der Kongregationalisten ab, um mir mitzuteilen, dass es nicht länger erwünscht sei, dass ich in ihrer Akademie predige. Daraufhin bat ich um Erlaubnis, dort eine weitere Versammlung abzuhalten, bis ich eine andere Möglichkeit gefunden hätte. Da es sich um nur noch ein weiteres Treffen handelte, wurde mir diese Bitte gewährt.

Ich bereitete mich auf diese Versammlung vor und als es so weit war, hatten sich viele Menschen eingefunden. Ich setzte mein gesamtes arminianisches Arsenal schlagkräftiger Argumente gegen ihren Calvinismus ein. Einer ihrer Prediger war anwesend und ich forderte ihn zu einer öffentlichen Diskussion heraus. Das lehnte er ab, denn er wollte sich nicht zu weit aus dem Fenster lehnen. Durch meinen Einsatz in dieser Versammlung gewann ich viele Freunde, erlebte aber auch Verfolgung, aber dennoch hatte sich für mich eine Tür geöffnet. Wir begannen mit einer kleinen Klasse und wurden in der Region anerkannt.

Ich möchte nun von einem besonderen Beispiel für wilden Fanatismus berichten. Der Vorfall ereignete sich, als ich im Marietta-Bezirk arbeitete. Es handelt sich um einen Prediger aus der Halcyon-Bewegung. Er dachte, dass er so heilig leben könnte, dass er körperlich unsterblich würde. Schließlich hatte er sich so sehr in diesen Glauben hineingesteigert, dass er dachte, er wäre tatsächlich unsterblich und er könne leben, ohne der Nahrung zu bedürfen. Seine Freunde bemühten sich sehr, ihn eines Besseren zu belehren, aber vergeblich. Er weigerte sich, zu essen und zu trinken. Das hielt er 16 Tage lang durch, dann starb er. Sein Tod beendete die Diskussion um diese törichte Illusion und versetzte dem Fanatismus unter den Halcyon-Anhängern einen ziemlichen Dämpfer.

Nun zu meiner persönlichen Situation gegen Ende meiner Arbeit in diesem schwierigen Bezirk. Inzwischen war ich seit etwa drei Jahren von zu Hause fort. Ich war jetzt 804 Kilometer von zu Hause entfernt; mein Pferd war erblindet; mein Sattel hatte ausgedient; mein Zaumzeug hatte ich inzwischen zwölfmal ausgetauscht und meine Kleidung war so sehr mit Flicken übersät, dass es schwierig war, das Original zu erkennen. Ich hielt es für das Beste, zu versuchen, nach Hause zu kommen und mir andere Kleidung zu besorgen. Ich wusste nicht, wie mir das gelingen sollte, da ich nur über 75 Cent verfügte.

Es war sinnlos, mir darüber weiter Gedanken zu machen. Ich musste mich auf den Weg machen, sonst würde sich meine Situation nur weiter verschlechtern. Also beschloss ich, mich aufzumachen, dann würde ich schon sehen, wie weit ich käme. Ich hatte mir vorgenommen, unterwegs zu arbeiten, um meine Heimreise zu finanzieren. Es lebten auch ein paar meiner Freunde auf dieser Strecke, also brach ich auf.

Zuerst ging es durch meinen Bezirk. Ich beabsichtigte, bei einem Bruder zu übernachten, der in etwa 56 Kilometer Entfernung lebte. Ich machte mich auf und am späten Abend, als ich noch etwa acht Kilometer von meinem Ziel entfernt war, begegnete ich einer Witwe, die zwar kein Gemeindemitglied war, aber während des ganzen Jahres meine Gottesdienste besucht hatte. Ihr Zuhause war einige Kilometer von meiner Strecke entfernt. Nach der üblichen Begrüßung fragte sie mich, ob ich den Bezirk verlassen würde.

Das bestätigte ich und erklärte ihr, dass ich die Heimreise angetreten hätte.

„Nun, wie sieht es denn mit Ihren Finanzen aus? Ich vermute, dass Sie hier im Bezirk wenig Geld bekommen haben", sagte sie.

Ich sagte ihr, dass die 75 Cent alles waren, was ich hatte. Sie lud mich zu sich nach Hause ein und gab mir zu verstehen, mir auch finanziell weiterhelfen zu wollen. Daraufhin erklärte ich ihr, dass ich bereits für jede Übernachtung während meiner gesamten Reise Vorsorge getroffen hätte und dass es meinen ganzen Plan durcheinanderbrächte, wenn ich sie jetzt begleiten würde - und ich dann letztendlich auf die Hilfe Fremder angewiesen wäre. Dann gab sie mir einen Dollar und versicherte mir, dass es alles sei, was sie dabeihätte, doch wenn ich sie nach Hause begleitete, würde sie mir mehr geben. Das lehnte ich ab. Ich dankte ihr für den Dollar und verabschiedete mich, um meine Reise fortzusetzen. Schließlich erreichte ich mein Nachtquartier.

Als ich auf der gegenüberliegenden Seite von Maysville den Ohio erreichte, stellte ich fest, dass ich kein Geld mehr hatte. Ich fühlte mich in der Klemme, wie sollte ich jetzt das Fährgeld bezahlen?

Ich war mit Bruder J. Armstrong bekannt, einem Geschäftsmann aus Maysville. Ich überlegte mir, dem Fährmann von meiner Misere zu erzählen und ihm vorzuschlagen, ihm den Fährpreis später zu bezahlen, da ich mir dann die erforderlichen 25 Cent von Bruder Armstrong borgen könnte. Als ich das Ufer erreichte, kam die Fähre an. Sie legte an und ich erkannte, dass es sich bei einem der Passagiere um Oberst M. Shelby handelte. Er war der Bruder des Gouverneurs von Kentucky. Mr. Shelby war ein lebendiger Ermahner in der Bischöflichen Methodistenkirche und außerdem ein ehemaliger Nachbar und Bekannter meines Vaters.

Als er mich sah, rief er:

„Peter, bist du es?"

„Ja, Moses, das was von mir übrig geblieben ist, schon", antwortete ich.

„Nun ja, so wie du aussiehst, hast du wohl harte Zeiten durchgemacht. Bist du auf der Heimreise?", fragte er.

„Ja", antwortete ich.

„Hast du genug Geld, Peter?", fragte er.

„Also Moses, ich habe keinen Cent in der Tasche", antwortete ich.

„Hier hast du drei Dollar, und außerdem gebe ich dir noch eine Wegbeschreibung und ein Empfehlungsschreiben mit; das wird dir bis Pilot Knob weiterhelfen, bevor du dann die Einöde erreichst", sagte er.

Natürlich freute ich mich sehr. Ich kam jetzt dank des Geldes und des Empfehlungsschreibens des Obersten einige Tage sehr gut zurecht. Doch als ich das erste Gasthaus nach Pilot Knob erreichte, stellte ich fest, dass mein Geld aufgebraucht war. Ich wusste zwar nicht, was ich jetzt tun sollte, aber ich ritt weiter und sah mich nach einer Unterkunft um. Ich sagte dem Gastwirt, dass ich kein Geld mehr hätte, seit drei Jahren nicht mehr zu Hause gewesen sei und nun versuchte, zurückzukehren. Ich erzählte ihm auch, dass ich in meiner Satteltasche eine kleine alte Uhr und einige gute Bücher hätte und mich irgendwie revanchieren würde, wenn er mir hülfe. Er bat mich, abzusitzen, und sagte, ich müsse mir keine Sorgen machen.

Als ich nachfragte, fand ich heraus, dass diese Familie schon lange dort lebte und das Evangelium nicht kannte. Im Untergeschoss der Herberge gab es drei Räume - das Esszimmer, einen kleinen Schlafraum und eine Küche. Die Küche wurde durch dünne Holzbohlen von den anderen Räumen abgetrennt. Die Holzbohlen hatten sich verzogen, sodass zwischen den einzelnen Brettern beträchtliche Spalten entstanden waren.

Als es Zeit wurde, schlafen zu gehen, fragte ich den Hausherrn, ob er etwas dagegen hätte, wenn wir zuvor beteten. „Nein, ganz und gar nicht", antwortete er und verschwand in die Küche. Ich nahm an, dass er nun seine Familie holen würde. Er kam umgehend zurück und hielt eine Kerze in der Hand. „Kommen Sie mit", sagte er und führte mich in den kleinen Schlafraum. Dort stellte er die Kerze auf und wünschte mir mit folgenden Worten eine gute Nacht: „Hier können Sie so lange beten, wie Sie möchten."

Da stand ich nun und fühlte mich töricht. Er war mich losgeworden, doch augenblicklich hatte ich die Idee, auf meine Knie zu gehen und laut und deutlich zu beten. Das tat ich dann auch, und aufgrund der Unruhe, die ich aus der Küche vernahm, schloss ich, dass sie nun nicht minder überrascht waren, als ich es zuvor war. Ich konnte deutlich hören, wie die Hausherrin sagte: „Er ist verrückt und wird uns heute Nacht alle umbringen. Geh, mein Gemahl, und schau nach, was los ist." Er kam nur langsam näher, und als ich zu beten aufhörte, trat er ein. Dann fragte er mich, weshalb ich mich so merkwürdig verhielt. Ich antwortete: „Mein Herr, haben Sie mir nicht freundlicherweise erlaubt, so lange zu beten, wie es mir behagt?" Er antwortete: „Ja schon, aber ich habe nicht erwartet, dass sie laut beten würden." Ich erklärte ihm, dass es ursprünglich meine Absicht gewesen sei, in Anwesenheit seiner Familie zu beten, dass ich aber, nachdem er mich in einen eigenen Raum gebracht hatte, keine andere Möglichkeit mehr sah, mein Anliegen doch noch umzusetzen, außer zu tun, was ich getan hatte, was ihm hoffentlich nicht zum Anstoß geworden sei.

Ich spürte, dass er mich für verwirrt hielt. Wir führten dann aber doch noch eine gute Unterhaltung über den Glauben. Ich glaube, in diesem Gespräch konnte ich ihn davon überzeugen, dass ich nicht außer mir war, sondern in aller Nüchternheit die Wahrheit sprach.

Am nächsten Morgen stand ich früh auf, denn ich wollte mich in etwa 24 Kilometern Entfernung mit einem Freund zum gemeinsamen Frühstück treffen. Als ich mein Pferd aus dem Stall holte, bestand der Hausherr darauf, dass ich mich erst nach dem Frühstück auf den Weg machte. Ich gab nach. Er erließ mir die Kosten und gab mir mit auf den Weg, dass ich ihn auf jeden Fall besuchen solle, wenn ich wieder in der Gegend sei. Es ergab sich, dass ich ihn etwa ein halbes Jahr später tatsächlich wieder besuchen konnte, und dabei stellte sich heraus, dass er und seine Frau inzwischen glückliche Christen geworden waren. Ihre Bekehrung führten sie auf die Erfahrung zurück, mich in jener denkwürdigen Nacht beten gehört zu haben.

Auf meiner Reise fand ich noch weitere neue Freunde. Schließlich erreichte ich Hopkinsville in der Provinz Christian, und von hier aus waren es nur noch etwa 50 Kilometer bis zum Haus meines Vaters. Hopkinsville war eine neuentstandene Siedlung und ein furchtbar sündhaftes Pflaster. Ich hatte nur noch sechseinviertel Cent übrig und kehrte in eine Taverne ein, die von einem älteren Herrn namens M. geführt wurde. Er kannte meinen Vater und ich erklärte ihm, dass ich nicht genug Geld bei mir hätte, ihm aber den Rest schicken würde, sobald ich zu Hause angekommen sei. Er willigte ein und hieß mich willkommen. Seine Frau war die Schwester des abgefallenen Dr. Allen, von dem ich schon an anderer Stelle berichtete.

Ich ging auf mein Zimmer und schlief sehr schnell ein. Plötzlich wurde ich von einem schrillen Schrei aufgeschreckt. Ich dachte, hier wäre ein Mord geschehen. Ich sprang von meinem Bett auf, zog nur das Nötigste an und stürzte dann in den Raum, aus dem ich die gellenden Schreie gehört hatte. Ich rief: „Was ist hier los?“ Der alte Herr erklärte mir, dass seine Frau einen Krampfanfall gehabt hätte, was häufig vorkäme. Daraufhin sprach ich mit ihr über den Glauben und es stellte sich heraus, dass sie sehr um ihr Seelenheil besorgt war. Ich fragte sie, ob ich für sie beten dürfe. „Oh ja, denn es gibt hier sonst niemanden, der um mein Seelenheil besorgt ist“, antwortete sie.

Ich kniete nieder, betete und sang. Ich malte ihr Christus, den Retter, vor Augen und betete abermals. Plötzlich sprang sie aus dem Bett und schrie: „Ehre sei Gott! Er hat meine Seele gesegnet!“ Es war wirklich eine Freudenzeit. Der alte Herr weinte wie ein kleines Kind und wir sangen, jubelten, beteten und priesen Gott fast die ganze Nacht. Am nächsten Morgen gab mir der Hausherr zu verstehen, dass die Rechnung zehnfach beglichen sei. Er sagte, das Einzige, was ich ihm jetzt noch schuldete, wäre, ihn jedes Mal zu besuchen, wenn ich auf der Durchreise sei.

Am nächsten Tag kam ich zu Hause an und wider Erwarten war ich immer noch im Besitz meiner sechseinviertel Cent. So weit also zu meinen Ausführungen, um dir einen kleinen Einblick in das Reiseleben eines frühen Methodistenpredigers der Westkonferenz zu geben. Von meinen Eltern wurde ich freudig empfangen und ich blieb mehrere Wochen bei ihnen. Mein Vater gab mir ein neues Pferd, Zaumzeug, einen Sattel, neue Kleidung und dazu noch 40 Dollar in bar. Nun war ich für weitere drei Jahre Abwesenheit gerüstet.

Unsere Konferenz am 14. September des Jahres 1807 fand in Chillicothe statt. Wir hatten einen Mitgliederzuwachs von 1.180 Personen zu verzeichnen und die Anzahl unserer Reiseprediger hatte sich um sechs erhöht. Auf dieser Konferenz wurde mir mein zukünftiges Einsatzgebiet bis einschließlich 1808 mitgeteilt – es handelte sich um den Barren-Bezirk, der zum Cumberland-Distrikt gehörte. Der Vorsitzende der Ältestenschaft war James Ward, der mir Lewis Andersen als Reisebegleiter zur Seite stellte. Dieser Bruder ist inzwischen Mitglied der Illinois-Konferenz. Man benötigte vier Wochen, um den Barren-Bezirk abzureiten. An mehreren Orten dieses Bezirks gab es Glaubensaufbrüche. Der Bezirk erstreckte sich vom Barren Creek nördlich vom Green River bis zum oberen Ende des Long River in Tennessee. Ich bekam etwa 40 Dollar in einem Vierteljahr. In der Nähe von Glasgow, dem Verwaltungssitz der Provinz Barren, hatten wir eine Predigtstation. Ich möchte nun von einer außergewöhnlichen Begebenheit berichten, die sich in jenem Jahr in diesem Bezirk etwa folgendermaßen zutrug.

Östlich von Glasgow gab es zwei sehr große Baptistengemeinden. In beiden Gemeinden dienten sehr beliebte und begabte Prediger als Pastoren. Sie hießen W. und H. In Glasgow gab es viele wohlhabende Baptisten und der Großteil der Bevölkerung stand unter baptistischem Einfluss. Die Methodisten dagegen hatten nur eine kleine Klasse mit etwa 13 Mitgliedern. Jetzt möchte ich von einem der Bewohner namens Herr L. berichten. Er war zwar kein Mitglied der Baptisten, aber unter baptistischem Einfluss aufgewachsen. Seine Frau war Mitglied in einer dieser großen Baptistengemeinden. Herr L. war nicht errettet und befand sich im letzten Stadium der Schwindsucht. Die Baptistenpastoren besuchten ihn häufig, um ihn zu ermuntern und mit und für ihn zu beten. Als er erfuhr, dass ich in der Nähe war, ließ er mich zu sich rufen. Ich ging zu ihm und es hatte den Anschein, dass er bald sterben würde. Er war bis auf die Knochen abgemagert und konnte nicht mehr alleine aufstehen. Er musste wie ein kleines Kind aus dem Bett gehoben und dorthin zurückgetragen werden. Ich bemerkte, dass er bußfertig war, und betete mit ihm. Dann setzte ich mich zu ihm und wies ihm, so gut ich konnte, den Weg zu Jesus. Es gefiel Gott, diese kleine Anstrengung zu bestätigen, denn ein großer Friede kam auf Herrn L., und das machte ihn sehr froh. Am nächsten Morgen sagte er mir, dass er nun getauft werden und der Kirche beitreten wolle. Er hatte auch den Wunsch, das Abendmahl zu empfangen. Dann kamen die Baptistenprediger, um ihn zu besuchen, und da ich wusste, dass er mit baptistischen Werten erzogen worden war, war ich mir nicht ganz sicher, wie ich mich jetzt verhalten sollte. Ich bat beide Pastoren, mit mir den Raum zu verlassen, und sagte ihnen: „Dieser kranke Bruder ist gläubig geworden. Jetzt möchte er getauft werden, der Kirche beitreten und das Abendmahl empfangen. Es ist nun an Ihnen, die Sache in die Hand zu nehmen und das zu tun, was Sie für das Beste halten. Er ist als Baptist erzogen worden und glaubt selbstverständlich auch an das Untertauchen. Ich denke allerdings nicht, dass er das Untertauchen überleben würde, aber da Sie hinsichtlich dieser Handlung starken Glauben haben, ist es an Ihnen, die Taufe durchzuführen."

Sie antworteten: „Nein, nein, er hat sich durch Sie bekehrt und deshalb sind Sie jetzt für ihn verantwortlich. Wir sind Ihrer Meinung, er darf nicht untergetaucht werden."

Daraufhin sagte ich: „Nun, Brüder, er will nicht nur getauft werden, sondern selbstverständlich auch den Baptisten beitreten. Wenn ich ihn aber jetzt durch Besprenkeln taufe, wird er doch nicht bei den Baptisten aufgenommen - oder würden Sie ihn dann etwa aufnehmen?"

„Nein, wir könnten ihn nicht aufnehmen", antworteten sie.

„Es handelt sich hierbei aber um eine ernste Angelegenheit, denn Sie wollen ihn nicht taufen und in Ihre Kirche aufnehmen, und wenn ich ihn taufe, werden Sie ihn trotzdem nicht aufnehmen. Irgendetwas scheint hier also nicht zu stimmen", sagte ich.

Sie gaben mir jetzt zu verstehen, dass sie mit der Angelegenheit nichts mehr zu tun haben wollten und ich nun selber sehen sollte, was zu tun sei. Daraufhin besuchte ich die Ehefrau des Kranken, um mich mit ihr zu beraten. Ich berichtete ihr, was die Pastoren gesagt hatten, und sprach zu ihr: „Was soll ich denn jetzt tun, Schwester?"

Sie antwortete: „Sprechen Sie mit meinem Mann und machen Sie das, was er möchte. Ich bin dann auch damit einverstanden."

Ich ging zu ihm und sagte: „Bruder L., falls ich Sie taufen soll, werde ich Sie besprenkeln oder Wasser über Sie gießen. Sie können nicht untergetaucht werden."

Er antwortete: „Ich weiß, dass das nicht geht, und es ist mir egal, auf welche Weise ich getauft werde - die Art und Weise ist nicht entscheidend."

Als alles vorbereitet war, taufte ich ihn durch Besprenkeln. Anschließend segnete ich das Brot und den Wein, denn ich wollte ihm das Abendmahl darreichen. Ich machte mich auf, auch die beiden Baptistenpastoren dazu einzuladen, aber sie lehnten ab. Dann lud ich die Ehefrau ein, gemeinsam mit ihrem sterbenden Ehemann während des Abendmahls der Todesqualen ihres Retters zu gedenken. Sie hielt einen Augenblick inne, brach dann in Tränen aus und sagte: „Ich will." Dann trat sie vor und ich teilte beiden das Abendmahl aus.

Anschließend sagte ich: „Bruder L., möchten Sie der kleinen Klasse der Methodisten beitreten? Sie treffen sich hier ganz in der Nähe, um den Herrn anzubeten."

„Oh ja", sagte er und fuhr dann fort: „Noch ehe Sie diese Rundreise durch Ihren Bezirk beendet haben, werde ich nicht mehr auf dieser Erde sein, und ich möchte, dass Sie bei meiner Beerdigung predigen."

Nachdem ich mit seiner Frau gesprochen hatte, hielt ich mir einen Termin für seine Beerdigung frei. Nur wenige Tage später ging er siegreich heim.

Es kamen viele Menschen zu der Beerdigung und wir hatten eine sehr ernste Zeit. Ich sprach über die Dinge, von denen ich soeben berichtete, und gegen Ende der Feier gab ich den Anwesenden die Möglichkeit, der Kirche beizutreten. Die Witwe des Verstorbenen und sechs ihrer Verwandten traten vor und schlossen sich den Methodisten an. Sie alle waren zuvor Baptisten gewesen. Wir gewannen an Ansehen, sodass wir nach diesem Vorfall erhobenen Hauptes und mit größerem Freiraum wirken konnten. Im weiteren Verlauf des Jahres brachten wir die methodistische Botschaft in eine Baptistengemeinde in der Nähe des Bacon River. Eine ganze Anzahl der dortigen Mitglieder wandte sich vom Calvinismus ab, von der Lehre, dass nur Mitglieder ihrer Denomination am Abendmahl teilnehmen dürfen, und vom Untertauchen. Sie schlossen sich der Methodistenkirche an. Wir übernahmen ihr Versammlungsgebäude und errichteten dort eine große Methodistengemeinde, die immer noch floriert. Die dortige Erweckung brachte viele der Prediger hervor, die später über Jahre hinweg in ihrem Lehrdienst ein großer Segen für die Bischöfliche Methodistenkirche waren.

10

Gottesdienst auf einem Wagen

Es gab viele Gründe, weshalb es für Prediger damals nicht einfach war, finanzielle Unterstützung zu bekommen. Das Land war noch neu und unerschlossen; Geld war knapp im Land; es gab wenige Gemeindemitglieder, deren Familien arm waren. Diese Gegebenheiten erschwerten es besonders den verheirateten Männern, die eine Familie hatten. Aus diesem Grund heirateten viele unserer Prediger erst spät oder schieden aus dem Reisedienst aus, nachdem sie geheiratet hatten, um sich niederzulassen. Die Armut war so groß, dass unsere Regeln hinsichtlich finanzieller Unterstützung, beispielsweise für Mieten, Lebenshaltungskosten und Unterhalt für Kinder, nur auf dem Papier existierten. Während meiner Verwaltungstätigkeit für die Konferenz stellte ich fest, dass in dieser Hinsicht nicht entsprechend unserer Regeln gehandelt wurde. Das änderte sich erst im Jahre 1813 durch Bischof Asbury. Er wusste um die Armut und die Entbehrungen der Reiseprediger und machte sich auf, bei den etablierteren Konferenzen Geld zu sammeln. Er ging praktisch von Tür zu Tür und bat um Unterstützung. Als er von seiner Mission zurückkehrte und das Geld verteilte, bekam jedes Kind eines Reisepredigers, das unter 14 Jahre alt war, zehn Dollar.

Gegen Ende meines Dienstes im Barren-Bezirk kam ich nach reiflicher Überlegung und Gebet zu dem Schluss, dass es meine Pflicht sei, zu heiraten. Am 18. August 1808 heiratete ich dann Frances Gaines, die an diesem Tag ihren 19. Geburtstag feierte. Die Empfangsfeierlichkeiten fanden am 1. September, meinem 23. Geburtstag, im Hause meines Vaters statt.

Am 1. Oktober 1808 hatten wir unsere Herbstkonferenz und zwar in Liberty Hill, Tennessee. Die Anzahl unserer Mitglieder hatte sich in jenem Jahr um etwa 1.350 erhöht; die Anzahl unserer Reiseprediger um zehn. Drei neue Distrikte, denen jeweils ein Vorsitzender der Ältestenschaft vorstand, waren dazugekommen - Indiana, Miami und Muskingum. Insgesamt gehörten jetzt also sieben Distrikte zur Westkonferenz.

Während dieser Konferenz wurde ich zum Ältesten gewählt und von Bischof M'Kendree in dieses Amt eingesetzt. Ich zitiere den Inhalt des Dokuments:

> **Hiermit gebe ich allen Anwesenden bekannt, dass ich, William M'Kendree, Bischof der Bischöflichen Methodis-**

tenkirche Amerikas, unter dem Schutz des allmächtigen Gottes und einzig und allein zu seiner Ehre heute durch das Auflegen meiner Hände unter Gebet und unter Mithilfe der anwesenden Ältesten Peter Cartwright in das Amt des Ältesten in der Bischöflichen Methodistenkirche eingesetzt habe. Ich halte ihn für diesen Dienst bestens geeignet und empfehle ihn hiermit allen. Er ist berechtigt, die Sakramente zu spenden und Verordnungen durchzusetzen sowie für die Herde Christi zu sorgen. Diese Berechtigung gilt so lange, wie er im Geist und gemäß dem Evangelium Christi handelt.

Um seine Echtheit zu bestätigen, habe ich dieses Dokument am 4. Oktober im Jahre unseres Herrn 1808 unterschrieben und mit meinem Siegel versehen.

WILLIAM M'KENDREE
LIBERTY HILL, TENNESSEE

In diesem Jahr wurde ich in den Salt-River-Bezirk berufen. Dieser Bezirk gehörte zum Kentucky-Distrikt und James Ward war der Vorsitzende der Ältestenschaft. Dieses Gebiet war Teil des Bezirks, den ich von 1804 bis 1805 betreut hatte.

Im Verlauf des neuen Konferenzjahres verstarb mein Vater. Nun oblag es mir, seinen Nachlass zu verwalten. Aufgrund der rechtlichen Gegebenheiten war das eine zeitaufwendige Angelegenheit. Ich brauchte mehrere Monate, um alles zu regeln, und während meines 50-jährigen Dienstes als Reiseprediger war das die längste Unterbrechung meiner Arbeit. Entsprechend unserer Vorschriften war es möglich, in einem solchen Fall freigestellt zu werden. Nachdem ich meinem Vorsitzenden der Ältestenschaft die Angelegenheit geschildert hatte, erteilte er mir die Erlaubnis.

Am Ende des Konferenzjahres 1808 bis 1809 nahm ich an der Konferenz in Cincinnati teil. Ich meldete mich einsatzbereit zurück und wurde in den Livingston-Bezirk berufen. Die Anzahl unserer Mitglieder hatte sich in jenem Jahr um 4.051 erhöht; die Anzahl unserer Reiseprediger um 21. Der Livingston-Bezirk gehörte zum Cumberland-Distrikt und der Vorsitzende der Ältestenschaft war Learner Blackman. Ich hatte dort vormals mein erstes Arbeitsfeld als Ermahner. Den Livingston-Bezirk hatte ich in meiner Jugend aufgebaut und ihn dann mit 70 Mitgliedern an den Vorsitzenden der Ältestenschaft, J. Page, übergeben. Inzwischen gab es dort 427 Mitglieder; das ist für einen Zeitraum von sechs Jahren eine gute Wachstumsrate.

Es war kein sehr erfolgreiches Jahr, aber wir erlebten einige gnadenvolle Ausgießungen des Geistes Gottes. Ohne weitere Hilfe durch andere Prediger, außer einem unerfahrenen Ermahner und einem älteren Baptistenprediger mit Alkoholproblemen, hielt ich eine viertägige Lagerversammlung ab. Den Baptistenprediger ließ ich einmal an einem Sonntag predigen. Er bekannte öffentlich seine Sünden und weinte bitterlich und brachte uns damit alle zum Weinen. Während dieser Versammlung bekehrten sich etwa 13 Personen und viele Suchende, die noch keinen Frieden gefunden hatten, blieben am Ende des Gottesdienstes zurück. Zwölf von ihnen stiegen mit mir zusammen auf einen Pferdewagen. Vor uns lag eine Strecke von etwa 24 Kilometern und noch ehe wir unser Ziel erreichten, hatte jeder Einzelne eine mächtige Bekehrung erlebt. Wir sangen und jubelten laut zusammen, was die Straßenanwohner in großes Erstaunen versetzte. An diesem Abend kam schließlich noch die gesamte Nachbarschaft zusammen und wir hatten eine glorreiche Zeit. Einige weitere Personen erlebten eine mächtige Bekehrung und viele wurden stark von ihren Sünden überführt. Dieses Wirken breitete sich in der Siedlung aus und Scharen von Menschen kamen zur rettenden Erkenntnis der Wahrheit.

Nun will ich von einer Begebenheit berichten, die sich in diesem Jahr ereignete. Es geht um unseren Methodistenprediger J. D. Er wurde als ein sehr eifriger „Tunker" erzogen, manchmal wurden solche Menschen auch Sieben-Tage-Baptisten genannt. Als die Methodisten in seine Siedlung kamen, erwies er sich als heftiger Gegner und behauptete, die Tunker hätten Recht und alle anderen lägen falsch. Entweder war es ernst gemeint oder er tat nur so, aber nach einer Weile wurde er stark von seinen Sünden überführt und bekannte sich zum Glauben (inzwischen hatten die Methodisten Widerstände überwunden und waren bekannt geworden). Er schloss sich den Methodisten an und erhielt schon bald die Erlaubnis, zu predigen. Jetzt hatte er den rechten Weg gefunden und alle anderen lagen falsch. Er hatte ein bemerkenswertes Talent, aber er war ein sehr fauler Mensch. Die Methodisten setzten ihn dann eine Weile in einem Bezirk ein. Er war beliebt, aber er bekam nicht genug Geld für seinen Lebensunterhalt zusammen. Schließlich wurde er ansässig und versuchte sich in Grundstücksgeschäften, blieb dabei als aufrichtiger Mensch aber unterdurchschnittlich. In diesem Jahr zog er in meinen Bezirk und wir erneuerten unsere frühere Bekanntschaft. Wir predigten oft zusammen und waren wirklich auf einem guten Weg, viel Gutes zu bewirken. Dann kamen wir in eine sehr große Freewill-Baptistensiedlung, aber der dortige Pastor war ein recht labiler Bruder. Wir gewannen an öffentlichem Ansehen. Es dauerte nicht lange, bis uns die Baptisten, unter der Bedingung, dass wir Mitglieder und ihre Pastoren würden, ein gutes Gehalt anboten. Das war für Bruder D. etwas zu viel. Eines Tages kam er zu mir und sagte: „Wir beide haben kleine Kinder und wachsende Familien, und wenn wir uns den Baptisten anschließen, werden sie uns ein stattliches Gehalt zahlen; dazu kommt noch, dass sie hier in der Gegend keine talentierten Prediger haben. Wir hätten hier wirklich Einfluss und könnten Hunderte für unsere Gemeinde gewinnen, außerdem hätten wir und unsere Familien für die Zukunft ausgesorgt. Meinst du nicht, dass es so am besten für uns ist?" Ich antwortete: „Bruder D., weiche von mir Satan, denn du bist ein Ärgernis für mich. Wenn ich es durch meinen Kircheneintritt vornehmlich auf Geld oder ein komfortables Leben abgesehen hätte, wäre ich niemals Mitglied bei den Methodisten geworden. Ich habe mich ihnen aus tiefster Überzeugung angeschlossen, weil ich sie für die besten

Menschen auf der ganzen Welt halte. Je länger ich bei ihnen bin und je mehr ich von ihrer Lehre und ihrer Kirchenstruktur verstehe, desto entschlossener bin ich, bei meiner Entscheidung zu bleiben. Keine Schätze dieser Welt könnten mich von der Methodistenkirche weglocken."

Armselige menschliche Natur! Die Versuchung war zu groß. Bruder D. gab nach, schloss sich den Freewill-Baptisten an und wurde bald darauf ihr Pastor. Er verkündete, dass er ganz gewiss den rechten Weg gefunden hätte und die ganze Welt falsch läge. Es dauerte nicht lange, bis er bei einer Straftat erwischt wurde. Moralisch war er ruiniert und wurde seines Pastorenamtes enthoben. Ich möchte noch anmerken, dass J. D. einstmals mein Mitstreiter war, und zwar während meines Disputes mit den „Schüttlern" in Busroe, Indiana, von dem ich an anderer Stelle meiner Erzählung berichtete. Wie ging es weiter? Nun, J. D. schloss sich den Schüttlern an und dann offenbarte ihm Gott angeblich, dass er Recht hätte und alle anderen sich irrten. Als die Schüttler von der Unbeständigkeit seines Charakters erfuhren, wurden sie misstrauisch. Sie ließen ihn hart arbeiten, um ihn zu erproben. Das konnte er nicht ausstehen. Er verließ sie auf der Stelle und tat sich mit einer verstreuten Gruppe der New Lights zusammen. Dann zog er nach Texas und ich vermute, dass der Teufel ihn schon eine ganze Weile in sicherer Verwahrung hält.

Die Anzahl unserer Mitglieder erhöhte sich im Konferenzjahr 1809 bis 1810 um 1.950 Menschen; die Anzahl unserer Reiseprediger um 15.

Bei der diesjährigen Konferenz wurde ich erneut dem Livingston-Bezirk zugeteilt. Dieser Bezirk gehörte zum Cumberland-Distrikt und der zuständige Vorsitzende der Ältestenschaft war Learner Blackman. Gegen Ende des Konferenzjahres 1810 bis 1811 trafen wir uns am 1. November 1810 in New Chapel, Provinz Shelby, Kentucky. Die Anzahl unserer Mitglieder erhöhte sich im Konferenzjahr 1810 bis 1811 um 4.264 Menschen; die Anzahl unserer Reiseprediger um 13.

Die Westkonferenz kam unter diesem Namen zum letzten Mal am 1. Oktober 1811 in Cincinnati zusammen. Die Anzahl unsere Mitglieder erhöhte sich in diesem Konferenzjahr um 3.600; die Anzahl unserer Reiseprediger um 10. Zu diesem Zeitpunkt hatte die gesamte Westkonferenz 30.741 Mitglieder. Laut der offiziellen Berichte über unsere Situation im Westen gab es im Jahre 1787 lediglich 90 Mitglieder. Vergleicht man jetzt diese Zahl mit der der Generalkonferenz in Baltimore, als die Westkonferenz am 1. Mai 1800 mit etwa 2.000 Mitgliedern offiziell eingeführt wurde, sieht man sehr deutlich, was Gott durch die Pioniervâter des Methodismus in den unendlichen Weiten des Wilden Westens in elf Jahren bewirkt hat. Von der kleinen Gruppe der zwölf Reiseprediger, die den Boden der Wildnis aufbrachen, lebt heute nur noch Herr Henry Smith. Als ich mich im Herbst 1803 der Konferenz anschloss, hatte die Westkonferenz etwas mehr als 9.000 Mitglieder und etwa 40 Reiseprediger; 1811 waren es bereits 30.741 Mitglieder und mehr als 100 Reiseprediger. Von den damals 40 Reisepredigern verweilen heute nur noch sechs im Diesseits, die zurückschauen und der Zukunft der Bischöflichen

Methodistenkirche entgegensehen können. Ob Wohl oder Weh, Herr bewahre die Gemeinde davor, nach Kirchenbänken, Orgeln, instrumentaler Begleitung und lokalem Gemeindedienst zu trachten, wie es heidnische Kirchen bereits tun.

Im gesamten Gebiet der Vereinigten Staaten, den dazugehörigen Gebieten und Kanada hatte die Bischöfliche Methodistenkirche 119.945 Mitglieder sowie 433 Reiseprediger. In der gesamten Union waren in diesem Jahr insgesamt 6.811 neue Mitglieder dazugekommen. Als die Westkonferenz im Jahre 1812 in die Ohio- und Tennessee-Konferenz aufgeteilt wurde, hatte sich die Anzahl der Mitglieder im gesamten Gebiet auf 184.567 erhöht; das bedeutete einen Zuwachs von 64.622 Mitgliedern innerhalb von acht Jahren. Im Jahre 1812 hatten wir im gesamten Gebiet 688 Reiseprediger, 1804 waren es, wie ich bereits erwähnte, 433.

Im Jahre 1811 wählten wir unsere Delegierten für die erste Generalkonferenz der Bischöflichen Methodistenkirche. Diese Generalkonferenz fand am 1. Mai 1812 in New York statt und es wurde beschlossen, die seit zwölf Jahren bestehende Westkonferenz in die Ohio- und Tennessee-Konferenz zu unterteilen. Zur Ohio-Konferenz gehörten folgende sechs Distrikte, denen jeweils ein Vorsitzender der Ältestenschaft vorstand: Ohio-Distrikt, Muskingum-Distrikt, Scioto-Distrikt, Miami-Distrikt, Kentucky-Distrikt und der Salt-River-Distrikt. Die folgenden sechs Distrikte gehörten zur Tennessee-Konferenz: Holston-Distrikt, Nashville-Distrikt, Cumberland-Distrikt, Wabash-Distrikt, Mississippi-Distrikt und Louisiana-Distrikt. Es wird noch deutlich werden, dass beide Konferenzen einen Teil Kentuckys abdeckten. Die Ohio-Konferenz hatte 23.284 Mitglieder und 64 Reiseprediger. Die Tennessee-Konferenz hatte 22.700 Mitglieder und 62 Reiseprediger. Die genannten Zahlen beziehen sich auf das Jahr 1812.

Ich wurde in den Christian-Bezirk berufen, der zum Wabash-Distrikt gehörte. Der Vorsitzende der Ältestenschaft war James Axley. Man benötigte vier Wochen, um den Bezirk abzureiten, und der überwiegende Teil gehörte zu anderen Bezirken. In diesem Jahr erlebten wir mehrere fantastische Erweckungen und etwa 300 neue Mitglieder wurden hinzugewonnen. Wir hatten zwei oder drei sehr erfolgreiche Lagerversammlungen. Bei einer dieser Versammlungen taufte ich 127 Erwachsene und 47 Kinder - bis auf sieben Erwachsene, die ich untertauchte, taufte ich alle durch Besprenkeln. Unter den sieben Erwachsenen war die Tochter eines sehr berühmten Baptistenpredigers.

Etwa 56 Kilometer vom nördlichen Ende meines Bezirks entfernt gab es ein sehr dicht besiedeltes Gebiet. Wenn überhaupt, dann hatte ein Methodistenprediger dort zuvor nur sehr selten gepredigt. Mitten in diesem Gebiet lebte ein Baptistenprediger. Er hatte viele Gemeindemitglieder und ein großes Gemeindegebäude. Er hatte sich dort vor geraumer Zeit niedergelassen und nahezu alle Bewohner dieses Gebiets gegen die Methodisten beeinflusst.

Auf jeder Runde durch meinen Bezirk ritt ich etwa einen Tag lang durch diese Region. Ich hatte gehört, dass in dieser Gegend noch kein Methodistenprediger einen Durchbruch erlebt hatte - das fand ich eigenartig und so beschloss ich, das zu ändern. Auf meiner Durchreise hielt ich an vielen Häusern und bat um das Privileg, dort predigen zu dürfen. Die Menschen wirkten reserviert und schlugen meine Bitte ab. Ich bat Gott darum, den Weg für mich zu ebnen. Schließlich ließ ich durch einen Bekannten einen Termin für eine Versammlung im Gemeindegebäude der Baptisten vereinbaren, den ich bei meiner nächsten Durchreise wahrnehmen wollte.

Der Baptistenpastor warnte öffentlich davor, mir zuzuhören, doch weil es für die Menschen den Reiz des Neuen hatte, war ihre Neugier geweckt. Obwohl es ein Wochentag war, hatten sich viele Menschen versammelt, und auch der Baptistenpastor war gekommen. Er gab mir zu verstehen, dass er mich dieses Mal nicht davon abhalten würde, in seinem Versammlungshaus zu predigen, fügte aber hinzu: „Sie sollten keine weiteren Versammlungen in meiner Gemeinde ankündigen lassen, falls doch, wird die Tür für Sie verschlossen sein." Nun ja, ich musste mich unterordnen. Ich trat ein und predigte, so gut ich konnte. Die Versammelten wurden stark angesprochen und sogar zu Tränen gerührt. Dann bat ich den Baptistenpastor, den Gottesdienst zu beenden, aber er wollte nicht. Also übernahm ich auch das und teilte der Versammlung mit, dass ich jedes Mal auf meiner Runde hier Halt machen könnte, um für sie zu predigen. Ich erklärte ihnen, dass mir allerdings eine weitere Nutzung des Gemeindegebäudes von ihrem Pastor verwehrt worden sei, es aber dennoch eine Möglichkeit gäbe, und zwar, wenn jemand sein Privathaus zur Verfügung stellte. Ein Herr stand auf und erklärte sich damit einverstanden, sein Haus zu diesem Zweck zur Verfügung zu stellen. Dann lud er mich zu sich nach Hause zum Abendessen ein. Ehe wir gingen und ich seine Gastfreundschaft genoss, teilte ich den Versammelten noch einen Termin für das nächste Treffen mit.

Als ich zu dem vereinbarten Treffen kam, war das Haus überfüllt mit Menschen, und es war ein großes Haus. Gegen Ende meiner Predigt fiel die Kraft Gottes wie ein Blitz auf die Versammlung. Rechts und links fielen Menschen zu Boden, einige schrien laut um Gnade, andere fielen auf ihre Knie und fingen laut an, zu beten - auch mehrere Mitglieder der Baptistengemeinde fielen unter der Kraft Gottes zu Boden. Ein Baptistenprediger war ebenfalls unter den Versammelten. Nachdem ich lange geredet, ermahnt und gesungen hatte, forderte ich ihn auf, zu beten, aber er war dermaßen erstaunt, dass er mir zu verstehen gab, er könne nicht beten. Der Gottesdienst dauerte fast die ganze Nacht. Etwa zwölf Personen bekehrten sich auf die alte, bewährte Art und priesen Gott mit lauter Stimme. Dann gab ich den Anwesenden die Möglichkeit, unserer Kirche beizutreten, und 13 Menschen kamen nach vorne. Von da an ging es in dieser Region mit unserem Dienst sehr voran und viele Menschen kamen zum Glauben. Es gelang uns, den Methodismus hier zu etablieren. Zurück zu dem Pastor der großen Baptistengemeinde, in der ich zuvor gepredigt hatte. Er hatte mehrere sehr schwierige Kinder, insbesondere seine Tochter Betsy fiel durch ihr schreckliches Benehmen auf. Sie sprang auf die Sitzbänke, zeigte auf Menschen, lachte sie aus, und wenn jemand unter der Kraft Gottes zu Boden fiel, behauptete sie, es sei nichts anderes als ein methodistischer Anfall.

Im Sommer dieses Jahres hielt ich auf dem Grundstück des Rechtsanwalts R. Dellam, das heute zu St. Louis gehört, eine Lagerversammlung ab. Ich diente zusammen mit Valentine Cook, einem feinen Mann, an den ich gute Erinnerungen habe. Er erwies sich als ein wahrer Diener Christi. Viele Menschen waren gekommen. Die meisten von ihnen hatten einen baptistischen Hintergrund und waren voreingenommen – außerdem verstanden sie so wenig vom Glauben und dem Methodismus wie die Tiere auf dem Feld. Außer Bruder Cook und mir waren noch weitere Prediger zu unserer Unterstützung anwesend, aber alles Predigen schien vergeblich. Bis zum Sonntag herrschte in den Versammlungen eine zähe Atmosphäre. Bruder Cook und ich verließen das Gelände, um zu beten. Als wir uns von unseren Knien erhoben, fragte er mich:

„Bruder, hast du Glauben?"

„Ein wenig", antwortete ich.

„Also, ich habe Glauben", sagte er.

Es war geplant, dass wir nacheinander predigten, und der Gottesdienst sollte um 11:00 Uhr beginnen. Ich sollte den Anfang machen und dann sollte er predigen. Er sagte zu mir:

„Wenn während meiner Predigt das Feuer fällt, werde ich augenblicklich einen Altarruf machen, und dann ist es deine Aufgabe, dich unter die Menschen zu mischen und sie zu ermahnen; ich werde mich um diejenigen, die nach vorne kommen, kümmern. Wenn es mir aber nicht gelingt, das Feuer freizusetzen, musst du weiterpredigen, und wenn dann das Feuer fällt, machst du einen Altarruf und kümmerst dich um die Bußfertigen. Ich werde dann durch die Versammlung gehen und mit all der Kraft, die Gott mir gibt, ermahnen."

Dann gingen wir zurück zum Podium. Er predigte und jedes Wort, das er sprach, schien Wirkung zu haben. Die Menschen waren berührt und weinten still vor sich hin, aber der entscheidende Durchbruch war noch nicht da. Nachdem er nun seine Predigt beendet hatte, forderte er mich auf, weiterzupredigen, was ich auch tat. Ich predigte mit aller Macht, und gerade in dem Augenblick, als ich aufhören wollte, manifestierte sich plötzlich die Kraft Gottes. Überall in der Versammlung fielen die Sünder in Scharen zu Boden. Dieses Mal brauchten wir keine Büßerbank. Innerhalb von fünf Minuten fielen schätzungsweise Hunderte von Menschen zu Boden; Sünder wurden kreidebleich; manche rannten in die Wälder; manche wären gerne entkommen, fielen bei dem Versuch aber zu Boden; manche schrien vor Freude. Auch Betsy war unter den Versammelten. Als ich zwischen den Menschen umherging, sah ich, dass auch sie zu Boden gefallen war und nun intensiv betete. Als ich zu ihr trat, sagte sie:

„Oh, beten Sie für mich. Ich fürchte mich davor, verloren und für immer verdammt zu sein!"

Daraufhin sprach ich in ihrer früheren Ausdrucksweise zu ihr: „Steh auf, Betsy, du hast nur einen methodistischen Anfall", aber sie brüllte nur noch lauter. Ich befahl ihr, aufzustehen, und sagte ihr: „Du spielst hier die Scheinheilige, dabei hast du doch nur einen methodistischen Anfall, steh auf, Betsy!" Aber ich sage euch, sie war weit davon entfernt, aufstehen zu können. Ganz in ihrer Nähe bemerkte ich ihren Vater, den Baptistenprediger. Er weinte und zitterte von Kopf bis Fuß. Ich ging zu ihm und sagte: „Kommen Sie, Bruder A., und beten Sie für Betsy." Er antwortete:

„Herr, hab Erbarmen mit mir! Ich kann nicht beten."

„Amen", sagte ich, „beten Sie weiter, Bruder A., der Herr wird sich über Sie erbarmen." Dann ermahnte ich Betsy und betete für sie. Wenn ich jemals gesehen habe, wie der Abgrund eines Sünderherzens aufbrach, dann bei ihr. Die ganze Nacht rang sie im Gebet. Am nächsten Morgen – gegen Sonnenaufgang, handelte der Herr an ihr auf eindrucksvolle Weise. Sie erhob sich und ging erhobenen Hauptes über das Lagergelände. Schließlich fand sie ihren Vater. Niemals zuvor hatte ich gehört, wie jemand so mächtig ermahnte, wie sie es jetzt ihrem Vater gegenüber tat. Sie sagte zu ihm:

„Vater, du hast mich von Kindheit an gelehrt, die Methodisten zu hassen und zu verachten, bis ich beinahe für immer verloren gewesen wäre."

Dann machte sie ihm klar, dass er überhaupt nicht gläubig war, und bat ihn, umzukehren und sich von seinen Sünden überführen zu lassen. Anschließend brachte sie ihn dazu, sich niederzuknien, und sie fing an, sich mächtig für ihn in der Fürbitte zu verwenden.

Am Montag gegen elf Uhr gab ich den Menschen die Möglichkeit, Mitglieder unserer Kirche zu werden – 42 Menschen, darunter auch Betsy, trafen diese Entscheidung. Ausgehend von diesem Gottesdienst, von dem ich soeben berichtet habe, breitete sich die Erweckung in der ganzen Gegend aus und viele Menschen schlossen sich der Methodistenkirche an. Der Bezirk, den ich zu betreuen hatte, war groß. Teilgebiete folgender Provinzen Kentuckys gehörten dazu: Logan, Muhlenburg, Butler, Christian und Caldwell; sowie Teilgebiete folgender Provinzen Tennessees: Montgomery, Dixon und Stewart.

Am westlichen Abschnitt des Red River lebte ein presbyterianischer Pastor. Sein Kirchengebäude war sogar aus Backsteinen gebaut. Er hatte sich schon vor geraumer Zeit in dieser Gegend niedergelassen und die wenigen Methodisten, die es hierher verschlagen hatte, waren inzwischen Mitglieder seiner Gemeinde geworden. Da sie hier ohne Methodistenprediger waren und es für besser hielten, überhaupt eine Gemeinde zu haben als keine, hatten sie sich dazu entschlossen. Ich erhielt eine Einladung, etwa acht Kilometer von dieser Kirche entfernt zu predigen, und ich vereinbarte einen Termin. Als es so weit war, kamen viele Menschen zum Gottesdienst, und durch die Predigt wurden sie sehr stark angesprochen. Nachdem ich den Gottesdienst beendet hatte, machte ich den Vorschlag, dass ich alle vier Wochen kommen könnte, wenn sie es wünschten. Es war ihr Wunsch und somit teilte ich ihnen einen Termin mit. Als ich das nächste Mal kam, war das Haus überfüllt – auch der presbyterianische Pastor war gekommen. Als ich predigte, wurde die ganze Versammlung zu Tränen bewegt. Ich ließ den presbyterianischen Pastor das Schlusswort sprechen und kündigte einen neuen Termin an. Der Pastor blieb zurück und aß mit mir zu Abend. Nach dem Abendessen lud er mich zu einem gemeinsamen Spaziergang ein und ich willigte ein. Nachdem wir uns wieder hingesetzt hatten, wollte er mit mir über meine Versammlungen in dieser Gegend sprechen. Er sagte, dass das Gebiet zum Einzugsbereich seiner Gemeinde gehöre und ich zwar herzlich gerne wiederkommen könne, um zu predigen, aber nicht versuchen sollte, eine Gemeinde zu gründen. Daraufhin machte ich ihm klar, dass das nicht unsere Vorgehensweise wäre, sondern dass wir, wenn wir längere Zeit an einem bestimmten Ort predigten, meist auch eine Gemeinde gründen wollten. Er wiederholte seine Forderung. Ich sagte ihm, dass es freie Menschen in einem freien Land seien, die frei entscheiden könnten, und dass man ihnen diesen Freiraum auch einräumen müsse. Außerdem wies ich ihn darauf hin, dass ich mich nicht dazu herablassen würde, Schafe zu stehlen – wenn ich allerdings vor Ort weiterpredigen würde und Menschen der Methodistenkirche beitreten wollen würden, ich ihnen sicherlich die Möglichkeit dazu geben würde. Außerdem teilte ich ihm mit, dass ich wüsste, dass zehn bis zwölf seiner Gemeindemitglieder als Methodisten eingetreten waren, und zwar mit dem Bewusstsein, dass sie ohne Schwierigkeiten einer Gemeinschaft der Methodisten beitreten könnten, falls in dieser Gegend eine gegründet würde. Dem stimmte der Pastor zwar zu, ergänzte aber, dass eine Gemeindegründung unsererseits zur Folge hätte, dass seine Mitgliederzahl schrumpfen und sein Gehalt sich verringern würde. „Also, mein lieber Herr, wenn die Menschen hier wollen, dass ich ihnen predige, dann werde ich es tun, und wenn sie unserer Kirche beitreten wollen, werde ich sie aufnehmen. Das nächste Mal, wenn ich komme, beabsichtige ich, eine Klasse zu gründen, denn schon einige Menschen haben mich darum gebeten. Er entgegnete: „Ich werde zur Stelle sein und öffentlich gegen Sie vorgehen." Ich antwortete: „Tun Sie, was Sie für richtig halten." Während meiner nun folgenden dreiwöchigen Abwesenheit fuhr er seine Geschütze gegen mich auf. Er erzählte den Menschen, was ich gesagt hatte, und warnte sie davor, zu meiner Versammlung zu kommen. Das sprach sich in der ganzen Gegend herum, führte aber dazu, dass sich viele Menschen auf meine Seite schlugen. Sogar seine Gemeindemitglieder protestierten gegen sein Vorgehen. Sie machten ihm deutlich, dass schließlich niemand verpflichtet sei, zu den Methodisten zu wechseln, aber wenn nun einmal jemand die Methodistenkirche seiner Kirche vorzöge, dann wäre es schließlich sein gutes Recht, dorthin zu gehen.

Als ich zurückkam, hatten sich viele Menschen versammelt. Der Pastor war nicht gekommen. Nach Ende meiner Predigt verlas ich unsere Regeln und erklärte ihnen unsere Organisation. Anschließend berichtete ich davon, dass mein Vater während des Unabhängigkeitskrieges für unsere Freiheit einschließlich der Glaubensfreiheit gekämpft hatte. Dann sagte ich ihnen, dass auch meine presbyterianischen Brüder keinen Besitzanspruch auf sie hätten und dass ich kein Gemeinderäuber sei, der Schafe stiehlt. Wenn nun Mitglieder meiner Gemeinde die Presbyterianer den Methodisten vorzögen, so würde ich sie ziehen lassen, ja, ich bestünde sogar darauf, dass sie meine Gemeinde verließen. Anschließend machte ich denen, die mit der methodistischen Lehre übereinstimmten, die bereit waren, die Vorschriften der Methodistenkirche anzuerkennen und den Wunsch hatten, Mitglieder zu werden, den Vorschlag, mit ihnen eine Klasse zu beginnen und einen Klassenleiter einzusetzen. Diejenigen, die zu diesem Schritt bereit waren, forderte ich nun auf, mir die Hand der Gemeinschaft zu reichen. Es kamen 27 Menschen nach vorne, von denen 13 zu der presbyterianischen Gemeinde jenes Pastors gehörten. Ich wies öffentlich darauf hin und gab den 13 Personen zu verstehen, dass ich durch diese Situation keinen Anstoß erregen wollte. Ich forderte sie auf, den nächsten Gottesdienst in ihrer Gemeinde zu besuchen und unter Angabe von Gründen eine Austrittsbescheinigung zu verlangen, damit ich sie als vollwertige Mitglieder in unsere Gemeinde aufnehmen könnte. Einer von ihnen, ein intelligenter Mann und Ältester der Gemeinde, wies mich darauf hin, dass er sicher sei, dass sie keine Austrittsbescheinigung bekommen würden. Daraufhin sagte ich: „Geht und bittet dennoch darum. Falls sie euch die Bescheinigung nicht ausstellen, werde ich euch trotzdem in die Gemeinde aufnehmen." Sie machten sich auf den Weg, doch obwohl kein Verstoß gegen die sittlichen Grundsätze der Presbyterianer vorlag, verweigerte man ihnen die Bescheinigung. Anschließend nahm ich sie in die Methodistenkirche auf. Die öffentliche Meinung entwickelte sich zu meinen Gunsten und viele Mitglieder der Presbyterianischen Kirche traten in unsere Kirche ein. Der presbyterianische Pastor verkaufte das Kirchengebäude und zog nach Missouri. Noch vor Ende des Jahres war ich in Besitz dieses Backsteingebäudes.

11

Sklaverei in der Gemeinde

Am 1. November des Jahres 1812 fand unsere Tennessee-Konferenz statt und zwar in Fountain Head,Tennessee. Bei unserer ersten Sitzung wurde der Illinois-Distrikt organisiert und J. Walker zum Vorsitzenden der Ältestenschaft dieses Distrikts ernannt. Der Illinois-Bezirk wurde im Jahre 1804 als Missionsstation gegründet und Benjamin Young wurde in diesen Bezirk berufen. Der Bezirk wurde an den Cumberland-Distrikt angeschlossen; Bruder L. Garrett war dort Vorsitzender der Ältestenschaft. Als Bruder Young von der Erkundung des Illinois-Bezirks zurückkehrte, meldete er 67 Mitglieder.

Auf der Tennessee-Konferenz wurde ich von Bischof Asbury in den Wabash-Distrikt berufen. Folgende Bezirke gehörten zu diesem Distrikt: Vincennes im Staate Indiana und Little Wabash sowie Fort Massack im Staate Illinois. Alle drei Bezirke lagen nördlich des Ohio Rivers. Alle anderen Bezirke, die zu diesem Distrikt gehörten, lagen in Kentucky, und zwar handelte es sich um den Livingston-, Christian-, Henderson-, Hartford- und Breckenridge-Bezirk. Den Distrikt zu bereisen, bedeutete für mich, dass ich den Ohio River innerhalb eines Jahres 16-mal überqueren musste.

Ich erklärte Bischof Asbury, dass ich nach reiflicher Überlegung zu dem Schluss gekommen sei, dass ich aufgrund meiner mangelnden Qualifikation nicht der geeignete Mann für das Amt eines Vorsitzenden der Ältestenschaft sei. Er erklärte mir, dass seine Entscheidung fest stünde. Nach einem halben Jahr wandte ich mich schriftlich mit der Bitte an ihn, mich aus dieser Position zu entlassen. Er antwortete mir, dass es bei seiner Entscheidung bleibe und ich diesen Platz für die festgesetzte Zeit auszufüllen hatte. Also setzte ich meine Arbeit in dieser Position fort, doch fühlte ich mich meist nicht sehr wohl dabei, denn ich hatte das Gefühl, ich brächte nicht die besten Voraussetzungen für das Amt eines Vorsitzenden der Ältestenschaft mit. Wahrscheinlich habe ich in meiner gesamten Zeit als Reiseprediger nie ein bedrückenderes und schwierigeres Jahr verbracht als jenes.

Seit dieser Zeit kann ich mit Überzeugung sagen, dass das Amt des Vorsitzenden der Ältestenschaft für mich nie besonders reizvoll war. Dazu möchte ich anmerken, dass ich mich häufig darüber gewundert habe, wie viele Methodistenprediger nach diesem Amt streben. Ich habe bei vielen Gelegenheiten darauf hingewiesen, dass solche Aspiranten generell von mir nicht in diese

Position gestellt würden, falls ich das Bischofsamt innehätte. Denn ich halte diese Einstellung für ein sichtbares Kennzeichen der gefallenen, ungeheiligten menschlichen Natur. Ein Prediger, der diesen Geist in seiner Gesinnung zulässt, wird kaum noch in der Lage sein, viel Gutes zu bewirken.

Im Sommer und Herbst dieses Konferenzjahres hatten wir mehrere großartige Lagerversammlungen. Es bekehrten sich viele Menschen und die Gemeinde wuchs. Die Herbstkonferenz fand am 1. Oktober 1813 statt, und zwar in Rees Chapel, Tennessee. Der Wabash-Distrikt wurde umbenannt in Green-River-Distrikt und die Bezirke nördlich des Ohio Rivers, Vincennes, Little Wabash und Fort Massack, wurden jetzt dem Illinois-Distrikt zugeteilt. Die südlich des Cumberland River gelegenen Bezirke Dixon und Dover, die bisher zum Nashville-Distrikt gehörten, wurden nun dem Green-River-Distrikt zugeteilt. Im Sommer des Konferenzjahres 1813 wurde ich von Bischof Asbury zum Vorsitzenden der Ältestenschaft dieses Distrikts ernannt. Im Breckenridge-Bezirk hielten wir eine Lagerversammlung ab, bei der sich die Wirkungen des Glaubens herrlich offenbarten. Während dieser Versammlung fand auch Benjamin Ogden zurück zu seiner Mutterkirche; dazu bekannte er sich. Er war ehemals einer der Ersten gewesen, die in den Westen gesandt wurden. Später wurde er aber mit der Bischöflichen Methodistenkirche unzufrieden und gehörte der Gruppe um J. O'Kelly an, die sich von der Methodistenkirche abspaltete - er fiel ab.

Das Thema der Sklaverei sorgte lange Zeit für Unruhe in der Bischöflichen Methodistenkirche, und obwohl unsere Prediger sich hier nicht auf politischer Ebene einmischen wollten, sahen sie es als ihre Pflicht an, sowohl aufgrund ihrer Verantwortung als Christen als auch aufgrund ihres Dienstes als Prediger gegen dieses moralische Übel zeugnishaft Stellung zu beziehen - möge ihnen das für alle Zeiten zugutegehalten werden. Um den Predigern Anweisung hinsichtlich ihres Vorgehens gegen dieses große Übel zu geben, wurden von der Generalkonferenz von Zeit zu Zeit Regeln und Vorschriften erlassen. Der Generalkonferenz ging es vor allem darum, den Dienst von diesen Dingen getrennt zu halten. Es besteht jedoch kein Zweifel daran, dass durch den strikten Kurs, den die Methodistenprediger der ersten Stunde verfolgten, Tausenden dieses erniedrigten Menschenschlags auf ihrem Weg in die Freiheit geholfen wurde. Für mich steht fest, dass man noch sehr viel mehr Menschen hätte helfen können, die jetzt unter unerträglicher Unterdrückung leiden, wenn die Methodistenprediger ihre Bemühungen fortgesetzt und sich selbst nicht in der Sklaverei verstrickt hätten. Die Sklaverei ist mit Sicherheit ein hausgemachtes, politisches und moralisches Übel. Wenn du dich in einer Sklavengesellschaft umsiehst, wirst du feststellen, dass die furchtbaren Probleme darauf zurückzuführen sind, dass die meisten von ihnen in Zuchtlosigkeit leben. Durch den Umgang mit ihnen werden ihre jungen Dienstherren häufig dazu verleitet, vom Weg der Tugend abzuweichen. Viele angesehene Damen sind wegen der Untreue ihrer Männer und dem ruchlosen Lebenswandel ihrer Söhne verbittert. Falls jemand meint, ich hätte die furchtbaren Ursachen für die Unruhen in den Familien, unter denen diese ehrbaren Frauen leiden, falsch dargestellt, sollte er durch die Sklavenstaaten reisen. Er wird dann mit eigenen Augen die vielen Tausend Mischlinge sehen. Als diese Republik noch in den Kinderschuhen steckte, schien es nahezu unmöglich, eine starke demokratische Konföderation zu bilden und ihre Unabhängigkeit zu gewährleisten, ohne hinsichtlich dieses Übels verfassungsrechtliche Kompromisse einzugehen. Somit befleckte man das „Land der Freien und Tapferen". Dennoch sah man es als ein großes nationales Übel an – kein Geringerer als General Washington, der Vater der Republik, war ebenfalls dieser Meinung. Ich werde jetzt nicht die sittlichen Übel aufzählen, die auf die Sklaverei zurückzuführen sind. Es sind viele und ihr Name ist Legion. Wenngleich es sich hierbei um meine aufrichtigen Ansichten zum Thema der Sklaverei handelt, kenne ich keine Organisation gegen die Sklaverei, der ich beitreten könnte, da die mir bekannten unverantwortliche Hetze betreiben und Mittel einsetzen, die sich mit dem christlichen Glauben nicht vereinbaren lassen. Sie verurteilen und beschämen den Unschuldigen ebenso wie den Schuldigen und setzen unentwegt unlautere Mittel ein. Ich bin vollkommen davon überzeugt, dass diese glorreiche Union sich auflösen wird, falls es zur Anwendung von Gewalt kommt. Dann wird es zu einem blutigen Bürgerkrieg kommen und die einzige freie Nation auf Erden wird zerstört werden. Lasst uns darauf achten, dass sie nicht vom Evangelium abgeschnitten werden und außerhalb des Gnadenbundes bleiben oder den Gräueln des Teufels ausgesetzt werden.

Ich habe herrliche Erweckungen unter den Sklaven erlebt und gesehen, wie sich Tausende von ihnen zu Gott bekehrten. Ich habe am Bett des sterbenden Sklaven gestanden und den anschwellenden Siegesschrei des sterbenden Farbigen gehört, als er in das kalte Wasser des Jordans stieg.

Ich möchte von einer Begebenheit berichten, die sich während unserer Lagerversammlung in Breckenridge zutrug. Unter den Besuchern war ein gewisser Bruder S. mit Familie. Ihnen gehörten eine ganze Reihe von Sklaven. Sie waren eine vortreffliche Familie und Schwester S. war eine sehr intelligente Dame und beispielhafte Christin. Sie hatte lange nach dem Segen der vollkommenen Liebe gesucht, doch nun bemerkte sie, dass es ein Hindernis gab. Sie erkannte, dass es den Umgang mit ihren Mitmenschen, die sie als Sklaven hielt, betraf. Viele Gottesdienstbesucher kamen voll Verlangen, den Segen der Heiligung zu erfahren, und diesen Segen empfingen sie auch. Schwester S. berichtete, dass sie unter großen Seelenschmerzen ebenfalls nach diesem Segen verlangte, aber jedes Mal, wenn ihr diese Erfahrung zum Greifen nah schien und sie die Verheißung in Anspruch nehmen wollte, war es ihr, als ob ihre Sklaven zwischen sie und ihren Retter treten und sie vom Empfang der Verheißung abhalten würden. Während sie nun auf ihren Knien darum rang, ein reines Herz zu bekommen, traf sie mit dem Herrn folgende Vereinbarung: Wenn er ihr den Segen gäbe, würde sie ihre Sklaven aufgeben und in die Freiheit entlassen. Sie sagte, dass sie augenblicklich verspürt hätte, wie Gott ihre Seele mit seiner überwältigenden Liebe dermaßen erfüllte, dass sie nicht mehr sagen könne, ob sie innerhalb oder außerhalb ihres Leibes gewesen sei. Als sie sich von ihren Knien erhob, erzählte sie der großen Zuhörerschaft von ihrer Erfahrung und auch von den „Bedingungen", die dazu geführt hatten. Dann ging sie unter heiligen Freudenrufen in der Menge umher und forderte alle Anwesenden auf, zu schmecken und zu sehen, dass der Herr barmherzig ist (siehe Psalm 34, 9). In ihren Worten lag so große Kraft, dass Hunderte zu Boden fielen und Scharen von Menschenseelen an jenem Nachmittag und bis in die Nacht hinein die freudige Erfahrung der Errettung machten. Kurz darauf entließ diese Familie ihre Sklaven in die Freiheit und lebte in Frieden.

Nun zu einer weiteren Begebenheit, die sich während dieser Lagerversammlung ereignete. Die Sitzreihen waren in zwei Hälften eingeteilt und eine unserer Regeln bestand darin, dass während der öffentlichen Versammlungen die Männer auf der einen Seite und die Frauen auf der anderen Seite Platz nahmen. Einer der Anwesenden, ein gut gekleideter Herr mit einem auffälligen Rüschenhemd, setzte sich auf die Seite der Damen, und immer dann, wenn die Volksmenge in Begeisterung geriet, sprang er auf die Sitzbank. Ich ermahnte ihn mehrere Male, aber er blieb bei seinem ordnungswidrigen Verhalten. Schließlich wies ich ihn nochmals scharf zurecht, indem ich sagte: „Ich meine den jungen Mann mit dem Rüschenhemd, der dort auf der Sitzbank steht, die für die Damen reserviert ist." Dann fügte ich noch hinzu: „Ich habe keinen Zweifel daran, dass das Rüschenhemd nur geliehen ist."

Das brachte ihn zur Weißglut und auch dazu, von der Sitzbank herunterzusteigen. Er schwor, mich wegen dieser Beleidigung zu verprügeln. Etwas später war ich außerhalb des Lagers. Er hatte eine Gruppe um sich geschart und drohte erneut, mich zu verprügeln, noch bevor er das Gelände verlassen würde.

Ich ging auf sie zu und sagte: „Meine Herren, lassen Sie mich durch zu diesem Kerl."

Sie ließen mich zu ihm und ich fragte ihn, ob das Fluchen und die Drohung mir gegolten hätten.

Das bestätigte er.

Daraufhin sagte ich zu ihm: „Nun, wenn ich verprügelt werden soll, möchte ich es so schnell wie möglich hinter mich bringen, denn ich möchte nicht mit dieser Angst leben. Wir wollen aber die Versammlung nicht stören, deshalb lassen Sie uns in den Wald gehen."

Wir machten uns auf den Weg und die Horde folgte uns. Ich blieb stehen und forderte jeden Einzelnen von ihnen auf, zurückzugehen. Ich machte ihnen klar, dass ich keinen Schritt weitergehen würde, wenn sie meiner Aufforderung nicht nachkämen – daraufhin kehrten sie um. Das Lagergelände war umzäunt. Als wir den Zaun erreichten, stützte ich mich mit meiner linken Hand auf die obere Kante und sprang hinüber. Als ich auf der anderen Seite landete, trat ich mit meinem Fuß in eine Mulde und verstauchte mir dabei beinahe den Fuß. Die Landung versetzte mir einen heftigen Stoß und es schmerzte in meiner linken Seite. Reflexartig legte ich meine rechte Hand auf meine schmerzende linke Seite. Nun erreichte mein respekteinflößender Gegner den Zaun, schaute zu mir hinunter und sagte:

„Aha, Sie tasten nach Ihrem Dolch, nicht wahr?"

Augenblicklich wurde mir klar, wie ich den Prügeln entgehen konnte.

Ich antwortete: „Genau, und gleich werden Sie sämtliche Dolche zu spüren bekommen, die ich bei mir habe", und unternahm einen blitzartigen Vorstoß.

Er sprang auf die andere Zaunseite zurück, ich sprang hinterher und nun kam es zu einem regelrechten Wettrennen. Durch den feigen Rückzug dieses Raufbolds war ich so irritiert, dass ich nicht schnell laufen konnte – so entkam er und ich entging meinen Prügeln.

In der Nähe des Lagerplatzes war ein großer Teich und die Rüpel, die sich dort aufhielten, hatten beschlossen, meinen Raufbold zur Strafe für sein Verhalten unterzutauchen. Sie lockten ihn dorthin, entfernten dann etwas Rinde von einem Nussbaum und fesselten ihn damit an eine Stange, die sie bei sich hatten. Nun gingen zwei von ihnen ins Wasser, wobei jeder ein Ende der Stange festhielt, und tauchten ihn so lange unter, dass er fast gestorben wäre. Er flehte und bettelte um sein Leben. Dann versprach er ihnen, sich in einem Gottesdienst nie wieder daneben zu benehmen und das Versammlungsgelände so schnell wie möglich zu verlassen, wenn sie ihn freiließen. Daraufhin ließen sie ihn gehen und ich wurde mein Rüschenhemd los.

Nun mag sich vielleicht manch einer fragen: „Was hättest du denn getan, wenn ihr beide im Wald angekommen wäret?" Das ist schwer zu beantworten, denn mein Motto war: „Ich liebe jeden Menschen, fürchte aber keinen." Zunächst einmal weigerte ich mich, zu glauben, dass mich irgendjemand schlagen könnte, und zwar so lange, bis es tatsächlich geschehen würde. Folglich machte ich mir auch keine Gedanken darüber, wie ich mich in einem solchen Fall verhalten würde. Mit Sicherheit hätte ich ihm zunächst vorgeschlagen, zu beten, und dann hätte ich mich der göttlichen Fügung überlassen.

In diesem Jahr hatte die Bischöfliche Methodistenkirche einen erheblichen Mitgliederrückgang zu verzeichnen, was hauptsächlich auf den Krieg mit England zurückzuführen war. Wahrscheinlich spürten wir die traurigen Auswirkungen des Krieges im Westen genauso wie die Menschen in jedem anderen Gebiet der Union. Es hat wohl niemals zuvor tapferere Männer gegeben als jene in diesem Teil der westlichen Welt – viele von ihnen meldeten sich freiwillig und trugen zu dem ruhmreichen Sieg über England und seine Verbündeten bei. Selbstverständlich sahen es auch viele unserer Kirchenmitglieder als ihre Pflicht an, unser Land unter General Jackson zu verteidigen, und zogen in den Krieg.

Am 1. Oktober des Jahres 1813 fand unsere Konferenz in Ree's Chapel, Tennessee, statt. Gegenüber dem Vorjahr änderte sich hinsichtlich unserer Einsatzgebiete für das Konferenzjahr 1813 bis 1814 äußerst wenig. Ich selbst konnte in den Green-River-Distrikt zurückkehren. Der Missouri-Distrikt wurde gegründet und der Tennessee-Konferenz angegliedert. Im Verlauf des Jahres drangen unsere Prediger in neue Erntefelder entlang des Cumberland River vor. Das Gebiet war in der Nähe der Trennungslinie zwischen den Distrikten Tennessee und Kentucky. Wir predigten in neuen Siedlungen und der Herr goss seinen Geist aus, sodass viele überführt wurden und sich bekehrten. Es tut mir Leid, das sagen zu müssen, aber es war damals an der Tagesordnung, dass eine bestimmte Gruppe von Baptistenpredigern uns nachreiste, um in diesen Gebieten Menschen für ihre Denomination zu gewinnen. Es kam selten vor, dass diese verruchten neuen Siedlungen von den Baptistenpredigern besucht wurden, ehe ein Methodistenprediger dort war. Doch dann, wenn eine Erweckung ausbrach oder das Werk Gottes belebt wurde, eilten sie herbei und waren zur Stelle. Normalerweise sangen sie ihre Predigten – im Wesentlichen ging es bei ihrem Singsang und ihren Kernaussagen um: „Wasser! Wasser! Ihr müsst unserem seligen Herrn ins Wasser hinein folgen!“ Ich predigte mehrere Male in großen, bevölkerungsreichen und ruchlosen Siedlungen. Dabei erlebte ich, dass die Menschen der Botschaft aufmerksam zuhörten. Viele von ihnen wurden überführt und bekehrten sich. Ich machte allerdings auch die Erfahrung, dass die Baptistenprediger in der Zeit zwischen meinen Predigtterminen herbeieilten und sich darum bemühten, unsere „Bekehrten“ ins Wasser zu bekommen. Sie machten einen derartigen Wirbel um die Wassertaufe, dass die Unwissenden meinen könnten, der Himmel sei eine Insel, die nur schwimmend oder tauchend zu erreichen sei.

Zu der erwähnten Gruppe von Baptistenpredigern, die uns hinterhereilten, gehörte ein älterer Mann namens H. Er war schmächtig, hatte lange Beine, war außerordentlich ungebildet und so unverschämt wie ein Wolf. Er kündigte eine Versammlung an, in der er die Methodisten auseinandernehmen wollte. Wir hatten einander niemals zuvor gesehen. Als ich von seinem Vorhaben erfuhr, beschloss ich, dorthin zu gehen, denn selbst wenn er unsere Mitglieder töten würde, hoffte ich, die Kraft aufzubringen, sie zu beerdigen. Als es so weit war, erschien dieser gewaltige Goliath mit zweien seiner Waffenträger. Zunächst wartete ich draußen; erst als er die Schlacht eröffnete, nahm ich in der Versammlung Platz. Ich hatte einen Füllhalter, Tinte und Papier dabei und dachte mir, dass, falls er mich töten würde, ich wenigstens noch versuchen könnte, mein Testament aufzusetzen. Er eröffnete die Schlacht, indem er zunächst vor den Methodistenpredigern warnte. Er behauptete, dass sie schwarze Mäntel aus feinstem Stoff, Jacken aus Seide und die besten Stiefel trügen, außerdem hätten sie eine Uhr in der Tasche, würden nur die besten Pferde reiten und dergleichen. Dann sagte er, dass er nun aufzeigen wolle, wie es die Methodistenprediger anstellten, das nötige Geld zu bekommen, um sich diesen Luxus zu leisten. Es liefe folgendermaßen ab: Für jedes neue Gemeindemitglied bekämen sie 25 Cent; für jedes Baby, das sie besprenkelten, um es zu taufen, nochmals 25 Cent; außerdem müsste jedes Gemeindemitglied, einschließlich der Säuglinge, einen jährlichen Betrag von einem Dollar entrichten. Das alles würde eine stattliche Summe ergeben, sodass es die Methodistenprediger sich sehr wohl leisten könnten, sich gut zu kleiden und die besten Pferde zu reiten. Dann sagte er: „Aber hier ist der arme, alte H., der schon mit einem Wollhut und ein paar Knödeln zufrieden ist, ja, dann geht es mir gut. Was ihre Lehre betrifft, liebe Brüder, erinnern mich die Methodistenprediger häufig daran, wie in bestimmten Ländern Affen gefangen werden. Diese Affen sind sehr versessen auf schwarze Hagebutten, deshalb verteilen die Affenjäger sie an den Baumwurzeln, wo die Affen sich aufhalten. Nachdem sich die Jäger zurückgezogen haben, klettern die Affen herunter und machen sich über die Hagebutten her. Das nächste Mal bringen die Affenjäger Schafsafran mit, der fast genauso aussieht wie schwarze Hagebutten. Sie verteilen den Schafsafran an den Baumwurzeln und ziehen sich dann zurück. Den armen Affen, die dann davon fressen, wird so übel, dass sie nicht mehr in der Lage sind, zu klettern. Sie legen sich hin, und wenn dann die Jäger aus ihrem Versteck herbeieilen, haben sie leichtes Spiel, die Affen einzufangen. Meine Brüder, so verhält es sich auch mit diesen Methodistenpredigern. Zuerst predigen sie einen Teil der Wahrheit, und das kommt bei den Menschen an. Dann kommen sie mit ihrem Schafsafran, womit ich die faule Lehre meine. Ebenso wie die törichten Affen schlucken die armen, leichtgläubigen Menschen diese falsche Lehre, und wenn ihnen davon übel geworden ist, kommen die Methodistenprediger, um sie einzufangen." Danach verglich er die Methodistenprediger mit einem Jungen, der einen Masten hinaufklettert. Ich kann dir sagen, das war ein „tödlicher" Schuss.

Als er mit seinen Ausführungen fertig war, forderte er diejenigen auf, nach vorne zu kommen, die dazu etwas zu sagen hätten – er tat das, um den Schein zu wahren. Ich stand auf, marschierte nach vorne und stellte mich der Situation. Binnen kürzester Zeit hatte ich alle seine Lügen bloßgestellt und mithilfe respektabler Männer aus anderen Gemeinden konnte ich beweisen, dass seine Behauptungen nicht stimmten. Runde um Runde teilte ich so schnell und heftig gegen ihn aus, dass er sich schließlich in Richtung Ausgang bewegte. Ich befahl ihm, stehen zu bleiben, und drohte, ihm wie einem Verräter in den Rücken zu schießen, falls er weiterginge – er verschwand durch die Tür. Er war dermaßen überrumpelt von meinem Angriff, dass er seinen Hut zurückließ, und so spähte er noch einmal durch den Spalt in der Tür. Ich ließ nicht nach, bis er sich schließlich nach hinten duckte und ohne Hut verschwand. Auf seinem Rückzug begegnete er einem angesehenen Mann, der ihn freudig begrüßte und sprach: „Herr H., was ist passiert? Wo ist Ihr Hut?" „O Herr!", schrie er auf „Cartwright, diese methodistische Bulldogge, kam zu meiner Versammlung und ging dermaßen auf mich los, dass es nicht mehr zu ertragen war und ich schließlich ging." Der Mann antwortete. „Los, gehen Sie zurück und holen Sie Ihren Hut." Er entgegnete: „Nein, ich werde nicht zurückgehen, selbst wenn ich nie wieder einen Hut zu Gesicht bekomme." Durch dieses Gefecht wurde der Schafdieb ein für alle Mal ins „Nichts" befördert – ich hatte einst einen anderen Baptistenprediger darüber reden hören, dass er an diesen Ort gelangt wäre, falls er abgesprungen wäre.

Diese Andeutung muss ich jetzt ein wenig genauer erklären. In meiner Jugend hörte ich einen Baptistenprediger am Ende seiner Predigt davon reden, als er auf seine eigene Erfahrung anspielte. Er berichtete davon, dass er sehr verzweifelt war, als er von seinen Sünden überführt wurde. In diesem Zustand der Überführung suchte er nach einem Ausweg; er schaute zur Rechten und zur Linken, fand aber keine Erleichterung. Schließlich hatte er folgende Idee: Er würde an das Ende der Welt reisen, und wenn er dort ankäme, hinunterspringen. An diesem Punkt seiner Erzählung wandte er sich an die Versammelten und fragte: „Wo wäre ich dann angekommen, was meint ihr?" Dann beantwortete er die Frage selbst und sagte: „Ich wäre im NICHTS angekommen."

Nun, da ich gerade dabei bin, das unwürdige Benehmen einiger Prediger dieser Denomination zu kritisieren, möchte ich noch von einer weiteren Begebenheit berichten, die sich ebenfalls während dieser Zeit zutrug. Damals lebte ich in Kentucky in der Nähe der Straße, die von Hopkinsville, Provinz Christian, nach Russellville, Provinz Logan, führte. Ich hatte noch keine Stallungen. Kaum war ich dorthin gezogen, da geschah es, dass ein älterer Mann mit seinem Sohn auftauchte.

Der Mann fragte mich, ob der Methodistenprediger Peter Cartwright hier wohnte.

„Ja", sagte ich.

„Sind Sie dieser Mann?", fragte er mich.

„Ja", antwortete ich.

„Also, ich bin Baptistenprediger und war wegen meines kranken Sohnes in Missouri. Ich würde gerne bei ihnen übernachten." Ich willigte ein und bat ihn, abzusitzen und hereinzukommen. Dann versorgte ich so gut ich konnte ihre Pferde. Das Abendessen war bereits fertig und wir aßen zusammen. Nach dem Essen verließen sie beide kurz das Zimmer, und als sie zurückkamen, konnte ich eindeutig ihre Whiskeyfahne riechen. Nun, wir lebten zwar nicht in den Tagen der allgemeinen Alkoholabstinenz, aber ich fand es bedenklich, wenn ein Prediger stark nach Whiskey roch, verlor aber kein Wort darüber. Als es an der Zeit war, schlafen zu gehen, holte ich die Gebetsbücher hervor und sagte: „Bruder, bei uns ist es üblich, dass wir als Familie zusammen beten. Hier haben Sie die Gebetsbücher und nun leiten Sie uns im Familiengebet." Er wollte nicht und versuchte, sich herauszureden. Ich bat ihn eindringlich darum, doch er lehnte ab. Dann nahm ich die Bücher, las daraus vor, sang und betete, aber weder er noch sein Sohn sangen und beteten mit. Am nächsten Morgen rief ich die Familie zum gemeinsamen Gebet zusammen. Ich forderte unseren Gast erneut auf, mit uns zu beten, doch er wollte nicht. Sobald wir unsere Gebetszeit beendet hatten, ging er in das andere Zimmer. Er kam mit seiner Whiskeyflasche zurück und bot mir einen Drink an. Ich sagte ihm, dass ich keine Spirituosen tränke. Dann bot er jedem aus meiner Familie Whiskey an, doch alle lehnten das Angebot ab. Nach dem Frühstück machte er sich mit seinem Sohn daran, die Pferde für die Weiterreise bereit zu machen.

Er fragte: „Bruder, nehmen Sie eigentlich Geld für Übernachtung und Verpflegung?"

„Ja, jeder Prediger, der Whiskey trinkt und nicht mit mir zusammen beten will, muss bei mir bezahlen", antwortete ich.

„Also, ich finde es schon hart, dass ein Prediger von einem anderen Prediger zur Kasse gebeten wird", sagte er.

Ich sprach: „Mein Herr, Sie haben mir keinen Beweis dafür geliefert, dass Sie tatsächlich Prediger sind. Ich fürchte eher, dass Sie ein niederträchtiger Hochstapler sind. Im Übrigen ist es so, dass es mir ein Vergnügen ist, von jemandem, der in meiner Gegenwart Whiskey trinkt und nicht mit mir betet, den vollen Preis zu verlangen. Es spielt dabei überhaupt keine Rolle, ob es sich um einen Prediger handelt oder nicht - also her mit dem Geld." Er bezahlte zwar sehr ungern, aber er tat es.

Ich bin froh, dass diese negativen Beispiele unwürdigen Verhaltens nicht auf die Baptistenprediger im Allgemeinen zutreffen. Viele von ihnen sind für Alkoholabstinenz und verurteilen das verachtenswerte Geschäft des Schafestehlens. Mögen sie in dieser Hinsicht so weitermachen, und ihre Lehre aufgeben, es gäbe nur eine Art, richtig zu taufen!

12

Erlebnisse bei unseren Lagerversammlungen

Am 29. September des Jahres 1814 begannen die Tagungen der Tennessee-Konferenz in Kenerley's Chapel, etwa 14 Kilometer nördlich von Russellville, Provinz Logan, Kentucky. Die beiden Bischöfe Asbury und M'Kendree nahmen daran teil. Diese ehrwürdigen Bischöfe blieben ihr ganzes Leben lang unverheiratet. Es besteht kein Zweifel daran, dass die spärliche finanzielle Unterstützung und die großen Anforderungen ihres pastoralen Dienstes sie dazu bewogen hatten, ledig zu bleiben und sich voll und ganz in den Dienst der Kirche zu stellen. Das Arbeitsgebiet ihres Dienstes erstreckte sich von Ost nach West, Nord nach Süd – und zwar über die gesamten Vereinigten Staaten samt zugehöriger Gebiete, einschließlich der britischen Provinzen in Kanada. Der Staatenbund der Union steckte damals noch in den Kinderschuhen. Als diese Männer in der Blütezeit ihres Dienstes standen, hatten wir uns gerade des britischen Jochs entledigt. Der blutige Unabhängigkeitskrieg war gerade vorbei und Geld war sehr knapp im Land. Es gab nur wenige Methodistengemeinden, die meist schwach und arm waren und einem alleinstehenden Mann war es lediglich erlaubt 64,80 oder höchstens 100 Dollar zu besitzen. Die Bischöfe hatten gegenüber den Reisepredigern in finanzieller Hinsicht keine Sonderrechte, sodass sie ebenfalls auf die freiwilligen Gaben der Menschen angewiesen waren, um einen Hungerlohn zusammenzubekommen. Viele unserer verheirateten Prediger waren gezwungen, sich örtlich niederzulassen, weil sie nicht genug zum Leben hatten. Während ihres ruhmreichen, opferbereiten Lebens waren sehr viele weitere Prediger, aufgrund mangelnder Unterstützung, nicht in der Lage, ihre Familien zu versorgen, sodass sie förmlich gezwungen waren, den Reisedienst aufzugeben. Aufgrund der Armut der Kirche und der Strapazen, die das Leben im Reisedienst mit sich brachte, rieten Herr Asbury und Bischof M'Kendree den Reisepredigern, ledig zu bleiben. Doch bereits nach wenigen Jahren hatten diese treu sorgenden Bischöfe den Beweis dafür, dass auch Methodistenprediger nur Menschen sind – mit den gleichen Bedürfnissen wie andere auch. Ihre Beobachtungen überzeugten die hingegebenen Gottesmänner davon, dass es selbst für Methodistenprediger besser wäre, zu heiraten, als ledig zu bleiben, wenn sie die charakterliche Reife im Dienst hätten. Obwohl ich bereits seit zehn Jahren im Reisedienst stand, eine Frau und zwei Kinder hatte und schon seit einigen Jahren als Verwalter für die Konferenz arbeitete, war weder mir noch irgendeinem anderen verheirateten Prediger eine finanzielle Beihilfe für die Miete, Lebensmittel oder unsere Kinder gegeben worden.

Bischof Asbury verteilte während dieser Konferenz jeweils zehn Dollar für jedes Kind der Reiseprediger und für die Kinder derer, die der Reiseverbindung angehörten. Er selbst hatte in den schon länger bestehenden und wohlhabenderen Konferenzen im Osten das Geld für die leidenden Kinder der Reiseprediger im Westen gesammelt. Er war buchstäblich von Tür zu Tür gegangen, um dieses Geld zu erbitten. Für viele von uns, die fast nicht genug hatten, um Leib und Seele zusammenzuhalten, glich diese finanzielle Zuwendung einem gemästeten Kalb. Bei dieser Konferenz wurden die Verwalter angewiesen, die finanziellen Ansprüche der Reiseprediger, die ihnen gemäß unserer Verordnung zustanden, zu begleichen.

Die Auswertung der Protokolle macht Folgendes deutlich: Es gehörten nach wie vor sechs Distrikte zur Ohio-Konferenz, denen jeweils ein Vorsitzender der Ältestenschaft vorstand; zur Tennessee-Konferenz gehörten acht Distrikte. Die Zahlen beziehen sich auf das Konferenzjahr 1814 bis 1815. Aufgrund des Krieges und der Kriegsgerüchte hatten wir über mehrere Jahre hinweg nur ein geringes Mitgliederwachstum zu verzeichnen. Die Anzahl der Reiseprediger in der Ohio-Konferenz erhöhte sich auf 63, in der Tennessee-Konferenz auf 66.

Nun zu einer Lagerversammlung, die in jenem Jahr im Grenzgebiet Tennessees, im Christian-Bezirk abgehalten wurde. Sehr viele Menschen kamen, unter ihnen auch eine Bande von Rüpeln. Die Anführer waren die Brüder J. und William P., deren Eltern gute Mitglieder der Bischöflichen Methodistenkirche waren. Ich fürchtete, dass es schwierig werden könnte, die Ordnung zu wahren, deshalb ging ich zu J. P. und bat ihn, mir zu helfen, dass die Dinge nicht aus dem Ruder gerieten. Ich sagte: „Die Rüpel haben alle Angst vor dir. Wenn du mir nun hilfst, mache ich dich zum ‚Hauptmann'. Du kannst dir dann selbst die Männer aussuchen, die dir helfen sollen."

Er sagte, dass er sich nicht in dieser Weise einspannen lassen wolle, doch wenn ich ihn nicht zu sehr einengen und ihm etwas abseits des Geschehens ein wenig Spaß erlauben würde, er dafür sorgen würde, dass die Ordnung im Lager während unserer Versammlungen gewahrt würde.

Ich sagte: „Sehr gut, sorge für Ordnung während der Versammlung. Wenn ihr ein wenig Spaß haben wollt, dann bitte so weit entfernt, dass der Gottesdienst dadurch nicht gestört wird."

Es kam ein schwieriger junger Bursche zu unserer Versammlung, der sich nicht an unsere Regeln hielt. Er setzte sich ständig in den Bereich, der für die Frauen reserviert war. Damals war es bei Männern sehr modern, die Haare in einem großen, nach hinten oben stehenden Büschel über dem Kopf zu tragen. Dieser junge Mann hatte eine entsprechende Frisur und ein auffällig großes Büschel Haare. Ich sorgte mehrmals dafür, dass er seinen Sitzplatz in der Frauensektion verließ, doch kehrte er alsbald dorthin zurück.

Ich wandte mich an J. P. und sagte ihm, dass er sich um den jungen Mann kümmern solle. „Also gut", antwortete er und verschwand augenblicklich, um eine Schere zu organisieren. Dann postierte er seine Leute in etwa 800 Meter Entfernung und ließ den jungen Burschen unter dem Vorwand zu sich rufen, dass er etwas zu trinken bekäme. Als er kam, gingen zwei von ihnen, einer links und einer rechts, mit gezückten Dolchen auf ihn zu. Sie sagten ihm, dass ihm nichts passieren würde, wenn er sich ruhig verhielte; wenn er allerdings Widerstand leistete oder schrie, wäre er ein toter Mann. Dann erklärten sie ihm, dass sie seine Haare entsprechend der neuesten Nashville-Mode frisieren wollten. Der arme Kerl starb fast vor Angst, leistete aber keinerlei Widerstand. Dann fing der, der die Schere in den Händen hielt, an, ihm die Haare zu schneiden, und das recht schnell. Als sie ihn geschoren hatten, ließen sie ihn gehen. Er ging direkt zum Lagergelände und ich traf ihn, als er dort ankam. Er war kreidebleich, nahm seinen Hut ab und sagte: „Herr Cartwright, schauen Sie, was diese Rabauken getan haben!" Ich musste mich sehr zusammenreißen, um nicht laut loszulachen. Dann erklärte ich ihm, dass er besser kein Wort darüber verlieren solle, weil sie ihm sonst womöglich noch Schlimmeres antun würden. Er verschwand dann sehr plötzlich und störte unsere Gottesdienste nicht mehr.

Unser Lagerplatz lag direkt an einem Bachufer. Direkt hinter dem Zelt des Predigers war noch Platz für ungefähr zwei Kutschen, und dann kam schon das etwa drei Meter hohe Steilufer. Nicht weit vom Ufer entfernt hatte der Bach ein ungefähr zwei Meter tiefes Wasserloch. William P., der Bruder meines Oberaufsehers, war ein sehr ungehobelter Mann, und ich hatte ihn scharf zurechtgewiesen. Ich hatte mitbekommen, dass er geschworen hatte, meine Kutsche in den Bach zu befördern. Die Kutsche stand direkt hinter meinem Zelt, also direkt an der Böschung, die hinunter zum Bach führte. Ich hatte mich mit einem Stock bewaffnet und lag des Nachts wach auf meinem Lager. Es dauerte nicht lange, da sah ich, wie William dabei war, meine Kutsche zu drehen, um sie die Böschung hinunter in den Bach zu befördern. Ich schlüpfte aus meinem Zelt und ging mit dem Knüppel in der Hand auf ihn los. Ich versperrte ihm den einzigen Fluchtweg, und da er sich davor fürchtete, einen ordentlichen Schlag verpasst zu kriegen, sprang er über das Steilufer, geradewegs in das tiefe Wasserloch. Er stieg am anderen Ufer aus dem Wasser und rannte davon.

Diese Niederlage machte ihn sehr wütend. Er schwor Rache, und zwar noch ehe die Lagerversammlung beendet sei. In der Zwischenzeit fiel die Kraft Gottes herrlich auf die Gottesdienstbesucher – viele verhärtete Sünder wurden ergriffen und sehr viele Menschen kamen zum Glauben. Am Sonntag war die gewaltige Kraft Gottes so stark unter uns, dass selbst jene, die am äußersten Rand saßen, sie verspürten. Am Sonntagabend war der vordere Bereich des Geländes überfüllt von weinenden Büßern, die auf den Altarruf reagiert hatten. Während ich diesen Menschen diente, bemerkte ich, dass William nach vorne kam und sich an einen Pfahl in der Nähe des Altarbereichs lehnte. Ich behielt ihn im Auge. Ganz plötzlich sprang er in den Altarbereich, fiel ausgestreckt zu Boden und brüllte wie ein eingefangener Stier. Er schrie laut um Gnade. Während ich mit ihm und noch anderen Personen sprach und betete, trat ich etwa dort, wo er zuvor gestanden hatte, auf etwas Weiches. Ich beugte mich herunter, um es mir genauer anzuschauen, und siehe da, dort lagen Frösche, die auf ein Stück Haselnussrinde aufgezogen waren. Ich hob sie auf und ging damit zu meinem Zelt, aber ich wusste nicht, was es zu bedeuten hatte.

Es war ein harter Kampf, der die ganze Nacht hindurch währte, aber am Montagmorgen, als es gerade hell wurde, erhob William P. den Siegesruf. Die Versammlung wurde fortgesetzt und wir hatten eine herrliche Zeit. Das setzte sich in den nächsten Tagen und Nächten fort. Es gab kaum Unterbrechungen und es wurde wenig gepredigt, aber viele Menschen erlebten die überführende Gnade und wurden froh. Irgendwann am Montag kam mein berüchtigter William zu mir und erzählte mir, was es mit den Fröschen auf sich hatte. Er hatte die Frösche gefangen und auf die Rinde aufgereiht und war dann damit in den Altarbereich gegangen, um sie mir, während ich mich bückte und für die Bußfertigen betete, über den Kopf und um den Hals zu legen. Als er auf einen günstigen Augenblick wartete, um das zu tun, fiel die mächtige Kraft Gottes auf ihn. In dem Moment, als die Kraft Gottes ihn ergriff, spürte er, wie nahe er der Hölle zuvor bereits gekommen war – näher, als ihm lieb war. Viele der schlimmsten Rüpel, die zu der Versammlung gekommen waren, fielen zu Boden und bekehrten sich zu Gott. Das bedeutete auch das Ende der Froschkampagne. Etwa 70 Personen schlossen sich der Kirche an.

Ich möchte noch von einer weiteren Begebenheit berichten, die sich während dieser Versammlung ereignete. In der Nähe von Hopkinsville lebte eine sehr interessante, modebewusste und wohlhabende Familie – ich selbst wohnte ebenfalls in der Nähe dieses Ortes. Diese Familie war im Zuge ihrer von der Prädestinationslehre bestimmten strengen Ausbildung mit großem Hass gegen den Methodismus erzogen worden. Unter meiner Leitung fand nun ganz in ihrer Nähe eine Lagerversammlung statt und es gefiel Gott, sich dort der Frau und ihren beiden Töchtern zu offenbaren. Sie bekehrten sich und schlossen sich der Methodistenkirche an. Wie es ja häufig der Fall ist, fühlten auch sie sich sehr mit mir verbunden, weil ich das Werkzeug war, das Gott zu ihrer Errettung gebraucht hatte. Das machte den Mann der Familie sehr wütend. Er drohte nicht nur damit, mich zu verprügeln, sondern mich umzubringen. Er behauptete, dass ich ein sehr schlechter Mensch sein müsse, da sich sämtliche Frauen im Lande in mich verliebten. Er sagte, dass ich mit ihren Gefühlen spielte und sie aus unlauteren Motiven zur Kirche brächte. Seine älteste Tochter, eine tüchtige, hübsche, intelligente junge Dame, beabsichtigte, die bereits erwähnte Lagerversammlung zu besuchen. Sie wollte nicht alleine reisen und ließ sich einen Platz in meiner Kutsche reservieren. Zuerst war ihr Vater entschieden dagegen, aber nach genauerer Überlegung willigte er doch noch ein. Seiner Frau und seiner Tochter sagte er, dass er mitkäme, um mich genau zu beobachten, denn er hätte keinen Zweifel daran, mich bei meiner Teufelei zu ertappen und dadurch der Welt beweisen zu können, was für ein schlechter Mensch ich sei – dann wäre auch Schluss damit, dass die Frauen „durchdrehten" und diesem üblen Prediger hinterherliefen. Seine Tochter machte sich bereit für die Reise und wir machten uns gemeinsam auf den Weg. Der Lagerplatz war etwa 45 Kilometer entfernt. Die junge Dame hielt es für ihre Pflicht, mich in die Pläne ihres Vaters einzuweihen. Sie sagte, sie hoffe, dass ich auf der Hut sei, denn ihr Vater sei dermaßen wütend, dass sie glaube, er würde mich aus reiner Niedertracht töten, falls er nicht die Möglichkeit hätte, mir etwas vorzuwerfen, das meinen Ruf als Prediger ruinieren würde. Ich sagte ihr, dass ich hellwach sei und nicht den geringsten Zweifel daran hätte, dass Gott mich dazu gebrauchen würde, ihren Vater der Hölle zu entreißen, noch ehe die Lagerversammlung zu Ende sei. Ich sagte: „Du musst kräftig beten, dann wird es so geschehen. Dein Vater ist nicht vom Teufel selbst besessen – es muss sich um einen kleinen, schwächlichen, widerwärtigen Dämon handeln, und ich glaube, es wird nicht schwierig sein, den auszutreiben." Dann erklärte ich ihr: „Wenn Gott deinen Vater erfasst und ihn für einen Augenblick über der Hölle zappeln lässt und er dann den starken Schwefelgeruch schnuppert, wird es so leicht sein, die Dämonen auszutreiben, wie ein Tornado die Mückenschwärme von den Teichen und Tümpeln des Landes hinwegfegt." Als sie sah, dass ich so kühn und zuversichtlich war, weinte sie, und, überwältigt von der Vorstellung der Befreiung ihres Vaters, erhob sie ihre Stimme zu einem Jubelruf. Sobald wir das Lagergelände erreicht hatten, sorgte ich dafür, dass man sich um meine Gäste und ihre mitgeführten Pferde kümmerte. Ich sprach zu dem Mann: „Das Predigerzelt ist recht groß und mit guten Betten ausgestattet. Kommen Sie mit mir mit, ich möchte, dass Sie für diese Zeit im Predigerzelt wohnen." Er schien völlig überrascht zu sein und zögerte, aber ich führte ihn geradewegs in das Zelt. Ich sagte. „Mein Herr, fühlen Sie sich ganz wie zu Hause, denn ich hoffe, dass Sie sich noch bekehren werden, ehe diese Lagerversammlung vorbei ist." Ich bemerkte, dass sich sein Gesichtsausdruck veränderte, und vielleicht begann in diesem Moment die tiefe und durchschlagende Überführung. Das Trompetensignal für den baldigen Beginn der Predigt ertönte. Ich stieg auf das Podium und begann, zu predigen. Unter den Zuhörern erkannte ich auch diesen Mann und sah an seinem Gesichtsausdruck, dass er unter Überführung stand und in seinen Gedanken einen Kampf austrug. Nach dem Gottesdienst erklärte er mir, dass die Gastfreundschaft, die ich ihm erwiesen hätte, die schlimmste Tracht Prügel gewesen sei, die er jemals bekommen habe – sogar eine schlaflose Nacht hätte er deswegen gehabt. Er komme sich manchmal wie ein armer, kleiner Teufel vor, so schlecht wie er mich behandelt hatte. Ich dagegen wäre ganz bestimmt ein Christ, denn sonst hätte ich mich nach all dem Schlechten und Üblen, was er über mich gesagt hatte, ihm gegenüber nicht so freundlich verhalten können. Im weiteren Verlauf der Lagerversammlung erlebte er eine so intensive Überführung, dass er weder essen noch schlafen konnte.

Am Sonntagabend, als die Kraft Gottes so mächtig auf die Versammlung fiel, dass selbst Dutzende aus meiner Bande von Rüpeln rechts und links zu Boden fielen, traf es auch meinen ungewöhnlichen Verfolger – wie von einer Gewehrkugel mitten ins Herz getroffen, fiel er plötzlich zu Boden. Bis zum nächsten Morgen lag er verkrampft und hilflos da, als er bei Sonnenaufgang wieder zu sich kam. Mit einem Lächeln im Gesicht erhob er sich und sprang dann mit Lob- und Siegesschreien im Lager umher. Das brachte nahezu das ganze Lager zum Erbeben. Es war eine wunderbare Zeit für seine Tochter. Sie hüpfte auf mich zu und schrie laut, dass die kleinen, schwächlichen, widerwärtigen Dämonen aus ihrem Vater ausgefahren wären. Er schloss sich der Kirche an. Als er nach Hause zurückkehrte, tat die Familie tagelang kaum noch etwas anderes, als zu singen, zu beten und Gott laut zu preisen.

Durch diese Familie wurde eine gesegnete Erweckung ausgelöst, die sich in der ganzen Gegend ausbreitete. Viele Menschen erwachten aus ihrem geistlichen Schlaf und bekehrten sich. Oh, wie oft schießt der Teufel über das Ziel hinaus und veranlasst seine Untergebenen dazu, Prediger und die Gemeinde zu verfolgen. Gott steht über dem Teufel und der Teufel kann erst dann ausgetrieben werden, wenn man ihn zuvor aufweckt.

Ich habe das Thema der Träume nie besonders hervorgehoben, aber während der Lagerversammlung hatte ich einen Traum, der mich gedanklich sehr beschäftigte. Davon berichte ich jetzt genauer und auch von den darauffolgenden Ereignissen, möge der Leser das Gute behalten. In meinem Traum begab ich mich auf einen Angelausflug. Die Fische bissen gut und deshalb warf ich exzellente Köder aus. Schließlich bemerkte ich, dass ein großer Fisch oder etwas anderes angebissen hatte. Ich zog die Angelleine ein, aber es ging nur langsam und es fühlte sich schwer an. Schließlich gelang es mir, meine Beute an Land zu ziehen, und ich stellte fest, dass es sich um eine Klappschildkröte handelte. Ich erwachte und war froh, dass ich nur geträumt hatte.

Ein betagter, abgefallener Baptistenprediger kam zu unserer Lagerversammlung. Er hatte seine Ehefrau wegen einer jungen Frau verlassen und lebte jetzt in offenem Ehebruch. Der Mann berichtete davon, dass er während des Gottesdienstes schrecklich von seinen Sünden überführt worden war. Er wusste, dass er den Glauben, dessen er sich einst so erfreut hatte, verloren hatte. Ihm war klar, dass er seinen Glauben restlos verloren hatte und dass deshalb die Botschaft, die er früher gepredigt hatte, nicht richtig sein konnte. Er hatte früher die Überzeugung vertreten, man könne sein einmal gewonnenes Heil nie mehr verlieren. Doch dieser Mann wollte gerettet werden und hatte nun den Wunsch, der Methodistenkirche beizutreten. Er sagte, dass er inzwischen einem Geheimbund angehöre. Er wäre dort nicht ausgeschlossen worden und diejenigen, die dort das Sagen hätten, seien ehrwürdige, gebildete Menschen.

Das alles spielte sich bei unserer öffentlichen Versammlung ab. Ich erklärte ihm, dass wir ihm als Kirche gerne hülfen, wenn wir das tun könnten, dass allerdings die biblischen Grundsätze Bedingung seien. Ich sagte: „Sie wissen sicher, dass das Wort Gottes Ihr Verhalten verurteilt. Selbst wenn wir unsere Sünden so sehr lieben wie unseren rechten Fuß, unsere Hand oder unser Auge, müssen sie ausgemerzt werden, denn ansonsten kommen wir nicht in den Himmel. Also mein Herr, sind Sie bereit, Ihren Lebensstil aufzugeben und sich von der Frau zu trennen, mit der Sie gerade zusammenleben? Sind Sie bereit, zu ihrer rechtmäßigen Ehefrau zurückzukehren, und zwar auf der Stelle?“

Er brach in Tränen aus, rang seine Hände, denn er litt offensichtlich große Qualen, und sagte, dass er gerettet werden wolle. „Können Sie mir nicht ein halbes Jahr Probezeit geben?"

„Nein, mein Herr, das werden wir nicht tun – es sei denn, dass Sie vor Gott und der Kirche das heilige Versprechen abgeben, augenblicklich mit Ihrem momentanen Lebensstil zu brechen."

Er sagte, dass er Angst hätte, diesen Schritt zu tun.

„Dann ist es sinnlos, auch nur ein weiteres Wort darüber zu verlieren. Wir werden Sie keinesfalls in unsere Kirche aufnehmen, auch nicht auf Probe."

Wir gingen auseinander und ich befürchte, dass er für immer verloren ging. Ich bin mir nicht sicher, ob es sich bei der Klappschildkröte, die ich in meinem Traum gesehen hatte, um ihn handelte, aber es scheint mir sehr so.

Jetzt möchte ich von James Ward berichten, der wenige Jahre zuvor von der Baltimore-Konferenz in eine andere Konferenz versetzt worden war. Er war ein warmherziger, lebhafter und eifriger Prediger. Es lag ein großer Segen auf seiner Arbeit und mehrere mächtige Erweckungen waren darauf zurückzuführen. Ein gewisser J. V., ein relativ bekannter Baptistenprediger, besuchte mehrmals die Versammlungen Bruder Wards. Ich vermag nicht zu beurteilen, ob er tatsächlich Feuer gefangen hatte oder aus anderen Überlegungen heraus eine groß angelegte Predigtkampagne startete. Er war ein relativ guter Prediger und dazu noch einigermaßen bekannt. Es dauerte nicht lange, bis es zu einem Aufbruch bei den Baptisten kam. Hunderte schlossen sich der Kirche an und ließen sich von J. V. taufen. In einem Punkt lag er völlig falsch. Es machte ihm großen Spaß, Menschen aus anderen Gemeinden für seine Kirche zu gewinnen und durch Untertauchen zu taufen. In den oberen Provinzen Kentuckys hatte er damit großen Erfolg.

Einmal besuchte ich zufällig eine seiner Versammlungen und hörte ihn predigen. Ich wusste, wer er war, doch da man mich ihm nicht vorstellte, kannte er mich nicht. Ungefähr zur selben Zeit hatte er eine ganze Reihe von Versammlungen im Süden Kentuckys und West-Tennessees, in der Gegend von Nashville, ankündigen lassen. Ich war in Baltimore, um die Generalkonferenz zu besuchen, und kehrte im Juni nach Hause zurück. Ich wohnte im Süden Kentuckys, in der Nähe von Hopkinsville. Wir waren damals hauptsächlich zu Pferd unterwegs. Es war sehr warm und deshalb auch eine staubige Reise. Als ich in Nashville ankam, erfuhr ich, dass Herr V. dort soeben einen Gottesdienst beendet hatte und nun nach Hopkinsville aufbrechen wollte. Mir wurde gesagt, dass ich ihn wahrscheinlich noch treffen würde, und so kam es dann auch. Ich hatte meine Jacke und mein Halstuch abgelegt, weil es so warm und staubig war, und hinter mir am Sattel befestigt. Ich war sehr dreckig und sah vermutlich nicht aus wie ein Prediger. Ich ritt auf Herrn V. zu, sprach ihn an, und es entwickelte sich ein Gespräch. In einer Hinsicht war ich im Vorteil, denn wie schon erwähnt, wusste ich, wer er war, aber er kannte mich nicht. Ich achtete nun sorgfältig darauf, ihn nicht mit Namen anzusprechen. Er war sehr umgänglich und gesprächig.

„Sind Sie auf Reisen, mein Herr?“

„Ja, mein Herr“, antwortete ich.

„Aus welcher Gegend kommen Sie?“

„Ich komme direkt aus der Stadt Baltimore“, antwortete ich.

„Nun, was gibt es dort für Neuigkeiten?“, fragte er.

„Nichts Besonderes“, antwortete ich.

„Welcher Glaube ist denn dort vorherrschend oder welches ist die am meisten verbreitete Denomination in der Stadt?“

„Na ja, von den protestantischen Kirchen sind diese jämmerlichen Methodisten dort am zahlreichsten vertreten“, antwortete ich, denn ich wollte ihn aus der Reserve locken.

„Oh, das ist eine Schande, denn sie haben ein sehr verrottetes und sandiges Fundament“, sagte er.

„Ja, aber die Menschen könnten womöglich in noch schlimmere Hände fallen“, antwortete ich.

„Schwerlich, aber sagen Sie, mein Herr, wie geht es denn dort in Baltimore und der Umgegend bei den Baptisten voran?“

„Na ja, die Baptisten kennt dort fast keiner“, antwortete ich.

„Sind Sie sicher, dass Sie sich nicht irren, mein Herr?“

„Nein, mein Herr, ich irre mich nicht.“

„Nun, was ist denn die Ursache dafür?“

„Nun, mein Herr, das ist leicht zu erklären. Was das Untertauchen betrifft, denken die Baptisten doch, sie hätten die Wahrheit für sich gepachtet, und haben keine Gemeinschaft mit den anderen christlichen Denominationen. Auf dieser Grundlage können sie aber in einer intelligenten und aufgeklärten Gesellschaft von Gläubigen nicht florieren.“

Das war der Startschuss für die Schlacht, und das wollte ich auch bezwecken. Er fing an, Lobesreden auf die Baptisten zu halten und behauptete, dass ihre Art zu taufen die einzig biblische sei. Die Schlacht – damit meine ich den Wortwechsel – dauerte Stunden und während der ganzen Zeit ritten wir Seite an Seite. Schließlich zeigte er unmissverständliche Zeichen von Verwirrung, denn er verließ das Feld der Argumentation und fing an, damit zu prahlen, dass er bereits Hunderte von Methodisten und Presbyterianern untergetaucht hätte, und sprach: „Ich bin jetzt auf dem Weg nach Hopkinsville und rechne damit, dass ich dort viele Methodisten, die sich durch Peter Cartwright, einen dortigen Methodistenprediger, bekehrt haben, untertauchen werde. Und, mein Herr, es gibt keine Schriftstelle, die auf die Kindertaufe hinweist.“ Daraufhin stellte ich ihm folgende Fragen:

„Glauben Sie, dass alle Kinder errettet sind und in den Himmel kommen? Und dass kein einziges Kleinkind in der Hölle ist?"

„Natürlich glaube ich das", sagte er.

„Wenn es also in der Hölle keine Kinder gibt und alle minderjährigen Kinder in den Himmel kommen, ist dann nicht die Kirche, die keine Kinder in ihren Reihen hat, eher Hölle als Himmel?"

Diese Frage beendete unsere Diskussion, denn er antwortete nicht. In diesem Moment erreichten wir die Straßengabelung; die rechte Abzweigung, die er nehmen wollte, führte nach Russellville und die linke nach Hopkinsville, also in meine Richtung. Jetzt, als sich unsere Wege trennten und wir uns gegenseitig die Hände gaben, sagte ich: „Ich kenne Sie, Herr V., und deshalb bin ich Ihnen gegenüber im Vorteil - mein Name ist Peter Cartwright. Ich wohne etwa drei Kilometer von Hopkinsville entfernt, dem Ort, an den sie nächste Woche kommen werden, um die „Jacken" vieler meiner Methodisten „nass zu machen". Sagen Sie mir Bescheid, wenn Sie da sind, und übernachten Sie in meinem Haus - ich werde Ihnen dann beim Erstellen Ihrer Listen behilflich sein und sehen, die Jacken welcher meiner Mitglieder Sie nass gemacht haben." Er versprach es, aber er hat sich nicht bei mir zu Hause blicken lassen. Er nahm seine Termine in Hopkinsville wahr, aber er machte keine einzige Methodistenjacke nass. Es war ihm nie möglich, in dieser Region große Beute zu machen. Eine Zeit lang florierte sein Dienst, dann schloss er sich den Campbellianern an, aber auch sie verließ er wieder. Soweit ich weiß, kehrte er zu den Baptisten zurück und zog nach Missouri, wo er auch verstarb. Ich hoffe, er ging in Frieden.

13

Bischof Asbury

Im Herbst des Jahres 1815 wurde unsere Konferenz in der Provinz Wilson, Tennessee, abgehalten, und zwar im Bethlehem-Versammlungshaus. Die Bischöfe Asbury und M'Kendree nahmen trotz ihrer schwachen Gesundheit daran teil – es war das letzte Mal, dass wir Bischof Asbury auf einer Westkonferenz zu Gesicht bekamen. Obwohl er schon sehr gebrechlich war und nicht mehr stehen konnte, predigte er unter einer starken Salbung und mit großer Kraft. Als er dort zum letzten Mal zu uns sprach, musste er seine Predigt im Sitzen abhalten. Während dieser Konferenz wurden unsere Delegierten für die Generalkonferenz gewählt. Das nächste Treffen der Generalkonferenz war für den 1. Mai 1816 vorgesehen, und zwar in Baltimore. Nachdem der Wahlvorgang abgeschlossen war, rief Bischof Asbury uns, die gewählten Delegierten, zu sich. Wir trafen uns in seinem Zimmer. Er berichtete uns, dass einige Prediger ihren Unmut über die Leitungsstruktur der Bischöflichen Methodistenkirche zum Ausdruck gebracht hätten, erklärte uns, warum, und gab uns den Rat, mit aller Entschiedenheit an den Eckpunkten unserer Kirchenverordnung festzuhalten. Es war ihm ein großes Anliegen, dass die Einheit des Methodismus gewahrt würde und dass die notwendigen Maßnahmen ergriffen würden, um eine Spaltung zu vermeiden. Er wünschte sich außerdem, noch an der Generalkonferenz teilnehmen zu können, doch es kam anders. Nachdem er Tennessee verlassen hatte, um nach South Carolina zu reisen, wurde er von mehreren Krankheiten angegriffen. Er reiste aber dennoch langsam weiter nach Norden, denn er hatte immer noch die Hoffnung, die Generalkonferenz in Baltimore besuchen zu können. Am 24. März erreichte er Richmond in Virginia, wo er seine letzte Predigt hielt. Er selbst war zu schwach, um zu laufen, deshalb wurde er in den Armen seiner Freunde in das Haus Gottes getragen, auf einen Tisch gesetzt und abgestützt. Es fiel ihm schwer, zu sprechen, denn er hatte Mühe, genug Luft zu bekommen, dennoch predigte er hier seine letzte Botschaft auf Erden. Die Versammelten wurden tief bewegt. Anschließend wurde er zurück zu seiner Kutsche getragen, wo er immer noch darauf drängte, seine Reise nach Baltimore fortzusetzen. Als er schließlich das Haus seines alten Freundes George Arnold erreichte, war er nicht mehr in der Lage, seine Reise fortzusetzen. Herr George Arnold wohnte etwa 32 Kilometer südlich von Fredericsburg, Virginia.

Am 29. März, es war ein Freitagabend, wurde dieser Mann Gottes, der ein halbes Jahrhundert lang im Reisedienst gestanden und dabei fast 482.700 Kilometer zurückgelegt hatte, zum letzten Mal von seinem Wagen gehoben.

Er hatte starke Schmerzen und in diesem Zustand blieb er bis zum Sonntag, den 29. März. An diesem Tag rief er zur gewohnten Gottesdienstzeit seine Familie zu sich. Der Pfarrer John W. Bond, der zwei Jahre lang sein Reisegefährte war, betete, las das 23. Kapitel aus dem Buch der Offenbarung vor und legte es aus. Der sterbende Mann Gottes war während dieser Zeit sehr gefasst und betete. Er saß in seinem Sessel und entschlief nur wenige Minuten, nachdem John W. Bond seine Ausführungen beendet hatte – ohne Todeskampf und ohne auch nur einen Seufzer.

Er wurde im Familiengrab von Bruder Arnold, in dessen Haus er verstorben war, beigesetzt. Auf Bitte der Bewohner Baltimores beschloss die Generalkonferenz auf ihrer Sitzung am 1. Mai 1816, die sterblichen Überreste dorthin zu überführen. In der Gruft unter der Kanzel der Eutaw-Street-Gemeinde sollte Bischof Asbury seine letzte Ruhe finden.

Die erneute Beisetzung stieß auf ein so großes Interesse, wie ich es nie zuvor zu einem solchen Anlass erlebt habe. Ein riesiger Trauerzug marschierte hinter dem Sarg her, und zwar von der Light Street bis zur Eutaw-Street-Gemeinde. Der Umzug wurde angeführt von Bischof M'Kendree, dem treuen Amtsbruder des Verstorbenen – dahinter folgten die Mitglieder der Generalkonferenz und schließlich die riesigen Menschenmassen. Bischof M'Kendree hielt die Grabrede und es flossen viele Tränen. Die sterblichen Überreste des ehrwürdigen Bischofs Asbury wurden dort für den Tag, da alle Gräber die Toten wieder hergeben müssen, zur Ruhe gelegt.

Folgende Inschrift findet sich über der Gruft:

Im
heiligen Gedenken an
REV. FRANCIS ASBURY,
Bischof der
Bischöflichen Methodistenkirche.
Geboren am 20. August 1745 in England;
im Alter von 17 Jahren in den geistlichen Dienst eingetreten;
im Jahre 1771 als Missionar nach Amerika gekommen;
in dieser Stadt am 27. Dezember 1784 zum Bischof ordiniert;
eifriger Besucher der jährlichen Konferenzen in den Vereinigten Staaten;
Verkünder des Wortes über ein halbes Jahrhundert lang;
der seine Arbeit erst am Tage seines Todes beendete,
in der Nähe von Fredericsburg, Virginia,
am 31. März 1816, in völliger Siegesgewissheit des Glaubens,
im Alter von 70 Jahren, 7 Monaten und elf Tagen.
Seine sterblichen Überreste wurden am 10. Mai 1816
durch die Generalkonferenz mit Sitz in dieser Stadt
in dieser Gruft beigesetzt.
Auch für die Nachwelt werden seine Tagebücher ein Zeugnis seiner
Arbeit, seiner Schwierigkeiten, seiner Leiden, seiner Ausdauer
und seiner Liebe zu Gott und den Menschen sein.
Auf Beschluss der Generalkonferenz im Jahre 1852

wurden seine sterblichen Überreste nochmals überführt zu einem Friedhof in der Nähe Baltimores; um seiner auch in künftigen Generationen zu gedenken, wird ein Denkmal errichtet.

Ich möchte nun von einer Begebenheit berichten, die sich bei einer unserer Westkonferenzen ereignete. An diesem Beispiel wird deutlich, dass Bischof Asbury eine übernatürliche Begabung hatte, Menschen zu durchschauen. Der Konferenz waren herrliche Erweckungen vorausgegangen und viele wohlhabende sowie einige gebildete Menschen hatten sich der Bischöflichen Methodistenkirche angeschlossen - darunter auch zwei sehr gebildete junge Männer. Der eine von ihnen war der Sohn eines herausragenden Lehrers, der andere der Sohn eines außerordentlich wohlhabenden Generals. Beide jungen Männer behaupteten, zum geistlichen Dienst berufen zu sein, und waren empfohlen worden, probeweise in die Reiseverbindung aufgenommen zu werden. Bischof Asbury hatte während der Konferenz sehr genau auf ihr Verhalten und ihre Gespräche geachtet. Zur gegebenen Zeit brachte Bruder Learner Blackman, ihr Vorsitzender der Ältestenschaft, ihre Empfehlungen vor. Er sprach von ihnen in den höchsten Tönen und sah in ihnen eine große Bereicherung für den Dienst der Kirche. Sie wurden von der Konferenz mit großer Einmütigkeit aufgenommen. Es hatte den Anschein, als wäre Bischof Asbury mit fast geschlossenen Augen dagesessen, als er plötzlich aufwachte, nachdem sie aufgenommen worden waren. „Ja, ja!", rief er, „sicherlich werden beide euch noch vor Ablauf des Jahres Schande bereiten." Und tatsächlich, bereits nach sechs Monaten ritt einer der beiden mit geladener Pistole und einem Dolch durch den Bezirk und drohte den Rüpeln, sie zu erschießen und zu erstechen. Der andere beging eine Ordnungswidrigkeit und in weniger als neun Monaten verloren sie ihre Kirchenmitgliedschaft. Bischof Asbury sagte häufig zu den Predigern: „Ihr lest Bücher, aber ich lese Menschen."

Uns wurden unsere Einsatzgebiete für das Konferenzjahr 1815 bis 1816 mitgeteilt, und wir waren damit relativ zufrieden. Ich wurde in den Green-River-Distrikt zurückbeordert. In diesem Jahr hatten wir für die Ohio- und Tennessee-Konferenz nur ein geringes Wachstum an Gemeindemitgliedern und Predigern zu verzeichnen.

Im Frühjahr des Jahres 1816 wurde die Generalkonferenz einberufen, und zwar für den 1. Mai; der Treffpunkt war Baltimore. Es war die zweite Generalkonferenz für die Delegierten der Bischöflichen Methodistenkirche, und ich durfte zum ersten Mal als Delegierter daran teilnehmen.

Damals standen uns noch keine Dampfschiffe, Eisenbahnwaggons oder komfortable Zwischenstationen zur Verfügung. Die ganze Strecke vom äußersten Westen mussten wir zu Pferd zurücklegen. Das bedeutete, dass wir etwa einen Monat brauchten, um anzureisen; dann blieben wir für einen Monat auf der Generalkonferenz, und schließlich brauchten wir einen weiteren Monat, um in unsere Einsatzgebiete zurückzukehren. Wie anders sind doch die heutigen Reisemöglichkeiten!

Aufgrund der Situation, dass Bischof Asbury inzwischen verstorben und Bischof M'Kendree bei schlechter Gesundheit war, mussten zwei weitere Bischöfe bestimmt werden. Wir wählten Enoch George und R. R. Roberts. Beide waren ausgezeichnete Männer, talentiert, gründlich im Reisedienst ausgebildet, die aufgrund ihrer Erfahrung die Voraussetzungen mitbrachten, sich in die Lage der 700 Reiseprediger hineinversetzen zu können, denen sie jährlich ihr Einsatzgebiet zuteilen mussten. Das alles sprach für ihre Eignung, sich für die mehr als 214.000 Mitglieder in den Vereinigten Staaten und den dazugehörigen Gebieten sowie den Provinzen Kanadas einzubringen.

Es war ein erfolgreiches Jahr für die Konnexion; über 30.000 Probekandidaten waren erstmals in die Kirche aufgenommen worden. Viele von uns hatten Sorge, dass durch das Ableben von Bischof Asbury Uneinigkeit und Spaltungen aufkommen könnten und so unserem geliebten Zion Schaden zugefügt würde, doch wir mussten uns zu diesem Zeitpunkt nicht mit Problemen auseinandersetzen, die uns Schwierigkeiten bereitet hätten. Es stimmt natürlich, dass die Sklaverei eine beunruhigende Angelegenheit war, die dringend gesetzlich geregelt werden musste, aber die politische Bewegung „Rabid Abolition" zur Sklavenbefreiung war noch ganz in ihren Anfängen und vermochte noch nicht viel auszurichten. Alle Prediger aus den Staaten, in denen der Sklavenbesitz erlaubt war, sahen in der Sklaverei ein sittliches Übel, doch baten sie die Generalkonferenz um Geduld und Verständnis für ihre Situation, da sie wegen der Handlungsunfähigkeit des Staates in dieser Angelegenheit unter erschwerten Bedingungen arbeiten mussten – wir kamen also einigermaßen gut zurecht. Ich kann mich an keinen einzigen Methodistenprediger erinnern, der zu jener Zeit die Sklaverei gerechtfertigt hätte. Doch wie haben die Zeiten sich geändert!

Damals erklärten es die Methodistenprediger zu einer Gewissensfrage, Mitmenschen nicht in Gefangenschaft zu belassen, sondern sie freizulassen, soweit das die Gesetze des jeweiligen Staates zuließen. Dann wurde der Methodismus einflussreicher und verbreitete sich und viele der Prediger, die ehemals zu arm waren, um sich einen Sklaven zu kaufen, und lautstark dagegen gepredigt hatten, wurden jetzt, da es ihnen finanziell besser ging, bei den Sklavenhaltern beliebt. Viele von ihnen heirateten auch in Familien ein, die Sklaven hielten, und mit der Zeit wurde der Sklavenbesitz für sie persönlich interessant. Zuerst entschuldigten sie sich für dieses Übel, später rechtfertigten sie es aufgrund gesetzlicher, später sogar biblischer Grundlagen, und siehe da: Plötzlich war es nicht mehr böse, sondern gut, kein Fluch, sondern ein Segen. Das ging so weit, dass du schließlich dachtest, sie würden die Wahrheit sagen, und dass du zum Teufel gingest, wenn du nicht einige Sklaven kauftest, falls du die finanziellen Mittel dazu hättest, um dich an der mühevollen, schweißtreibenden Arbeit dieser erniedrigten Rasse zu erfreuen! Und das alles, ohne sie dafür entsprechend zu entlohnen.

An dieser Stelle möchte ich wiederholen, was ich zuvor bereits an anderer Stelle sagte, nämlich, dass ich fest davon überzeugt bin, dass unter folgenden Voraussetzungen viele der sogenannten „Sklavenstaaten" längst hätten frei sein können: Wenn die Methodistenprediger sich weiterhin an die frühere Vorgehensweise gehalten hätten und gegen das Übel der Sklaverei Zeugnis gegeben hätten, ohne sich selbst darin verstricken zu lassen; wenn sie es nicht zu ihrer politischen Aufgabe gemacht hätten und keine so ausgerichteten politischen Organisationen gegründet hätten; wenn sie sowohl ihr Geld, als auch ihre Schreibfertigkeit zugunsten der Organisationen zur Kolonisation eingesetzt hätten. Hätte man sich an diese Dinge gehalten, wäre das meiner Meinung nach der einzige effektive Weg zur Abschaffung der Sklaverei gewesen. Wenn Bewegung auf Bewegung folgt, Streit auf Streit und Kompromiss auf Kompromiss, dann wird es zu einer Auflösung der gesegneten Unionsstaaten kommen. Das wird zu einem Bürgerkrieg führen und Ströme menschlichen Blutes werden den Boden unseres glückseligen Landes verfärben.

Bei dieser Generalkonferenz erlebte ich zum ersten Mal, dass kritisch über die Leitung der Kirche getuschelt und gestichelt wurde. Ich vermute, dass der Radikalismus gerade jetzt ausschlüpfte. Wie ich bereits zuvor erwähnte, hatten viele unserer Prediger in wohlhabende Familien eingeheiratet, die oft auch Sklaven hielten. Einige unserer talentiertesten Mitglieder machten den Vorschlag, dass die ortsansässigen Prediger ein Mitspracherecht im gesetzgebenden Gremium unserer Kirche haben sollten. Um sich Freunde zu machen, sprachen sie sich außerdem dafür aus, dass die sogenannten Laien bei allen Konferenzen ein Mitspracherecht hätten. Das Thema wurde während dieser Generalkonferenz nicht vertieft, aber dennoch verbreitete sich der unheilige Sauerteig der Unzufriedenheit. Die sogenannten „Freunde der Reform" richteten einen Interessenverband ein und gründeten die „Unionsgesellschaften". Es folgten öffentliche Vorträge des Interessenverbandes und der Unionsgesellschaften und bei der nächsten Generalkonferenz in Baltimore im Jahre 1820 wurde das volle Ausmaß der Unzufriedenheit sichtbar.

Jetzt wurden sie verwegen. Sie wollten die gesamte Führungsstruktur der Bischöflichen Methodistenkirche umwälzen. Viele unserer langjährigen und talentierten Prediger verkündeten laut ihre erbitterten Klagen gegen unsere Kirchenführung. Ich erschrak sehr, so viele starke, talentierte Männer abdriften zu sehen. Einige der schlimmsten und erbittertsten Vorwürfe, die jemals gegen die Autorität der Bischöfe und die „Willkür" der Reiseprediger-Verwaltung sowohl schriftlich als auch mündlich vorgebracht wurden, kamen von denen, die später selbst Bischöfe in der Bischöflichen Methodistenkirche und der Südkirche wurden. Es wurde ein Antrag nach dem anderen gestellt, verschiedene Lösungsvorschläge wurden gemacht, Diskussion um Diskussion wurde geführt – und das alles über Tage, wenn nicht sogar Wochen hinweg. Die Radikalen wollten eine Neuregelung durchsetzen, wer über das Einsatzgebiet der Prediger und vor allem über die Ernennung der Vorsitzenden der Ältestenschaft entscheidet – statt wie bisher, sollten nicht die Bischöfe darüber entscheiden können, sondern es sollte darüber bei den Jahreskonferenzen abgestimmt werden. Außerdem wollten sie eine Laiendelegation einführen und noch viele weitere Ideen umgesetzt sehen.

Schließlich legten sie ihr Hauptaugenmerk darauf, die Vorsitzenden der Ältestenschaft durch Wahlentscheidung zu bestimmen. Als über diesen Vorschlag abgestimmt wurde, gewannen wir mit knapper Mehrheit. Doch sie gaben nicht auf und schlugen ein Komitee vor, das eine Kompromisslösung erarbeiten sollte. Aus beiden Lagern wurden fähige Männer ausgewählt, die dann einen faulen Kompromiss zusammenstückelten. Diese Bezeichnung trifft übrigens für nahezu alle Kompromisse zu, sei es aufseiten des Staates oder der Kirche. Das Komitee sprach sich dafür aus, dass in Zukunft folgendermaßen vorgegangen werden sollte: Wenn es erforderlich würde, in einem Distrikt einen Vorsitzenden der Ältestenschaft einzusetzen, sollte der Bischof drei Personen für dieses Amt vorschlagen. Die Konferenz sollte dann durch Wahl darüber entscheiden, welche der drei vorgeschlagenen Personen zum Bischof ernannt würde. Dieser Vorschlag wurde von der Konferenz durch Wahlentscheid befürwortet – wenn ich mich recht erinnere, stimmten etwa 60 Personen dafür und 23 dagegen.

Die Radikalen waren über diesen Sieg außerordentlich erfreut. Es war das Einlasstor für weitere revolutionäre Projekte, die sie vehement einbrachten. In der Diskussionsrunde zum ersten strittigen Thema hatte ich in meiner Rede diese Entwicklung bereits vorhergesagt. Nun erkannten meine Freunde ihren Fehler, aber es war fast zu spät.

Zwischenzeitlich war Bischof Soule, der heutige Bischof der Südkirche, zum Bischof gewählt worden. Er wies die Generalkonferenz darauf hin, dass er nicht zum Bischof ordiniert werden könne, weil er sich aufgrund des unrühmlichen Kompromisses nicht in der Lage sehe, die Leitung gewissenhaft auszuüben. (Das war wohl die beste Handlung während seiner gesamten Amtszeit.)

Derweil besuchte ich Bischof M'Kendree auf seinem Zimmer. Er hatte sich dorthin zurückgezogen, denn er war zu schwach, die Konferenz zu leiten. Er weinte und sagte, dass dieser Kompromiss, wenn man ihn so beließe, die Kirche ruinieren würde. Bischof M'Kendree gab den Rat, dass wir alles versuchen sollten, damit die gefassten Beschlüsse um vier Jahre verschoben würden. Als wir überprüften, wie viele weitere Personen diesen Vorschlag unterstützen würden, stellten wir fest, dass wir es versuchen könnten, und stellten einen entsprechenden Antrag. Jetzt begann der „Krieg" wieder von vorn, und nachdem über den Antrag mehrere Tage diskutiert worden war, erkannten die Radikalen, dass sie bei einer Abstimmung verlieren würden. Sie entschieden sich, die Beschlussfähigkeit des Hauses zu verhindern und hatten damit zwei- oder dreimal Erfolg. Schließlich wurden sie von Bischof Roberts scharf zurechtgewiesen. Er sagte: „Wenn Sie eine Wahlniederlage nicht auf anständige Weise verhindern können, dann sollten Sie sich erst gar nicht zu solchen Methoden hinreißen lassen. Bleiben Sie jetzt auf Ihren Plätzen und wählen Sie wie Männer." Das zeigte bei einigen von ihnen Wirkung, sodass sie ihre Plätze während der Wahl nicht verließen. Die Wahl wurde durchgeführt – mit dem Ergebnis, dass die unmöglichen Neuregelungen um vier Jahre verschoben wurden.

Die Kirche war allerdings nach wie vor sehr weit davon entfernt, zu Frieden und Harmonie zurückzufinden. In den nächsten vier Jahren unternahmen die Radikalen alles Mögliche, um ihre drastischen Vorschläge umzusetzen. Tausende unserer Mitglieder wurden dadurch unzufrieden, und durch die beständige Aufhetzerei wurde die Kirche in ihrem Frieden gestört und die Harmonie gefährdet. Das ging so weit, dass es zwingend erforderlich wurde, diese gesetzlosen Störenfriede einzusperren. Sie wurden gefangen genommen und vor Gericht gebracht und wegen Rebellion gegen die eingesetzte Leitung der Kirche aus der Kirche ausgeschlossen. Diese heilsamen Maßnahmen wurden von den selbsternannten Reformern als Tyrannei und Willkür verurteilt. Bei der nächsten Generalkonferenz in Baltimore, im Jahre 1824, wütete der radikale Krieg gegen die Kirche mit unverminderter Härte. Diejenigen, die für unsere alte, bewährte Führungsstruktur waren, bildeten immer noch die Mehrheit. Nach langen und schwierigen Debatten erreichten wir unser Ziel, denn die ketzerischen Neuregelungen wurden um weitere vier Jahre verschoben. Das war der Todesstoß für die Revolutionäre. Ab jetzt begannen viele Prediger und Kirchenmitglieder damit, ihre Reformpläne nochmals in aller Ruhe zu durchdenken, und kamen zu dem Schluss, dass sie falsch und somit überflüssig waren. Sie besannen sich auf ihre Wurzeln und wurden zu tüchtigen Fürsprechern des Systems der Bischöflichen Methodistenkirche.

Dieser Umschwung bedeutete für die Radikalen einen herben Rückschlag und führte zu der Überlegung, dass sie ihre eigene Organisation gründen müssten. Sie machten sich ans Werk und gründeten die Protestantische Methodistenkirche. Sie übernahmen alle radikalen Inhalte, für die sie vor ihrer Abspaltung so heftig gekämpft hatten. Tausende unserer Mitglieder und viele unserer talentiertesten Prediger wurden von ihnen „abgezogen". Sie dachten, sie würden nur so über die Welt hinwegfegen, und tatsächlich, sie fegten nur so darüber hinweg, und sammelten dabei allen möglichen Unrat. Viele unserer unehrlichen Kirchenmitglieder und Prediger, die einen unordentlichen Wandel führten und jegliche Ermahnung in den Wind schlugen, schlossen sich ihnen an. So ersparten sie der Bischöflichen Methodistenkirche jede Menge Ärger, denn man brauchte sich dort nun nicht mehr länger um ihren Ausschluss aufgrund ihres unordentlichen Lebenswandels zu bemühen – sie gingen von selbst zu den Separatisten, wenn man sie mit ihrem Fehlverhalten konfrontierte oder ausschloss. Dort wurden sie aufgenommen und es spielte keine Rolle, welcher Verbrechen man sie zuvor bezichtigte. Als unsere Generalkonferenz im Jahre 1828 zusammenkam, vernahmen wir zum letzten Mal das „Gequieke" dieser radikalen Brut, als wir ihre widerwärtigen Vorschläge für Regeln und Verordnungen aufhoben. Unsere Kirche fand zurück zu Frieden und Harmonie. Uns ging es ohne sie unendlich viel besser als mit ihnen.

Ich bin der Meinung, dass jeder, der unvoreingenommen und objektiv an diese Sache herangeht, zweifelsohne feststellen wird, dass sich die sogenannte Reform als völlig unbrauchbar erwiesen hat. Seit der Gründung der Protestantischen Methodistenkirche sind inzwischen mehr als 30 Jahre vergangen. Zunächst prahlten sie damit, dass sie mit über 20.000 Mitgliedern, denen eine ganze Gruppe talentierter Prediger vorstünde, begonnen hätten. Wahrscheinlich haben sie heute höchstens 70.000 Mitglieder, und das, obwohl bei ihnen Tausende ausgewiesene und unzufriedene ehemalige Mitglieder der Methodisten und anderer Denominationen aufgenommen wurden. Sie folgten ihrer Überzeugung und orientierten sich an der Leitungsstruktur der Presbyterianer und deren Laiendelegation. Ihre Handlungsweise erinnerte mich an eine alte Pferdemühle, bei der allerdings etwa ein Drittel der Radzähne auf dem Hauptzahnrad fehlte. Die Folge: lautes Quietschen und Rattern. Das ist dort zu beobachten und ebenso ein häufiges Streiten darüber, wer denn nun der „starke Mann" an ihrer Spitze sei. Wehe dem, der gegen den Stachel ausschlägt.

Ich sage das mit allem Respekt, aber hat es jemals einen Irrglauben in Bezug auf Lehre und Gemeindeleitung gegeben, für den kein Prediger verantwortlich ist? Schau dir nur einmal die vielen Irrlehren und Abspaltungen an und du wirst feststellen, dass es fast immer ein Prediger war, der damit begann. So weit es die Methodistenkirche betrifft, kann ich mit aller Freimütigkeit sagen, dass eine Spaltung immer von einem Prediger oder sogar einer Gruppe von Predigern ausging, und zwar jedes Mal, wenn sie sich für weiser als die Schrift hielten. Betrachte nur einmal die sieben Spaltungen bei den wesleyschen Methodisten in England und dann die Abspaltungen bei der Bischöflichen Methodistenkirche hier in den Vereinigten Staaten. Sieh dir an, was im Süden, in Hammet, geschah; in Stillwell, New York; und auch in Virginia durch James O'Kelly; ebenso die drastischen Spaltungen von 1820 bis 1828 überall im Land; und schließlich die große Abspaltung des Südens 1844.

Nun frage ich dich: Hätte es zu diesen Spaltungen aufgrund des Begehrens unserer Mitglieder kommen können? Jeder halbwegs intelligente Mensch, ob Mann, Frau oder Kind, wird das deutlich verneinen. Doch diese Prediger verschafften sich durch fest gegründete Mitglieder, die ursprünglich vehement gegen eine Spaltung der Bischöflichen Methodistenkirche waren, einen Vorteil. Um den Schein zu wahren, nennen sowohl diese Prediger als auch die von ihnen bestochenen Richter die Bischöfliche Methodistenkirche inzwischen spöttisch „Methodistenkirche Nord", und behaupten, wir seien alle Anhänger einer fanatischen Gruppe von Gegnern der Sklaverei, obwohl sie doch sehr genau wissen, dass dem nicht so ist. Bei einer ihrer letzten Generalkonferenzen deckten sie selbst den Pferdefuß der Prediger auf, die der Sklaverei zugetan waren. In ihrer Verordnung strichen sie jede Regel, die die Sklaverei betraf, und auch fast noch den Teil der „Allgemeinen Regeln", der den Sklavenhandel entsprechend ihrer Interpretation untersagt. Ich würde mich nicht wundern, wenn diese Regel bald über Bord geworfen wird und einige dieser Prediger, die die Sklaverei lieben, die Einfuhr Tausender Sklaven in unser wunderbares Land dann unterstützen. Oh gütiger Himmel, lass das nicht geschehen und bringe diese erbärmlichen Streuner zurück."

Da wir uns jetzt die Freiheit genommen haben, über die Fehler der Prediger zu sprechen, möchte ich noch eines dazu sagen: Ihre Irrtümer sollten nicht geheim gehalten werden.

Doch diese Tatsache ist weder ein Triumph der Treulosigkeit, wie wir häufig meinen, noch ein Entmutigungsgrund für die Gemeinde. Unter den Zwölfen, die Christus zum gesegneten Werk des Dienstes berufen hatte, waren zwei, die verhängnisvoll irrten: Judas betrog ihn und Petrus verleugnete ihn; Geldliebe und Menschenfurcht waren stärker als ihre gottesfürchtige Verbindung mit Christus. Das beweist die Notwendigkeit, um der unvergänglichen Ehren des Kreuzes willen alles aufgeben zu müssen. Auch wenn unsere Sünden uns so nah und lieb sind wie unser rechtes Auge, unsere rechte Hand oder unser rechter Fuß – sie müssen gewaltsam von uns entfernt werden, herausgerissen oder abgeschnitten, weil wir wissen, dass es unendlich viel besser ist, diese Opfer zu bringen, als es so zu belassen, wie es ist, und in die Hölle geworfen zu werden. Was für einen bedauerlichen Rechenschaftsbericht werden viele Prediger am Gerichtstag abgeben müssen, denn sie verkündigten Tausenden eine kostenlose Errettung, während ihre armen, entwürdigten Sklaven vieler Vorzüge des Lebens, ihrer grundsätzlichen Bürgerrechte und ihrer Glaubensfreiheit beraubt wurden. Prediger müssten es besser wissen, und das tun sie auch, sie wissen, dass die Sklaverei unvereinbar ist mit den Eigenschaften und der Vollkommenheit Gottes, der die Unschuldigen niemals bestraft und die Schuldigen niemals ungestraft davonkommen lässt.

Wer hat jemals zuvor von einer Kirche gehört, die sich zur Sklaverei bekennt? Einer Kirche, die Sklaverei mit dem Wort Gottes rechtfertigt? Mögen die Verantwortlichen sich ihres Namens, „Bischöfliche Methodistenkirche Süd", schämen und ihn ändern. Es ist doch offensichtlich, dass sie das Evangelium in einem Land, das gegen die Sklaverei ist, nicht erfolgreich verkündigen können. Solche Prediger könnte man in diesen Gebieten nicht vertrauensvoll empfangen, und noch viel weniger die armen Sklaven selbst – denn, gemessen an ihrem Hintergrundwissen zu diesem Thema, würden sie allein aus diesem Grund solchen Predigern nicht das nötige Vertrauen entgegenbringen können. Nein, es ist völlig klar, dass sie in diesen Gott und in diesen Glauben, der ihnen von solchen Predigern vorgestellt wird, nicht das nötige Vertrauen setzen können. Und ich mache mir ernsthafte Sorgen darüber, dass durch den Einfluss der Prediger, die selbst Sklaven besitzen, Tausende dieser armen Sklaven verloren gehen werden. Doch einer solchen Gemeinde prophezeie ich den Untergang. Ich hoffe, dass Gott durch andere Menschen und Möglichkeiten dennoch die vielen Menschen im Süden errettet und auch unsere gesegnete Union bewahrt, bis durch sie den unzähligen Millionen der Menschheit Bürgerrechte und Glaubensfreiheit zuteil werden.

14

Die Entstehung der ersten Bezirke im Westen

Unsere diesjährige Jahreskonferenz fand am 20. Oktober 1816 statt, und zwar in Franklin, Tennessee. Einschließlich der Ohio- und Tennessee-Konferenz hatten wir im Westen ein Wachstum von 1.203 Mitgliedern zu verzeichnen. Weil an mehreren Standorten dieser Konferenzen Mangel herrschte und somit die nötige Unterstützung nicht gewährleistet war, hatten wir dort lediglich zwei Reiseprediger dazubekommen. Meine vier Jahre im Wabash- und Green-River-Distrikt waren abgelaufen und ich wurde von Bischof M'Kendree informiert, dass er mich jetzt für den Holston-Distrikt vorgesehen hatte. Ich hatte eine kleine, aber wachsende Familie, war arm, und der Weg zum Holston-Distrikt war weit. Ich bat ihn, mich zu entschuldigen, erklärte mich aber dennoch bereit, zu gehen, falls er es für das Beste hielte. Für das Konferenzjahr 1816 bis 1817 berief er mich in den Christian-Bezirk, der zum Green-River-Distrikt gehörte. James Axley war der zuständige Vorsitzende der Ältestenschaft.

Ich möchte auf zwei Dinge hinweisen, die berücksichtigt werden sollten: Es wurde im Westen so gehandhabt, dass wir unser künftiges Einsatzgebiet für das kommende Jahr jeweils im Herbst erfuhren. Außerdem möchte ich daran erinnern, dass die Missouri-Konferenz im Jahre 1816 von der Generalkonferenz gegründet wurde. Zum Zuständigkeitsbereich der Missouri-Konferenz gehörten die Staaten Arkansas, Illinois und Indiana. Selbstverständlich brachte das beträchtliche Veränderungen für unsere Arbeit mit sich. Während derselben Generalkonferenz wurde auch noch die Mississippi-Konferenz gegründet. Folgende fünf Distrikte gehörten zur Ohio-Konferenz: Ohio, Muskingum, Scioto, Miami und Kentucky. Zur Missouri-Konferenz gehörten die Distrikte Illinois und Missouri. Das bedeutete, dass die Hauptsiedlungen in vier großen Staaten lediglich durch zwei Distrikte abgedeckt wurden.

Wahrscheinlich war es im Jahr 1802, vielleicht auch 1803, als der Methodismus erstmals in den Staat Indiana gebracht wurde. Der nördlich von Louisville liegende Clarks Grant, der auch Illinois Grant genannt wird, wurde im Herbst des Jahres 1804 den Bezirken Salt-River und Shelbyville zugeteilt. Zusammen mit Bruder Benjamin Lakin überquerte ich seinerzeit den Ohio und wir predigten bei Bruder Robertson und Bruder Prather. Wir hatten dort zwei Klassen und erlebten fantastische Glaubenserweckungen. Wenn ich mich recht erinnere, wurde Illinois Grant 1807 bis 1808 Teil eines Bezirks, dem Moses Ashworth als zuständiger Reiseprediger zugeteilt wurde – der Bezirk hieß Silver-Creek-Bezirk. Es war der erste feste Bezirk, der im Staate Indiana gegründet wurde. In diesem Bezirk lebten 188 Mitglieder. Der nächste Bezirk, der im Staate Indiana gegründet wurde, war der Vincennes-Bezirk. Dieser Bezirk wurde von mir im Jahre 1808 gegründet, und wie ich an anderer Stelle bereits erwähnte, hatte ich damals in der Busroe-Siedlung eine denkwürdige Auseinandersetzung mit den Schüttlern. Dieser Bezirk hatte 125 Mitglieder und gehörte zum Green-River-Distrikt. Der Bezirk wurde zunächst aushilfsweise betreut, bis dort im Jahre 1811 Thomas Stillwell als erster fester Reiseprediger eingesetzt wurde. Es ist schwer zu sagen, wann der Staat Illinois erstmals mit dem Methodismus bekannt gemacht wurde.

Ein wahrer Pionier und Leiter der Bischöflichen Methodistenkirche im Staat Illinois war Hauptmann Joseph Ogle. Er kam im Jahre 1785 nach Illinois und bekehrte sich während einer Predigt von James Smith. James Smith, ein Baptist, kam aus Kentucky und predigte im Jahre 1787 in Illinois. Der erste Methodistenprediger, der in diesen Staat kam, hieß Joseph Lillard; das war im Jahre 1793. Er gründete in der Provinz St. Clair eine Klasse und setzte Hauptmann Ogle als Leiter ein. Der nächste Methodistenprediger war John Clarke. Ursprünglich war er von 1791 bis 1796 in South Carolina Bezirksreiter, doch wegen der Sklaverei stellte er dort seinen Dienst ein. Er war der Erste, der das Evangelium westlich des Mississippi predigte, und zwar im Jahre 1798. Der Pfarrer Hosea Riggs war der erste Methodistenprediger, der sich in Illinois niederließ. Hauptmann Ogles Klasse, die ursprünglich von Joseph Lillard gegründet wurde, hatte inzwischen die regelmäßigen Versammlungen eingestellt, doch durch Pfarrer Hosea Riggs wurde sie wieder belebt und neu strukturiert.

Wahrscheinlich gab es von 1798 bis 1804 keinen Prediger, der regelmäßig nach Illinois kam, bis schließlich Benjamin Young mit einem missionarischen Auftrag gesandt wurde. Als er im Herbst des Jahres 1805 den Illinois-Bezirk an seinen Nachfolger Joseph Oglesby übergab, hatte er 67 Mitglieder zu verzeichnen. Der Bezirk gehörte zum Cumberland-Distrikt der Westkonferenz. Lewis Garret war Vorsitzender der Ältestenschaft, obwohl er meines Wissens Illinois nie besucht hat. Im Jahre 1806 wurde Charles Methany in den Illinois-Bezirk berufen; 1807 Jesse Walker und im Jahre 1808 John Clingan. Alle diese frühen Pionierprediger sind längst heimgegangen, um ihren Lohn zu empfangen. „Glückselig die Toten, die im Herrn sterben; sie ruhen von ihren Mühen, und ihre Werke folgen ihnen nach" (siehe Offb. 14, 13).

Folgende Distrikte gehörten zur Tennessee-Konferenz: Salt River, Nashville, Cumberland, Green River, Holston und French Broad. Zur Mississippi-Konferenz gehörten der Mississippi- und Louisiana-Distrikt. Vier Jahre nach der ersten Teilung war unsere „alte" Westkonferenz auf inzwischen vier Jahreskonferenzen angewachsen. Aufgrund der Protokolle aus dem Jahre 1817 lässt sich nachvollziehen, mit wie vielen Mitgliedern und Predigern diese vier Konferenzen begannen: In Ohio waren es 22.171 Mitglieder und 62 Prediger; in Missouri 3.173 Mitglieder und 23 Reiseprediger; in Tennessee 19.401 Mitglieder und 53 Reiseprediger; die Mississippi-Konferenz hatte 1.941 Mitglieder und 11 Reiseprediger. Folgende Staaten wurden durch unsere vier Konferenzen abgedeckt: Ohio, Indiana, Illinois, Missouri, Arkansas, Louisiana, Mississippi, Alabama, Tennessee, Kentucky, West-Virginia und einige Posten in North Carolina. Als ich im Herbst des Jahres 1813 den Christian-Bezirk wegen meiner neuen Aufgaben im Distrikt verließ, hatten wir dort 743 Mitglieder. Als ich jetzt dorthin zurückkehrte, waren es noch 546 Mitglieder, allerdings gehörten inzwischen Teilgebiete des ursprünglichen Bezirks zu anderen Bezirken und somit natürlich auch die Mitglieder aus diesen Regionen. Bei der Betreuung des Bezirks war ich auf mich allein gestellt, und man benötigte vier Wochen, diesen Bezirk abzureiten.

In diesem Jahr erlebten wir mehrere herrliche Erweckungen. Etwa acht Kilometer von Hopkinsville entfernt gab es eine kleine Methodistengemeinde mit tüchtigen Mitgliedern. Dort hielten wir eine unserer Vierteljahresversammlungen ab, und es kam zu einem gesegneten Aufbruch. Etwa 70 Menschen bekehrten sich und traten der Kirche bei. Einige der Jugendlichen, die sich bekehrt hatten, wurden wertvolle geistliche Mitarbeiter in der Bischöflichen Methodistenkirche.

Zwei wohlhabende Methodistenfamilien hatten sich in der Nähe der Landesgrenze Tennessees niedergelassen. Sie waren von einer Siedlung sehr strenger Calvinisten umgeben, die dazu erzogen wurden, die Methodisten zu hassen. Ich nahm sie in den Bezirk auf, aber da unsere Versammlungen dort wochentags stattfanden und uns gegenüber massive Vorurteile bestanden, kamen nur wenige Besucher. Die beiden Familien hatten zusammen mindestens 120 Sklaven. Die Sklaven waren furchtbar lasterhaft – sie tranken, sie hielten den Sabbat nicht und sie stahlen. Die Herren waren sehr human und milde. Ich glaube, lediglich zwei von ihnen waren bekennende Christen und beide waren schon alt und grau. Einer der beiden war Methodist, der andere Baptist, und sie dienten unter den Farbigen als Ermahner. Der Bruder, in dessen Haus ich predigte, war nahezu in jeder Hinsicht ein Methodist der alten Schule, bis auf seine Einstellung zur Sklaverei. Ich war gegen die Sklaverei, und obwohl ich mich in dieser Hinsicht nicht in die Politik einmischte, sah ich es doch als meine Pflicht an, das moralische Unrecht der Sklaverei zu bezeugen – so auch gegenüber diesem älteren Bruder, der sich allerdings nicht vollständig überzeugen ließ. Ich konnte klar und deutlich erkennen, dass die dortigen Sklaven verloren waren. An den Werktagen waren sie einem Aufseher unterstellt. An diesen Tagen war es ihnen dann nicht erlaubt, einem Prediger zuzuhören. An den Sonntagen waren sie unterwegs, tranken und gingen ihren Geschäften nach. Sie verkauften Besen, Körbe und andere selbstgefertigte Dinge. Die Vorstellung, dass sie verloren wären, machte mir sehr zu schaffen. Ich wollte ihnen predigen, deshalb bat ich schließlich den älteren Bruder um das Vorrecht, sie in ihren Hütten besuchen zu dürfen. Er hielt das für eine zu große Erniedrigung für einen Prediger. Ich erklärte ihm, dass sie alle verloren gingen, falls nichts unternommen würde, und dass auch er in dieser Hinsicht Gott gegenüber verantwortlich sei – also müsse etwas getan werden. Unter der Bedingung, dass ich die Versammlung in seinem Haus abhielte, willigte er ein. Dagegen hatte ich etwas einzuwenden und sagte: „Ihr Weißen wäret dann auch anwesend, und das würde sowohl sie als auch mich in Verlegenheit bringen. Ich möchte sie als unwissende Schwarze ansprechen und mit ihren Sünden konfrontieren – Trunksucht, Stehlen, Ehebruch und den Sabbat nicht zu halten; das kann ich aber nur tun, wenn keine Weißen anwesend sind." Er schlug vor, den Schwarzen den großen Saal sowie den Eingangsbereich zur Verfügung zu stellen, und dass sowohl er als auch sein Bruder sich dann in einen anderen Raum zurückzögen. Ich antwortete: „Wenn Sie mir erlauben, Sie einzuschließen, bin ich einverstanden." Er willigte ein.

Es wurde ein Termin vereinbart, und die Sklaven beider Familien wurden angewiesen, an der Versammlung teilzunehmen. Die beiden Schwarzen John und Harry, die beide Ermahner waren, forderte ich auf, eine Büßerbank bereitzustellen, sobald sie bemerkten, dass jemand von seinen Sünden überführt würde, und mir zu helfen, mit den betreffenden Personen zu beten und zu reden.

Als es so weit war, stellte ich fest, dass sowohl der große Raum als auch der Eingangsbereich voll besetzt waren. Die Weißen schloss ich in einem separaten Raum ein, dann ging ich zurück und trat an das Pult. Am Eingang sah ich den Kutscher des alten Bruders stehen. Er war ein großer Mann, wahrscheinlich ein Mulatte, und er war besser gekleidet als sein Dienstherr – im Brustbereich war sein Hemd reichlich mit Krausen versehen. Er schaute verächtlich zu mir herüber, als ob er sagen wollte: „Sie denken wohl, dass Sie etwas Großartiges tun, weil Sie uns Farbigen predigen." Ich sang und betete, danach las ich meinen Bibeltext vor und erklärte die Erlösung durch Jesus Christus. Zunächst hielt ich ihnen in so einfacher Sprache wie möglich ihre dreckigen Sünden vor Augen, dann ermahnte ich sie so sanft wie möglich, dem künftigen Zorn zu entfliehen. Als ich mit meinen Ausführungen fertig war, fiel der große Kutscher mit dem Rüschenhemd der Länge nach zu Boden und versetzte dadurch das ganze Haus in Furcht und Schrecken. Innerhalb weniger Minuten fielen die Menschen rechts und links zu Boden, bis der Raum schließlich von liegenden Menschen übersät war. Meine beiden Waffenträger, John und Harry, stellten die Bank auf und versammelten die Menschen dort – so lange, wie es ihnen wegen des Gedränges möglich war. Das Erste, was mir dann auffiel, war, dass der alte Bruder und seine Ehefrau sowie sein Schwager mit seiner Frau sich mit den Farbigen unterhielten und beteten. Auch mehrere ihrer Kinder beteten mit den Schwarzen heftig um Gnade. Unsere Versammlung dauerte den ganzen Nachmittag, ja sogar die Nacht, und 40 Menschen bekehrten sich, darunter auch mehrere Kinder der Weißen. Das war der Ausgangspunkt für eine gesegnete Erweckung unter den Sklaven, und ich bin überzeugt, dass viele von ihnen eine tiefe Bekehrung erlebten. Etwa 70 von ihnen nahm ich in die Gemeinde auf. Ich taufte sie und ihre Kinder. Etliche von ihnen wurden angesehene Prediger und dienten den Sklaven überall im Land. Die beiden alten Methodisten versicherten mir, dass ich den Wert ihrer Sklaven um mehr als 1.000 Dollar erhöht hätte; sie hatten aufgehört, sich zu betrinken, zu stehlen und den Sabbat zu brechen. Sowohl diese Erweckung als auch andere, die ich unter den Sklaven erlebte, bestätigen mich vollends in der Annahme, dass das Evangelium den Sklaven, aber auch den Sklavenhaltern verkündigt werden muss. Der einzige Weg, der den Sklaven letztendlich die Freiheit bringen wird, ist der Glaube an Jesus Christus. Ich bin sehr erstaunt darüber, dass viele tüchtige Methodistenprediger sagen: „Predigt das Evangelium nicht in den Sklavenstaaten, sondern überlasst die Sklaven und ihre Herren der nicht auf dem Bund Gottes beruhenden Gnade." Im Grunde genommen sagen sie damit, dass sie nicht gerettet werden können. Doch ich weiß es besser. Und solange das Ziel nicht erreicht ist, dass die Sklaven durch die errettende Kraft des Glaubens befreit worden sind, wird diese selige Union geteilt werden, was für unsere glückliche und ruhmreiche Republik das Ende bedeuten würde. Und wenn nicht wir den Sklaven und ihren Herren das Evangelium bringen, wer dann? Mit Sicherheit nicht jene Prediger, die Sklaverei rechtfertigen, indem sie das Wort Gottes verdrehen, und noch viel weniger diejenigen, die zwar für eine Abschaffung der Sklaverei sind, sich durch ihr politisches Engagement aber den Zugang zu den Sklavenhaltern und Sklaven verbaut haben.

Ich wünschte, wir hätten innerhalb der Bischöflichen Methodistenkirche eine ganze Gruppe ausgebildeter Prediger, die sich an unsere Verordnung hielten und bereit wären, sich in jeden Sklavenstaat senden zu lassen, der zur Union gehört. Natürlich geht es hier um ein Missionsfeld, das mit großer Sorgfalt behandelt werden sollte, geht es doch um Tausende von Menschen, die im Süden umkommen, und um die Abschaffung der Sklaverei durch den gütigen Einfluss des christlichen Glaubens.

Ich möchte nun von einer weiteren Begebenheit berichten, die sich in jenem Jahr ereignete. Viele der „frühen" Methodisten hatten irgendwie die Vorstellung übernommen, dass ein Vierteldollar einer Quartalszahlung entspräche. Es war schwierig, selbst die vielen wohlhabenden Menschen unter ihnen davon zu überzeugen, dass 25 Cent keine Quartalszahlung waren, und dass jedes Kirchenmitglied entsprechend seiner Möglichkeiten geben sollte. Das war der Grund, weshalb so viele unserer Prediger buchstäblich aus Hungersnot ortsansässig wurden und somit gezwungen waren, den Reisedienst aufzugeben.

Zwei wohlhabende Familien, die aus einem der alten Staaten kamen, zogen in meinen Bezirk. Sie siedelten sich in einer sehr ruchlosen Gegend an. Sie suchten mich auf und bestanden darauf, von mir in den Bezirk aufgenommen zu werden, damit ich dort predigen würde. Ich willigte ein und gründete eine Klasse mit fünf Weißen und einem älteren Schwarzen. Bei meinem letzten Besuch vor unserer nächsten Vierteljahresversammlung erklärte ich ihnen, dass sie mir die Quartalszahlung zur Unterstützung des Evangeliums überreichen könnten, sie würden an diesem Treffen nämlich nicht teilnehmen, wollten ihren Beitrag aber dennoch leisten. Den Betrag würde ich dann unter ihrem Namen auf einem entsprechenden Dokument der Klasse vermerken. Der Schwarze trat vor und gab seinen Vierteldollar; danach übergab mir seine Herrin zwei Dollar, und dann kam ihr Ehemann, der Herr des alten schwarzen Mannes, und warf mir 25 Cent hin.

„Oberst, wofür sind die 25 Cent?“, fragte ich.

„Das ist meine Quartalszahlung“, antwortete er.

„Gewiss werden Sie mehr als das geben“, sagte ich.

„Nein, mein Herr, ich möchte, dass Sie wissen, dass arme Leute nicht wählerisch sein sollten“, antwortete er.

„Nun, mein Herr, ich möchte, dass Sie wissen, dass ich kein Bettler bin. Ich habe das Recht, etwas von Ihnen zu empfangen, Sie sind es mir schuldig; und wenn Sie mir nicht mehr geben als das, nehme ich gar nichts“, sagte ich.

„Sehr gut“, antwortete er.

Ich ließ das Geld auf dem Tisch liegen und sprach: „Mein Herr, wenn Sie nicht bereit sind, das Evangelium zu unterstützen, werde ich hier in Zukunft nicht mehr predigen, sondern zu denen gehen, die das Evangelium unterstützen wollen - dort werde ich predigen.“

Der alte Bruder war nun sichtlich verärgert. Seine gute Frau machte ihm Vorhaltungen, aber er blieb stur. Seine Frau erzählte mir später, dass der Oberst eine schlaflose Nacht hatte, sich von einer Seite auf die andere gewälzt und die ganze Nacht geächzt hätte. Sie hätte ihm mehrmals gesagt, dass es ihm wieder besser gehen würde und er wieder gut schlafen können würde, wenn er großzügiger wäre. Nachdem er am nächsten Morgen mit seiner Familie zum gemeinsamen Gebet zusammengekommen war, fragte er mich:

„Bruder, wie viel sollte ich denn als Quartalszahlung geben?“

„Oh Bruder, diese Frage kann ich nicht beantworten; es ist eine Gewissensfrage, die Sie allein mit Gott klären können. Ich will Ihnen aber eine Frage stellen, und wenn Sie die beantworten können, werden Sie wissen, wie viel Sie geben sollten: Wenn Ihr alter Sklave, der noch nicht einmal im Besitz von zehn Dollar ist, 25 Cent als Beitrag für das Quartal leistet, wie viel sollte dann Oberst T. geben, dem 70 Sklaven und 2.000 Morgen gutes Land gehören, der mehrere Tausend Dollar gewinnbringend angelegt hat und der wohl insgesamt über mindestens 50.000 Dollar verfügt?“, antwortete ich.

Er war verblüfft und seither gab er keine Cent-, sondern Dollarbeträge als Quartalszahlung. Als ich ihn das letzte Mal sah, bevor ich nach Illinois umzog, hielt er mich mitten auf der Straße an und sagte:

„Bruder, ich schulde Ihnen mehrere Tausend Dollar, hier ist schon mal ein Teil davon." Dann überreichte er mir einen 50-Dollar-Schein.

Seine wunderbare Ehefrau lehnte sich an seinen Arm und sagte: „Ich bin Ihnen ebenso viel schuldig wie mein Mann; nehmen Sie einen Teil davon" – sie gab mir eine 20-Dollar-Note. So „heilte" ich also ein Gemeindemitglied von seiner Ein-Viertel-Dollar-Mentalität; und wenn auch du, mein lieber Leser, eine derartige Einstellung hast, suche entweder nach einem wirksamen Heilmittel oder komm und lass dich von der Lepra des Geizes heilen.

Zum Christian-Bezirk gehörten sowohl Regionen Tennessees als auch Kentuckys. Während einer Erkundungsreise durch den Bezirk – ich suchte nach neuen Stationen für Predigtdienste – erreichte ich eines Abends das Flussbett des Cumberland River. Als ich an einem Haus vorbeikam, fragte ich den dort wohnenden älteren Herrn, ob er eine Schlafgelegenheit für mich hätte. Das tat er sehr gerne. Der Bauer war wohlhabend und ihm gehörten auch mehrere Sklaven. Es handelte sich um eine anständige, gute, moderne Familie. Nach dem Abendessen kamen einige Nachbarn zum Abendplausch. Da ich ihnen völlig fremd war, wandte ich mich anderen Themen zu. Ich sprach Glaubensfragen an und fragte, ob bei ihnen Gottesdienste stattfänden, und es stellte sich heraus, dass sie sehr selten die Gelegenheit hatten, jemanden predigen zu hören. Ich erklärte den Herren, dass ich Prediger sei und überall hinginge, wo ich friedfertige und gesittete Zuhörer fände. Dann fragte ich den Hausherrn, ob ich nicht auch bei ihm zu Hause predigen könnte, und schlug vor, einen Termin auszumachen. In freundlichem Ton sagte er mir, dass ihm eine Entscheidung leichter fiele, wenn er mich zuvor predigen hören könnte. Da er einen großen Haushalt hatte – auch Schwarze gehörten dazu – und noch fünf oder sechs Personen zu Besuch waren, schlug ich ihm vor, alle zusammenzurufen. Ich würde predigen und er könnte sich ein Urteil darüber bilden, ob es ihm gefalle und ob in Zukunft weitere Versammlungen stattfinden sollten. Er willigte ein und rief alle herein. Ich sang und betete, wandte mich meinem Text zu und predigte für etwa eine Stunde, so gut ich konnte. Die Farbigen weinten, die Weißen weinten, der Hausherr weinte, und als ich die Versammlung beendete, sprach er zu mir: „Sie müssen wiederkommen und hier predigen, denn wir sind Sünder und haben es dringend nötig, das gepredigte Wort zu hören." Wir vereinbarten einen Termin, doch ehe ich dort wieder hinkam, hatte der Teufel Widerstand geweckt. Dem Herrn, in dessen Haus ich gepredigt hatte, war gesagt worden, dass es nicht lange dauern würde, bis die Methodisten ihm die Haare vom Kopf fräßen, wenn er sie erst einmal in seinem Haus predigen ließe. Die Person, die das gesagt hatte, behauptete ferner, dass es nur wenige Jahre gedauert hätte, bis sein Vater verarmt wäre, nachdem er Methodistenprediger aufgenommen hätte, weil sie ihm auf der Tasche gelegen wären; und diese Prediger seien überhaupt von der üblen Sorte gewesen. Herr B. sagte diesem Mann, dass er sich imstande sähe, eine solche Situation eine Zeit lang tragen zu können, doch wenn er tatsächlich in Gefahr stünde, ausgenutzt zu werden, würde er mich auf die Straße setzen.

Als ich dort zu meinem Predigttermin eintraf, stellte ich fest, dass sich viele Menschen eingefunden hatten – das Haus und die Veranda waren regelrecht überfüllt. Ich predigte mit großer Freimütigkeit und nahezu alle Gottesdienstbesucher wurden zu Tränen gerührt. Ich sang und betete, und als ich durch die Reihen ging, schüttelte ich den meisten von ihnen die Hände. Als ich auf den Hausherrn zuging, fiel er auf seine Knie und bat mich, für ihn zu beten. Es dauerte nicht lange, dann knieten auch seine Frau und seine Kinder an seiner Seite und schrien um Gnade. Noch ehe die Versammlung sich tief in der Nacht auflöste, stiegen die immer stärker werdenden Schreie von fünf oder sechs Personen zum Himmel auf – „die Toten wurden lebendig und die Verlorenen wurden gefunden". Als ich den Versammelten die Möglichkeit gab, unserer Kirche beizutreten, entschieden sich zehn Personen zu diesem Schritt, darunter auch der Hausherr und seine Frau, zwei Kinder und zwei Knechte. Sie waren die Erstlingsfrüchte einer Erweckung und einer großen Methodistengemeinde, die in dieser Gegend entstand. Während der Zeit, in der ich in dieser Region lebte, hatten wir dort einmal im Jahr einen Abendmahlsgottesdienst. Nach dem ersten Abendmahlsgottesdienst erhob sich Bruder B. und sprach zu den Versammelten: „Einige von euch haben mich freundlicherweise davor gewarnt, die Methodistenprediger aufzunehmen. Ihr sagtet, dass sie mich um Haus und Hof brächten, sodass ich verarmen würde. Doch Tatsache, liebe Nachbarn, ist, dass ich mehr Korn, mehr Weizen, mehr Hanf und mehr Tabak geerntet und niemals zuvor so gut und in solchem Überfluss gelebt habe. Ich könnte ein ganzes Regiment von Methodistenpredigern versorgen und würde trotzdem reich werden, denn Gott segnet meinen Korb und mein Geschäft."

Während des Jahres in diesem Bezirk kam es auch zu folgender Begebenheit: Ein Engländer, und zwar ein wesleyscher Methodist, zog in eine sehr ruchlose und „explosive" Siedlung, in der hauptsächlich Anhänger der Prädestinationslehre wohnten. Er machte sich auf eine kilometerlange Reise, um sich mir vorzustellen. Er lud mich ein, in seinem Haus zu predigen. Ich erklärte ihm, dass die Menschen bei ihm in der Gegend so starke Vorurteile gegen die Methodisten hätten, dass sie einem Gottesdienst fernbleiben würden – doch er blieb hartnäckig und wir vereinbarten einen Termin. Als es so weit war, hatten sich außer seiner eigenen Familie lediglich fünf weitere Personen versammelt. Ich predigte und zwei von ihnen wurden zu Tränen gerührt. Ich kündigte einen weiteren Gottesdienst an. Ich predigte dort mehrere Male, die Besucherzahl nahm zu und die Menschen wurden durch die Botschaften sichtbar angesprochen. Der Engländer war wohlhabend und teilte mir schließlich mit, dass er eine Kirche bauen würde. Ich versuchte, ihn davon abzubringen, indem ich ihm die Schwierigkeit seines Vorhabens aufzeigte. Es sei keine Unterstützung zu erwarten und es gäbe dort keine Methodistengemeinde – und es würde sie wohl auch niemals geben. Dennoch bestand er auf sein Vorhaben. Er sagte, er sei der Meinung, dass ein Mann so leben solle, dass er Spuren für die Nachwelt hinterlasse, für eine Zeit, in der er längst nicht mehr zugegen wäre – andernfalls führe man sein Leben kaum zielgerichtet. Er sagte: „Wenn Sie mir jetzt zusichern, an mehreren Tagen

Versammlungen abzuhalten, uns das Abendmahl auszuteilen, und Helfer zu organisieren, und kommen, um die Kirche einzuweihen, dann wird das Gebäude in acht bis zehn Wochen fertig sein." Unter der Bedingung, mich in Zukunft deswegen nicht mehr zu behelligen, sagte ich zu. Während der Bauphase bekehrten sich in unseren kleinen Versammlungen zwei oder drei Menschen. Als das Kirchengebäude fertiggestellt war, bekam ich die notwendige Hilfe, und ich kündigte anlässlich der Einweihung mehrere Abendmahlsgottesdienste an. Ich lud Menschen aus nah und fern dazu ein, und weil es etwas Neues war, kamen auch viele Menschen aus der Siedlung. Meine erste Predigt am Samstag wurde von großer Kraft begleitet und viele erlebten eine starke Sündenüberführung – zwei Menschen bekehrten sich. Am Sonntag, während der Einweihungspredigt, wurde das Wort von großer Kraft begleitet und viele Menschen fielen unter der mächtigen Kraft Gottes zu Boden. Abgesehen von wenigen Unterbrechungen währte der Gottesdienst nahezu den ganzen Tag und die ganze Nacht und es bekehrten sich etwa 20 Menschen.

Wir hatten an mehreren Tagen weitere Versammlungen und erlebten viele fröhliche Bekehrungen. Vierzig Menschen schlossen sich der Kirche an. Mein Engländer war so unendlich froh, dass er fast nicht mehr wusste, ob er innerhalb oder außerhalb seines Körpers war. Der Methodismus wurde hier jedenfalls gepflanzt. Mein englischer Bruder ist schon lange im Himmel und seine Werke folgen ihm nach, aber ganz gewiss hat er seine Fußspuren hinterlassen – das wird der Himmel bestätigen.

So weit ich zurückdenken kann, bis heute, 1816, gab es im Westen kaum Bücher, aber besonders Bibeln und Neue Testamente waren Mangelware. Als Nation waren wir noch jung und arm, waren doch erst wenige Jahre vergangen, seit wir nach einem blutigen und verheerenden Krieg unsere Freiheit erlangt hatten. Obwohl der Kongress bereits ein Jahr nach der Unabhängigkeitserklärung kluge Schritte unternommen hatte, den um Unabhängigkeit ringenden Säugling mit dem Wort Gottes zu versorgen, gab es einen großen Mangel an Bibeln, vor allem im Westen. Doch in diesem Jahr legte es der Herr einigen Menschen aufs Herz, eine Bibelgesellschaft zu gründen – am 11. Mai 1816 war es dann so weit. Zunächst hatten einige noch Bedenken, wie diese Arbeit sich entwickeln würde, doch Gott schenkte Gelingen und Millionen Exemplare dieses kostbaren Buches wurden gedruckt und in Umlauf gebracht, und seither ergießen sich Ströme von Licht, Leben und Erkenntnis in nahezu jede Nation dieser sündigen Welt. Der Mensch der Sünde erzittert, die falsche Religion des Gott nicht ehrenden Propheten torkelt vor den mächtigen Wahrheiten des Wortes Gottes und wir hoffen, dass sie überall so lange verbreitet werden, bis jedes gekrönte Haupt sich beugt, jedes gewaltsame Joch zerbrochen ist und die gefallene Menschheit sich universeller Bürgerrechte, der Religionsfreiheit und der Segnungen des Stromes der Erlösung erfreut.

Weder unsere Nation noch die Welt kann durch etwas anderes als die Grundsätze der Bibel Rettung erfahren; deshalb sollte jeder Freund des Glaubens alles daransetzen, die Bibel zu verbreiten. Wir wollen uns vor Augen halten, was für einen glücklichen Ausgang die weltweite Verbreitung der Wahrheit hätte, nämlich dass alles Fleisch das Heil unseres Gottes sehen würde.

15

Erdbeben im Süden

Am 30. Oktober 1817 wurde die Konferenz in Franklin, Tennessee, abgehalten. Mir wurde der Auftrag erteilt, den zum Green-River-Distrikt gehörenden Christian-Bezirk zu bereisen. James Axley war der zuständige Vorsitzende der Ältestenschaft. Für die vier Konferenzen hatten wir in diesem Jahr einen Zuwachs von 5.163 Mitgliedern und sieben Predigern zu verzeichnen. Wir hatten im Winter 1812 ein sehr schweres Erdbeben; es schien sogar fast so, als wäre die Strömung des Mississippi unterbrochen; Flachboote wurden von ihren Liegeplätzen losgerissen und in der Erdkruste taten sich große Risse auf. Dieses Erdbeben versetzte Tausende von Menschen in Angst und Schrecken. Von Panik getrieben strömten Hunderte, ja Tausende, in die Kirchen und schlossen sich den Gemeinden an. Im Zusammenhang mit diesem Erdbeben ereigneten sich viele interessante Dinge; auf zwei Begebenheiten möchte ich hier näher eingehen. Am Vorabend des zweiten großen Erdbebens hatte ich in Nashville in einer großen Gemeinde gepredigt. Am nächsten Morgen stand ich früh auf und ging zu einem Hügel in der Nähe des Gemeindegebäudes, wo ich gepredigt hatte. Eine Frau, die einen Eimer auf dem Kopf trug, um Wasser aus der Quelle zu holen, kam den Hügel hinab. (Es ist allgemein üblich, dass die Farbigen auf diese Weise Wasser holen - ohne dabei den Eimer mit den Händen zu berühren.) Als sie nur noch wenige Schritte von mir entfernt war, begann die Erde zu beben; Schornsteine fielen herab und Baugerüste, die noch an neuen Gebäuden standen, stürzten unter lautem Krachen zusammen. Hunderte von Bürgern wurden plötzlich aus dem Schlaf gerissen und rannten laut schreiend auf die Straßen, denn sie dachten, dass der Tag des Gerichts über sie hereingebrochen wäre. Die Herrinnen der Farbigen liefen hinter ihr her und bettelten, dass sie für sie betete. Sie erhob ihre Stimme zu einem Siegesschrei und sprach zu ihnen: „Mein Jesus kommt in den Wolken des Himmels, und ich habe jetzt keine Zeit, für euch zu beten, denn ich muss jetzt gehen, um ihn zu treffen. Ich habe euch doch gesagt, dass er kommen wird, aber ihr habt mir ja nicht geglaubt. Lebt wohl. Halleluja! Jesus kommt und ich bin bereit. Halleluja! Amen." Jubelnd und klatschend zog sie weiter, mit dem leeren Eimer auf ihrem Kopf.

Nun zu Bruder Valentin Cook und seiner Frau Tabitha, die ich in kostbarer Erinnerung habe. Sie wohnten in der Nähe von Russellville, Provinz Logan, Kentucky. Bruder Cook hatte in den frühen Tagen des Methodismus hier in den Vereinigten Staaten das Cokesbury-College besucht. Er war ein sehr frommer und erfolgreicher Pionierprediger, bekam dann aber nicht genug finanzielle Unterstützung für seine schnell wachsende Familie und verließ den Reisedienst und wurde Lehrer. Er und seine Frau schliefen, als die Erde zu beben begann. Er sprang aus dem Bett, riss die Tür auf, begann zu jauchzen und rannte dann, nur mit seinen Nachtgewändern bekleidet, los. Er hielt sich in östlicher Richtung und rief bei jedem Schritt: „Mein Jesus kommt!" Seine Frau lief hinter ihm her und schrie, so laut sie konnte: „Oh Herr Cook, verlass mich nicht."

Er sagte: „Oh Tabby, mein Jesus kommt, und ich kann nicht auf dich warten", und lief weiter – dabei rief er bei jedem Sprung: „Mein Jesus kommt, ich kann nicht auf dich warten, Tabby!"

Durch die Aufregung, die durch die Erdbeben bei den Bewohnern ausgelöst wurde, erlebte die Bischöfliche Methodistenkirche über Jahre hinweg einen großen Zulauf.

Viele von denen, die sich der Kirche angeschlossen hatten, waren aufrichtig und standen fest im Glauben, aber zweifellos hatten viele sich der Kirche auch aus Angst angeschlossen. Jahrelang hatten meine Vorgänger die Zügel der Disziplin sehr locker gehalten, und als mir der Bischof in privater Unterredung bei unserer Konferenz im Jahre 1817 mitteilte, dass es sein Wunsch sei, mich in den Red-River-Bezirk zu senden, verspürte ich eine innere Unruhe, denn ich wusste um den Zustand dieses Bezirks. Dort lebten viele wohlhabende und moderne Familien; es gab dort jede Menge Sklaverei, und den Kirchenmitgliedern war gestattet worden, Sklaven zu kaufen oder zu verkaufen, ohne dass sich jemand darum kümmerte. Dazu kam noch, dass der Genuss von Spirituosen weit verbreitet war, denn es war noch vor der Abstinenzbewegung – außerdem war ein zügelloser, verschwenderischer Kleidungsstil die Norm. In diesem Bezirk gab es etwa 20 Pastoren, allerdings waren viele von ihnen selbst in die genannten Übel verwickelt, und ich fürchtete einen unausweichlichen Konflikt. Das war für mich Grund genug, Bischof M'Kendree ernstlich darum zu bitten, mich nicht dorthin zu schicken. Er antwortete ernst: „Wenn dort jemand unsere Gemeindeverordnung wohlüberlegt und doch bestimmt anwenden würde, könnten viele Kirchenmitglieder errettet werden, die andernfalls verloren gehen, und ich möchte, dass du gehst und ihnen hilfst, so gut du kannst."

„Das genügt, ich gehe", antwortete ich.

Im nördlichsten Teil des Bezirks, etwa 13 bis 14 Kilometer von Nashville entfernt, gab es eine große Methodistengemeinde und ein Versammlungsgebäude. Mein Vorgänger hatte unter Vorbehalt einen Termin für einen Gottesdienst angekündigt. Ich war völlig fremd in dieser Gegend. Der Tag dieses zuvor angekündigten Gottesdienstes war ein dunkler Tag – es war neblig und regnete, aber ich kam rechtzeitig an meinem Ziel an. Als ich bis halb eins gewartet hatte, tauchte ein Mann auf. Er hatte ein Auge verloren. Als wir uns gesetzt hatten, fragte ich ihn, ob für diesen Tag kein Gottesdienst angekündigt worden sei.

„Ja schon, aber ich glaube nicht, dass ein Prediger oder weitere Gottesdienstbesucher kommen“, antwortete er. Ich merkte, dass er mich nicht für einen Prediger hielt.

Er fuhr fort: „Da weder ein Prediger noch Gottesdienstbesucher in Sicht sind, können wir ebenso gut nach Hause gehen. Kommen Sie mit, dann essen wir zusammen.“

„Nein, wir müssen einen Gottesdienst haben. Wenn Sie predigen, werde ich anschließend den Schlussteil übernehmen“, sagte ich.

„Nein, nein“, sagte er, „wenn Sie predigen, werde ich anschließend den Schlussteil übernehmen.“

„Einverstanden“, sagte ich und stieg auf die Kanzel. Ich sang und betete, dann verlas ich meinen Bibeltext und predigte eine Dreiviertelstunde lang, so gut ich konnte. Dann rief ich ihn auf. Er stand auf, sang und betete – und er betete gut.

Ich begleitete ihn zu seinem Haus, ihn – meinen einzigen Gottesdienstbesucher und sozusagen meine gesamte Gemeinde. Es stellte sich heraus, dass er ein gottesfürchtiger Mensch und Ältester in der Presbyterianischen Kirche war. Was er heute erlebt hatte, war für ihn ganz neu gewesen, und er meinte, dass es wohl eine der großartigsten Predigten gewesen sei, die er jemals in seinem Leben gehört hatte.

Ich kündigte eine weitere Versammlung an und setzte meine Reise im Bezirk fort. Wochenlang verbreitete meine Gemeinde in Form dieses Mannes meinen nächsten Predigttermin und erzählte den Menschen, was für ein großartiger Prediger in den Bezirk gekommen sei. Als ich mich dem Kirchengebäude näherte, sah ich, dass die Hügelseite mit Pferden und Wagen übersät war – die Kirche war überfüllt von Menschen. Aus Furcht, die Erwartungen der Menschen nicht erfüllen zu können, verlor ich nahezu allen Mut, doch der Herr half mir. Wir sahen ein mächtiges Erzittern der trockenen Gebeine und es kam zu einer gesegneten Erweckung. Unsere Versammlung ging über mehrere Tage und Nächte und viele Seelen erlebten eine freudige Umkehr zu Gott. So kam es, dass auf meiner ersten Runde diese Menschen neue Mitglieder der Kirche wurden.

Als ich den südlichen Teil des Bezirks erreichte, stieß ich auf eine große Methodistengemeinde mit einem ausgezeichneten Klassenleiter und einem sehr frommen, alten Reiseprediger – er war bereits in Pension. Er teilte mir mit, dass die Methodistengemeinde sich in einem jämmerlichen Zustand befände; es gäbe beispielsweise einen sehr beliebten Prediger, der bereits viele Trauungen durchgeführt hätte, aber die Gewohnheit habe, auf nahezu jeder Hochzeit zu viel Schnaps zu trinken – dennoch sei er sehr in die Gemeinde eingebunden, und schon seit Jahren hätten andere Prediger sich davor gefürchtet, irgendetwas mit ihm zusammen zu machen.

Am nächsten Tag, es war ein Samstag, kamen viele Menschen zum Gottesdienst. Ich hielt es einheitlich so, anschließend die Klasse zu besuchen, so auch hier. Mein beliebter Lokalprediger war auch unter den Anwesenden. Als ich den Leiter der Klasse prüfte, stellte ich ihm viele Fragen, unter anderem fragte ich ihn auch, ob er Schnaps tränke. Wie aus der Pistole geschossen verneinte er das.

Ich fragte ihn: „Bruder, warum denn nicht?“ Er zögerte, doch ich bestand darauf, dass er mir den Grund nannte.

Er antwortete: „Nun ja, Bruder, wenn ich den Grund dafür nennen muss, weshalb ich keinen Schnaps trinke – ich denke einfach, dass es nicht richtig ist.“

Ich sagte: „Das ist richtig, Bruder, sprich es nur aus, denn für einen Christen ist es in der Tat absolut falsch; und ein Klassenleiter sollte für seine Klasse, aber auch für alle anderen, ein besonderes Vorbild sein.“

Dann trat ich zu dem Prediger und sagte: „Bruder W., trinkst du Schnaps?“

„Ja“, antwortete er.

Ich fragte ihn: „Aus welchem besonderen Grund denn?“

„Weil ich mich dann gut fühle“, antwortete er.

Ich sagte: „Du trinkst also, bis du es merkst?“

„Ganz recht“, antwortete er.

„Nun, wie viel trinkst du denn so auf einmal?“

Er antwortete barsch, dass er es niemals gemessen hätte.

„Bruder, wie oft trinkst du denn so am Tag?“

„Dann, wenn ich mich danach fühle und die Möglichkeit dazu habe.“

„Bruder, es gibt Beschwerden, dass du zu häufig und zu viel trinkst. Am Samstag vor meinem nächsten Predigttermin wird sich eine Kommission von Lokalpredigern mit deinem Fall beschäftigen und du hast dort zu erscheinen, also bereite dich auf diese Verhandlung vor.“

„Oh, wenn du es auf diese Tour regeln willst, nur zu, ich bin bereit, es mit dir aufzunehmen“, antwortete er.

Ich hatte ein ganzes Stück Arbeit zu leisten, Menschen für das Komitee zu finden, die selbst keine Schnapstrinker waren. Die Verhandlung begann und der Klassenleiter brachte Beweise vor, dass der Prediger oft angetrunken und mehrere Male schwer betrunken war. Das Komitee erklärte ihn des unmoralischen Verhaltens für schuldig und suspendierte ihn bis zur nächsten Vierteljahresversammlung. Nach harter Diskussion – fast die gesamte Methodistengemeinde war anwesend – wurde er schließlich durch die Vierteljahresversammlung der Kirche verwiesen.

Nach seinem Rauswurf – ich hatte sein Urteil verlesen – standen dreizehn weitere Personen auf, um die Methodistengemeinde zu verlassen: seine Frau und seine Kinder; Menschen aus seinem Bekanntenkreis und ein oder zwei Freunde. Ich wies die Gemeinde darauf hin, dass diese Menschen nur gehen dürften, wenn gegen sie wegen ihres sittlichen Verhaltens nichts vorläge. Falls doch, müsste die Angelegenheit genauer untersucht werden. Der Kommissionsleiter sagte, dass man ihnen kein unmoralisches Verhalten vorwerfen könne; somit war diese offene Frage geklärt und ich ließ ihren Kirchenaustritt zu. Sie verlangten daraufhin ein entsprechendes schriftliches Dokument. Ich erklärte ihnen, dass es keine Regel gäbe, wonach sie Anspruch auf einen derartigen Brief hätten, es sei denn, sie würden umziehen und einer anderen Gemeinde der Bischöflichen Methodistenkirche beitreten. Sie sagten, dass sie nicht vorhätten, jemals wieder in die Bischöfliche Methodistenkirche einzutreten. Daraufhin erinnerte ich sie daran, dass sie ohne entsprechenden Brief beigetreten waren und nun auch ohne Brief gehen müssten. Anschließend verlas ich unsere Regeln und ermahnte den Leiter zu Pünktlichkeit, Treue und Frömmigkeit; die Gemeindemitglieder ermahnte ich dazu, alle Gnadenmittel zu beachten und insbesondere an den Klassenversammlungen, den Liebesmahlen und den Sakramenten teilzuhaben sowie ihre Kinder durch die Taufe Gott zu weihen.

Von diesem Tag an kam es zu einem geistlichen Aufbruch in der Gemeinde und in der Siedlung, und bevor das Jahr um war, nahm ich die dreizehn Personen, die gegangen waren, wieder auf. Ungefähr vierzig weitere Menschen schlossen sich der Kirche an und wir hatten keinen einzigen Schnapstrinker mehr in der Gemeinde, doch ich fürchte, dass der arme Prediger, der ausgeschlossen wurde, bis zu seinem Tod ein Trunkenbold blieb.

Um die entsprechenden Stationen im Bezirk zu bereisen, benötigte man vier Wochen, und ich hatte keine Helfer an meiner Seite. Bei der Durchsicht der Klassenpapiere stellte ich fest, dass wir etwa 150 säumige Mitglieder in unseren Reihen hatten – manche von ihnen hatten seit einem, zwei oder sogar drei Jahren nicht mehr an einer Klassenversammlung teilgenommen. Ich beschloss, die Zügel unserer Regeln mit milder, aber fester Hand anzuziehen. Ich bekam Unterstützung von anderen Leitern und wir waren in der Lage, die Säumigen persönlich zu besuchen und mit ihnen zu reden.

Weil der Segen Gottes auf unserer Arbeit ruhte, konnten wir der Kirche etwa 60 von ihnen erhalten; die anderen wurden von der Liste gestrichen, beiseitegelegt oder der Gemeinde verwiesen. Innerhalb von neun Monaten etwa 90 Menschen der Gemeinde zu verweisen, war eine schreckliche Aufgabe, die meinen Geist sehr beschwerte. Es schien, als wäre ein furchtbarer Tornado durch die Gemeinde gefegt, aber es gab achtbare Resultate: Der Sklavenhandel wurde untersagt; es gab nur noch sehr wenige Schnapstrinker; viele trennten sich von überflüssigem Schmuck und luxuriöser Kleidung; Gebetsversammlungen schossen aus dem Boden; die Klassenversammlungen wurden im Allgemeinen besucht; unsere Gemeinden wuchsen und unsere

Fastenzeiten wurden eingehalten. Gegen Ende des letzten Quartals des Jahres trommelte ich eine Lagerversammlung zusammen und es kam zu einer Massenversammlung. Wir hatten ein großes Gelände organisiert, Sitzgelegenheiten für Tausende bereitgestellt und ein Dach für den Altarbereich und die Kanzel gebaut, welches mehr als Tausend Menschen Schutz bot. Viele Menschen tummelten sich auf dem Gelände. Die Lagerversammlung dauerte acht Tage und acht Nächte; verschiedene Prediger predigten; die Kraft Gottes war zugegen und die Sünder fielen massenweise zu Boden; obwohl er relativ groß war, war der Altarbereich doch völlig überfüllt; während wir uns um die Bußfertigen im Altarbereich kümmerten, errichteten wir auf der gegenüberliegenden Seite ein weiteres Podium, von dem aus der treue Prediger das Wort des Lebens verkündigte. Die Kraft Gottes offenbarte sich dort wie ein mächtiger, brausender Wind und bewirkte, dass Scharen von Bußfertigen nach vorne kamen und an den Bänken knieten, die zu diesem Zwecke aufgestellt worden waren – das gesamte Lager, ja nahezu jedes Zelt, wurde von diesem Aufbruch erfasst. 250 Menschen bekannten sich zum Glauben und 170 von ihnen, darunter etwa 40 Farbige, schlossen sich der Kirche an. Ehre sei Gott! Zion hatte sich gemüht und viele Söhne und Töchter Gottes hervorgebracht.

Viele dieser Menschen kamen aus anderen, teilweise weit entfernten Bezirken, denn damals sah man es nicht als eine Last an, große Strecken zu Fuß zurückzulegen, um eine Lagerversammlung zu besuchen. Ich blieb zwei weitere Jahre in diesem Bezirk – während des ersten Jahres war J. Axley mein Vorsitzender der Ältestenschaft und im zweiten Jahr M. Lindsey. Während meiner Zeit in diesem Bezirk kam es zu vielen interessanten Begebenheiten. Auf ein paar davon werde ich jetzt genauer eingehen.

Wir hatten im Mount-Zion-Versammlungshaus eine tüchtige Klasse mittelloser, einfältiger Methodisten. Sie hatten den Wunsch, Klassenversammlungen gemäß unseren Regeln abzuhalten – hinter verschlossenen Türen, wo es Nichtmitgliedern der Kirche lediglich zwei- oder dreimal erlaubt war, teilzunehmen, es sei denn, sie hätten die Absicht, der Kirche beizutreten. In der Siedlung lebte eine ältere Dame, eine Anhängerin der New-Lights-Bewegung. Sie hasste die Methodisten und hatte etwas gegen Klassenversammlungen hinter verschlossenen Türen, kam aber dennoch. Sie setzte sich dann in die Nähe der Tür, die sie öffnete, während der Klassenleiter sprach. Alle Versuche, sie davon abzubringen, waren bisher gescheitert. Als ich dorthin kam, klagte mir der Klassenleiter sein Leid darüber, dass sie durch ihr ungebührliches Benehmen erheblich gestört würden. Ich predigte, verlas die Regeln und schickte anschließend alle hinaus, außer diejenigen, die der Klasse angehörten oder ihr beitreten wollten. Dann verschloss ich die Tür und ging dazu über, die Klasse zu prüfen. Ich wusste, dass die Dame anwesend war und in der Nähe der Türe saß. Ich fragte den Leiter, ob außer den Mitgliedern noch andere Personen anwesend seien. Er antwortete: „Ja, es sind drei Personen hier, die keine Mitglieder sind." Ich forderte ihn auf, mich zunächst zu ihnen zu führen. Zuerst führte er mich zu einem Mann. Ich fragte ihn, weshalb er gekommen sei. Er sagte mir, dass er Gott dienen und Kirchenmitglied werden wolle. „Sehr gut", sagte ich. Die nächste Person, die ich fragte, war eine Frau. Sie gab dieselbe Antwort. Während ich mit dieser Frau sprach, erhob sich meine New-Lights-Dame von ihrem Platz, öffnete die Tür und setzte sich noch dichter an den Ausgang. Nun ging ich auf sie zu und fragte sie, weshalb sie an der Klassenversammlung teilnahm.

Sie sagte, sie wolle mit dem Volk Gottes zusammen sein.

„Möchten Sie Mitglied unserer Kirche werden?"

„Nein, denn ich mag die Methodisten nicht."

„Gnädige Frau, Sie können sich aber nicht einfach über unsere Regeln hinwegsetzen."

„Ehrlich gesagt, mache ich mir nicht die Bohne aus euren Regeln. Ich habe schon oft an diesen Klassenversammlungen teilgenommen, und ich bleibe, wann es mir passt."

„Sie müssen hinausgehen."

„Das werde ich nicht tun, mein Herr."

„Dann werde ich Sie hinausbefördern."

„Das können Sie nicht", antwortete sie. Sie sprang auf und fing an, zu schreien und in die Hände zu klatschen. Als sie sich der Tür zuwandte, packte ich sie hinter der Schulter an den Armen und schob sie in Richtung Türe. Sie riss ihre Arme hoch und hielt sich am Türpfosten fest, um mich daran zu hindern, sie hinauszudrängen. Eine Rauferei schien unausweichlich, also bückte ich mich zu ihr hinunter, umfasste sie mit meinem rechten Arm, und mit meiner linken Hand riss ich ihre Hand vom Türpfosten los, dann hob ich sie hoch, trug sie hinaus und stellte sie dort auf ihre Füße. Als ich sie absetzte, fing sie an, zu springen und zu schreien: „Sie können mich nicht vom Himmel ausschließen." Mit allem Nachdruck befahl ich ihr, zu schreien aufzuhören. Ich sagte: „Sie schreien nicht, weil Sie froh sind, sondern weil sie wütend sind und der Teufel in Ihnen ist." Als sie aufhörte, zu schreien, sagte ich: „Ich wusste, dass Sie nicht vor Freude geschrien haben, denn wenn Gott Sie froh gemacht hätte, wäre es mir nicht möglich gewesen, dem Einhalt zu gebieten - doch weil es der Teufel in Ihnen war, konnte ich Ihr Schreien sehr schnell beenden." Dann trat ich einen Schritt zurück, verschloss die Tür und blieb vor ihr stehen. Wir hatten eine gute Zeit und waren unseren New-Lights-Quälgeist losgeworden. Diese Frau bereitete mir während der zwei Jahre in diesem Bezirk keinen weiteren Ärger.

Am 1. Oktober 1818 tagte die Tennessee-Konferenz in Nashville und ich wurde erneut dem Red-River-Bezirk zugeteilt. Für die vier Westkonferenzen hatten wir in diesem Jahr einen Zuwachs von 5.164 Mitgliedern zu verzeichnen; Reiseprediger waren lediglich neun dazugekommen.

Ich möchte jetzt von einer Begebenheit berichten, die sich während der Konferenz in Nashville zutrug - im Wesentlichen war Folgendes geschehen: Der Prediger, der die Konferenzleitung innehatte, hatte es von den bescheidenen Anfängen seines Dienstes inzwischen zu einem gewissen Stand gebracht - er galt als beliebter, moderner Prediger. Wir reden heutzutage von dem „jungen Amerika", aber schon damals konnte man das „junge Amerika" in den jungen, oberflächlichen, der Beliebtheit zugetanen Predigern deutlich erkennen.

Obwohl wir noch nicht sehr alt waren, bezeichnete man Bruder Axley und mich als altmodisch. Aus Furcht, wir könnten über Themen wie Sklaverei, Kleidung oder den Schnapsgenuss reden, weigerte sich dieser junge und beliebte Aspirant, uns Predigttermine zu beliebten Uhrzeiten zu geben. Schließlich taten sowohl die langjährigen Mitglieder als auch die jungen Prediger ihren Unmut darüber kund, dass „Axley und Cartwright" so herabgewürdigt wurden - es stellte sich eine allgemeine Unzufriedenheit ein. Dem Stadtprediger war die Aufgabe übertragen worden, unsere Predigttermine festzulegen. Bruder Axley und mir bereitete die Situation Vergnügen. Am Samstag gab dieser Prediger bekannt, dass Bruder Axley am Sonntag bei Tagesanbruch in der Methodistenkirche predigen würde. Er dachte, dass Bruder Axley zu dieser frühen Stunde nicht viel Schaden anrichten könnte, da nicht viele Menschen kommen würden.

Als die Sitzung am Samstagnachmittag unterbrochen wurde, trommelte ich die Buben zusammen und erzählte ihnen von dem Termin. Dann trug ich ihnen auf, am nächsten Morgen früh aufzustehen und so vielen Menschen wie möglich Bescheid zu sagen. Die Nachricht verbreitete sich wie ein Lauffeuer, und tatsächlich, bei Sonnenaufgang war die Kirche voller Menschen. Bruder Axley erhob sich von seinem Platz, sang, betete und verlas seinen Bibeltext: „Und seid nicht gleichförmig dieser Welt, sondern werdet verwandelt durch die Erneuerung des Sinnes" (Röm. 12, 2). Und wenn der Herr jemals einem sterblichen Menschen geholfen hat, zu predigen, dann Bruder Axley. Wie die Donner des Sinai gegen die Ägypter, so predigte er zunächst gegen die Unterdrückung der Sklaven; dann machte er deutlich, dass auch kein gemäßigter Schnapstrinker in den Himmel kommen könne; und dann feuerte er eine volle Salve der Wahrheit gegen Ringe, Krausen und jedwede übertriebene Kleidung. Direkt vor ihm saß Dr. Bascom. Er hatte eine goldene Uhrenkette mit einem Schmuckschlüssel und zwei sehr großen goldenen Siegeln daran. Er war so aufgeregt, dass er unbewusst eines seiner Siegel abnahm und am anderen Siegel mit seiner rechten Hand spielte. Als Axley es bemerkte, hielt er plötzlich inne und sagte bestimmt: „Machen Sie die Kette ab und hören Sie auf, an den Siegeln herumzuspielen, hören Sie vielmehr auf das Wort des Herrn" - Dr. Bascom errötete.

Bruder Axley predigte vortrefflich weiter, und man hatte tatsächlich den Eindruck, als wäre ein Tornado über die Krausen und Schleier hinweggefegt - die älteren Gemeindemitglieder schrien vor Freude. Nachdem hier ein weiterer gewaltiger Sieg über Irrtum und Stolz errungen wurde, luden uns auch Prediger und Älteste anderer Schwesterngemeinden ein, um dort während der Konferenz zu predigen. Der bekannte und vollmächtige presbyterianische Prediger Dr. Blackbourn gehörte ebenfalls zu denen, die ihre Kirche für uns öffneten.

Am Sonntag informierte mich der Stadtprediger darüber, dass ich am Montagabend in D. Blackbourns Gemeinde predigen sollte. Er gab mir den Rat, dort sicher aufzutreten und mich gut zu benehmen. Ich machte vor ihm meine beste Verbeugung und dankte ihm dafür, dass er für mich diesen Predigttermin organisiert hatte, und versicherte ihm, dass ich mich so gut wie möglich benehmen würde. Ich sagte: „Bruder Mac, dass Sie mich für den Predigtdienst in der Kirche des Doktors eingeteilt haben, trifft sich gut, denn wahrscheinlich haben Sie dort noch niemals zuvor die methodistische Lehre deutlich gehört, noch wurden ihnen die Lehren des Calvinismus dargelegt, doch heute werden sie ausnahmsweise einmal die Wahrheit hören." Der Prediger sagte: „Sie sollten dort nicht über umstrittene Themen predigen." Ich antwortete: „Falls ich dort überhaupt predige, werde ich den Calvinismus auseinandernehmen. „Nun, wenn das so ist, werde ich wohl einen anderen Prediger dorthin senden müssen, und Sie werden dann am Montagabend in der Methodistenkirche predigen und versuchen, sich gut zu benehmen", sagte der Prediger. „Also gut, ich werde mein Bestes tun", antwortete ich.

Es sprach sich überall in der Gegend herum, wie der Prediger mit mir verfahren war, und die Menschen wurden neugierig. Am Montagabend war die Kirche völlig überfüllt – es gab keinen freien Sitzplatz mehr und viele Menschen mussten stehen. Nach einer Zeit des Singens und Betens nahm Bruder Mac hinter mir Platz. Ich verlas nun meinen Text: „Denn was wird es einem Menschen nützen, wenn er die ganze Welt gewönne, aber sein Leben einbüßte?" (Mt. 16,26). Dann hielt ich einen Moment lang inne und sah, dass General Jackson den Gang entlangging. Er ging bis zum mittleren Pfosten, blieb dort stehen und lehnte sich an, denn es gab keine freien Sitzplätze mehr. In diesem Moment spürte ich, wie jemand an meiner Jacke zog. Als ich mich umschaute, flüsterte mein Prediger ein wenig laut: „General Jackson ist gekommen; General Jackson ist gekommen." Ich spürte, wie ich empört wurde. Ich schaute auf die Versammelten und sprach dann absichtlich so laut, dass alle mich hören konnten: „Wer ist General Jackson? Wenn er sich nicht bekehrt, wird Gott ihn ebenso verwerfen wie einen Schwarzen aus Guinea!" Der Prediger verbarg sein Gesicht und duckte sich – zweifellos wäre er am liebsten im Erdboden versunken. General Jackson und alle Versammelten amüsierten sich auf Kosten des Predigers – manche schmunzelten, andere lachten laut. Nachdem die Versammlung entlassen worden war, kam mein Stadtprediger auf mich zu und sagte: „Sie sind der seltsamste Mensch, der mir je begegnet ist, und General Jackson wird Sie für Ihr unverschämtes Verhalten bestrafen, noch ehe Sie die Stadt verlassen." „Ganz bestimmt nicht, denn ich habe keinen Zweifel daran, dass General Jackson mir für das, was ich getan habe, Beifall zollen wird, doch falls er mich doch bestrafen sollte, halte ich es mit Patty: ‚Was er kann, kann ich schon lange.'"

General Jackson wohnte in einem der Hotels in Nashville. Am nächsten Morgen machte sich mein Stadtprediger auf zum Hotel, um sich bei General Jackson für mein Verhalten zu entschuldigen. Kurz nachdem er mit ihm gesprochen hatte, kam ich an dem Hotel vorbei und begegnete dem General auf dem Gehweg. Als ich noch einige Schritte von ihm entfernt war, lächelte er bereits. Er streckte seine Hand aus und sagte:

„Herr Cartwright, Sie sind ein Mann, der mir gefällt. Ich bin sehr überrascht, dass Herr Mac denkt, ich hätte Anstoß an Ihnen genommen. Nein, mein Herr, ich sagte ihm, dass ich Ihre Unabhängigkeit sehr schätze, denn ein Diener Jesu Christi sollte jedermann lieben und sich vor keinem Sterblichen fürchten. Ich sagte ihm auch, dass ich mit ein paar Tausend Offizieren wie Ihnen und einer gut ausgebildeten Armee wohl das alte England einnehmen könnte."

General Jackson war wirklich ein außergewöhnlicher Mann. Ja, im besten Mannesalter war er ein sehr böser Mensch, aber er hatte immer großen Respekt gegenüber dem christlichen Glauben, insbesondere den Dienern des Evangeliums gegenüber, und nahm Rücksicht auf die Christen – um das zu verdeutlichen, möchte ich ein Beispiel anbringen.

An einem Sonntag hatte ich in der Nähe einer Einsiedelei gepredigt. Auf besondere Einladung ging ich anschließend mit einer Gruppe von Damen und Herren zum gemeinsamen Abendessen mit dem General. Einer meiner Begleiter war der Sprössling eines Rechtsanwalts aus Nashville. Er war durchschnittlich intelligent und sehr darum bemüht, sich zum Ungläubigen zu machen. Da ich der einzige Prediger in dieser Gruppe war und dieser junge Anwalt mich in einen Wortstreit verwickeln wollte, versuchte er, mir ein Gespräch aufzuzwingen. Ich versuchte, mich einer Diskussion zu entziehen, denn ich empfand es als eine Verletzung guten Benehmens, die Unterhaltung meiner Begleiter zu unterbrechen – außerdem konnte ich deutlich erkennen, dass sein Kopf wesentlich weicher war als sein Herz und nichts damit gewonnen wäre, ihn in einer Diskussion auseinanderzunehmen. Ich weigerte mich also beharrlich, mich in eine Diskussion verwickeln zu lassen, aber das schien dem jungen Mann mehr Selbstvertrauen zu geben – mein ausweichendes Verhalten deutete er wohl als Furcht. Als sich der General zu uns setzte und hörte, wie der junge Mann gegen das Christentum stichelte, sah ich, dass seine Augen Feuer fingen. Schließlich stellte der junge Anwalt folgende Frage:

„Herr Cartwright, glauben Sie wirklich, dass es so einen Ort der Qual wie die Hölle gibt?"

Augenblicklich bejahte ich das.

Darauf erwiderte er: „Tja, ich danke Gott, dass ich zu viel gesunden Menschenverstand habe, um so etwas zu glauben."

Als ich überlegte, ob ich ihm darauf antworten sollte oder nicht, mischte sich General Jackson in das Gespräch ein. Mit großem Ernst richtete er folgende Worte an den jungen Mann:

„Mein Herr, ich danke Gott, dass es einen solchen Ort der Qual wie die Hölle gibt."

Offensichtlich erstaunt über diese spontane Antwort rief der Junge:

„Warum, General Jackson? Was wollen Sie denn mit solch einem Ort der Qual wie der Hölle anfangen?"

Darauf antwortete der General, wie aus der Pistole geschossen: „Um solche verdammten Schufte wie Sie, die den christlichen Glauben verunglimpfen und bekämpfen, dort unterzubringen."

Ich sage euch, das saß. Der junge Anwalt war sprachlos vor Entsetzen und ward alsbald nicht mehr gesehen.

Im Herbst des Jahres 1819 kam unsere Konferenz wiederum in Nashville zusammen. Folgende Zahlen lassen sich den entsprechenden Protokollen entnehmen: Zunahme an Mitgliedern in allen vier Westkonferenzen, 5.085; Zunahme an Reisepredigern, 38. Insgesamt hatten wir für den gesamten Westen 56.945 Mitglieder und 194 Reiseprediger zu verzeichnen. Die Tennessee-Konferenz erstreckte sich sowohl über Gebiete Tennessees als auch Kentuckys. In Kentucky wurden unsere Vorschriften bezüglich der Sklaverei durchgesetzt und vor allem unsere Prediger wurden dazu angehalten, sich daran zu halten. Darin war geregelt, dass ein Reiseprediger, falls er Eigentümer eines Sklaven oder mehrerer Sklaven würde, eine Erklärung verfassen musste – er konnte auch sein Ehrenwort geben, wodurch dem Sklaven Freiheit zugesichert wurde. Wenn er sich weigerte, das zu tun, verwirkte er sein Amt. Ein solcher Prediger konnte auch keinesfalls zum Diakon oder Ältesten ernannt werden, es sei denn, er würde der Kirche glaubwürdig versichern, seine Sklaven zu einem angemessenen Zeitpunkt freizugeben. Einige unserer bekannten Prediger in Tennessee erbten Sklaven. Sie waren nicht bereit, die Sklaven freizulassen, und begründeten das mit ihrer Erwerbsunfähigkeit, was aufgrund der Gesetze des Staates möglich war.

Bei dieser Konferenz beklagte ich, dass einige unserer guten Prediger ständig die Vorschriften missachteten. Um aufzuzeigen, dass eine Umsetzung unserer kirchlichen Vorschriften aufgrund der Gesetze des Staates nicht durchführbar war, brachten sie billige Ausreden vor. Um meine Anklage aufrechtzuerhalten, musste ich nun deutlich machen, dass ihre Sklaven keinesfalls in die Obhut des Staates kommen würden, wenn sie sie freiließen. Sie ließen ihre Interessen durch einen hervorragenden Anwalt, F. Grundy, vertreten, und ich ging zu General Jackson, um mir von ihm Rat zu holen. Der Fall wurde in öffentlicher Sitzung der Konferenz anständig behandelt und die entsprechenden Prediger erhielten die Auflage, bei Gericht ein Dokument zur Freilassung ihrer Sklaven verfassen zu lassen.

Als es 1844 bis 1845 zur großen Abspaltung des Südens kam, verfasste Dr. Bascom ein Flugblatt, in dem er die oben genannte Situation als die große Befreiungsbewegung zur Abschaffung der Sklaverei bezeichnete. Nun, nichts könnte weiter von der Wahrheit entfernt sein als diese Aussage. Im Westen war uns damals noch keine radikale Befreiungsbewegung bekannt, falls aber doch, versuchten wir keinesfalls, das Problem der Sklaverei politisch zu lösen. Wir verlangten lediglich von unseren Predigern, ihre Sklaven freizulassen, sofern ihnen das aufgrund der Gesetzeslage des jeweiligen Staates, in dem sie lebten, möglich war, sodass ihre Sklaven auch die Freiheit genießen könnten.

Die Diskussion über das Thema der Sklaverei weckte bei einigen Unmut und da wir bei dieser Konferenz unsere Delegierten für die Generalkonferenz, die für Mai 1820 in Baltimore vorgesehen war, zu wählen hatten, stellten diejenigen, die selbst Sklavenhalter waren, eine eigene Wahlliste auf. Die Liste enthielt keine Namen solcher Personen, die an den Vorschriften der Methodisten, wie sie seit jeher galten, weiterhin festhalten wollten. Sobald wir davon Wind bekamen, stellten wir eine andere Liste auf, die keine Namen derer enthielt, die die Sklaverei befürworteten. Bereits im ersten Wahlgang wurden bis auf einen jungen Prediger, der erst seit sechs Jahren im Reisedienst stand, alle auf unserer Liste vorgeschlagenen Personen gewählt. Zwischen ihm und dem stärksten Mann der Gegenpartei kam es zu einem Patt. Wir mussten jetzt erneut wählen und im zweiten Wahlgang wurde unser Mann mit großer Mehrheit gewählt. Dieser Wahlsieg verärgerte die Sklavenpartei sehr und sie machten sich ans Werk, ein verleumderisches Flugblatt zu verfassen. Das Flugblatt enthielt falsche Informationen über uns und sie verschickten es an jedes Mitglied der Generalkonferenz. Sie verfehlten ihr Ziel, denn wir verloren bei den Mitgliedern der Generalkonferenz nicht an Ansehen; im Gegenteil, sie bestätigten uns in unserem Kurs.

Während der Generalkonferenz im Jahre 1820 gerieten die Grundlagen unserer Kirche durch die Radikalen ernsthaft in Gefahr, doch da ich bereits an anderer Stelle meiner Ausführungen offen über diese schwierige Zeit gesprochen habe, möchte ich jetzt nicht weiter darauf eingehen. Während dieser Generalkonferenz wurde die Kentucky-Konferenz gegründet, und zwar aus diesen fünf Jahreskonferenzen der „alten" Westkonferenz:

1. Die Ohio-Konferenz, die aus folgenden von einem Vorsitzenden der Ältestenschaft geleiteten Distrikten bestand: Ohio, Muskingum, Lancaster, Scioto, Lebanon und Miami. Insgesamt hatte diese Konferenz 34.178 Mitglieder und 87 Reiseprediger.

2. Die Missouri-Konferenz mit folgenden Distrikten: Indiana, Illinois, Cape Girardeau und Arkansas. Insgesamt hatte diese Konferenz 7.458 Mitglieder und 39 Reiseprediger.

3. Die Kentucky-Konferenz mit folgenden fünf Distrikten: Kanawha, Kentucky, Salt-River, Green-River und Cumberland. Insgesamt hatte diese Konferenz 23.733 Mitglieder und 84 Reiseprediger.

4. Die Tennessee-Konferenz mit den Distrikten: Nashville, Tennessee, French-Road, Holston und Duck-River. Insgesamt hatte diese Konferenz 17.633 Mitglieder und 51 Reiseprediger.

5. Die Mississippi-Konferenz mit den Distrikten Louisiana, Mississippi und Alabama. Insgesamt hatte diese Konferenz 4.147 Mitglieder und 19 Reiseprediger.

Insgesamt hatten wir also im Konferenzjahr 1820 bis 1821 in der Generalkonferenz 87.139 Mitglieder und 280 Reiseprediger. Seht nur, was Gott für unseren weiten Westen getan hat. Seit ich im Jahre 1804 zu den Reisepredigern stieß, bis zu diesem Konferenzjahr, also in einem Zeitraum von 16 Jahren, hat sich die Anzahl unserer Reiseprediger von damals 32 auf mittlerweile 280 erhöht und die Anzahl unserer Mitglieder von 11.877 auf mehr als 87.000 - und kein einziger unserer Reiseprediger war ein Gelehrter.

Im Herbst des Jahres 1820 traf sich unsere Konferenz in Hopkinsville, Kentucky. Ich wurde abermals in den Christian-Bezirk berufen und der dortige Vorsitzende der Ältestenschaft war M. Lindsey. Ungefähr zur gleichen Zeit kam es wegen zwei kleiner Schriften, die ich nachdrucken und verteilen ließ, zu einem Konflikt mit mehreren presbyterianischen Geistlichen. Es handelte sich um die Schriften „Der Dagon des Calvinismus" und „Eine hilfreiche Entdeckung" - beides waren satirische Abhandlungen über den Calvinismus. Die erwähnten Geistlichen hielten mich für den Autor dieser Schriften, und da sie der Meinung waren, ich wäre nicht bereit, die strittigen Punkte in einem öffentlichen Gespräch zu klären, empfanden sie es als gerechtfertigt, mir einen Brief im Namen des Teufels zu schreiben, in dem sie mich dafür lobten, den Interessen seines satanischen Königreiches dadurch förderlich gewesen zu sein, dass ich die Lehren des Arminianismus verbreitet hätte. Ich schrieb zurück - und beide Briefe wurden in Form eines Pamphlets veröffentlicht, was eine Zeit lang für gehörige Aufregung sorgte. Die Geistlichen beriefen eine „Ratsversammlung" ein, um darüber zu beraten, was sie mir antworten sollten. Doch nach dem Motto:

„Kann ich laufen, kann ich leben,
und sollt sich's doch wieder ergeben,
so könnt' ich kämpfen - doch bloß nicht heute",

entschieden sie sich für Besonnenheit, statt Heldenmut, sodass sie schließlich vollständig darauf verzichteten, mir zu antworten. Meine Freunde bedauerten diese Entscheidung, denn sie wollten wissen, wer dahintersteckte, denn so versteckten sie sich mit ihrem Irrtum und Groll hinter dem Teufel. Vielleicht war es das Beste, dass sie nicht antworteten.

16

Der Bergprediger

Ich möchte jetzt die eine oder andere Begebenheit berichten, die sich in dem Zeitraum von 1820 bis 1824 ereigneten.

Zusammen mit dem alten Vater Walker, den ich in bester Erinnerung habe, machte ich mich im April 1820 auf den Weg nach Baltimore, um die Generalkonferenz zu besuchen. Wir waren zu Pferd unterwegs und hatten bereits eine anstrengende Reisewoche hinter uns, als wir an einem Samstagnachmittag die Ausläufer der Alleghany-Berge erreichten. Wir waren nur noch wenige Kilometer vom Zolltor entfernt, als wir von einem Gentleman eingeholt wurden. Wir fragten ihn, ob es in der Nähe der Straße ein ruhiges Plätzchen gäbe, wo zwei müde Reisende am Sabbat Unterschlupf finden könnten, denn wir hatten nicht vor, an diesem Tag weiterzureisen. Er antwortete, dass es kilometerweit kein Gasthaus in der Nähe des Weges gäbe, doch wenn wir nach etwa anderthalb Kilometern von dem Weg abbögen, könne er uns zu einer tüchtigen, ruhigen und gläubigen Familie bringen, bei der wir uns bis Montag ausruhen könnten. Er sagte uns auch, dass er Prediger in dieser Region wäre und am nächsten Tag einen Predigttermin hätte. Wir waren dankbar für seinen Vorschlag und willigten ein. Es dauerte nicht lange, bis wir ein einfaches Haus erreichten, und die ehrbare Familie, die dort wohnte, uns herzlich willkommen hieß. Als der Prediger herausfand, dass wir ebenfalls Prediger waren, bestand er darauf, dass wir den Menschen dort morgens und abends predigen sollten – wir willigten ein.

Um 11:00 Uhr legte Bruder Walker los. Die Menschen hörten aufmerksam zu, aber es kam keine echte Begeisterung auf. Am Abend versuchte ich zu predigen, doch obwohl ich die volle Aufmerksamkeit dieser kleinen Gruppe von Bergbewohnern hatte, schien meine Predigt ohne jegliche Wirkung zu sein. Am Ende meiner Predigt wandte ich mich an unseren freundlichen Lokalprediger, damit er den Gottesdienst abschließen konnte. Er erhob sich von seinem Platz, sang ein Berglied, stampfte mit seinen Füßen, klatschte in die Hände und schrie so laut er konnte immer wieder: „Betet, Brüder!“ Innerhalb weniger Minuten sprang der Funke über und das ganze Haus war von lauten Rufen erfüllt. Als Bruder Walker und ich die Möglichkeit hatten, uns auszutauschen, sagte ich: „Nun, mein Herr, ich sage Ihnen, dass dieser Lokalprediger durch sein Singen, Klatschen und Stampfen mehr bewirkt als alle unsere Predigten zusammen.“

„Wahrlich", sagte Walker, „er muss ein großer Mann sein, und die Menschen hier verdienen unseren Respekt dafür, dass sie in dieser armen, tristen Bergwelt leben."

Als wir unsere Reise fortsetzten und es nun die Berge hinunter ging, begegneten wir einigen westwärts ziehenden Kutschen und Wagen. Kurz nachdem wir sie überholt hatten, sah ich auf dem Weg eine sehr schöne Taschenpistole liegen. Da ich davon ausging, dass sie einem der Reisenden entfallen war, sagte ich zu Bruder Walker: „Das scheint eine glückliche Fügung zu sein"; denn zu dieser Zeit war der Weg, der durch die Berge führte, von vielen Räubern belagert, und erst kürzlich war es zu mehreren Morden und Raubüberfällen gekommen. Bruder Walker ritt ein verhältnismäßig gutes Pferd, mein Pferd war jedoch sehr stark, flink und überragte die anderen Pferde. Als wir uns dem Fuße des Berges näherten - die Sonne versank gerade hinter den Bergen im Westen - und wir noch etwa drei Kilometer von dem Wirtshaus entfernt waren, in dem wir übernachten wollten, überholten wir einen Mann. Er schien sehr große Gehprobleme zu haben, denn er humpelte nur langsam vorwärts, und auch das nur mithilfe eines langen Stockes. Er sprach uns an und erzählte uns, dass er auf Reisen und ein armer Krüppel sei. Dann bat er uns, ein kleines Stück reiten zu dürfen, da er nahezu am Ende seiner Kräfte sei und nun Angst habe, die Taverne nicht mehr rechtzeitig vor Einbruch der Nacht erreichen zu können.

Bruder Walker sagte: „Oh natürlich", und wollte gerade absitzen, um ihn reiten zu lassen. In diesem Augenblick durchfuhr mich der Gedanke, dass dieser Kerl seine Gehbehinderung womöglich nur vorgetäuscht hatte und dass Vorsicht geboten war. Ich sagte zu Walker: „Bleib auf deinem Pferd, denn wir sind weit weg von zu Hause und haben noch eine lange Reise vor uns, und deshalb solltest du keinem Menschen trauen." Wir ritten gemächlich den Hügel hinunter und dachten, der Mann wäre inzwischen mindestens 900 Meter hinter uns. Walker ritt etwas vor mir und plötzlich machte mein Pferd einen Sprung nach vorn. Ich drehte mich um und siehe da, nur wenige Schritte von mir entfernt war der „Behinderte", der sich schnell wie ein Hirsch näherte. Ich griff nach meiner Pistole, die ich in meinem Übermantel verstaut hatte, spannte den Hahn, brachte mich in Position und eilte auf ihn zu. Er machte kehrt, nur noch ein paar Sprünge, dann hätte ich ihn gehabt, doch er sprang in ein dichtes Gebüsch und entkam. Beim Gasthaus angekommen erklärte uns der Gastwirt, dass wir Glück gehabt hätten, denn erst kürzlich hätten diese Räuber auf die gleiche Weise mehrere Reisende ausgeraubt.

Da Bruder Walker älter und eher gebrechlich war, hatten wir uns darauf geeinigt, dass er sich um die Gottesdienste kümmerte und ich mich um die Unterkunft, die Pferde, das Begleichen der Rechnungen und dergleichen. Als wir schon ein ganzes Stück des Weges in Virginia zurückgelegt hatten, kamen wir an einem Gasthaus vorbei. Wir fragten den Inhaber, Herrn Baly's, ob wir dort übernachten könnten. Er willigte ein, doch es stellte sich heraus, dass er nicht ganz nüchtern war. Seine Frau und seine Kinder waren sehr freundlich und aufgeweckt, doch er selbst war ein Trunkenbold und Anhänger der Allaussöhnung. Während ich nach den Pferden sah, führten Bruder Walker und der Gastwirt eine heftige Debatte über die Frage, ob alle Menschen errettet würden. Bruder Walker erwies sich als sehr milder und harmloser Gesprächspartner und der Gastwirt als schroff, beleidigend und ruchlos. Ich schaute mir das eine Weile an, doch schließlich hatte ich genug davon und sagte zu Bruder Walker, dass es nichts bringen würde, auf diese Weise weiterzudiskutieren – es wäre, als ob man Perlen vor die Säue würfe (siehe Mt. 7,6). Als der Wirtsherr das hörte, feuerte er eine ganze Salve von Flüchen auf mich ab. Ich ließ mich auf keine Diskussion mit ihm ein, sondern „heizte ihm so lange aus meiner Schwefeltasche ein", bis er es nicht mehr ertragen konnte. Seiner Ehefrau und seinen Kindern war sein Verhalten sehr unangenehm. Es war schon spät und Zeit, zu Bett zu gehen. Bruder Walker sagte dem Wirtsherrn, dass wir Prediger wären, und schlug vor, dass wir für die Familie beten würden, ehe wir zu Bett gingen. Der Wirtsherr war mit diesem Vorschlag nicht einverstanden und sagte, dass wir dadurch nur erreichen wollten, die Rechnung nicht zahlen zu müssen. Bruder Walker protestierte sanft und bestand auf das Recht, zu beten, doch vergeblich. Der Wirtsherr sagte, dass es dabei bliebe, dass in seinem Haus nicht gebetet würde. Darauf fragte ich ihn, ob sein Haus nicht eine Vergnügungsstätte sei, die jedermann besuchen könne.

„Ja", antwortete er.

„Erlauben Sie dann den Besuchern nicht auch, zu fluchen und sich zu betrinken, wenn sie dafür bezahlen?", fragte ich.

„Ja, das tue ich", antwortete er.

„Nun, wenn sie bezahlt haben und dann dem Teufel dienen, dann haben wir, wenn wir bezahlen, doch ebenso das Recht, in Ihrem Hause zu beten und Gott zu dienen – ich bestehe auf unsere Rechte! Wir haben genug Geld und nicht vor, dafür zu beten, hier nichts zahlen zu müssen." Ich sagte dann zu Bruder Walker: „Geh du jetzt beten und falls er irgendwelche Dummheiten macht, werde ich ihn so lange in Schach halten, bis du dein Gebet beendet hast – denn „das Reich der Himmel leidet Gewalt und Gewalttuende reißen es an sich" (siehe Mt. 11,12). Bruder W. betete und ich behielt den Gastwirt im Auge, der sich sehr ruhig verhielt und verdrießlich dreinschaute. Anschließend gingen wir zu Bett, doch zunächst entschuldigten seine Frau und seine Tochter sich vielmals für ihn. „Hoffentlich hat Sie sein Verhalten nicht gekränkt", sagten sie. Ich antwortete: „Nein, ganz und gar nicht – er kann uns gerne so behandeln, wenn er das möchte." Sie lachten und sagten, dass sie ihn niemals zuvor so erschöpft erlebt hätten.

Als wir am nächsten Morgen früh aufstanden, stellten wir fest, dass unsere Pferde bereits versorgt waren und das Frühstück schon auf dem Tisch stand. Während wir beteten und unsere Mahlzeit einnahmen, lag der Hausherr noch im Bett. Nach dem Frühstück bat ich die Hausherrin nach der Rechnung. Sie sagte, dass sie nichts von uns wollte und dass wir gerne alles umsonst annehmen könnten – außerdem lud sie uns ein, bei unserer nächsten Durchreise wieder bei ihnen zu bleiben. Ich drängte darauf, dass sie das Geld annehme und sagte: „Sie wissen doch, dass Ihr Mann uns unterstellte, wir würden darum beten, nichts bezahlen zu müssen." Sie weigerte sich dennoch entschieden, das Geld anzunehmen. Wir sagten Lebewohl und zogen freudig unseres Weges, denn wir hatten darum gekämpft, dort beten zu dürfen, und obendrein wurde uns nun auch noch die Rechnung erlassen.

Unsere Rückreise von der Generalkonferenz in Baltimore war sehr anstrengend. Es war im Juni des Jahres 1820 und vor uns lagen etwa 1.600 Kilometer, die wir zu Pferd zurücklegen mussten. Als wir in Knoxville im Osten Tennessees ankamen, erlebten wir Folgendes:

Bruder Walker und ich waren an jenem Morgen früh aufgebrochen, und nachdem wir etwa 40 Kilometer zurückgelegt hatten, erreichten wir um die Mittagszeit Knoxville. Wir näherten uns einem Wirtshaus, denn wir hatten die Absicht, dort etwas zu essen. Als wir feststellten, dass sich dort eine lärmende Menge betrunkener Menschen aufhielt, sagte ich zu Bruder Walker: „Das ist kein Ort für müde Reisende wie uns. Dort werden wir nicht einkehren." Wir ritten zum nächsten Gasthaus, aber dort war es schlimmer als im ersten, denn es gab dort gerade eine heftige Schlägerei. Ich schlug vor, weiterzureiten, und sagte zu Bruder Walker, dass wir bald eine private Unterkunft fänden, wo wir unsere Ruhe hätten; also ritten wir weiter. Es dauerte nicht lange, bis wir zu einem Haus kamen, an dem ein Schild mit folgender Aufschrift über der Tür hing: „Private Bewirtung und frisch gepresster Apfelmost". Ich sagte: „Hier ist es – und wenn wir hier gutes, leichtes Brot und frisch gepressten Apfelmost bekommen können, reicht mir das völlig als Abendbrot."

Bruder Walker sagte: „Das ist auch genau das, was ich will."

Freudig begrüßten wir den Hausherrn und er kam zu uns hinaus. Ich fragte nach, ob Futter für unsere Pferde vorhanden wäre und ob wir etwas leichtes Brot und frisch gepressten Apfelmost haben könnten.

„Oh ja", sagte der Hausherr, „sitzen Sie nur ab, ich vermute, dass Sie Methodistenprediger sind und gerade von der Generalkonferenz in Baltimore kommen." Schnell wurden unsere Pferde versorgt und gut gefüttert. Uns wurde ein großer Laib Brot und ein Krug Apfelmost serviert. Es stellte sich heraus, dass der Hausherr zu den Otterbeinmethodisten gehörte. Seine Frau war sehr krank und ließ uns zu sich rufen, damit wir für sie beteten. Nachdem wir das getan hatten, kehrten wir zu Brot und Apfelmost zurück. Es war sehr warm und wir hatten großen Durst, sodass wir über das Brot und den Most herfielen. Irgendwie kam es mir allerdings so vor, als handele es sich nicht mehr um frisch gepressten Apfelmost, und ich zügelte meinen Appetit. Bruder Walker hatte reichlich getrunken und schließlich sagte ich: „Hör lieber auf, zu trinken, Bruder, denn wir haben es hier gewiss nicht mehr mit normalem Apfelsaft zu tun."

„Wieso nicht?", fragte er.

Ich hatte nicht die Gewohnheit, Alkohol zu trinken, und mir war klar, dass mich bereits eine kleine Menge in Schwierigkeiten bringen könnte, also trank ich nichts mehr - dennoch spürte ich bald darauf, dass ich etwas benommen war. Augenblicklich ließ ich unsere Pferde fertigmachen, denn ich fürchtete, dass wir jetzt einen Rausch bekommen würden. Ich bat um die Rechnung, doch dieser Bruder wollte keine Bezahlung von uns annehmen. Wir saßen auf und machten uns auf den Weg. Ich ritt hinter Bruder Walker und nach etwa anderthalb Kilometern bemerkte ich, dass er tief und fest schlief. Nachdem wir so noch ein Stück weitergeritten waren, ritt ich unversehens an ihn heran und rief: „Wach auf! Wach auf!" Er wurde wach und ihm standen die Tränen in den Augen. Ich sagte: „Ich glaube, wir sind beide betrunken. Lass uns von der Straße abbiegen, uns hinlegen und ein kleines Nickerchen machen, bis wir wieder nüchtern sind." Wir ritten dann aber doch weiter, ohne anzuhalten. Wir waren zwar nicht betrunken, merkten aber beide, dass der Alkohol uns zu Kopf gestiegen war. Ich habe mir sehr genau überlegt, ob ich diesen Vorfall hier in aller Offenheit schildern sollte, und habe es getan, um andere vorzuwarnen.

Wir ritten weiter, bis wir Crab Orchard erreichten, dort gab es ein Zolltor. Diese Gebührenstelle wurde von zwei sehr niederträchtigen Männern unterhalten, die auch noch ein Wirtshaus betrieben. Die Gebühr war nicht von Belang. Es war schon recht spät, deshalb entschieden wir uns, dort zu übernachten. Wir fragten sie, ob wir mit ihnen beten dürften. Sie waren einverstanden und wir beteten mit ihnen am Abend und am Morgen. Nach dem Frühstück baten wir um die Rechnung. Der Gastwirt nannte uns den Betrag. Ich zog meine Brieftasche heraus, in der ich mehrere Hundert Dollar in Scheinen hatte. Er sagte, dass er keine Scheine nähme, sondern erwarte, dass wir in Silber bezahlten. Ich entgegnete, dass ich kein Silber bei mir hätte und die Münzen, die ich bei mir hatte, nur wenige Cent wert wären. Er fluchte schroff und behauptete, er wisse es besser, ich hätte Silber. Ich versicherte ihm abermals, dass ich kein Silber hätte, doch er ließ nicht locker und behauptete es weiterhin. Er sagte uns, dass wir das Zolltor nicht passieren dürften, ehe wir die Rechnung beglichen hätten. Unsere Pferde waren gesattelt und ich hatte nachts meine Pistole neu geladen, denn ich hatte kein gutes Gefühl, was dieses Haus betraf - außerdem hatte ich ja auch viel Geld bei mir und mich dazu entschlossen, mich nicht ausrauben zu lassen, ohne wenigstens ein Zeichen zu setzen. Bruder Walker bemühte sich, die Angelegenheit auszudiskutieren, doch ohne Erfolg. Ich warf ihm dann die Summe hin und sagte: „Entweder nehmen Sie jetzt das Geld oder Sie bekommen gar nichts." Dann saß ich auf und ritt los. Er befahl einem seiner Sklaven, das Zolltor zu schließen und mich keinesfalls durchzulassen. Ich gab meinem Pferd die Sporen und war fast ebenso schnell bei dem Zolltor wie der Sklave. Ich schwang meine Pferdepeitsche und drohte dem Schwarzen, dass ich ihn niederstrecken würde, falls er das Tor schlösse. Der Farbige bekam Angst, ließ das Tor los und flüchtete sich in Sicherheit. In dem Moment, als ich das Tor passierte, schwenkte ich mein Pferd herum und rief Bruder Walker zu, dass er sich beeilen solle und dass ich ihn decken würde. Der Gastwirt forderte, man möge ihm seine Pistolen bringen, und schwor, mich zu verfolgen. „Nur zu", sagte ich, schwenkte mein Pferd wieder in die andere Richtung und ritt los. Nachdem er es sich zweimal überlegt hatte, verwarf er den Gedanken, mich zu verfolgen. Das war eine ziemlich brenzlige und herausfordernde Situation für mich, doch ich überlebte.

Kurz darauf trennten sich unsere Wege, denn Bruder Walker wollte ein paar alte Freunde und Verwandte in West-Tennessee besuchen. Ich machte mich auf den Weg nach Hause, also in die Christian-Provinz, Kentucky. Am Samstagabend fand ich mich in einer befremdlichen Gegend wieder, in der hügeligen Gegend der Cumberland-Berge. Ich wünschte mir sehr, am kommenden Sabbat bei einer christlichen Familie Rast machen zu können, doch in dieser Region gab es kilometerweit keinen Prediger. Ich hatte gehört, dass viele der Menschen, die in dieser Gegend wohnten, noch niemals in ihrem Leben die Botschaft des Evangeliums gehört hatten und über den Sabbat nichts weiter wussten, als zu jagen, sich gegenseitig zu besuchen, zu trinken und zu tanzen. Es war bereits spät am Abend; ich war allein unterwegs und in einer nachdenklichen Stimmung. So freute es mich sehr, als ich ein ordentliches Wirtshaus entdeckte. Ich ritt näher und fragte dort nach einer Übernachtungsmöglichkeit. Der Gentleman sagte, ich könne bleiben, doch er fürchte, dass ich mich nicht wohlfühlen würde, da sie am Abend eine kleine Tanzveranstaltung hätten. Ich fragte ihn, wie weit es bis zum nächsten ordentlichen Gasthaus sei. Er antwortete: „Elf Kilometer." Ich sagte ihm, dass ich bliebe, wenn er mich höflich behandeln und mein Pferd gut versorgen würde – vorausgesetzt, er wäre nach wie vor damit einverstanden. Er versicherte mir, dass man mich zuvorkommend behandeln würde. Ich saß ab und ging ins Haus. Die Gäste fanden sich ein. Es war eine große Gesellschaft. Ich bemerkte, dass nicht viel getrunken wurde.

Ich zog mich leise in eine ruhige Ecke zurück. Die Tanzveranstaltung begann. Ich war hier eine wildfremde Person; so blieb ich nachdenklich auf meinem Platz sitzen. Ich wünschte mir sehr, diesen Menschen zu predigen. Schließlich überlegte ich mir, auch den nächsten Tag, einem Sonntag, noch zu bleiben und sie zu fragen, ob ich predigen dürfte. Ich hatte gerade diesen Entschluss gefasst, als eine hübsche, junge Dame mit roten Wangen anmutig auf mich zu spazierte. Sie war sehr attraktiv und machte mir mit einem gewinnenden Lächeln ihre Aufwartung – sie forderte mich auf, mit ihr zu tanzen. Es fällt mir schwer, in Worte zu fassen, was ich in diesem Moment gefühlt oder gedacht habe. Wie auch immer, ich fasste den plötzlichen Entschluss, es auf ein Experiment ankommen zu lassen. So elegant wie möglich erhob ich mich von meinem Platz, und ich behaupte nicht, dass ich nur ein wenig aufgeregt war, denn ich war sehr aufgeregt. Die junge Dame trat an meine rechte Seite, dann ergriff ich mit meiner rechten Hand ihre Hand, während sie ihren linken Arm an meinen linken Arm legte. In dieser Position schritten wir auf die Tanzfläche. Die ganze Gesellschaft schien sehr erfreut darüber, dass diese junge Dame einem Fremden eine solche Geste der Höflichkeit erwies. Der Geigenspieler, ein Farbiger, machte seine Fiedel bereit. Dann sagte ich dem Geigenspieler, er solle einen Moment warten, weil ich seit mehreren Jahren nichts Bedeutungsvolles unternommen hätte, ohne zuvor den Segen Gottes dafür zu erbitten, und dass es mir auch nun ein Anliegen sei, den Segen Gottes für diese wundervolle junge Dame sowie alle Anwesenden, die mir als wildfremdem Menschen so viel Freundlichkeit entgegengebracht hätten, zu erbitten.

Jetzt hielt ich die junge Dame fest an ihrer rechten Hand und sagte: „Lassen Sie uns alle gemeinsam niederknien und beten." Dabei fiel ich augenblicklich auf meine Knie und fing an, von ganzer Seele und unter dem Einsatz all meiner körperlichen Kraft zu beten. Die junge Dame versuchte, von mir loszukommen, doch ich hielt sie fest. Sogleich fiel auch sie auf ihre Knie. Einige der Anwesenden knieten ebenfalls nieder, andere standen, manche versuchten, zu entkommen oder blieben sitzen und wiederum andere waren äußerst verwundert. Der Geigenspieler rannte in die Küche und sagte: „Herr, erbarme dich - was ist nur los? Was hat das alles zu bedeuten?"

Einige weinten, ja sie weinten laut, und andere riefen um Gnade, als ich betete. Ich erhob mich von meinen Knien und fing an, zu ermahnen; danach sang ich ein Lied. Die junge Dame, die mich zum Tanzen aufgefordert hatte, lag ausgestreckt auf dem Boden und rief ernstlich um Gnade. Ich ermahnte nochmals, sang und betete fast die ganze Nacht. Ungefähr fünfzehn Personen bekannten sich zum Glauben und am nächsten Tag bekehrten sich noch mehr Menschen, denn unsere Versammlung währte bis zum nächsten Abend. Ich gründete eine Methodistengemeinde, nahm 32 Menschen in die Kirche auf und sandte einen Prediger zu ihnen. Mein Gastwirt wurde dort als Leiter eingesetzt und nahm diese Aufgabe mehrere Jahre lang wahr. Das war der Beginn einer großen, wunderbaren Erweckung in dieser Region, und aus vielen der jungen Männer, die sich beim Tanz dieses Methodistenpredigers bekehrt hatten, wurden brauchbare Diener Jesu Christi.

Ich erinnere mich bis heute mit Erstaunen an diesen befremdlichen Vorfall, und bisher habe ich es vermieden, intensiver darüber nachzudenken. Unter anderen gesellschaftlichen Bedingungen wäre ich mancherorts erfolglos geblieben, angepöbelt worden oder man hätte mich für verrückt gehalten. So weit ich bisher darüber nachgedacht habe, bin ich zu folgenden Ergebnissen gekommen: Es handelte sich um Menschen, die weder verhärtet noch jemals zuvor im Evangelium unterwiesen worden waren; sie hatten bis zu jener frühen Abendstunde noch nicht so viel getrunken, dass sie betrunken gewesen wären; und sicher waren sie ebenso über mein Verhalten erstaunt wie ich über ihr Verhalten. Ich hatte nichts zu verlieren und so wäre es keine Schande gewesen, wenn ich keinen Erfolg gehabt hätte - wenn aber doch, hätte ich lediglich meine Pflicht getan, „zu gelegener und ungelegener Zeit" bereit zu sein (2. Tim. 4, 2). Gewiss, betrachtet man es mit menschlicher Weisheit, war es eine ungelegene Zeit, aber ich hatte von Anfang bis Ende dieser Angelegenheit irgendwie die starke Gewissheit, dass ich Erfolg hätte, wenn ich den Teufel mit etwas Unerwartetem überraschen würde, so wie er es oft getan hatte – und ich mich auf diese Weise dafür rächen würde, dass er mir auf meinem Rückweg von der Generalkonferenz bisher so viel Ärger bereitet hatte.

Die Aktionen, zu denen man durch diese unvorhergesehenen Eindrücke veranlasst wird, sind häufig wesentlich erfolgreicher, als es menschlich gesehen vorstellbar ist, und das setzt Glauben an die unmittelbare Führung durch den Heiligen Geist frei. Ich bin seit über 54 Jahren der festen Überzeugung, dass ich durch den Geist Gottes geleitet werde. Ich bin fest davon überzeugt, dass wir wesentlich mehr erreichen könnten, wenn die Menschen, die heutzutage im geistlichen Dienst stehen, mehr von der Salbung und dem Feuer des Heiligen Geistes hätten. Dann wären wir wesentlich effektiver, Seelen für Christus zu gewinnen. Würden all jene Prediger und jungen Männer, die meinen, sie seien von Gott dazu berufen, im Wort und in der Lehre Jesu Christi zu dienen, darin gefördert, durch ein heiliges Leben ein besseres Verständnis über das überragende Wirken des Geistes Gottes zu erlangen und sich weniger auf ihr theoretisches Wissen, das sie sich auf Bibelinstituten angeeignet haben, zu verlassen, dann würden sie meiner Meinung nach wesentlich mehr Gutes bewirken als jetzt. In aller Demut möchte ich die Frage stellen, ob nicht gerade darin das große Geheimnis des Erfolges der frühen Pionierprediger lag, angefangen von John Wesley bis zu den Predigern unserer Tage.

Als jemand, der sich seit mehr als 50 Jahren darum bemüht, das Evangelium in dieser Wildnis zu predigen, sage ich, dass ich nichts auf die schmeichelhaften Bekundungen derer gebe, die in den höchsten Tönen von den alten Zeiten und den frühen Pionieren des Methodismus reden, denn im nächsten Atemzug teilen sie uns mit, dass diese Prediger mit derartigen Predigtmethoden heutzutage nicht mehr viel bewirken könnten – sie fegen uns auf einen Schlag mit einem Besen der Zerstörung vom Angesicht der Erde hinweg.

Die Verfechter theologischer Ausbildung und Bildung für angehende Prediger erinnern mich häufig an eine Begebenheit, die sich vor Jahren in Kentucky ereignete, und zwar zu einer Zeit, als die kargen Zeiten vorbei waren, die Lebensverhältnisse der Menschen sich verbessert hatten und viele zu Wohlstand gelangt waren.

In dem Gebiet, in dem sich diese Begebenheit ereignete, gab es eine große, wohlhabende presbyterianische Gemeinde. Dort war man des bisherigen Predigers, der bereits betagt und noch von der „alten Schule“ war, überdrüssig geworden, hatte aber noch keine Neueinstellung vorgenommen. Es wurde ein populärer Nachfolger gesucht; jemand, der mit der Denkweise in diesen fortschrittlichen Zeiten vertraut war. Nicht zuletzt deshalb, weil sie ein großzügiges Gehalt in Aussicht stellten, konnten sie schließlich einen frommen, jungen Prediger als Pastor einstellen. Bei seinem ersten Predigttermin wählte er „So tut nun Buße und bekehrt euch, dass eure Sünden ausgetilgt werden, damit Zeiten der Erquickung kommen vom Angesicht des Herrn“ (Apg. 3, 19–20) als Bibeltext aus. Die Gemeinde war der Meinung, dass er eine hervorragende Predigt über diese Schriftstelle gehalten hätte, und die Gemeindemitglieder waren sehr erfreut. Der nächste Sabbat kam. Ihr neuer Pastor stieg auf die Kanzel, verlas denselben Bibeltext und predigte im Wesentlichen die gleiche Predigt. Dies verwunderte ihre weisen und einsichtigen Ältesten etwas, doch man war noch nicht besonders beunruhigt, hielt man es für etwas Gedankenlosigkeit. Der dritte Sonntag kam und wiederum verlas der Prediger denselben Text und predigte die gleiche Predigt. Diesmal hielten die Ältesten es für ungeheuerlich und unerträglich. Sie beschlossen, mit dem jungen Mann zu reden, um dieses Predigen zu beenden. Der junge Pastor wurde vorgeladen. Sie brachten ihre Beschwerden voller Mitgefühl vor und fragten ihn, ob er tatsächlich nur diese eine Predigt hätte. Sie gaben ihm zu verstehen, dass sie die Versammlung einberufen und ihn entlassen müssten, falls dem so wäre. Alles, was der Pastor dazu zu sagen hatte, war, dass die Bibel voll von guten Texten wäre, wie dem, den er für seine Predigt gewählt hatte, und dass er jede Menge vorbereitete Predigten habe. Dann erläuterte er, dass er der Meinung sei, ein besseres Zeitalter und verbesserte gesellschaftliche Bedingungen bedürften auch eines verbesserten und fortschrittlicheren geistlichen Dienstes, doch ebenso müsse auch die Gemeinde in diesen fortschrittlichen Zeiten in der Lage sein, mit einem verbesserten geistlichen Dienst Schritt zu halten. „Und", sagte er, „sind Sie tatsächlich der Ansicht, dass die Gemeinde auf meine Predigt mit den erforderlichen Konsequenzen reagiert hat? Falls Sie das tatsächlich denken, und es obliegt Ihnen, das zu beurteilen, bin ich jederzeit bereit, zu einem anderen Predigttext überzugehen und eine andere Predigt zu halten."

In diesem Augenblick ergriff ein stummer Geist von den Ältesten Besitz, und seither haben sie nie wieder versucht, ihren Prediger zu rügen. Da die alten Wahrheiten des Evangeliums unabhängig von der jeweiligen Zeit sind, segnete der Herr den Dienst dieses jungen Predigers und machte ihn für viele seiner Zuhörer zu einem Geruch des Lebens zum Leben (siehe 2. Kor. 2, 16); auch gab er ihnen reichlich Beweise dafür, dass Gott sein Wort bestätigt und segnet.

Ich möchte dieses Kapitel mit ein paar weiteren Begebenheiten abschließen. Es ist schon sehr erstaunlich, wie leicht die Menschheit in unnütze und sündhafte Gewohnheiten fällt. Ich habe mich häufig über den weisen Weitblick John Wesleys gewundert. In den Allgemeinen Regeln seiner Methodistenkirchen untersagt er den Genuss von Spirituosen, und während die gesamte „christliche Welt", Priester, Prediger und Gemeindemitglieder eilends zu dieser demoralisierenden Gewohnheit übergegangen sind, hat er es vorausschauend zur Bedingung für eine Mitgliedschaft in einer Methodistengemeinde gemacht, keine Spirituosen zu genießen. Dennoch, obwohl es in weiser Voraussicht laut der Allgemeinen Regeln der Bischöflichen Methodistenkirche untersagt war, blieb diese Regel lange Zeit nur ein toter Buchstabe. So weit ich mich zurückerinnern kann, wurde der Genuss von Spirituosen innerhalb der Familie oder in Gesellschaft als harmlos angesehen. Hinsichtlich dieser Gewohnheit, ein Gläschen zu trinken, unterschieden sich Prediger kaum von allen anderen – und wenn sich ein Mann davon distanzierte, sei es in seiner Familie, während der Ernte, zum Richtfest, beim Baumstammrollen (ein amerikanischer Brauch, bei dem Nachbarn sich gegenseitig halfen, Baumstämme zu einem Stapel zu rollen), auf Hochzeiten und zu anderen Anlässen, galt er als geizig und ungesellig – selbst bekennende Christen halfen einem Mann nicht, wenn er sie nicht mit Alkohol bewirtete. Ich erinnere mich daran, früher einmal während einer Gerichtsverhandlung in Springfield, Tennessee, einen sehr beliebten Baptistenprediger gesehen und gehört zu haben, der offensichtlich betrunken war und auf das Wohl der Versammelten anstieß. Er nannte das „das Wohl", ich nenne es den Teufel! Ich habe häufig beobachtet, dass zu größeren Taufveranstaltungen, bei denen die Taufe durch Untertauchen praktiziert wurde, Alkohol mitgebracht und getrunken wurde.

Im Jahre 1821, dem letzten Jahr, in dem ich den Christian-Bezirk bereiste, nahm ich eine neue Predigtstation in den Bezirk auf. Diese Station war in einer dicht besiedelten Siedlung, wo das Evangelium schon lange nicht mehr verkündigt worden war. In der Siedlung lebten viele berüchtigte Trunkenbolde. Der Herr segnete meinen Dienst in dieser Region und der Glaube verbreitete sich dort. Unter den Bewohnern gab es eine interessante Familie; der Mann war ein Trunkenbold, doch die Familie begann, sich sehr für den Glauben zu interessieren. Die Familie schloss sich der Gemeinde an – sie waren bemerkenswert freundlich zu mir, einschließlich des Mannes; auch er war sehr freundlich. Einmal traf ich ihn in einem Geschäft in Hopkinsville. Bis auf ein einziges Mal war ich niemals betrunken gewesen und ich hatte auch dem sogenannten „einen Glas aus Geselligkeit" abgesagt, denn ich war der Überzeugung, dass es eine schlechte und gefährliche Gewohnheit war. Außerdem war es mit den Allgemeinen Regeln der Methodistenkirche nicht vereinbar. Der bereits erwähnte trinkende Gentleman bestellte Kirschbowle und süßte das Getränk extra für mich nach – aus reiner Liebe, wie er sagte. Dann lud er mich zu einem gemeinsamen Gläschen ein. Ich lehnte ab. Er bedrängte mich. Ich weigerte mich. Ich sagte ihm, dass ich diese Gepflogenheit aufgegeben hätte. Er wollte sich auch damit nicht zufriedengeben und sagte, dass ich nicht mehr sein Freund und auch nicht der seiner Familie sei, wenn ich nicht mit ihm tränke; außerdem sagte er, dass er nie wieder eine Predigt von mir anhören würde. Ich erklärte ihm, dass ich mich nicht von ihm drängen ließe, denn meine Grundsätze stünden fest, und dass ich nicht um der Freundschaft willen davon abrücken würde. Er wurde sehr zornig, fluchte und beleidigte mich, worauf ich ging und ihn in seiner „Herrlichkeit" zurückließ. Ich fürchte, dass er mir niemals vergab. Er sorgte dafür, dass seine Familie aus der Kirche austrat, und er ließ nicht zu, dass sie weiterhin kamen, um mich predigen zu hören – und er blieb bis zu seinem Tod dem Alkohol verfallen.

1824 wurden Jesse Walker, Samuel H. Thompson, F. S. und ich zu Delegierten für die Generalkonferenz in Baltimore gewählt; von den Gewählten kam nur ich aus Kentucky, die anderen drei kamen aus Missouri. Wir machten uns gemeinsam zu Pferd auf die Reise. Zwei aus der Gruppe bestellten Spirituosen, wenn wir in einem Gasthaus waren. Bruder Thompson und ich tranken überhaupt keine Spirituosen. Wir hatten es uns zur Regel gemacht, in Privatunterkünften mit der jeweiligen Familie zu beten, wenn sie damit einverstanden war. Ich war betrübt darüber, dass zwei Methodistenprediger, die noch dazu Delegierte für die Generalkonferenz und unsere Reisegefährten waren, sich in Wirtshäusern Spirituosen bestellten. Thompson und ich protestierten gegen dieses Verhalten. Sie verteidigten ihr Handeln. Schließlich sagte ich ihnen, und Bruder Thompson pflichtete mir bei, dass ich nicht mit ihnen weiterreisen würde, wenn sie ihr Verhalten nicht änderten. Bruder Walker war ein guter Mann und um unsertwillen brach er vollständig mit dieser Gewohnheit. Nun kamen wir wesentlich besser miteinander zurecht.

Im Herbst des Jahres 1821 fand unsere Konferenz in Lexington, Kentucky, statt. Ich wurde von Bischof M'Kendree in den Cumberland-Distrikt berufen, und dazu gehörten folgende Bezirke: Green River, Somerset, Wayne, Roaring River, Goose Creek, Fountain Head, Barren und Bowling Green. Der Distrikt erstreckte sich teilweise über Kentucky und Tennessee. Es war ein großer, dicht besiedelter Distrikt, mit etwa fünf- bis sechstausend Mitgliedern; viele von ihnen hatten es zu Wohlstand gebracht und es gab zahlreiche talentierte Lokalprediger in diesem Distrikt.

Auf meiner ersten Runde, auf der ich Vierteljahresversammlungen durchführte, ich war gerade auf dem Weg zum Somerset-Bezirk, ritt ich am Freitag etwa 80 Kilometer; ich war sehr müde und mein Pferd auch. Bei mehreren Häusern entlang der Landstraße fragte ich nach Unterkunft, doch vergeblich. Bei Einbruch der Dunkelheit kam ich an einem weiteren Haus vorbei und bat um Unterkunft. Der Mann sagte, dass ich nicht bleiben könne. Ich fragte ihn, ob er wüsste, wo ich jetzt noch Quartier bekommen könne und wie weit es bis dort sei. Er antwortete: „Etwa elf Kilometer." Ich sagte: „Mein lieber Herr, ich bin heute 80 Kilometer geritten und elf weitere schaffe ich jetzt nicht mehr. Wenn Sie mir ein Reisigbündel und Feuer zum Anzünden geben, kampiere ich lieber hier draußen, als weiterzureiten." Er ging in die nahegelegene Küche, um Feuer zu holen, und ich hörte, wie seine Frau zu ihm sagte: „Du solltest diesen Mann lieber hier übernachten lassen. Wenn du ihm das Feuer gibst, wird er die Scheune abbrennen, weil du ihn abgewiesen hast." Weil sie so laut sprach, tat ich es ebenso, und antwortete: „Ja, genau, Sie sollten mich besser aufnehmen, denn wenn Sie es nicht tun, wird noch vor dem morgigen Tag irgendein Unglück über Sie kommen."

Er warf seinen Feuerscheit zu Boden und sagte: „Na ja, vermutlich müssen Sie bleiben."

Ich saß ab, ging zur Küchentür und sagte: „Gute Frau, würden Sie mir schnell eine Mahlzeit zubereiten? Ich habe heute noch kein Abendessen gehabt."

„Oh, natürlich", sagte die alte Dame.

Nachdem mein Pferd versorgt war und ich gegessen hatte, fühlte ich mich wesentlich besser. Sogleich erkundigte ich mich, wie es bei ihnen um den

Glauben bestellt war und welche Glaubensrichtungen es in der dortigen Gegend gäbe, und fand so heraus, dass dieses Ehepaar sehr hingegebene Baptisten und Anhänger der Predestinationslehre waren. Der alte Herr informierte mich darüber, dass nur wenige Kilometer entfernt die meisten Siedler Methodisten wären und dass er wirklich Sorge hätte, sie würden das Land einnehmen. Er erzählte mir auch, dass am nächsten Tag, einem Sonntag, nur wenige Kilometer entfernt eine Vierteljahresversammlung stattfinden würde.

Daraufhin sagte ich: „Eine Vierteljahresversammlung? Was für eine Art Versammlung ist das denn?" Das wisse er nicht, antwortete er.

Dann sagte ich: „Wie heißt denn diese religiöse Gruppe?"

Er antwortete: „Methodisten."

„Methodisten", sagte ich, „was bedeutet das? Was sind das für Leute?"

Er antwortete: „Das sind die merkwürdigsten Menschen, die Sie jemals gesehen haben. Sie schreien so laut und machen einen Heidenlärm, dass man sie kilometerweit hören kann; sie glauben, dass alle Menschen errettet werden und dass ein Mensch leben kann, ohne zu sündigen – und doch glauben sie auch, dass ein Christ seine Errettung wieder verlieren kann, und all diese Dinge, aber das ist noch längst nicht alles. Es sind die schlimmsten Menschen, die Sie sich vorstellen können. Letztes Jahr hatten sie hier ganz in der Nähe eine Lagerversammlung. Es gab auf dem Gelände ein sogenanntes Predigerzelt und die Prediger haben dort Tag und Nacht alle möglichen Schurkereien verübt; und", sagte er, „sie betteln und bringen das ganze Geld außer Landes."

„Möge der Himmel uns beistehen!", rief ich. „Warum tun Sie sich nicht zusammen und vertreiben sie aus dem Land?"

„Oh", sagte er, „sie sind zu stark für uns; wenn wir stark genug gewesen wären, hätten wir sie schon längst von hier vertrieben, darauf können Sie Gift nehmen."

Ich sagte: „Was muss das für ein fürchterlicher Haufen sein; aber vielleicht sind sie ja auch falsch dargestellt worden und nicht so schlecht, wie Sie behaupten."

„Nein, mein Herr", sagte er, „ich war bei ihrer Lagerversammlung dabei und habe mit eigenen Augen ihr schlechtes Verhalten gesehen."

„Nun", sagte ich, „wenn es so um sie bestellt ist, dann sind sie für ein zivilisiertes Land nicht tragbar." Sie fanden nun, es sei an der Zeit, zu Bett zu gehen, und der Mann sagte: „Wenn Sie sich hinlegen möchten, dort steht ein Bett."

„Mein Freund", sagte ich, „mir ist nicht entgangen, dass Sie ein gläubiger Mensch sind, und gläubige Menschen sollten mit ihren Familien beten. Ich bin ein Freund des Glaubens und ich hoffe, dass Sie mit uns beten werden, ehe wir zu Bett gehen."

„Äh", sagte er, „ich bin ein schwaches, armes Geschöpf und kann nicht mit meiner Familie beten."

Ich antwortete: „Oh, Sie müssen auf jeden Fall für uns beten; Sie sollten doch auch für das Wohlergehen Ihrer Kinder beten."

„Nein, das kann ich nicht", sagte er.

„Nun gut, mein Herr", sagte ich, „wir müssen beten, bevor wir uns schlafen legen. Ich bin ebenfalls ein schwaches Geschöpf, und wenn Sie nicht beten, gestatten Sie dann mir, es zu tun?"

„Tun Sie, was Sie wollen", antwortete er.

Ich las ein Kapitel vor, sagte ein Kirchenlied an und begann, zu singen. In der Runde waren zwei junge Damen; die eine war die Tochter und die andere eine Nichte des alten Mannes – beide standen auf und sangen mit. Als ich mich niederkniete, um zu beten, knieten sie sich ebenfalls hin. Ich betete, doch der alte Mann und seine Frau blieben die ganze Zeit über auf ihren Plätzen sitzen. In meinem Gebet sagte ich dem Herrn, was für ein armer, schwacher alter Mann hier lebte, und bat den Herrn, ihm Kraft und Gnade zu schenken, damit er imstande wäre, ein besseres Vorbild für seine Familie zu sein. Ich betete auch dafür, dass der Herr den irregeleiteten Methodisten, wenn sie nur halb so schlecht wären, wie mein alter Freund mir gesagt hatte, Gnade schenken möge; doch wenn er sie falsch dargestellt hätte, ihm zu vergeben und ihnen Wohlergehen zu schenken. Sobald ich fertig gebetet hatte, ging der alte Herr zusammen mit seiner Frau in die Küche, und die Nichte sagte mir: „Sie dürfen kein Wort von dem glauben, was mein Onkel Ihnen über die Methodisten und ihr Verhalten bei der Lagerversammlung erzählt hat. Ich war auch dort und es sind gute Menschen – mein Onkel ist voreingenommen." Seine Tochter sagte dasselbe. Kurz darauf ging ich zur Tür hinaus und hörte, wie die alte Frau zu ihrem Mann sagte: „Er ist Methodistenprediger."

Der alte Mann sagte: „Nein, ist er nicht."

„Ist er doch", sagte sie, „und du hast es jetzt vermasselt."

„Mir ist das egal, aber das passt zu ihm", sagte der alte Mann.

Kurz darauf legte ich mich schlafen und ich hörte, dass die beiden Damen einige der Lieder sangen, die auf den Lagerversammlungen der Methodisten gesungen werden, und sie sangen wirklich wunderbar.

Am nächsten Morgen stand ich früh auf und machte mich auf den Weg zu unserer Vierteljahresversammlung, die außerordentlich gut verlief.

In diesem Zusammenhang möchte ich nicht unerwähnt lassen, dass wir im Sommer des nächsten Jahres eine große, wunderbare Lagerversammlung abhielten, und zwar direkt auf dem Gelände, von dem dieser alte Herr mir berichtet hatte, auf dem die Methodisten sich so schlecht benommen hätten.

Nun waren er und seine Familie gekommen und ich erzählte der Versammlung in ihrer Anwesenheit, was dieser Mann mir über sie gesagt hatte. Der alte Mann schlich sich davon und ging nach Hause. Seine Tochter und seine Nichte erlebten eine starke Bekehrung und schlossen sich der Methodistenkirche an.

Im darauffolgenden Sommer war ich im südlichen Teil meines Distrikts unterwegs, um eine Lagerversammlung im Roaring-River-Bezirk zu besuchen. Aufgrund eines Unglücks in meiner Familie war ich ein wenig aufgehalten worden, und deshalb war es mir nicht möglich, meine Lagerversammlung vor Sonntag zu erreichen. Als ich dort eintraf, stand Bruder Simon Carlisle auf der Kanzel und predigte. Er war ein echter Boanerges, ein Sohn des Donners, ein vollmächtiger und erfolgreicher neutestamentlicher Prediger. Die Lagerversammlung war groß, aber sehr ungeordnet. Bruder Carlisle wies die Versammelten scharf zurecht, doch sie waren sehr unhöflich. Als er seinen Teil beendete, stand ich von meinem Platz auf, um zu predigen, doch die Versammlung war dermaßen aufgewühlt und durcheinander, dass es mir schwerfiel, zu beginnen. Schließlich sagte ich der Menschenmenge, wenn sie mir nur einen Augenblick ihre Aufmerksamkeit schenkten, würde ich ihnen eine oder zwei Begebenheiten erzählen, und dass es sich lohnte, zuzuhören. Ich gab zunächst mehrere kurze Anekdoten zum Besten. Die Zuhörer rückten näher und näher – es entsprach ganz meiner Absicht, sie durch die Anekdoten zum Lachen zu bringen. Direkt vor mir saß ein alter, grauhaariger Mann. Er trug ein einreihiges Jackett und es gefiel ihm nicht, dass die Menschen durch meine Anekdoten zum Lachen gebracht wurden. Er rief mir zu: „Bringen Sie uns zum Weinen – bringen Sie uns zum Weinen und nicht zum Lachen."

Ich antwortete, wie aus der Pistole geschossen: „Ich bin nicht für Ihren Gesichtsausdruck verantwortlich und ich schlage vor, dass Sie sich das elfte Gebot der Schwarzen zu Herzen nehmen, nämlich, dass ein jeder zuerst vor seiner eigenen Haustüre kehren sollte."

„Ja, mein Herr, ja, mein Herr", sagte der alte Mann und sank still zurück auf seinen Platz.

Die Versammelten fanden diesen Vorfall sehr lustig und mittlerweile war die Menschenmenge so nahe wie möglich herangerückt und ganz Ohr. Dann verlas ich meinen Bibeltext: „Einem unbekannten Gott. Was ihr nun, ohne es zu kennen, verehrt, das verkündige ich euch" (Apg. 17, 23). Zwei Stunden lang hielt ich die Zuhörer in meinem Bann und ich bemühte mich, so gut ich konnte, die Tatsache, dass Jesus Christus Gott ist, zu verteidigen und dem Arianismus [steht im Gegensatz zur Trinitätslehre – lediglich Gott, der Vater, wird als Gott angesehen] einen gehörigen Schlag zu versetzen. Der Arianismus war überall im Land weitverbreitet – dennoch nannten diese Menschen sich Christen; die Welt nannte sie New Lights, Marshalliten oder Stoneiten [geht zurück auf Barton W. Stone]. (Das waren zwei führende presbyterianische Geistliche, die während einer großen Erweckung in Kentucky von der dortigen Synode abgelehnt wurden. Sie leiteten die New-Lights-Bewegung und nannten sich unnötigerweise „Christen", obwohl sie ganz offensichtlich die

Lehre des Arianismus angenommen hatten und dessen Irrtümer verbreiteten. Dadurch, dass sie die biblische Lehre von der Göttlichkeit Jesu Christi verwarfen, richteten sie erheblichen Schaden an.) Unter den Zuhörern waren auch jene beiden Baptistenprediger, die mich seinerzeit nicht in die Baptistenkirche aufnehmen wollten, es sei denn, ich hätte mich in Strongden's Valley erneut taufen lassen. Ich berichtete bereits an anderer Stelle davon. Das war eine der Geschichten, die ich gerade zum Besten gegeben hatte, um die Aufmerksamkeit der Zuhörer zu bekommen. Es stellte sich heraus, dass der ältere Herr mit dem hochgeschlossenen Einreiher, der mich gebeten hatte, sie zum Weinen und nicht zum Lachen zu bringen, kein Methodist war, wie ich annahm, sondern Baptist. Er war schon seit Langem dafür bekannt, den Predigern seine Meinung zu sagen, während sie predigten. Ach, diese beiden Baptistenprediger! Sie, ebenso wie viele ihrer Brüder im Predigtdienst, waren in den Strudel des Arianismus geraten. Während ich predigte, gelang es mir nicht nur, die Zuhörerschaft zu gewinnen, sondern es herrschte auch eine feierliche Stille und intensive Aufmerksamkeit unter den Zuhörern, und durch den Segen Gottes war es mir möglich, das Interesse der Menge für diesen Gesprächsgegenstand zu gewinnen. An dem Punkt, als ich meiner Zuhörerschaft deutlich machte, was es bedeuten würde, wenn Jesus Christus nicht der höchste Gott wäre – nämlich, dass Himmel und Erde voll mit götzendienerischer Verehrung wären und Engel, Menschen und erlöste Geister nichts weiter als dumme Götzendiener gewesen wären, jetzt seien und immer sein würden, sagte ich: „Wenn es hier jetzt irgendjemanden gibt, ob Prediger, Mann, Frau oder Kind, der Jesus Christus göttliche Attribute zuschreibt, aber trotzdem nicht glaubt, dass er Gott ist, dann soll er es jetzt durch Handzeichen anzeigen."

Dann hielt ich inne, aber es ging keine Hand nach oben. Es war eine äußerst ehrfurchtgebietende Zeit; jede Seele schien zu spüren, dass der höchste Gott zugegen war. Schließlich sagte ich, dass ich gern noch eine weitere Siegesbekundung unseres heiligen Glaubens hätte, und zwar derart, dass dadurch sämtliche Legionen des Teufels, die den abgestandenen Tümpeln des Arianismus, der Allaussöhnung und des Sozinianismus entstiegen seien, überwältigt würden. Dann forderte ich all diejenigen, die glaubten, dass Jesus Christus einen rechtmäßigen Anspruch auf die höchste Ehre und Herrlichkeit hat, und erwarteten, allein aufgrund seines Verdienstes in den Himmel zu kommen, dazu auf, mir zum Zeichen ihre rechte Hand zu erheben. Tausende Hände gingen hoch und Hunderte von Menschen erhoben dazu triumphierend ihre Stimmen. Viele Sünder weinten und gaben ebenfalls Jesus Christus die Ehre. Die riesige Menschenmenge fiel nahezu in alle Richtungen, und unter dem überwältigenden Gefühl der Gegenwart Gottes setzte ich mich hin. Überall in der Menge waren bußfertige Menschen zu sehen – es waren Hunderte. Viele der Anhänger des Arianismus widerriefen ihre falsche Entscheidung, und nachdem die Legionen aus ihnen ausgetrieben waren, kamen sie wieder zur Vernunft, wurden bekleidet und betrachteten es abermals als größte Ehre, zu Jesu Füßen zu sitzen. An diesem und dem darauffolgenden Tag folgten keine weiteren Predigten. Die Rufe der Büßer, die Schreie der

Jugendlichen und derer, die schon lange im Glauben standen, stiegen unentwegt, Tag und Nacht, zum Himmel auf. Zweihundert Menschen bekannten sich zum Glauben und 170 Menschen schlossen sich der Bischöflichen Methodistenkirche an, noch ehe die Lagerversammlung vorbei war. Viele merkten an, dass Sünder an diesem Ort mit einer solchen Leichtigkeit zum Glauben gekommen wären, wie sie es sonst noch nirgendwo erlebt hätten, und dass sie sich das nicht erklären könnten. Ich sagte ihnen, dass es für mich offensichtlich sei, dass der Herr den Legionen kleiner Arianismusteufel ebenso den Marschbefehl erteilt hätte, sich in den See zu stürzen, wie ehemals den Schweinen und dass es nach der Austreibung für die Menschen leicht gewesen sei, wieder einen klaren Verstand zu bekommen. Möglicherweise hat es seit der Sprachenverwirrung beim Turmbau zu Babel, im Kleinen gesehen, keine deutlichere Offenbarung der rettenden Gnade Gottes gegeben als in dieser Situation. Viele Anhänger des Arianismus hatten genug von ihrer Wanderschaft und kehrten in ihre alten Gemeinden zurück, um erneut im sicheren Hafen vor Anker zu gehen. Diejenigen, die bei den New Lights blieben, spalteten sich in viele Gruppen auf und bekämpften sich gegenseitig, bis sie an das Ende der Fahnenstange gelangten - nämlich zum Thema der Taufe durch Untertauchen. Das ist immer noch ein Thema und wird es möglicherweise so lange bleiben, bis die ganze Welt für 1.000 Jahre mit Herrlichkeit erfüllt sein wird. Ich möchte es nicht unterlassen, von einer weiteren bemerkenswerten Begebenheit zu berichten, die sich ebenfalls während dieser Versammlung zutrug.

Unter den Besuchern der Versammlung war eine eingefleischte Anhängerin des Arianismus, die nicht anerkennen wollte, dass Jesus Christus Gott ist. Am Montag, es war schon spät geworden, gab sie vor, sehr fröhlich zu sein, und schrie laut - sagte aber auch verschiedene Dinge, unter anderem, dass sie wüsste, dass ich in meiner Sichtweise über Jesus Christus falsch läge. Sie beauftragte jemanden, zu mir zu kommen und mich zu ihr zu bringen, denn sie wollte mir beweisen, dass sie in der Lage wäre, ihre Feinde zu lieben und ihnen Gutes zu tun (siehe Lk. 6, 35). Zunächst weigerte ich mich, aber sie ließ abermals nach mir rufen. Nun musste ich an den ungerechten Richter denken - und damit sie mir wegen weiterer Nachfragen nicht länger Mühe machte, ging ich schließlich zu ihr.

Sie sagte mir, dass sie wisse, dass nicht sie, sondern ich falsch läge, und dass Gott sie gesegnet und froh gemacht hätte.

Ich sagte: „Sagen Sie, Schwester, haben Sie sich während meiner Predigt nicht wahnsinnig aufgeregt?“

Sie antwortete: „Ja, sehr aufgeregt; ich hätte Ihnen die Kehle durchschneiden können, aber jetzt bin ich gar nicht mehr sauer, und ich liebe Sie, und Gott hat mich gesegnet.“

Ich sagte: „Ich fürchte, dass Sie nicht wirklich glücklich sind, lediglich Ihre Stimmung ist etwas angestiegen, doch Sie halten das für wahres Glück. Wir werden das jetzt testen. Lassen Sie uns zusammen niederknien und Gott darum bitten, uns zu zeigen, wer Recht hat."

„Ich will aber nicht beten", sagte sie, „ich möchte reden."

Ich antwortete: „Ich habe kein Bedürfnis, darüber zu reden; ich habe die Gewohnheit, immer zu Gott zu beten, und ich glaube, dass Gott Sie jetzt, als Antwort auf unser Gebet, aus der Falle des Teufels befreien wird, denn Sie sind gewiss ganz und gar nicht glücklich."

Ich forderte all diejenigen, die um uns herumstanden - und das waren viele - dazu auf, sich ebenfalls hinzuknien und mich im Gebet darin zu unterstützen, den arianischen Teufel, der immer noch ein Wohnrecht im Herzen dieser Frau beanspruchte, hinauszuwerfen. Wir knieten uns nieder und vereinten uns für diesen Kampf und mächtiges Gebet. Während wir beteten, schien sich der Himmel zu neigen, und wenn sterbliche Menschen jemals die Kraft Gottes gespürt haben, dann wir in diesem Augenblick. Die Frau wurde ihre vermeintlichen guten Gefühle los und versank nun in einen mürrischen, apathischen Gemütszustand. Daran änderte sich auch im weiteren Verlauf der Versammlung nichts, und auch noch Wochen später waren ihre Freunde darüber in Sorge, ob sie nicht ihren Verstand verlieren würde. Sie war nicht mehr in der Lage, ihren alltäglichen Aufgaben nachzugehen, bis sie schließlich eines Nachts einen Traum oder eine Vision hatte. Sie berichtete hinterher, dass sie ihren Erlöser in all seiner Herrlichkeit gesehen hätte und er ihr gesagt hätte, dass sie im Irrtum sei. Er habe ihr aber auch vergeben. Als sie wieder zu sich kam, hatte sie eine unbeschreibliche Freude, und von jenem Tag an zweifelte sie nie wieder daran, dass Jesus Christus tatsächlich Gott ist. Sie schloss sich den Methodisten an und war fortan bis zu ihrem Tode ein Beispiel dafür, was es bedeutet, ein strahlender und jubelnder Christ zu sein.

Bevor ich dieses Kapitel beende, möchte ich von einer weiteren Begebenheit berichten.

Bruder Simon Carlisle, den ich bereits erwähnte, war Bezirksprediger im Süden des Landes, und in der Nähe einer seiner Predigtstationen lebte eine wohlhabende Familie. Das Ehepaar war Mitglied der Kirche, doch ihr Sohn hatte keinen guten Ruf. In einem der Gottesdienste hatte er sich danebenbenommen und war deshalb von Carlisle scharf zurechtgewiesen worden. Nun war er darüber sehr verärgert und er schwor Rache. Der Prediger wurde im Haus seines Vaters beherbergt. Als Carlisle dort das nächste Mal eintraf, wurde ihm von diesem alten Bruder wie üblich angeboten, bei ihm zu bleiben. Bruder Carlisle sagte, dass es vielleicht besser sei, wenn er nicht bei ihnen bliebe, da er seinen Sohn verärgert hätte. Doch das Ehepaar drängte ihn, trotzdem bei ihnen zu bleiben, denn sie wussten, dass es allein die Schuld ihres Sohnes war und dass Bruder Carlisle, als er ihn zurechtwies, nur seine Pflicht getan hatte. Bruder Carlisle blieb bei ihnen. Der junge Mann war zu Hause, ließ sich aber kaum sehen und redete nur das Nötigste mit Carlisle. Als Carlisle am nächsten Morgen sein Pferd für die Weiterreise zur nächsten Predigtstation fertigmachte, nahm der junge Mann ein Paar Pistolen und schlich sich in den Raum, in dem Carlisle seine Satteltaschen hingelegt hatte. Er verstaute die Pistolen in den Satteltaschen und weder Carlisle noch irgendjemand sonst bemerkte es. Kurz nachdem Carlisle losgeritten war, gab der junge Mann vor, seine Pistolen zu vermissen. Er behauptete, dass er wüsste, dass Carlisle sie gestohlen hätte. Seine Eltern glaubten diese Anschuldigung nicht, aber er behauptete weiterhin steif und fest, dass er sich sicher sei, dass der Prediger die Pistolen gestohlen hätte. Er machte sich auf und besorgte sich eine entsprechende Anklageschrift, um dann gemeinsam mit einem Polizisten die Verfolgung aufzunehmen. Noch ehe Carlisle seine nächste Predigtstation erreicht hatte, wurde er von ihnen eingeholt. Der Polizist informierte ihn über den Verdacht und darüber, dass bereits eine entsprechende Anklageschrift gegen ihn vorläge und dass er nun sein Gefangener wäre. Carlisle, der sich keiner Schuld bewusst war, sagte dem Polizisten, dass er ihn gerne durchsuchen könne, und reichte ihm seine Satteltaschen - und, siehe da! Die Pistolen kamen zum Vorschein. Was sollte er dazu sagen? Er beteuerte seine Unschuld, doch laut Gesetz wurde er für schuldig befunden. Nur weil der Vater des gemeinen, jungen Mannes für Carlisle bürgte, musste er für die Zeit bis zur nächsten Gerichtsverhandlung nicht ins Gefängnis.

Ich will jetzt nicht näher darauf eingehen, welchen Ärger und welche Kosten ihm die Situation einbrachte, bevor man die heimtückischen Anschuldigungen gegen ihn fallen ließ. Ich will es dabei belassen, darauf hinzuweisen, dass während der Anhängigkeit des Verfahrens die Jahreskonferenz anstand, und auch dort sollte er sich wegen der Anschuldigung dieses kriminellen Vergehens verantworten - doch was sollte er dazu sagen? Er hatte keinen Beweis für seine Unschuld, und es schien auch aussichtslos, jemals einen Beweis erbringen zu können. Die Konferenz hielt ihn für unschuldig, doch der junge Mann schwor, dass er schuldig sei. In dieser für die Konferenz schwierigen Situation erhob sich Carlisle von seinem Platz und bat die Konferenz, um der Ehre Gottes willen, ihn so lange aus ihren Reihen auszuschließen, bis Gott auf irgendeine Weise seine Unschuld bewiesen hätte. Er beteuerte erneut seine Unschuld und tat seine Überzeugung kund, dass Gott in Kürze seine Unschuld beweisen würde, und zwar so, dass es für alle offensichtlich sei.

Die Konferenz entschied sich nur sehr ungern und mit knapper Mehrheit dafür, ihn auszuschließen. Ein kompetenter Verteidiger, der an seine Unschuld glaubte, übernahm freiwillig seine Verteidigung. Er wurde freigesprochen. Da er es sowohl als seine Pflicht als auch als sein Vorrecht ansah, heiratete er, und als ich ihn das letzte Mal sah, hatte er eine Familie und erwartete ein weiteres Kind. Die Kirche rehabilitierte ihn und verlieh ihm den Rang, den er früher innegehabt hatte. Sie boten ihm einen Bezirk an, doch er trat vorläufig aus dem Reisedienst aus. Er nahm eine Arbeit an, um seine Familie versorgen zu können, und er tat das, um seiner eigenen Glaubwürdigkeit willen.

Bleibt noch zu erwähnen, welcher Umstand dazu führte, dass seine Unschuld eindeutig bewiesen wurde. Der junge Mann, der ihn so heimtückisch in diese Lage gebracht hatte, bekam etwa neun Monate, nachdem Carlisle inhaftiert wurde, ein Fieber, das für diese Gegend des Landes nicht ungewöhnlich war. Die beste medizinische Hilfe wurde ihm zuteil; man stand ihm treu zur Seite und er wurde gut versorgt. Seine Eltern waren sehr um seine Genesung und Errettung besorgt. Es wurden Gespräche geführt und es wurde für ihn gebetet, aber es trat keine Besserung ein. Seine Ärzte teilten ihm mit, dass er sterben würde. Daraufhin erklärte er, dass er nicht sterben könne, ohne zuvor eine sehr wichtige Angelegenheit zu gestehen. Seine Eltern wurden zu ihm gerufen und er erzählte ihnen, dass er derjenige war, der die Pistolen in Carlisles Satteltasche gelegt hatte - bei diesem Geständnis waren noch weitere Menschen zugegen. Er hatte keine Hoffnung auf Gnade und starb kurz nach seinem Geständnis.

17

Eine Taufpredigt bei einer Lagerversammlung

Im Goose-Creek-Bezirk lebte ein recht intelligenter Baptistenprediger. Er war dafür bekannt, dass er Schafe aus anderen Gemeinden für seine Kirche gewinnen wollte, und er ritt fast ständig auf dem Thema herum, dass „Untertauchen“ die einzig richtige Form des Taufens sei – außerdem spottete er über das von ihm so genannte „Babybesprenkeln“. In diesem Bezirk, der Poplar Grove genannt wurde, hatten wir eine Lagerversammlung geplant. Ebenfalls in diesem Bezirk lebte eine tüchtige Witwe; sie war Mitglied in der Bischöflichen Methodistenkirche, doch der Baptistenprediger bemühte sich sehr, sie zu „bekehren“ und aus ihr eine Baptistin zu machen. Schließlich wurde sie seines „Wassergeredes“ überdrüssig und sagte ihm, dass sie ihm einen neuen Anzug schenken würde, wenn er zu der Lagerversammlung käme und dem Vorsitzenden der Ältestenschaft, Peter Cartwright, geduldig zuhörte, wenn er am Sonntag über die Taufe predigen würde. Er willigte ein, doch die Bedingung war, dass er geduldig und bis zum Ende zuhörte, andernfalls würde er den Anzug nicht bekommen.

Als ich das Versammlungsgelände erreichte, hatte die kleine, mutige Methodistenwitwe dort bereits ihr Zelt aufgeschlagen. Sie kam zu mir und lud mich ein, sie in ihrem Zelt zu besuchen, und dann erzählte sie mir von der Abmachung, die sie mit dem Baptistenprediger, Herrn W., getroffen hatte. „Also, tun Sie jetzt ihr Bestes“, sagte sie, „denn wenn er wegläuft, gehört der Anzug Ihnen. Falls er bleibt, obwohl Sie Ihr Bestes gegeben haben, sollen Sie dennoch einen guten Anzug bekommen.“

Das Lager war sehr groß und gut organisiert. Etwa zwanzig vollmächtige und talentierte Methodistenprediger aus den Reihen der Reise- und Lokalprediger waren angereist. Die Lagerversammlung wurde eröffnet und im weiteren Verlauf mit großem Interesse verfolgt. Es wurden viele herzerweichende Evangeliumsbotschaften gepredigt. Viele Sünder, sowohl Weiße als auch Farbige, wurden erweckt und bekehrten sich. Am Sonntagmorgen traf mein Baptistenprediger ein und wir wurden alsbald miteinander bekannt gemacht. Er schlug vor, sich zu Wort melden zu dürfen, falls ihm danach sei. „Selbstverständlich, das sei Ihnen von ganzem Herzen gewährt“, sagte ich.

Es wurde 11:00 Uhr und jetzt war ich an der Reihe, mit meiner Predigt über die Taufe zu beginnen. Laut Schätzungen hatten sich etwa 10.000 Menschen versammelt. Ich hatte ziemliches Herzklopfen, doch ich betete um Licht, einen wachen Sinn und Erfolg. Ich wählte keinen bestimmten Bibeltext aus, stattdessen stellte ich folgende Thesen zur Diskussion:

1. Ausführung und Zweck der Taufe.

2. Welche Personen wurden von Gott beauftragt, die Taufe durchzuführen?

3. Die ordentliche Durchführung der Taufe.

4. Wer ist berechtigt, sich taufen zu lassen?

Mein Baptistenprediger nahm direkt vor mir im Altarbereich Platz. Während ich die ersten beiden Punkte abhandelte, hörte er einigermaßen aufmerksam zu. Als ich zum dritten Punkt kam, ließ er sich seinen leichten Unmut anmerken, und als ich zum vierten Punkt kam und den Standpunkt vertrat, dass alle Kleinkinder zuerst und unumstritten das Recht haben, getauft zu werden, doch alle Erwachsenen sich zunächst bekehren und wie kleine Kinder werden müssten, ehe sie irgendein Recht auf Taufe geltend machen könnten, wurde mein Prediger sehr unruhig. Schließlich stellte ich folgende Frage: „Ähnelt eine Gemeinde, die keine Kinder in ihren Reihen hat, nicht eher der Hölle als dem Himmel?“ Dann fügte ich hinzu: „Wenn die Hölle vollständig durchsucht würde, fände man dort kein einziges Kind, denn alle Kinder sind im Himmel, und aus diesem Grund ähnelt die Baptistenkirche eher der Hölle als dem Himmel, denn in der Baptistenkirche gibt es keine Kinder.“

Jetzt stand der Baptistenprediger auf und legte los. Ich forderte ihn auf, mich an dieser Stelle nicht zu unterbrechen, sondern mich ausreden zu lassen. Er erwiderte, dass er es nicht länger ertragen könne. Er redete weiter und verließ dann das Gelände – also verlor er seinen Anzug und ich bekam einen. Was allerdings noch wesentlich besser war, war die Tatsache, dass man mir für mehr als drei Stunden zuhörte; und dabei schien die Aufmerksamkeit meiner Zuhörer nicht nachzulassen, die mit großem Interesse verfolgten, was ich sagte. Hunderte waren der Meinung, dass durch diese Diskussion viel Gutes bewirkt wurde.

Unsere Lagerversammlung wurde mit zunehmendem Interesse verfolgt; viele wurden erweckt und etwa 40 Menschen bekehrten sich und wurden der Kirche hinzugetan.

Im Sommer 1822 hielten wir in der Provinz Logan, Kentucky, also der Provinz, in der ich den überwiegenden Teil meiner Kindheit verbrachte, eine Lagerversammlung ab. Während dieser Versammlung tauchte ein eigenartiger Prediger auf, der behauptete, dass ein Christ ein so heiliges Leben führen könne, dass er nicht mehr stürbe, also vollständig unsterblich sei – an Seele, Leib und allem anderen. Er erweckte den Eindruck, ein gutes, unschuldiges und unwissendes Geschöpf zu sein. Er fragte mich, ob es ihm gestattet sei, zu predigen, doch ich erklärte ihm, dass dies völlig außer Frage stünde, da ich in meiner Leitungsfunktion für die Versammlung sowohl Gott gegenüber als auch den Menschen gegenüber dafür verantwortlich sei, welche Lehre von der Kanzel vermittelt würde.

Eines Abends, als ich mich außerhalb des Lagers aufhielt, um mit einigen Rüpeln eine Situation zu klären, kam er zu mir und sagte, er hätte eine himmlische Botschaft für mich – ich vermute, dass er dachte, dadurch meinem Stolz zuspielen zu können.

„Also", sagte ich, „worum geht's?"

Er antwortete, dass ihm gerade offenbart worden sei, dass ich niemals sterben, sondern ewig leben würde.

„Nun", sagte ich, „wer hat Ihnen denn das offenbart?"

Er antwortete: „Ein Engel."

„Haben Sie ihn gesehen?", fragte ich.

„Oh ja", antwortete er, „es war ein weißes, wunderschönes und leuchtendes Wesen."

„Konnten Sie dieses Wesen auch riechen?", fragte ich.

Diese Frage verblüffte ihn und er antwortete, dass er nicht verstünde, was ich meinte.

„Der Engel, den Sie gesehen haben, hat der nach Schwefel gerochen?", fragte ich. Er hielt inne und ich fuhr fort: „Er muss nach Schwefel gerochen haben, denn er kommt aus einer Gegend, die mit Feuer und Schwefel brennt, genauer gesagt, aus der Hölle – und wenn er Ihnen gesagt hat, dass ich niemals sterben werde, dann hat er Ihnen eine dicke Lüge ‚offenbart'!"

Als er das hörte, stahl er sich schleunigst davon, und ich hatte mit ihm im weiteren Verlauf der Versammlung keine Probleme mehr.

Es waren viele Menschen zu dieser Versammlung gekommen, unter anderem auch einige Jugendliche, die sich „Herren" nannten – manche von ihnen kamen aus der dortigen Gegend, andere wiederum kamen aus Russellville. Diese Burschen machten sich auf den Plätzen breit, die eigentlich für die Damen vorgesehen waren. Von der Kanzel aus gab ich bekannt, dass Damen und Herren getrennt säßen, und ich bat die Männer, sich auf die für sie reservierten Plätze auf der linken Seite zu begeben.

Ungefähr 20 Männer rührten sich nicht von der Stelle. Ich sagte: „Ich fordere die Herren auf, die Damenplätze zu räumen, damit ich sehen kann, wie viele Dorftölpel und Gecken hier anwesend sind, denn die werden sich nicht von der Stelle rühren!" Bis auf fünf verließen nun alle die Damenplätze. Ich begann, diejenigen zu zählen, die sitzen geblieben waren, worauf sie eilig und sehr wütend ihre Plätze räumten.

Der Sprössling eines Juristen namens Major L. gehörte auch zu dieser Gruppe. Er war ziemlich aufgebracht und erzählte seinem Vater, was geschehen war. Eben an diesem Tag traf ich mich mit seinem Vater im Haus eines Freundes zum Essen. Er kam auf das Thema zu sprechen und sagte, dass ich falsch gehandelt hätte, denn die jungen Männer wüssten es schließlich nicht besser. Außerdem sagte er mir, dass er es schlimm fände, dass ich seinen Sohn bloßgestellt hätte.

Ich sagte: „Major, angenommen, eine Gruppe Shawnee-Indianer käme in eine unserer Versammlungen. Meinen Sie nicht, dass selbst sie sich auf die Männerseite setzen würden, wenn sie sähen, dass alle Frauen auf der einen und die Männer auf der anderen Seite säßen?"

Wie aus der Pistole geschossen, antwortete er: „Nein, das glaube ich nicht."

„Also meiner Meinung nach würden sie sich sehr wohl auf die richtige Seite setzen, denn sie haben bessere Manieren als viele der angeblichen jungen ‚Herren' heutzutage."

Jetzt reagierte er sehr ungehalten und sagte, dass er mir gehörig die Meinung sagen würde, wenn nicht auch Damen anwesend wären. Ich sagte ihm, dass er falsch läge, wenn er dächte, mich einschüchtern oder mir Angst einjagen zu können, damit ich meiner Pflicht, in der Versammlung für Ordnung zu sorgen, nicht mehr nachkäme, und dass ich ihm dankbar wäre, wenn er sich um seine eigenen Angelegenheiten kümmern würde, so wie ich es selbst auch täte. Das Thema war hiermit zunächst erledigt. Ich kehrte zum Versammlungsgelände zurück. Kurz darauf ließ er nach mir rufen, um diese Angelegenheit nochmals mit mir zu besprechen. Dem Überbringer der Botschaft, dem Lokalprediger Bruder Cash, sagte ich, dass ich nicht mitkäme, da der Major sehr aufgebracht wäre und es nur darauf abgesehen hätte, mich zu beleidigen und zu beschimpfen, ich aber nicht bereit sei, das hinzunehmen. Ich ging nicht mit. Nach kurzer Zeit kam Bruder Cash zurück und übermittelte mir, dass der Major sein Ehrenwort gegeben hätte, mich nicht zu beleidigen, sondern die Angelegenheit vernünftig mit mir auszudiskutieren.

Daraufhin willigte ich ein und ging in Begleitung von Bruder Cash zu ihm. Wir hatten nur wenige Worte gewechselt, als er anfing, mich mit Beleidigungen zu überhäufen. Bruder Cash versuchte, ihn davon abzuhalten, doch vergeblich. Ich sagte ihm, dass er sein Ehrenwort gebrochen hätte und ich deshalb nicht länger gewillt sei, ihm meine Aufmerksamkeit zu widmen, und wandte mich ab. Jetzt kam er richtig in Fahrt und sagte, dass er mich zu einem Duell herausfordern würde, wenn ich dazu bereit wäre.

„Major", antwortete ich gelassen, „wenn Sie mich herausfordern, nehme ich die Herausforderung an."

Er sagte: „Gut, mein Herr, ich fordere Sie hiermit zu einem Kampf auf Leben und Tod auf."

„Na schön, ich werde gegen Sie kämpfen, und, mein Herr", sagte ich, „ich gehe davon aus, dass ich gemäß des Ehrenkodex das Recht habe, die Waffen zu wählen."

„Selbstverständlich", sagte er.

Ich antwortete: „Nun, dann werden wir den Kampf gleich hier auf diesem Grundstück austragen und uns als Waffen ein paar Getreidehalme nehmen - ich denke, ich kann Sie mit einem Halm erledigen."

Oh, was wurde er wütend! Er ballte seine Fäuste und sann auf Vergeltung. Er sagte: „Falls es jetzt auf eine Schlägerei hinausläuft, werde ich Sie augenblicklich zu Boden strecken."

Ich antwortete: „Ja, ja, Major L., aber Gott sei Dank können Sie mich nicht schlagen. Versuchen Sie es ja nicht, denn falls Sie es täten und der Teufel dann von ihnen auf mich überspränge, würde ich Ihnen die schlimmste Tracht Prügel verpassen, die Sie jemals bekommen haben." Dann ging ich und überließ ihn sich selbst.

Seine Ehefrau war ein guter Christ und die ganze Familie zeltete auf dem Versammlungsgelände. Nach Beendigung des Abendgottesdienstes ging ich schlafen, doch gegen Mitternacht kam ein Bote zu mir, der mich aufforderte, zum Zelt von Major L. zu kommen, um für ihn zu beten, weil er im Sterben lag. Ich fragte: „Was hat er denn?"

„Oh, er sagt, dass er Sie, einen Diener Gottes, beleidigt hätte und nun sterben und in die Hölle kommen würde, wenn Sie nicht zu ihm gingen, um für ihn zu beten."

Ich antwortete: „Nun, wenn das alles ist, möge der Herr seine Schmerzen noch verstärken. Ich werde nicht hingehen. Es wird ihm guttun, ordentlich zu schwitzen, denn er ist von Legionen böser Geister besessen, und es wird eine ganze Weile dauern, bis sie alle ausgefahren sind."

Dieses Mal begab ich mich nicht in seine Nähe. Nach etwa ein bis zwei Stunden ließ er erneut nach mir rufen, aber ich weigerte mich weiterhin, zu ihm zu gehen. Mittlerweile erlitt er Höllenqualen; er brüllte und betete so laut, dass man ihn auf dem gesamten Gelände hören konnte. Schließlich kam seine Frau zu mir und bat mich, um ihretwillen mitzukommen, um mit dem Major zu beten und zu reden. Ich beschloss, mitzugehen, und als ich in das Zelt eintrat, lag er ausgestreckt im Stroh und betete mit aller Kraft. Ich ging zu ihm und sagte:

„Major, was ist los?"

„Hinreichend genug", antwortete er, „zu meinen 10.000 Sünden habe ich jetzt noch eine weitere abscheuliche Sünde hinzugefügt, und zwar die, dass ich Sie, einen Diener Jesu Christi, dafür beleidigt und beschimpft habe, dass Sie darum bemüht waren, für Ordnung zu sorgen und Gutes zu tun. Oh, werden Sie - können Sie mir vergeben?"

„Ja, Major, das kann ich, und ich vergebe Ihnen; doch bedenken Sie, dass Sie Gottes Vergebung brauchen, denn andernfalls wären Sie für immer verloren und zerstört."

„Können Sie mir womöglich auch so sehr vergeben, dass Sie in der Lage sind, für mich zu beten? Und wenn ja, beten Sie für mich, ehe ich für immer von der Hölle verschlungen werde", sagte er.

Ich betete für ihn und ließ noch weitere Menschen zu ihm rufen, damit sie für ihn beteten. Auch den nächsten Tag über hatte er noch große Not, doch Gott gefiel es, ihm am Abend Befreiung zu schenken - und der Major bekannte, im Glauben Trost gefunden zu haben.

An diesem Fall wird deutlich, dass der Teufel häufig die Grenzen überschreitet, aber es zeigt noch viel mehr, dass Gott in seiner unendlichen Güte und Barmherzigkeit selbst Menschen in ihrer Wut noch dazu bringen kann, ihn zu preisen. Für mich hat es den Anschein, dass mindestens eine Legion sehr dreckiger kleiner Teufel aus Major L. ausgetrieben wurden.

Im letzten Frühjahr hatten wir in Russellville eine sehr interessante Vierteljahresversammlung. Eine ganz beträchtliche Anzahl von Menschen aus den oberen, wohlhabenden Gesellschaftsschichten, vor allem Frauen, waren Anzeichen von Bußfertigkeit und die Bereitschaft zum Glaubensleben anzumerken. Speziell diese Menschen hatte ich eindringlich dazu eingeladen, unsere Lagerversammlung zu besuchen, und sie kamen. Mitunter erlebten wir in den Versammlungen ein herrliches Wirken Gottes. Viele bußfertige Menschen reagierten auf den Altarruf und erlebten die Gnade des Herrn, nach der sie sich ausgestreckt hatten. Obwohl die wohlhabenden Damen unter dem Wort zu Tränen bewegt wurden, kamen sie nach dem Altarruf nicht nach vorne. Ich befürchtete, dass Stolz sie zurückhielt, und das sagte ich ihnen auch frei heraus. Ich versicherte ihnen, dass falls dieser Grund vorläge, sie nicht erwarten sollten, das Geschenk des Glaubens zu empfangen.

Sie versicherten mir, dass nicht etwa Stolz der Grund für ihre Zurückhaltung sei, sondern vielmehr die Tatsache, dass der Altarbereich nicht nur mit bußfertigen Menschen überfüllt wäre, sondern auch mit müßig herumstehenden Gläubigen und Schaulustigen, und es käme häufig vor, dass die Bußfertigen grob behandelt und getreten würden, ganz zu schweigen von den wetterbedingten warmen Temperaturen, weshalb die Menschen, die sich im Altarbereich aufhielten, ja nahezu ersticken müssten. Das also waren die Gründe, weshalb diese Suchenden nicht nach vorne kamen, und nicht etwa Stolz. Ich kann dem Leser versichern, dass mir diese von den Damen vorgebrachten Gründe sehr hilfreich waren, denn ich wusste, dass sie neben weiteren Problemen, die im Altarbereich auftraten, mit dem, was sie sagten, Recht hatten. Ich beschloss, nun unter allen Umständen für Ordnung zu sorgen und den Altar Gottes von diesen Fehlentwicklungen zu reinigen, was ebenfalls bedeutete, die Schaulustigen vor die Tür zu setzen. Nach Abschluss der Abendpredigt stieg ich auf die Kanzel und berichtete den Versammelten von den Einwänden der Damen. Ich bestätigte, dass es sich um berechtigte Beanstandungen handelte, und teilte mit, dass ich nun jeden Glaubenssuchenden auffordern würde, in den Altarbereich zu kommen. Ich versicherte ihnen, dass sie von diesen Missbräuchen nicht behelligt würden.

Um für einen guten Neubeginn zu sorgen, kündigte ich einige Regeln an: All diejenigen, die keine Sucher waren, forderte ich auf, sich von ihren Plätzen zu erheben und den Altarbereich zu verlassen.

Alle Zugänge zum Altarbereich sollten jederzeit frei gehalten werden.

Es war niemandem gestattet, sich auf eine Sitzbank zu stellen oder innerhalb der Altargrenzen herumzustehen.

Niemand durfte uneingeladen diesen Bereich betreten und niemandem war es unaufgefordert gestattet, mit den Bußfertigen zu reden oder für sie zu beten, es sei denn, sie wären bereits zu großer Freude durchgebrochen.

Dann bestimmte ich die Männer, die für Ordnung sorgen sollten. Als das geregelt war und der Altarbereich geräumt worden war und die Gänge frei waren, lud ich die von Sünde überführten Menschen dazu ein, als demütige Büßer zum Altar zu kommen, um sich dort niederzuknien und um Gnade zu flehen. Wir waren alle überrascht über die Menschen, die sich jetzt als Suchende zu erkennen gaben. Ich nehme an, dass es mindestens 100 Menschen waren, darunter auch viele der wohlhabenden Frauen. Nahezu alle bekannten, an diesem Abend Trost erfahren zu haben. In der Provinz Logan hatte es bereits viele, sehr viele wunderbare Lagerversammlungen gegeben, ja, dort hatten sie sogar in neuerer Zeit ihren Anfang genommen und wurden seit nunmehr 22 Jahren mehr oder weniger jedes Jahr durchgeführt - doch man ging davon aus, dass diese Lagerversammlung zu den Besten gehörte, die dort jemals abgehalten wurden. Ich hoffe, dass ich die Früchte dieser Lagerversammlung in der Ewigkeit mit Freuden sehen werde.

Die Methodistenkirche bekam durch diese Lagerversammlung neuen Schwung und neue Stärke - dadurch nahm sie an Effektivität, Mitgliedern und Ansehen zu, und ich hoffe aufrichtig, dass es bis zum heutigen Tag so geblieben ist.

Erlaube mir, an dieser Stelle anzumerken, dass ich aufgrund jahrelanger Erfahrung sagen kann, dass geheiligtes Vermögen immer ein Segen für die Kirche sein wird, ungeheiligtes Vermögen, selbst wenn es in Millionenbeträgen der Kirche gegeben wird, allerdings immer zu Korruption und Unheil führen wird. Wenn die wohlhabenden Menschen in eurer Gemeinde persönlich zu euch kommen, um euch Geld und Gut zu bringen, und es rückhaltlos dem Herrn weihen, dann ist fast gar nicht absehbar, wie viel Gutes dadurch für das Reich Gottes bewirkt werden kann und wird - wenn aber andererseits die Kirche ihrer Rechte beraubt wird; die Verpflichtungen gegenüber dem Evangelium gelockert werden; die Kirchenregeln nicht eingefordert werden; ein opportunistischer Dienst eingerichtet und finanziert wird, dann bedeutet das, was die innere Frömmigkeit betrifft, den Tod für alle Kirchen

– das war auch in der Vergangenheit schon so. Schau dir nur einmal die unnötigen, um nicht zu sagen sündhaften Ausgaben in unseren älteren Städten und Provinzen an; die Tausende, die unnötigerweise ausgegeben wurden, und zwar nicht, um respektable und benötigte Kirchengebäude zu bauen – denn das ist richtig –, sondern für verzierte Kirchen aus eitler Geltungssucht und Stolz. Schau dir die verzierten Kanzeln, die gepolsterten Kirchenbänke und Orgeln, die Vielzahl der verwendeten Instrumente und die bezahlten Chöre an – und darauf ist man auch noch schamlos stolz, während jeden Tag Millionen unseres gefallenen Geschlechts sterben und die Regionen des ewigen Kummers bevölkern, weil sie das Evangelium Jesu Christi nicht gehört haben. Auch wenn Prediger in manchen Gegenden unseres Landes Mangelware sind, so gibt es doch Tausende, die bereit sind, bis an die äußersten Enden der Erde zu gehen, um die Freudenbotschaft der Gnade den Millionen sterbender Menschen zu bringen – vorausgesetzt, sie hätten die notwendige finanzielle Unterstützung. Wäre es nicht besser, wenn wir unseren Pflichten als Christen nachkämen und von diesen unnötigen Ausgaben absähen. Stattdessen sollten sie mit freigiebiger Hand und treu sorgendem Herzen diejenigen unterstützen, die die Frohe Botschaft zu den Menschen bringen, die in der Finsternis leben, und die finanziellen Mittel nicht wie bisher für die unterschiedlichsten Dinge in diesem christlichen Land ausgeben. Ihr, die ihr von euch selbst behauptet, dass ihr Jesus liebt, sagt doch selbst: Haben wir nicht eine gewaltige, ehrfurchtgebietende Verantwortung? Sowohl die Kirchen als auch die befreundeten anderen christlichen Glaubensgemeinschaften in dieser Nation haben genug Vermögen, um Prediger und Bibeln in jede Nation dieser Erde zu senden – vorausgesetzt, sie würden mit den Mitteln sparsam umgehen und das Geld großzügig für diesen Zweck einsetzen. Mögen wir mit wahrer christlicher Freude die aufgehende Herrlichkeit dieses freigiebigen Geistes begrüßen dürfen und ihn wie den apokalyptischen Engel durch die Himmel fliegen sehen, wie er das ewige Evangelium jeder Nation, jedem Geschlecht und jeder Sprache verkündigt (siehe Offb. 14, 6). Oh, sagt mir, wann werden wir diesen glücklichen Tag erleben? Möge der Herr es zu seiner Zeit schnell bewirken und mögen wir seine Mitarbeiter sein! Ihr Christen, sagt ein lautes Amen!

Ich stand diesem Distrikt bis zum Herbst des Jahres 1824 vor und wir erlebten wunderbare Erweckungen in vielen Gegenden des Distrikts, viele schlossen sich der Bischöflichen Methodistenkirche an. An viele der interessanten Geschehnisse dieser Zeit kann ich mich inzwischen nicht mehr erinnern, aber von denen, an die ich mich noch erinnere, möchte ich hier ein paar weitergeben, so gut wie ich das noch kann.

Während einer Lagerversammlung, die wir in der Nähe der Grenze Tennessees abhielten, kam es zu einer bemerkenswerten Erweckung. Einige stolze Söhne und Töchter Belials demütigten sich und schrien um Gnade; etliche wohlhabende Familien wurden durch den Glauben verändert; es kam zu heftiger Verfolgung. Die Rüpel besorgten Whiskey, tranken in der Öffentlichkeit und störten uns dadurch sehr. Einige von ihnen stellten wir unter Arrest und legten ihnen eine Geldstrafe auf. Schließlich trafen sie sich in dem nicht weit vom Lagergelände entfernten Wald und beschlossen, unsere Lagerversammlung zu beenden. Dann wählten sie ihren Anführer und alle untergeordneten Aufseher. Sie hatten folgenden Plan: Sie wollten sich mit Knüppeln bewaffnen, um dann mit ihren Pferden tapfer durch das Lagergelände zu reiten, wo sie sich die Aufsichtspersonen und Prediger vornehmen und jeden niederschlagen würden, der sich ihnen in den Weg stellen würde.

Sie verabredeten sich für den Samstagnachmittag, um uns von dem Gelände zu vertreiben, doch wir kamen hinter ihren Plan und fanden sogar die Namen einiger heraus. Ihr Anführer nannte sich Cartwright und ihre Offiziere hatten die Namen von Predigern übernommen. Wir stellten uns durch entsprechende Vorbereitungen auf ihren Angriff ein und waren bereit. Sie tranken ihren Whiskey, sattelten ihre Pferde, rüsteten sich mit Stöcken und Knüppeln und ritten dann entschlossen in unser Lager. Da ich der Hauptmann im Lager war, oblag es mir, dem Hauptmann der Philister zu begegnen, und ich postierte mich in der Nähe der Bresche zwischen den zwei Zelten, durch die sie kommen würden. Als der berittene Hauptmann sich dieser Zugangsstelle näherte, sprang ich in die Bresche. Er schwang seinen Knüppel und befahl mir, stehen zu bleiben. Falls ich das nicht täte, würde er mich niederschlagen.

Ich rief: „Verschwinden Sie."

Er gab seinem Pferd die Sporen und versuchte tatsächlich, mich zu schlagen, doch glücklicherweise konnte ich seinem Hieb ausweichen. Der nächste Schlag gehörte mir, den er dann auch bekam. Ich beförderte ihn auf den Rücken mit seinen Füßen in den Steigbügeln. Meinen nächsten Schlag verpasste ich seinem Pferd. Es drehte sich und schleifte seinen Reiter ein paar Schritte weiter. Dann ließ es den gefürchteten Hauptmann fallen und verpasste ihm einen Tritt. Als die anderen in seiner Gruppe sahen, dass ihr Anführer auf dem Boden lag und sich mit letzter Kraft wehrte, machten sie heldenhaft kehrt. Natürlich kümmerten wir uns um den Anführer und belegten ihn mit einem Bußgeld von 50 Dollar. Von da an hatten wir die vollständige Kontrolle über das Lager und für den Rest unserer Lagerversammlung hatten wir Frieden.

Im Zusammenhang mit dieser Lagerversammlung kam es zu einem weiteren Vorfall, der ebenfalls von größtem Interesse sein dürfte und sich in etwa so abspielte: In der dortigen Siedlung lebten zwei junge Männer, die entfernt miteinander verwandt waren und beide aus wohlhabenden, ehrbaren Familien stammten. Beide waren an einer sehr wohlhabenden jungen Dame interessiert. Weil sie sich als Rivalen ansahen, wurden sie eifersüchtig aufeinander. Es wurde immer schlimmer mit ihrer Eifersucht. Sie stritten sich und schließlich kam es zum Kampf. Sie bewaffneten sich und beide schworen feierlich, den anderen zu töten. Unter diesem Schwur, mit Pistolen und Dolchen bewaffnet, kamen sie zu der Lagerversammlung. Ich war mit ihnen bekannt und wusste auch von den unangenehmen Umständen ihrer Liebschaft. Zum Sonntagsgottesdienst hatten sich viele Menschen eingefunden, und als ich darüber sprach, welchen Schrecken die Übertretung des Gesetzes Gottes mit sich bringt, ruhte offensichtlich eine Kraft über der Versammlung, die nicht menschlichen Ursprungs war. Viele Menschen fielen zu Boden, während ich das Wort predigte. Als ich meine Ausführungen beendete, machte ich einen Altarruf. Die beiden jungen Männer wurden vom Heiligen Geist überführt und in ihren mordlustigen Herzen erzitterten sie unter der mächtigen Kraft Gottes. Überwältigt von einem Gefühl des Schreckens, reagierten sie auf den Altarruf und kamen nach vorn. Einer kam von der rechten Seite, der andere von der linken, und keiner von beiden wusste um die Anwesenheit des anderen. Ich ging bedächtig auf sie zu und nahm ihnen ihre Waffen ab. Die Waffen brachte ich in das Predigerzelt und kehrte anschließend zurück, um mich um sie und noch weitere bußfertige Menschen zu kümmern, denn viele Menschen waren dem Altarruf gefolgt. Den ganzen Nachmittag über und noch bis tief in die Nacht war der Altarbereich gefüllt mit Menschen. Die beiden jungen Männer hatten einen schweren Kampf, doch die harte Schale ihres Herzens war aufgebrochen und sie schrien heftig um Gnade. Während ich neben dem einen jungen Mann kniete, es war mittlerweile kurz vor Tagesanbruch, erlebte er den Frieden Gottes in seiner verletzten Seele. Als er aufstand, hatte er wahre Freude über den Sieg und jubelte laut. Nun beeilte ich mich, zu dem anderen jungen Mann auf der anderen Seite des Altarbereichs zu gelangen, und es dauerte keine 15 Minuten, bis er den Segen Gottes in seiner Seele verspürte. Als er aufstand, erhob er einen Siegesschrei. Die beiden jungen Männer standen sich gegenüber und konnten sich nun sehen. Sie starrten sich an, und als sie sich in der Mitte des Altarbereichs trafen, fielen sie sich augenblicklich in die Arme. Oh, welch ein Jubelruf stieg auf zum Himmel, sowohl von diesen jungen Männern als auch von der ganzen Versammlung. In jener Nacht bekehrten sich noch wesentlich mehr Menschen, und in der Tat blieb diese Nacht noch lange für die eindeutigen Bekehrungen, die geschahen, in Erinnerung. Aus einem der jungen Männer wurde ein guter Reiseprediger. Er war mehrere Jahre im Reisedienst und machte blendende Fortschritte. Er verbreitete das heilige Feuer überall, wo er hinkam. Dann wurde er plötzlich krank und kurz darauf verstarb er – siegesgewiss. Hier haben wir ein bemerkenswertes Beispiel für die verändernde Kraft des Glaubens gesehen. Vergessen wir nicht: Wenige Stunden vor ihrer Bekehrung waren sie noch so erbitterte Feinde, dass sie sich gegenseitig umbringen wollten, doch dann wurden sie von ihren Mordgelüsten befreit und ihre Herzen wurden mit Liebe erfüllt. „Das Alte war vergangen und alles war neu geworden" (siehe 2. Kor. 5, 17).

Bei dieser Gelegenheit möchte ich von einer weiteren Begebenheit berichten, die sich zwar zu einem anderen Zeitpunkt ereignete, aber deutlich zeigt, wie böse das menschliche Herz im unerneuerten Zustand ist. In einer kleinen Stadt in der Provinz Breckenridge in Kentucky gab es einen berüchtigten Heiden, dem es Spaß machte, bei nahezu jeder Gelegenheit seinen Hohn und seine Verachtung gegenüber dem christlichen Glauben zu zeigen. Er war regelrecht stolz darauf, die gläubigen Christen und Prediger des Evangeliums in ihren Gefühlen zu verletzen. Während meiner Rundreisen kam es einmal vor, dass ich in dieser Stadt, in der ich bis dahin fast niemanden kannte, mehrere Tage und Nächte aufgehalten wurde. Die Bürger dieser Stadt hatten nur selten die Möglichkeit, einen Prediger zu hören, so wurde ich darum gebeten, dort an den Abenden zu predigen. Ich willigte ein und wir hatten sehr gut besuchte Versammlungen mit deutlichen Anzeichen für eine Erweckung. Die Menschen waren sehr freundlich zu mir und ich wurde von mehreren angesehenen Bürgern zum Essen eingeladen. Ich nahm die Einladungen an. Der ungläubige Mann hatte ebenfalls meine Versammlungen besucht, und ebenso wie die anderen Bürger es taten, wurde ich auch von ihm sehr freundlich zum Essen eingeladen. Da ich von seiner heidnischen Gesinnung gehört hatte, lehnte ich seine erste Einladung ab. Ich wurde von mehreren ehrbaren Bürgern gedrängt, die Einladung anzunehmen; sie sagten: „Herrn A. muss wirklich etwas Eigenartiges befallen haben, denn noch niemals zuvor hat er einen Prediger zu sich nach Hause eingeladen", und sie drängten mich, zu ihm zu gehen. Am nächsten Tag lud er mich erneut zu sich nach Hause zum Essen ein. Ich machte mich auf den Weg zu ihm, und als wir uns zu Tisch setzen wollten, fragte er mich nicht etwa, ob ich ein Tischgebet sprechen würde, sondern sagte: „Herr Cartwright, ich erlaube es grundsätzlich nicht, dass an meinem Tisch ein Tischgebet gesprochen wird, denn das ist doch nur Heuchelei; ich selbst bete naturlich auch nicht."

Ich hatte mich noch nicht hingesetzt und sagte: „Ist es nicht so, dass Sie mich, einen Prediger, eingeladen haben, mit Ihnen zu Abend zu essen?"

„Ja, mein Herr."

„Wissen Sie denn nicht, dass Prediger die Gewohnheit haben, vor dem Essen zu beten, mein Herr?"

„Doch schon, mein Herr", sagte er, „aber ich möchte nicht, dass an meinem Tisch gebetet wird."

„Nun gut, mein Herr", sagte ich, „doch wenn mir das Recht verwehrt wird, an Ihrem Tisch ein Gebet zu sprechen, werde ich ganz bestimmt nicht mit Ihnen zusammen essen." Ich drehte mich um, nahm meinen Hut und verabschiedete mich von ihm.

„Oh, Herr Cartwright", sagte er, „Sie können doch nicht gehen, ehe wir zusammen gegessen haben."

„Mein Herr, ich werde nicht zum Essen bleiben", lautete meine Antwort und ich verließ sein Haus.

Überall im Dorf sprach sich blitzartig herum, wie er mich behandelt hatte. „Schämen Sie sich, schämen Sie sich, Herr A.", das war jetzt der Aufschrei selbst der verruchtesten Einwohner dieses Dorfes, die mir großen Beifall spendeten dafür, dass ich nicht mit ihm gegessen hatte. Herr A. hatte sich aufgrund seines Verhaltens sehr unbeliebt gemacht und ich gehe davon aus, dass er nie wieder einen Prediger so behandelte.

„Herr, was ist der Mensch, dass du Kenntnis von ihm nimmst, der Sohn des Menschen, dass du ihn beachtest?" (Ps. 144, 3).

Die Kentucky-Konferenz kam im Herbst dieses Jahres am 25. September 1822 erneut in Lexington zusammen und im darauffolgenden Jahr am 24. September 1823 in Maysville. Bei dieser Konferenz wurden unsere Delegierten für die vierte Generalkonferenz gewählt, die am 1. Mai 1824 in Baltimore stattfand. Es war die dritte Generalkonferenz, an der ich als Delegierter teilnehmen durfte. Unsere Kentucky-Konferenz kam am 23. September 1824 in Shelbyville zusammen, und die folgenden Zahlen geben Aufschluss darüber, wie viele Mitglieder und Reiseprediger wir in etwa hatten:

	Mitglieder	Reiseprediger
Ohio-Konferenz	36.541	122
Kentucky-Konferenz	24.683	92
Tennessee-Konferenz	25.509	87
Mississippi-Konferenz	9.009	46
Missouri-Konferenz	11.773	55
	107.515	402

Ich konnte nun auf 20 Jahre Reisedienst zurückblicken, einschließlich meiner Probezeit, für die ich im Jahre 1804 durch die damalige Westkonferenz zugelassen wurde. Damals hatten wir eine Konferenz, nun waren es acht, denn die Generalkonferenz hatte für den Westen drei weitere eingerichtet, und zwar: Holston, Illinois und Pittsburg; damals hatten wir zwei Bischöfe, nun waren es fünf; damals hatten wir vier Distrikte, denen jeweils ein Vorsitzender der Ältestenschaft vorstand, jetzt waren es 30; damals hatten wir 32 Reiseprediger, nun waren es mehr als 400; damals hatten wir im Westen 11.877 Mitglieder, und nun mehr als 120.000, einschließlich der Mitglieder der Pittsburg-Konferenz, die offiziell dem Westen zugerechnet wurde. Damals hatten wir in den Vereinigten Staaten und den Gebieten Kanadas sieben Jahreskonferenzen, nun waren es fünfzehn. In den Vereinigten Staaten, einschließlich der Gebiete Kanadas, hatten wir in der Bischöflichen Methodistenkirche damals insgesamt 113.134 Mitglieder und 400 Reiseprediger; nun hatten wir 328.523 Mitglieder und 1.272 Reiseprediger.

Die Zahlen geben einen kleinen Einblick über die Entwicklung und den Erfolg der Bischöflichen Methodistenkirche innerhalb von 20 Jahren. Nicht berücksichtigt wurden hierbei Tausende Menschen, die durch die Methodistenkirche zum Glauben fanden oder erweckt wurden, sich dann aber anderen Kirchen innerhalb des Leibes Jesu Christi anschlossen, und jene, die inzwischen im Triumph des Glaubens verstorben und in ihre himmlische Heimat zurückgekehrt sind.

Wenn man bedenkt, dass die Vereinigten Staaten gerade erst ihre Unabhängigkeit erlangt und eine siebenjährige, blutige Revolution hinter sich hatten und immer noch von Hunderttausenden blutrünstigen, feindlich gesinnten Wilden umgeben waren, sowie dass wir ohne finanzielle Unterstützung aus dem Ausland und auch zu Hause ohne Mittel und Geld waren, dann können wir sehr wohl mit dem altehrwürdigen Gründer des Methodismus, John Wesley, sagen: „Als Nation sind wir von Gott auf seltsame Weise befreit worden."

Auch Folgendes sollte man in diesem Zusammenhang hinsichtlich der Bischöflichen Methodistenkirche bedenken:

Die Prediger waren ungebildet und erlebten nicht nur von der katholischen Kirche, sondern allen protestantischen Kirchen Widerstand und Denunzierung.

Überall sprach man gegen uns, wir wurden karikiert und falsch dargestellt. Wir hatten keine Hochschulen und sonstige Bildungsanstalten.

Wir besaßen keine Glaubensliteratur oder derartige Zeitschriften.

Wir verfügten nicht über Gelder für die Missionsarbeit und waren auch sonst nahezu ohne finanzielle Mittel für die Arbeit.

Unsere Prediger erhielten über viele Jahre hinweg eine durchschnittliche Unterstützung in Höhe von maximal 50 Dollar jährlich.

Die Bibliothek eines Methodistenpredigers bestand fast nur aus einer Bibel, einem Gesangbuch und der Kirchenverordnung.

Sollten wir da nicht, ohne dabei zu prahlen, sagen, wie es in der Bibel heißt: „Was hat Gott gewirkt!" (4. Mo. 23, 23).

Wenn ein Methodistenprediger damals den Eindruck hatte, zum Predigtdienst berufen zu sein, machte er sich nicht daran, eine Hochschule oder Bibelschule aufzuspüren, sondern suchte sich ein widerstandsfähiges Pferd und eine entsprechende Reiseausrüstung. Dann machte er sich auf den Weg, wobei er immer seine Bibliothek zur Verfügung hatte – seine Bibel, sein Gesangbuch und die Kirchenverordnung. Dann wählte er einen Text, der sich weder abnutzte noch uninteressant wurde, und rief: „Siehe, das Lamm Gottes, das die Sünde der Welt wegnimmt!" (Joh. 1, 29). So ausgerüstet zog er durch Stürme, Hagel, Schnee und Regen, erklomm Hügel und Berge, durchquerte Täler und Sümpfe, durchschwamm Hochwasser führende Flüsse, übernachtete unter freiem Himmel – durchnässt, erschöpft und hungrig –, wobei er das Pferd die ganze Nacht über am Zügel hielt oder es an einem Ast festband, die Satteldecke als Bett, seinen Sattel oder die Satteltaschen als Kopfkissen und seinen alten großen Mantel oder eine Plane als Zudecke benutzte. Er übernachtete häufig in schmutzigen Hütten, auf dem nackten Erdboden in der Nähe des Lagerfeuers, aß geröstete Kornähren statt Brot, trank Buttermilch statt Kaffee und Salbeitee statt Schwarztee, aß mit größtem Vergnügen Hirschfleisch, Bärenfleisch oder wilden Truthahn zum Frühstück, zu Mittag und zu Abend – falls es ihm möglich war, es zu bekommen. Seinen Text hatte er stets bereit: „Siehe, das Lamm Gottes", und weitere Bibelstellen. Das war der Ruhm und Reichtum eines Methodistenpredigers der alten Schule. Wer von uns würde unter solchen Bedingungen jetzt sagen: „Hier bin ich, Herr, sende mich?" (siehe Jes. 6, 8).

18

Umzug nach Illinois

Meine drei Jahre im Cumberland-Distrikt waren mit ungeheuer viel Arbeit und Mühe verbunden, doch auch mit großem Frieden und Wohlstand der Kirche. Ich hatte schmerzlich beobachtet, dass immer häufiger eine Gesinnung zum Vorschein kam, die die Sklaverei rechtfertigte. Aufgrund von Eheschließung und anderen Umständen verwickelten sich auch unsere Prediger mehr und mehr in diese strittige Frage. Sie neigten öfters dazu, den Handel und Besitz von Menschen zu beschönigen und rechtfertigen. In den Sklavenstaaten wurden von dem Gesetzgeber immer strengere Gesetze erlassen, die darauf abzielten, die Freilassung der Sklaven zu verhindern. Dazu kam noch, dass der radikale Abolitionismus sich verbreitete, was den Süden furchtbar in Aufruhr brachte. Ich hatte eine junge, wachsende Familie; zwei Söhne und vier Töchter. Ich war arm und besaß nur einen kleinen Bauernhof mit etwa 150 Morgen Land; die umliegenden Grundstücke waren teuer und die Preise stiegen. Meine Töchter würden bald erwachsen sein. Ich sah keine Möglichkeit, dafür zu sorgen, dass sie sich im angrenzenden Land oder in unserer Nähe ansiedeln könnten. Ich hatte auch nicht das Recht, zu erwarten, dass sie in eine wohlhabende Familie einheiraten würden, und das entsprach auch nicht meinem Wunsch, selbst wenn es möglich gewesen wäre - womöglich würden sie dann auch noch in eine Familie einheiraten, die Sklaven besitzt. Das war nicht mein Bestreben.

Mir war außerdem aufgefallen, dass deutlich unterschieden wurde zwischen jenen jungen Menschen, die aufwuchsen, ohne für sich selbst sorgen zu müssen, und denen, die selbst für ihren Lebensunterhalt arbeiten mussten. Ich hatte seit mehr als 20 Jahren den Stürmen getrotzt und unter den Schwierigkeiten gelitten, die das Leben eines Wanderpredigers mit sich bringt. Diese Zeit verbrachte ich hauptsächlich in Südkentucky und im Westen Tennessees. Ich hatte viele Freunde und Hunderte Menschen sahen in mir ein demütiges, unwürdiges Werkzeug, das für ihre Errettung verwendet worden war. Ich verspürte nicht die geringste Sorge, als Methodistenprediger nicht gut versorgt werden zu können, denn im ganzen Land hatten sich die Lebensumstände verbessert. Obwohl viele meiner Freunde innerhalb und außerhalb der Kirche gegen einen möglichen Umzug meinerseits protestierten, kam ich nach viel Gebet und ernstem Abwiegen zu dem eindeutigen Schluss, dass es meine Pflicht wäre, umzuziehen, wenngleich der Gedanke, Tausende meiner besten Freunde zurücklassen zu müssen, für mich sehr schmerzvoll war. Manchmal überforderte mich dieser Gedanke und erschütterte meine

Entschlossenheit, aber dennoch sah ich deutliche Anzeichen dafür, dass ich mein behagliches, kleines Haus verlassen und aus den folgenden Gründen in einen freien Staat oder ein freies Hoheitsgebiet umziehen sollte: Erstens hätte ich dort nichts mit dem Übel der Sklaverei zu tun. Zweitens würde ich meine Kinder dort an Arbeit heranführen können, weil es nicht als etwas Negatives galt. Drittens war ich davon überzeugt, dass meine Lebensumstände sich verbessern würden und ich für meine Kinder Land erwerben könnte. Viertens könnte ich notleidenden Seelen, die durch ihren Umzug in ein neues Land dieses Gnadenmittels beraubt waren, das Evangelium verkünden. Als ich zu diesen Überzeugungen gelangt war, besprach ich mich mit meiner Frau und stellte fest, dass sie derselben Meinung war. Im Frühling des Jahres 1823 brach ich zusammen mit meinem Schwager, einem Lokalprediger, und dem alten Vater Charles Holliday zu einer Erkundungsreise nach Illinois auf, um ein neues Zuhause zu suchen.

Da die Reise zu Pferd unternommen wurde, hatten wir, so weit es uns möglich war, Pferdefutter und teilweise auch unseren eigenen Proviant mitgenommen. Wir übernachteten mehrere Male im Freien. Wir wussten, dass das Land nur dünn besiedelt war, vor allem im Nordosten, Norden und Nordwesten des Staates, und uns zog es besonders in diese Gegenden. Wir nahmen Kurs in Richtung des Big-Wabash-Tales, ohne auf Wegen reiten zu können, bis wir oberhalb von Fort Clark, dem heutigen Peoria City, den Illinois River erreichten. Von dort aus ritten wir weiter Richtung Norden, dabei kamen wir durch ein Gebiet, das damals Military Tract genannt wurde. Dann überquerten wir bei Beardstown, wo damals nur eine Familie in einer kleinen Hütte lebte, erneut den Fluss und ritten hinauf zum Sangamon River. Von dort aus gelangten wir zu einer kleinen Siedlung beim Richland Creek in der Provinz Sangamon ganz im Norden des Landes – zu dem Ort, an dem ich jetzt lebe, seitdem ich in diesen Staat gezogen bin. Ich gehe davon aus, dass meine Freunde auch meine sterblichen Überreste hier eines Tages in unserem Familiengrab beisetzen werden. Ich begegnete dort einer ordentlichen Familie. Ihnen gehörte eine Doppelhütte – mit dem Besten, was dieses Land in dieser Hinsicht zu bieten hatte. Das Grundstück, das sie bewohnten, war Eigentum des Kongresses, und wenngleich es bereits durch die Regierung begutachtet worden war, stand es noch nicht zum Verkauf. Ich gab dem Mann 200 Dollar für den Besitz und seinen Rechtsanspruch. Dann kaufte ich etwas Inventar und verpachtete den Besitz so lange, bis ich dorthin umziehen würde, was für den Herbst des Jahres 1824 geplant war.

Danach begaben wir uns auf den Heimweg, diesmal über Springfield. Dort war der Regierungssitz, aber es standen dort nur ein paar hastig errichtete Hütten, aus deren Schornsteinen es qualmte, und ein oder zwei Baracken, die als Geschäfte fungierten, doch bis auf wenige schwere Gegenstände hätte ich den gesamten Warenbestand mit ein paar Fuhren auf meinen Schultern hinaustragen können. Zu Hause angekommen verkaufte ich wegen unseres für das Jahr 1824 geplanten Umzugs mein kleines Anwesen, und als die Konferenz in Shelbyville, Kentucky, zusammenkam, bat ich Bischof Roberts um meine Versetzung zur Illinois-Konferenz – ich wurde dem Sangamon-Bezirk zugeteilt.

Als die Konferenz unterbrochen wurde und mein Abschied von den Predigern der Kentucky-Konferenz näherrückte – ich hatte mit vielen von ihnen zehn, fünfzehn oder sogar zwanzig Jahre zusammengearbeitet – überwältigten mich meine Gefühle, wie ich es wahrscheinlich niemals zuvor erlebt hatte. Als wir uns zum Abschied die Hand reichten, mussten wir weinen. Die wenigsten erwarteten, dass wir einander wiedersehen würden, ehe wir vor dem Richterstuhl Gottes stünden. Ich schüttelte ihre Hände, verneigte mich vor den Brüdern der Kentucky-Konferenz, bat um ihre Gebetsunterstützung und machte mich dann schnell auf den Heimweg. Wenige Tage später waren meine wenigen Habseligkeiten gepackt und meine Familie war reisebereit. Wir machten uns auf den Weg nach Illinois.

Obwohl von der Generalkonferenz beschlossen worden war, die Illinois-Konferenz von der Missouri-Konferenz zu trennen, sollte die Jahreskonferenz für diese beiden Konferenzen im Herbst dieses Jahres in Padfield, Looking Glass Prairie, am 23. Oktober 1824 stattfinden. Ich hatte geplant, die Konferenz auf meinem Weg in die Provinz Sangamon zu besuchen, aber ich wurde wegen eines tödlichen Unfalls aufgehalten. Folgendes war passiert: Kurz bevor wir die Prärie erreichten, brachte es der Kutscher des Wagens, in dem sich mein Gefolge befand, fertig, das Gefährt zum Umkippen zu bringen, und beinahe wäre meine älteste Tochter durch dieses Manöver zu Tode gekommen. Der Vorfall ereignete sich gegen Sonnenuntergang, und als wir den Wagen wieder aufgerichtet und beladen hatten, wurde es dunkel. Vor uns lag ein schwieriger Hügel, den wir hinunterfahren mussten, und deshalb beschlossen wir, an diesem Ort unser Nachtlager aufzuschlagen – zwei bewohnte Hütten waren in Sichtweite. Vom Beladen meines Wagens war ich ziemlich erschöpft. Es war auch ein sehr warmer Abend und meine Frau überzeugte mich davon, dieses Mal das Zelt nicht aufzuschlagen. Am Fuße eines Baumes, von dem ich annahm, dass er gesund war, entfachte ich ein Feuer. Wir legten uns schlafen und schliefen fest.

Als am nächsten Morgen gerade die Sonne im Osten aufging, fiel der Baum, an dessen Fuße wir ein kleines Feuer entfacht hatten, um. Der Baum fiel direkt auf unsere dritte Tochter; traf sie von Kopf bis Fuß, und ich vermute, dass sie sofort tot war. Als ich, kurz bevor der Baum umfiel, das Knacken hörte, sprang ich augenblicklich besorgt auf. Ich erfasste den Baum sogar noch, bevor er auf das Kind fiel – doch vergeblich. Es war ein furchtbares Unglück, aber dennoch waren wir uns bewusst, dass Gott uns gnädig gewesen war, denn hätten wir in der Nacht das Zelt aufgeschlagen, wäre es an jener Stelle gewesen, und der Baum wäre dann direkt auf uns gefallen – nicht nur meine Tochter, sondern wir alle wären dann ums Leben gekommen. Äußerlich war der Baum gesund, das ließ sich durch das Einritzen der Rinde bis auf Messerrückentiefe feststellen, doch innen war er voller Trockenfäule, und damit hatten wir nicht gerechnet. Ich sandte meinen Kutscher zu den Familien, die in der Nähe wohnten, um Hilfe zu holen, doch niemand kam. Hier waren wir nun in unserer großen Not und niemanden schien es zu kümmern. Mein Kutscher und ich machten uns daran, den Baum von meinem Kind zu entfernen. Wir entdeckten, dass der Baum zurückgefedert war und meine Tochter unter ihm herausgezogen werden konnte. Das taten wir und legten sie behutsam in unseren Futtertrog. Dann reisten wir etwa 32 Kilometer weiter zu einem Freund in der Provinz Hamilton, Illinois, und dort beerdigten wir sie.

An dieser Stelle möchte ich eine erwähnenswerte Tatsache mitteilen. In der dortigen Siedlung wohnte eine sehr verruchte Familie, die mir bis dahin völlig unbekannt war. Als der Hausherr und seine zwei Söhne von unserer Not erfuhren, eilten sie herbei, um uns zur Seite zu stehen, und alles, was sie uns an Gutem erwiesen, geschah aus echter und ungeheuchelter Freundschaft – sie wollten keinerlei Gegenleistung annehmen. Es handelte sich um wahre Freundschaft, und ich habe sie sehr ins Herz geschlossen. Jahre später traf ich sie wieder und wir unterhielten uns. Inzwischen sind sie verstorben, doch ich hoffe, dass ihnen im Himmel Lohn dafür zuteil wird, dass sie uns in einer solch schwierigen Stunde so freundlich beigestanden haben, denn gewiss war das, was sie taten mehr, als einem Jünger ein Glas Wasser zu geben (siehe Mt. 10, 42). Durch die Gnade Gottes waren wir in der Lage, unsere Reise fortzusetzen, und am 15. November 1824 erreichten wir den Ort, an dem wir jetzt wohnen.

Die Provinz Sangamon war nicht nur ein neu besiedeltes Gebiet, sondern auch flächenmäßig sehr groß. Es war die nördlichste Provinz des Staates Illinois und gleichzeitig die einzige Provinz im Norden des Staates. Erst wenige Jahre zuvor hatten sich hier einige kühne und abenteuerlustige Pioniere niedergelassen. Nördlich von uns lag noch unverletztes Indianergebiet, und die Indianer kamen in Scharen zum Flussbett des Sangamon, um dort ihr Winterlager aufzuschlagen und zu jagen. Ihre häufigen Besuche in der Nähe unserer Hütten sorgten für große Unruhe unter den Frauen und Kindern. Es waren sehr heruntergekommene und demoralisierte Menschen, wofür im Wesentlichen die Weißen verantwortlich waren, die ihnen so großzügig das Feuerwasser gaben. Doch die Weißen drangen weiter und weiter in ihr Land vor und die Indianer wichen ständig weiter zurück und zerschmolzen geradezu vor ihrem rasanten Vormarsch, bis sie schließlich in die Gegend westlich des Mississippi zogen – dem „großen Vater der Wasser".

Als ich dort eintraf, existierte der Sangamon-Bezirk bereits seit etwa drei Jahren. Ich glaube, es war Bruder J. Sims, der diesen Bezirk gegründet hatte. Sein Nachfolger wurde Bruder Rice und von 1823 bis 1824 wurde der Bezirk von J. Miller betreut, der von einer der Konferenzen in Indiana kam. Der Bezirk gehörte zum Illinois-Distrikt und Samuel H. Thompson war Vorsitzender der dortigen Ältestenschaft. Die Methodistengemeinde hatte insgesamt etwa 260 Mitglieder. Der Bezirk umschloss sämtliche in der Provinz Sangamon verstreuten Siedlungen, wozu auch Gebiete der Provinzen Morgan und M'Lean gehörten. Es gab fast überhaupt keine Fähren, Brücken und Straßen in diesem Bezirk. Bei meinen Reisen durch das hohe Gras der Prärie hatte ich eine bestimmte Methode: Ich orientierte mich meistens an Waldgebieten und ritt von Waldstück zu Waldstück. Mein Bezirk erstreckte sich bis nach Blooming Grove in der Provinz M'Lean – nicht weit von dort entfernt ist heute die Stadt Bloomington. In diesem Wäldchen hatten sich ein paar feine Methodisten niedergelassen und die ersten Prediger, die sie dort aufsuchten, waren Lokalprediger des Sangamon-Bezirks; anschließend war es Jesse Walker, der als Missionar eingesetzt wurde, um die Indianer in dem Gebiet bei Fort Clark bis hinauf zum Illinois River nahe des Michigan-Sees zu erreichen. Ich nahm diese Station mit in den Sangamon-Bezirk auf und in Absprache mit Bruder Walker kündigte ich einen Abendmahlgottesdienst an, der im Haus von Bruder Hendricks stattfinden sollte. Er und seine Frau waren hervorragende Kirchenmitglieder und Bruder Hendricks war Klassenleiter. Bruder Hendricks ist schon längst von uns gegangen, um seinen himmlischen Lohn zu empfangen, aber seine Frau weilt noch unter uns und ist ein leuchtendes Beispiel für christliche Frömmigkeit.

Während des Abendmahlgottesdienstes geschah etwas, das erwähnenswert ist. Mehrere Menschen wollten sich taufen lassen und auch einige Eltern hatten den Wunsch, ihre Kinder taufen zu lassen. Deshalb baten mich die Brüder, über das Thema der Taufe zu sprechen. Ich kam dieser Bitte nach und am Sabbat sprach ich darüber. Es hatte sich auch ein New-Lights-Prediger eingefunden. Er hatte sich in diesem Wäldchen angesiedelt und trat vehement dafür ein, dass die Taufe durch Untertauchen ausgeführt würde, was er für die einzig richtige Methode hielt. An diesem Nachmittag zog eine dunkle Wolke auf und es regnete in Strömen. Es regnete fast die ganze Nacht hindurch und der Erdboden war nahezu überall mit Wasser bedeckt. Die Flüsse stiegen ganz plötzlich rapide an und traten über die Ufer. Ein kleiner Bach in der Nähe des Hauses stieg dermaßen an, dass einige Zäune und das Brunnenhaus weggespült wurden. Als ich am nächsten Morgen zu dem Wäldchen ritt, um mich mit einem alten Bekannten zu treffen, begegnete ich Herrn Roads, meinem New-Lights-Prediger. Ich begrüßte ihn und sagte: „Guten Morgen, mein Herr."

„Guten Morgen", antwortete er.

Ich sagte: „Das war ja ein gewaltiger Regen."

„Ja, mein Herr", sagte er, „der Herr hat den Regen gesandt, um Sie von Ihrem Irrtum zu überführen."

„Aha!", sagte ich. „Was für ein Irrtum?"

„Wegen der Taufe. Der Herr schickt diese Flut, um Sie davon zu überzeugen, dass viel Wasser notwendig ist."

„In Ordnung, mein Herr", sagte ich; „das Gleiche gilt für Sie, der Herr hat diese Flut geschickt, um Sie von Ihrem Irrtum zu überzeugen."

„Welchem Irrtum?", fragte er.

„Nun, um Ihnen zu zeigen, dass das Wasser sich über uns ergießen muss und wir nicht untergetaucht werden", sagte ich.

Der Prediger hatte deshalb so närrische Anwandlungen, weil ich eine seiner Töchter davon überzeugt hatte, dass Untertauchen nicht die richtige Ausführung der Taufe sei, und sie sich den Methodisten angeschlossen hatte – mir wurde gesagt, dass diese Flut bis zum heutigen Tage respektvoll „Cartwright-Flut" genannt wird. Es hatte zwar stark geregnet und mein New-Lights-Prediger predigte heftig gegen uns, doch das zeigte kaum Wirkung. Schließlich löste er sich in Luft auf und niemand weiß, wo er abgeblieben ist. Sein neues Licht [„New Lights", engl. für „Neues Licht"] erlosch, weil kein Öl im Gefäß war.

Ich hatte in der Hütte eines Bruders, dessen Namen ich hier nicht nennen will, einen Predigttermin. Er hatte eine hervorragende Frau und mehrere Töchter. Es soll nicht unerwähnt bleiben, dass dieser Mann etwa 300 Dollar beiseitegelegt hatte, um Land zu kaufen. Dafür, dass dieses Gebiet so dünn besiedelt war, hatten wir eine gut besuchte Versammlung. Wir beendeten den Gottesdienst. In der Hütte gab es nur einen Stuhl, und der wurde „Predigerstuhl" genannt. Die Sitzfläche war dünn und abgenutzt und eine Strebe der Lehne war herausgebrochen. Ein mit vier Löchern versehenes Bodenbrett, in denen vier gerade Stöcke steckten, diente uns als Tisch. Den Herd, mit einem tiefen Loch in der Mitte, das vom Ausfegen bereits abgenutzt war, hatte man aus Lehm gebaut. Hier musste die Frau kochen, denn die Familie hatte keine gesonderte Küche, das war natürlich etwas unbequem. Als wir uns zu Tisch setzten, bemerkte ich, dass flache Schalen aus Holz als Teller dienten, scharf angespitzte Zuckerrohrstöckchen als Gabeln und Blechnäpfe als Becher und Untertassen. Außer dem Schlachtmesser gab es nur ein weiteres Messer im Haus, an dem der Griff fehlte. Es wurden vier Forken zwischen die Bodenbretter gerammt, um ein Bett aufzubauen, dann wurden Pfähle darauf gelegt, die kreuzweise mit Schindeln bedeckt wurden. Der Schwester war das sehr unangenehm und sie entschuldigte sich häufig. Selbstverständlich hätte ich das alles hinnehmen und entschuldigen können, wenn der Mann tatsächlich arm gewesen wäre, doch da ich wusste, dass er Geld angesammelt hatte, sah ich es als meine Pflicht an, mit ihm zu reden. Zunächst war ich etwas vorsichtig. So machte ich ihm erst einmal Komplimente wegen seiner hübschen Töchter und merkte an, was für eine fantastische Köchin seine Frau wäre. Ich sagte: „Bruder, verschließen Sie jetzt das Loch im Herd mit Erde und machen Sie sich dann auf in die Stadt, um ein paar Stühle, Messer, Gabeln und Untertassen zu kaufen, besorgen Sie aber auch ein vernünftiges Bettgestell mit den entsprechenden Bettschnüren. Schaffen Sie bessere Lebensbedingungen für Ihre Frau und Ihre Töchter. Ihre Töchter sind attraktiv genug, um eine gute Partie zu machen, wenn Sie ihnen helfen, sich ein wenig herzurichten." Augenblicklich bemerkte ich, dass die Frau auf meiner Seite war, was mir Sicherheit gab. Der Bruder sagte, dass er zuvor schon häufig stolze Prediger gesehen hätte und sofort wusste, dass ich auch dazugehörte, als er mich in meinem edlen Mantel sah. Außerdem wies er darauf hin, dass er mir nicht dankbar sei, dass ich mich in seine Angelegenheiten einmischte.

„Bruder“, sagte ich, „da Sie schon ein langjähriges Kirchenmitglied sind, sollten Sie doch wissen, dass ein Bezirksprediger aufgrund unserer Kirchenvorschriften dazu verpflichtet ist, überall, wo er hinkommt, Reinlichkeit und Ordnung zu empfehlen. Doch selbst wenn nichts davon in unseren Vorschriften erwähnt wäre, würde ich Ihnen diese Dinge raten, weil ich es gut mit Ihnen und Ihrer Familie meine. Sie sollten auf meinen Rat hören, denn dann würde es Ihnen und Ihrer Familie besser gehen.“

Seine Frau und seine Töchter pflichteten mir bei.

„Bruder“, sagte ich, „Sie haben doch auch zwei prima Söhne, die Ihnen sicher dabei helfen werden, es hier etwas wohnlicher zu gestalten – und das sage ich Ihnen: Wenn ich in vier Wochen wieder vorbeikomme und es hat sich nichts geändert, werde ich nicht mehr in Ihrer Hütte, sondern anderswo predigen.“

Der alte Bruder sagte mir, dass ich mir einen anderen Platz zum Predigen suchen könne, wenn ich zu stolz wäre, mich mit seinen bescheidenen Verhältnissen zufriedenzugeben. Bevor ich weiterzog, vereinbarten wir einen neuen Termin – und ich sage dir, als ich dort das nächste Mal eintraf, fand ich eine andere Hütte vor. Seine Frau und seine Töchter hatten ihm meine Lektion vorgehalten, und das mit Erfolg. Das Loch im Herd war gefüllt, zwei neue Bettgestelle standen bereit; sechs neue Stühle, eine neue Garnitur Messer und Gabeln, Tassen, Untertassen und Teller hatte er ebenfalls besorgt. Seine Frau machte jetzt einen sehr angenehmen, reizenden Eindruck, und auch ihr Mann hatte sich verändert – obendrein hatten seine Frau und seine Töchter neue Baumwollkleider bekommen, was ihnen gut zu Gesicht stand. Die Versammlung war ordentlich besucht und wir hatten einen guten Gottesdienst. Während der zwei Jahre, die ich für diesen Bezirk zuständig war, kamen diese Familie und ich gut miteinander zurecht. Besser als das alles ist allerdings die Tatsache, dass fast alle Kinder dieser Familie sich bekehrten und Gemeindemitglieder wurden – diejenigen von ihnen, die heute noch am Leben sind, rechne ich zu meinen treuen Freunden.

In der Nähe von Horse Creek hatten wir eine Predigtstation und eine gute Methodistengemeinde. Der alte Bruder Dixon war Klassenleiter und Verwalter. Ich halte ihn für einen der besten Verwalter, den ich je gesehen habe. Das Land war noch neu und unerschlossen. Unser kleiner Markt befand sich in St. Louis, also etwa 160 Kilometer von uns entfernt. Einige Menschen mussten etwa 95 Kilometer zurücklegen, wenn sie ihr Getreide mahlen lassen oder Brotgetreide verkaufen wollten. Das Land war überwiegend von armen, aber sehr freundlichen Menschen bewohnt. Das Geld war sehr knapp, und das wenige, das es gab, legten viele Menschen beiseite, um zahlungsfähig zu sein, wenn von der Regierung Land zum Verkauf freigegeben wurde, denn fast alle Siedler lebten auf Land, das dem Staat gehörte. Aufgrund dieser Umstände fiel die Unterstützung eines Reisepredigers sehr mager aus. Während meines ersten Jahres im Sangamon-Bezirk – ich war mit meiner Frau und sechs Kindern unterwegs – erhielt ich insgesamt 40 Dollar, im zweiten Jahr waren es 60 Dollar – und das betrachtete man als große Verbesserung unserer finanziellen Situation. Ich erwähne das, damit der Leser einen Einblick bekommt, mit welchen Schwierigkeiten unsere ersten Prediger zurechtkommen mussten. Auf der jeweils letzten Runde durch den Bezirk vor den Vierteljahresversammlungen begleitete Bruder Dixon den jeweiligen Prediger, um im Anschluss an die Gottesdienste und Klassenversammlungen die Gemeinde dazu aufzurufen, die Verkündigung des Evangeliums auch finanziell zu unterstützen. In seiner Klasse hatte er es zur Regel gemacht, dass jedes Mitglied einen vierteljährlichen Beitrag zur Unterstützung der Verkündigung leistete, und wenn jemand so arm war, dass er nichts spenden konnte, tat er es für ihn.

Bruder D. war in der Tat ein Hinterwäldler, ein Siedler des Grenzlandes und ein großartiger Jäger und Pelzjäger. Er war einer der frühen, abenteuerlustigen Fallensteller und bereitete sich auf eine Jagdexpedition vor, die ihn den Missouri River hinaufführen würde. Dieses Gebiet war damals noch reines Indianerland und viele der Indianer waren den Weißen gegenüber feindlich gesinnt. Er baute sich ein Kanu, um den Fluss hinaufzufahren, lud seine Fallen, Munition und alle anderen wichtigen Dinge für ein solches Unterfangen ein, um dann mit zwei weiteren Partnern die Reise anzutreten. Nachdem sie bereits Hunderte von Kilometern flussaufwärts gefahren und manchem Indianerhinterhalt entkommen waren, setzte ein strenger Winter ein. Sie hoben an mehreren Stellen Löcher aus, um darin ihre Pelze und Häute zu verstecken, damit sie nicht von den Indianern gestohlen würden. Dann hoben sie auf der Südseite eines Hügels ein tiefes Loch aus und verstauten darin ihre Fleischvorräte und Brennstoffe sowie Gras und Blätter. Sie schlugen jetzt ihr Winterlager auf. Es gab in jenem Winter sehr viel Schnee und es war äußerst kalt, doch sie waren in Sicherheit und begrüßten den Frühling mit großer Freude. Sie wurden mehrere Male von den Indianern beraubt und verschiedentlich kam es zu Kämpfen, wobei sie auch zwei oder drei der Indianer töteten. Im nächsten Herbst verkrachten sich seine Partner mit ihm. Sie kauften ein Kanu von den Indianern und ließen ihn allein zurück. Dann fuhren sie den Fluss hinab, gruben die Felle aus und machten sich auf den Heimweg. Glücklicherweise konnte Dixon noch die Munitionsvorräte sicherstellen. Erneut war ein strenger Winter im Anmarsch und er hielt es wie im Jahr zuvor. An der steilen Seite eines Hügels hob er sich eine Höhle aus, um dort seine Wintervorräte zu deponieren – dann zog er sich allein in sein Winterquartier zurück. In dieser gefährlichen Situation bekam er eine Augenentzündung. Durch das ständige Starren auf den nicht enden wollenden Schnee waren seine Augen stark in Mitleidenschaft gezogen worden und sein Zustand verschlimmerte sich so sehr, dass er schließlich gar nichts mehr sehen konnte. Da war er nun, absolut hilflos und ohne Hoffnung. Er begann, über seine schreckliche Situation nachzudenken, und als er nichts anderes als den sicheren Tod vor Augen sah, wurde ihm bewusst, dass er ein großer Sünder war und noch nicht bereit, zu sterben. Zum ersten Mal in seinem Leben kniete er nieder und bat Gott um Gnade sowie darum, ihn aus dieser schrecklichen Situation zu befreien. Er versprach Gott auf der Stelle, ihm von diesem feierlichen Augenblick an für den Rest seines Lebens treu zu dienen, wenn er ihn verschonen und erretten würde. Er versicherte mir, dass er dieses Versprechen gehalten hatte, und ich habe nicht den geringsten Zweifel daran, dass er diesen Bund bis zum Tag seines Heimgangs hielt.

Als er dort in der Höhle in großer Not war und mit Gott diesen Bund schloss, hatte er plötzlich den starken Eindruck, dass er bald wieder sehen könnte, wenn er etwas von der inneren Rinde des Baumes, der ganz in der Nähe seiner Behausung stand, nähme, diese dann weich schlüge, anschließend in Wasser eintauchte und seine Augen damit wüsche. Er ertastete sich seinen Weg zu dem Baum, entfernte die Rinde, bereitete sie so zu, wie er empfand, es tun zu sollen, reinigte seine Augen und befestigte mit einem Verband etwas von der Rinde auf seinen Augen – ohne zu wissen, ob es Tag oder Nacht war, legte er sich dann schlafen. Als er wieder erwachte, schmerzten seine Augen nicht mehr, und es war offensichtlich, dass die Entzündung zurückging. Es dauerte nicht lange, bis sein Sehvermögen zurückkehrte und er schließlich wieder vollkommen gesund war. Als ihm bewusst wurde, dass seine Sehkraft wiederhergestellt war, fiel er auf seine Knie, um Gott zu danken. Ein süßer, ja himmlischer Friede durchströmte seine Seele, und obgleich allein, gab er Gott auf der Stelle die Ehre und begann, ihn laut zu loben und zu preisen. Er konnte nun spüren, dass Gott ihm seine Sünden vergeben, ihn gesegnet und seine Augen geheilt hatte – und dass es jetzt an ihm war, Gott die Ehre zu geben und ihn zu preisen.

Er sagte, dass er erstaunliches Glück hatte, denn als das Wetter es zuließ, wieder Fallen aufzustellen, fing er viele Tiere mit hochwertigen Fellen. Er verlud die Felle in sein Kanu und fuhr dann flussabwärts. Am Flussufer lag ein Indianerdorf, das er passieren musste, und weil er wusste, dass es ein heimtückischer und hinterlistiger Indianerstamm war, beschloss er, sich so weit wie möglich vom Ufer fernzuhalten. Die Indianer gaben ihm freundliche Zeichen, um ihm zu verstehen zu geben, dass er anhalten sollte. Er beschloss, anzulegen und ein wenig Handel mit ihnen zu treiben. Er war ein sehr kräftiger Mann und hatte sein Gewehr geladen. Als sein Kanu das Ufer erreichte, sprang ein großer, kräftiger Indianer hinein, und weitere kamen hinterher. Als Dixon das Kanu vom Ufer abstieß, sah er, dass ein Indianer, der am Ufer stand, sein Gewehr anlegte und auf ihn zielte, um ihn zu erschießen. Geistesgegenwärtig riss er den Indianer, der bereits im Kanu war, zwischen sich und den am Ufer stehenden Schützen. Dann fiel ein Schuss und die Kugel traf den Indianer, der im Boot war, mitten ins Herz – er fiel tot über Bord. So schnell er konnte, paddelte Dixon den Fluss hinunter und entging der Gefahr, ausgeraubt oder sogar getötet zu werden. In St. Louis angekommen, verkaufte er seine Felle für mehrere Tausend Dollar. Dann kehrte er heim zu seiner Familie, die er seit fast drei Jahren nicht mehr gesehen hatte. Kurz darauf packte er seine Sachen zusammen und zog nach Horse Creek, das in der Provinz Sangamon lag. Dort erlaubte er Methodistenpredigern, in seiner Hütte Gottesdienste abzuhalten, und trat in die Bischöfliche Methodistenkirche ein. Über viele Jahre hinweg wirkte er als Leiter und Verwalter und war ein treues Gemeindemitglied. Die meisten seiner Kinder wurden erwachsen, heirateten und verließen ihn dann. Nach einiger Zeit starb seine vortreffliche Frau – sie bezeugte das gute Bekenntnis. Zur Erinnerung an seine Bekehrung während der Trapperexkursion, die ihn den trüben Strom hinaufgeführt hatte, und um das Versprechen, das er damals, in dieser gefährlichen Situation gegeben hatte, lebendig zu halten, nannte er seinen jüngsten Sohn Missouri. Nach dem Tod seiner Frau lebte er noch einige Jahre, bis er schließlich bei seiner Tochter in der Provinz Morgan friedlich verstarb.

Für einige mag es interessant sein, zu erfahren, wie sich der alte Sangamon-Bezirk im Konferenzjahr 1824 bis 1825 entwickelte, deshalb zähle ich hier die Predigtstationen und Bezirke auf: Beardstown-Station, Virginia-Bezirk, Havana-Bezirk, Delavan-Mission, die Ost- und West-Ämter in Bloomington, Randolph's-Groove-Bezirk, Waynesville-Bezirk, Mount-Pleasant-Bezirk, Clinton, Honey Creek, Mount Pulaski, Decatur- Station und -Bezirk, Taylorsville, Sulphur Spring, Virden Island Grove und Springfield-Station. Der alte Bienenkorb sandte also 20 Schwärme aus und trägt immer noch den ursprünglichen Namen, Sangamon. Möglicherweise behielt dieser Bezirk seinen ursprünglichen Namen länger als irgendein anderer der Konferenz. Nach Ablauf meines zweiten Jahres übergab ich 400 Mitglieder. Innerhalb der zwei Jahre hatte sich die Zahl der Mitglieder also um 160 erhöht. Bei unserer Konferenz in Carlestown, Indiana, am 25. August 1825, hatte Bischof M'Kendree den Vorsitz. Ich wurde abermals dem Sangamon-Bezirk zugeteilt. Während der Konferenz erlitt ich einen heftigen Angriff von Gallenfieber. Drei freundliche Ärzte kümmerten sich um mich und es gelang ihnen, das Fieber zu senken. Mein Arzt gab mir den Rat, auf meiner Heimreise vorsichtig zu sein, langsam und nur wenige Kilometer am Tag zu reiten, und zwar so lange, bis ich wieder zu Kräften gekommen wäre. Einige meiner Predigerkollegen holten einen Prediger, der mit der Gegend, die ich durchreiten musste, sehr vertraut war - er sollte sich um mich kümmern, denn ich war sehr schwach. Dieser Prediger war einen Ehevertrag eingegangen und der Tag der Hochzeit stand bereits fest, doch zu diesem Zeitpunkt wusste ich das noch nicht. Am ersten Tag ritten wir 45 Kilometer. Ich hatte ihn schon wesentlich früher dringend darum gebeten, anzuhalten. Aber nein, er erzählte mir, dass er im westlichen Teil einer kleinen Stadt jemanden kenne, einen Richter, der auch ein guter Methodist sei, und dass dort ein trefflicher Platz für uns wäre und dergleichen. Als wir an einem Gasthaus vorbeikamen, drängte ich abermals darauf, anzuhalten, aber nein. Er ritt zum Haus des Richters, sagte ihm meinen Namen und berichtete von meinem Zustand, doch der wollte uns nicht aufnehmen. Wir trafen dort auch einen gutherzigen Mann, der mich mit zu sich nach Hause nahm, als er erfuhr, wie es um mich bestellt war. Er behandelte mich gut. Am nächsten Morgen setzten wir unsere Reise fort. Als wir an diesem Tag nach etwa 32 Kilometern eine kleine Stadt erreichten, bat ich meinen Prediger inständig darum, mich anhalten zu lassen. „Oh nein, nein", sagte er, „ich weiß von einem guten Platz, knapp fünf Kilometer weiter; dorthin müssen wir." In diesem Augenblick sah ich einen Arzt, den ich kannte. Er war in Kentucky Reiseprediger gewesen. Ich rief ihm zu und bat ihn, mich irgendwo hinzubringen, wo ich mich ausruhen könnte. Dann sagte ich meinem Reiseführer, dass er weiterziehen solle, und versicherte ihm, dass ich meine Reise ganz gewiss nicht mehr mit ihm fortsetzen würde. Er zog weiter. Der Doktor nahm mich mit zu sich nach Hause und behandelte mich freundlich. Nur wenige Kilometer entfernt, beim Honey Creek, fand eine Lagerversammlung statt, zu der er mich am Sonntagmorgen brachte. Ich blieb dort eine Weile und ruhte mich aus. Ich beabsichtigte, den Wabash River zu überqueren, um in der Nähe von Paris J. W. M'Reynold's zu besuchen.

An dem Tag, an dem ich die Lagerversammlung verließ, kam das Fieber zurück – ich ritt gerade durch die Honey-Creek-Prärie. Es gab dort weit und breit kein Haus und ich war so durstig, dass ich dachte, ich müsste wegen Wassermangels sterben. Ich fühlte mich ungeheuer elend und dazu kam noch, dass es an diesem Tag sehr warm war. Schließlich fand ich ein kleines Gebüsch, das etwas Schatten spendete. Ich legte mich dorthin, um zu sterben. Etwas weiter weg, einem Feld gegenüber, sah ich ein Haus, aber ich war nicht in der Lage, es zu erreichen. Wenige Minuten später ritt eine Frau auf mich zu, und obwohl ich sie seit 20 Jahren nicht mehr gesehen hatte, wusste ich augenblicklich, wer sie war. Sie blieb nur kurz und ritt dann wieder davon, um Hilfe zu holen.

Kurze Zeit später kam ein Mann mit einem Einspänner und einem kleinen Jungen. Der Junge setzte sich auf mein Pferd. Der Mann half mir in den Einspänner und fuhr zu seinem Haus. Dann brachte er mich hinein und legte mich auf ein Bett, das zwischen zwei Türen stand, denn dort herrschte eine gute Luftzirkulation. Es war das Haus, in dem auch die Dame wohnte. Der Mann war ihr Ehemann. Sie kümmerten sich, so gut sie konnten, um mich, bis es mir schließlich ein wenig besser ging. Dann machte ich mich daran, meine Reise fortzusetzen, und ich kam sicher bei Bruder M'Reynolds an. Als Nächstes musste ich durch die Prärie reiten, und das waren etwa 144 Kilometer. Dass ich mich allein auf den Weg machen würde, stand nicht zur Debatte, aber es war auch nicht ungefährlich, die Familie von Bruder Mac allein zurückzulassen, um mich in einer Kutsche zu transportieren. Er entschied sich dennoch dafür, mich zu begleiten, da er nicht wollte, dass ich allein unterwegs wäre.

Wir trafen alle notwendigen Vorkehrungen, um am nächsten Morgen früh aufbrechen zu können. Als wir uns gerade auf den Weg machen wollten, sah ich eine Kutsche mit Pferdegespann auf uns zusteuern. Es waren drei Personen auf der Kutsche, und wer sonst hätte es sein können als das Ehepaar Springer, meine Nachbarn, und meine Frau, die von meiner Krankheit gehört hatte und nun gekommen war, um mich nach Hause zu bringen.

Auf die Kutsche wurde ein Bett gestellt, und dann fuhren wir los. Auf dem Weg durch die Prärie gab es bis auf ein paar Tümpel kein Wasser, und auf einer Strecke von 129 Kilometern kamen wir nur an einem Haus vorbei. Auf dieser zweitägigen Reise durch die Prärie hatte ich das Gefühl, ich würde wegen des Mangels an gutem Wasser sterben. Ich trank das Wasser aus den Tümpeln, doch davon wurde mir jedes Mal sehr übel und ich musste häufig Galle erbrechen, was mir möglicherweise das Leben rettete. Als das Fieber zurückgegangen war, ging es mir allmählich besser, bis ich schließlich völlig gesund war.

Wir hatten in jenem Jahr eine wunderbare Lagerversammlung, und zwar auf dem sogenannten Water's-Camp-Ground in der Nähe von Spring Creek, etwa zehn Kilometer von Springfield entfernt. Diese Lagerversammlung dauerte fünf Tage und Nächte. Mehr als 40 Menschen bekannten sich zum Glauben und schlossen sich der Kirche an. Der Bezirk war in einer gesunden Verfassung.

In diesem Jahr kam es zu einer rasanten Zunahme von neuen Siedlungen im Land, aber genauso rasch verbesserte sich die Lebensqualität in nahezu allen Bereichen.

19

Politisches Engagement

Am 28. September 1826 traf sich unsere Konferenz in Bloomington, Indiana. Die Bischöfe Soule und Roberts hatten den Vorsitz. Die Zeit von S. H. Thompson im Illinois-Distrikt war abgelaufen und nun wurde er dem Illinois-Bezirk zugeteilt. Ich wurde zu seinem Nachfolger für den Distrikt bestimmt, dem folgende Bezirke und Stationen angehörten: Illinois, Kaskaskia, Shoal Creek, Sangamon, Peoria, Mississippi, Atlas und die Pottawattomie-Mission. Der Distrikt umspannte das Gebiet vom Kaskaskia River bis zu den nördlichsten Siedlungen und sogar bis zum Fox River; von dort noch flussaufwärts bis in das Kerngebiet des Stammes der Pottawattomie-Indianer. Es gab in diesem Distrikt nur etwa 3.000 Kirchenmitglieder, und es gab lediglich einen weiteren, von einem Vorsitzenden der Ältestenschaft geleiteten Distrikt, der in diesen Staat hineinreichte, den Wabash-Distrikt. Dieser Distrikt lag in Illinois westlich des Wabash River und in Indiana östlich des Wabash River. Der Vorsitzende der Ältestenschaft war Charles Holliday.

In Illinois gab es die folgenden Stationen: Mount Carmel, Wabash, Carmi, Mount Vernon und Cash River – mit etwa 1.350 Mitgliedern; im gesamten Staat waren es etwas mehr als 4.000 Mitglieder. Mein Distrikt war etwa 640 Kilometer lang und deckte die gesamte Westseite der Großen Prärie ab, was etwa zwei Drittel der Fläche dieses Staates ausmachte. In dem Jahr vor meinem Umzug nach Illinois gab es dort eine starke Bewegung seitens der korrupten Legislative. Sie verfolgte das Ziel, eine Versammlung einzuberufen, um die Verfassung dahingehend zu ändern, die Sklaverei auch in diesem Staate zu erlauben. Ich hatte Kentucky wegen der Sklaverei verlassen und gehofft, dass ich diesen Gebräuchen ein für alle Mal entkommen wäre, doch die Sklaverei war überall im Lande ein Thema. Obwohl die Freunde der Freiheit der Menschen standgehalten und die Wahl mit mehr als 1.000 Stimmen für sich entschieden hatten, gab es die Befürchtung, dass die Befürworter der Sklaverei ihre Bemühungen verstärken würden, um diesen „Gräuel der Verwüstung" (siehe Mk. 13, 14) durchzusetzen. Ich trug mich freiwillig in die Listen derer ein, die dagegen waren, und so gelangte ich, ohne zuvor groß darüber nachgedacht zu haben, in die unruhigen Wasser politischer Kämpfe. Ich wurde ernstlich darum gebeten, für einen Sitz im Parlament unseres Staates zu kandidieren. Ich willigte ein und wurde zweimal zum Repräsentanten der Provinz Sangamon gewählt.

Doch ich muss sagen, ohne hier schlecht über die Obrigkeit reden zu wollen, dass ich unter den Verantwortlichen der Legislative jede Menge Korruption gesehen habe - nahezu jede Maßnahme wurde mittels eines faulen Handels oder Verkaufes durchgesetzt, was jeden aufrichtigen Menschen vor Scham über dieses Land erröten lassen sollte.

Die großen Volksparteien des Landes waren inzwischen organisiert, doch da ich mit meiner ehrlichen Meinung zur Minderheit meines Landes gehörte, zog ich mich selbstverständlich aus der Politik zurück. Ich bin folgender Auffassung: Wenn sich die Menschen nicht nur von der Parteizugehörigkeit leiten ließen, sondern ehrliche und fähige Kandidaten wählten, stünde meiner Meinung nach nichts der Kandidatur eines Christen im Wege.

Es gibt ein oder zwei Begebenheiten, die im Zusammenhang mit meiner politischen Erfahrung stehen, von denen ich jetzt berichten möchte.

Als ich das erste Mal für ein Amt in der Provinz Sangamon kandidierte, war ich auf der Nordseite des Sangamon River unterwegs, um für Stimmen zu werben, oder besser gesagt, um mich den Menschen dort vorzustellen, denn ich war damals für viele ein Fremder. Als ich in der Nähe einer Fähre durch ein dichtes Unterholz ging, hörte ich direkt vor mir jemanden laut reden. Ich zügelte mein Pferd, um ihn verstehen zu können. Was ich hörte, war, dass Peter Cartwright ein verdammter Halunke sei, so wie alle Methodistenprediger; dass die Methodistenprediger alle Pferdediebe seien und dass es eine Schande sei, dass so einer wie Cartwright die Provinz repräsentieren sollte, und wenn er ihm das erste Mal begegnen würde, würde er ihn wegen seiner Unverfrorenheit verprügeln. Darüber war ich ein wenig überrascht und ich suchte einen Weg, von ihnen unentdeckt durch das Unterholz zu gelangen. Ich konnte aber keinen Pfad entdecken, denn das Dickicht war so dicht, dass ich nicht durchkommen konnte. So nahm ich meinen ganzen Mut zusammen, ritt kühn auf sie zu und sprach den Mann an. Es waren sechs Männer, und wie sich herausstellte, hatte nur einer von ihnen mich bemerkt. Ich sagte: „Meine Herren, wer von Ihnen ist derjenige, der Cartwright verprügeln will, wenn er ihn das erste Mal sieht?“ Der Mann, der gedroht hatte, sprach: „Ich bin der Witzbold, der ihn ordentlich verdreschen wird.“

Ich sagte: „Cartwright ist dafür bekannt, ein ganzer Kerl zu sein, also wird auch ein ganzer Kerl nötig sein, um ihn zu verprügeln.“ „Oh“, sagte er, „ich kann jeden Methodistenprediger, den der Herr jemals geschaffen hat, verprügeln.“ „Das können Sie nicht, mein Herr“, sagte ich, „und jetzt sage ich Ihnen, dass ich Cartwright heiße, und ich lebe nicht gerne in Furcht. Wenn Sie tatsächlich vorhaben, mich zu schlagen, nur zu, dann tun Sie es jetzt.“

Er schaute etwas verdutzt und sagte: „Oh, auf diese Tour können Sie mich nicht reinlegen, Sie sind nicht Cartwright.“

„Nun“, sagte ich, „so heiße ich und ich kandidiere für das Parlament. Jetzt ist Ihre Gelegenheit - wenn Sie mich schlagen müssen, dann tun Sie es jetzt.“

Er sagte: „Nein, Sie sind überhaupt nicht Cartwright, Sie wollen mich bloß zum Narren halten.“

Inzwischen waren wir schon fast an der Fähre angekommen. Als wir dann an Bord gingen, fing er wieder an, heftig über Cartwright zu schimpfen. Ich sprach zu einem der Mitreisenden: „Hier, halten Sie mein Pferd" – und während ich mich diesem fluchenden Jünger näherte, sprach ich streng: „Mein Herr, entweder Sie machen Ihre Drohung jetzt wahr und schlagen mich, oder Sie hören auf, über mich zu schimpfen und zu fluchen; ansonsten befördere ich Sie in den Fluss und taufe Sie im Namen des Teufels, denn Sie gehören sicher ihm." Das stellte ihn ruhig, und so merkwürdig es klingen mag, am Wahltag ging er zum Wahllokal und stimmte für mich; seither sind wir gute Freunde.

Hier noch ein weiteres Beispiel dafür, was ein aufrichtiger Mann ertragen muss, wenn er sich in die trüben Wasser politischen Streits begibt. Daran wird deutlich, welche starken Versuchungen es mit sich bringt, das Falsche zu tun, und wie sehr sein empfindliches Gewissen dadurch verletzt wird. Ich möchte jetzt von einem Mann berichten, den ich nie bewusst wahrgenommen hatte und der mich niemals zuvor gesehen hatte, wie ich beweisen werde. Bei einer großen Zusammenkunft in Springfield behauptete er, dass er in Kentucky mein Nachbar gewesen wäre. Er hätte gesehen und gehört, dass ich damals gesagt hätte, ich würde meine Schulden, wo möglich, durch einen Meineid leugnen. Diese Behauptung verbreitete sich wie ein Lauffeuer. Diejenigen, die gegen meine Wahl waren, amüsierten sich sehr darüber, und einige meiner Freunde berichteten mir davon. Sie gaben mir den Rat, etwas dagegen zu unternehmen, weil sie der Meinung waren, dass es mich sonst meine Wahl kosten würde. Ich sagte:

„Meine Herren, wenn Sie mich zu diesem Mann bringen, damit ich ihn sehen kann, werde ich Ihnen beweisen, dass seine Behauptungen falsch sind."

Als sie sich um mich geschart hatten, ging ich zu dem öffentlichen Platz, an dem dieser Mann stand und mich verleumdete. Ich sprach zu meinen Begleitern: „Bringt mich direkt zu ihm, dann werde ich euch beweisen, dass er mich weder jemals gesehen noch gekannt hat." Das taten sie, und als wir vor ihm standen, sagte einer von ihnen zu mir: „Das ist Herr G."

Ich schaute ihm in die Augen und sprach: „Nun, mein Herr, ich möchte Näheres über diese Lügengeschichte hören, die Sie über mich verbreitet haben." Mittlerweile hatte sich eine große Menschenmenge um uns versammelt.

„Wer sind Sie, mein Herr?", fragte er. „Ich kenne Sie nicht."

„Haben Sie mich jemals zuvor gesehen?"

„Nein, mein Herr, nicht dass ich wüsste."

„Nun, mein Herr, mein Name ist Peter Cartwright, und über mich haben sie die Behauptung verbreitet, ich hätte mich in ihrem Beisein dazu bereit erklärt, meine Schulden durch Meineid zu leugnen. Ich habe dieser großen, ehrbaren Gesellschaft soeben bewiesen, dass Sie ein Lügner und ein dreckiger

Halunke sind, und wenn Sie jetzt nicht auf der Stelle zugeben, dass Sie ein Lügner und ein schmutziger Kerl sind, werde ich mit Ihnen gründlich die Straßen ausfegen, und zwar jetzt gleich, oder mir etwas anderes einfallen lassen, was Sie Ihr Leben lang nicht mehr vergessen werden."

Die Menge grölte: „Schlag ihn nieder, Cartwright, schlag ihn nieder, das geschieht ihm Recht!"

Als die Menge sich etwas beruhigt hatte, sprach mein Verleumder: „Meine Herren, ich bekenne, dass ich Herrn Cartwright großes Unrecht getan und Lügen über ihn verbreitet habe, die jeder Grundlage entbehren." Als die Menge das hörte, ließ sie Cartwright dreimal hochleben.

Lieber Leser, du hast jetzt gesehen, durch welche trüben Wasser jemand waten muss, der in diesem freien Land für einen Sitz im Parlament kandidiert, und wir tun gut daran, zu beten: „Herr, führe uns nicht in Versuchung, sondern errette uns von dem Bösen" (siehe Mt. 6, 13).

Nun zu einem Vorfall, der sich im Parlament ereignete. Nachdem man uns vereidigt hatte, wurde von der Provinz-Union ein respektloser, geschwätziger Anwalt gewählt. Er war ein recht guter Redner, doch was er sagte, war nicht sehr tiefgründig. Dennoch war er sehr von sich selbst überzeugt. Er war äußerst strebsam und wollte berühmt werden. Im Distrikt gab es mehrere „Tunker-Gemeinden", auch bekannt als Sieben-Tage-Baptisten. Dieser Anwalt machte deutlich, dass sie den Samstag als den christlichen Sabbat ansahen, außerdem vertrat er die Ansicht, sie sollten keine Steuern zahlen, keine Straßen bauen, keinen Militärdienst leisten, nicht als Geschworene tätig sein und dergleichen.

Er wollte ein Gesetz verabschieden, das ihnen in den genannten Bereichen entgegenkam, also eine Gesetzgebung ausschließlich zu ihrem Vorteil. Damit wollten sie auch herausfinden, inwieweit Glaubensinteressen durchgesetzt werden konnten; sie grenzten sich sektiererisch ab und wollten die Gesetzgebung aufgrund ihrer persönlichen Gewissenskonflikte beeinflussen. Dementsprechend legte er einen Gesetzesentwurf vor, der ihren persönlichen Interessen entgegenkam.

Ich stellte mich gegen die entsprechende Passage in diesem Gesetzesentwurf und merkte dazu Folgendes an: Von uns allen wird der Sonntag als der christliche Sabbat anerkannt. Deshalb sollten sowohl die Kirchen als auch die Bevölkerung sich einheitlich daran halten.

Zum Thema Dienst an der Waffe: Diejenigen, die sich weigerten, zur Verteidigung unseres Landes eine Waffe in die Hand zu nehmen, wären auch nicht würdig, das Land in Wahrnehmung ihres Amtes politisch zu verteidigen.

Zum Thema Straßenbau: Wenn jemand nicht bereit wäre, beim Straßenbau mitzuhelfen, sollte ihm auch nicht erlaubt werden, Straßen als Reisewege zu benutzen.

Zum Thema Mitarbeit beim Geschworenengericht: Wenn jemand nicht bereit wäre, als Geschworener zu dienen, sollte ihm auch das Recht verwehrt werden, bei seiner Gerichtsverhandlung Geschworene dabeizuhaben.

Und schließlich: Wenn jemand nicht bereit sei, Steuern zu zahlen, um die Regierung zu unterstützen, sollte er für vogelfrei erklärt werden und nicht mehr länger unter dem Schutz der Regierung stehen.

Darauf wurde der Delegierte der Provinz-Union sehr wütend, doch anstatt diese Angelegenheit auszudiskutieren, schwang er Lobeshymnen auf die Tunker und hob den Unterschied zwischen ihnen und den Methodisten hervor. Über die Tunker sagte er, sie wären aufrichtige, fleißige Menschen; ihre Prediger würden sich ihren Lebensunterhalt selbst verdienen; unter ihnen gäbe es kein heuchlerisches Betteln um Spenden; bei ihnen würde auch für die Kollekte kein Hut durch die Reihen gereicht und nicht heuchlerisch gejammert, damit ihnen finanzielle Unterstützung zuteil würde, wie es bei den Methodistenpredigern gang und gäbe wäre. Wie man sieht, trug er dick auf. Zum Glück war mir bekannt, dass eben dieser Anwalt ein paar Jahre zuvor für den Kongress kandidiert hatte. Damals war der im seligen Angedenken stehende S. H. Thompson Vorsitzender der Ältestenschaft jenes Distriktes, zu dem auch der Bundeswahlkreis gehörte, den dieser Anwalt repräsentieren wollte. Bruder Thompson erfreute sich großer Beliebtheit bei den Menschen und hielt in diesem Bundeswahlkreis einige Lagerversammlungen und Vierteljahresversammlungen ab. Um ihn zu beeindrucken, gab der besagte Anwalt ein großes Glaubensinteresse vor und folgte Bruder Thompson von Gottesdienst zu Gottesdienst, und wenn die Kollekte eingesammelt wurde, gab er jedes Mal großzügig – er bot sogar an, den Hut persönlich durch die Reihen zu tragen.

Nachdem er seine Schimpftirade beendet hatte, erhob ich mich von meinem Platz und sagte: „Herr Vorsitzender, ich verleihe dem Herrn von der Union die Auszeichnung, einer der besten Richter der Heuchelei des Landes zu sein", und berichtete dann von den bekannten Tatsachen. Der Anwalt sprang auf und rief mich zur Ordnung, doch der Vorsitzende gab mir Recht und forderte ihn auf, sich zu setzen. Sogleich sprang er abermals auf und sagte, dass er mich niederschlagen würde, wenn man mich nicht zur Ordnung riefe. Der Vorsitzende bestätigte erneut, dass ich nicht gegen die Ordnung verstoßen hätte, und bat mich, fortzufahren. Ich beendete meine Rede und ließ diesen streitlustigen Gesetzesjünger nicht ungeschoren davonkommen.

Als die Sitzung unterbrochen wurde, gab mir mein Schreiber den Rat, auf der Hut zu sein, denn er hatte gehört, wie der Anwalt sagte, dass er mich verprügeln würde, sobald ich aus dem Parlamentsgebäude herauskäme. Ich verließ das Gebäude, ging auf ihn zu und fragte: „Sind Sie für Frieden oder für Krieg?"

„Oh", sagte er, „für Frieden. Kommen Sie doch mit zu mir nach Hause, damit wir zusammen zu Abend essen."

Wir nahmen uns in die Arme und ich begleitete ihn. Als wir bei seinem Haus eintrafen, stellten wir fest, dass sich auch der Gouverneur mit seiner Frau und noch weitere vornehme Gäste dort eingefunden hatten. Nachdem wir uns gesetzt hatten, um zu Abend zu essen, sprach niemand ein Tischgebet und ich sagte: „Gouverneur, sprechen Sie das Gebet." Er errötete, entschuldigte sich und bat mich, diese Aufgabe zu übernehmen. Ich betete und erklärte anschließend, dass ich ihn deshalb ermahnend angesprochen hätte, weil ich der Meinung sei, dass der Gouverneur mit gutem Vorbild vorangehen sollte. Er stimmte dem, was ich sagte, bereitwillig zu, und fortan wurde ich bei jeder Einladung zum Essen, die ich während der Tagung erhielt, darum gebeten, das Tischgebet zu sprechen.

Jetzt möchte ich von einer Begebenheit berichten, die sich während einer Vierteljahresversammlung ereignete, die ich 1827 in Kaskaskia abhielt. Die dortigen Bezirksprediger waren S. L. Robinson und A. E. Phelps, die beide das gute Zeugnis bekannten, aber inzwischen verstorben sind. Damals lebten E. Roberts und Hauptmann Mather in Kaskaskia. Wenngleich sich beide nicht öffentlich zum Glauben bekannten, waren sie den Christen gegenüber wohlgesinnt und behandelten Methodistenprediger sehr freundlich. Während der Vierteljahresversammlung wohnten wir bei ihnen. Sie waren keine Trinker, aber ab und zu gönnten sie sich ein Glas Rum, wie es Prediger aus den Reihen der Methodisten und anderen Konfessionen ebenfalls taten. In wohlgemeinter Absicht und in der Annahme, dass es sich um Wein handelte, füllten sie einige Gläser, die sie uns dann durch einen Kellner überbringen ließen - allerdings hatten sie keinen Wein, sondern versehentlich Brandy eingeschenkt. Die meisten der Prediger tranken den „Wein", und zwar so schnell und ahnungslos, dass sie den Irrtum erst bemerkten, nachdem sie getrunken hatten. Glücklicherweise hatte ich den Brandygeruch bemerkt und nichts getrunken.

Ich sagte: „Meine Herren, das ist Brandy, so wahr ich lebe."

Herr Roberts und Herr Mather waren wegen dieses Missgeschicks sehr überrascht und beschämt. Diejenigen, die aus Versehen den Brandy getrunken hatten, waren jetzt beunruhigt, denn sie befürchteten, betrunken zu werden, weil sie hochprozentige Getränke nicht gewohnt waren. Glücklicherweise führte dieses Versehen bei keinem dazu, betrunken zu werden, doch wie viel besser wäre es gewesen, überhaupt keinen Alkohol zu trinken, denn dann hätten sie sich erst gar nicht in diese Gefahr begeben. Nur einmal angenommen, einer, oder sogar wir alle wären durch dieses Versehen trunken geworden, was für ein schreckliches Zeugnis hätten wir dann für unseren Glauben abgegeben, und der kostbare Name Christi wäre wegen einer unnützen, um nicht zu sagen sündigen Gewohnheit verlästert worden.

Während des letzten Jahres, in dem Bruder Thompson in diesem Distrikt tätig war, bat er mich, an einigen seiner Vierteljahresversammlungen teilzunehmen. Ich besuchte eine dieser Versammlungen, und zwar in der Provinz Green in der Nähe von Whitehall. Der Lokalprediger John Kirkpatrick aus dem Sangamon-Bezirk traf kurz vor mir ein. Als ich dort ankam, sagte er mir:

„Bruder, du tust mir wirklich von Herzen Leid."

„Was ist denn los?"

„Die Menschen hier haben gehört, dass du einer der größten Prediger des Westens bist, und jetzt haben sie riesige Erwartungen an dich. Selbst der Bischof konnte ihren Ansprüchen nicht mehr gerecht werden, also gib dein Bestes."

Diese Aussagen beunruhigten mich irgendwie, obwohl ich mir normalerweise keine Sorgen machte, ob ich die neugierigen Erwartungen meiner Zuhörer erfüllen könnte. Ich war mir bewusst, dass ich auf die Hilfe Gottes angewiesen war, denn wenn er mich nicht befähigen würde, wäre jede Mühe vergeblich - doch wenn er mich befähigen würde, bräuchte ich keine weitere Hilfe. Schließlich war es so weit und ich bemühte mich, so gut zu predigen, wie ich es konnte. Die Menschen waren freundlicherweise aufmerksam, aber dennoch konnte ich ihnen ansehen, dass sie enttäuscht waren. In der Pause kam Bruder Kirkpatrick zu mir und sagte:

„Ich habe es dir ja gesagt. Du bist merklich hinter den Erwartungen der Menschen geblieben. Du musst es noch einmal versuchen."

Also war ich am Sonntag wieder dran. Ich bemühte mich, nicht nur weise zu wirken, sondern auch weise zu predigen, und ich kann ruhigen Gewissens sagen, dass ich wirklich mein Bestes gab - aber es war ein Fehlschlag. Bruder Kirkpatrick kam erneut zu mir und zeigte mir sein tiefes Mitgefühl.

Ich sagte: „Bruder, jetzt weiß ich, was los ist; beim nächsten Mal wird es klappen."

Am Sonntagabend stieg ich erneut auf die Kanzel, verlas meinen Bibeltext und spannte dann, obwohl ich in Eile geladen hatte, den Bogen auf gut Glück und schoss die Pfeile in nahezu alle Richtungen. Manche lachten, andere weinten, manche wurden wütend, manche rannten, manche fluchten über mich, manche schrien, manche fielen zu Boden und das ganze Lager geriet in Aufruhr. Der Gottesdienst dauerte die ganze Nacht und der Herr streckte viele nieder. Meine Predigt war ohne System, ohne Zusammenhang und bestand aus nichts anderem als der Ermahnung, aber ich hatte mich nun doch als „großer Prediger" erwiesen.

Während meines Dienstes in diesem Distrikt nahm ich an mehreren Lagerversammlungen teil und wir hatten jedes Mal eine wunderbare Zeit. Es gab allerdings auch beträchtlichen Widerstand und Verfolgung. Bei einer dieser Lagerversammlungen hatten wir Ärger mit mehreren boshaften jungen Männern. Sie kamen überwiegend aus gläubigen Familien und auch aus anderen Kirchen. Sie brachten ihren Whiskey mit, den sie im Wald versteckten. Dort trafen sie sich, um zu trinken. Anschließend gingen sie zum Gottesdienst und störten die ernsten Gottesdienstbesucher. Ich beobachtete sie genau, und als sie sich wieder einmal trafen, um Whiskey zu trinken, und anschließend zurückkamen, um uns zu stören, beschlagnahmte ich in der

Zwischenzeit ihr Whiskeyfass. Das Fass ließ ich bewachen. Nach einer Weile vermissten sie es. Sie waren jetzt ziemlich verwirrt, weil sie sich das nicht erklären konnten. Schließlich verdächtigten sie mich und ließen mir eine Nachricht zukommen: Wenn ich ihren Whiskey herausgäbe, würden sie sich anständig benehmen oder das Gelände verlassen. Ich sandte ihnen ebenfalls eine Nachricht, in der ich ihnen mitteilte, dass ich niemanden für gutes Benehmen bezahlen würde und dass ich, wenn sie sich nicht freiwillig benähmen, dafür sorgen würde, dass sie es täten. Dieses Mal besaß einer von ihnen die Frechheit, mir ihre Antwort persönlich zu überbringen. Sie drohten damit, in der kommenden Nacht das Predigerzelt mit Steinen zu bombardieren, wenn ich ihnen den Whiskey nicht gäbe. Ich weigerte mich entschieden, den Whiskey herauszugeben, und sagte ihm, sie sollten ruhig mit Steinen werfen, ich wäre bereit, es mit ihnen aufzunehmen.

Ganz in der Nähe des Lagergeländes gab es einen wunderschönen Bach. Der Grund des Flusses war voller Kiessand, kleiner Felsen und Steine. Nachdem es dunkel geworden war – das Lagergelände wurde hell erleuchtet – machte ich mich daran, mir alte Kleidung auszuleihen, darunter auch einen alten Strohhut. Dann verkleidete ich mich. In diesem Aufzug machte ich mich auf und mischte mich unerkannt unter die Rüpel. Es dauerte nicht lange, bis ich von ihren Plänen erfuhr. Nach Abschluss des Gottesdienstes wollten sie warten, bis die Lichter ausgemacht wurden und die Menschen sich schlafen legten. Dann wollten sie ins Lager einmarschieren und das Predigerzelt mit Steinen bewerfen; wenn ich mich ihnen dann in den Weg stellen und sie stören würde, wollten sie mich mit Steinen überhäufen. Ich konnte mich ungehindert unter ihnen bewegen und ich glaube nicht, dass irgendjemand auch nur den leisesten Verdacht hatte, wer ich war. Nach Ende des Gottesdienstes wurden die Lichter ausgeblasen und die meisten Besucher gingen schlafen. In der Zwischenzeit hatte ich mich an den Bach geschlichen und die Taschen des alten Übermantels, den ich mir geborgt hatte, mit kleinen Steinen gefüllt. Als ich zurückkam und auf sie zuging, wollten sie gerade damit beginnen, das Predigerzelt mit Steinen einzudecken, doch ehe sie auch nur einen Stein werfen konnten, griff ich in meine Taschen und füllte meine Hände mit den Steinen. Dann schleuderte ich sie mitten unter sie und schrie, so laut ich konnte: „Hier sind sie! Hier sind sie! Ergreift sie! Ergreift sie!“ Sie flohen, so schnell sie konnten, und ich habe wohl kaum jemanden jemals so rennen gesehen. Ich verfolgte sie und schrie beständig: „Ergreift sie! Ergreift sie!“ Somit war dieses Spiel beendet. Es kam zu keinen weiteren Unterbrechungen mehr und unsere Lagerversammlung ging wunderbar weiter – wir erlebten viele eindeutige, beeindruckende Bekehrungen.

In der dortigen Siedlung wohnte eine sehr fromme Schwester. Sie hatte viele Probleme; sie war arm und Geld war knapp und schwer zu bekommen. Dennoch sah diese Schwester es als ihre Pflicht und die jedes Gemeindemitglieds an, die Verbreitung des Evangeliums finanziell zu unterstützen. Sie war sehr großzügig und pünktlich mit ihren Quartalszahlungen, doch aufgrund von Umständen, auf die sie keinen Einfluss hatte, war sie dieses

Mal nicht in der Lage, diese Unterstützung zu leisten. Die Lagerversammlung, von der ich eben berichtete, war die letzte Vierteljahresversammlung vor der Konferenz und der Gedanke, dass die Prediger, die dort dienten, wieder gehen würden, ohne ihren Lohn zu erhalten, quälte sie sehr. Sie sprach mit mir darüber und ich merkte ihr an, wie betrübt sie war – ihr kamen sogar die Tränen. Sie wohnte nicht weit vom Lagergelände entfernt und am Montagmorgen ging sie heim, um Proviant zu holen. Auf dem Rückweg zum Lager entdeckte sie auf dem Weg einen Silberdollar. Sie hob ihn auf und zog freudig ihres Weges zum Lager. Dort angekommen sagte sie, dass der Herr ihr diesen Dollar gegeben hätte, damit sie ihre Prediger bezahlen könne; und sie gab ihn mit großer Freude, um den Dienst am Evangelium zu unterstützen. Wenn sich alle Kirchenmitglieder ebenso gewissenhaft wie diese geliebte Schwester verhalten würden, müssten die Prediger niemals ohne Lohn ihres Weges ziehen. Diese Schwester war zu Lebzeiten ein großartiges Beispiel für wahre Frömmigkeit. Sie starb in Frieden, und auf ihrem Sterbebett hätte sie mit Recht zu ihren Freunden, die bei ihr waren und weinten, sagen können: „Folget mir nach, so wie auch ich dem Herrn Jesus Christus nachgefolgt bin."

Bevor ich meinen Bericht über diese Lagerversammlung abschließe, möchte ich von einer weiteren Begebenheit berichten. An diesem Beispiel wird deutlich, wohin ungezügelter und unverantwortlicher Fanatismus führen kann. Ein Mann aus Carolina kam zu der Lagerversammlung. Er hatte sich bereits während mehrerer Erweckungsbewegungen in seiner Gegend zum christlichen Glauben bekannt. Dieser Mann war gebildet, wohlhabend, hatte gute Manieren und war ein höflicher Gesprächspartner. Allerdings war er keiner Gemeinde zugehörig. Er hatte von keiner der offiziellen Kirchen im Lande eine Lizenz, zu predigen, und weder ein Empfehlungsschreiben, das seinen Charakter betroffen hätte, noch einen Nachweis darüber, dass er einer christlichen Gemeinschaft angehörte. Dennoch behauptete er, von Gott zum weltweiten Predigtdienst berufen zu sein – und dass Gott ihn angewiesen hätte, alle Reisen zu Fuß zurückzulegen.

Er war davon überzeugt, dass er allen Nationen Frieden bringen und für weltweite Einheit im Leib Christi sorgen würde – es ihm aber bis dahin nicht erlaubt sei, zu reiten, und er alle Wege zu Fuß zurücklegen müsse. Wenn er seinen Auftrag erfüllt hätte, würden schließlich die Juden nach Palästina zurückkehren, Jerusalem würde einschließlich des Tempels wieder aufgebaut werden und Christus würde zurückkehren, um 1.000 Jahre inmitten seiner Heiligen auf Erden zu regieren. Erst dann würde dieser Prediger wieder reiten, und zwar, um triumphierend in das neue Jerusalem einzureiten, und dann begänne das Tausendjährige Reich. Der Mann sprach so lange über dieses Thema, dass er in eine ekstatische Verzückung geriet und einen Siegesschrei von sich gab, als hätte er nach der Errettung der Menschheit das größte Werk auf Erden vollbracht. Obwohl seine Ausführungen verwirrend und völlig absurd waren, hörten die Menschen ihm erstaunlicherweise aufmerksam zu, wenn er sich persönlich mit ihnen unterhielt. Ich betone, dass er sich persönlich mit ihnen unterhielt, weil ich ihm nicht erlaubte, öffentlich zu predigen, obwohl er und auch noch andere mich bedrängten, es zuzulassen. Ich sagte ihnen, dass ich es aufgrund meiner Verantwortung Gott und den Menschen gegenüber nicht dulden könne, dass derartiger religiöser Unsinn die Zuhörer durcheinanderbrächte und womöglich noch von der Wahrheit des Evangeliums abbrächte. Bei dieser Gelegenheit wies ich darauf hin, dass Gott keinen Millimeter von den biblischen Wahrheiten abweichen würde, die wir im Evangelium finden, wenn es darum geht, wie er die Welt retten und richten wird. Der Mann war äußerst empört und verließ kurzerhand das Lagergelände, worüber ich sehr froh war. Während seiner Anwesenheit hatte ich versucht, ihm seine törichten Vorstellungen auszureden, aber vergeblich – er wertete das als Verfolgung, ja sogar als einen Angriff gegen Gott. Ich habe viele dieser verrückten Schwärmer gesehen und noch nie erlebt, dass es sich positiv auswirkte, wenn man ihnen freien Lauf ließ. Das Gegenteil ist der Fall, denn häufig wurde dadurch großer Schaden verursacht. In kürzerer Zeit, als zwanzig gute Prediger des Evangeliums fünf Sünder auf den rechten Weg bringen, bringen solche Fanatiker viele weitere Fanatiker hervor. Ich hoffe, es wird nicht als unpassend empfunden, wenn ich an dieser Stelle ein paar weitere Anmerkungen zum Thema des wilden Fanatismus mache.

Soweit ich es aufgrund meiner fünfzigjährigen Erfahrung im Dienst beurteilen kann – und ich hatte häufig mit solchen Menschen zu tun – gibt es sieben Kategorien, in die sich solche Fanatiker einteilen lassen. Zuerst sind da diejenigen, die sich tatsächlich zu Gott bekehrt haben und fromm sind. Doch anstatt ihre Gefühle und Eindrücke anhand des unfehlbaren Wortes Gottes zu beurteilen und die Geister zu prüfen, werten sie diese als von Gott eingegeben. Dementsprechend handeln sie dann. Wenn man sie eines Besseren belehren will, dann glauben und sagen sie, dass du dich gegen Gott stellst. Wenn du dich darum bemühst, sie von ihren vermeintlichen geistlichen Höhenflügen abzubringen, damit sie sich auf die soliden Grundlagen besinnen, verdrehen sie das und sprechen von Verfolgung, die ja schließlich kommen muss.

Zweitens gibt es die Gruppe jener Fanatiker, die nicht nur selbstbezogen wirken, sondern es tatsächlich sind. Alles, was sie tun oder sagen, zielt darauf ab, von den Menschen gesehen zu werden, und wenn es ihnen gelingt, die unwissenden Volksmengen dazu zu bringen, ihnen nachzulaufen und zu rufen „Hosanna! Gepriesen sei, der da kommt im Namen des Herrn!" (Mk. 11,9), hüllen sie sich in einen Mantel der Selbstgefälligkeit. Mit Sicherheit haben sie nicht die Furcht Gottes vor Augen und sie scheinen die ehrfurchtgebietende Verantwortung eines Gottesdieners noch nicht einmal in Erwägung zu ziehen. Wehe ihnen! Wenn sie schon in die Hölle gehen wollen, sollten sie lieber den verborgensten Weg wählen, der zu diesen düsteren Gebieten führt, und alleine gehen, anstatt auch noch die unwissenden Massen mit sich zu reißen, aber wer sich der Herrschaft Gottes widersetzt, geht ungern alleine. Der Teufel selbst ist ein Beispiel für solches Verhalten. Als er bei seiner rebellischen Verschwörung gegen den allerhöchsten König im Himmel aufbegehrte, riss er ein Drittel der Sterne des Himmels mit sich in den Untergang. Man kann den Schaden, der durch Fanatiker dieser Kategorie verursacht wurde, und die Zahl der Seelen, die sie für immer ruiniert haben, gar nicht fassen.

Drittens ist da die düstere Gruppe von Zauberern, Hexen und Spiritisten. Sie haben jedes Land infiziert und gehören dem Teufel. Ihre Wahrsagerei lassen sie sich bezahlen und schlagen so aus ihrer angeblichen Fähigkeit Profit. Einige von ihnen tun sogar so, als seien sie Diener Christi und Jünger des Lammes. Ich möchte nun von einer weiteren Begebenheit berichten, die mehr Licht auf dieses Thema wirft und sich in etwa folgendermaßen abspielte.

Einer der Besucher unserer Konferenzen im Osten war ein sehr talentierter, scharfsinniger Reiseprediger, dessen Frömmigkeit fragwürdig wirkte. Er hätte viel Gutes bewirken können, wenn sein Lebensstil im Einklang mit seinem Predigttalent gewesen wäre. Da er sich bewusst war, dass er von der öffentlichen Meinung beurteilt wurde, und da er aufgrund mangelnder Frömmigkeit nicht in dem Ansehen stand, das er sich erhofft hatte, versuchte er, dieses Defizit anderweitig wettzumachen. Er suchte Spiritisten auf und nahm bei ihnen ein paar Stunden, um sich in ihren Künsten unterweisen zu lassen. Dann fing er an, seine Kunststücke vorzuführen, und versetzte die ahnungslose Menschenmenge in Erstaunen. Er gab vor, mit den Toten in Kontakt treten zu können, und rief sie herbei – aus dem Himmel, der Erde und der Hölle. Wie er sagte, war er nicht nur in der Lage, zu sagen, ob es jemandem im Himmel gut ginge, sondern auch, wer in der Hölle unglücklich sei. Außerdem behauptete er, mit Gott, Engeln, Geistern und dem Teufel in direkten Kontakt treten zu können – Letzteres bezweifle ich nicht. Ich glaube, er war beständig mit dem Teufel im Bunde. Die Kirche war wegen dieser Entwicklungen bekümmert und sah es als ihre Pflicht an, ihn festzunehmen – nicht nur wegen seiner anmaßenden Behauptungen, sondern auch wegen zahlreicher anderer sittlicher Vergehen. Sie machten ihm den Prozess und verwiesen ihn der Kirche. Er legte bei der Generalkonferenz, die 1848 in Pittsburg tagte, Berufung ein. Der Fall wurde neu untersucht und die Generalkonferenz bemängelte eine Formwidrigkeit des Verfahrens seitens der für ihn zuständigen Konferenz. Der Fall sollte nun durch diese Konferenz erneut geprüft werden. Die Konferenz nahm das Verfahren wieder auf und befand ihn mehrerer sittlicher Vergehen für schuldig. Erneut beschlossen sie seinen Kirchenausschluss. Das veranlasste ihn dazu, sich nun an die Generalkonferenz zu wenden, die 1852 in Boston tagte. In seiner Verteidigungsrede vor diesem Gremium erklärte er öffentlich, dass er in der Lage sei, mitzuteilen, was im Himmel, auf der Erde und in der Hölle vor sich ginge. Außerdem wies er darauf hin, dass er den Ausgang vieler wichtiger Schlachten in Mexiko unter den Generälen Taylor und Scott vorhergesagt hätte und dass er ebenfalls wüsste, wie die Entscheidung der Konferenz ausfallen würde. Als die Plädoyers beendet waren und man ihn aufforderte, den Raum zu verlassen, um über das Urteil beraten zu können, folgte ich ihm. Ich fragte ihn: „Bruder S., können Sie mir jetzt schon sagen, wie die Konferenz in Ihrem Fall entscheiden wird?“

„Ja, das kann ich“, sagte er.

„Also, wenn Sie mir das wirklich sagen können und sich herausstellt, dass sie Recht hatten, lasse ich mich gerne von Ihnen für Ihre Überzeugung gewinnen. Sagen Sie es mir und ich werde bis zur Urteilsverkündung auch nichts davon weitererzählen."

„Verschwinden Sie", sagte er, „ich werde es Ihnen nicht sagen."

„Weil Sie es nicht können", antwortete ich. Die Generalkonferenz bekräftigte mit großer Mehrheit die zuvor getroffene Entscheidung und er wurde aus der Kirche ausgeschlossen.

Als ich zur Vierteljahresversammlung des Mississippi-Bezirks unterwegs war, die bei Bruder Pickett in der Provinz Madison südlich des Macoupin Creek stattfinden sollte, regnete es sehr stark und der Bach trat über die Ufer. Ich war nur noch wenige Kilometer von meinem Ziel entfernt, doch es gab keine andere Möglichkeit, über diesen reißenden Strom zu gelangen, als unter Lebensgefahr mit einem alten, ausgedienten Boot, das ich entdeckte. Als ich an das Flussufer ritt, traf ich dort einen Lokalprediger, der sein Pferd am Zügel festhielt. Nachdem wir einander begrüßt hatten, sagte er:

„Bruder, ich bin auf dem Weg zur Vierteljahresversammlung, doch ich habe kein Geld, um den Fährmann zu bezahlen. Er ist nicht bereit, mich unentgeltlich über den Fluss zu bringen, auch nicht auf Vertrauensbasis."

„Wie viel verlangt er?", fragte ich.

Er antwortete: „Zwölfeinhalb Cent."

„Das ist in Ordnung, Bruder", sagte ich, „kommen Sie mit, ich werde das Fährgeld bezahlen."

Wir überquerten sicher den Fluss. Am Abend predigte dieser Bruder und die Kraft Gottes war mächtig zugegen, auszureißen und zu pflanzen. Es war ein großartiger Gottesdienst - drei Seelen ließen sich erretten und sechs Menschen schlossen sich der Kirche an. Ich habe von dieser Begebenheit berichtet, um aufzuzeigen, wie viel Gutes durch ein wenig Geld bewirkt werden kann. Ich glaube nicht, dass ich während meiner Pilgerreise hier auf Erden zwölfeinhalb Cent jemals besser angelegt habe.

Nach Abschluss dieser Vierteljahresversammlung überquerte ich den Illinois River in das Militärsgebiet und setzte meine Reise zum Vierteljahrestreffen des Atlas-Bezirks fort. Am späten Abend erreichte ich einen Behelfsbau und fragte nach einer Unterkunft für die Nacht. Bereitwillig gewährte man mir Quartier. Ich stellte fest, dass der Hausherr mit seiner Familie aus den Staaten Neuenglands hergezogen war und dass es sich um eine gebildete, tüchtige Familie handelte. Der Herr des Hauses war Oberst Ross. Es gab noch weitere Familien, die in diese Gegend gezogen waren und inzwischen seit drei bis vier Jahren hier lebten. Sie hatten wohl noch keine einzige Predigt gehört, seit sie sich in diesem neuen Gebiet angesiedelt hatten. Die Familie lud mich zu ihrem Morgen- und Abendgebet ein. Wir unterhielten uns hauptsächlich über Glaubensfragen. Als ich am nächsten Morgen aufbrechen wollte, um meine Reise fortzusetzen, wollten sie keinerlei Bezahlung annehmen. Da sie so freundlich waren und darauf verzichteten, mir meine Beherbergung in Rechnung zu stellen, wollte ich ihnen ein Geschenk machen. In meiner Satteltasche hatte ich ein paar geistliche Bücher und nun zog ich die „Briefe und Gedichte von Caroline Matilda Thayer" heraus. Dieses Büchlein schenkte ich der Hausherrin und machte mich dann auf den Weg.

Ich freute mich, als diese Frau mir später sagte, dass Gott dieses Büchlein dazu benutzte, sie zum Glauben zu führen. Sie führte ein glückliches Christenleben und ging siegreich und in Frieden heim. Ich erwähne diese Begebenheit, um darauf hinzuweisen, dass durch die Verteilung christlicher Literatur Gutes bewirkt werden kann. Ich stellte mir oft die Frage, ob ich mehr durch Predigen oder das Verteilen christlicher Bücher bewirkte, doch diese Frage werde ich, so lange ich auf dieser Erde weile, wohl nicht beantworten können. Wären wir als Kirche bereits damals mit einem florierenden Büchervertrieb gesegnet gewesen, wie es heute der Fall ist, und hätten unsere Prediger überall in der Wildnis des Westens oder anderen entlegenen Gebieten Bücher verteilt, wie viel Gutes wäre daraus wohl entstanden? In der Tat war dies eines der Geheimnisse für den großen Erfolg unserer frühen Methodistenprediger.

Ich kann mich gut daran erinnern, dass ich zu Anfang meines Dienstes Russels „Sieben Predigten", Nelsons Journale und weitere Bücher dieser Art gelesen habe. Es hat mich zu Tränen bewegt und ins Gebet getrieben. Seit über 50 Jahren bin ich der festen Überzeugung, dass es zur heiligen Pflicht eines Methodistenpredigers gehört, überall, wo er hinkommt, gute Bücher zu verteilen. Ich behaupte, dass ich in dieser Hinsicht meinen Kollegen in nichts nachgestanden, sie vielleicht sogar übertroffen habe. Ich habe Bücher im Wert von Tausenden von Dollar verteilt; manchmal im Wert von 1.000 Dollar allein innerhalb eines Jahres. Ich fürchte allerdings, dass unter unseren Methodistenpredigern in dieser Hinsicht eine schlechte Veränderung eingetreten ist. Seitdem der Lebensstandard in diesem Land gestiegen und reichlich Wohlstand vorhanden ist, empfinden es viele von ihnen als unter ihrer Würde, mit Büchern, wie sie es nennen, „hausieren zu gehen". Sie wollen die gesamte Verantwortung für diese Pflicht auf die Kolporteure legen. Ich stimme mit unserer hervorragenden Kirchenverordnung überein, in der es heißt, dass wir uns für nichts schämen sollten außer der Sünde. Gott hat es für die Herausgeber christlicher Literatur vorgesehen, dafür zu sorgen, dass den Millionen Menschen auf Erden, die ansonsten umkommen würden, Freiheit zuteil wird. „Mein Volk", sagt der Herr, „kommt um aus Mangel an Erkenntnis" (Hos. 4,6). Ihr Diener Jesu Christi, denkt darüber nach und legt euren Stolz beiseite. Neben der Verkündigung des Wortes von der Kanzel bedient euch auch des Hilfsmittels geistlicher Bücher, um Glaubenswissen weiterzugeben. Gott wird ein solches Bemühen belohnen und das Werk eurer Hände überall gedeihen lassen.

Ich nehme an, dass ich der erste Prediger war, der auf dem Militärgelände, das inzwischen Pike, Adams, Schuyler und Hancock heißt, eine Lagerversammlung abhielt. 1827 hielten wir in der Provinz Pike eine Lagerversammlung ab. Wir hatten auf dem Lagergelände nur ein Zelt aufgestellt, das sogenannte Predigerzelt. Die Menschen kamen mit ihren Kutschen und brachten ihre Verpflegung mit, die Mahlzeiten nahmen sie auf ihren Wagen ein. Diese Lagerversammlung währte mehrere Tage und Nächte. Es war eine gesegnete Zeit. In der Provinz Schuyler hielten wir im selben Jahr ebenfalls eine Lagerversammlung ab und viele Seelen wurden gesegnet.

Unsere Pottawattomie-Missionsstation lag am Fox River. Jesse Walker war dort Missionar und ich war der Vorsitzende der Ältestenschaft; die Station gehörte zum Illinois-Distrikt. Während der zwei Jahre, in denen ich diese Missionsstation beaufsichtigte, erhielt ich nicht einen Cent aus dem Missionsfonds. Wir mussten etwa 160 Kilometer durch die Wildnis zurücklegen, um zu dieser Station zu gelangen. Für den Hin- und Rückweg musste ich Proviant für mich und Futter für mein Pferd einpacken. Es gab keine Straßen, weshalb ich einen Führer anheuern musste, und ich musste im Freien kampieren.

Ich hatte mich mit den Häuptlingen des Indianerstammes zu einem Treffen in der Missionsstation verabredet. Nachdem ich alle Vorbereitungen für die Reise getroffen hatte, brach ich in Begleitung meines Führers und einiger Freiwilliger nach Abschluss unserer Vierteljahresversammlung in Peoria zu dieser Missionsstation auf. Auf unserer Route dienten uns Waldstücke als wichtige Orientierungspunkte. Eines Abends, es war schon spät geworden, erreichten wir das Waldstück des Illinois Vermillion, wo es reichlich Trinkwasser gab. Wir schlugen unser Lager auf, entfachten ein Feuer, bereiteten eine Mahlzeit zu und hatten dann Mittag- und Abendessen gleichzeitig. Dann hatten wir unsere Gebetszeit, legten unsere Decken und Übermäntel zurecht, legten uns nieder und schliefen tief und fest bis zum nächsten Morgen. Wir standen früh auf, frühstückten, versorgten unsere Pferde und machten uns daran, den Illinois River zu überqueren – unsere Pferde ließen wir neben dem Kanu schwimmen. Gegen Abend erreichten wir die Missionsstation. Wir riefen die Missionsfamilie zusammen und predigten ihnen. Am nächsten Tag kamen die Häuptlinge. Wir rauchten mit ihnen die Friedenspfeife und dann sprach ich mittels eines Übersetzers zu ihnen. Ich erklärte ihnen den Sinn und Zweck der Missionsstation. Anschließend reichten uns alle Häuptlinge, so wie es bei ihnen üblich war, die Hand. Sie unterhielten sich freundlich mit uns und hießen uns herzlich willkommen – bis auf einen, der entschieden dagegen war, dass wir in ihr Gebiet gekommen waren. Er wollte keinesfalls, dass sie eine andere Religion, andere Gebräuche oder eine Ausbildung für ihre Kinder annähmen. Als ich ihm alles erklärte, konnte ich seine Bedenken entkräften. Ich bemühte mich, ihnen die Vorteile der Zivilisation und des christlichen Glaubens aufzuzeigen. Einer von ihnen, ein Häuptling der Chippewa, war mit seinen beiden Töchtern gekommen. Er hielt nun eine feurige Rede, in der er sich für die Mission und unseren „Großen Vater“, den Präsidenten des amerikanischen Volkes, aussprach. Er hatte im letzten Krieg gegen England unter amerikanischer Flagge gekämpft und vom Präsidenten ein Dokument für seine Dienste als tapferer Hauptmann erhalten, welches er nun triumphierend zeigte. Seine beiden Töchter waren wie Weiße gekleidet und konnten recht gut lesen. Nach unserer großen Unterredung fragte ich sie, ob es mir gestattet sei, zu ihnen zu predigen. Dieser Bitte wurde stattgegeben. Ich bemühte mich, ihnen den Heilsplan Gottes zu erklären: den Zustand des Menschen vor dem Sündenfall, den Fall des Menschen, die Erlösung durch Jesus Christus und den Wandel im Gehorsam gegenüber den Regeln des Evangeliums, so wie sie durch die Heiligen Schriften offenbart wurden. Ich ermahnte sie, Buße zu tun, alle ihre Sünden aufzugeben und zu Christus zu kommen.

Mit der Hilfe eines Übersetzers zu predigen, erwies sich als schwierige und langsame Methode, aber es gelang mir doch besser, als ich es erwartet hatte. Eine Indianerin, von der wir annahmen, dass sie sich bekehrt hatte, wollte getauft werden. Wir tauften sie. Von den Weißen, die es in die Nähe der Missionsstation verschlagen hatte, wollten sich mehrere Paare trauen lassen.

Nachdem ich entsprechend der Anweisungen, die ich in meiner Funktion als Vorsitzender der Ältestenschaft erhalten hatte, meine Aufgabe in der Station erfüllt hatte, machten wir uns auf den Heimweg. Als wir nach etwa 80 Kilometern ein Waldstück namens Crow Point erreichten, wurde es dunkel und wir schlugen dort unser Lager auf. Es kam ein schrecklicher Sturm auf, doch der Herr meinte es gut mit uns, denn es regnete nicht, was wir als einen großen Segen erlebten. Am nächsten Tag erreichten wir wohlbehalten und gesund die Siedlung.

Wir gaben mehrere Tausend Dollar aus den Mitteln des Missionsfonds aus, um an den Gebäuden der Missionsstation Verbesserungen vorzunehmen. Es gelang uns auch, einige Indianer zu zivilisieren und zu christianisieren. Die Weißen breiteten sich mehr und mehr in ihrem Gebiet aus und die Indianer wurden rastlos. Schließlich wurde ihnen von der Regierung eine Entschädigung gezahlt. Die Missionsgebäude und ein Stück Land, das dazugehörte, wurden einem Halbblut übertragen, sodass die Missionsgesellschaft alles verlor, was sie dort investiert hatte. Es stimmt zwar, dass die Stammeshäuptlinge, um einen Ausgleich für die aus dem Missionsfonds finanzierten Verbesserungen zu leisten, Bruder Walker 1.000 Dollar aus Mitteln ihrer Jahresrenten zusagten, doch das Geld, das somit der Missionsgesellschaft zustand, kam nie bei ihr an. Schließlich zogen die Indianer in das Gebiet westlich des Mississippi. Ein Überrest von ihnen hält sich immer noch dort auf und ein Missionar arbeitet unter ihnen. Viele der Indianer sind gottesfürchtige Christen.

Noch bevor die Missionsstation aufgegeben wurde, tauchte dort einer dieser Irrsterne auf. Dieser Schwärmer hieß Paine. Er kam zu einer der Lagerversammlungen, die wir in der Nähe von Springfield abhielten. Er konnte keine Referenzen vorlegen, die ihn als Prediger auswiesen, aber dennoch behauptete er, vom Himmel beauftragt worden zu sein, die Welt zu bekehren – Weiße, Indianer, ja alle Rassen. Er wollte während der Lagerversammlung predigen, was ich ihm aber nicht erlaubte. Er forderte die Umherstehenden auf, zu einem Treffpunkt im nahegelegenen Wald zu kommen. In seiner Predigt zog er fürchterlich über uns her. Anschließend machte er sich auf in Richtung Norden, um den Indianern zu predigen. In der Zwischenzeit war der Black-Hawk-Indianerkrieg ausgebrochen und sie töteten die, die in den Randbezirken der dortigen Siedlung lebten. Besagter Paine war inzwischen auf diese Seite Chicagos geritten und beabsichtigte, von dort in Richtung unserer alten Missionsstation weiterzuziehen. Er wurde ermahnt, sein Vorhaben abzubrechen, und man versicherte ihm, dass die Indianer ihn sonst töten würden. Er war dermaßen von seinen Träumen ergriffen, dass er behauptete, der Herr würde ihn schon beschützen und dass die Indianer ihm kein Haar krümmen würden. Entgegen allen Warnungen setzte er seine weite Reise durch die Prärie alleine fort. An dem Pfad, den er wählte, lagen die Indianer auf der Lauer, und als er sich einem Waldstück näherte, erschossen sie ihn. Danach schnitten sie ihm den Kopf ab, skalpierten ihn und steckten den Kopf auf einen Pfahl, den sie in den Boden rammten. Dann nahmen sie sein Pferd, seine Ausrüstung, seine Kleidung und alles andere an sich. Als am darauffolgenden Tag eine Gruppe von Reitern an dieser Stelle vorbeikam, bot sich ihnen ein Bild des Schreckens. Sie sahen den aufgespießten Kopf Paines und seinen Leib, der von den Wölfen bereits heftig zugerichtet worden war. Das war das Ende seines Auftrags, die Welt, die Indianer und alle Stämme der Erde zu bekehren. „Er starb, wie ein Narr stirbt."

Am 20. September 1827 traf sich unsere Konferenz in Mount Carmel. Es wurde beschlossen, dass ich weiterhin für den Illinois-Distrikt zuständig bleiben würde und dass der Name des Mississippi-Bezirks in Apple-Creek-Bezirk geändert würde. Während der Mount-Carmel-Konferenz wählten wir unsere Delegierten für die kommende Generalkonferenz, die am 1. Mai 1828 in Pittsburg stattfinden sollte. Es war unsere fünfte Generalkonferenz für die Delegierten, doch es war das erste Mal, dass sie auf dieser Seite der Berge stattfinden sollte.

Im April traf ich mich mit Bruder Dew und Bruder Thompson in St. Louis, um von dort unsere Reise zur Generalkonferenz auf einem Dampfschiff fortzusetzen. Wir waren niemals zuvor an Bord eines Dampfschiffes gewesen, was ich zumindest von mir behaupten kann. Damals war es etwas Neues für uns. Wir schifften uns auf der „Velocepede" ein; Herr Ray war der Kapitän des Schiffes. Bevor wir an Bord gingen, wiesen mich die Brüder Dew und Thompson, weil sie es für ihre Pflicht hielten, sehr freundlich darauf hin, dass ich mich möglichst ruhig verhalten sollte, da diese Dampfschiffburschen einschließlich der anderen Passagiere alle Schurken wären. Sie kannten mich und wussten, dass ich direkt war und jedermann liebte, aber keinen Menschen fürchtete. Sie machten sich Sorgen, dass ich vielleicht mit jemandem „Probleme" bekommen könnte. Ich dankte ihnen recht höflich für ihre besondere Fürsorge mir gegenüber. „Aber, Brüder", sagte ich, „macht euch keine Sorgen um mich. Ich denke, ich weiß, wie ich mich zu benehmen habe und wie ich, wenn nötig, andere dazu bringe, sich auch vernünftig zu verhalten."

Wir gingen an Bord und stellten fest, dass unsere Kabine mit Menschen unterschiedlichster Hintergründe überfüllt war: Manche waren gottgläubig, manche waren Atheisten, einige waren Anhänger der Allaussöhnung – viele von ihnen fluchten, waren Alkoholiker, Spieler, Fiedler und Tänzer. Als das Schiff unterhalb von St. Louis bei einer Kaserne anlegte, kamen acht oder zehn Offiziere der Vereinigten Staaten an Bord, und ich sage dir, wir hatten jetzt einen fröhlichen Haufen an Bord. Sie tranken, fiedelten, tanzten, fluchten und spielten Karten – sowohl Männer als auch Frauen. Ich sagte nichts, aber mir war klar, dass wir hier an einem üblen Ort waren, aber nichts dagegen tun konnten. Bruder Thompson kam zu mir und sagte: „Herr, erbarme dich über uns! Was sollen wir tun?"

„Geh in deine Koje", sagte ich, „und verhalte dich ruhig."

„Nein", sagte er, „ich werde sie zurechtweisen."

Ich sagte: „Bruder, wirf deine Perlen jetzt nicht vor die Säue" (siehe Mt. 7,6).

„In der Kabine werde ich nicht bleiben", sagte er, „ich gehe an Deck."

Weg war er, doch siehe da, überall an Deck wurde Karten gespielt. Er kam zurück und sagte: „Was soll ich tun? Ich halte das nicht aus."

„Nun ja", sagte ich, „Bruder Thompson, verhalte dich ruhig und benimm dich; du kannst an deiner Lage nichts ändern, es sei denn, du springst über Bord und schwimmst ans Ufer."

In den nächsten Tagen änderte sich nichts an der Situation. Als wir bei der Mündung des Ohio anlegten, kam ein gewisser Hauptmann Waters an Bord. Er hatte eine neue Fiedel und ein Kartenspiel dabei. Dieser Mann war ein bekennender Ungläubiger. Überall in der Kabine erlebte das Kartenspielen einen neuen Aufschwung. Was das Trinken und Kartenspielen betrifft, unterschied sich der Kapitän des Schiffes nicht von den anderen. Einer der Passagiere war Oberleutnant der Armee, und obwohl er ein sehr lasterhafter Mensch war, lässt sich über ihn sagen, dass er ein christliches Elternhaus hatte. Wie ich von ihm erfuhr, war seine Frau eine gute Christin. Als er auf seiner Wachrunde war, kamen der Oberleutnant, er hieß Barker, und ich ins Gespräch. Wir waren unter uns, weshalb ich die Gelegenheit ergriff, mit ihm über seinen weltlichen Lebensstil zu sprechen. Er gab bereitwillig zu, dass es nicht richtig sei, und sagte: „Ich habe es besser gelernt, doch oh, dieses demoralisierende Leben eines Soldaten!"

Ein gewisser Major Biddle war ebenfalls an Bord. Er war auch ein bekennender Ungläubiger, doch er hatte feine Manieren – er kam später in der Nähe von St. Louis bei einem Duell ums Leben. Ich hatte die Gelegenheit, mit ihm unter vier Augen zu reden, und wies ihn wegen seiner Weltlichkeit zurecht. Er gab mir in allen Punkten Recht. Auf diese Weise konnte ich mit vielen Passagieren reden, und die meisten von ihnen hörten auf, in meinem Beisein zu fluchen. Bald darauf versammelten sie sich an einem Tisch, um Karten zu spielen. Ich ging zu ihnen und schaute ihnen über die Schulter. Ich wusste, dass sie das als Ermahnung empfanden. Einer von ihnen sagte zu mir: „Wir sind keine Betrüger und spielen auch nicht um Geld, sondern nur, um die Zeit totzuschlagen." Ich tat so, als hätte ich keine Ahnung von dem, was sie taten, und fragte sie, was diese kleinen gepunkteten Dinger wären. Herr Barker sagte zu mir:

„Setzen Sie sich zu uns, dann zeige ich Ihnen, was wir hier machen und wie wir es machen."

„Nein, nein", sagte ich, „meine Freunde, ich fürchte, dass das, was Sie da tun, absolut nicht in Ordnung ist."

Sie beharrten darauf, dass es völlig unbedenklich sei.

„Also, meine Herren", sagte ich, „wenn Sie nur spaßeshalber spielen oder um die Zeit totzuschlagen, wäre es dann nicht besser, diesen törichten Zeitvertreib aufzugeben und über ein Thema zu reden, bei dem wir alle etwas lernen können? Denn dann würden wir alle erbaut. Wie es aussieht, haben einige von Ihnen Gefallen an diesen Dingen; die Frage ist, ob sich daraus tatsächlich Freude schöpfen lässt, während die anderen, denen der Sinn nicht nach solchen Vergnügungen steht, nichts davon haben. Kommen Sie, legen Sie die kleinen gepunkteten Zettel beiseite, die eh nur dazu angetan sind, größere Kinder zu erfreuen. Lassen Sie uns doch über Geschichte, Philosophie oder Astronomie reden, das ist für uns alle unterhaltsam und wird uns weiterbringen."

Hauptmann Waters sagte: „Mein Herr, wenn Sie mit uns über den christlichen Glauben diskutieren, werden wir das Kartenspielen, Fiedeln und Tanzen einstellen."

„Mit dem größten Vergnügen, Hauptmann", sagte ich, „ich habe, was diese Diskussion betrifft, nur in einem Punkt Bedenken. Wie mir aufgefallen ist, haben Sie die Gewohnheit, zu fluchen und zu schwören, und mir ist es nicht möglich, zurückzufluchen. Ich fürchte, dass eine Diskussion, in der geflucht wird, nichts bringen wird."

„Nun gut, mein Herr", sagte er, „wenn Sie sich darauf einlassen, mit mir über dieses Thema zu debattieren, gebe ich Ihnen hiermit mein Ehrenwort, dass kein einziger Fluch über meine Lippen kommt."

„Also gut", sagte ich, „unter dieser Bedingung werde ich mit Ihnen diskutieren." Inzwischen hatte sich eine ganze Schar um uns herum versammelt.

„Denken Sie an die Regeln, die bei diesem Streitgespräch eingehalten werden müssen. Meine Herren, treten Sie näher und nehmen Sie Platz. Hören Sie sich die Argumente an – und wenn es diesen beiden streitlustigen Herren beliebt, werde ich dafür sorgen, dass die Ordnung gewahrt wird", sagte Oberleutnant Barker.

Seinem Vorschlag stimmten wir beide zu. Der Hauptmann eröffnete die Diskussion mit Pauken und Trompeten. Er wies darauf hin, wie froh er sei, dass er nun eine weitere Gelegenheit hätte, die Religion der Vernunft und der Wissenschaft gegen die Religion eines Bastards zu verteidigen.

Auf diese blumigen Ausführungen erwiderte ich einfach nur, dass das Christentum alt genug sei, um für sich selbst zu sprechen; dass ich stolz auf die Gelegenheit sei, aufzeigen zu können, dass der Unglaube außerehelich geboren und deshalb genau genommen ein Bastard sei und es nicht angehen könne, dass ein Fürsprecher dieses verrufenen Bastards Schande auf Christus bringen wollte. Diese Eröffnungsreden hatten eine positive Auswirkung, denn wir hatten jetzt die volle Aufmerksamkeit aller Passagiere - einschließlich der des Kapitäns und der Damen. Mein Gegner legte nun seine Prämissen dar und zog daraus seine Schlüsse. Als seine 20 Minuten um waren, war ich an der Reihe. In meinen Ausführungen zitierte ich eine Bibelstelle.

„Moment mal, mein Herr", sagte mein Gegner, „ich lasse es nicht zu, dass hier ein Buch der Fabeln und Lügen ins Spiel gebracht wird. Es ist lediglich gestattet, sich auf ehrwürdige Zeugnisse zu berufen."

„Also gut, mein Herr", sagte ich, „auf die Bibel als Beweismittel soll verzichtet werden; ich bin zuversichtlich, dass ich Ihre Weltanschauung auch aufgrund des Buches der Natur widerlegen kann." Dann setzte ich meinen Vortrag fort.

In seiner zweiten Rede berief er sich zur Untermauerung seiner Thesen auf ein Zitat von Tom Paine.

„Halt, mein Herr", sagte ich, „die Berufung auf einen unehrenwerten Zeugen wie Tom Paine ist in dieser Diskussion nicht gestattet."

Darauf reagierte mein Kontrahent sehr ungehalten und fluchte, dass Gott schließlich keinen reineren und ehrwürdigeren Menschen hervorgebracht hätte als Tom Paine. Als er diese gräulichen Flüche aussprach, packte ich ihn am Kinn und bewegte seinen Kiefer hin und her, sodass seine Zähne heftig klapperten. Er sprang auf; ich auch. Er holte zu einem Faustschlag aus und schwor, mich niederzuschlagen. Oberleutnant Barker stürzte sich zwischen uns und sagte:

„Cartwright, treten Sie zurück; Sie können ihn mit Argumenten schlagen und ich kann ihn verprügeln. Wenn es hier tatsächlich zu einer Schlägerei kommen sollte, werde ich sein Gegner sein, denn er ist kein Ehrenmann - schließlich hat er sein Ehrenwort gegeben, nicht zu fluchen, und es dennoch getan. Er hat seine Ehre verwirkt."

Jetzt musste ich mich zwischen die beiden stürzen, um einen blutigen Kampf zu verhindern, denn beide hatten bereits tödliche Waffen gezückt. Das beendete die Diskussion. Mein tapferer Hauptmann machte Zugeständnisse und alle wurden wieder friedlich. Von da an war Barker mein bester Freund und hätte jederzeit einen Kampf für mich ausgetragen. Mein Ungläubiger, Hauptmann Walker, war von jetzt an sehr freundlich zu mir. Als wir am Abend in Louisville anlegten, bestand er darauf, dass ich ihn nach Hause begleitete und seine Gastfreundschaft annahm.

Doch nun zurück zu meiner Erzählung. All diejenigen, die meine Auseinandersetzung mit dem Hauptmann verfolgt hatten, waren jetzt daran interessiert, was ich zu sagen hatte. Unser Schiff war alt und von daher nicht mehr in bestem Zustand. Es tuckerte nur langsam vor sich hin, weshalb wir den ganzen Sonntag zu Wasser waren. Die Passagiere fanden sich zusammen und trafen sich früh am Sonntagmorgen. Sie wollten mich bitten, zu ihnen zu predigen. Oberleutnant Barker war Teil der Gruppe. Er kam zu mir und teilte mir ihr Anliegen mit. Ich sagte:

„Oberleutnant, ich bin noch niemals zuvor mit einem Dampfschiff unterwegs gewesen, und hier auf dem Schiff zu predigen, wäre für mich eine heikle Angelegenheit. Davon abgesehen weiß ich nicht, was der Kapitän davon halten wird, und die Passagiere ziehen es vor, zu trinken, vielleicht auch Karten zu spielen und sich ungebührlich zu benehmen. Jeder Passagier auf diesem Dampfschiff ist ein freier Mann und tut, was ihm gefällt, sie lassen sich nicht ermahnen."

Darauf sagte der Oberleutnant: „Ich habe bereits mit dem Kapitän des Schiffes gesprochen und er hat sich bereit erklärt, ja sogar dafür verbürgt, dass er für Ordnung sorgen wird. Mein Herr, wir haben es Ihnen und Ihren Mitstreitern die ganze Woche über nicht leicht gemacht; ich verbürge mich mit meinem Wort dafür, dass alles ordentlich vonstattengehen wird und Sie den Gottesdienst am Sonntag ungestört durchführen können. Sie müssen zu uns predigen, denn wir haben es nötig, und die Gruppe wird sich nicht zufriedengeben, wenn Sie es nicht tun."

Ich willigte ein und wir legten für drei Gottesdienste folgende Zeiten fest: Sobald die Tische abgeräumt waren, sollte ein Gottesdienst direkt nach dem Frühstück beginnen, ein weiterer nach dem Mittagessen und der dritte nach dem Abendessen. Ich machte den Anfang und übernahm den Morgengottesdienst. Die Menschen hatten sich ordnungsgemäß in der Kabine versammelt und die Passagiere an Deck wurden ebenfalls eingeladen, zu kommen. Wir hatten eine sehr friedliche, sittsame Zuhörerschaft. Am Nachmittag predigte Bruder Dew und Bruder Thompson predigte am Abend. Ich habe selbst in Gemeinden kaum einmal einen gesitteteren Sonntag verbracht als auf diesem Schiff. Von diesem Tag an wurde auf dem Schiff das Trinken, Fluchen und Kartenspielen eingestellt. Ob und was hier Gutes bewirkt wurde, wird erst der Tag des Gerichts zeigen. Ich wäre nicht zufrieden, diesen Bericht abzuschließen, ohne noch ein paar Dinge zu erwähnen.

Als wir uns nach Abschluss der Generalkonferenz auf den Rückweg machten, stellten wir fest, dass der Wasserstand des Flusses stark gesunken war. Wir konnten die Wasserfälle mit dem Schiff nicht passieren und der Umgehungskanal, der gebaut wurde, war noch nicht fertig. Selbstverständlich mussten wir anlegen und am Fuße der Wasserfälle erneut einschiffen. Dort lag die

„Maryland“, ein feines Dampfschiff, und wartete auf seine Passagiere. Als ich an Bord ging, war Oberleutnant Barker einer der Ersten, denen ich begegnete. Als er mich bemerkte, stürzte er auf mich zu, ergriff meine Hand und sagte: „Oh, ist das etwa Herr Cartwright?“ Er schien sich so sehr darüber zu freuen, mich zu sehen, als wäre ich sein Bruder. Er hatte sich im Osten aufgehalten und war nun in Begleitung seiner Frau auf der Rückreise zu einem der Militärposten im Westen.

Er sagte: „Mein Herr, ich habe Ihnen doch erzählt, dass ich mit einer tüchtigen Christin verheiratet bin. Sie ist in der Damenkabine. Ich habe ihr tausendmal von Ihnen erzählt. Kommen Sie jetzt gleich mit, dann werde ich sie Ihnen vorstellen. Ich weiß, dass sie sich freuen wird, Sie zu sehen und mit Ihnen Bekanntschaft zu machen.“

Ich begleitete ihn und wurde dieser, wie ich annehme, gläubigen Dame vorgestellt. Es waren noch etliche Prediger an Bord, Delegierte, die auf ihrem Heimweg von der Generalkonferenz waren. Im weiteren Verlauf unserer Schiffsreise hatten wir bis zu unserer Ankunft in St. Louis nahezu an jedem Tag, tagsüber und abends, Versammlungen, denn wir hatten das Kommando über beinahe das gesamte Schiff.

20

Die Bischöfliche Methodistenkirche in Kanada

Am 9. Oktober 1828 tagte unsere Konferenz in Madison, Indiana. Es ist die einzige Jahreskonferenz, an der ich, über einen Zeitraum von 50 Jahren, nicht teilnahm. Meiner Frau ging es sehr schlecht und man vermutete, dass sie an der Schwelle des Todes stünde; deshalb hielt ich es für meine Pflicht, bei ihr zu bleiben. Durch die Gnade Gottes blieb sie mir erhalten – sie ist immer noch am Leben. Ich wurde erneut dem Illinois-Distrikt zugeteilt. Bei der Generalkonferenz im Mai des Jahres 1828 wurde die Oneida-Jahreskonferenz gegründet. Das bedeutet, wir hatten jetzt neun Jahreskonferenzen östlich und acht Jahreskonferenzen westlich der Berge. Die neun Ostkonferenzen hatten 270.210 Mitglieder und 984 Reiseprediger. Im Westen hatten wir 519 Reiseprediger und 150.894 Mitglieder. Insgesamt hatten wir also 421.104 Mitglieder und 1.503 Reiseprediger.

Während der Zeit zwischen den Generalkonferenzen von 1828 und 1832 wurde die New-Hampshire- und die Vermont-Konferenz gebildet. Kanada hatte eine eigenständige Jahreskonferenz, war aber in die Bischöfliche Methodistenkirche in den Vereinigten Staaten eingebunden. Wir sandten regelmäßig amerikanische Prediger zu ihnen und die Aufsicht über sie oblag unseren amerikanischen Bischöfen. In Kanada galten britische Gesetze und im Süden des Landes war die Katholische Kirche eingeführt worden, im Norden die britische Staatskirche. Das brachte Probleme mit sich und unsere Mitglieder und Prediger arbeiteten unter sehr herausfordernden Umständen. Aufgrund dieser schwierigen Situation dachten sie, dass es womöglich besser wäre, sich von der Bischöflichen Methodistenkirche der Vereinigten Staaten zu lösen und eine eigenständige Bischöfliche Methodistenkirche in Kanada zu gründen, mit einem einheimischen Bischof, den sie aus ihren eigenen Reihen wählen würden. Sie versprachen sich davon eine Erleichterung ihrer Situation, denn die Tatsache, dass amerikanische Bischöfe für sie zuständig waren, erschwerte ihnen aufgrund der Rechtslage im Land die Arbeit. Dementsprechend ersuchten sie die Generalkonferenz, die 1828 in Pittsburgh tagte, ihnen zu erlauben, sich als eigenständige Kirche zu formieren. Nach eingehender Untersuchung und Beratung kam die Generalkonferenz einstimmig zu dem Schluss, dass sie nicht berechtigt war, die Bischöfliche Methodistenkirche so aufzuteilen, und somit dem Antrag nicht stattgeben konnte. Dennoch stellte man es ihnen frei, eine eigene Entscheidung zu treffen, und sicherte ihnen zu, ihnen keine Steine in den Weg zu legen, wenn sie der Überzeugung seien, dass es eine zu große Last für sie wäre, weiter unter diesen Umständen zu wirken. Sie könnten also selbst entscheiden, ob sie fester Bestandteil der Bischöflichen Methodistenkirche der Vereinigten Staaten bleiben oder eine eigenständige Kirche bilden wollten. Sie entschieden sich für Letzteres und taten sich mit der großen Wesleyschen Konnexion Englands zusammen.

Vonseiten der Bischöflichen Methodistenkirche Kanadas wurden einige falsche Behauptungen aufgestellt - beispielsweise, dass die Generalkonferenz in Pittsburgh die Kirche geteilt hätte. Möge man nicht außer Acht lassen, dass vonseiten der Generalkonferenz kein offizieller Beschluss gefasst wurde, aus dem sich eine derartige Behauptung ableiten ließe. Weit gefehlt! Das Gegenteil ist der Fall und man kann generell sagen, dass diejenigen, die solche falschen Behauptungen in die Welt setzen, wissen, dass es gelogen ist. Sie benutzen diese Aussagen lediglich als Vorwand, um die Abspaltung von der Bischöflichen Methodistenkirche, die sich 1844 bis 1845 im Süden des Landes vollzog, zu rechtfertigen und somit die Teilung der Bischöflichen Methodistenkirche durch die Generalkonferenz im Jahre 1844 durchzusetzen - mit der Absicht, dass diese Abspaltung von der Bischöflichen Methodistenkirche ebenfalls bei der Generalkonferenz im Jahre 1844 anerkannt wird.

Für alle christlichen Kirchen gilt: Die Mitglieder entscheiden auf freiwilliger Basis, sich einem anerkannten, von Gott eingesetzten Dienst unseres Herrn Jesus Christus anzuschließen, und die Verantwortlichen der Kirche können nicht unabhängig und losgelöst über die Köpfe ihrer Mitglieder hinweg entscheiden, wenn sie sich nicht freiwillig dazu bereit erklären. Wenn die Verantwortlichen der Kirche in dem Bemühen, diese zu organisieren, über die Köpfe ihrer Kirchenmitglieder hinweg entscheiden, dann ist das eindeutig „ein Herrschen über Gottes Erbe“ und ein schreckliches Kennzeichen des Papismus. Dass dies auf die Bischöfliche Methodistenkirche Süd zutrifft, ist glasklar, denn Tausende sind dort nicht freiwillig Mitglieder, sondern weil sie aus verschiedenen Gründen nicht anders können. Viele von ihnen sind auch so sehr in Sklaverei verwickelt, dass sie sich an die Bischöfliche Methodistenkirche geklammert hätten, wäre ihnen die Entscheidung überlassen worden. Tausende von Menschen würden umgehend in den Schoß der Kirche zurückkehren, wenn in ihren Gemeinden Prediger ihrer Wahl dienen würden, und sie wären sehr erfreut darüber, erneut ihrer geistlichen Mutter anzugehören.

Für die Prediger der Südkirche muss es wirklich schrecklich sein, alle möglichen Geschichten erfinden zu müssen, um unseren Predigern, die mit den besten Absichten in die Sklavenstaaten gehen, weil sie den armen Mitgliedern unserer Kirche helfen wollen, Steine in den Weg zu legen. Sie schreien „Nordkirche“, „Abolitionismus“, obwohl sie wissen, dass die meisten unserer Prediger die Sklaverei nicht politisch bekämpfen, sondern lediglich das Gebiet beanspruchen, in dem bereits unsere ehrwürdigen Väter und Gründer arbeiteten, und zwar bevor sie überhaupt geboren waren. Man kann sagen, dass sie Kelly umbrachten. Er erlag den Verletzungen, die ihm von den blutbefleckten Händen seiner Verfolger zugefügt wurden, und letztendlich waren dafür die Möchtegernprediger verantwortlich, die für die Sklaverei sind. Viele von ihnen sind sehr erfreut darüber, dass sie die unheiligen, um nicht zu sagen bestochenen Richter auf ihrer Seite haben. Merket auf! Das vereitelnde Eingreifen Gottes wird diesen scheußlichen, ungerechten Machenschaften folgen und der Tag wird kommen, an dem alle Menschen sehen werden, dass ein gerechter und heiliger Gott ein solches Verhalten missbilligt.

Nun möchte ich von einer Begebenheit berichten, die mir 1828 bei der Generalkonferenz in Pittsburgh widerfuhr – um niemandes Ehre zu verletzen, verzichte ich darauf, Namen zu nennen. Es gab mehrere Familien, die sich bereit erklärt hatten, während der Generalkonferenz Prediger aufzunehmen und sich um sie zu kümmern. Der inzwischen radikalisierte Bruder Waterman war dafür verantwortlich, diese Quartiere unter den Predigern aufzuteilen. Als ich in Pittsburgh eintraf, ging ich zu Bruder Waterman, um zu erfahren, wo ich untergebracht war. Er gab mir die Adresse eines Mannes, der in Alleghany Town wohnte. Dieser Mann war reich und hatte nahezu alles, was diese Welt zu bieten hat, im Überfluss, außerdem war er dafur bekannt, Hemden mit Halskrause zu tragen. Seine Frau war eine sehr vornehme, moderne Dame und, wie ich gehört hatte, eine stocksteife Presbyterianerin. Außer mir waren dort noch ein Bischof und zwei weitere Prediger untergebracht. Voller Zuversicht machte ich mich auf den Weg zu diesem Haus. Als ich dort eintraf, schaute ich nach oben und sah von außen, dass der Bischof und ein Prediger in einem der oberen Räume saßen. Der Hausherr erwartete mich am Eingang bei der Säulenhalle. Ich sprach ihn an und fragte:

„Wohnt hier Hauptmann ___?“

„Ja, mein Herr.“

„Mein Name ist Peter Cartwright und ich komme aus Illinois. Ich bin Delegierter der Generalkonferenz und habe von Bruder Waterman erfahren, dass ich für diese Zeit bei Ihnen wohnen werde.“

„Ja, mein Herr“, sagte er ernst, „wir hatten vor, vier Prediger aufzunehmen, aber inzwischen denkt meine Frau, dass wir nicht mehr als zwei aufnehmen können, und Bischof ___ sowie Dr. ___ sind bereits hier. Sie können wir jetzt nicht mehr aufnehmen.“

Ich fühlte mich schon etwas eigenartig, doch ich war so töricht, voreilig den Schluss zu ziehen, dass es sich um einen Streich handeln würde, um mich zu ärgern. Der Mann bat mich nicht, einzutreten.

„Nun“, sagte ich, „den Bischof wollte ich ohnehin treffen, und ich denke doch, dass sie mich hier unterbringen werden“ – und hinein ging ich. Nachdem ich eingetreten war, sagte ich:

„Bitte, mein Herr, führen Sie mich doch zum Zimmer des Bischofs." Das tat er. Wir gingen hinauf und ich trat ein. Nach der üblichen Begrüßung, die, wie ich fand, seitens des Bischofs ungewöhnlich nüchtern ausfiel, fragte ich ihn:

„Ist es tatsächlich so, dass ich hier nicht bleiben kann, obwohl Bruder Waterman mich hierher geschickt hat?"

„Wohl wahr, wohl wahr", sagte er, „die Dame des Hauses ist keine Methodistin und sagt, sie sei nicht bereit, mehr als zwei aufzunehmen."

Der Leser kann sich denken, dass ich mich inzwischen ziemlich schlecht fühlte. Der Bischof setzte sich und fing an, zu schreiben, wirkte distanziert, verstimmt, kühl - und beachtete mich nicht weiter. Ich nahm meinen Hut, stürzte eilig die Treppe hinunter, schnappte meine Satteltaschen und verschwand. Gerade als ich die Treppe betrat, um sein Grundstück zu verlassen, rief der Hausherr nach mir und bat mich, stehen zu bleiben. Er kam näher und teilte mir kühl und steif mit, dass seine Frau nun doch beschlossen hätte, dass ich bleiben könne. Er lud mich ein, zurückzukommen.

„Nein, mein Herr", sagte ich, „jetzt ist es zu spät. Ich kann unter keinen Umständen zurückkommen. Ich habe genug Geld, um mich selbst zu versorgen. Es ist mir lieber, das zu tun, als so behandelt zu werden, wie ich es hier erlebt habe."

„Aber", sagte er, „so können Sie mein Haus nicht verlassen - das wäre für mich und meine Familie eine große Schande."

„Ja, mein Herr", sagte ich, „aber darüber hätten Sie früher nachdenken sollen."

„Wo wollen Sie denn jetzt hingehen?", fragte er.

„In ein Wirtshaus", sagte ich, „falls ich ein ordentliches finde."

Also ging ich. Nach einer Weile sah ich ein Wirtshausschild. Ich trat ein, und nachdem ich mich dort ein wenig umgeschaut hatte, sprach ich zu dem Gastwirt:

„Kann ich bei Ihnen für vier Wochen Kost und Logis bekommen?"

Er sagte, das wäre kein Problem.

„Führen Sie hier ein ordentliches Haus oder muss ich damit rechnen, von Trinkern und Spielern belästigt zu werden?"

„Mein Herr, mein Haus wird ordentlich geführt", sagte er, „Sie werden hier nicht von ungehobelten Gästen belästigt werden. Nehmen Sie Platz, mein Herr. Es soll sofort ein Zimmer für Sie hergerichtet werden. Ich vermute, Sie sind einer der Delegierten der Generalkonferenz."

„Ja, mein Herr, das bin ich", antwortete ich.

Darauf sagte er: „Herr Waterman hatte mir zwei Prediger angekündigt, aber bisher ist noch keiner von ihnen gekommen, es sei denn, Sie sind einer von ihnen."

„Nein, mein Herr, ich bin auf eigene Verantwortung gekommen."

Er sagte: „Ich selbst bin kein Mitglied einer Kirche, aber meine Frau ist Methodistin und wird sich freuen, wenn Sie bei uns bleiben."

Binnen kürzester Zeit merkte ich, dass die Atmosphäre hier ganz anders war. Es ging mir gut, man war freundlich zu mir und bezahlen musste ich auch nichts.

Kurz nachdem ich mich dort einquartiert hatte, kam der Hausherr des ursprünglich für mich vorgesehenen Quartiers zu mir. Er bat mich, in sein Haus zurückzukehren, und sagte, dass seine Frau ein gemütliches Zimmer für mich hergerichtet hätte und nun wünschte, dass ich zurückkäme.

„Nein, mein Herr", sagte ich, „das werde ich nicht tun. Ich bin nicht auf Sie angewiesen und ich werde hier gut versorgt. Ich bleibe auf jeden Fall hier."

Er ging zurück nach Hause und ließ mich abermals einladen. Der Bote sagte, dass ich zurückkehren solle, denn die ganze Angelegenheit hätte die Familie doch sehr gedemütigt. Ich sagte ihm, dass ich ihnen gegenüber keinerlei Verpflichtungen sähe. Ich erklärte ihm, dass sie mich dreist behandelt hätten und ich bei meiner Entscheidung bliebe, nicht zurückzukehren. Aufgrund einer Einladung besuchte ich sie schließlich doch noch, blieb ein wenig, und ich meine, es ist mir gelungen, sie etwas zu demütigen und so gegen ihren Stolz zu wirken.

Ich war bei ihnen an mehreren Abenden zu Gast, doch irgendetwas schien nicht zu stimmen. Der Bischof wirkte kalt wie ein Eisklotz und seine Manieren muteten derart steif an, als wäre er der Alleinherrscher des russischen Volkes. Sie waren überhaupt nicht freundlich und ich fühlte mich in dieser Gesellschaft sehr allein. Es wurde Zeit für die Abendandacht. Der Zeremonienmeister bat mich, die Andacht zu halten, doch als ich gefragt wurde, kam es mir so vor, als fiele Dunkelheit auf mich, und wenn ich die Wirksamkeit des Teufels jemals an Körper und Geist verspürte, dann in diesem Augenblick. Ich wurde fast blind, buchstäblich blind, und große Schweißtropfen flossen mir über das Gesicht. Ich hatte den ersten Psalm aufgeschlagen, doch ich konnte so schlecht sehen, dass ich fürchtete, nicht vorlesen zu können. Diesen Psalm wusste ich sogar auswendig, aber mein Gedächtnis war ebenso eingeschränkt wie mein Sehvermögen – gewiss, meine Sehkraft und mein Gedächtnis ließen mich im Stich. Den Psalm trug ich stammelnd vor, aber nicht nur das. Damals hatte ich für gewöhnlich eine klare Stimme und ich konnte auch ganz gut singen. Nun erhob ich mich und stimmte eines unserer bekannten Lieder an, doch niemand aus der Runde sang mit. Ich hielt kurz inne und kniete nieder, um zu beten. Bis auf ein einziges Mal war es mir noch nie so schwergefallen, zu beten, und das andere Mal war direkt nach meiner Bekehrung, als mich der Leiter dazu aufforderte, öffentlich zu beten. Damals dachte ich, mein Kopf wäre so groß wie ein Haus, und nun kam es mir so vor, als hätte ich überhaupt keinen Kopf. Ich konnte mich des Eindrucks nicht erwehren, dass der Teufel hier überall war – in allem und jedem. Ich stammelte ein paar zusammenhangslose Sätze und beendete die Andacht mit einem Amen. Eines kann ich dir versichern; als ich in diesem jämmerlichen Gefühlszustand war, und bevor ich aus dieser Stunde der Versuchung befreit wurde, kam es mir so vor, als regierte der Teufel siegreich und wir wären alle in seiner Hand. Als die Generalkonferenz am nächsten Tag um die Mittagszeit unterbrochen wurde, forderte der vorsitzende Bischof mich dazu auf, ein Abschlussgebet zu sprechen. Oh, ich fühlte mich schrecklich! Ich fiel auf meine Knie und sprach schon nach wenigen Worten das Amen, noch ehe die Hälfte der anwesenden Prediger sich überhaupt erst hingekniet hatte. Sie schauten sich fragend um. Ich sage dir, mir fehlen die Worte, um meine Gefühlslage zu beschreiben, denn ich fühlte mich unbeschreiblich fürchterlich. Dieser schreckliche Gefühlszustand hielt eine ganze Woche an.

Eines Abends erfuhr ich, dass ganz in der Nähe meiner Unterkunft eine Gebetsversammlung stattfand. Ich beschloss, dorthin zu gehen, und es gefiel Gott, die Wolken, die mich in so schwere Dunkelheit gehüllt hatten, an diesem Abend zu vertreiben. Ich war sehr froh und am nächsten Morgen beeilte ich mich, zu dem Haus zu kommen, in dem ich zuvor beim Lesen, Singen und Beten so eine schlechte Figur gemacht hatte. Als die Familie sich zum Gebet versammelte und nach den Predigern sandte, damit sie herunterkämen, waren sie gerade damit beschäftigt, ein interessantes Protokoll zu Ende zu lesen. Der Bischof sagte, dass er nicht käme und es sein Wunsch sei, dass einer von uns ginge, um mit der Familie zu beten, während die anderen oben blieben. Ich meldete mich zu Wort und sagte: „Lassen Sie mich gehen, denn ich fühle mich heute wesentlich besser als beim letzten Mal, als ich versuchte, mit Ihnen zu beten. Ich möchte es noch einmal versuchen." Er ließ mich gehen. Ich ging, nahm die Bibel in die Hand und las mit Leichtigkeit ein Kapitel vor, sang mit kräftiger Stimme ein Lied, und als ich mich hinkniete, um zu beten, betete ich mit größerer Freimütigkeit als gewöhnlich. Ich war sehr froh darüber. Die Familie weinte. Wir unterhielten uns, weinten und sangen zusammen, und ich fühlte mich so frei vom Teufel und dem steifen Bischof, als gäbe es sie gar nicht.

Nachdem die Generalkonferenz vertagt worden war, machte ich mich auf den Weg zum Dampfschiff. Die Hausherrin, von der ich dachte, sie sei steif, förmlich und stolz, kam zu mir und übergab mir ein Geschenk für meine Frau. Es war ein Seidenkleid. Ich kann bis heute nicht erklären, weshalb es zugelassen wurde, dass diese Dunkelheit auf mich fiel, doch ich bin mir sicher, dass mir dadurch etwas gezeigt werden sollte – wenn ich es nur besser verstehen würde; aber ich gedulde mich bis zum Tag des Gerichts, an dem alles offenbar werden wird. „Der Herr regiert."

Während unserer Konferenz im Herbst des Jahres 1828 wurde Galena Charge in den Illinois-Distrikt aufgenommen. Mein Distrikt erstreckte sich jetzt fast von der Mündung des Ohio bis nach Galena im äußersten Nordwesten des Staates. Das entsprach einer Strecke von 965 Kilometern. Es war ein enormes Reise- und Arbeitsgebiet. Ich hatte diesen Distrikt viermal pro Jahr zu bereisen, wobei ich viele reißende Flüsse überqueren musste, und zwar überwiegend ohne die Hilfe von Brücken oder Fähren. Wenn ich auf dem Weg zu meinen Vierteljahresversammlungen hochwasserführende Flüsse überqueren musste, hielt ich es häufig so, dass ich mir ein Waldstück suchte und dann so lange das Ufer abritt, bis ich eine Furt oder einen umgefallenen Baum fand, der günstig lag. Wenn ich fündig wurde, saß ich ab, entledigte mich meiner Kleidung und entfernte die Reitausrüstung von meinem Pferd. Dann nahm ich meine Kleidung und das Reitzubehör und ging auf dem umgestürzten Baum oder durch die seichte Stelle hinüber auf die andere Seite des Flusses. Anschließend ging ich zurück, stieg auf mein Pferd, ritt ins Wasser und schwamm mitsamt dem Pferd durch den Fluss. Am anderen Ufer angekommen, zog ich mich wieder an, sattelte mein Pferd und setzte meine Reise fort, wobei ich mich an Waldstücken orientierte, denn Straßen gab es dort nicht. Es kam häufig vor, dass die Dunkelheit hereinbrach, wenn ich mich in einsamen, entlegenen Wäldchen befand. Ich suchte dann nach einem geeigneten Plätzchen für die Übernachtung und entzündete ein Feuer – Feuerstein, einen Metallstab, um Funken zu schlagen, und Zunderholz hatte ich immer dabei. Abhängig von den Temperaturen legte ich die Größe des Feuers an. Mein Pferd band ich fest oder führte es trocken und dann übernachtete ich dort. Auf meinem Weg von Waldstück zu Waldstück kam es auch mal vor, dass es dunkel wurde, ehe die Bäume, die mir zur Orientierung dienten, in Sichtweite waren. Ich saß dann ab und hielt mein Pferd so lange am Zaumzeug fest, bis es wieder hell wurde. In der Morgendämmerung saß ich wieder auf und setzte meine Reise fort.

Der nördliche Teil meines Distrikts war erst neu besiedelt worden. „Besiedelt" hieß dabei bei diesem riesigen Gebiet, dass man ein paar vereinzelte Hütten vorfand, die von Familien bewohnt waren. Es war ein großes Fest, wenn ich nach langen und einsamen Reisen bei einer solchen Hütte ankam. Ich war Gott ebenso dankbar, in einer dieser Holzhütten Zuflucht zu finden wie in einem feinen Haus mit allem Komfort. Ich erinnere mich daran, dass ich auf einer meiner Reisen in den Norden eine große und unbewohnte Prärie durchqueren musste. Auf ungefähr halber Strecke, 32 Kilometer vom nächsten Haus entfernt, erreichte ich einen tiefen, trüben Fluss, und von dort war mein Tagesziel noch 20 Kilometer entfernt. Der Fluss wirkte bedrohlich und abschreckend. Ich ritt ein ausgezeichnetes, großes Pferd und wusste, dass es gut schwimmen konnte. Ich zögerte einen Moment. Zurückreiten war keine Alternative, und wenn ich weiterkommen wollte, musste ich es wagen, den Fluss auf dem Rücken meines Pferdes zu durchqueren – eine Baumgruppe war weit und breit nicht zu sehen. Ich saß ab, positionierte meinen Sattel, zurrte ihn ziemlich fest, band hinter mir meinen Übermantel fest und legte meine Uhr und meine Papiere in die Satteltasche. Dann band ich mir die Satteltasche um den Hals, wobei die Taschen auf meinen Schultern ruhten, und sagte: „Los, Buck", das war der Name meines Pferdes, „bring mich sicher ans andere Ufer." Los ging's. Mein Pferd durchschwamm den Fluss mit Leichtigkeit und kam sicher ans andere Ufer. Ich war kaum nass, ordnete meine Sachen und zog fröhlich meines Weges. An diesem Tag ließ ich mein Pferd dreimal durch einen hochwasserführenden Fluss schwimmen und erreichte noch die Hütte, wie ich es mir vorgenommen hatte. Dort wohnte eine freundliche Methodistenfamilie, die mich herzlich willkommen hieß. Sie servierten mir gutes Fleisch und Brot sowie eine Tasse starken Kaffee. Ich war glücklicher als so mancher König. Schließlich kam ich sicher bei meiner Vierteljahresversammlung an. Die Bürger aus der ganzen Umgegend waren gekommen. Wir hatten fünf Bekehrungen, sieben Menschen schlossen sich der Kirche an und nahezu alle der Anwesenden hatten eine gute Zeit miteinander.

Auf einer dieser Reisen in den Norden wurde ich dringend ersucht, den Mississippi zu überqueren, um den wenigen neuen Siedlern zu predigen. Dieses Gebiet lag westlich des „Vaters der Wasser" und trägt heute den Namen Burlington City. Es kann gut sein, dass mein Schwiegersohn, Wm. D. R. Trotter, der erste Reiseprediger war, der in Iowa predigte, und kurz darauf kam ich ebenfalls dorthin. Ich hatte ihnen eine Nachricht gesandt, worin ich ihnen mitteilte, dass ich an zwei Tagen Versammlungen abhalten würde, und zwar dort, wo heute Burlington City ist. Damals standen dort nur ein paar Hütten, heute ist es eine wachsende Stadt mit vielleicht 10.000 Einwohnern.

Als ich dort eintraf, stellte sich Folgendes heraus: Obwohl die Bevölkerung in dieser Gegend weit verstreut war, kamen so viele Menschen zur Versammlung, dass sich keine Hütte fand, die groß genug für alle war. Wir gingen in das nahegelegene Wäldchen und stellten dort Sitzgelegenheiten auf. Jahre zuvor war dort ein alter Baum umgestürzt und auf einen Schössling gefallen, der durch die Last fast bis auf den Boden gedrückt worden war. Der Schössling ging nicht ein, sondern schlug neu aus und wuchs direkt neben dem umgestürzten Baum aufrecht empor. Der alte Baum wurde abgesägt und von dem Teil des Schösslings, der parallel zur Erde gewachsen war, wurde die Rinde abgeschält. Dann wurde ein Pfahl in den Boden getrieben, ein Brett darauf genagelt, das auch mit dem aufrecht gewachsenen Stämmchen des Schösslings verbunden wurde. Das war jetzt meine Pultablage und ich stand auf dem abgeschälten Teil des Schösslings. So hatte ich meine Kanzel, von der aus ich den unausforschlichen Reichtum des Evangeliums Jesu Christi verkündigte. Wir hatten einen gut besuchten Gottesdienst.

Am 23. August 1828 starb einer unserer geliebten Bischöfe – Enoch George. Er hatte 38 Jahre lang als Reiseprediger gedient und war seinen Pflichten als Bischof der Bischöflichen Methodistenkirche zwölf Jahre lang ehrenvoll nachgekommen. Jemand sagte über ihn: „Bischof George war ein sehr frommer Mann, unkompliziert, sehr ausdrucksvoll, ein vollmächtiger und erfolgreicher Prediger. Zu Lebzeiten wurde er sehr geliebt, und als er starb, wurde er sehr beklagt."

Im Herbst des Jahres 1829 kam die Illinois-Konferenz erneut zusammen, und zwar am 18. September in Edwardsville. Das Bevölkerungswachstum in unserem Land war stark und unsere Arbeit nahm beständig zu. Während der Konferenz am 30. September 1830 in Vincennes erklärte Bischof Roberts die Notwendigkeit, die Bezirke zu teilen und die Distrikte, denen ein Vorsitzender der Ältestenschaft vorstand, aufzustocken. Für das Gebiet der Illinois-Konferenz wurden deshalb folgende neue Distrikte gebildet: der Illinois-Distrikt selbst wurde in zwei Distrikte unterteilt, und zwar in den Kaskaskia- und Sangamon-Distrikt. Folgende Predigtstationen gehörten zum Kaskaskia-Distrikt: Kaskaskia, Brownsville, Jonesboro, Golconda, Mount Vernon, Shoal Creek und Shelbyville – also insgesamt sieben. Zum Sangamon-Distrikt gehörten folgende Predigtstationen: Lebanon, Apple Creek, Atlas, Spoon River, Sangamon, Salt Creek, Peoria, Fox-River-Mission und Galena-Mission – also insgesamt neun. Samuel H. Thompson wurde in den Kaskaskia-Distrikt und ich in den Sangamon-Distrikt berufen. Dieser Distrikt war immer noch ein großes Arbeitsfeld und erstreckte sich von gegenüber St. Louis bis zur Nordgrenze des Staates.

In diesem Distrikt wohnte ein Lokalprediger – ein kleiner, unkomplizierter, gutmütiger und sympathischer Mann, der als sehr gottesfürchtig galt und zudem noch ein guter Prediger war. Seine Frau war genau das Gegenteil und man sagte ihr keine guten Eigenschaften nach, außer, dass man sie für rechtschaffen hielt. Sie war leicht erregbar, überheblich, streitsüchtig und eine heftige Gegnerin des Glaubens. Sie kümmerte sich nicht darum, dass die Kleidung ihres Mannes in Ordnung war, wenn er einen Predigttermin hatte, und mochte es nicht, wenn er ein Tischgebet sprach oder mit der Familie betete. Wenn er versuchte, zu beten, fügte sie sich nicht, sondern rannte herum, um ihn zu stören, und machte dabei so viel Lärm, wie sie nur konnte. Während er vorlas, sang oder betete, stellte sie die Stühle um. Wenn sie gar keine andere Möglichkeit mehr sah, ihn davon abzubringen, schnappte sie sich eine Katze und warf sie ihm ins Gesicht, während er kniete und zu beten versuchte. Armer, kleiner Mann! Gewiss brachte ihn diese Behandlung an den Rand der Verzweiflung. Er hatte schon viele Prediger zu sich nach Hause eingeladen, damit sie mit seiner Frau redeten, um sie zur Vernunft zu bringen, doch ohne Erfolg. Sie fluchte ihnen ins Gesicht und tobte wie ein Dämon. Er hatte mehrmals darauf gedrängt, dass ich ihn nach Hause begleite, doch ich muss gestehen, dass ich mich nicht ganz traute. So wie jeder andere auch, der von seiner Situation wusste, tat er mir von Herzen Leid. Doch schließlich gab ich seinem Drängen nach und begleitete ihn eines Abends nach Hause. Ich beabsichtigte, die ganze Nacht über zu bleiben. Als wir dort ankamen, bemerkte ich augenblicklich, dass seine Frau wütend war und der Teufel in ihr steckte – ein großer Teufel! Ich machte mir meine Aufgabe bewusst und überlegte mir, wie ich vorgehen sollte. Nach dem Abendessen sagte er sehr freundlich zu ihr: „Komm Frau, lass deine Arbeit liegen und lass uns zusammen beten." In diesem Moment kochte sie über und sagte: „Soweit kommt es noch, dass ich dich in meiner Gegenwart beten lasse!" Ich sprach ruhig zu ihr, zeigte ihr auf, dass ihr Verhalten falsch war, und bemühte mich, meine Bedenken zu begründen. Doch je mehr ich auf sie einredete, desto wütender wurde sie. Sie beschimpfte mich aufs Übelste. Da blickte ich sie streng an und sagte: „Gnädige Frau, wenn Sie meine Frau wären, würde ich Ihnen entweder dieses unmögliche Verhalten austreiben oder Ihnen das Genick brechen."

„Den Teufel würden Sie tun!", sagte sie. „Ja, Sie sind schon ein toller Christ, nicht war?" Und danach überhäufte sie mich dermaßen mit Flüchen, dass es fast nicht zum Aushalten war.

„Seien Sie still", sagte ich, „wir müssen und werden jetzt beten." Doch sie erklärte, dass wir das nicht tun würden.

„Nun", sagte ich zu ihr, „wenn Sie jetzt nicht ruhig sind und sich anständig benehmen, werde ich Sie vor die Tür setzen." Daraufhin ballte sie die Faust und schwor, dass sie zur Hälfte ein Krokodil und zur anderen Hälfte eine Schnappschildkröte sei und dass es schon eines besseren Mannes als mich bedurfte, sie vor die Tür zu setzen. Die Hütte war klein und wir waren nicht weit von der geöffneten Tür entfernt. Ich packte sie am Arm, drehte sie zur Tür und schob sie dann hinaus. Sie sprang auf, raufte sich die Haare und schäumte vor Wut. Ich habe kaum jemanden jemals so fluchen hören! Die Tür war sehr stabil, damit keine Indianer eindringen konnten. Ich verschloss sie fest und verriegelte sie anschließend. Dann betete ich, so gut ich konnte, doch mir fehlen die Worte, zu beschreiben, wie mir zumute war. Ich war entschlossen, den Sieg zu erringen, und wenn ich dabei stürbe. Während sie im Garten und nahe der Hütte vor Wut tobte, fing ich an, ein geistliches Lied zu singen, und zwar so laut, dass ich ihre Stimme übertönte. Ihre fünf oder sechs kleinen Kinder liefen unter die Betten. Die armen Dinger fürchteten sich schrecklich.

Ich sang weiter, während sie draußen brüllte und wetterte, bis sie völlig erschöpft war und kaum noch Luft bekam. Als sie schließlich am Ende ihrer Kräfte war, beruhigte sie sich und wurde still. Sie klopfte an die Tür und sagte: „Herr Cartwright, bitte lassen Sie mich herein."

„Werden Sie sich benehmen, wenn ich Sie hereinlasse?", fragte ich.

„Oh ja, das werde ich", antwortete sie. Ich war jetzt sehr wachsam und geistesgegenwärtig. Ich öffnete die Tür, nahm sie bei der Hand, führte sie herein und ließ sie bei der Feuerstelle Platz nehmen. Sie hatte so sehr gebrüllt und gewütet, dass sie nun schweißgebadet dasaß, sterbensblass. Nachdem sie sich hingesetzt hatte, sagte sie: „Oh, was bin ich doch für ein Narr!"

„Ja", sagte ich, „einer der größten Narren, die ich jemals gesehen habe. Und jetzt müssen Sie für all diese törichten Dingen Buße tun, denn sonst werden Sie schließlich doch noch zum Teufel gehen." Sie schwieg. Ich sagte: „Kommt her Kinder, eure Mutter wird euch jetzt nichts tun." Dann wandte ich mich ihrem Mann zu und sprach: „Bruder C., lassen Sie uns nochmals beten." Wir knieten nieder und beteten. Seine Frau war brav wie ein Lamm.

Lieber Leser, obwohl dies einer der schwersten Fälle war, die ich jemals sah, möchte ich zur Ehre Gottes hervorheben, dass es nach ihrem fürchterlichen

Tobsuchtsanfall keine sechs Monate mehr dauerte, bis diese Frau sich bekehrte, und wenn sich jemals jemand zum Besseren verändert hat, dann sie. So weit ich weiß, kamen ihre Kinder alle zum Glauben. Sie wurden eine glückliche Familie. Die Frau war nun ebenso eifrig für Gott, wie sie es zuvor für den Teufel gewesen war.

1824 kam ich in die Provinz Sangamon. Als ich im Konferenzjahr 1825 bis 1826 den Sangamon-Bezirk bereiste, war der heutige Regierungssitz unseres Staates, Springfield, noch ein sehr kleines Dorf. Damals war dort noch nicht der Regierungssitz und abgesehen von einer Methodistengemeinde gab es dort jahrelang keine christlichen Gemeinden. Im Hinblick auf die Mitgliederzahl und das sittliche Verhalten der Gemeindemitglieder war es eine respektable Gemeinde, doch die Menschen waren sehr arm. Es gab dort weder ein Versammlungshaus noch ein Kirchengebäude. Über mehrere Jahre hinweg predigten wir in Privathäusern. Ich kann mich an den ersten presbyterianischen Prediger erinnern, der in die Stadt kam. Er war sehr gut ausgebildet und hatte in einem der Oststaaten Theologie studiert - so wie in Gewächshäusern Salat produziert wird, werden dort junge Prediger produziert. Er hatte eine ganze Anzahl von Abschriften alter Predigten dabei, die er den Menschen vorlas. Er besaß nicht gerade viel gesunden Menschenverstand und hatte überhaupt keine Ahnung von den üblichen Umgangsformen und Gebräuchen, insbesondere nicht von denen hier in der neuen westlichen Welt - dennoch war er hierhergekommen, um uns arme Heiden zu evangelisieren und zu christianisieren. Er bekam nicht gerade viel Ermutigung, aber er war gewiss ein frommer, guter Mann, der viel betete. Er kam zu meinen Versammlungen und wir lernten uns kennen. Auf Teilstrecken meiner Bezirksrunde begleitete er mich. Er war bestrebt, mit den Menschen in Kontakt zu kommen und zu ihnen zu predigen, bemerkte aber sehr bald, dass ihm der Zugang zu Land und Leuten fehlte. Ich sagte ihm, dass er aufhören sollte, seine alten Predigtmanuskripte abzulesen, und lernen sollte, aus dem Stegreif zu sprechen. Ich wies ihn darauf hin, dass die Menschen, die hier im Westen lebten, in schweren Zeiten geboren und aufgewachsen waren und geradeheraus und offen waren und dass es Zeit sei, seinen Predigtstil anzupassen, ansonsten würden die Methodisten den ganzen Westen in Brand setzen, ehe er sein Streichholz überhaupt entzündet hätte. Er versuchte es eine Zeit lang, doch er wurde entmutigt und verließ die Gegend - niemand weiß wohin.

Kurz darauf kamen andere, aber in Springfield gab es immer noch kein Kirchengebäude. Die Methodisten waren arm und die wenigen Presbyterianer, die dort lebten, waren auch nicht gerade wohlhabend. Schließlich bauten die Bürger eine kleine Schule, die an den Sonntagen auch für Gottesdienste genutzt werden konnte. Es gab allerdings häufig Schwierigkeiten, weil Prediger unterschiedlicher Denominationen dort Gottesdiensttermine anberaumten, die sich zeitlich überschnitten. Das führte zu keinen guten Ergebnissen. Schließlich erarbeitete man einen Plan, in dem geregelt wurde, dass die Methodisten und Presbyterianer gemeinsam eine Kirche bauen würden. Die Nutzungsrechte und die Zeitaufteilung für die gemeinsame Nutzung wurden ebenfalls geregelt. Diese Regelung sollte so lange gelten, bis eine der beiden Kirchen ein eigenes Gebäude hätte und das zuvor gemeinsam genutzte Gebäude der anderen Denomination überlassen könnte. Das entsprechende Dokument wurde unterzeichnet und 500 oder 600 Dollar wurden als Startkapital eingebracht. Ich ging davon aus, dass alles seine Richtigkeit hätte, und machte mich auf den Weg zu meinen Predigtstationen. Doch als die Besitzurkunde erstellt wurde, stellte sich heraus, dass die Treuhänder Presbyterianer waren und die Methodisten das Gebäude lediglich nutzen durften. Der Notar war ein sehr aufrichtiger und intelligenter Mann. Er hatte noch nicht unterschrieben, beabsichtigte aber, es zu tun, doch er wollte, dass die Methodisten die gleichen Rechte bekämen, obwohl er selbst ein Anhänger der Allaussöhnung war. Er erkannte, wie die Dinge sich entwickeln würden, und ließ mich rufen. Als ich kam und die Angelegenheit prüfte, sah ich, dass der schriftliche Entwurf nicht der zuvor getroffenen Vereinbarung entsprach. Ich protestierte bei den Presbyterianern, doch vergeblich; sie bestanden darauf. Ich erstellte sofort einen Finanzierungsplan für den Bau einer Methodistenkirche und brachte 75 Dollar Startkapital ein. Mein alter, aufrichtiger Rechtsberater sagte mir, dass er entweder zwei Grundstücke in der neuen Stadt spenden würde - die Grundstücke lagen dort, wo seinerzeit die überwiegende Fläche der Stadt war - oder fünfzig Dollar. Ich entschied mich für die beiden Grundstücke, auf denen heute die Methodistenkirche steht.

Die Presbyterianer machten sich ans Werk und bauten den Backsteinschuppen, der heute in der Nähe der ersten Presbyterianischen Gemeinde steht. Ich erhielt innerhalb eines Tages ungefähr 600 Dollar und die Methodisten bauten ihr erstes Versammlungshaus. Dieses stand jahrelang als Mahnmal ihres Geizes, bis sie vor noch gar nicht so langer Zeit ihren Irrtum erkannten und dort inzwischen eine feine Kirche haben. Es wäre sinnvoll, dort mindestens zwei weitere Kirchen zu bauen, denn schließlich handelt es sich um eine Stadt mit 10.000 Einwohnern, und es werden ständig mehr. Zweifellos wird diese Stadt weiter wachsen und aufgrund der zentralen Lage und der Eisenbahnverbindung werden dort in ein paar Jahren wohl 50.000 Menschen wohnen. Es ist sehr wichtig, frühzeitig Maßnahmen zu ergreifen, um in jedem neuen Gebiet, jeder neuen Stadt, jedem neuen Dorf und in zukünftigen Siedlungen Grundstücke für Kirchen und Pfarrhäuser zu sichern, so lange sie noch günstig zu haben sind. Manchmal bekommt man sie sogar auf Spendenbasis, das zeigt das Beispiel von den beiden gespendeten Grundstücken. Unsere Mitglieder und unsere Prediger sind in dieser Hinsicht häufig zu unachtsam. Sie warten so lange, bis die Grundstückspreise gestiegen sind, und manchmal kommt es vor, dass sie für ein geeignetes Grundstück, das sie mit einer Kirche oder einem Pfarrhaus bebauen wollen, genauso viel bezahlen müssen wie für ein normales Haus, das für Gottesdienste genutzt werden kann. Der Wert der beiden von mir erwähnten Grundstücke wurde von dem Besitzer auf 50 Dollar geschätzt. Ich vermute, dass man diese Grundstücke inzwischen für sieben- oder achttausend Dollar verkaufen könnte. Schon sehr bald werden diese Grundstücke das Herz der Stadt bilden. Es sind einfach die besten Grundstücke, die man in der Stadt für eine Kirche finden kann.

Als unser geliebter Bischof Janes nach Springfield kam, erkannte er deutlich, dass die Stadt rapide wuchs, aber er sah auch die Zurückhaltung der Kirchenmitglieder, das Kirchengebäude rechtzeitig zu vergrößern. Er schlug vor, in Springfield eine Missionsstation zu gründen, und traf mithilfe des Missionskomitees die notwendigen Vorbereitungen. Doch viele Gemeindemitglieder der alten Garde waren so kurzsichtig, dass sie sich direkt und indirekt gegen dieses Vorhaben stellten. Aufgrund der anhaltenden Bemühungen der Missionare und des Missionsstationsleiters kamen wir zu einem Grundstück und errichteten für etwa 2.700 Dollar eine schöne, kleine Missionskirche.

Als die Bauarbeiten abgeschlossen waren, hatte die Gemeinde 400 Dollar Schulden – doch anstatt alles daran zu setzen, die Schuldenlast abzutragen, ließen die Gemeindemitglieder und die Verantwortlichen der Mission es zu, dass die Kirche für weniger als 300 Dollar verkauft wurde. Nun schmiedeten die Gemeindemitglieder den Plan, das Gebäude zu kaufen. Sie beabsichtigten, das Gebäude nicht mehr als Kirche zu nutzen, sondern daraus eine Ausbildungsstätte zu machen. So wurde es nichts mit unserer Missionsstation und unsere Arbeit von zwei bis vier Jahren ging verloren. Durch die Umwandlung des Missionseigentums in eine Ausbildungsstätte für akademische Zwecke wurde gegen unsere Kirchenverordnungen verstoßen – letztendlich opferte man für Schulden in Höhe von noch nicht einmal 300 Dollar ein Gebäude mit Grundstück, das fast 3.000 Dollar gekostet hatte. Auch zukünftige Generationen werden an diesem Geschäft noch die Unvernunft und Torheit der Mitglieder der Methodistenkirche in Springfield erkennen können – ebenso werden wir über Jahre hinweg Schwierigkeiten haben, wenn wir bei künftigen Kirchenbauprojekten in dieser Stadt die Bürger um Hilfe ersuchen werden.

Die berühmte Lagerversammlung, die in der Provinz und dem Bezirk Sangamon abgehalten wurde, fand ebenfalls um diese Zeit des Konferenzjahres 1829 bis 1830 statt. Ich nehme an, dass die wunderbare Geschichte meines Kampfes mit Mike Fink aus Vorfällen zusammengebraut wurde, die sich während dieser Zeit ereigneten, aber die Geschichte basiert nicht auf Tatsachen. Wir hielten damals innerhalb weniger Wochen zwei verschiedene Lagerversammlungen ab, die auf demselben Gelände stattfanden. Während der ersten Lagerversammlung bekehrten sich schätzungsweise mindestens 100 Menschen, von denen sich die meisten auch der Methodistenkirche anschlossen. Während der zweiten Lagerversammlung traten mindestens 70 Menschen der Kirche bei. Das Lagergelände war groß und günstig gelegen. Es wurde ein Verschlag gebaut, der 1.000 Menschen Platz bot. Die Geschichte, auf die ich hingewiesen habe, wurde in der Zeitung The National Magazine und in Bruder Finleys Autobiografie veröffentlicht. Ich meine, ursprünglich erschien diese Geschichte in einer New Yorker Zeitung namens The Sunday Times, die sie dann nahezu in allen Unionsstaaten veröffentlichte. Die Veröffentlichung dieser Geschichte durch die säkulare Presse wäre mir egal gewesen, wenn sie dadurch nicht auch in unsere christlichen Zeitungen gelangt wäre. Ich hatte den Redakteur einer unserer christlichen Zeitungen angeschrieben, um einige falsche Behauptungen richtigzustellen, woraufhin er den Artikel veröffentlichte. Er vertrat folgenden Standpunkt: „Für mich war die Geschichte so in Ordnung, und wenn Sie nicht selber eine authentische Autobiografie herausbringen, müssen Sie sich nicht wundern, wenn andere fehlerhafte Berichte veröffentlichen."

Während meiner Zeit im Sangamon-Distrikt ritt ich eines Tages nach Springfield, um ein paar Kleinigkeiten zu kaufen. Ich hatte ein ausgezeichnetes, schnelles Pferd, doch inzwischen war es steifbeinig. Ich hielt mich für ein paar Minuten in einem Geschäft auf, um meinen Einkauf zu erledigen. Zwei junge Männer und eine junge Frau, die ich nicht kannte, waren ebenfalls in diesem Geschäft. Sie verließen das Geschäft, ohne dass wir uns miteinander bekannt gemacht hatten. Nachdem ich meine Geschäfte abgewickelt hatte, machte ich mich mit meinem steifen Pferd wieder auf den Heimweg. Als ich etwa drei Kilometer des Weges zurückgelegt hatte, entdeckte ich vor mir einen leichten Planwagen, der von zwei Pferden gezogen wurde. Es war warm; deshalb war die Plane aufgerollt. Ich erkannte, dass es sich bei den Passagieren um die beiden jungen Männer und die junge Dame handelte, die ich zuvor in dem Geschäft gesehen hatte. Als ich mich ihnen näherte, fingen sie an, eines unserer Lagerversammlungslieder zu singen – wie es schien, mit großem Enthusiasmus. Die junge Dame rief: „Ehre sei Gott! Ehre sei Gott!", der Kutscher rief: „Amen! Ehre sei Gott!"

Auf der gegenüberliegenden Seite des Sangamon River fand gerade eine Lagerversammlung statt, und mein erster Gedanke war, dass sie sich bekehrt hatten und deshalb so glücklich waren. Als ich noch ein wenig dichter heranritt, fing die junge Dame wieder an, zu singen und vor Freude zu schreien. Der junge Mann fiel darauf zu Boden und schrie laut um Gnade. Daraufhin schrien die anderen, so laut sie konnten: „Ehre sei Gott! Wieder ist ein Sünder am Boden." Dann ermahnten sie den jungen Mann, der dort lag: „Bete weiter Bruder, bete weiter Bruder, bald wirst du einen Glaubensdurchbruch haben." Augenblicklich sprang der junge Mann auf und rief laut: „Gott hat meine Seele gesegnet. Halleluja! Halleluja! Ehre sei Gott!"

Da ich dachte, es wäre alles in Ordnung, schloss ich dichter zu ihnen auf, um in den Jubel mit einzustimmen. Als ich dichter an den Wagen herankam, fiel mir auf, wie sie sich anschauten, und ich merkte, dass etwas nicht stimmte. Ich wurde misstrauisch. Mir kam der Gedanke, dass sie ahnten oder vielleicht sogar wussten, dass ich Prediger war, und diese Show vielleicht nur veranstalteten, um sich über das Heilige lustig zu machen und mich zu verspotten. Ich zügelte mein Pferd, ließ mich zurückfallen und ritt langsam. Ich hoffte, dass sie ihr Tempo beibehalten würden und ich nicht länger von ihnen belästigt würde, doch als ich langsamer ritt, wurden sie ebenfalls langsamer. Der Kutscher tauschte mit dem anderen jungen Mann die Position, und dann fingen sie wieder an, heftig zu singen und zu schreien. Nun fiel der erste Kutscher zu Boden und die anderen riefen: „Ehre sei Gott! Wieder ist ein Sünder zu Boden gegangen. Bete weiter Bruder, bete weiter Bruder, der Herr wird dich segnen." Augenblicklich sprang er auf und sagte: „Ehre sei Gott! Er hat mich gesegnet." Die beiden anderen riefen: „Und wieder hat sich ein

Sünder bekehrt, und wieder hat sich ein Sünder bekehrt. Halleluja! Ehre sei Gott!" Jetzt wurde ich immer aufgebrachter und ich hatte den Gedanken, zu ihnen zu reiten und die beiden jungen Männer auszupeitschen. Ich glaube, das hätte ich auch getan, wenn nicht die junge Frau bei ihnen gewesen wäre, so unterließ ich es. Es war eine unausstehliche Situation. Wäre mein Pferd so leichtfüßig gewesen wie früher, hätte ich prompt davonreiten können. Ich hätte sie dann mit ihrem Zirkus zurücklassen können, doch mein Pferd war langsam. So lief es also eine Weile. Ich ließ mich zurückfallen und verlangsamte das Tempo, sie taten dasselbe; gab ich meinem lahmen Pferd die Sporen, um zu versuchen, sie zu überholen, knallten sie mit der Peitsche und behielten ihren Vorsprung. So quälten sie mich, wie ich fand, vor meiner Zeit und brüllten dabei beständig: „Wieder ist ein Sünder zu Boden gegangen! Eine weitere Seele hat sich bekehrt! Ehre sei Gott! Bete weiter, Bruder! Halleluja! Halleluja! Ehre sei Gott!", bis ich schließlich das Gefühl hatte, es überstiege das, was ein guter Prediger ertragen kann.

Es fällt mir schwer, in Worte zu fassen, wie ich mich in dieser Situation fühlte. Es kam mir so vor, als hätte man mich dem Teufel übergeben, damit er und seine kleinen Dämonen mich quälen konnten. In diesem Moment musste ich daran denken, dass in etwa 400 Metern Entfernung ein gefährliches Schlammloch war. Es war groß und der Schlamm war schrecklich tief. Dort waren bereits viele Wagen stecken geblieben, die dort buchstäblich wieder herausgehoben werden mussten. Ungefähr in der Mitte des Schlammlochs war die tiefste Stelle. Auf der rechten Seite befand sich ein etwa 60 Zentimeter hoher Baumstumpf, der zur Orientierung diente. Die hier durchziehenden Wagen mussten so dicht wie möglich an diesem Baumstumpf vorbeigelenkt werden, um ein Abrutschen in eine tiefe Furche auf der linken Seite zu vermeiden. Dort waren bereits viele Wagen stecken geblieben. Ich wusste, dass es dort einen schmalen Reitweg gab, der durch das nahe gelegene Dickicht führte, so konnte man das Schlammloch umgehen. Nun kam mir Folgendes in den Sinn: Wenn wir uns diesem Schlammloch näherten, würde ich den Reitweg nehmen und meinem Pferd die Sporen geben, so könnte ich diesen erbärmlichen Quälgeistern entkommen, da ich wusste, dass sie auf der langen Strecke durch den Schlamm nicht schnell vorankämen. Als wir das Schlammloch erreichten, nahm ich den Reitweg und gab meinem Pferd die Sporen und die Peitsche. Als sie bemerkten, dass ich mich schnell von ihnen entfernte, knallte der Kutscher mit der Peitsche und trieb seine Pferde an. Sie waren so besorgt darum, mit mir mitzuhalten, um weiter ihr Spiel mit mir treiben zu können, dass sie den Baumstumpf auf der rechten Seite gar nicht bemerkten. Das Vorderrad des Wagens prallte direkt gegen den Baumstumpf. Als das Rad über den Baumstumpf rollte, kippte der Wagen um. Aus Furcht, der Wagen könnte sich überschlagen und sie unter sich begraben, sprangen die beiden jungen Männer in den Schlamm, und als sie landeten, sanken sie weiter zur Mitte hin. Die junge Dame trug weiße Kleidung, und als der Wagen umkippte, sprang sie so weit sie konnte und landete auf allen vieren. Ihre Arme versanken bis zu den Achselhöhlen im Schlamm, ihr Mund und ihr Gesicht verschwanden ebenfalls in dem trüben Wasser und sie wäre gewiss ertrunken, wenn die jungen Männer ihr nicht zu Hilfe geeilt wären. Als sie ihr halfen, hatte ich mein Pferd gedreht, um diesen Spaß beobachten zu können. Ich ritt an das Loch, stellte mich in die Steigbügel und rief, so laut ich konnte:

„Ehre sei Gott! Ehre sei Gott! Halleluja! Wieder ist ein Sünder zu Boden gegangen! Ehre sei Gott! Halleluja! Ehre! Halleluja!"

Wenn sich jemals jemand mies gefühlt hat, dann diese jungen Leute – und das ist auch recht so, haben sie sich doch einen Spaß daraus gemacht, den Glauben zu verunglimpfen und einen Prediger zu beleidigen, den sie noch nicht einmal kannten. Sie verachteten den Glauben und hassten die Methodisten, ganz besonders die Methodistenprediger. Als ich es leid war, ihnen so zuzurufen, sagte ich:

„Ihr armseligen, unanständigen, gemeinen Sünder, seht das jetzt als ein gerechtes Gericht Gottes über eure Bosheit an und tut Buße. Versucht nicht noch einmal, einen Prediger zu beleidigen, denn wenn ihr euren abscheulichen Spaß und eure Verachtung Christi nicht unterlasst, wird es euch beim nächsten Mal noch schlimmer ergehen, und der Teufel wird euch holen."

Sie fühlten sich so schlecht, dass sie kein einziges Wort entgegneten. Ich war jetzt sehr froh, dass ich nicht meinen Gefühlen nachgegeben und sie ausgepeitscht hatte, sondern dass Gott die Rache selbst in die Hand genommen und seine Ehre verteidigt hatte, ohne dass ich es mit den Waffen des Fleisches getan hätte. Es möge mir an dieser Stelle erlaubt sein, darauf hinzuweisen, dass es mir eine große Freude war, zu erleben, dass sich diese drei jungen Leute bei einer der in diesem Kapitel bereits erwähnten erfolgreichen Lagerversammlungen bekehrten. Ich nahm sie in die Methodistenkirche auf, und als sie sich auf den Rückweg nach Ohio machten, waren sie froh in Gott. Sie waren hierhergekommen, um einige ihrer Verwandten zu besuchen. Jetzt kehrten sie mit einer vollkommen neuen Gesinnung zurück.

Ich möchte jetzt von einer weiteren Begebenheit berichten, die im Zusammenhang mit den bereits erwähnten, erfolgreichen Lagerversammlungen steht. Von Zeit zu Zeit erlebten wir in unseren Lagerversammlungen ein starkes Wirken Gottes. Am Sonntag kamen viele Menschen aus Springfield und dem umliegenden Gebiet zu der Versammlung. Ich wusste von vielen Gläubigen aus anderen Kirchen, dass sie davon sprachen, wie sehr sie sich wünschten, dass ihre Kinder sich bekehrten, aber sie ließen sie nicht zu einer Methodistenversammlung, und schon gar nicht zu einer Lagerversammlung. Doch viele dieser jungen Menschen kamen zu den Lagerversammlungen. Am Sonntag erwies sich die ehrfurchtgebietende Gegenwart Gottes so stark, dass man sie bis in die letzten Reihen der Versammlung spüren konnte. Als ich meine Predigt beendete, machte ich einen Altarruf und es kam zu mächtigen Erschütterungen unter den Totengebeinen. Viele Menschen kamen nach vorne, darunter auch viele junge Damen, deren Eltern zu einer Schwestergemeinde gehörten. Insbesondere möchte ich hier zwei Damen erwähnen, die dem

Altarruf folgten. Ihre Mutter war auch unter den Gottesdienstbesuchern. Als sie hörte, dass ihre Töchter im Altarbereich knieten und Gott um Gnade anflehten, schickte sie einen Ältesten aus ihrer Gemeinde, der sie von dort wegholen sollte. Als er ihnen sagte, weshalb ihre Mutter ihn gesandt hatte, weigerten sie sich, mitzukommen. Daraufhin packte er sie und sagte ihnen, dass sie mitkommen müssten. Nun packte ich ihn und sagte, dass sie nicht gehen würden und dass er den Altarbereich augenblicklich verlassen solle, falls es keinen anderen Grund für sein Kommen gäbe. Er ging und erzählte der Mutter, was geschehen war. Während wir im Altarbereich knieten und für die Bußfertigen beteten, stürzte die Mutter herbei - sie war sehr wütend. Überall im Altarbereich knieten Menschen, weshalb es ihr nicht möglich war, zu ihren Töchtern vorzudringen. Als ich kniete und mich niederbeugte, um mit den Bußfertigen zu reden und sie zu ermutigen, stieg diese Dame auf meine Schultern und dann weiter in die Menge. Rasend vor Wut packte sie ihre Töchter, um sie mit Gewalt von dort wegzubringen. Ich fasste sie am Arm und versuchte, ihr die Situation zu erklären, doch ich hätte ebenso gut mit einem Orkan reden können. Sie sagte, dass sie ihre Töchter von dort wegbringen würde, und wenn es sie ihr Leben kostete.

„Es sind meine Töchter", sagte sie, „und sie sollen mitkommen."

Ich sagte ihr: „Das ist mein Altar und meine Versammlung und ich sage, diese Mädchen werden nicht gehen."

Sie packte noch einmal nach ihnen. Ich hielt sie fest, brachte sie aus dem Altarbereich und sorgte dafür, dass sie nicht wieder zurückging. Beide jungen Damen kamen zum Glauben, doch ihre Mutter hinderte sie daran, in die Methodistenkirche einzutreten. Sie zwang sie, sich ihrer Kirche anzuschließen. In dieser Kirche wurden sie schließlich auch getraut, doch ich fürchte, ihr ganzes weiteres Leben war durch das vorangegangene Verhalten ihrer Mutter beeinträchtigt, wenn es nicht sogar dazu führte, dass sie verloren gingen.

Ich habe oft an die Tausende von Menschen gedacht, die während einer Methodistenversammlung erweckt wurden oder sich bekehrten, aber dann von ihren voreingenommenen Männern, Frauen, Eltern, Kindern und Freunden beeinflusst wurden, sich einer anderen Kirche anzuschließen. Viele derjenigen, die ihre Verwandten oder Freunde aufgrund ihrer eigenen Vorurteile und ihrer Intoleranz davon abhielten, sich einer Gemeinde ihrer Wahl anzuschließen, werden einen furchtbaren Rechenschaftsbericht ablegen müssen - denn wer wird sich dafür vor Gott verantworten müssen, falls diese Seelen verloren gehen? „Lehrer, wir sahen jemand Dämonen austreiben in deinem Namen; und wir wehrten ihm, weil er uns nicht nachfolgt." „Wehrt ihm nicht", lautete die Antwort unseres Erlösers, „denn es ist niemand, der ein Wunder in meinem Namen tun und bald darauf schlecht von mir reden kann" (Mk. 9,38-39). Lasst uns in diesem Punkt vorsichtig sein, denn der Gedanke, dass durch uns Seelen verloren gehen könnten, sollte uns schrecken.

Wir hielten in der Provinz Morgan, die zum Sangamon-Distrikt gehörte, eine Lagerversammlung ab. Während meiner Zeit in diesem Distrikt kam es zu folgenden bemerkenswerten Begebenheiten: Zeitweise kamen sehr viele Menschen zu der Versammlung; viele erlebten einen geistlichen Durchbruch und bekehrten sich; 50 Menschen schlossen sich der Kirche an. Die fünfzigste Person, die der Kirche beitrat, war G.W. Teas, der heute Reiseprediger in der Iowa-Konferenz ist. Wir hielten an mehreren Tagen Gottesdienste ab, tagsüber und abends. In den Bereich, in dem die Damen saßen, reichte ein großer schwerer Ast eines Baumes hinein. Am Montag, als wir die Versammlung gerade zum Abendessen entlassen hatten, löste sich der Ast ohne erkennbaren Grund - es war nicht windig - und fiel unter gewaltigem Krachen direkt auf die Sitzreihen in der Damensektion. Glücklicherweise hatte der Herr es so geführt, dass sich dort keine Frauen und Kinder aufhielten, als der Ast fiel. Wäre das während des Gottesdienstes passiert, wären mindestens ein Dutzend Menschen ums Leben gekommen. Ich meine, es war in demselben Sommer, dass wir südlich von Morgan, in der Nähe von Lynnville, eine Lagerversammlung abhielten. Im Nachmittagsgottesdienst, der um 15:00 Uhr begann, überließ ich einem anderen, sehr guten Lokalprediger die Kanzel. Er war nicht so mitreißend wie andere Prediger und die Zuhörer, insbesondere die Rüpel, wurden unruhig. Ich ging zu ihnen und forderte sie auf, dem Prediger zuzuhören.

„Oh“, sagten sie, „wenn Sie predigen würden, würden wir gerne zuhören.“

„Jungs“, sagte ich, „wollt ihr mich wirklich hören?“

„Ja, das wollen wir“, sagten sie.

„Nun“, sagte ich, „wenn ihr das wirklich wollt, dann trommelt all die zusammen, die hier nicht aufpassen, und kommt in das Wäldchen, etwa 180 Meter südlich von hier, dort werde ich predigen.“

Sie trommelten 200 oder sogar 300 Menschen zusammen. Ich stellte mich auf einen alten Baumstamm und meine Zuhörer nahmen im Schatten Platz. Ich predigte etwa eine Stunde lang und nicht einer von ihnen bewegte sich oder benahm sich daneben. So bot ich ihnen Paroli.

21

Rüpel bei den Lagerversammlungen

Unsere Konferenz tagte im Herbst des Jahres 1831, und zwar am 4. Oktober, in Indianapolis, Indiana. Die Leitung hatte Bischof Roberts. Während dieser Konferenz wählten wir unsere Delegierten für die Generalkonferenz, die am 1. Mai in Philadelphia stattfinden sollte. Es war die fünfte Generalkonferenz, für die ich als Delegierter gewählt wurde. An dieser Stelle erscheint es mir passend, darauf hinzuweisen, dass es seit 1816 die erste Generalkonferenz war, an der ich nicht teilnahm. Der Grund für mein Fernbleiben war, dass meine Familie schwer angefochten wurde. Die Brüder Andrew und Emory wurden zu Bischöfen der Bischöflichen Methodistenkirche gewählt und ordiniert. Außerdem wurde die Indiana-Konferenz gebildet, sodass es nun für den Osten und Süden zwölf Jahreskonferenzen und für den Westen und Süden zehn Jahreskonferenzen gab, die aus der alten Westkonferenz entstanden waren. Im Westen hatte sich die Anzahl unserer Mitglieder auf 217.659 erhöht. Wir hatten dort 765 Reiseprediger. Die anderen beiden Konferenzen für den Osten und Süden hatten 382.060 Mitglieder und 1.454 Reiseprediger zu verzeichnen. Insgesamt waren es also fast 600.000 Mitglieder und 2.219 Reiseprediger.

Wie der Leser sieht, hatten wir innerhalb von vier Jahren für die alten Konferenzen eine Zunahme von 111.850 Mitgliedern zu verzeichnen; im Westen waren es 66.775 – insgesamt also ein Wachstum um 177.625 Mitglieder. Im selben Zeitraum hatte sich die Anzahl unserer Reiseprediger auf 716 erhöht. Das war ein größeres Wachstum als bei allen anderen protestantischen christlichen Kirchen in der Union zusammen. In demselben Zeitraum haben alle Fabriken innerhalb der Union, in denen Prediger produziert werden, nicht so viele Prediger hervorgebracht; und was Erfahrung und Fähigkeit angeht, können es unsere Prediger allemal mit ihnen aufnehmen.

Im Jahre 1832 liefen meine drei Jahre im Sangamon-Distrikt ab und an dieser Stelle möchte ich von zwei oder drei Begebenheiten berichten, die ich in der Provinz Fulton erlebte. Wir hatten dort eine Lagerversammlung, die gut vorbereitet worden war. Viele Menschen kamen, das Interesse nahm zu, und die Aussichten, dass es eine gute Lagerversammlung würde, waren gut. Doch ein paar gemeine und skrupellose Kerle aus dem Nachbardorf „Canton“ hatten folgende Idee: Sie staffierten einen Mann, der pleite war, mit Tabak, Zigarren, Kuchen, Bonbons, Pasteten und allerlei verschiedenen Schnapssorten aus und schickten ihn mit dem Auftrag, einen Kramladen aufzubauen, zum Versammlungsgelände. Ich ging zu ihm und sagte ihm, dass er uns durch den Verkauf seiner Produkte nicht stören und von seinem Vorhaben ablassen solle. Er fluchte, sagte, dass er das nicht tun würde, und widerstand mir offensichtlich. Ich besorgte mir eine Verfügung, brachte einen Polizisten mit und ließ ihn abführen. Er engagierte einen jungen Rechtsanwalt, der seine Verteidigung übernahm. Ich erstattete Anzeige bei Gericht und die Geschworenen verurteilten ihn zu einem Bußgeld von zehn Dollar und dazu, die Kosten des Verfahrens zu tragen. Als er sich darauf berief, dass er mittellos sei, wurde ihm gesagt, dass er ins Gefängnis müsse, falls er das Bußgeld nicht bezahlte. Er antwortete, dass er dann ins Gefängnis gehen müsse, da er das Bußgeld nicht bezahlen könne. Zu seinen Hauptkunden gehörte eine Bande von Betrügern, die nun schworen, ihn zu befreien, falls wir versuchen würden, ihn in das etwa 16 Kilometer entfernte Gefängnis zu stecken, und denen, die ihn dort hinbrächten, eine ordentliche Tracht Prügel zu verpassen. Der zuständige Beamte bekam Angst und zögerte. In der Zwischenzeit beantragte ich die Vollstreckung des Urteils und ließ seinen Kramladen sicherstellen. Er erklärte, dass die Produkte nicht ihm, sondern anderen Menschen gehörten. Ich sagte ihm, dass mir vollkommen egal sei, wem die Sachen gehörten, und wies den Beamten an, sie zu beschlagnahmen. Ich versicherte ihm, dass ich anschließend darauf aufpassen würde. Nachdem wir die Produkte gesichert und unter Aufsicht gestellt hatten, zögerte unser Beamter immer noch, den Mann ins Gefängnis zu stecken. Ich schlug ihm vor, mich und vier weitere kräftige Männer, deren Namen ich ihm nannte, damit zu beauftragen; dann würde ich für eine sichere Überführung ins Gefängnis sorgen - auf meine Verantwortung. Er war einverstanden. Wir hoben unseren Gefangenen auf ein Pferd, bestiegen unsere eigenen Pferde, bewaffneten uns mit Knüppeln und machten uns dann fröhlich auf die Reise. Ungefähr auf halber Strecke sagte ich ihm, dass er jetzt besser sein Bußgeld bezahlen solle, damit ihm die Schmach, ins Gefängnis zu müssen, erspart bliebe. Er schwor, dass er das nicht tun würde - also setzten wir unseren Weg fort. Die Rüpel, die uns angeblich auflauern und ihn befreien wollten, ließen sich nicht blicken. Als wir in Sichtweite der Stadt kamen, in der sich das Gefängnis befand, fragte er mich ernst, ob wir wirklich vorhätten, ihn ins Gefängnis zu stecken. Ich versicherte ihm, dass wir das selbstverständlich tun würden. „Nun", sagte er, „ich kann nicht ins Gefängnis gehen." Dann holte er Geld aus der Tasche und bezahlte das Bußgeld und die Kosten für das Verfahren.

Wir kehrten zurück zum Versammlungsgelände. Die Rüpel waren sehr wütend, weil sie dort nichts mehr zu trinken bekommen konnten und ihr Schnapsladen von uns bewacht wurde. Sie sagten, dass sie die Versammlung beenden würden, wenn wir den Schnaps nicht herausgäben. Ich sagte ihnen, dass sie weiterreiten sollten, weil wir den Schnaps nicht herausgeben würden, und dass wir in der Lage wären, das ganze Regiment zu verprügeln. Am Abend hatten wir einen Gottesdienst bei Kerzenlicht und sie verhielten sich ruhig, bis die meisten der Zeltbewohner zu Bett gegangen waren. Dann begannen sie mit ihren Angriffen. Ich hatte verstärkt Wachen aufstellen lassen und angeordnet, die Lichter die ganze Nacht brennen zu lassen. Zunächst machten die Rüpel aus einiger Entfernung die unterschiedlichsten Geräusche - sie bellten wie Hunde, heulten wie Wölfe und riefen wie Eulen. Dann kamen sie näher und gackerten wie Hühner. Sie versuchten, die Lichter zu löschen, und bewarfen das Zelt mit Steinen. Die Wachen schlugen zurück und konnten sie nahezu die ganze Nacht zurückhalten. Bei Tagesanbruch kamen die Aufrührer jedoch immer näher, klatschten in die Hände und gackerten wie Hühner. Einer ihrer Anführer kam direkt vor das Predigerzelt, klatschte in die Hände, gackerte und ging weiter. Ich ging zu einem Feuer, das ganz in der Nähe brannte, nahm ein brennendes Stück Holz und warf nach ihm. Ich traf ihn direkt zwischen die Schultern und er fing überall Feuer. Er sprang und hüpfte wie ein Bock. Ich rief: „Ergreift ihn, ergreift ihn!“, doch ich sage dir, es hätte schon eines sehr schnellen Läufers bedurft, ihn zu fassen, denn er rannte, als wäre der Teufel hinter ihm her. Als ich zum Zelt zurückkehrte, kam eine der Wachen und erzählte mir, dass die Störenfriede von den Wagen und Kutschen die Räder abmontierten. Ich schaute durch einen Schlitz im Zelt und sah, dass einer von ihnen gerade eifrig beschäftigt war, meine Kutsche, die ich hinter dem Zelt aufgestellt hatte, loszubinden - aus Furcht, dass so etwas passieren könnte, hatte ich die Kutsche an einen jungen Baum gebunden. Ich schlich mich um das Zelt und hob einen Stock auf, der dort gerade lag. Dann kam ich von hinten an den jungen Kerl heran und schlug nach ihm. Ich beabsichtigte nicht, ihn zu verletzen, ich wollte ihn vielmehr erschrecken. Durch den Schlag rutschte sein Hut über sein Gesicht. Er erschrak sich gewaltig und rannte los, doch weil sein Hut nicht mehr richtig saß, konnte er nicht richtig sehen. Er floh, so schnell er konnte, und prallte mit dem Kopf gegen einen Baum, sodass er sich gewissermaßen selbst niederschlug. Dabei verletzte er sich im Gesicht und blieb einige Minuten regungslos am Boden liegen, doch als er zu sich kam, war er lammfromm und seine aufmüpfige Phase war vorbei. Damit hörte auch der Ärger mit den Rüpeln auf; es blieb nun ruhig und friedlich.

Unter uns weilte ein außergewöhnlicher, beachtenswerter Mann. Sein Name war Wilson Pitner und er war Reiseprediger bei der Illinois-Konferenz. Wie gesagt, er war bei dieser Lagerversammlung. Er war ungebildet und es schien ihm nicht möglich zu sein, sich weiterzubilden. Trotz dieser Defizite und der Tatsache, dass er ein ganz normaler Prediger war, wuchs er ab und zu über sich hinaus. Es gibt nur sehr wenige, die ihn, was das Predigen betrifft, in solchen Augenblicken übertreffen konnten - möglicherweise war er einer der redegewandtesten und vollmächtigsten Ermahner des Landes.

Am Montag kam er zu mir und bat mich, ihn im 11:00-Uhr-Gottesdienst predigen zu lassen. Er sagte:

„Ich glaube, dass Gott heute viele dieser Rüpel und Feinde des Glaubens überführen wird.“

Ich willigte ein und er predigte mit großer Freimütigkeit und Vollmacht. Nahezu alle Versammelten waren ergriffen, als er gegen Ende seiner Botschaft die Rüpel und Glaubensfeinde mit diesen Worten dazu aufrief, ihn am Altar zu treffen:

„Ich glaube, dass Gott jeden, der nach vorne kommt, um zu beten, bekehren wird."

Die Menschen stürmten dicht gedrängt zum Altarbereich, darunter auch viele unserer Widersacher, die unsere Versammlungen zuvor unterbrochen und gestört hatten. Sie fielen auf ihre Knie und schrien laut um Gnade. Mir fehlen die Worte, um zu beschreiben, was sich abspielte, aber an jenem Tag bekehrten sich mehr als 50 Seelen, wenn wir den Abendgottesdienst einberechnen. Unsere Versammlung dauerte noch mehrere Tage und ungefähr 90 Menschen bekannten, dass sie die Erfahrung der Sündenvergebung gemacht hatten – die meisten von ihnen wurden Mitglieder der Kirche. Trotz aller Widerstände, die wir erlebten, wurde viel Gutes bewirkt.

Der Dienst von Wilson Pitner brachte häufig solche Resultate hervor. Inzwischen arbeitet er in Kalifornien, um Seelen zu gewinnen.

Als im Jahre 1832 die Illinois-Konferenz geteilt wurde und Indiana eine eigenständige Konferenz wurde, wurde beschlossen, die Zuständigkeit der Illinois-Konferenz auf den Staat Illinois zu begrenzen. Zu dieser Konferenz gehörten folgende, durch einen Vorsitzenden der Ältestenschaft geleitete Distrikte: Wabash, Kaskaskia, Sangamon- und Mission-Distrikt. Die erste Illinois-Konferenz nach dieser Neuordnung, also mit den erwähnten vier Distrikten und ohne Indiana, fand am 25. September 1832 in Jacksonville statt. Die Prediger, die in Indiana arbeiteten, kamen ebenfalls und Bischof Soule leitete die Konferenz. Für das Konferenzjahr hatten wir eine Zunahme von fast 3.000 Mitgliedern zu verzeichnen. Der Bischof traf sich mit dem beratenden Gremium. In der Diskussion wurde deutlich, dass aufgrund der rapiden Bevölkerungszunahme und der damit einhergehenden, beständig wachsenden Arbeit zwei neue Distrikte gebildet werden sollten. Der Mission-Distrikt wurde in Chicago-Distrikt umbenannt und der Quincy-Distrikt wurde gegründet. Die Illinois-Konferenz hatte zum Zeitpunkt ihres Treffens in Jacksonville 35 Reiseprediger und etwa 10.000 Mitglieder. Inzwischen hatte ich 28 Jahre Reisedienst hinter mir, und obwohl ich mit einer guten körperlichen Verfassung gesegnet war, spürte ich die Anfänge der Erschöpfung, und dass ich eine kleine Verschnaufpause brauchte. Ich bat für die Dauer eines Jahres um ein Pensionsverhältnis, das mir auch gewährt wurde. Doch als der Quincy-Distrikt gegründet wurde, fand sich aus den Reihen der Ältestenschaft niemand, der bereit war, dorthin zu gehen, denn dieses Gebiet war noch sehr neu und unerschlossen. Der Bischof sagte, dass der Distrikt von den anderen Distrikten mit übernommen werden müsste, falls niemand dort den Vorsitz der Ältestenschaft übernähme. Ich sagte ihm, dass man von einer Zusammenlegung absehen sollte.

„Nun", sagte er, „was sollen wir tun? Keiner von euch Ältesten ist bereit, zu gehen."

Ich sagte: „Lassen Sie mich dieses Übel beheben."

Bischof Soule antwortete: „Ich wünschte, Sie würden es tun."

Ich sagte: „Veranlassen Sie gleich morgen früh, dass ein Bruder sich darum kümmert, dass die Entscheidung, mir den Pensionsstatus zu bewilligen, überprüft wird und ich wieder eingesetzt werden kann. Mein Herr, wenn Sie es für richtig halten, mich in diesem Distrikt einzusetzen, bin ich bereit, dorthin zu gehen."

Mit diesem Vorschlag waren alle einverstanden. Am nächsten Morgen wurde die Überprüfung in die Wege geleitet und ich wurde in den Quincy-Distrikt berufen. Du siehst also, dass ich in mehr als 50 Jahren für etwa zehn Stunden einen Pensionsstatus innehatte. Folgende Predigtstationen gehörten zum Quincy-Distrikt: Galena-Mission, Fort-Edwards-Mission, Henderson-River-Mission, Blue-River-Mission, Quincy, Rushville und Canton. Der Distrikt erstreckte sich von der Mündung des Illinois River den Misissippi hinauf bis nach Galena im Nordwestzipfel des Staates und dann westlich des Illinois River flussaufwärts bis in die Nähe von Peoria, und von dort bis an die Nordgrenze des Staates und sogar noch in das heutige Wisconsin hinein. In diesem Distrikt hatten wir ungefähr 1.400 Mitglieder. Einen großen Teil des Distrikts machten die neuen Siedlungen aus - die bereits bestehenden und die, die am Entstehen waren. Das bedeutete für uns lange, anstrengende Ritte, Aufenthalte in Hütten und Strohbetten, Bettgestelle, die aus abgeschälten Setzlingen gebaut waren und mit Bodenbrettern statt gespannter Schnüre bespannt waren. Die Menschen dort besaßen eine sprichwörtliche Freundlichkeit und Tüchtigkeit und zeigten somit die echte Gastfreundschaft der Pioniere in den Grenzgebieten. Die Männer waren widerstandsfähig, fleißig, wagemutig, Jäger und Indianervertreiber. Die Frauen waren ebenfalls widerstandsfähig und, falls es erforderlich war, sahen sie es nicht als zu schwere Arbeit an, ihren Männern beim Hüttenbau zu helfen. Zu Pferd legten sie 16 bis 24 Kilometer zurück, um einen Gottesdienst oder die Kranken zu besuchen. Sie dienten den Kranken und machten sich am selben Tag wieder auf den Rückweg. Was für ein Unterschied zu den Damen, die in etablierten Gegenden wohnen, in Wohlstand und Luxus aufgewachsen sind und das moderne Leben gewöhnt sind. Müssten sie einen Spaziergang von knapp 100 Metern in der Sonne ohne Schirm machen, würden sie ohnmächtig. Sie sind dermaßen steif und unbeweglich, dass sie es nicht schaffen, vernünftige Schritte zu machen, und falls wegen eines Missgeschicks ihre Schnürung aufgeht und sie hinfallen, sind sie so in allem Möglichen gefangen, dass sie nicht mehr aufstehen können, und wenn sie draußen von einem Unwetter überrascht werden, schreien sie, als ob es ihr Ende wäre.

Ich war häufig vier oder fünf Wochen von zu Hause fort. Während einer dieser Reisen in den Norden dieses Distrikts kam es zu folgender Begebenheit. Ich war von zu Hause aufgebrochen, um an vier oder fünf Vierteljahresversammlungen im Norden teilzunehmen. Nachdem ich etwa 128 Kilometer zurückgelegt hatte, setzte ein furchtbarer Regen ein. Der Regen hielt zwei

Nächte und einen Tag lang an. Ich wurde während dieser Zeit von einem Freund beherbergt und hatte es gut. Als es aufhörte, zu regnen, brach ich zur Henderson-River-Missionsstation auf. Überall dort, wo der Erdboden eben war, stand das Wasser, und aus Schluchten und Bächen waren jetzt große Flüsse geworden. Bis zu meiner nächsten Predigtstation waren es noch etwa 58 Kilometer. Der Bruder, bei dem ich gewohnt hatte, versuchte, mich davon abzubringen, meine Reise fortzusetzen. Er sagte, dass es bis zum nächsten Orientierungspunkt, der 32 Kilometer entfernt war, weder einen Weg noch Häuser oder Hütten gäbe und dass dieses Wäldchen, das zur Orientierung diente, aus einigen Kilometern Entfernung von den niedrigen Stellen und Tälern der Prärie nicht zu sehen wäre; ich würde möglicherweise tagelang in dieser großen Prärie umherirren, falls ich den Orientierungspunkt verfehlte oder einen Unfall hätte, sodass die Dunkelheit über mich hereinbräche und ich die Nacht im Freien zubringen müsste – und selbst wenn ich den Waldorientierungspunkt erreichte, würde der dort vorbeifließende Fluss aufgrund des Hochwassers mit Sicherheit 18 Meter breit sein; es gäbe dort weder Brücken noch Kanus und ich würde auch keinen umgestürzten Baum finden, der bis an das andere Ufer reichte, sodass ich würde schwimmen müssen – und das alles ganz auf mich allein gestellt; im Falle eines Unfalls würde ich gewiss ertrinken.

Das waren keine guten Aussichten und ich spürte, wie mich einige Bedenken überkamen. Die Argumente meines Freundes blieben nicht ohne Auswirkungen auf meine Gedanken. Ich hielt einen Moment lang inne und dachte über die Situation nach. Da kam mir das alte Methodistenpredigermotto in den Sinn „Gib niemals auf, ehe du nicht ganz genau weißt, dass du nicht weiter vorankommen kannst." Jetzt stand mein Entschluss, aufzubrechen, unabänderlich fest.

„Bruder", sagte ich, „da es keinen Weg gibt, steig auf dein Pferd und begleite mich so lange, bis ich den Waldorientierungspunkt sehen kann."

Er willigte gerne ein. Als wir etwa drei Kilometer zurückgelegt hatten, war der Waldorientierungspunkt deutlich zu sehen. Als er umkehrte, sagte er: „Es würde mich nicht wundern, wenn ich dich nie wiedersähe."

„Nun", sagte ich, „falls ich falle und du mich tatsächlich nicht wiedersiehst, sage meinen Freunden, dass ich mich bemüht habe, meine Pflicht zu erfüllen, und dabei umgekommen bin. Leb wohl!"

Ich hatte ein ausgezeichnetes, großes und treues Pferd „unter mir" und die göttliche Vorsehung „über mir". Bereits wenige Minuten, nachdem unsere Wege sich getrennt hatten, spürte ich, dass ich nichts zu fürchten brauchte. Ich ritt weiter. Manchmal konnte ich den Orientierungspunkt sehen, dann wieder nicht; manchmal war es beinahe nötig, die kleinen Ausläufer zu durchschwimmen, doch mit jedem Schritt ließ ich die Prärie weiter hinter mir und kam dem Waldorientierungspunkt näher. Ich kam nur langsam voran, weil der Boden überschwemmt und aufgeweicht war, doch jedes Mal, wenn ich aus den Tälern der Prärie zu den höher gelegenen Stellen gelangte, schien mein Orientierungspunkt näher zu sein. Schließlich kam ich dort gegen 15:00 Uhr sicher an. Ich ritt zu der Hütte, aber es war niemand zu Hause. In ungefähr 22 Kilometern Entfernung konnte ich den nächsten Waldorientierungspunkt erkennen, und der war nicht mehr weit von meiner Predigtstation entfernt, wo ich die Vierteljahresversammlung abhalten sollte. Ich beschloss, mich zu beeilen und den Nachmittag für meine Weiterreise zu nutzen, doch nur 182 Meter von mir entfernt war ein großer Fluss, den ich überqueren musste. Ich entschied mich, den Fluss oberhalb des Wäldchens zu überqueren. Doch als ich die Stelle erreichte, sah ich, dass der Fluss einschließlich der überschwemmten Fläche mindestens 182 Meter breit war. Ich konnte nicht abschätzen, wie weit mein Pferd mit mir auf dem Rücken schwimmen musste, da nicht zu erkennen war, wo das Wasser entsprechend tief wurde. Ich ritt so weit ins Wasser hinein, dass etwa noch zwei Drittel der Strecke vor mir lagen, und jetzt musste mein Pferd schon beinahe schwimmen. Den Rest der Strecke auf dem Rücken meines schwimmenden Pferdes zurückzulegen, hielt ich für zu gefährlich. Mir kam der Gedanke, dass Besonnenheit besser als Heldenmut ist, also kehrte ich um. Nun ritt ich in das Wäldchen, um nach einer schmaleren Stelle oder einem umgestürzten Baum zu suchen, der über den Fluss ragte. Auf diese Weise wollte ich meine Sachen trocken ans andere Ufer bringen, dann zurückkehren und mit meinem Pferd den Fluss durchschwimmen. Schließlich fand ich eine schmalere Stelle, an der ein Baum umgestürzt war und sich über den Fluss gelegt hatte. Es war perfekt und kam auf wunderbare Weise meiner Absicht entgegen, doch mittlerweile war es schon fast Abend. Selbst wenn ich den Fluss jetzt noch sicher überquert hätte, wäre die Zeit zu knapp gewesen, den nächsten Waldorientierungspunkt zu erreichen, und dann hätte ich ohne Nahrung und Futter für mein Pferd die Nacht im Freien verbringen müssen. Ich sah von diesem Vorhaben ab und dachte mir, dass die Bewohner der Hütte, an der ich zuvor vorbeigekommen war, gegen Abend wieder zu Hause wären. Ich beschloss, dorthin zurückzureiten und nach einer Übernachtungsmöglichkeit zu fragen. Als ich dort ankam, stellte ich fest, dass immer noch niemand zu Hause war. Egal, ob nun jemand da war oder nicht, ich beschloss, dort zu übernachten. Ich saß ab, öffnete die Tür und trat ein. Ich stellte fest, dass jemand dafür gesorgt hatte, dass noch Glut in der Asche war. Das bestärkte mich in der Hoffnung, dass die Bewohner im Laufe des Abends zurückkehren würden. Ich ging wieder hinaus, sattelte mein Pferd ab und versorgte es und wollte nun selbst etwas essen. Inzwischen war ich sehr hungrig. Ich entfachte ein kleines Feuer und zu meiner großen Freude fand ich in der Ecke eines Schrankes, der in Hinterwäldlermanier aus Schindeln gebaut worden war, eine Pfanne mit Maisbrot. Es war zwar schon kalt, aber gut zubereitet, und es schmeckte sehr gut. In einer Ecke des hölzernen Rauchabzugs fand ich ein Stück hervorragendes getrocknetes Wildbret. Ich nahm ein paar von den Kohlen und grillte mir ein Stück Wildbret – das ergab eine deftige Mahlzeit. „Wenn ich jetzt auch noch eine gute Tasse Kaffee hätte", dachte ich, „wäre das die Krönung einer köstlichen, wohltuenden Mahlzeit." Als ich mich in dem Schrank genauer umsah, entdeckte ich einen Blecheimer, der voll mit vorzüglichen Honigwaben war. Ich nahm den Honig heraus, füllte einen Blechbecher mit Wasser und süßte das Wasser mit dem Honig. Für mich war dieses Getränk ein hervorragender Ersatz für Kaffee. In der Hütte stand ein schönes, sauberes Bett, in dem ich ungewöhnlich gut schlafen konnte. Am nächsten Morgen stand ich früh auf, versorgte mein Pferd, bereitete mein Frühstück zu – das sehr dem Abendessen ähnelte –, sattelte mein Pferd und setzte meine Reise fort.

Als ich den Fluss erreichte, stellte ich fest, dass der Wasserpegel zwar erheblich gesunken war, er aber immer noch Hochwasser führte. Nachdem ich meine gesamte Reiseausrüstung trocken ans andere Ufer gebracht hatte, entkleidete ich mich und ging zurück. Dann saß ich auf und gelangte sicher ans andere Ufer. Ich kleidete mich wieder an und kniete mich hin, um Gott von Herzen dafür zu danken, dass er so gut für mich sorgte, und für die Gnade, die er mir erwiesen hatte. Dann setzte ich meine Reise jubelnd und fröhlich fort.

Ich erreichte die Predigtstation, in der die Vierteljahresversammlung stattfand. Die Mitglieder, insgesamt sechs, die es in diese Gegend verschlagen hatte, und etwa acht weitere Menschen, die nicht zur Methodistenkirche gehörten, waren gekommen. Bis auf eine Familie, die ebenfalls in der Nähe wohnte, war das auch schon die ganze Siedlung. Das Oberhaupt dieser Familie war entschieden gegen die Methodisten. Er sagte, dass er vor allem deshalb an diesen neuen und entlegenen Ort gezogen wäre, um diese erbärmlichen Leute, die sich Methodisten nannten, loszuwerden. Doch kaum wäre er in seine Hütte eingezogen, hätte ihm ein Methodistenprediger Höllenfeuer und Verdammnis gepredigt – so, wie sie es halt ständig täten.

Am Montagmorgen besuchte ich ihn. Er war ein etwas überspannter Anhänger der Prädestinationslehre, der glaubte, dass Gott für alles, was geschieht, verantwortlich war. Nachdem ich mich ihm vorgestellt hatte, wurde er gleich streitlustig. Ich sagte ihm, dass ich nicht gekommen sei, um mit ihm zu diskutieren, sondern um ihn einzuladen, zum Retter zu kommen. Er sagte, dass er von mir nichts annehmen könne, da er die Methodisten aufrichtig hasse. Daraufhin brachte ich mehrere Argumente ein: Wenn Gott alles angeordnet hätte, was geschieht, dann hätte er auch angeordnet, dass es die Methodisten gäbe und dass sie exakt das glaubten, was sie glauben; dann hätte Gott die Methodisten auch ins Leben gerufen, um ihn vor seiner Zeit zu quälen; dass er ein großer Dummkopf sein müsse, wenn er annähme, die Methodisten könnten etwas anderes tun und glauben. Ich sagte: „Nun, mein lieber Herr, sie müssen ein widerlicher Kerl sein, dass sie gegen die Beschlüsse Gottes vorgehen und die Methodisten ausrotten wollen." Ich erklärte ihm, dass, wenn seine Lehre wahr wäre, die Methodisten mit Sicherheit den herrlichen Willen Gottes, der sich auf Wahrheit und Gerechtigkeit gründete, ebenso erfüllen würden, wie die Engel, die um Gottes Feuerthron sind. Ich ermahnte ihn in mancherlei Hinsicht, und nach und nach wurde er offener für den Glauben. Ich redete freundlich mit ihm, betete für ihn und ging wieder.

Als er wieder alleine war, fing er an, über unser Gespräch nachzudenken, und je mehr er nachdachte, desto unsicherer wurde er, was die Vorsehung betraf. Dieses Thema ließ ihn nicht mehr los, und auf Schritt und Tritt, ob er nun beim Essen saß, ritt oder die Straße entlangging, dachte er über dieses Thema nach. Er schnitt ein Stück Fleisch ab, führte es mit der Gabel zum Mund und sagte: „Gott hat schon seit Ewigkeiten beschlossen, dass ich dieses Stück Fleisch essen werde, doch ich werde gegen diesen Beschluss verstoßen", und warf es dann den Hunden vor. Wenn er auf seinen Spaziergängen durch die Siedlung an eine Wegkreuzung kam, sagte er: „Gott hat schon seit Ewigkeiten beschlossen, dass ich rechts abbiegen werde, aber ich verstoße gegen diesen Beschluss", und bog dann links ab. Wenn er durch die Siedlung ritt und einen Baumstumpf oder Baum erreichte, zog er an den Zügeln und sagte: „Gott hat bereits vor Ewigkeiten bestimmt, dass ich rechts am Baum vorbeireite, doch ich werde gegen diesen Beschluss verstoßen", und ritt links vorbei.

Das ging so lange so weiter, bis seine Familie dachte, er sei verrückt geworden. Auch die Bewohner der Siedlung machten sich Sorgen, dass er durchgedreht wäre. Schließlich wurde er stark überführt. Ihm wurde klar, dass er ein verlorener und verkorkster Sünder war, der sich nicht für Jesus Christus interessierte. Er rief seine Nachbarn zusammen und bat um Gebet. Nach einem langen Kampf mit dem Teufel und gegen seine Beschlüsse gefiel es Gott, ihm den wahren Glauben zu schenken. Nahezu alle Familienmitglieder bekehrten sich. Sie traten in die Methodistenkirche ein und wandelten würdig ihrer hohen und heiligen Berufung.

Bei einer anderen sonntäglichen Vierteljahresversammlung in dieser Missionsstation kamen 27 Menschen zum Gottesdienst - das war nahezu die gesamte Bevölkerung aus einem Umkreis von einigen Kilometern. Bei einer Abendmahlsfeier waren wir, einschließlich der anwesenden Prediger, nur acht Personen. Bruder Barton Randle, der inzwischen ein pensioniertes Mitglied der Illinois-Jahreskonferenz ist, war der dortige Missionar. Obwohl er nur bei schwacher Gesundheit war und wenig Widerstandskraft hatte, suchte er in diesem neuen und arbeitsintensiven Erntefeld treu nach den verlorenen Schafen. Er litt unter großen Entbehrungen und Schwierigkeiten, die er ertrug, als sähe er den Unsichtbaren (sic. Ich halte ihn für einen der besten Missionare, die ich jemals kannte. Er bewirkte viel Gutes in diesem neuen, aufstrebenden Land, und legte feste Fundamente, die später gute Ergebnisse zeigten - das ist in diesem inzwischen dicht besiedelten und im Wachstum befindlichen Land bekannt. Von dieser Mission wurden viele große Bezirke und finanziell selbstständige Predigtstationen gegründet, und zweifellos werden am Tage des Gerichts viele aufstehen und Bruder Randle segnen, und er wird viele seiner geistlichen Kinder im Himmel freudig begrüßen können. Bruder Randle war der erste Missionar, der zu dieser Missionsstation gesandt wurde, und als die Zeit seines Dienstes dort nach einem Jahr auslief, übergab er die Station mit 75 Mitgliedern.

Im Jahre 1832 wurde die Rock-Island-Missionsstation gegründet und Philip T. Cordier wurde dort als Missionar eingesetzt. Er war für diesen Dienst nicht sehr begabt und bewirkte nur wenig. Schließlich wurde er dieses Dienstes enthoben. Ich weiß nicht, was aus ihm geworden ist. Das Gebiet der Rock-Island-Missionsstation lag vornehmlich in der Well-Siedlung, wie sie damals genannt wurde. Die Siedlung lag ein paar Kilometer oberhalb der Mündung des Rock River. Als ich die Missionsstation das erste Mal besuchte, führte der Fluss noch sehr viel Wasser, obwohl der Wasserpegel bereits erheblich gesunken war. Bei einer etwas weiter flussabwärts gelegenen Furt lag eine alte Fähre. Der Fährmann war sehr kleinlich und verlangte von seinen Fahrgästen einen hohen Preis für die Überfahrt. Manche behaupteten, dass man zum anderen Ufer des Flusses hinüberwaten könne, andere sagten, dass man schwimmen müsse. Ich kannte mich dort überhaupt nicht aus, und obwohl ich kein Geld für die Überfahrt hatte, wollte ich nicht schwimmen, wenn es sich vermeiden ließe. Also ritt ich zu dem Fährmann, begrüßte ihn und fragte, ob das Wasser flach wäre.

„Nein", sagte er, „beide Uferseiten sind überschwemmt, und außerdem gibt es im Fluss eine gefährliche Furt."

„Nun", sagte ich, „was machen Sie mit Fremden, die kein Geld haben? Ich bin auf Reisen, aber am kommenden Montag werde ich wieder hier sein. Wenn Sie mich jetzt auf die andere Seite bringen, werde ich Ihnen das Geld auf meinem Rückweg gewiss bezahlen."

„Das werde ich nicht tun", sagte er. „Sie müssen mir ein Pfand dalassen, ansonsten werde ich Sie nicht hinüberfahren."

„Was soll ich Ihnen denn dalassen?"

„Ihren Übermantel", sagte er.

„Nein, mein Herr, vielleicht werde ich ihn vorher noch brauchen, und wenn Sie mir nicht vertrauen, fürchte ich, werde ich Ihnen auch nicht vertrauen können."

„Nun", sagte er, „dann kommen Sie eben nicht ans andere Ufer. Ich vertraue Ihnen nicht."

Ich war ein wenig verärgert, wandte mich ab und sagte: „Mein Pferd ist eine wesentlich bessere Fähre als ihre und es vertraut mir." Ich beschloss, zu schwimmen. Als ich mich von dem Fährmann abwandte, sah ich, wie auf der anderen Uferseite ein Reiter direkt an das Ufer heranritt. Er ritt ins Wasser hinein und sein Pferd durchwatete den Fluss. Es war überhaupt nicht notwendig, zu schwimmen. Der Fremde sagte mir, dass es in keinem Fluss der Welt eine bessere Furt gäbe als diese und dass nicht die geringste Gefahr bestünde. Ich erzählte ihm, was der Fährmann mir gesagt hatte.

„Ah", sagte er, „ da sind Sie noch einmal gut davongekommen, denn wenn Sie ihm Ihren Übermantel dagelassen hätten, hätten Sie ihn nicht wiedergesehen. Er ist ein großer Halunke, der sich seinen Lebensunterhalt auf schändliche Weise beschafft."

So gelangte ich sicher ans andere Ufer und freute mich, dass ich meinen Übermantel behalten hatte. Als ich bei Bruder Well eintraf, fand ich dort eine kleine Methodistengemeinde vor. In der Gemeinde herrschte Frieden und wir hatten eine sehr erfreuliche Vierteljahresversammlung.

Dort, auf der Nordseite des Rock River auf einer leichten Anhöhe am unteren Teil des Mississippi, liegt eine der ältesten Indianerstädte im Nordwesten und Norden des Landes. Es ist eine wunderbare Lage für eine Stadt. Man konnte dort die ausgeblichenen Gebeine Tausender dieses armen, wilden, umherstreifenden Menschenschlags liegen sehen. Einst war dort das Zentrum der riesigen, mächtigen, ungebrochenen und kriegerischen Stämme des Nordwestens. Dieser Ort wurde vor allem von dem berühmt-berüchtigten Black Hawk und seinem Stamm beansprucht. Wäre es ein zivilisiertes Volk gewesen, das mit der wahren Kriegskunst vertraut gewesen wäre, wäre es für die Amerikaner vollkommen unmöglich gewesen, sie so zu besiegen und zu unterwerfen, wie sie es taten. Wenn ich mir die Felder anschaute, die seit Ewigkeiten den Indianern gehörten, doch nun von Weißen kultiviert wurden, wurde ich von Trauer ergriffen. Hätten die Indianer die notwendige Ausbildung gehabt und wären sie zivilisiert gewesen, stünde an diesem hervorragenden Ort heute zweifellos eine ebenso prächtige Stadt wie New York – doch sie schwanden dahin und gingen zu ihrer letzten Ruhestätte. Ich sah ein paar vereinzelte Indianer, die durch den unaufhaltsamen Vormarsch der Weißen vertrieben worden waren.

Bei einem weiteren Besuch der Rock-Island-Missionsstation anlässlich einer Vierteljahresversammlung wurde ich vom Vorsitzenden der Ältestenschaft der Rock-River-Konferenz, Bruder H. Summers, begleitet. Wir hatten eine angenehme Versammlung, die Gutes bewirkte. Ich hatte eine Menge geistliche Bücher mitgebracht und verteilt und diese Bücher waren dort sehr begehrt. Bruder Summers und ich beschlossen, den Rock River bei einer Furt weiter oberhalb des Flusses zu überqueren. Etwa in der Mitte des Flusses lag ein rutschiger Felsen, dem man ausweichen konnte, wenn man den Fluss ein ganzes Stück weiter oberhalb durchquerte. Doch irgendwie verfehlte ich die sichere Spur und mein Pferd glitt ab und stürzte. Mein Sattel drehte sich und ich fiel ins Wasser. Das Erste, was ich dann sah, waren meine Satteltaschen, die wegen der starken Strömung schnell wegtrieben. Um es meinem Pferd möglichst leicht zu machen, wieder auf die Beine zu kommen, ließ ich es los und machte mich dann daran, meine Satteltaschen einzuholen. Es war sehr knapp, doch es gelang mir, sie zu erreichen, ehe sie so tief sanken, dass ich sie nicht mehr hätte sehen können. Aus meinen Büchern und meiner Kleidung waren Baptisten geworden, denn die Satteltaschen waren reichlich mit Wasser gefüllt, und was mich betrifft, so bin ich davongekommen, auch wenn es mich einiges kostete. Mein Pferd kam wieder auf die Beine und watete gelassen aus dem Wasser. Ich tat dasselbe. Bruder Summers war nicht in der Lage, so ernst zu bleiben, wie es für ihn typisch war, und sein Spaß ging auf meine Kosten. Es gab keine trockene Stelle mehr an mir, doch wir setzten unsere Reise fort und erreichten gegen Abend die Pope-River-Siedlung.

Wenn ich mich richtig erinnere, wurde die Galena-Missionsstation 1827 gegründet. Es ist schon eine eigenartige Fügung des Schicksals, dass ich niemals dort war, obwohl Galena jahrelang zu meinem Distrikt gehörte. Es gab immer irgendwelche Gründe, die mich daran hinderten, dort zu predigen – Hochwasser, mein Pferd, ich selbst oder meine Familie erkrankten – sodass ich bis heute nicht die Hügel Galenas gesehen habe, nicht durch die Straßen Galenas gelaufen bin und auch nicht die dortigen Minen und Vorräte erkundet habe. Ich war für meine Pünktlichkeit bekannt und es kommt mir schon merkwürdig vor, dass ich niemals in dieses interessante Gebiet gelangte.

Sowohl im Herbst des Jahres 1834 als auch im Herbst des Jahres 1835 war mein Schwiegersohn in der Henderson-River-Missionsstation als Reiseprediger unterwegs. Als ich einmal an einer seiner Vierteljahresversammlungen teilnahm, stellte sich heraus, dass es dort kein Pfarrhaus gab und nur sehr wenig Familien, die in der Lage waren, Gästen Kost und Logis zu gewähren. Während der Versammlung regnete es fast unentwegt. Als es aufhörte, zu regnen, wurde es kalt, und dann fiel recht viel Schnee. Ich wohnte in meiner zweirädrigen Kutsche. Als ich mich auf den Nachhauseweg machen wollte, fasste meine Tochter den Entschluss, mitzukommen, um ein paar Wochen bei ihrer Mutter zu verbringen. Ich sagte ihr, dass ich wüsste, dass die Flüsse Hochwasser führten und es fraglich sei, ob wir dort weiterkämen. Sie sagte, wenn ich zurechtkäme, würde sie ebenfalls zurechtkommen. Also brachen wir mit meiner zweirädrigen Kutsche auf. Nach einigen Kilometern erreichten wir den Spoon Fluss. In der Nähe eines kleinen Dorfes namens Ellisville führte der Fluss besonders viel Wasser und der Wasserpegel stieg weiterhin rapide an. Es gab dort weder eine Fähre noch ein gemütliches Haus, in dem wir uns hätten einquartieren können. Einer der Dorfbewohner hatte ein Kanu, aber wie sollte ich meine Kutsche mit einem Kanu über einen Fluss mit starker Strömung transportieren? Der Kanubesitzer sagte, dass er dazu in der Lage sei, und ehe wir auf unbestimmte Zeit bei den Bewohnern blieben, darunter auch eine Bande fluchender Trinker, entschloss ich mich, es zu versuchen. Wir gingen hinunter zum Fluss. Ich spannte mein Pferd aus, nahm das Geschirr ab und brachte es mitsamt der restlichen Reiseausrüstung in das Kanu; dann ließ ich meine Tochter einsteigen. Anschließend nahm ich das Halfter und die Zügel, um mein Pferd in den Fluss hineinzuführen. Ich ließ mein Pferd neben dem Kanu schwimmen. Nachdem wir das andere Ufer sicher erreicht hatten, fuhr ich mit dem Führer des Kanus zurück, um meine Kutsche zu holen. Wir schoben die Kutsche ins Wasser, positionierten sie, so gut wir konnten, in der Mitte des Kanus und balancierten sie aus. Ich hielt die Kutsche fest, während der Kanuführer paddelte und das Kanu lenkte. Wir erreichten das andere Ufer ohne Probleme. Dann spannten wir das Pferd an, fuhren durch den Matsch und kamen schließlich sicher in Lewistown an. Wir wohnten dort bei Richter Phelps, einem tüchtigen Mann und seiner großartigen Ehefrau – die ganze Familie war sehr freundlich. Wir wurden nicht nur freundlich aufgenommen, sondern sie bereiteten uns auch einen sehr angenehmen Aufenthalt. In jener Nacht fielen mehrere Zentimeter Schnee. Am nächsten Morgen brachen wir früh auf und überquerten den Illinois River kurz oberhalb der Mündung des Spoon River, den wir tags zuvor überquert hatten. Am Nachmittag stießen wir auf ein paar Reisende, die uns erzählten, dass der Sangamon River durch die Überschwemmung acht Kilometer breit sei und dass wir die Fähre nicht ohne zu schwimmen erreichen könnten. Daraufhin fuhren wir in Richtung des Salt River, der oberhalb der Stelle in den Sangamon River mündet, an der wir ursprünglich übersetzen wollten. Kurz vor Sonnenuntergang erreichten wir den Salt River. Dort lag eine alte verrottete Fähre und auch der Salt River war etwa anderthalb Kilometer über die Ufer getreten. Der Fährmann sagte uns, dass er uns über das Hauptflussbett des Salt River bringen könne und dass wir von dort aus problemlos durchs Wasser waten könnten, vorausgesetzt, wir fänden den richtigen Weg – dann bräuchten wir nicht zu schwimmen. Bis zum anderen Ufer waren es mindestens anderthalb Kilometer und der Fährmann sagte, wenn wir auf dem bisherigen Weg blieben, müssten wir schwimmen. Der richtige Weg wäre nur daran zu erkennen, dass an den Wegrändern Gräser und Unkraut aus dem Wasser ragten. Er sagte, wenn wir dort blieben, wo wir die Gras- und Unkrautspitzen herausragen sähen, bestünde keine Gefahr, wenn wir sie allerdings nicht sähen, sollten wir uns nicht weiter vorwagen, denn es gäbe in der Nähe des Weges auch viele Teiche, wo, wie auf dem Weg, ebenfalls keine Gräser zu sehen wären. Das schien mir ein sehr gefährliches Unterfangen zu sein, doch meine Tochter drängte mich, weiterzufahren. Ich wusste, dass ich mich auf mein Pferd verlassen konnte, es war groß und stark; also wagten wir es. An ein paar Stellen war die Erde nicht von Wasser bedeckt und dort sahen wir das Wasser als Uferklippen an. Anhand der schmalen Wasserfläche zwischen den Wegrändern, wo weder Gras noch Unkraut zu sehen war, konnten wir deutlich erkennen, wie der Weg verlief, doch wir kamen auch an großflächige Stellen, wo kein Gras und kein Unkraut zu sehen war. Diese Stellen hielten wir für Teiche und machten einen Bogen um sie, bis wir wieder auf den erkennbaren Weg gelangten. Es war schwierig und wir kamen nur langsam voran, aber schneller ging es nicht, denn sonst hätte ich riskiert, dass mein Pferd sich verletzte. Als wir uns dem Ufer näherten, brach die Dunkelheit über uns herein. Schließlich waren wir nur noch etwa 15 Meter vom Ufer entfernt, doch wir konnten jetzt nirgendwo mehr Gras- oder Unkrautspitzen sehen. Ich suchte flussaufwärts und flussabwärts, aber meine Wegweiser waren verschwunden. Ich hielt an und sagte zu meiner Tochter:

„Lass uns schwimmen; Gray wird uns sicher hinüberbringen."

„Einverstanden", antwortete sie.

Ich sagte: „Halte dich an der Kutsche fest und, egal was passiert, lass nicht los; Gray wird es ans Ufer schaffen."

Also trieb ich mein Pferd ins Wasser – doch siehe da, es schwamm nicht, sondern watete durchs Wasser, bis wir das Ufer sicher erreichten. Nun lagen noch etwa sechs Kilometer vor uns, die wir ohne Weg und ohne Führer zurücklegen mussten, außerdem war es inzwischen sehr dunkel geworden.

Ich orientierte mich am Abendstern und schon bald erreichten wir das Haus eines Freundes. Von diesem älteren Bruder wurden wir freundlich aufgenommen und gut bewirtet. Sein Name war Dr. Ballard und er wohnte in New Market - dieser Ort gehörte damals noch zur Provinz Sangamon. Er ist schon vor einiger Zeit entschlafen, doch jetzt ist er im Himmel und hat seinen Lohn unter den Gesegneten des Herrn.

Ich habe von dieser Begebenheit berichtet, um deutlich zu machen, welche gefährlichen Situationen die frühen Methodistenprediger zu bestehen hatten, und um den heutigen Methodistenpredigern zu zeigen, was es heißt, nicht auf türkischen Teppichen einherschreiten und knusprige Hähnchenkeulen essen zu können, sondern durch Matsch und Wasser gehen zu müssen - manchmal sogar tagelang ohne etwas zu essen.

Wenn ich mich recht erinnere, wurde die Fort-Edwards-Missionsstation 1832 bis1833 gegründet. Der erste Missionar, der dorthin gesandt wurde, war D. B. Carter. Bereits bei der nächsten Konferenz konnte er von 53 Mitgliedern berichten. Bruder Carter war nicht belesen. Als er zum Glauben kam, konnte er kein Kirchenlied verständlich vorlesen, doch weil er davon überzeugt war, dass Gott ihn zum Predigtdienst berufen hatte, übte er fleißig, Bücher zu lesen, was er dann schließlich auch recht gut konnte. Er war kein brillanter, tiefsinniger Theologe, aber ein eifriger, brauchbarer Diener Jesu Christi, der während seiner kurzen Tätigkeit als Prediger viele deutliche Spuren hinterließ. Zu Lebzeiten war er äußerst beliebt, und als er verstarb, wurde sehr um ihn getrauert. Nach einigen Jahren eifriger, fruchtbringender Arbeit erkrankte er an Tuberkulose. Er erhielt für ein oder zwei Jahre einen Pensionsstatus, bis er schließlich glücklich und in Frieden verstarb. Am Tag des Gerichts wird er von vielen selig gepriesen werden. Das Missionsgebiet der Fort-Edwards-Mission lag auf der Ostseite des Mississippi und erstreckte sich von Quincy City bis nach Fort Edwards - wo heute übrigens Warsaw ist - und von dort den Mississippi flussaufwärts, bis zu den berühmten unteren Stromschnellen des Mississippi. Dort wurde später unter der Aufsicht des großen Hochstaplers Joseph Smith, der als Prophet der Mormonen angesehen wird, die Götzenstadt Nauvoo erbaut.

22

Mormonen

Erlaube mir, ein wenig näher auf diese gotteslästerliche Organisation, die sich Mormonen oder „Heilige der letzten Tage“ nennt, einzugehen. Wie absurd und lächerlich Joe Smith und seine Gehilfen sind, ist ja inzwischen geschichtlich hinlänglich bekannt und muss an dieser Stelle von mir nicht näher erörtert werden – jeder, der mehr darüber erfahren wollte und lesen kann, weiß darüber Bescheid. Vielmehr möchte ich über ein paar Tatsachen berichten, die ich persönlich erlebte, denn mein Los war es, in Illinois die Region zu bereisen, die von diesem Betrug besonders heimgesucht war.

Nachdem man die Mormonen wegen ihrer schändlichen und rechtswidrigen Handlungen aus Missouri vertrieben hatte, flohen sie nach Illinois – unter ihnen auch Joe Smith. Dort ließen sie sich in Nauvoo nieder. Dieses Gebiet liegt östlich vom Mississippi und wurde auch „die unteren Stromschnellen“ genannt. Als sie damals aus Missouri vertrieben wurden und ihr Hauptquartier in Illinois einnahmen, ergab es sich, dass ich Joe Smith und einige seiner Leiter und Anhänger kennen lernte. In Springfield, damals unsere Provinzhauptstadt, lernte ich Joe Smith bei einem bestimmten Anlass kennen, als ich ihm offiziell vorgestellt wurde. Es dauerte nicht lange, bis wir uns über den Glauben und insbesondere über den Glauben der Mormonen unterhielten. In moralischer Hinsicht vertrat er dummdreiste, unmögliche Ansichten; gleichzeitig war er gewieft und ging mit List und Tücke vor.

Zuerst versuchte er, mich mit schmeichelhafter Rede einzulullen und mir Honig um den Bart zu schmieren. Er bekundete sein nahezu grenzenloses Vergnügen darüber, was für eine Ehre es für ihn sei, mich, über den er schon so viele großartige und gute Dinge gehört hatte, kennen zu lernen. Er sagte, dass er keinen Zweifel daran habe, dass ich ein aufrichtiger Mann sei und zu Gottes edelsten Geschöpfen gehörte. Er glaubte, dass von allen Kirchen auf der Welt die Methodisten diejenigen seien, die der Wahrheit am nächsten kämen, zumindest gemessen an ihrem Erkenntnisstand. Sie wären nämlich nicht so weit gegangen, die Gaben des Sprachenredens, der Weissagung und der Wunderwirkungen in Anspruch zu nehmen. Dann zitierte er eine Reihe von Bibelstellen, um zu beweisen, dass er Recht hatte. Dafür, dass es sich um den ungehobelten Joe handelte, schlug er sich ganz gut. „Ich gab ihm Leine“, wie die Seeleute sagen, und vermittelte ihm den Eindruck, dass diese Schmeicheleien mir gefielen.

„Wirklich", sagte Joe, „wenn die Methodisten nur einen oder zwei Schritte weitergehen würden, könnten sie die ganze Welt gewinnen. Wir Heiligen der letzten Tage sind auch Methodisten, nur haben wir uns weiterentwickelt. Wenn Sie sich uns anschließen würden, um den Weg mit uns gemeinsam zu gehen, dann könnten wir nicht nur die Methodistenkirche gewinnen, sondern auch alle anderen Kirchen, und Sie würden als einer der größten Propheten des Herrn gelten. Unzählige Tausende würden Ihnen Ehre erweisen und Sie könnten alles auf dieser Welt haben, was Ihr Herz begehrt."

Ich fragte dann nach den Lehrinhalten der „Heiligen der letzten Tage". Ich kritisierte seine Ausführungen, bis wir schließlich in einen heftigen Wortstreit gerieten. Listig, wie er war, erkannte er, dass ich seinen ersten Köder nicht angenommen hatte, denn dass ich durch seine Schmeicheleien weder meinen gesunden Menschenverstand noch meine Ehrlichkeit verloren hatte, konnte er deutlich erkennen. Als Nächstes zielte er darauf ab, mir Angst einzujagen. Er sagte, dass die Menschen zu allen Zeiten schlecht über den guten und richtigen Weg gesprochen hätten und dass es schrecklich sei, gegen Gott zu kämpfen.

„Nun", sagte er, „wenn Sie mich nach Nauvoo begleiten, werde ich Ihnen viele lebendige Zeugen zeigen, die bezeugen werden, dass sie durch die Heiligen von Blindheit, Lähmung, Taubheit, Stummheit und allen Krankheiten, die das menschliche Fleisch geerbt hat, geheilt wurden. Ich werde Ihnen auch zeigen, dass wir die Gabe des Zungenredens haben und in unbekannten Sprachen reden können, und dass die Heiligen tödliches Gift trinken können, ohne dass es ihnen schadet." Er schloss mit folgender Bemerkung: „Die ganzen faulen Geschichten, die über uns erzählt werden, sind nichts weiter als reine Verfolgung."

Daraufhin erzählte ich ihm, dass ich vor einiger Zeit bei einer Lagerversammlung in der Provinz Morgan einige seiner Mormonen getroffen hätte und dass meine Schilderung von Tausenden der Gottesdienstbesucher bestätigt werden könne.

Die Lagerversammlung war gut besucht und wir erlebten, wie Gott in seiner Gnade an den Menschen wirkte. Am Samstag kamen etwa zwanzig oder dreißig Mormonen zum Gottesdienst. Während der Pause nach dem Gottesdienst um 11:00 Uhr trafen sie sich in einer Ecke des Lagergeländes und fingen an, zu singen – und sie sangen sehr gut. Sobald die Besucher der Versammlung mit dem Essen fertig waren, gingen sie dorthin, bis die Sänger schließlich von einer Menschenmenge umgeben waren. Ich war gerade eifrig damit beschäftigt, einige Dinge für die Lagerversammlung zu regeln. Nach einiger Zeit, und ich habe keinen Zweifel daran, dass sie es zuvor abgesprochen hatten, wurde eine ältere Mormonin ohnmächtig und fiel ihrem Ehemann in die Arme. Der Mann verkündete, dass seine Frau in eine Verzückung geraten sei und in einer unbekannten Sprache reden würde, wenn sie wieder zu sich käme, und dass er diese Sprache dann auslegen würde. Diese Ankündigung schürte die Spannung unter den Zuhörern, die nun dicht gedrängt um die Mormonen herumstanden. Und tatsächlich, bald darauf stand die Frau wieder auf ihren Beinen und fing an, in einer unbekannten Sprache zu reden. In diesem Augenblick wurde ich auf das Geschehen aufmerksam. Mir war sofort klar, dass die ganze Sache von den Mormonen inszeniert war, um auf sich aufmerksam zu machen und den guten Verlauf der Versammlung zu stören. Augenblicklich eilte ich zu der Menschenmenge und bat darum, den Weg zu dieser alten Dame frei zu machen, die gerade von ihrem Mann in den Armen gehalten wurde. Als ich sie erreichte, fasste ich sie am Arm und befahl ihr, das Geschwafel einzustellen. Ich sagte ihr, dass ich es nicht länger hinnähme, und dass sie anmaßend wäre und das Ganze ein frevelhafter Unsinn sei. Ich hatte ihre unbekannte Zunge sehr plötzlich „abgestellt". Sie öffnete ihre Augen, nahm meine Hand und sagte:

„Mein lieber Freund, Gott hat mir eine Botschaft für Sie gegeben."

Ich ließ sie nicht weiterreden und sagte: „Ich will keine Ihrer Botschaften hören. Wenn Gott nicht auf einem besseren Weg als durch eine alte, heuchlerische und lügende Frau zu mir reden kann, dann will ich es nicht hören." Ihr Ehemann, der eigentlich ihre Botschaft auslegen wollte, geriet nun sehr in Rage und sagte:

„Mein Herr, das ist meine Frau und ich werde sie unter Einsatz meines Lebens verteidigen."

Ich antwortete: „Mein Herr, das ist meine Lagerversammlung und ich werde unter Einsatz meines Lebens dafür sorgen, dass sie in rechter Ordnung weitergeführt werden kann. Wenn das Ihre Frau ist, dann bringen Sie sie weg von hier. Wenn Sie nicht innerhalb von fünf Minuten von hier verschwunden sind, werde ich Sie unter Bewachung stellen lassen."

Die alte Dame machte sich schnell davon. Der Mann blieb noch ein wenig und ließ eine Schimpftirade von Beleidigungen gegen mich los. Ich unterbrach ihn und sagte: „Kein weiteres Wort der Beleidigung von Ihnen, mein Herr. Ich habe keinen Zweifel daran, dass Sie ein alter Dieb sind. Ich bin mir sicher, wenn wir jetzt Ihren Rücken untersuchen würden, fänden wir den Beweis dafür, dass Sie wegen ihrer Schurkerei ausgepeitscht wurden." Tatsächlich – als hätte ich inspiriert gesprochen, stellte sich heraus, dass er wegen Diebstahls in einem der alten Staaten an den Schandpfahl gestellt und ausgepeitscht worden war. Ich kann dir sagen, der alte Mann erkannte, dass es außer seiner Frau noch weitere Menschen mit Visionen gab, allerdings hatte er nicht mehr den Wunsch, meine unbekannte Sprache auszulegen. Die Krönung des Ganzen war dann noch, dass ein junger Mann vortrat und sagte, dass er keinen Zweifel an der Wahrheit dessen hege, was ich gesagt hatte, umso mehr, da er ihn auch dabei erwischt habe, als er aus einer Futterkrippe, die seinem Vater gehöre, Getreide gestohlen habe. Inzwischen liefen dem Mann vor lauter Aufregung große Schweißperlen über das Gesicht und er rief:

„Drängen Sie sich nicht so dicht um mich, es ist sehr warm."

Daraufhin sagte ich: „Machen Sie den Weg frei, meine Herren, und lassen sie ihn durch." Als sie zur Seite gegangen waren, rief ich: „Verschwinden Sie und lassen Sie sich hier nicht wieder blicken; das gilt auch für die anderen Mormonen. Falls Sie sich nicht daran halten, werden wir Sie beim nächsten Mal lynchen."

Die Mormonen verschwanden von der Bildfläche und die Versammlung wurde mit Erfolg fortgesetzt. Viele Menschen bekehrten sich und die Kirche wurde belebt und in ihrem heiligen Glauben auferbaut (siehe Jud. 1, 20).

Noch ehe ich mit meiner Erzählung zu Ende kam, wurde mein Freund Joe Smith sehr unruhig, und als ich mit meinem Bericht fertig war, kochte er über. Er verfluchte mich im Namen seines Gottes und sagte: „Mein Herr, Sie werden schon noch sehen, dass ich hier in den Vereinigten Staaten eine Regierung stellen werde, die die jetzige Regierung ersetzen wird – außerdem werde ich eine neue Religion verbreiten, die jede andere Religion in diesem Land ersetzen wird!"

„Ja, Onkel Joe", sagte ich, „doch meine Bibel sagt mir, dass ‚die Männer des Blutes und des Betruges ihre Tage nicht zur Hälfte bringen werden' (siehe Ps. 55, 24) und ich nehme an, dass der Herr Ihnen eines Tages den Teufel auf die Fersen hetzt, um Sie aus dem Weg zu räumen."

„Nein, mein Herr", sagte er, „ich werde leben und Gelingen haben, während Sie in Ihren Sünden sterben werden."

„Nun, mein Herr", sagte ich, „wenn Sie leben und Gelingen haben wollen, müssen Sie mit dem Stehlen und der abscheulichen Hurerei aufhören!"

So gingen wir auseinander – es sollte das letzte Mal gewesen sein, dass wir uns hier auf Erden trafen. Ein paar Jahre später nahmen aufgebrachte und zutiefst verletzte Menschen das Gesetz selbst in die Hand. Sie töteten ihn und vertrieben die Mormonen aus ihrem Staat. Die Mormonen sollten in jedem Land und jeder Region als Gesetzlose angesehen werden. Die beiden großen Parteien des Staates waren nahezu gleich stark und diese erbärmlichen Mormonen sorgten für das Gleichgewicht der Kräfte, denn sie schlugen sich immer auf die Seite des Höchstbietenden. Es trieb mir oft die Schamesröte ins Gesicht, mit ansehen zu müssen, wie unsere Volksverhetzer und Wahlredner aus beiden politischen Parteien um die Gunst der Mormonen buhlten, damit sie für sich einen Wahlsieg verbuchen könnten. Jeder, der sich dazu herablässt, die Gräuel dieser rücksichtslosen Mormonen zu dulden, sollte weder eines öffentlichen Amtes für würdig erachtet werden noch der damit verbundenen Ehre, noch des notwendigen Vertrauens. Doch so ist es nun mal um alle Demagogen bestellt, und wenn unsere glorreiche Union zugrunde gehen sollte, dann durch diese machthungrigen, kleinen Menschen, denen es nur um sich selbst geht und denen die aufrichtige Liebe zu unserem Land völlig fremd ist.

Ich möchte an dieser Stelle auf eine Tatsache hinweisen, die allgemein bekannt gemacht werden sollte. Als bekannt wurde, dass Joe Smith für die

Präsidentschaftswahl der Vereinigten Staaten kandidierte, schlug sich nahezu jeder säkulare Verband auf seine Seite. In jenem Jahr reiste ich ausgiebig sowohl durch die östlichen Staaten und Städte als auch durch die westlichen. Aufgrund der Gespräche, die ich führte, und der zuverlässigen Informationen, die ich über diese säkularen Verbände von einzelnen Personen erhielt, kann ich bestätigen, dass es sich so verhielt. Spricht das nicht Bände, und sollten die Freunde des Glaubens daraus nicht eine eindrückliche Lehre ziehen?

Wegen ihrer Beteiligung an der Vertreibung der Mormonen wurden schwere Vorwürfe gegen den Staat, die Bürger der Provinz Hancock - in der Nauvoo liegt - sowie die angrenzenden Provinzen erhoben. Man sollte allerdings bedenken, dass sie aufgrund des Gesetzes keinen Anspruch auf Entschädigungszahlungen hatten, denn zweifellos hätten die Mormonen alles Mögliche geschworen, ob es der Wahrheit entsprochen hätte oder nicht. Sie stahlen Vorräte, plünderten die Häuser der Bürger, setzen sie in Brand, und zweifelsohne wurden einige der besten Menschen des Landes von ihnen ermordet. Weil es immer Menschen gab, die bereit waren, zu ihren Gunsten meineidige Zeugenaussagen zu machen, war es unmöglich, auf rechtlichem Wege einen Entschädigungsanspruch geltend zu machen. Wäre es nicht so um sie bestellt gewesen, wäre weder Joe Smith getötet worden noch hätte man die Mormonen gewaltsam aus dem Land vertrieben. Es gab auch wiederholt Anstrengungen, wegen des Unrechts und der Gewalttätigkeiten Schadensersatz zu bekommen, die jedoch erfolglos blieben. Das Erstaunliche ist, dass diese Menschen die Schurkereien und Freveltaten, die ihnen angetan wurden, überhaupt so lange ertrugen, und das, ohne einen Ausweg zu sehen. Ich behaupte, alles über das schreckliche Verhalten der Mormonen zu wissen, und könnte noch genauer ins Detail gehen, doch ich denke, das ist nicht nötig. Ich sehe es als meine Pflicht an, das, was ich hier mitgeteilt habe, zu sagen, zumindest um das augenscheinlich eigenmächtige Verhalten unserer geschädigten und unterdrückten Bürger etwas zu erklären.

Am 25. September 1833 traf sich die Illinois-Konferenz in Union Grove, Provinz St. Clair, Padfield. In den Sommermonaten zuvor war Bischof Soule auf seiner Rundreise durch den Westen unterwegs, um Konferenzen abzuhalten. Auf dieser Rundreise besuchte er mich zu Hause. Er war mit einem Zweispänner unterwegs, der von einem prächtigen Pferdegespann gezogen wurde - das war auch nötig, denn die Missouri-Konferenz tagte in Arkansas, Salem, Provinz Washington, also weit im Landesinneren, westlich des Mississippi. Seine Reise führte ihn durch dünn besiedelte Gebiete, wobei auch Berge und Flüsse überquert werden mussten. Zu jener Zeit war mein Schwiegersohn als Reiseprediger im Gebiet der Blue-River-Missionsstation im Einsatz und dieses Gebiet lag auf der Reiseroute des Bischofs. Meine Vierteljahresversammlung fand ebenfalls in dieser Mission statt. Der zuständige Missionar Trotter war bei mir zu Hause; so machten wir uns gemeinsam mit dem Bischof auf den Weg. Nachdem wir den Illinois River überquert hatten, lag eine hügelige Landschaft vor uns, die wir auf unserem Weg zur Vierteljahresversammlung bewältigen mussten, und zwar weitestgehend ohne Straßen. Manche Hügel waren so abschüssig und wegen der Schluchten und Rinnen so gefährlich, dass wir die Pferde des Bischofs ausspannen und an der Hand den Berg hinunterführen mussten. Dann wurden die Pferde wieder eingespannt und es ging erneut die Berge hinauf. Ich dachte mir, wenn das bischöfliche Ehren sind, dann würde ich darum bitten, von ihnen entbunden zu werden, und ich hatte tatsächlich den Eindruck, dass die Schwierigkeiten ausreichten, selbst einen Bischof zu entmutigen. Doch diejenigen, die Bischof Soule kennen, wissen, dass er unerschütterlichen Mut hat.

Nach diesen Strapazen für Mensch und Tier erreichten wir sicher die Vierteljahresversammlung. Der Bischof blieb auch den Sonntag über und predigte zwei hervorragende Botschaften, die einen starken Eindruck auf die Versammelten machten. Die Neugier der Menschen, endlich einmal einen Bischof zu Gesicht zu bekommen, wurde gestillt, denn bei einer anderen Entwicklung der Umstände hätte es durchaus sein können, dass er nicht zu unserer Vierteljahresversammlung gekommen wäre, und dann hätten die Besucher zu Lebzeiten keinen Bischof der Methodisten mehr gesehen.

1832 und 1833 wurden bestimmte Gebiete des Westens von dem schrecklichen Übel der Cholera heimgesucht. An einem Montag während unserer Lagerversammlung mussten wir mit ansehen, wie ein wackerer junger Mann innerhalb von acht oder zehn Stunden durch die Cholera dahingerafft wurde. Man hielt diese Krankheit für ansteckend, daher schien es das Vernünftigste zu sein, die Versammlung abzubrechen, wenngleich sich eine gute Entwicklung abzeichnete. Müde setzte Bischof Soule seine Reise unter großen Anstrengungen fort, bis er schließlich die Missouri-Konferenz erreichte, doch er bekam heftiges Fieber, sodass er erst eine Stunde vor Abschluss der Versammlung zu uns stieß. Die Konferenz hatte mich zum Vorsitzenden gewählt. Wir waren mit unserer Tagesordnung schon durch und auch die Zuteilungen für die Bezirke waren vom Gremium bereits beschlossen worden, als der Bischof eintraf. Ich ließ ihm durch einen Boten eine Nachricht überbringen, um zu fragen, ob er zur Konferenz sprechen wolle, doch das lehnte er ab. Er bat darum, dass diejenigen, die in ein Amt gewählt worden waren, auf ihn warteten, bis er sich ein wenig ausgeruht hätte, um dann von ihm ordiniert zu werden. So wurde es dann auch gehandhabt.

Obwohl sie nur wenig Mitglieder hatten und relativ mittellos waren, baten die Brüder aus Jacksonville bei dieser Konferenz im Herbst des Jahres 1833 darum, einen festen Prediger zu bekommen. Ihrer Bitte wurde stattgegeben. Der Name des Predigers, der zu ihnen gesandt wurde, war Thomas J. Starr. Wie gesagt, es handelte sich um eine kleine und arme Gemeinschaft, dennoch war dort, seit eine Klasse formiert wurde, eine positive Entwicklung zu verzeichnen, was die Mitgliederzahl und den Lebensstandard anging. Es tut mir Leid, dass ich den Zeitpunkt der Klassengründung in Jacksonville nicht genau benennen kann, aber ich meine, es war im Jahre 1827, als diese Station in den Mississippi-Bezirk, so hieß er damals, aufgenommen wurde, und dass Thomas Randle und Isaak House dort als Bezirksprediger tätig waren. Im Verlauf dieses Jahres fand auch die erste Vierteljahresversammlung statt, und zwar im Blockhaus des alten Vater Jordan. Ich kann mich noch daran erinnern, dass man eine Treppe hinaufgehen musste, um in den Versammlungsraum zu gelangen, und dass es eine sehr interessante Versammlung war. Der Jacksonville-Bezirk wurde 1831 aus Teilbereichen des alten Mississippi-Bezirks gegründet und John Sinclair, der jetzt im Gebiet der Rock-River-Konferenz arbeitet, wurde dort als Reiseprediger eingesetzt. Jacksonville entwickelte sich schnell zu einer größeren Stadt und die Einwohnerzahl nahm rapide zu, sodass die Methodisten dort inzwischen zwei große Kirchen mit bezahlten Pastoren haben. In der Stadt gibt es mittlerweile noch eine ganze Reihe Kirchen anderer Denominationen. Die Presbyterianer haben in dieser Stadt eine florierende Schule und die Methodisten eine gut besuchte Mädchenschule. In Jacksonville gibt es noch eine weitere Mädchenschule, die sich ebenfalls gut entwickelt. Allerdings kann ich nicht sagen, ob diese Schule überhaupt zu einer Denomination gehört, und wenn ja, zu welcher. Es befinden sich noch weitere Einrichtungen in Jacksonville, die unter der Obhut des Staates stehen, und zwar das Landeskrankenhaus für geisteskranke Menschen, ein Heim für Taubstumme und eine Blindenschule. In der Tat ist Jacksonville das „Athen" von Illinois und repräsentiert unmissverständlich den Staat und die Bürger von Illinois, aber besonders auch die Bürger des Umlandes in einem guten Licht. Die genannten Institutionen haben hohe Erwartungen sowohl an die Menschen, die Anteil an menschlichem Leid nehmen, als auch an die Freunde geheiligter Literatur, woraus Ströme des Lichts und des Lebens fließen, um unzählige gefallene Menschen zu segnen.

Am 1. Oktober 1834 traf sich unsere Illinois-Konferenz in Mount Carmel. Die Brüder aus Rushville hatten das Anliegen, als Predigtstation aufgenommen zu werden und verpflichteten sich, einen Prediger finanziell zu unterstützen. Ich gab meine Zustimmung und beauftragte T. N. Ralson für diesen Dienst. Diese Predigtstation existiert bis zum heutigen Tag.

Bei einer unserer ersten Lagerversammlungen in der Provinz Schuyler im Bezirk Rushville kam es zu einem geistlichen Aufbruch. Viele Menschen fanden zum Glauben und schlossen sich der Kirche an, darunter auch eine sehr interessante junge Dame aus der römisch-katholischen Kirche. Sie erlebte eine starke Sündenüberführung; daraufhin kniete sie im Altarbereich nieder und flehte um Gnade. Nach schwerem Ringen fand sie schließlich Frieden durch den Glauben an Jesus Christus. Ihre eindeutige Bekehrung war offensichtlich. Sie schloss sich der Methodistenkirche an und wollte nun von mir getauft werden. Ich fragte sie, ob sie bereits getauft worden sei. Sie sagte mir, dass sie zwar von einem römischen Priester getauft worden sei, aber wisse, dass er ein niederträchtiger Mensch war, und dass sie deshalb nicht glaube, dass er dazu berechtigt gewesen wäre. Aus diesem Grund war sie unzufrieden mit ihrer Taufe. Nachdem ich reiflich darüber nachgedacht hatte, taufte ich sie. Diese Frau erwies sich als würdiges Mitglied der Kirche.

23

Eine Familie bekehrt sich

Im Jahre 1834 führten wir in der Provinz Knox bei der Henderson-River-Missionsstation eine Lagerversammlung durch. Eine beträchtliche Anzahl von Menschen zeltete auf dem Gelände, und gemessen an der Einwohnerzahl dieses neuen, aufstrebenden Landes war die Versammlung gut besucht. Wir hatten unser Lager auf einer kleinen Anhöhe aufgeschlagen, die in einem schönen, kleinen Wäldchen lag und von der Prärie umgeben war.

In der nahegelegenen Siedlung lebte eine interessante und gebildete Familie, die aus einem der Oststaaten gekommen war. Zu den jüngeren Familienmitgliedern gehörten mehrere Herren und Damen. Die jungen Leute mochten die Methodisten und erlebten eine tiefe Bekehrung. Die Eltern, insbesondere ihre Mutter, waren sehr gegen die Methodisten. Sie setzten ihren Yankee-Scharfsinn ein, um ihre Kinder von der Lagerversammlung fernzuhalten, doch als ihnen klar wurde, dass sie es nicht verhindern konnten, beschlossen sie schließlich, ihr Zelt auf dem Lagerversammlungsgelände aufzuschlagen, um so ihre Kinder besser beobachten zu können und möglichen Einflüssen unsererseits entgegenzuwirken. Um den Schein zu wahren, gaben sie vor, freundliche Menschen zu sein. Die alte Dame wollte mir den Wind aus den Segeln nehmen und behandelte mich deshalb sehr freundlich und lud mich zum Essen ein. Ich sagte zu. In der Zwischenzeit erfuhr ich von einer ihrer Töchter, die unter starker Überführung stand, dass ihre Mutter gegen die Methodisten war und wie sie vorging, um ihre Kinder davon abzuhalten, gläubig zu werden.

An einem Samstagabend forderte ich diejenigen, die sich bekehren wollten, auf, in den Altarbereich zu kommen, um von der Gemeinde für sich beten zu lassen. Zwei ihrer Töchter folgten diesem Aufruf und knieten betend im Altarbereich nieder. Eine ihrer jüngeren Töchter, die beinahe genauso gegen die Methodisten war wie ihre Mutter, kam ebenfalls in den Altarbereich. Sie hatte eine Ampulle Riechsalz bei sich, die sie ihren Schwestern, die sich bemühten, zu beten, unter die Nase hielt, um sie zu stören und von der Bekehrung abzuhalten. Ich bemerkte sehr bald, was vor sich ging. Darauf packte ich sie an der Hand, entriss ihr die Ampulle, führte sie aus dem Altarbereich und sagte ihr, ich würde sie hinausbefördern und öffentlich bloßstellen, wenn ich sie noch einmal dabei erwischen sollte.

Während ich mit den beiden jungen Damen und weiteren Personen sprach und betete, sah ich, dass ihre Mutter sich außerhalb des Altarbereichs direkt gegenüber ihren Töchtern hinsetzte. Wenn sie sich von mir unbeobachtet fühlte, trat sie ihnen in die Seite, um sie dort wegzubekommen. Ich beobachtete sie sehr genau, und als sie gerade wieder zutreten wollte, packte ich sie am Fuß und versetzte ihr einen kräftigen Stoß, sodass sie rückwärts zwischen die Sitzbänke fiel. Da sie eine große, korpulente Frau war, hatte sie erhebliche Mühe, wieder auf die Beine zu kommen. Auf diese Weise hatte ich den raffinierten Plan des Teufels ein weiteres Mal zunichtegemacht. Die Mädchen waren sehr ins Gebet vertieft, und während viele weitere Menschen in den Altarbereich drängten und ich einen Moment lang unaufmerksam war, gelang es der alten Dame, ihre Töchter ins Zelt zu bringen. Sobald ich bemerkte, was geschehen war, holte ich mir zwei oder drei gute Sänger und Beter zur Verstärkung und folgte ihnen zum Zelt. Wir fingen an, zu singen, und anschließend ermahnte ich sie. Dann sagte ich: „Lasst uns beten", und forderte den Vater der Mädchen auf, für seine Töchter zu beten, was er ablehnte. Daraufhin forderte ich die Mutter auf, sich niederzuknien und für ihre Töchter zu beten, aber auch sie lehnte ab. In der Zwischenzeit waren sowohl zwei ihrer Söhne als auch die beiden Töchter so ergriffen, dass sie um Gnade flehten, und bald darauf erlebte die dritte Tochter, die zuvor mit dem Riechsalz hantiert hatte, eine so starke Sündenüberführung, dass sie alle Anwesenden anbettelte, für sie zu beten, da sie ansonsten für alle Zeiten verloren wäre. Das war zu viel für die alten Leute. Sie wurden jetzt furchtbar wachgerüttelt und weinten bitterlich. Ich sage dir, dass jetzt alle im Zelt mächtig in Aufruhr gerieten. Das Singen, Beten und Ermahnen währte nahezu die ganze Nacht. Vier Familienmitglieder erlebten eine mächtige Bekehrung. Der sektiererische Teufel in diesem Ehepaar wurde wirkungsvoll entwaffnet, und von diesem gesegneten Abend an waren sie eine gläubige Familie. Sie alle schlossen sich der Methodistenkirche an, und soweit ich weiß, wandelten sie würdig ihrer hohen Berufung. Mögen sie sich als treu bis zum Tod erweisen, um dann die Krone des Lebens zu empfangen!

Ich kann mich daran erinnern, dass ich mich während meiner Tätigkeit im Quincy-Distrikt einmal fast zwei Wochen in der Stadt Quincy, einer sehr kleinen und ungesunden Stadt, aufhielt. Wenn ich mich richtig erinnere, gab es dort zu jenem Zeitpunkt nur eine Familie, die nicht krank war. In manchen Familien gab es eine, zwei oder gar drei Personen, die mit Fieber an ihr Bett gebunden waren – es kam aber auch vor, dass alle Familienmitglieder krank waren und sich nicht gegenseitig helfen konnten. Ich ging von Haus zu Haus, nicht nur, um in natürlichen Dingen Hilfe zu leisten, sondern auch, um mit ihnen zu beten und die Kranken und Sterbenden auf Christus hinzuweisen. Viele starben und wir hatten erhebliche Mühe, ausreichend Menschen zu finden, die in der Lage waren, die Verstorbenen zu begraben.

Es gab eine Situation, die mich ganz besonders bewegte. Unterhalb des Hügels, nahe des Flussufers gab es eine Taverne. Es war ein schlechter, dreckiger Ort – ein Treffpunkt der Bootsleute und allerlei zwielichtiger Gestalten. Ein junger Mann, der aus den Oststaaten kam, hatte sich aufgemacht, den Westen zu erkunden, und als er sich an Bord eines Schiffes aufhielt, wurde er krank. Jetzt hatte man ihn in dieser miserablen Kneipe zurückgelassen. Er war bekennender Christ und Mitglied der Methodistenkirche. Er bekam weder medizinische Hilfe noch schaute eine Krankenschwester nach ihm, kurz gesagt, niemand kümmerte sich um ihn. In diesem jämmerlichen Zustand hörte er davon, dass ein Methodistenprediger in der Stadt war und die Kranken besuchte. Er ließ mich zu sich rufen, und ich machte mich auf, ihn zu sehen. Der junge Mann erzählte mir von sich, aber auch davon, wo seine Eltern lebten und dass er eine erhebliche Summe Geld bei sich hatte. Es war sein Anliegen, mir das Geld anzuvertrauen, da er davon überzeugt war, dass man es ihm stehlen würde, sobald sich herumspräche, dass bei ihm etwas zu holen sei. Ich nahm sein Geld in Verwahrung und sagte dem Gastwirt, dass er sich so gut wie möglich um ihn kümmern sollte und dass ich für die Kosten aufkommen würde. Der kranke Mann sagte mir, dass er spüre, sterben zu müssen, aber keinesfalls in diesem Haus sterben wolle, und er bat mich, ihn, wenn möglich, von dort wegzubringen. Ich kannte ein sehr behagliches Quartier, das nur wenige Kilometer entfernt auf dem Land gelegen war. Dort verweilte er noch eine Zeit lang, bis er schließlich starb. Für den Fall, dass er sterben würde, hatte er mich um mehrere Dinge gebeten: für ein anständiges Begräbnis zu sorgen; von seinem Geld die Wirtshausrechnung und die Bestattungskosten zu begleichen und an seine Eltern zu schreiben, damit sie kämen, um seine Kleidung und sein Geld zu holen. Ich kam diesen Bitten nach. Sein jüngerer Bruder reiste an, um sein Geld und seine Kleidung abzuholen, und obwohl es für seine Verwandten eine Zeit der Trauer war, empfanden sie es als großen Trost, zu wissen, dass er, wenngleich bei Fremden, doch bei Freunden gestorben war.

Dies ist nur einer von vielen vergleichbaren Fällen, von denen ich im Laufe der Zeit zufällig erfuhr – kühne Männer kamen in den tiefen Westen, wurden krank und starben bei Fremden, ohne dass man sich ausreichend um sie kümmerte.

Wir hielten auch eine Lagerversammlung in der Provinz Adams im Quincy-Bezirk ab und viele Menschen kamen. Wir erlebten, wie Gott sich unter den Menschen gnädig erwies. Unter den Gottesdienstbesuchern war ein intelligenter älterer Herr, der aus Kentucky zugezogen war. In Kentucky hatte er als Baptistenprediger gearbeitet, doch durch die Lehren über das Erfahrungselement im persönlichen Glauben von Alexander Campbell kam er durcheinander. Er hatte eine ausgezeichnete Familie und einige Familienmitglieder wussten, was wirklicher Glaube bedeutete. Zusammen mit seiner Familie besuchte er unsere Lagerversammlung. Er diskutierte sehr gerne über alle möglichen theologischen Themen. Während der Versammlung versuchte er, eine Diskussion mit mir zu beginnen, doch ich gab ihm zu verstehen, dass ich wegen wichtigerer und besserer Aufgaben dort sei. Er verleugnete das Wirken des Geistes, der unserem Geist Zeugnis gibt, dass wir Kinder Gottes sind, und behauptete, dass die Glücksgefühle über eine derartige Gewissheit bei den bekennenden Christen nichts weiter als Begeisterung wären und keine geistlichen Ursachen hätten.

Am Samstagabend fiel eine enorme Kraft auf die Versammlung und ein Schrei stieg aus den Kehlen Hunderter Christen zum Himmel empor. Die Ehefrau und die Tochter dieses Herrn waren ebenfalls unter dieser Gruppe fröhlich jubelnder Christen, denn auch sie waren ausgesprochen glücklich und schrien laut. Der ältere Herr konnte das nicht ertragen. Er flüchtete hinter das Zelt, zündete sich eine Pfeife an und versuchte, seine schlechte Stimmung wegzupaffen. Nachdem ich eine ganze Weile im Altarbereich gedient hatte, zog ich mich ein paar Schritte zurück, um ein Glas Wasser zu trinken, und dort sah ich den alten Prediger. Die Rauchwolke seiner Pfeife war schrecklich. Er schien sich seiner Situation gar nicht richtig bewusst zu sein, und Pfeife und Tabak kamen seinen Träumereien entgegen. Ich ging auf ihn zu, tippte ihm auf die Schulter und sagte: „Kommen Sie mit, Herr –, dann werde ich Ihnen mehr glückliche Christen zeigen, als Sie bei den Campbelllitern jemals gesehen haben."

„Mein Herr", sagte er, „das ist alles nur Einbildung, diese Menschen sind nicht wirklich glücklich."

„Aber", sagte ich, „Ihre Frau und Ihre Tochter gehören zu denjenigen in der Menge, die am heftigsten schreien. Kommen Sie mit zum Altarbereich, denn ich will für Sie beten, damit Sie auch zum Glauben kommen und glücklich werden. Kommen Sie, mein Herr, ich möchte sehen, dass Sie sich bekehren und fröhlich jubeln." Ich fasste ihn am Arm, um ihn zum Altarbereich zu führen, doch er wich zurück. Ich versuchte es abermals und schleifte ihn in Richtung Altarbereich, aber als er sah, dass seine Frau und seine Tochter vor Freude schrien und auf ihn zukamen, riss er sich von mir los und rannte davon. Der arme Mann hatte durch das Fischen in den trüben Gewässern des Campbellismus sein seelisches Gleichgewicht verloren. Er ging nicht auf den Geist Gottes ein, der ihm helfen wollte, ein demütiger, jubelnder und glücklicher Christ zu werden. Manchmal redete er vernünftig; manchmal zitierte und verwendete er Schriftstellen richtig, aber dann war er wieder sehr skeptisch. Das Hauptproblem bestand allerdings darin, dass er aufgrund seines Standes als Prediger zu stolz war, sich Fehler einzugestehen. In diesem Zustand quälte er sich noch eine Weile und geriet in den Strudel der Zweifel und des Unglaubens. Seine Freunde sprachen mit ihm, um ihm zu helfen, aber vergeblich. Er wurde immer verwirrter, bis er sich schließlich in einem Anfall von Wahnsinn erschoss. Das traf die Familie und die Siedlungsbewohner wie ein Schlag, und daran wird deutlich, dass es keine Kleinigkeit ist, gegen Gott anzukämpfen.

24

Missionare aus dem Osten

Etwa zur gleichen Zeit wurden viele junge Missionare ausgesandt, um die armen Heiden im Westen zu zivilisieren und zu christianisieren. Sie hatten eine passable Ausbildung, wussten aber nur wenig über den Calvinismus. Sie waren einigermaßen mit Predigtmanuskripten ausgerüstet, die wohl schon vor 100 Jahren aufgeschrieben und gepredigt wurden. Manche dieser Predigten hatten sie auswendig gelernt, meistens jedoch lasen sie ihre Predigten vor. Diese Art des Predigens war im Westen überhaupt nicht mehr zeitgemäß und hatte natürlich auch keinen besonderen Einfluss auf die Menschen. Die überwiegende Anzahl der Menschen hier im Westen wünschte sich einen Prediger, der sich auf einen Baumstumpf, Holzklotz oder Wagen stellte und ihnen das Wort Gottes ohne Notizen oder Manuskripte auslegen und nahebringen konnte. Die Resultate, die diese Missionare aus dem Osten hervorbrachten, waren wenig schmeichelhaft. Obwohl in Wirklichkeit die Methodistenprediger die Pioniere hinsichtlich der Verkündigung der Botschaft des Kreuzes im gesamten Westen waren, obwohl sie zahlreiche Methodistengemeinden gegründet und Kirchen gebaut hatten und obwohl wir Hunderte von Reise- und Lokalpredigern, die anerkannte und brauchbare Diener Jesu Christi waren, im Einsatz hatten, klagten und jammerten diese frisch ausgeflogenen Missionare in ihren Briefen, die sie in die alten Staaten schickten, von nichts anderem als dem sittlichen Verfall und der Armut im Westen.

Diese Briefe wurden dann in ihren großen Gemeinden verlesen. Darin war davon die Rede, dass sie Hunderte von Kilometern gereist waren, ohne auf einen evangelikalen Prediger zu treffen, und dass die armen, sterbenden Menschen auf dem besten Weg waren, aus Mangel am Brot des Lebens verloren zu gehen. Die unwissenden Zuhörer wurden zu Tränen gerührt und empfanden großes Mitgefühl, als sie unseren verlorenen und heidnischen Staat betrachteten. Das hatte zur Folge, dass sie großzügig ihr Geld einsetzten, um die dort tätigen Missionare zu unterstützen und es zu ermöglichen, dass weitere gesandt würden. So gingen auch einige Missionare vor, die in großen, angesehenen Methodistengemeinden gepredigt hatten – sie sandten solch traurige Nachrichten in die Heimat. Bald darauf wurden ihre Briefe gedruckt und wir konnten sie in manchen ihrer Zeitungen als angebliche Fakten nachlesen.

Wie nun sollten die Menschen solchen Missionaren vertrauen, die Dinge behaupteten, die noch nicht einmal ein Fünkchen Wahrheit enthielten? Ich erlebte, dass viele von ihnen sich deshalb den Zugang zu den Menschen verbauten und dadurch ihren eigenen Dienst zunichtemachten. In der Tat sorgten sie dafür, dass ihr Ansehen, als Diener der Wahrheit und Gerechtigkeit zerstört und über den Weg der Wahrheit übel geredet wurde. Als die Bürger Quincys solche falschen Berichte lasen, beriefen sie eine Versammlung ein, zu der hauptsächlich Gemeindemitglieder kamen. Nachdem sie die Angelegenheit diskutiert hatten, verpflichteten sie sich, mir pro Jahr 1.000 Dollar zu bezahlen, wenn ich als Missionar in die Neuenglandstaaten ginge, um die Menschen dort, von denen sie annahmen, dass sie über diese Dinge gar nicht Bescheid wussten, über die Fehldarstellungen und andere Dinge aufzuklären. Aufgrund von nicht von mir zu vertretenden Umständen musste ich ihr großzügiges Angebot allerdings ausschlagen.

Wie gerne hätte ich ihnen dort unten im Osten diesen Liebesdienst der Aufklärung erwiesen, wenn es in meiner Macht gestanden hätte, und ihnen geraten, ihren selbstfabrizierten Klerus zuhause zu lassen oder diesen Geistlichen irgendeine ehrwürdige Tätigkeit zu verschaffen, die ihrer Genialität besser entspricht als das Ablesen von alten, muffigen und wurmstichigen Predigten! Jeder, der sich mit dieser Angelegenheit genauer beschäftigt, wird über die Aufgeblasenheit und die Selbstzufriedenheit dieser Burschen erstaunt sein. Es wäre ganz gewiss sowohl für sie selbst als auch für alle Betroffenen – und erst recht für die Ehre Gottes – rühmlicher, wenn sie so lange in Jericho warteten, bis sie die nötige Reife hätten.

Es wird nicht unbemerkt geblieben sein, dass im Herbst des Jahres 1834 der Galena- und der Chicago-Distrikt gegründet wurden, sodass unsere Konferenz aus sechs von einem Vorsitzenden der Ältestenschaft geleiteten Distrikten bestand. Am 1. Oktober 1835 kam unsere Konferenz in Springfield zusammen. Bei dieser Konferenz wurde ich erneut dem Quincy-Distrikt zugeteilt, der inzwischen aus folgenden Predigtstationen bestand: Pittsfield, Quincy-Bezirk, Quincy-Mission, Rushville-Station, Rushville-Bezirk, Canton, Fort-Edwards-Mission, Henderson-River-Mission und Knoxville-Mission. Während dieser Konferenz wählten wir erneut unsere Delegierten für die Generalkonferenz, die am 1. Mai 1836 in Cincinnati tagte. Ich wurde zum Delegierten gewählt und es war das fünfte Mal, dass ich aufgrund der Wählerstimmen meiner Brüder, die ebenfalls im Dienst standen, einen Sitz in der Generalkonferenz innehatte.

Dem Westen war bei der Generalkonferenz im Jahre 1832 das Recht zugebilligt worden, eine eigene christliche Zeitung herauszubringen, vorausgesetzt, dass sich 5.000 Abonnenten fanden. Durch große Anstrengungen gelang es uns, so viele Abonnenten vorweisen zu können. Der erste Redakteur dieser Zeitung war Thomas A. Morris. Während der Generalkonferenz im Jahre 1836 wurden sowohl er als auch Bruder Beverly Waugh und Doktor Fisk zu Bischöfen der Bischöflichen Methodistenkirche gewählt – außerdem wurde der jetzige Amtsinhaber Doktor C. Elliot zum Redakteur des „Western Christian

Advocate" gewählt, sowie John F. Wright zum Handelsbeauftragten für die „Bücher des Westens" und Leroy Swormstedt zu seinem Assistenten.

Es war während dieser Generalkonferenz, dass sich die Mehrheit der Delegierten aus den sklavenhaltenden Staaten mit der Meinung durchsetzte, Sklaverei sei für die Sklaven selbst richtig und ein Segen, nicht etwa ein Fluch. Der Norden war durch die radikalen Sklavereigegner O. Scott und seine Gehilfen vertreten, sodass wir zu diesem Thema einige hitzige Diskussionen hatten. Die Delegierten aus dem Süden hielten ihre eigenen Sitzungen ab, um einen Plan zu schmieden, wie sie sich von der Bischöflichen Methodistenkirche abspalten könnten, wenn wir die Kirchenverordnung nicht ändern und Sklaverei zulassen würden und die Mitgliedschaft und die Ausübung von Ämtern nicht mehr davon abhängig machten, dass jemand sich diesen Punkten der Verordnung unterordnete. Diese Bewegung wurde von Pfarrer William A. Smith aus Virginia und weiteren Personen aus demselben Holz angeführt. Der heutige Bischof der Südkirche, John Early aus Virginia, lud mich zu einer ihrer Sitzungen ein. Einige von ihnen fuhren starke Geschütze auf und drängten darauf, sich von der Bischöflichen Methodistenkirche abzuspalten. Andere sagten, dass sie dem niemals zustimmen würden und eher Märtyrer würden, als eine Spaltung der Kirche zuzulassen. Ich meine, dass sie sich damals nicht auf einen „Teilungsplan" einigen konnten, doch William A. Smith sagte mir, dass er nicht eher ruhen würde, bis wir jeden Punkt zum Thema Sklaverei aus der Kirchenverordnung der Bischöflichen Methodistenkirche gestrichen hätten. Und in der Tat, entsprechend der finsteren Prinzipien seines Bekenntnisses gab er keine Ruhe, bis er die Methodistenkirche geteilt hatte. Bei der letzten Generalkonferenz der Südkirche fegten sie wie mit einem Besen der Vernichtung jede Regel, die mit der Sklaverei zu tun hatte, aus ihrer Verordnung, und es fehlten ihnen nur wenige Stimmen, den Teil der Allgemeinen Regeln zu streichen, in dem das „Kaufen und Verkaufen von Männern, Frauen und Kindern mit der Absicht, sie zu versklaven" untersagt wird.

Diese Vorschrift wurde von den Befürwortern der Sklaverei so ausgelegt und angewandt, als bezöge sie sich lediglich auf den Sklavenhandel. Wenn man diese Ansicht ernst nimmt und ihr Bestreben während der letzten Generalkonferenz in Betracht zieht, welche Schlüsse müssen wir dann daraus ziehen? Es ist offensichtlich, dass sie jede in den Vorschriften geregelte Barriere aus dem Weg räumen und den Sklavenhandel mit all seinen belastenden, mörderischen Auswirkungen wieder aufleben lassen wollen – und das, obwohl er von allen christlichen Menschenfreunden abgelehnt und durch die Gesetze unseres Landes verurteilt wird, und trotz ihrer Beteuerungen der Vaterlandsliebe, ihrer Heimatliebe, ihrer Liebe zu den Gesetzen und Rechtsberufen, ihren Behauptungen, sie ordneten sich der bestehenden staatlichen Macht unter (siehe Röm. 13, 1). Sie wollen den abscheulichen Handel mit Menschen wieder aufleben lassen. Während jede christliche Nation, die diesen Namen auch verdient, den Sklavenhandel verwirft und Gott selbst alles, was den Sklavenhandel betrifft, verurteilt hat, wollen sie die dunklen Räder des Sklavenhandels wieder in Bewegung setzen.

Warum sollte man sie in diesem Bestreben nicht ernst nehmen, wenn sie das, was sie gesagt haben, auch ernst meinten? Sie erzählen uns, dass die Sklaverei „ein politischer, innerstaatlicher und religiöser Segen" sei. Wenn das wirklich so wäre, warum sollte man dann nicht massiv in den Sklavenhandel einsteigen und Kriegsschiffe senden, um Tausende von Menschen nach Amerika zu verschleppen und in unbefristete Gefangenschaft zu verkaufen? Gleichgültig, ob Eheleute oder Eltern und Kinder getrennt werden oder zur Grausamkeit gegenüber diesen armen, erniedrigten Heiden ermutigt werden. Sagt ihnen, dass der christliche Glaube ihre blutigen Kriege untereinander unterstützt, und dass ihr sie deshalb kauft und in dieses glorreiche Land bringt, um Christen aus ihnen zu machen. Habt nur kein schlechtes Gewissen wegen der Tausende, die in diesen von Christen initiierten Kriegen ermordet werden oder auf der Überfahrt vom Land der Barbarei zum christlichen Land der Freiheit umkommen: „Das großartige Ziel heiligt die Mittel." Seht zu, dass ihr eure Sklavenschiffe, eure schwimmenden Höllen voll bekommt, denn es dient ja nur dazu, ihnen Verbesserungen zuteil werden zu lassen. Es ist ein göttlicher Akt des Erbarmens, und warum sollten Methodistenprediger, ja selbst die Bischöfe, nicht ihren Teil zu diesem mildtätigen christlichen Unterfangen beitragen? Wer sollte das verbieten? Und mögen die Verantwortlichen dieser Sklavenschiffe es niemals versäumen, den wilden Stämmen zu erzählen, dass es in Amerika wenigstens eine sehr bekannte Kirche gibt, die diese ganzen Aktionen unterstützt und rechtfertigt – nämlich die Bischöfliche Methodistenkirche des Südens.

Noch bevor die Generalkonferenz im Jahre 1836 wieder tagte, kam es in einigen der Ost- und Nordkonferenzen zu einem Ausbruch der Entrüstung, was das Thema der Sklavenbefreiung angeht. Methodistenprediger verließen zu Dutzenden den Dienst und ihre heilige Berufung, Seelen zu retten, um gegen Bezahlung Vorträge über die Abschaffung der Sklaverei zu halten. In ihrem Enthusiasmus vergaßen sie ihre pastoralen Pflichten und gingen sogar so weit, dass sie heftig gegen die Kolonisation vorgingen, die sie nun als einen Trick ansahen, um Sklaven halten zu können. Herr Fisk war ein guter, aufrichtiger Mann, der ebenso wie diese Menschen gegen die Sklaverei war, aber die Meinung vertrat, dass die Methodistenprediger vor allem ihren vorrangigen Aufgaben nachkommen sollten. Er bezog klar und deutlich Stellung gegen dieses moralische Übel, aber nicht auf politischer, sondern lediglich auf einer verfassungsrechtlichen Ebene. Als er erkannte, dass dieser fanatische Abolitionismus nur dazu führt, dass die Ketten der Sklaverei enger angezogen werden und der Unmut der Sklavenhalter verstärkt wird, sprang er in die Bresche und stellte sich diesen Vortragsrednern in einer offenen Diskussion, die er für sich entschied. Er zwang sie zum Rückzug und dazu, ihren eigenen Interessenverband zu gründen. O. Scott und seine Gehilfen gründeten eine eigene Organisation, die sie „Wahre Wesleyaner" nannten, doch schon bald mussten sie zu ihrem Bedauern feststellen, dass sie der Brut den falschen Namen gegeben hatten, denn ihre Abspaltungsorganisation war ein sehr schwaches, kleines, uneheliches Kind. Sie stillten es, bis es Rachitis bekam, und das Letzte, was ich hörte, war, dass es rasch dahinsiechte und dass das Ende schlimmer war als der Anfang.

Vor diesem Hintergrund sei erwähnt, dass Dr. Fisk das Vertrauen der Bischöflichen Methodistenkirche im Norden, Süden, Osten und Westen genoss. Obwohl er selbst nicht bei der Generalkonferenz in Cincinnati anwesend war und es jetzt darum ging, drei neue Bischöfe zu wählen, wurde er während einer offenen Sitzung von Dr. Winans, einem Südstaatler und Befürworter der Sklaverei aus Mississippi, für dieses Ehrenamt vorgeschlagen. Wenn ich mich recht erinnere, stimmte nahezu die gesamte Abordnung aus dem Süden für ihn und er wurde mit großer Mehrheit der Generalkonferenz gewählt. Doch Dr. Fisk hielt das Episkopat auch ohne sich für stark genug und lehnte eine Ordination ab. Er blieb bis zu seinem Tod ohne Bischofsweihe. Es ist schade, dass nicht mehr Methodistenprediger dem glanzvollen Beispiel seines Bestrebens folgen, denn dann würden wir den Sklaven mehr dienen, als wir es jetzt tun.

Während der Generalkonferenz im Jahre 1836 wurden sechs neue Konferenzen gegründet. Im Westen: Arkansas und Michigan, im Süden: Erie, North Carolina, Oneida, und New Jersey. Im Westen hatten wir etwa 262.690 Mitglieder und die Anzahl unserer Reiseprediger hatte sich auf 1.069 erhöht. Die Ostkonferenzen hatten etwa 396.000 Mitglieder und etwa 3.560 Reiseprediger. Insgesamt hatten wir also 658.690 Mitglieder und 4.629 Reiseprediger. Innerhalb von vier Jahren war die Anzahl unsere Mitglieder im Westen um etwa 45.000 gestiegen und die Anzahl unserer Reiseprediger hatte sich um etwa 300 erhöht. Gemäß unserer Protokolle hatte sich die Anzahl der Mitglieder in den Ostkonferenzen um 14.000 erhöht und die der Reiseprediger um etwa 200. Innerhalb der Konnexion hatte sich die Anzahl der Mitglieder also in einem Zeitraum von vier Jahren um 59.000 erhöht.

Ich denke, ich kann ohne zu prahlen in der Furcht Gottes sagen, dass hinsichtlich des Erfolgs und des Zuwachses an Mitgliedern und Mitarbeitern die Bischöfliche Methodistenkirche durch die göttliche Führung des großen Erlösers die Kirche ist, die seit den Tagen der Apostel innerhalb der protestantischen Welt ihresgleichen sucht. Oh, dass die Kirche demütig bleiben und niemals von ihren alten Grenzen abrücken möge.

Unser ehrwürdiger Bischof M'Kendree, über den ich an anderer Stelle berichtete und der lange als Reiseprediger diente und viel erlitt, beendete am 5. März 1835 seine irdische Probezeit. Während der Generalkonferenz in Cincinnati, im Mai 1836, hielt Bischof Soule die Trauerpredigt für diesen bedeutenden und unübertroffenen Bischof der Bischöflichen Methodistenkirche. Diese Predigt wurde veröffentlicht und auf der ganzen Welt verbreitet, weshalb ich auch nicht darauf eingehen muss, was dadurch bewirkt wurde. Allerdings ist es mein Wunsch, noch ein paar Dinge zu Bischof M'Kendree zu sagen.

Wenn ich richtig informiert bin, wurde er am 6. Juli 1757 in der Provinz King William in Virginia geboren. Während einer ausgiebigen und wunderbaren Glaubenserweckung, die durch den Dienst John Easters, eines wahren Sohnes des Donners und des Trostes, bewirkt wurde, fand M'Kendree zum

Glauben und wurde Mitglied der Bischöflichen Methodistenkirche. Bereits nach wenigen Monaten bekam er seine Lizenz, zu predigen, und wurde in einen Bezirk berufen. Er war sehr unsicher und misstrauisch, was seine eigenen Fähigkeiten als Prediger betraf. Die Kirchenmitglieder empfingen ihn nicht gerade freundlich - er selbst erzählte mir das. Aufgrund der Entmutigung, die ihm von den Brüdern entgegengebracht wurde, verließ er seinen Bezirk, denn er dachte, dass er sich hinsichtlich seiner Berufung geirrt hätte. Doch er fiel in gute Hände, denn seine Predigerkollegen berieten, ermutigten und trösteten ihn, sodass es nicht lange dauerte, bis er seinen Dienst wieder aufnahm.

Das geschah zu der Zeit, als James O'Kelly Spaltung in die Kirche brachte. James O'Kelly hatte großen Einfluss auf M'Kendree und für eine kurze Zeit neigte er dazu, die Bischöfliche Methodistenkirche gemeinsam mit diesem bekannten Spalter zu verlassen. Doch er überstürzte nichts und beobachtete die Entwicklung von O'Kelly genau, bis er schließlich der festen Überzeugung war, dass O'Kelly in einem verkehrten und üblen Geist handelte, ja, dass die Hauptursache für dessen Unzufriedenheit darin begründet lag, dass er von den Resultaten seines ehrgeizigen Strebens enttäuscht war. Daraufhin trennte er sich von O'Kelly, denn er war der vollen Gewissheit, dass Bischof Asbury und seine Prediger für das Richtige eintraten. Von jenem Tag an bis zu seinem Tod geriet er hinsichtlich der Eckpunkte des Bischöflichen Methodismus nie wieder in Zweifel oder Unsicherheit.

Bischof M'Kendree war sowohl ein Gentleman als auch ein Mann Gottes. Er war ein fundierter Theologe und hatte ein tiefgehendes Verständnis über die Gesetzmäßigkeiten der Kirchenführung. Außerdem war er ein ehrenhafter und geschickter parlamentarischer Vorsitzender, ein ausgezeichneter Kenner der menschlichen Natur und einer der fähigsten und intelligentesten Versammlungsredner, der jemals eine amerikanische Kanzel beehrt hat. Während eines frühen Stadiums seines Dienstes wurde er in die Westkonferenz versetzt. In Anbetracht der Schwierigkeiten, Entbehrungen und Leiden, die das Leben im Grenzland mit sich brachte, sowie seiner schwachen körperlichen Verfassung ist hervorzuheben, dass er das alles mit großer Heiterkeit und Ergebenheit ertrug. Hinsichtlich seines Wesens und seiner Gewohnheiten war er wirklich ein Mann und Bischof des Westens. Als sein Ende herannahte, war er darauf vorbereitet und konnte von seinen Freunden umringt auf seinem Sterbebett ausrufen: „Alles ist gut!" Als er starb, war er in der Provinz Sumner, Tennessee, bei seinem Bruder Dr. M'Kendree. Er wurde im Familiengrab seines Bruders beigesetzt, wo seine sterblichen Überreste bis zum Tag der allgemeinen Auferstehung ruhen werden.

Dr. Jennings aus Baltimore bekam den Auftrag, seine Lebensgeschichte für eine geplante Veröffentlichung aufzuschreiben. Nachdem er bereits damit begonnen hatte, entschied er sich, diese Arbeit einzustellen. Im Jahre 1840 wurde Bischof Soule von der Generalkonferenz der Bischöflichen Methodistenkirche gefragt, ob er bereit wäre, diese Aufgabe zu übernehmen, doch seltsamerweise zögerte sich seine Zusage so lange hinaus, bis es zu der unglücklichen Kirchenspaltung kam und er die Bischöfliche Methodistenkirche verließ, um sich der Südkirche anzuschließen. Ich vermute, dass die Bischöfliche Methodistenkirche nichts mehr davon haben wird, falls die Lebensgeschichte von Bischof M'Kendree doch noch veröffentlicht werden sollte. Es ist bedauerlich, dass diese Arbeit unnötigerweise so lange hinausgezögert wurde.

25

Der Prediger der neuen Schule

Im Herbst des Jahres 1836 traf sich unsere Konferenz in Rushville, Ohio. Den Vorsitz hatte Bischof R. R. Roberts. Mittlerweile hatte ich vier Jahre im Quincy-Bezirk gearbeitet, und somit war die durch die Vorschriften geregelte Frist abgelaufen. Ich wurde erneut in den Sangamon-Distrikt berufen, dem folgende neun Predigtstationen angehörten: Jacksonville-Station, Jacksonville-Bezirk, Winchester, Springfield-Station, Sangamon, Flat Branch, Athens, Pecan-Mission und Beardstown-Mission. Es wird nicht unbemerkt geblieben sein, dass die Beardstown-Mission in diesem Jahr dazugekommen ist – der dort tätige Missionar war Dr. P. Akers. Ferner wird dem Leser nicht entgangen sein, dass die Zuständigkeit der Illinois-Konferenz zu diesem Zeitpunkt nicht nur bis zur nördlichen Staatsgrenze reichte, sondern darüber hinaus bis nach Wisconsin und Iowa – das hatte mit der stetigen Bevölkerungszunahme zu tun. Die Illinois-Konferenz deckte mit ihren Missionsstationen somit nahezu das gesamte Indianerland, das heutige Minnesota, ab und bestand aus 13 Distrikten, in denen jeweils ein Ältester den Vorsitz hatte. Zum Zeitpunkt unserer Jahreskonferenz, die wir am 27. September 1837 in Jacksonville in der Provinz Morgan abhielten, hatten wir mehr als 130 Reiseprediger und mehr als 21.000 Mitglieder. Jeder unserer Prediger musste bereit sein, innerhalb eines Gebiets von den Mündungen des Ohio- und Wabash River fast bis zur Quelle des Mississippi, also eines Gebiets von ungefähr 1.900 Kilometern Größe, eingesetzt zu werden. Die nördlichen Gebiete der Konferenz waren Grenz- und Indianerland. Unsere Arbeit war hart, doch die Resultate waren herrlich.

In diesem Jahr, 1837, wurde J. T. Mitchell der Jacksonville-Station zugeteilt und wir erlebten dort eine gesegnete Glaubenserweckung – viele Menschen wurden der Gemeinde hinzugefügt. Bei einer unserer Vierteljahresversammlungen war einer der sogenannten Prediger der neuen Schule unter den Anwesenden, der bereit war, überall eingesetzt zu werden. Als die Bußfertigen nach vorne zum Gebetsaltar kamen, sprach er mit ihnen und ermahnte sie, ihre Absichten zu ändern. Er versicherte ihnen, dass Sie zweifelsfrei Christen seien, wenn sie ihre Absichten ändern würden. Ich erkannte deutlich, dass er Schaden anrichtete, und machte mich sofort daran, den Menschen zu sagen, dass sie sich nicht darauf verlassen sollten, lediglich durch das Ändern ihrer Absichten zu Christen zu werden, sondern dass sie gerettet würden, wenn sie an den Herrn Jesus Christus „mit dem Herzen zur Gerechtigkeit glaubten“ (siehe Röm. 10, 10). Auf diese Weise musste ich also den falschen Gedanken entgegenwirken, die ihnen der Prediger der neuen Schule eingeimpft hatte. Es ist mir schleierhaft, dass diese ausgebildeten Prediger die klare biblische Lehre über die neue Geburt nicht besser verstehen. Sie behaupten, dass der Mensch frei sei, seine Absichten zu ändern, und dass er dadurch ein neues Geschöpf würde. Demnach würde man aus eigener Kraft zu einem Christen und nicht durch das Wirken des Geistes Gottes.

In diesem Jahr erlebten wir in der Stadt Winchester, die zum Winchester-Bezirk gehörte, einen gnadenvollen Glaubensaufbruch. Wir hatten zunächst nicht die Möglichkeit, unsere Gottesdienste in einem Versammlungshaus oder in einer Kirche abzuhalten, doch als unsere Vierteljahresversammlung nahte, war es unseren Freunden möglich, einen großen, geräumigen Rohbau zu organisieren, den wir für die Versammlung nutzen konnten. Es kamen viele Menschen zu dieser Versammlung, das Gebäude war völlig überfüllt. Es standen lediglich provisorische Sitzgelegenheiten zur Verfügung und es gab dort weder einen Altar noch eine Kanzel, doch mehr und mehr Menschen interessierten sich für diese Versammlung. Die Kirchenmitglieder wurden geistlich belebt, viele Abgefallene wurden zurückgewonnen und Scharen von weinenden und betenden Sündern drängten zum Altarbereich, den wir provisorisch eingerichtet hatten.

Einer der Besucher unserer Vierteljahresversammlung war ein flapsiger, unerfahrener Yankee aus dem tiefen Osten. Er hatte seine Ausbildung mit einem Diplom abgeschlossen und wurde von seiner heimatlichen Missionarsgesellschaft regelmäßig dazu aufgefordert, den weit entfernten Westen zu besuchen. Der junge Mann hielt das für völlig überflüssig. Da er gelehrt worden war, dass Methodistenprediger nahezu Kannibalen und nichts weiter als armselige, unwissende Ignoranten seien, suchte er eine Gelegenheit, um seinen überragenden Anstand und sein herausragendes Talent zu demonstrieren und dadurch uns arme Emporkömmlinge von Predigern im Westen, insbesondere uns Methodistenprediger, für immer in dunkelster Vergessenheit versinken zu lassen. Er war natürlich sehr entschlossen und aufdringlich. Dieser junge Mann hätte die Leitung unserer Versammlung übernommen, wenn ich es ihm erlaubt hätte. Schließlich wollte ich ihm eine Gelegenheit geben, seine große Last loszuwerden, und erlaubte ihm eines Abends, seine Predigt vorzulesen. Die Versammelten zahlten dafür einen hohen Preis und wurden unruhig, denn er stockte, stotterte und räusperte sich oft. Nach etwa 30 Minuten kam der große Segen: Er beendete seinen Vortrag – zur großen Erleichterung der Zuhörer.

Nun stand ich auf, machte einen Altarruf und forderte die Bußfertigen auf, zur Büßerbank zu kommen. Sie kamen in Scharen und es ruhte eine starke Kraft auf der Versammlung. Es schien, als erholte sich mein kleiner Vorleser von seinem Misserfolg, denn ohne aufgefordert worden zu sein und als hätte er alles richtig gemacht, tauchte er wieder auf und sprach mit den Bußfertigen. Er fragte sie, ob sie Christus nicht liebten, und bemühte sich, ihnen deutlich zu machen, wie herrlich Christus ist. Dann sagte er ihnen, dass es ganz einfach sei, Christ zu werden – sie müssten sich lediglich dafür entscheiden und es würde augenblicklich geschehen. Nachdem ich einen Moment lang zugehört hatte, erkannte ich, dass diese Methode nicht ausreichte und nur Verwirrung bewirken würde. Ich ging zu ihm und sprach:

„Bruder, Sie haben keine Ahnung, wie man mit bußfertigen Menschen spricht. Ich möchte, dass Sie jetzt zu den hier anwesenden Sündern gehen und Sie ermahnen."

Das schien ihn nicht im Geringsten aus der Ruhe zu bringen. Er kam meiner Bitte nach, verließ den Altarbereich und mischte sich unter die Menge, um mit den Sündern zu sprechen. Nur ein paar Schritte von den Bußfertigen entfernt stand ein sehr großer Mann, er wog wohl etwa 104 Kilo. Er hatte sich zum Glauben bekannt, war aber rückfällig geworden. Die Kraft Gottes kam auf ihn und er schrie laut um Gnade. Mein kleiner Prediger machte kehrt und bahnte sich einen Weg durch die Menschenmenge, um zu diesem Mann zu gelangen. Als er zu ihm kam, tippte er ihm auf die Schulter und sagte:

„Beruhigen Sie sich, beruhigen Sie sich."

Als ich das sah und undeutlich hörte, was er sagte, machte ich mich auf den Weg zu ihm und schrie, so laut ich konnte:

„Beten Sie weiter, Bruder, beten Sie weiter! In der Hölle, in der Verdammnis kann man sich nicht mehr beruhigen."

Als ich mir gerade einen Weg bahnte, um zu diesem überführten Mann zu gelangen, der weiterhin lauthals um Gnade flehte, tippte der kleine Prediger ihm abermals auf die Schulter und sagte:

„Beruhigen Sie sich, beruhigen Sie sich, Bruder."

Ich entgegnete erneut:

„Beten Sie weiter Bruder, beten Sie weiter, in der Hölle gibt es keine Ruhe!"

Zu der Menschenmenge, die den Weg zum Altar versperrte, sagte ich:

„Gehen Sie zur Seite, Freunde, bis ich diesen Mann zur Büßerbank gebracht habe."

Doch die Menschen standen so dicht gedrängt, dass es mir nahezu unmöglich erschien, dort mit meinem Bußfertigen durchzukommen. Ich ließ seinen Arm los und ging voran, um den Weg zum Altar zu bahnen, und gerade in dem Moment, als es mir gelungen war, den Gang freizubekommen, und als ich auf dem Rückweg war, um ihn zur Büßerbank zu bringen, schenkte der Herr seiner Seele Frieden. Er rief: „Ehre sei Gott!", und in seiner überschwänglichen Freude streckte er sich nach mir aus, um mich in die Arme zu schließen. Zu meinem Glück drängten sich zwei Männer zwischen uns, sodass er mich nicht erreichen konnte. Als er mich verfehlte, schwang er herum und nahm meinen keinen Prediger in die Arme und hob ihn hoch. Er war groß und sehr kräftig und sprang von Bank zu Bank, wobei er die Menschen, die ihm im Weg standen, zur Seite schubste, und hielt den kleinen Prediger die ganze Zeit über fest. Der kleine Bursche streckte seine Arme und Beine von sich und dachte, sein letztes Stündlein hätte geschlagen, denn er fürchtete, sich das Genick zu brechen. Oh! Wie sehr hatte ich mir gewünscht, in diesem Augenblick näher bei ihm zu sein, um ihm auf die Schulter zu tippen und zu sagen: „Beruhigen Sie sich, beruhigen Sie sich, Bruder!" Doch so ernst die Situation auch war, ich konnte nicht anders, als zu lachen, und vielen der Anwesenden ging es ebenso. In diesem Augenblick hätte ich gerne gewusst, wie sehr sich die Zuschauer an dieser Situation erfreuten. Als es ihm endlich möglich war, verschwand der kleine Pastor wie der Blitz.

Unsere jährliche Konferenz hielten wir am 12. September 1838 in Alton ab. Bischof Soule traf wegen des niedrigen Wasserstandes des Ohio River erst am vierten Konferenztag in Alton ein. Da er zu Sitzungsbeginn nicht anwesend war, wurde ich gewählt, während seiner Abwesenheit den Vorsitz zu übernehmen.

Im Herbst des Jahres 1839 hielten wir unsere Illinois-Konferenz in Springfield, Provinz Sangamon, ab. Es wurden die Delegierten für unsere achte Generalkonferenz für die Delegierten der Bischöflichen Methodistenkirche gewählt. Ich wurde zum siebenten Mal zum Delegierten gewählt. Unsere Generalkonferenz tagte am 1. Mai 1840 in Baltimore. Während dieser Konferenz wurde das leidige Thema der Sklaverei wieder aufgerollt. Die beiden radikalen Parteien hatten ihre Abgeordneten gesandt. Die Sklavenpartei aus dem Süden behauptete, dass Sklaverei kein Hinderungsgrund für das Bischofsamt sei. Die Abolitionisten aus dem Norden vertraten die Auffassung, dass Sklaverei in jedem Fall als Sünde zu werten wäre. Der Anführer dieser Partei war O. Scott. Sie bestanden darauf, dass nicht nur die Wahrnehmung von Ämtern, sondern auch die Mitgliedschaft in der Bischöflichen Methodistenkirche von der Einstellung zur Sklaverei abhängig gemacht würde, und zwar sowohl in den Sklavenstaaten als auch in den freien Staaten. Unsere Bischöfe schlugen vor, zwei weitere Bischöfe zu wählen. Sie gingen davon aus, dass es zum Streit käme, wenn diese Wahl durchgeführt würde, und dass sie dann die erforderlichen Maßnahmen zur Gesundung der Kirche ergreifen könnten. Ich stellte mich gegen die Wahl weiterer Bischöfe während dieser Konferenz, und darin stimmten nahezu alle konservativen Mitglieder der Generalkonferenz mit mir überein. Somit wurden fürs Erste die Pläne sowohl beider radikaler Parteien als auch derer, die auf dieses Amt spekuliert hatten, vereitelt, und wahrscheinlich wurde die Kirche vor einer Spaltung bewahrt. Während dieser Generalkonferenz wurden folgende zusätzliche Jahreskonferenzen gegründet: Rock River, Nord-Ohio, Memphis und Texas – alle im Westen und Südwesten gelegen. Die Rock-River-Konferenz wurde von der Illinois-Konferenz abgetrennt. Folgende durch einen Vorsitzenden der Ältestenschaft geführten Distrikte gehörten dazu: Chicago, Ottawa, Mount Morris, Burlington, Iowa, Indian-Mission, Plattville und Milwaukie – also insgesamt acht.

Folgende von einem Vorsitzenden der Ältestenschaft geführte Distrikte gehörten zur Illinois-Konferenz: Danville, Mount Vernon, Vandalia, Lebanon, Jacksonville, Springfield, Quincy, Knoxville und Bloomington, also insgesamt neun. Die Rock-River-Konferenz hatte 6.585 Mitglieder und 75 Reiseprediger. Die Illinois-Konferenz hatte 24.687 Mitglieder und 103 Reiseprediger. Es gab noch weitere Veränderungen: die Nord-Ohio-Konferenz wurde von der Ohio-Konferenz, die Memphis-Konferenz wurde von der Tennessee-Konferenz und die Texas-Konferenz wurde von der Mississippi-Konferenz abgetrennt. Zur Texas-Konferenz gehörten drei von einem Vorsitzenden der Ältestenschaft geführte Distrikte, nämlich San Augustine, Galveston und Rutersville – mit insgesamt 18 Reisepredigern und 1.853 Mitgliedern. Die Zusammensetzung der beiden ursprünglichen Bereiche im Osten und im Westen hatte im Osten und im Westen je 16 Jahreskonferenzen. Ohne die Liberia-Missions-Konferenz und die Konferenzen Kanadas, die unter eine andere Zuständigkeit fielen, waren es also 32 Konferenzen.

Im Arbeitsbereich Ost hatten wir 466.561 Mitglieder und 3.125 Reiseprediger; im Arbeitsbereich West waren es 375.433 Mitglieder und 1.447 Reiseprediger. Insgesamt hatten wir also 841.994 Mitglieder und 4.572 Reiseprediger. Innerhalb von vier Jahren hatten wir im Osten eine Zunahme um 60.500 Mitgliedern zu verzeichnen, im Westen waren es mehr als 11.200.

An dieser Stelle möchte ich anmerken, dass, soweit ich weiß, die Abolitionismus-Partei bis zu diesem Zeitpunkt sehr vehement gegen die Kolonisationsgesellschaft war. Auf mich wirkte es so, als kümmere es sie nicht, was aus den Farbigen würde, wenn es ihnen nicht gelänge, deren Gleichberechtigung augenblicklich durchzusetzen. Ich werde einen Fall schildern. Die Bischöfliche Methodistenkirche hatte in Natchez, Mississippi, unter beträchtlichen Kosten eine schöne Kirche gebaut. Die Emporen der Kirche boten den Farbigen Platz. Es war entweder im Jahr 1839 oder 1840, als ein furchtbarer Tornado über Natchez hinwegfegte und großen Schaden anrichtete. Der Tornado hatte die Methodistenkirche geradezu zum Einsturz gebracht, sodass es nicht mehr sicher war, dort Gottesdienste abzuhalten. Die dortige Gesellschaft war schwach und verhältnismäßig arm. In dieser Situation hatten weder die Weißen noch die Schwarzen die Möglichkeit, sich an einem geeigneten Ort zu treffen.

Während der Generalkonferenz baten die Delegierten der Mississippi-Konferenz ihre Brüder aus dem Osten und die Mitglieder der Generalkonferenz um Hilfe für den Wiederaufbau ihrer Kirche. Es wurde eine Kollekte erhoben, und wenn ich mich richtig erinnere, gaben die Mitglieder der Generalkonferenz über 1.000 Dollar. Die Abolitionismusbrüder gaben gar nichts und behaupteten, dass weder den Sklaven noch den Sklavenhaltern geholfen werden kann, so lange die Sklaverei besteht. Ich ging zu ihnen und bemühte mich, sie eines Besseren zu belehren, aber ohne Erfolg. Ich machte noch einmal deutlich, dass diese armen Sklaven sich nicht selbst helfen konnten und sich ihre Gefangenschaft nicht selbst ausgesucht hatten, sondern dass sie Opfer von Umständen waren, auf die sie keinen Einfluss hatten. Ich wies darauf hin, dass wir ihnen das Evangelium keinesfalls vorenthalten dürften, weil es der einzige Trost wäre, den diese armen Sklaven in diesem Leben hätten, und dass sie außerdem auf die Freude des zukünftigen Lebens vorbereitet würden. Aber nein, sie deuteten das als Aufrechterhaltung der Sklaverei und Ermutigung zur Sklaverei, und deshalb ließ es ihnen ihr Gewissen nicht zu, etwas zu spenden. Schau dir das an; jeder wird doch erkennen, dass sie von einem falschen, fanatischen Geist getrieben wurden und dass ihr um Festigkeit und Ausgewogenheit bemühtes Gewissen einem Widderhorn ähnelte. Doch durch dieses Fehlverhalten der armseligen Kinder Hams wurden viele davon abgehalten, ihrer Pflicht nachzukommen.

Im Herbst des Konferenzjahres 1840 bis 1841 wurde ich in den Jacksonville-Bezirk berufen und am 15. September 1841 fand unsere Jahreskonferenz in Jacksonville statt. Bischof Morris hatte den Vorsitz. Folgende Predigtstationen gehörten zum Jacksonville-Bezirk: Carrolton-Station, Carrolton-Bezirk, Grafton, Whitehall, Winchester, Jacksonville-Station, Jacksonville-Bezirk und Manchester, also insgesamt acht. Im Verlauf dieses Jahres hielten wir im Winchester-Bezirk eine Vierteljahresversammlung als Lagerversammlung ab, und zwar im sogenannten Ägypten. Es war ein schönes Lagergelände, nur wenige Kilometer von Winchester entfernt. Die Besucher, die auf dem Gelände zelteten, nahmen rege an der Versammlung teil. William D. R. Trutter war der Bezirksprediger.

Einige Übelgesinnte hatten uns gedroht, dafür zu sorgen, dass die Versammlung abgebrochen würde, und es kam zu einem Treffen dieser zügellosen Abtrünnigen aus den umliegenden Städten und Dörfern. Sie kamen und schlugen ihre Zelte ein paar Hundert Meter vom Lagergelände entfernt auf. Viele kamen auch mit ihren Wagen und Kutschen, mit denen sie Whiskey, verschiedene Schnapssorten, Pasteten, Zigarren, Tabak und dergleichen transportierten.

Auf dem Lagergelände waren viele ehrbare Menschen und Beamte, doch mir war klar, dass wir Ärger bekommen würden. Aus diesem Grund rief ich die Zeltbesitzer und Ordnungsliebenden zusammen und wir stellten Regeln für die Lagerversammlung auf. Ich bat sie hinsichtlich der Einhaltung dieser Regeln um ihre Mithilfe, damit die Ordnung gewahrt bliebe. Ich erkannte, dass manche von ihnen davor zurückschreckten, Verantwortung zu übernehmen, und zum Handeln motiviert werden mussten.

Als wir uns auf das Trompetensignal hin bei dem Podium versammelten, machte ich die Versammlung darauf aufmerksam, dass es zwingend nötig wäre, die Ordnung zu wahren. Ich erklärte, dass mein Vater Soldat gewesen war und für die Freiheit, derer wir uns alle erfreuten, gekämpft hatte, und dass Freiheit das einzige Gut sei, dass er mir zurückließ. Ich wies darauf hin, dass ich unter Einsatz meines Lebens für die Ordnung während der Versammlung einstehen würde, wenn alle Ordnungsliebenden und alle, die im Dienste der Staatsgewalt stünden, mir Rückendeckung gäben. Durch meine Worte wurden die Ordnungsliebenden ermutigt und sie sicherten mir ihre Unterstützung und Hilfe zu, doch die Whiskeyverkäufer und Whiskeytrinker machten sich unverzagt an ihr finsteres Werk. Bald darauf waren einige betrunken und störten uns heftig bei unserer Andacht. Daraufhin beantragte ich mehrere gerichtliche Verfügungen und ließ einige dieser Whiskeyverkäufer und betrunkenen Rüpel in Gewahrsam nehmen, doch in Pöbelmanier retteten die Störenfriede den Whiskeyverkäufer, seinen Wagen und seine Mitarbeiter vor dem Zugriff durch den Vollzugsbeamten. Der Beamte kam angelaufen und informierte mich über den Aufstand des Pöbels, und dass der Whiskeyverkäufer entkommen konnte. Ich hatte den Eindruck, dass er sehr eingeschüchtert war. Ich sagte ihm, dass ich dafür sorgen würde, dass die Übeltäter trotz des Pöbels ergriffen würden, wenn er mich und vier weitere Männer, deren Namen ich ihm nannte, dazu ermächtigte, die Sache in die Hand zu nehmen. Er war einverstanden. Wir eilten ihnen nach und hielten sie auf. Der Entkommene zog eine Waffe und befahl uns, Abstand zu halten. Er drohte, den Ersten zu erschießen, der ihn anfassen würde. Als einer meiner Gefährten und ich uns auf ihn stürzten, schlug er mit seiner Waffe nach ihm, verfehlte ihn aber. Ich stürzte mich auf ihn und packte ihn am Kragen. Dann zerrte ich ihn über die Ladefläche seines Wagens, wo er zwischen seinen Fässern stand. Er fiel auf alle viere. Ich sprang auf ihn und sagte ihm, dass er mein Gefangener sei und dass ich ihn verletzen würde, wenn er sich nicht ergäbe. Der Hilfssheriff dieser Provinz, der einer der Kämpfer des Mobs war, rannte auf mich zu und befahl mir, den Gefangenen loszulassen. Ich sagte ihm, dass ich das nicht tun würde. Er drohte, mich niederzuschlagen, falls ich nicht täte, was er sagte. Ich sagte, er solle nur fest zuschlagen, wenn er mich schlüge, denn der nächste Schlag käme von mir. Unser Beamter befahl mir, den Hilfssheriff zu ergreifen, und das tat ich. Er leistete ein wenig Widerstand, doch da er sah, dass seine Chancen schlecht standen, ergab er sich schlussendlich.

Wir ergriffen 13 Mitglieder des Pöbels, den Whiskeyverkäufer und den Hilfssheriff und brachten sie vor den Richter, um für Ordnung zu sorgen. Von dem Richter wurden sie mit einem Bußgeld belegt – manche bezahlten es, andere legten dagegen Berufung ein. Uns kam das gelegen, denn wegen der Berufung mussten sie eine Kaution hinterlegen, und dadurch waren die Kosten, die einige nicht decken konnten, gesichert.

Daraufhin hielten sie sich eine Zeit lang zurück, aber sie taten sich erneut zusammen und bereiteten uns Schwierigkeiten. Einer von ihnen, ein stürmischer Bursche, verkaufte in etwa 400 Meter Entfernung seinen Whiskey. Er hatte uns schon oft dadurch gestört, dass er auf unseren Lagerversammlungen Whiskey verkaufte. Er war mit tödlichen Waffen ausgerüstet, um die Beamten auf Abstand zu halten. Ich schickte einen Marschall zu ihm, doch er konnte ihn nicht festnehmen, denn der Verkäufer hatte seine Flinte geladen. Nahezu die ganze Nacht hindurch hielten sie dort ein Trinkgelage ab und seine Trinkgefährten gingen erst gegen Morgen, um sich, so gut es ging, auszuschlafen. Er selbst legte sich auf seinen Wagen, mit seiner geladenen Flinte an seiner Seite.

Bei Tagesanbruch überquerte ich den Bach und schlich mich zu seinem Wagen. Er schlief fest. Ich streckte mich über die Ladefläche und nahm sein Gewehr sowie die Munition. Dann schlug ich mit der Laufmündung gegen den Wagen und rief: „Aufwachen! Aufwachen!" Er sprang auf und tastete nach seinem Gewehr. Ich sagte: „Sie sind mein Gefangener, und wenn Sie sich widersetzen, sind Sie ein toter Mann!" Er flehte mich an, nicht zu schießen, und sagte, dass er sich ergeben würde. Ich befahl ihm, vom Wagen herunterzukommen und vor mir her in Richtung Lagergelände zu gehen, und sagte ihm, dass ich ihn wegen Ruhestörung und Verstoß gegen die Gesetze des Landes vor Gericht bringen würde. Er fing an, erbärmlich zu betteln, und sagte, wenn ich ihn nur noch dieses eine Mal davonkommen ließe, würde er seine Pferde anschirren, um sich aus dem Staub zu machen, und es nicht wieder tun. Ich sagte ihm, er solle anschirren und aufbrechen. Das tat er. Als er zum Aufbruch bereit war, schüttete ich das Schießpulver aus und feuerte mit seiner Flinte. Dann gab ich ihm sein Gewehr. Er brach auf und bereitete uns keine weiteren Schwierigkeiten mehr.

Am Sonntagabend versammelten sich die Rüpel im Mormonenlager. Es hieß so, weil einige Mormonen in etwa 400 Metern Entfernung von unserem Lagergelände ein Zelt aufgebaut hatten, wo sie Whiskey und viele andere Dinge verkauften. Sie aßen und tranken, und um den Glauben zu verspotten, hielten sie eine Lagerversammlung ab. Sie predigten, beteten, machten einen Altarruf und schrien und sorgten so für ständige Störungen. Sie überbrachten mir die Nachricht, dass sie mir zehn Dollar geben würden, wenn ich mit einem Polizisten und Verstärkung käme, um sie festzunehmen, und dass sie in der Lage seien, alle im Lager zu verprügeln. Sie stellten ihre Wachen auf.

Ich hielt mich zurück und wartete bis spät abends. Als die meisten Teilnehmer der Lagerversammlung sich in ihre Zelte zurückgezogen hatten, um zu schlafen, stand ich auf. Ich zog alte, lumpige Kleidung an, die ich mir für solche Anlässe besorgt hatte, und machte mich auf. Es war eine klare Nacht und der Mond schien hell. Ich ging allein zu dem Mormonenlager. Als ich nur noch wenige Meter von ihrem Lager entfernt war, blieb ich stehen – ich stand im Schatten eines wunderschönen Zuckerbaums. Die bunte Menge trieb ihr Spiel. Ein junger Mann sprang auf ein Fass und rief die Zuhörer zur Ordnung. Er sagte, dass er predigen würde und dass die Ordnung auf jeden Fall gewahrt werden müsse, selbst wenn er dafür sein Leben aufs Spiel setzen müsste. Er sagte: „Ich heiße Peter Cartwright. Mein Vater kämpfte während des Krieges mit England und trug dazu bei, unsere Unabhängigkeit zu erringen – und alles, was er mir als Erbe zurückgelassen hat, ist Freiheit. Halten Sie sich an die Ordnung und nehmen Sie Platz. Hören Sie mir zu."

Sie gehorchten ihm und setzten sich. Nun sang und betete er. Dann stand er auf, um seinen Text zu verlesen, und hielt ihnen dann für etwa eine halbe Stunde eine Predigt. Dann erklärte er, dass er die Bußfertigen nach vorne rufen würde, und ließ eine Büßerbank aufstellen. Anschließend machte er einen Altarruf und lud die Bußfertigen ein, nach vorne zu kommen, damit sie dort niederknieten, um Gebet zu empfangen. Eine große Anzahl der Zuhörer folgte dem Aufruf und kniete nieder – es waren mehr, als auf der Büßerbank Platz hatten. Dieser selbsternannte Prediger des Abends ließ dann noch eine weitere Bank aufstellen, und die Menschen drängten sich, um dort einen Platz zu bekommen. Mir kam der Gedanke, mich ihnen anzuschließen und mit ihnen gemeinsam niederzuknien, denn dadurch würde sich mir eine Gelegenheit bieten, im richtigen Moment auf sie loszugehen. Da ich entschlossen war, die ganze Kompanie zu schlagen und ihr Lager eigenhändig einzunehmen, kniete ich mich doch nicht zusammen mit den Bußfertigen hin. Der junge Streiter des Teufels rief mehrere Menschen herbei, die für die Bußfertigen beten sollten. Er ermahnte sie nahezu wie ein echter Prediger. Mehrere taten so, als hätten sie sich bekehrt, und hüpften und schrien furchtbar. Inzwischen war ihr Prediger bereits ziemlich erschöpft und wurde durstig. Er verordnete eine Pause und sagte, dass ihm jemand etwas zu trinken bringen solle. Er beauftragte den Zeltinhaber, ihm das Beste zu geben, was er hatte.

In diesem Augenblick stieß ich zwei oder drei laute Schlachtrufe aus und sagte: „Hier! Hier! Hier – Polizisten und Männer, ergreift sie! Ergreift sie! Jeden von ihnen, auch die Zeltbesitzer!“, und stürzte mich auf sie. Sie flüchteten und rannten wie wild davon. Glücklicherweise hielten sich fünf oder sechs Jungen aus unserem Lager ganz in der Nähe auf. Sie hatten mitbekommen, wie ich den Schlachtruf erhob, und rannten mit mir zusammen ins Lager. Doch die bunte Menge floh; alle, auch die Zeltbesitzer. Es gab niemanden, der Widerstand leistete, und so kamen wir friedlich in den Besitz ihrer gesamten Habe – Whiskey, Waren, Mobiliar und einige Waffen. Du siehst also, dass sich die Schrift hier buchstäblich erfüllte: „Der Gottlose flieht, auch wenn niemand ihn jagt“ (siehe Spr. 28, 1). „Wie könnte einer Tausend jagen und zwei Zehntausend in die Flucht schlagen“ (5. Mo. 32, 30).

Es gibt nur wenige verhärtete Schufte, die Gottesdienste stören, und dass sie eigentlich gemeine Feiglinge sind, habe ich in mehr als 50 Jahren des Dienstes zu meiner vollsten Zufriedenheit belegt. Ich möchte noch erwähnen, dass am Montag, also einen Tag nach der Niederlage des Mormonenlagers, die Kraft Gottes auf unsere Versammlung fiel und das gesamte Lager von der Herrlichkeit Gottes erleuchtet wurde. Die Kirche, genauer gesagt, die Kirchenmitglieder wurden mächtig gesegnet und erlebten das als einen vollen Ausgleich für alle Mühe und die Schwierigkeiten, die sie durch das Aufrichten ihrer Zelte in diesem Wäldchen und dem tage- und nächtelangen Warten auf den Herrn in Kauf genommen hatten. Hartgesottene Sünder gingen vor dem Herrn auf ihre Knie und einige von ihnen erlebten eine eindeutige Bekehrung. Zur Ehre der erstaunlichen Gnade Gottes möchte ich hier festhalten, dass der junge Mann, der bei den Unruhestiftern der Anführer war und am Abend zuvor auch im Mormonenlager den Prediger gespielt hatte, derart von der Kraft Gottes ergriffen und so furchtbar erschüttert wurde, als baumele er über der Hölle. Er warf sich vor Gott und all den Menschen nieder, die er zuvor belästigt und verfolgt hatte, und schrie so heftig um Gnade, als stünde er an der Schwelle zur Verdammnis. Er hörte nicht eher auf, bis Gott ihn zurückerobert hatte, denn er war ein elender Abgefallener. Ich kannte ihn aus Tennessee, wo ich häufig im Haus seines Vaters gepredigt hatte.

Von den Störenfrieden, die festgenommen und zu einem Bußgeld verurteilt wurden und die vor Gericht Berufung einlegten, hatte fast keiner ein gutes Ende und nur wenig starben eines natürlichen Todes. Einige flüchteten nach Texas, einige wurden in Schlägereien erstochen – es schien, als hätte Gott sie mit einem Zeichen versehen, denn seine Gerichte verfolgten sie selbst in fremde und entfernte Gebiete. Als bei Gericht über ihre Berufung verhandelt wurde, erklärten sich zwei Staatsanwälte bereit, die Anklage zu erheben. Einer von ihnen, der viel beklagte General Hardin aus der Provinz Morgan fiel anschließend in Mexiko, während er unter General Taylor in der denkwürdigen Schlacht von Buena Vista gegen Santa Anas skrupellose Gefolgsleute kämpfte. Er starb als tapferer Soldat und untergebener Offizier. Friede seiner Asche! Er galt als würdiges Mitglied der Presbyterianischen Kirche und treuer Freund der Ordnung.

Der andere Jurist, Herr Sanbourn, war manchmal etwas zügellos, galt aber dennoch als talentierter Gentleman im Gerichtswesen. Diese Herren erklärten sich unentgeltlich dazu bereit, die strafrechtliche Verfolgung der erbärmlichen Störenfriede, die die Anbetung Gottes gestört hatten, zu übernehmen. Angesichts ihrer gut formulierten Appelle an die Geschworenen verließ die Missetäter vor Gericht der Mut. Insgesamt mussten die Täter, die gegen die Sitten des Landes verstoßen hatten, mehr als 300 Dollar bezahlen, wodurch sie am eigenen Leib erfuhren, dass der Weg der Treulosen ihr Unglück ist (siehe Spr. 13, 15). An dieser Stelle muss ich erwähnen, dass das Urteil, welches vom Vorsitzenden dieses Prozesses, Richter Lockwood, getroffen wurde, ganz in meinem Sinne war. Seine Begründung für das Urteil fiel im Wesentlichen folgendermaßen aus: Unabhängig davon, was an einem Ort der Anbetung verkauft wird, war es aufgrund des Gesetzes, das zum Schutz der Gemeinden erlassen worden war, strafbar, wenn dadurch die Ruhe und der Frieden der dort versammelten Gläubigen gestört wurde; da es keine entsprechenden Versammlungsvorschriften gab, hatten wir als freie Menschen das Recht, uns zu versammeln und unsere eigenen Regeln aufzustellen; alles, was gegen diese Ordnung, die für die Versammlung aufgestellt wurde, verstieß, war gesetzlich strafbar. Die heutigen Gesetze zum Schutz der Gläubigen sind zu locker und unklar. Wenn gute Polizisten dieses Gesetz anwenden, werden die Menschen in dem heiligen Recht, Gott anzubeten, beschützt, doch von unredlichen Polizisten wird es häufig so ausgelegt, dass die Täter beschützt werden. Dadurch werden die gesetzlosen Menschen nur ermutigt, ungestraft auf den Rechten der Gläubigen herumzutreten. Ich habe mich oft darüber gewundert, weshalb die Gesetzgeber so zurückhaltend sind, diesbezüglich ein striktes Gesetz zu verabschieden. Wenn es bestimmten Menschen nicht gefällt, wie Gruppierungen aus den unterschiedlichsten Denominationen ihre Gottesdienste durchführen, dann sollen sie doch wegbleiben, wenn sie jedoch daran teilnehmen wollen, dann sollten sie sich auch entsprechend verhalten. Wenn sie sich allerdings nicht benehmen und anpassen, sollten sie per Gesetz dazu gezwungen oder ernsthaft bestraft werden, falls sie die Rechte der freien Menschen, die sich in der Absicht versammeln, Gott friedfertig anzubeten, mit Füßen treten. Die Bibel hat recht, wenn es dort heißt: „Wenn aber ein Gottloser herrscht, seufzt das Volk" (Spr. 29, 2), und „Gerechtigkeit erhöht eine Nation, aber Sünde ist die Schande der Völker" (Spr. 14, 34). Wir hoffen aber immer noch, dass wir bessere Tage sehen werden - mit besseren Gesetzen und einer besseren Auslegung dieser Gesetze. Möge der Herr es zu seiner Zeit schnell bewirken!

26

Gottesdienst in einer Hütte

Am 14. September 1842 traf sich unsere Illinois-Konferenz in Winchester, Provinz Scott. Den Vorsitz hatte Bischof Roberts. Ich konnte weiterhin im Jacksonville-Bezirk bleiben. Der Leser möge nachsichtig sein, wenn ich nun ein paar Dinge über meine unmittelbare Nachbarschaft mitteile. Als ich mich hier im Jahre 1824 niederließ, war die nächste Methodistengemeinde etwa acht Kilometer entfernt. Die Gemeinde war in der Nähe des Rock Creek. Wenn meine Familie sonntags eine Klasse besuchen oder einen Bezirksprediger hören wollte, musste sie dorthin gehen. In meiner Siedlung gab es außer meiner Familie nur ein weiteres Mitglied der Bischöflichen Methodistenkirche. Es war eine Witwe, eine feine Frau. Ich denke, sie war eine beständige Christin.

Das Land war vollkommen neu und nahezu im ursprünglichen Naturzustand. Wir hatten keine Kirchen, um darin Gottesdienste abzuhalten, und fast alle Bewohner lebten in neu errichteten Hütten. Wir beschlossen, in unserer Hütte Gottesdienste abzuhalten und die Nachbarn einzuladen, damit sie kämen, um das Wort Gottes zu hören und gemeinsam mit uns Gott anzubeten. Ich gründete eine kleine Klasse mit etwa zwölf Mitgliedern, von denen drei aus meiner Familie waren. In unserem bescheidenen Heim hatten wir 14 Jahre lang Gottesdienste, die von den Bezirkspredigern abgehalten wurden. Während dieser Zeit gingen wir mit unserer kleinen Klasse durch Höhen und Tiefen. Zeitweise erlebten wir durch die Zuwanderer ein beachtliches Wachstum, doch wenn diese Menschen wieder fortzogen, um sich in einem anderen Haus niederzulassen, waren wir fast wieder genauso wenige wie zu Beginn. Etwa zu dieser Zeit befand sich meine Frau bei schlechter Gesundheit, sodass es ihr körperlich zu viel wurde, dass bei uns zu Hause jeden Sonntag Klassenversammlungen und alle 14 Tage die Gottesdienste des Bezirkspredigers abgehalten wurden. Ich fasste den Entschluss, eine Kirche zu bauen, aber die Frage war, wie das geschehen sollte. Die wenigen Bewohner dieser Siedlung waren arm, und die Menschen, die in den umliegenden Gebieten lebten, waren auch verhältnismäßig arm. Den Methodisten gegenüber verhielten sie sich unfreundlich. Mein Entschluss, ein Haus zu bauen, in dem Gott angebetet wird, stand fest, und ich eröffnete einen Spendenfonds, setzte Treuhänder ein, gab ein Baugrundstück und stellte 100 Dollar für dieses Bauprojekt zur Verfügung. Als ich den Nachbarn, die in der Gegend wohnten, das Zeichnungsdokument vorlegte, brachten sie viele Einwände und Ausflüchte vor. Einige wollten das Gebäude nicht nur als Kirche, sondern auch als Schulgebäude nutzen. Manche sagten, sie würden mich unterstützen, wenn ich es zu einer Einheitskirche für alle Denominationen machte, aber dass sie keinesfalls etwas gäben, wenn das Gebäude der Bischöflichen Methodistenkirche übertragen würde. Auf diese Einwände entgegnete ich: „Nein, Freunde, eine Kirche sollte keinesfalls auch eine Schule sein. Und was die Einheitskirche betrifft – ich weiß von keinem Fall, wo ein solches Vorgehen nicht zu Streit geführt hätte und in einem Durcheinander endete. Eine Kirche sollte immer zu einer bestimmten Denomination gehören, die für das Gebäude verantwortlich ist." Ich sagte, dass ich eine Kirche für die Methodisten bauen würde und ihnen dankbar wäre, wenn sie mich dabei unterstützten, wenn aber nicht, ich es dennoch versuchen würde, so gut ich es konnte. Wir bekamen nur wenig Hilfe, aber wir fingen an. Schließlich gelang es uns, eine schöne kleine Kirche, etwa 7,60 x 9,00 Meter groß, fertigzustellen. Die Kosten beliefen sich auf ungefähr 600 Dollar, wovon ich etwa 300 Dollar bezahlen musste. Es war ein schwerer Kampf für mich und manchmal dachte ich, dass es eine zu große Bürde sei, aber ich war entschlossen, dass ich nicht aufgeben würde, es sei denn, ich bemerkte, dass ich einen Fehler machte.

Kurz nachdem das Haus fertig war, hatten wir die Bezirksprediger Heath und H. Wallace zu Gast und es gefiel dem Herrn, seinen Heiligen Geist auf unsere Versammlung und Siedlung auszugießen. Bruder Heath arbeitet inzwischen in Kalifornien und Bruder H. Wallace war seinerzeit im Griggsville-Distrikt tätig, der zur Illinois-Konferenz gehörte.

Wir erlebten eine mächtige Erweckung, mit dem Ergebnis, dass sich etwa 40 Menschen bekehrten und der Kirche beitraten. Anschließend dachte ich, dass die 300 Dollar, die ich zum Bau der Kirche beigesteuert hatte, die beste Investition war, die ich jemals getätigt hatte. Das Gemeindegebäude nannten wir „Schöne Präriekirche".

Unsere kleine Kirche ist längst zu klein geworden. Wir haben sie vergrößert und jetzt ist sie 9,15 x 15,25 Meter groß. Unsere Gemeinde wuchs, sodass wir sie teilten und in ein paar Kilometern Entfernung eine weitere achtbare Kirche bauten. Beide Gemeinden haben zusammen etwa 180 Mitglieder und es wird nicht mehr lange dauern, bis eine weitere Kirche, nicht weit vom alten Predigtplatz entfernt, gebaut werden muss. Seht, was der Herr trotz all der widrigen Umstände, denen wir in den letzten 30 Jahren ausgesetzt waren, für uns getan hat. Preist den Herrn!

Ich erlaube mir, an dieser Stelle darauf hinzuweisen, dass die Kirche am Spring River, die etwa neuneinhalb Kilometer von Springfield entfernt ist, soweit ich weiß, die erste war, die in der Provinz Sangamon im Sangamon-Bezirk gebaut wurde. Eigentlich war es eine Blockhütte, etwa 5,5 x 6,1 Meter groß, und ein abgetrennter kleiner Raum in der Hütte diente als Klassenraum. Im Sangamon-Bezirk war es eine der ersten Klassen, die gegründet wurden. Die Gemeinde traf sich in diesem kleinen Haus über viele Jahre hinweg, um dort Gott anzubeten. Auf dem Grundstück, das für den Bau der Kirche und die Einrichtung eines Friedhofs gespendet worden war, nutzten wir einen Teil als Lagergelände und viele, sehr viele herrliche Lagerversammlungen wurden dort abgehalten. Ich kann durchaus sagen, dass Hunderte Seelen auf diesem geweihten Boden in das Reich Gottes hineingeboren wurden. Viele, die Gott dort ihren Lobpreis darbrachten, sind schon lange verstorben. Nun bringen sie Gott und dem Lamm ihren Lobpreis vor dem Thron Gottes dar.

Dieses Lagergelände wurde „Watters Lagergelände" genannt. Herr Watter wohnte in der Nähe, doch nach einigen Jahren wechselte er von der kämpfenden Gemeinde in die siegreiche Gemeinde im Himmel. Dieses Plätzchen ist mir heilig, denn an diesem Ort bekehrten sich sowohl mehrere meiner Kinder als auch viele meiner besten Freunde - manche von ihnen sind bereits im Himmel, andere sind noch hier. Wir haben dort zusammen gesungen, gebetet und geschrien und ich habe die große Hoffnung, dass wir bald im Himmel zusammen singen werden, wo das Singen und Frohlocken niemals aufhören wird. Amen.

Im Konferenzjahr 1840-1841 wurde die Alton-Station, die zum Lebanon-Distrikt gehörte, dem Jacksonville-Distrikt zugeteilt. Charles Holiday war der Vorsitzende der Ältestenschaft und der dortige Leiter war N. Hobart. Im Herbst des Konferenzjahres 1842 bis 1843 wurden N. S. Bastion und C. J. Houts in die Alton-Station berufen. Unsere Vierteljahresversammlung fand mitten im tiefsten Winter statt, und obwohl es bitterkalt war, kamen viele Menschen, und die Kraft Gottes war dort, um zu heilen. Viele Menschen bekehrten sich und empfanden tiefe Reue. Wir hielten es für notwendig, die Versammlung zu verlängern. Die Bußfertigen kamen in Scharen nach vorne zum Altar, um von der Gemeinde für sich beten zu lassen. Mitten in dieser Erweckung kam dem Wirt der „Adler Schänke" der Gedanke ins Herz - nicht in den Kopf, denn der war leer - dass er unsere Erweckung stoppen würde. Er gab bekannt, dass er am nächsten Abend in seiner „Adler Schänke" einen fantastischen Ball veranstalten würde - bei freiem Eintritt. Er schickte seine Boten mit dieser Nachricht los und nahezu die ganze Stadt wurde mit Eintrittskarten versorgt. Eine Karte, die für mich bestimmt war, schickte er zur Kirche, wo wir gerade einen Gottesdienst abhielten, der sehr gut besucht war. Kurz bevor die Gottesdienstbesucher nach Hause entlassen wurden, stieg ich auf die Kanzel und verlas meine Eintrittskarte für den Ball. Anschließend gab ich bekannt, dass ich den Ball in der „Adler Schänke" nicht besuchen könne, da ich an diesem Abend in der Kirche einen Methodistenball veranstalten würde. Ich forderte alle Anwesenden auf, zum Methodistenball zu kommen und so viele Gäste wie möglich mitzubringen. Ich sagte ihnen, dass sie meine Einladung als freie Eintrittskarte ansehen könnten und dass ich sicher sei, einen besseren Fiedler auftreiben zu können als die „Adler Schänke." Die Kunde verbreitete sich wie ein Lauffeuer. Selbst die sündigsten Gemeindemitglieder warben für den Methodistenball und sprachen von Schande, was den Wirt der „Adler Schänke" betraf. Obwohl der Wirt so heftig die Werbetrommel gerührt hatte, waren, als es Abend wurde, nicht genug Damen anwesend, um einen vierhändigen Volkstanz zu tanzen. Es waren zwar zwei kleine Mädchen und ein paar Männer gekommen, doch diese gemeinen Kerle tanzten die Kinder fast zu Tode. Unsere Gemeinde war völlig überfüllt. An diesem Abend offenbarte sich der Arm des Herrn und überall in der Menge verspürte man die Kraft Gottes. Viele kamen als weinende Büßer zum Altar, doch als sie sich dort von ihren Knien erhoben, kamen Siegesschreie von ihren Lippen. „Herrlichkeit Gott in der Höhe, und Friede auf Erden in den Menschen des Wohlgefallens" (Lk. 2, 14).

Ich erlaube mir jetzt, von einer Begebenheit zu berichten, die sich während dieser Versammlung zutrug. Dabei werde ich so taktvoll wie möglich sein. Unter der Menschenmenge, die zum Altar drängte, befanden sich viele Frauen, darunter auch zwei gutaussehende, gutgekleidete junge Damen, die sehr ergriffen waren. Es schien, als wäre die Tiefe ihrer Herzen aufgebrochen. Ich wurde darüber informiert, dass sie einen schlechten Ruf hatten. Eine ältere Schwester war wegen ihnen dermaßen beunruhigt, dass sie von mir verlangte, sie vom Altarbereich auszuschließen, denn sie fürchtete um unseren Ruf, und dass deswegen Verfolgung einsetzen könnte. Ich sagte ihr, sie solle ruhig sein und sie in Ruhe lassen, und: „Sie müssen zum Glauben kommen, sonst sind sie für immer verloren." Aber die Schwester gab keine Ruhe. Sie lief zu Bruder Bastion und erzählte ihm von der Situation. Er war ein sehr feinfühliger Mann. Er kam zu mir und flüsterte mir zu, dass man sie auf der Stelle fortschicken müsse, da ansonsten der Gottesdienst ruiniert und unsere Arbeit aufgehalten würde. Ich bat ihn darum, sie in Ruhe zu lassen. Ich sagte: „Bruder, auf der anderen Seite des Altarbereichs sind ein Dutzend Männer, die sehr wahrscheinlich ebenso eines schlechten Wandels schuldig sind wie diese jungen Frauen. Warum gehst du nicht zu ihnen und schickst sie aus dem Altarbereich? Lass sie in Ruhe. Geh zu den Männern und sprich mit ihnen, und ich bleibe bei diesen Frauen. Man darf sie nicht vom Gebetsaltar fortschicken." Doch als ich mich von Bruder Bastion abkehrte, drangen zwei unserer alten, penniblen Schwestern auf ihn ein, und während ich mich darauf konzentrierte, dass in der Versammlung alles ordentlich ablief, ging Bastion zu den beiden Frauen und schickte sie aus dem Altarbereich. Sie gingen nach hinten, setzten sich auf einen freien Platz und weinten bitterlich. Sobald ich bemerkte, was geschehen war, ging ich zu ihnen. Ich sprach mit ihnen und ermutigte sie. Ich sagte: „Wenn sterbliche Menschen Sie auch abweisen, Gott wird Sie nicht zurückweisen oder von seiner Gegenwart fernhalten. Maria Magdalena hatte sieben Teufel, doch Christus trieb sie alle aus. Der Mann in den Grabstätten hatte eine ganze Legion Dämonen in sich, doch Christus enteignete sie." Sie baten mich, für sie zu beten. „Ja", sagte ich, „von ganzem Herzen", und wir knieten nieder, um zu beten. Es schien, als würden ihre Herzen vor Reue und Kummer zerbrechen. Um die alten Schwestern zu bestrafen, forderte ich sie auf, herzukommen und für sie zu beten. Noch ehe wir unsere Versammlung beendeten, erklärte eine von ihnen, dass sie sich bekehrt hätte, und ich habe keinen Grund, daran zu zweifeln. Als die andere Frau das Haus verließ, weinte sie. Sie kam nie mehr zu unserer Versammlung. Vielleicht ging sie wegen dieses unnötigen Verweises für immer verloren.

Das nächste Mal, als wir die Kirchentüren öffneten, um neue Gemeindemitglieder aufzunehmen, kamen etliche Menschen und traten der Kirche bei. Die junge Frau, die gläubig geworden war, schritt bis zum Fuß des Altars, kam aber nicht zu mir, um mir die Hand zu geben. Ich spürte, dass sie der Kirche beitreten wollte, aber sie wirkte verängstigt, als ob ihr die Zuversicht fehlte, diesen Schritt zu tun. Später sagte sie mir, dass sie dachte, die Kirche würde sie nicht akzeptieren. Ich ging zu ihr, nahm sie bei der Hand und fragte sie, ob es nicht ihr Wunsch sei, der Kirche beizutreten. Unter Tränen sagte sie: „Ja, wenn die Gemeinde mich aufnehmen kann und mir den geringsten Platz in ihrer Mitte gewährt." Ich habe den Werdegang dieser Frau über Jahre hinweg verfolgt und festgestellt, dass sie würdig ihres Glaubensbekenntnisses wandelte. Das bemerkten auch all jene, die sie kannten, und nun wurde sie geschätzt und nicht mehr verachtet. Lieber Leser, denke darüber nach. Hat Christus die Ehebrecherin oder die Samariterin am Brunnen oder sonst einen armen, erbärmlichen Sünder, der zerbrochenen und reuigen Herzens zu ihm kam, abgewiesen? Bedenke die bedeutungsvollen Worte des Dichters:

„Es ist niemand zu abscheulich, der Buße tut,
aus einem Sünder, Legionen floh'n,
denn der Herr befreite ihn."

Es ist etwas eigenartig, dass Männer, aber auch Frauen, auf Frauen mit einem üblen Ruf empfindlicher reagieren als auf Männer. Obwohl ich dafür keinen Grund sehe, ist es so, vor allem dann, wenn sie sich darum bemühen, sich zu bessern, um ein christliches Leben zu führen.

Das Konferenzjahr 1842 bis 1843 war in vielerlei Hinsicht für unser Zion ein denkwürdiges Jahr. Im Jacksonville-Distrikt kam es zu Erweckungsaufbrüchen. Mehrere Hundert Menschen kamen zum Glauben und mehr als fünfhundert traten in die Bischöfliche Methodistenkirche ein. Diese Erweckung spielte sich nicht nur in Alton ab, sondern auch im Carrolton-Bezirk erlebte Bruder Bird ein gedeihliches Jahr; ebenso Bruder J. B. Houts im Whitehall-Bezirk. Bruder Grubbs erlebte in der Jacksonville-Station eine vortreffliche Erweckung – vielleicht hing es mit einem Jubeljahr im Winchester-Bezirk zusammen, wo sich Bruder Norman und die Menschen, die mit ihm nahezu ein Jahr lang Seite an Seite arbeiteten, mühten.

Napless, eine schöne Kleinstadt am Ostufer des Illinois River, war eine der Predigtstationen des Winchester-Bezirks. Die Bewohner waren höflich und hilfsbereit, doch abgesehen von wenigen Ausnahmen auch sehr gottlos. Schon lange hatten sie dem Angebot der Gnade widerstanden und es abgewiesen, doch als dort unter der Leitung von Bruder Allen mehrere Versammlungen stattfanden, wurde diese sündige Kleinstadt von der Kraft Gottes mächtig erschüttert. Viele Söhne und Töchter des zügellosen Lebens erzitterten unter der Kraft Gottes. Tag für Tag und Abend für Abend drängten sie in die Versammlung und warfen sich unter eindeutigen Zeichen der Reue auf der Büßerbank nieder. Die Schreie der Büßer und die Jubelrufe der Bekehrten wurden von den umstehenden gottlosen Menschen ehrfürchtig und staunend wahrgenommen. Der Deismus wurde aufgeweicht, die Allaussöhnung stürzte zusammen, der Skeptizismus mit seinen vielen Varianten stand entgeistert da, die Hölle bebte, Dämonen flohen, Trinker wurden nüchtern und ich kann ohne Übertreibung sagen, dass Sünder der unterschiedlichsten Kategorien ausriefen: „Männer und Brüder, was sollen wir tun, um gerettet zu werden?" (siehe Apg. 2, 37). Die Schreie der Sünder wurden nicht nur in der Kirche gehört, sondern auch in den Straßen, ja nahezu in jedem Haus, und zwar Tag und Nacht. Die Erweckung in Naples wurde von vielen aufregenden Geschehnissen begleitet. Mehr als 100 Menschen bekehrten sich und wurden Gemeindemitglieder und das gesamte Erscheinungsbild der Stadt veränderte sich. Auch wenn einige in ihre alten, lasterhaften Gewohnheiten zurückfielen, so wurden doch viele zu beständigen Säulen im Haus Gottes. Das Spektrum derer, die durch diese Erweckung erreicht wurden, reichte vom zehn- bis zwölfjährigen Kind bis zum ergrauten Sünder, der bereits zitternd mit einem Bein im Grabe stand.

Noch ehe diese Versammlung in Naples beendet und mit derartigem Erfolg gekrönt wurde, begannen wir in einer kleinen Stadt, die ebenfalls in diesem Bezirk lag, mit unserer Vierteljahresversammlung. Satan hatte dort schon über viele Jahre hinweg unangefochten regiert. Alle Auswüchse von Bosheit waren hier zahlreich vertreten und es war umso bedauerlicher, dass die Bosheit der Bevölkerung noch von einem Priester der Anhänger der Allaussöhnung gerechtfertigt wurde, der ihnen versicherte, dass sie, unabhängig von ihrem sittlichen Verhalten hier auf Erden, alle für immer gerettet wären und in den Himmel kämen. Ich habe darüber nachgedacht und bin heute immer noch der Meinung, wenn ich einen Plan entwerfen sollte, der gegen die Gesetze Gottes verstößt und jegliche Form von Bosheit unterstützt, um die Hölle mit Scharen von Verlorenen und deren Wehklagen zu erfüllen, dann würde ich auf den Plan der Allaussöhnung, ja, genau diesen Plan zurückgreifen. Was hat jemand, der von dieser Lehre wirklich überzeugt ist, denn zu fürchten? Gar nichts, denn diese Lehre, die dem Fleisch entgegenkommt und das Gewissen beruhigt, spricht ihn nicht nur von seinen Pflichten gegenüber Gott und den Menschen frei, sondern erlaubt es auch der gefallenen Natur, dem Teufel uneingeschränkt zu dienen, und zwar auf jede mögliche Weise, gerade so, wie es seiner verdorbenen Seele beliebt.

Vor ein paar Jahren hatte ich einen Nachbarn, der sich dazu bekannte, ein eingefleischter Anhänger der Allaussöhnung zu sein. Er diskutierte mit mir und behauptete, dass es keinen Teufel gäbe, sondern lediglich eine üble Gesinnung im Menschen. Auch eine Hölle gäbe es nicht; der Mensch fühle sich nur schlecht, wenn er etwas Falsches getan hätte, und das wäre dann alles an Strafe, was er jemals erleiden müsse. Als der Vater dieses Nachbarn, der ebenfalls ein bekennender, eingefleischter Anhänger der Allaussöhnung war, auf dem Sterbebett lag, empfand es ein treuer Prediger Christi als seine Pflicht, ihn zu besuchen, um ihn hinsichtlich der Gefahr zu warnen und sein Gewissen wachzurütteln, falls es nicht schon völlig abgestumpft war, damit er die richtige Sichtweise über seine Situation bekäme. Der Prediger blieb mit seinem Versuch und seinen wohlgemeinten Bemühungen erfolglos. Der alte Mann, der bereits im Sterben lag, nahm Anstoß und sagte, dass er nicht dankbar dafür wäre, dass sein Glaube in seinen letzten Momenten hier auf Erden erschüttert werden sollte. Mein Nachbar, der Sohn dieses alten, verhärteten Sünders, war über den Prediger sehr wütend. Er fluchte und schimpfte heftig über ihn. Ein paar Tage nach dem Ableben des alten Mannes fluchte und schimpfte er über diesen Prediger in meiner Gegenwart und sagte:

„Verdammt sei er! Ich wünschte, er wäre in der Hölle und der Teufel hätte ihn."

Ich unterbrach ihn und sagte: „Pfui, pfui, Mann, wovon sprechen Sie? Es gibt doch keine Hölle, sondern nur schlechte Gefühle, wenn jemand etwas Falsches tut, und auch keinen Teufel, sondern nur eine üble Gesinnung im Menschen."

Ich antwortete dem Narren so seiner Narrheit entsprechend (siehe Spr. 26, 5).

„Nun", sagte er, „wenn es keine Hölle gibt, sollte es eine geben, damit solche Prediger dort reingesteckt werden."

„Mein Herr", sagte ich, „Sie sehen also, wie völlig unhaltbar Ihr Glaube ist, denn Sie sind schon zornig über jemanden, der sich aufrichtig um Gutes bemüht, und im nächsten Moment wünschen Sie sich eine Hölle, damit dieser Mensch dort hineinkäme, um vom Teufel gequält zu werden - nur weil Sie an ihm Anstoß nehmen, und zwar wegen etwas, worüber kein guter Mensch erbost sein sollte. Doch Gott sollte sich beleidigen, seinen Namen lästern und seine Gesetze mit Füßen treten lassen, aber keine Hölle haben, wo solche Schufte vom Teufel gequält werden? Wenn ich an Ihrer Stelle wäre, würde ich mich schämen und meine Lippen fortan mit dem Siegel der Wahrheit verschließen."

Obwohl er jetzt überrascht war und nichts mehr dazu sagen konnte, klebte er weiterhin an seiner Lehre, die Gott entehrte. Es wurde immer schlimmer mit ihm, bis er schließlich verdächtigt wurde, ein schreckliches Verbrechen begangen zu haben.

Doch zurück zu meinem Bericht. Bereits von der ersten Predigt an, die auf der Vierteljahresversammlung in Exeter gehalten wurde, waren gute Zeichen zu erkennen. Obwohl wir kaltes Wetter hatten, war die Kirche voll. Die Kraft Gottes ergriff viele achtlose Sünder und erweckte viele von denen, die sich zwar schon länger zum Glauben bekannten, aber stehengeblieben waren. Eine größere Gruppe junger, unreifer Anhänger der Allaussöhnung kam, um zuzuschauen und sich darüber lustig zu machen. Doch sie waren sich nicht darüber im Klaren, dass die Gefahr bestand, dass sie einen dieser Methodistenanfälle bekämen - so nannten sie das, was dort geschah. Unter den Gottesdienstbesuchern befanden sich zwei junge Schwestern, die ebenfalls durch die die Seele zerstörenden Lehren der Allaussöhnung auf Abwege geraten waren. Als ich mich durch die Menschenmenge presste, sah ich, dass eine der beiden tief bewegt war und weinte. Ich ging zu ihr, um mit ihr zu sprechen. Sie war sich ihres jämmerlichen Zustandes bewusst. Ich forderte sie auf, mit den anderen Bußfertigen zum Altar zu gehen. Sie willigte ein und ich führte sie dorthin. Ich sprach und betete mit ihr. Sie war sehr ergriffen. Eine Zeit lang wusste ihre Schwester nicht, dass sie bei der Büßerbank war, doch dann sagte es ihr jemand. Nun wurde sie furchtbar wütend und sagte, dass sie ihre Schwester unter Einsatz ihres Lebens von diesem fürchterlichen Ort fortbringen würde. Ich schaute zufällig gerade zur Tür, als sie kam. Das Gebäude war überfüllt und einige Menschen versuchten, sie aufzuhalten, aber sie drängte weiter nach vorne. Ich ging ihr entgegen und traf sie im Gang, wo die Menschen dicht gedrängt standen. Ich sagte ihr, sie solle sich beruhigen und von ihrem Vorhaben ablassen. Ihr fiel nichts Besseres ein, als auszuholen und mir eine heftige Ohrfeige zu verpassen. Ich muss zugeben, dass ich überrascht war. Doch wie man so schön sagt, brachte sie mich in Fahrt. Ich fing mich schnell wieder und entschied, sie am Oberarm zu fassen, zu drehen und dann zur Tür zu befördern. Ich sagte: „Meine Herren, bitte öffnen Sie die Tür. Der Teufel in dieser Dame ist heißgelaufen und ich will, dass sie sich jetzt draußen abkühlt." Die Tür wurde geöffnet, ich beförderte sie hinaus und sagte ihr, dass sie dann, aber auch nur dann, wieder hereinkommen könne, wenn sie sich wieder beruhigt hätte und sich so verhielte, wie es einer Dame geziemte. Dann verschloss ich die Tür und stellte eine Wache auf, um weitere Störungen zu vermeiden.

Kaum war ich wieder beim Altar, als die junge Dame, die ich dort zurückgelassen hatte, aufsprang und vor Heilsfreude laut jubelte – dann noch jemand und noch jemand, bis in rascher Folge fünf Menschen in Jubelrufe ausbrachen. Die Versammlung wurde elektrisiert: Sünder weinten, bebten und zitterten, und die Heiligen schrien laut vor Freude. So ging unsere Versammlung noch mehrere Tage und Nächte weiter und viele Seelen wurden in das Reich Gottes hineingeboren. Die Menschen kamen aus dem gesamten Umland zu unseren Versammlungen, wurden überführt und bekehrten sich. Das Volk Gottes hatte große Freude. Mehr als 100 Menschen bekannten sich zum Glauben und fast alle traten in die Bischöfliche Methodistenkirche ein.

Es gab dort einen sehr verruchten Mann, ein bekannter Spieler, namens W., der Landjunker war. Er wurde hinsichtlich der Frage seiner Errettung sehr unruhig und ließ mich zu sich rufen. Ich ging zu ihm und betete mit ihm. Nachdem ich ein wenig mit ihm geredet hatte, stand er auf, ging zu seinem Tisch und holte seine Spielkarten. Dann ging er zum Feuer, warf die Karten hinein und machte auf diese Weise ein Brandopfer daraus. Kurz darauf fand er Frieden und ich glaube, dass er sich auch aufrichtig bekehrt hat. Er wirkte so unschuldig und einfältig wie ein Kind. Er hatte großen Eifer für Gott und versprach, Gutes zu tun. Sein Schwager und seine Schwester wohnten in Nauvoo bei den irregeleiteten Mormonen. Seine Schwester behauptete, dass sie die Gabe des Zungenredens hätte. Sein Schwager behauptete, dass er die Gabe der Heilung hätte, um alle möglichen Krankheiten zu heilen, und die Gabe der Sprachenauslegung.

In seinem Eifer für Gott hatte er den Eindruck, nach Nauvoo gehen zu müssen, um seinen Schwager und seine Schwester, aber auch die übrigen Mormonen davon zu überzeugen, dass sie falsch lägen. Ich versuchte, ihn davon abzubringen, denn ich wusste, dass sie hinterlistig und raffiniert waren. Außerdem war mir klar, dass sie es verstanden, anderen geistlich etwas vorzugaukeln. Er dagegen hatte keine Ahnung von den Kunstgriffen des Teufels, vor allem davon, dass er sich in einen Engel des Lichts verwandeln kann. Aus diesem Grund fürchtete ich, dass man ihn leicht betrügen könnte. Doch entgegen meiner Proteste machte er sich auf und sie waren auf ihn vorbereitet. Sie sagten ihm, dass er, gemessen an seinem Erkenntnisstand, Recht hätte. Dass in dieser Hinsicht auch die Methodisten richtig lägen und den Heiligen der letzten Tage - bekannt als Mormonen - am nächsten stünden, ja, dass sie sogar die besten Menschen im ganzen Land seien, allerdings wären sie in ihrer großen und ruhmreichen Mission stehengeblieben. Außerdem behaupteten sie, dass die Methodisten Angst vor Verfolgung hätten und ihren Pflichten nicht mehr nachkämen; dass sie die ganze Welt erreicht hätten, wenn sie dem Licht gefolgt wären, und dass die besten und heiligsten Mitglieder der Kirche der Heiligen der letzten Tage zuvor Mitglieder der Methodistenkirche gewesen seien. Sie sagten ihm, dass er schon bald die Gaben des Sprachenredens und der Heilung bekäme, sodass er durch Glauben wie die ersten Christen Tote auferwecken würde - vorausgesetzt, er schlösse sich den Mormonen an und lebte in treuer Ergebenheit bei ihnen. Er schluckte den verhängnisvollen Köder. Sie gingen mit ihm zum Fluss und tunkten ihn unter, und als ich ihn das letzte Mal sah, erwartete er täglich, diese großartigen Gaben zu bekommen. Ich sagte ihm, dass es niemals geschehen würde, und er versprach mir, die Mormonen zu verlassen, wenn ich Recht hätte. Ich weiß nicht, was aus ihm geworden ist, aber vermutlich ist er in Utah und hat fünfzehn oder zwanzig Frauen.

Ich möchte von einer weiteren Begebenheit berichten, die ebenfalls mit dieser Erweckung zu tun hat. Es geht um einen seltsamen jungen Mann aus den Oststaaten. Er hatte eine gute Ausbildung und benahm sich, bei allem was er tat, sehr vornehm. Er stieg in einem Haus ab, wo ich selbst auch regelmäßig zu Besuch war. Er war ein ernster Gesprächspartner und gab unumwunden zu, dass er den Glauben für eine Notwendigkeit hielt. Er sagte, dass er niemandem, der sich bekehren wolle, Steine in den Weg legen würde, aber selber noch nicht so weit sei, doch irgendwann in der Zukunft den Glauben suchen wolle. Ich drängte ihn, es nicht länger aufzuschieben, und sagte ihm, dass er im Leben wahrscheinlich keine bessere Gelegenheit zur Bekehrung bekäme als diese. Er gab mir darin dann auch Recht und weinte wie ein Kind. Ich konnte ihn aber nicht dazu bringen, augenblicklich mit dem himmlischen Lauf zu beginnen.

Als unsere Versammlung sich dem Ende zuneigte, verspürte ich eine ungewöhnliche Unruhe. Ich wollte diesen jungen Mann bekehrt sehen, aber es war mir nicht vergönnt. Kurz bevor wir die Versammlung beendeten, traf ein Bote ein, der mir auftrug, in eine andere Stadt zu gehen, in der es zu geistlichen Aufbrüchen gekommen war und in der man nun dringend Unterstützung brauchte. Einen Tag nachdem ich den jungen Mann verlassen hatte, wurde er sehr krank. Die Krankheit schritt schnell voran und alle medizinische Hilfe versagte, sodass seine Ärzte ihn bald aufgaben. Er ließ mich eilig zu sich rufen. Ich eilte zu ihm und die schmerzlichen Wehklagen dieses jungen Mannes werde ich bis an mein Lebensende nicht mehr vergessen. „Oh", sagte er, „wenn ich doch nur Ihren Rat befolgt hätte, den Sie mir vor ein paar Tagen unter Tränen gaben und der selbst mich, trotz meines Widerstandes, zum Weinen brachte, wäre ich jetzt zum Sterben bereit. Gottes Geist eiferte mächtig um mich, aber ich war störrisch und widerstand ihm. Ich glaube, Gott hätte mich von meinen Sünden errettet, wenn ich auf sein Wirken eingegangen wäre. Doch jetzt, wo ich von nahezu unerträglichen Schmerzen geplagt werde, vor glühend heißem Fieber verbrenne und an der Schwelle zur Ewigkeit stehe, habe ich keine Hoffnung mehr für die Zukunft - alles ist dunkel, dunkel und bedrückend. Ich bin seinem Licht und seiner Gnade ausgewichen und habe Gott widerstanden, seinem Geist und seinen Boten. Jetzt muss ich mir mein Bett in der Hölle machen und allen Gnadenmitteln sowie der Hoffnung des Himmels für immer Lebewohl sagen. Verloren, verloren, für immer verloren."

In diesem Zustand machte er seinen letzten Atemzug. Es war ein ernster und schrecklicher Anblick. Ich wandte mich traurig ab und weinte bitterlich. Immer, wenn ich an diese Szene denke, bin ich traurig. Gott behüte, dass ich niemals eines solchen Todes sterben muss. Doch wie viele Menschen mag es geben, die ihr Leben wie dieser sympathische junge Mann führten und so starben. Sie stimmen dem Richtigen zu, erwählen aber das Falsche; sie verdrängen den Tag ihrer Heimkehr zu Gott; sie waten durch die Tränen und Gebete von Predigern und gottesfürchtigen Freunden, und zwar so lange, bis sie schrecklich stürzen und feststellen müssen: „Verloren, verloren, für immer verloren!" Oh, Sünder, halte inne und denke nach, ehe du deinen Weg fortsetzt! Kehre um, kehre jetzt um.

Ich eilte nach Winchester, wo die Brüder sich versammelt hatten und eine wunderbare Erweckung erlebten. Sie hatten wegen Bruder Akers nach mir fragen lassen. Er war mehrere Tage bei ihnen gewesen und hatte erfolgreich für den wahren Glauben gekämpft. Er wurde für viele Seelen zu einem Werkzeug, durch das sie reichlich Gutes empfingen. Aufgrund seiner Verpflichtungen in seinem Einsatzgebiet musste er die Versammlung gezwungenermaßen vorzeitig verlassen. Ich begegnete Bruder Akers zwischen Jacksonville und Winchester. Er rief: „Das eine ‚Wehe' ist vergangen, aber ein anderes kommt! Die Campbellliterprediger und viele ihrer Mitglieder kamen in unser Lager gestürzt und versuchten, das gesegnete Wirken aufzuhalten, indem sie unsere Leute in törichte Diskussionen verwickelten." Bruder Akers hatte die Geschütze der Wahrheit äußerst erfolgreich gegen die falschen Lehren eingesetzt. Das meinte er, als ich ihn auf seinem Rückweg traf, und ich beeilte mich jetzt, zum Schlachtfeld zu kommen.

Als ich dort ankam, stellte ich fest, dass die Arbeit gesegnet war und eine gute Entwicklung nahm. Auf mich wirkten die Campbellliter und besonders ihr Prediger so ruhelos wie gefallene Dämonen. Sie versuchten, unsere aktiven

Mitglieder in nutzlose und schädliche Diskussionen hineinzuziehen. Anstatt die Bußfertigen zu ermutigen, weiter zu suchen, bombardierten die Campbellliter sie mit Zweifeln, um sie durcheinanderzubringen. Sowohl in der Versammlung als auch in der umliegenden Gegend versuchten sie, die Menschen zu verunsichern und von ihrer Suche nach Gott abzulenken. Auf einmal durchschaute ich ihren Plan und erkannte, was für negative Konsequenzen es hätte, wenn man sie fortfahren ließe. In unserer ersten Versammlung nach meiner Ankunft untersagte ich diese Dinge und sagte den Brüdern, dass sie in dieser Angelegenheit keinesfalls mehr nachgeben dürften. All denen, die dieser wunderbaren Entwicklung unserer Versammlung widerstanden, weil ihnen nicht gefiel, was geschah, sagte ich, dass sie während der Gottesdienste keine Diskussionen anfangen sollten. Die meisten der Campbellliter hielten sich daran oder gingen in ihrem Widerstand schlau vor, doch ihr Prediger legte es weiterhin darauf an, Wortgefechte zu provozieren. Es war unverschämt, wie er während eines Altarrufs einen unserer Lokalprediger attackierte.

Als ich darüber informiert wurde, ging ich augenblicklich zu ihm und sagte ihm, dass er damit aufhören solle. Er antwortete, er sei ein freier Mann und könne tun, was ihm gefiele. Ich sagte: „Herr S., wenn Sie nicht damit aufhören und sich so benehmen, wie ein anständiger Mann es tun sollte, werde ich Sie aufgrund unserer Ordnungsvorschriften als Unruhestifter festnehmen."

Er sagte, dass alles, was in der Versammlung vor sich ginge, falsche und unangemessene Schwärmerei wäre, und dass es seine Pflicht sei, dagegen vorzugehen, ja, dass er sich mit der Führung auseinandersetzen und die Angelegenheit auf der Stelle mit mir diskutieren wolle.

„Mein Herr, sagte ich, „wenn Sie glauben, mich provozieren zu können, diese glorreiche Arbeit abzubrechen, um mit Ihnen zu diskutieren, hat der böse Geist, der Sie antreibt, sich getäuscht. Das wäre, als wollte man mit einer Kanone auf eine Fliege schießen. Wenn Ihnen unsere Arbeit und unsere Versammlungen nicht gefallen, dann gehen Sie und bleiben Sie fort. Ihre Abwesenheit ist besser als Ihre Gesellschaft."

Ich verblüffte ihn damit und nahm ihm den Wind aus den Segeln, aber er war sehr widerspenstig. Schließlich wurden einige seiner Mitglieder durch die Kraft Gottes ergriffen. Eine sehr feine, demütige Frau aus ihrer Gemeinde, die zur Vergebung der Sünden getauft worden war, aber nie wirkliche Heilsgewissheit hatte und deshalb sehr unzufrieden war, wurde tief berührt und weinte bitterlich wegen ihres unbekehrten Zustands. Ihr Mann bekannte sich zwar nicht zum Glauben, aber er war in einem methodistischen Elternhaus aufgewachsen und sehr freundlich. Auf sein Bitten hin ging ich zu ihr. Ich fragte sie, ob sie froh sei.

Sie antwortete: „Nein, ganz und gar nicht."

Ich fragte sie, ob sie bereit wäre, zum Altar zu gehen, um dort niederzuknien und Gott darum zu bitten, sie zu segnen und ihr ein spürbares Zeugnis der Sündenvergebung zu geben.

Sie sagte: „Ja."

Als ich sie zum Altar führte, packte sie eine ihrer Campbellliterschwestern und sagte: „Was hast du vor?"

Sie antwortete: „Ich gehe zum Altar, um den Glauben zu empfangen."

„Oh", sagte sie, „du hast den Glauben. Du wurdest getauft und durch diesen Gehorsamsschritt wurden deine Sünden abgewaschen. Nun solltest du mit deinem Glauben zufrieden sein und deine Kirche nicht dadurch blamieren, dass du bei den fehlgeleiteten Methodisten zur Büßerbank gehst."

Sie erwiderte: „Ich weiß, dass ich zur Vergebung der Sünden getauft wurde. Du sagtest mir, dass ich durch diesen Gehorsamsschritt Vergebung und Freude erfahren würde, doch ich weiß, dass es Betrug ist, denn ich weiß, dass ich nicht gläubig bin. Ich bin entschlossen, mit diesen Methodisten den Glauben zu suchen, denn wenn ich in diesem Zustand sterbe, bin ich für immer verloren."

„Oh", sagte die Campbellliterdame, „mach das nicht."

Nun schaltete ich mich ein und sagte zu der Dame: „Lassen Sie sie gehen. Sie soll zum Altar gehen, wenn sie das will." Dann führte ich sie dorthin. Sie fiel auf ihre Knie und kurz darauf kniete ihr Mann ebenfalls am Altar. Die große Tiefe seines Herzens war aufgebrochen und beide ruhten nicht eher, bis sie Heilsgewissheit hatten und mit einer Freude wie nie zuvor singen konnten:

„Wie glücklich sind jene, die dem Retter gehorchen."

Das Werk des Herrn wurde mit großer Kraft fortgeführt und es gab viele Erschlagene des Herrn. Als ich durch die Versammlung ging, um die angeschlagenen Sünder aufzustöbern und sie zum Altar zu leiten, entdeckte ich zu meinem großen Erstaunen die Campbellliterdame, die zuvor versucht hatte, mich davon abzuhalten, die andere Frau zum Altar zu bringen. Sie saß da, hielt sich die Hände vors Gesicht und Tränen füllten ihre Augen. Sie wirkte sehr verstört. Ich legte meine Hand auf ihre Schulter und sagte zu ihr: „Was ist los, Schwester? Haben diese fehlgeleiteten Methodisten Sie gekriegt, oder haben Sie einen methodistischen Anfall?"

Sie schrie: „Gott, sei mir gnädig, mir, einem armseligen, fehlgeleiteten Sünder."

„Oh", sagte ich, „rettet Sie das Taufwasser nicht?"

„Oh nein", erwiderte sie, „ich bin eine armer, verirrter Sünder und habe keinen wahren Glauben. Wenn ich in diesem Zustand sterben würde, wäre ich für immer verloren. Würden Sie für mich beten?"

„Ja", sagte ich, „aber Sie müssen jetzt zu der von Ihnen so verachteten Büßerbank der Methodisten gehen."

„Von ganzem Herzen", sagte sie. Den einen Teil des Weges führte ich sie, den anderen Teil trug ich sie. Wenn ich jemals einen armen Sünder gesehen habe, der um Gnade flehte, dann sie.

Als die anderen Mitglieder des Wasserregiments sie dort bei der Büßerbank sahen, waren einige von ihnen darüber sehr erschüttert. Sie erlitt solche Sündenpein und meinte es dermaßen ernst, dass ich wusste, dass es nicht mehr lange dauern würde, bis sie den Segen der Heilsgewissheit erleben würde. Während ich einige andere Menschen, die von ihren Sünden überführt worden waren, zum Altar leitete, schenkte der Herr dieser Campbellliterheldin eine mächtige Bekehrung. Sie sprang auf und schrie vor Freude, so laut sie konnte. Augenblicklich fing sie an, ihre Campbellliterfreunde zum Altar zu ziehen. Sie ermahnte sie, zum Altar zu gehen und sich bekehren zu lassen, und dass sie sich keinen Augenblick länger darauf verlassen sollten, durch die Wassertaufe gerettet zu sein. Sie ermutigte sie, zu kommen und das Methodistenfeuer – oder das Feuer des Heiligen Geistes – auszuprobieren. Wie sie es anstellte, dass ihre Campbellliterfreunde zum Altar kamen, war großartig, ja, ehrfurchtgebietend. Nachdem sie dort viele versammelt hatte, wandte sie sich an ihren Prediger und ermahnte ihn, zu kommen, um den wahren Glauben zu empfangen – „denn", sagte sie, „ich weiß, dass Sie den Glauben nicht haben", doch er widersetzte sich und floh. Einige der Kinder seiner Mitglieder kamen zum Glauben und einige weitere streckten sich danach aus. Daraufhin hielt er eine Versammlung in seiner Kirche ab, um seine Mitglieder und weitere Gottesdienstbesucher von der Methodistenversammlung abzuhalten. Falls man jemals einen Wassertheologen gesehen hat, der ärgerlich und blass wurde, dann war es während dieser Zeit. Es herrschte eine solche Kälte in seiner Kirche, dass dieser kleine Versuch schnell fehlschlug. Während unserer Versammlung bekannten sich mehr als 120 Menschen zum Glauben, die sich der Methodistenkirche anschlossen, und wenn ich mich richtig erinnere, waren dreizehn von ihnen ehemalige Campbellliter.

Meine Erfahrung und meine jahrelangen Beobachtungen haben mir Folgendes gezeigt: Wenn die Verantwortlichen im Dienst und die Kirchenmitglieder treu und in einer lebendigen Beziehung zu Gott leben sowie das Leben und die Kraft des Glaubens genießen, können sie jeglichem Widerstand erfolgreich trotzen. Abfall, Spaltungen, unterschiedliche Ansichten zu Kirchenbräuchen und sämtliche falsche Propheten sind nicht in der Lage, den himmlischen Marsch und Triumph des wahren Glaubens entscheidend aufzuhalten. Wenn die Verantwortlichen ihren Dienst allerdings formal und unachtsam ausführen und die Kraft des Glaubens durch eine theologische Ausbildung ersetzen wollen und unsere Mitglieder anfangen, die Welt oder sogar stolze, moderne Kirchen nachzuäffen, dann kannst du sicher sein, dass die Philister ähnlich wie bei Simson, dem sie die Augen ausstachen, sich auch über uns lustig machen werden. Wie wünschenswert eine Ausbildung auch sein mag und wie sehr der Fortschritt in diesem Zeitalter es erfordert, einen verbesserten Dienst auszuüben – vor allem was die Redegewandtheit der Prediger betrifft – hätte ich doch lieber die Gabe und die Kraft, Dämonen auszutreiben, als das durch Hochschulen und Bibelinstitute vermittelte Wissen, das ein sterblicher Mensch erlernen kann. Wir sehen, wie leicht es für Gott ist, einen gelehrten Sünder zu überraschen, wenn er großartige und gebildete Männer in den Dienst stellen möchte, bei Saulus von Tarsus, dem er kurz den Schrecken der Hölle zeigte, dann die Schuppen von den Augen riss und den er dann ohne weitere theologische Ausbildung sofort aussandte, um Jesus und die Auferstehung zu predigen. Wenn Gott jemanden dazu beruft, sein Evangelium zu verkündigen, und er sich nicht mit Fleisch und Blut berät, sondern seine Pflicht tut und treu lebt, dann wird Gott ihn für den Dienst ausrüsten, ohne dass er eine Hochschule besucht – das zumindest ist meine Erfahrung.

Vielleicht sollte ich an dieser Stelle ein paar Dinge erwähnen, die meinen Brüdern im Dienst ein wenig von Nutzen sein könnten. Bekanntlich ist dies die Zeit, in der Prediger mit Halsentzündungen und Bronchialerkrankungen zu tun haben. Manche führten das auf den Genuss von Kaffee oder Tabak oder dieses und jenes zurück. Ich kann nicht behaupten, Physiologie studiert zu haben oder medizinisch bewandert zu sein, aber ich möchte dennoch meine Meinung kundtun, nämlich dass die meisten dieser Krankheiten auf die Unachtsamkeit der Sprecher selbst zurückzuführen sind. Vor dieser großartigen Erweckung, über die wir gerade sprachen, hatte ich jahrelang mit einer Bronchialerkrankung zu kämpfen. Es war so schlimm, dass ich dachte, die Tage meines öffentlichen Dienstes wären vorbei. Die Erweckung hielt nahezu fünf Monate an und es war während eines strengen und kalten Winters. Ich predigte, ermahnte, sang, betete und arbeitete im Altarbereich – nicht nur mehrere Male am Tag oder abends, sondern monatelang nahezu Tag und Nacht. Als ich diese Arbeit begann, hatte ich viele Ängste, doch von Anfang an beachtete ich Folgendes: Ich verordnete mir selbst Zurückhaltung; ich nahm mir die Zeit, zwischen den Sätzen durchzuatmen; ich kontrollierte die Beanspruchung und den Tonfall meiner Stimme; ich vermied es, zu singen, wenn ich zu ermattet war; ich vermied den plötzlichen Übergang vom Warmen ins Kalte; wenn ich die Kirche verließ, in der die Luft durch den Atem der Menschen und durch die Öfen erwärmt war, schützte ich Brust und Hals, ja sogar meinen Mund, vor plötzlichem und direktem Kontakt mit der eiskalten Luft oder jeglichem Zug und ging so schnell ich konnte auf mein Zimmer; wenn möglich vermied ich es, in kalten Räumen zu schlafen; ich wusch mir jeden Morgen meinen Hals und meine Brust mit kaltem Wasser aus dem Brunnen oder mit Quellwasser; ich trug keine engen Halsbinden und Krawatten; ich atmete frei durch – und so merkwürdig es klingen mag, ich ging gesünder aus der fünfmonatigen Erweckungskampagne hervor, als ich es zuvor war. Die einzige Medizin, die ich anwandte, war etwas Cayennepfeffer und etwas Tafelsalz, das ich in kaltem Essig auflöste. Selbst das tat ich nur, wenn ich aus warmer Luft in die Kälte kam oder es windig war. Obwohl seither etliche Jahre vergangen sind, hatte ich mit der genannten Krankheit kaum Probleme. Ich kann so lang und laut predigen, wie es jeder Prediger tun sollte, wenn er einen nützlichen Dienst verrichten will. Hier noch einige Empfehlungen: Halte deine Füße warm, deinen Kopf kalt, achte auf eine gute

Verdauung, stehe früh auf, gehe zu geregelten Zeiten ins Bett, iss in Maßen, meide stark gewürzte Kost, Essiggurken, Eingemachtes, trinke keinen Alkohol – dann wirst du nicht ermatten, bis das Leben süßlich verebbt.

Unsere Konferenz tagte in diesem Jahr am 13. September 1843 in Quincy in der Provinz Adams. Bischof Andrew hatte den Vorsitz. Es war die einzige Jahreskonferenz, bei der Bischof Andrew präsidierte. Die Illinois-Konferenz war inzwischen recht groß und wir hatten einige Männer mit hervorragenden Talenten in unseren Reihen. Die Art und Weise, wie Bischof Andrew den Vorsitz ausübte, fand großen Anklang. Er hatte viele treue Freunde unter den Predigern. Während dieser Konferenz wählten wir unsere Delegierten für die neunte Delegiertenkonferenz, die am 1. Mai 1844 in New York stattfinden sollte. P. Akers, J. Vancleve, J. Stamper, N. G. Berryman und ich wurden gewählt. Es war das achte Mal, dass die Brüder es für gut befanden, mich zum Delegierten für die Generalkonferenz zu wählen, um dort ihre Interessen, aber auch die der Kirche im Allgemeinen zu vertreten. Bis zu dieser Generalkonferenz gab es 33 Jahreskonferenzen, Liberia nicht mitgerechnet – 17 in den alten östlichen Gebieten und 16 im westlichen Sektor. Die 17 Ostkonferenzen hatten 599.322 Mitglieder und 2.400 Reiseprediger. Die 16 Konferenzen in der westlichen Sektion hatten 550.462 Mitglieder und 1.862 Reiseprediger. Insgesamt hatte die Bischöfliche Methodistenkirche in diesen Gebieten also 1.172.356 Mitglieder und 4.282 Reiseprediger. Das bedeutete innerhalb eines Zeitraums von vier Jahren eine Zunahme um 276.287 Mitglieder und 774 Reiseprediger.

So unvollkommen sie auch sein mögen, erkennt man anhand dieser Statistiken, dass die Bischöfliche Methodistenkirche als ein Zweig der großen protestantischen Familie hier in den Vereinigten Staaten so sehr gewachsen ist, wie es seit dem apostolischen Zeitalter in der Geschichte der Kirche Jesu Christi beispiellos ist. Denke nur einmal darüber nach, dass dies alles möglich war trotz aller Unvollkommenheit, die menschlichen Institutionen anhaftet, trotz der Abtrünnigkeit einiger unserer Prediger – es ist auf die Gnade Gottes zurückzuführen, dass es nicht mehr waren –, trotz der Abkehr vieler unserer Kirchenmitglieder, trotz der Spaltungen, die von O'Kelly, Hammett und Stillwell ausgelöst wurden und von den selbsternannten „protestantischen Methodisten", den „wahren Wesleyanern". Oh, Gnade, bewahre das Erreichte! Innerhalb von etwa 60 Jahren wurden über 1.000.000 Menschen in der Bischöflichen Methodistenkirche in die Gemeinschaft der Heiligen berufen und eingegliedert, und das alles wurde durch Prediger bewirkt, die ohne theologische Ausbildung waren. Es gab wohl unter den Tausenden der Reise- und Lokalprediger, die mit dem herrlichen Dienst des Seelengewinnens und dem Aufbau der Methodistenkirche beschäftigt waren, noch nicht einmal 50 Männer, die über eine umfassendere Ausbildung als eine einfache Schulausbildung verfügten, doch viele von ihnen hatten noch nicht einmal das. Nicht einer von ihnen hatte eine theologische Ausbildung absolviert oder ein Bibelinstitut besucht, aber dennoch predigten Hunderte von ihnen das Evangelium erfolgreicher und sahen ihren Dienst mehr bestätigt als die weisen, verhätschelten Doktoren der heutigen Zeit. Anstatt mit der Sichel in der Hand in die großen Seelenerntefelder zu gehen, spekulieren sie auf gute Posten – Präsidentschaften, Professuren an Hochschulen, eine Position in der Chefredaktion oder Ähnliches, was auch immer mit einem großen Gehalt lockt. Oder sie gründen neumodische Institutionen, die ihnen das Wohlergehen und ein gutes Leben auf Erden sicherstellen – während Millionen armer, sterbender Sünder auf dem Weg in die Hölle sind, ohne Gott und ohne Evangelium. Die Kirche jammert dabei auch noch, dass es so wenige Prediger gibt. Jetzt, an meinem Lebensabend, protestiere ich aufs Feierlichste gegen diese Tendenzen des Freikirchentums innerhalb der Bischöflichen Methodistenkirche, selbst auf die Gefahr hin – für einige vielleicht, nicht für mich –, dass ich als altmodischer Loyalist angesehen werde, der seiner Zeit 50 Jahre hinterherhinkt. Ich denke, es ist falsch, dass die Diener Gottes, die er zum heiligen Dienst des Seelenrettens berufen hat, diese ehrwürdige Arbeit aufgeben, um an den Tischen zu dienen. Deshalb sollte die Kirche nach kompetenten und qualifizierten Laienlehrern sowie Direktoren für unsere literarischen Institutionen Ausschau halten, die in der Lage sind, die Berufenen ebenso wie Prediger aufzubauen. Sie sollte sie mit einer Geißel ausstaffieren, um die Käufer und Verkäufer aus den Tempeln des Wissens, der Chefredaktionen und der Agenturen hinaus- und in die herrlichen Felder der Seelenernte hineinzutreiben. Kein Mensch und auch keine Belegschaft wurden von Gott auf die gleiche ehrwürdige Weise in diese Institutionen und Positionen berufen, wie sie von ihm berufen wurden (wenn sie denn überhaupt berufen sind), den sterbenden Sündern, die von Angst gequält auf dem Weg in die Hölle sind, das ewige Evangelium zu predigen. Christus hatte keine literarische Hochschule oder Universität, keine theologische Schule oder ein Bibelinstitut, und von seinen ersten Predigern verlangte er auch nicht, dass sie seine Predigten auswendig lernten, sondern dass sie einfach in Jerusalem warteten, bis sie mit Kraft aus der Höhe angetan würden – durch die Kraft der Taufe im Heiligen Geist würden sie sich dann an alles erinnern können, was er ihnen aufgetragen hatte.

Ich werde mich nicht dazu herablassen, zu sagen, dass ich ein Freund der Ausbildung und eines verbesserten Dienstes bin, denn es ist der bequemste Weg, eine unbequeme Wahrheit loszuwerden. Denn für diese fachkundigen und vornehmen Prediger ist das der bequemste Weg, sich umzudrehen und zu behaupten, dass Prediger, die gegen den aktuellen Missbrauch unserer hohen Berufung aufstehen, Fürsprecher der Unwissenheit sind und dass dieser Mangel an Bildung die Mutter der Hingabe ist. Was haben denn die Menschen, die Theologie wie eine Wissenschaft studiert haben, für diese Welt getan? Schau dir doch einmal die Geschichte solcher Dienste an und überprüfe sie. Im menschlichen Herzen entsteht schnell Stolz und dieser Bildungsstolz führte zum Untergang vieler hervorragend ausgebildeter Prediger des Evangeliums. Ich werde aber nicht Böses mit Bösem oder Lästern mit Lästern vergelten, sondern Gott für eine Ausbildung und geschulte Prediger des Evangeliums, die vom richtigen Schlag und des richtigen Geistes sind, danken. Doch was denken die Fürsprecher einer Dienstausbildung, wie die Prediger mit normaler Ausbildung sich fühlen müssen, wenn wir mitunter Vorträge zu diesem Thema hören? Es stimmt, dass viele dieser Fürsprecher für eine verbesserte Predigerausbildung uns gegenüber ganz entzückt und in den höchsten Tönen über die alten, ungebildeten Pioniere sprechen, die in den frühen Tagen den Methodismus und die Gemeinden in den Grenzgebieten pflanzten. Ich nehme diese schmeichelnde Salbung erzwungener Zugeständnisse von den sanften Lippen dieser schlauen Doktoren nicht an, denn wenn sie ihre wahren Empfindungen kundtäten, würde deutlich, dass sie der Meinung sind, dass unser Erfolg auf die Unwissenheit der Menschen zurückzuführen ist.

27

Der große Abfall

Bei der Generalkonferenz im Jahre 1844 brachen für die Bischöfliche Methodistenkirche ernste Zeiten an. Damals hatte die Bischöfliche Methodistenkirche über 1.000.000 Mitglieder. Bis zu diesem Zeitpunkt hatten wir keine wirklich zerstörerischen Spaltungen erlebt. Die kleinen Grüppchen, die sich abgesondert hatten, halfen der Kirche damit eher, als ihr zu schaden. Niemals zuvor war es aufgrund unterschiedlicher Lehrmeinungen zu einer Spaltung gekommen und unter den vielen Predigern und Mitgliedern herrschte hinsichtlich unserer Kirchenverordnung große Einmütigkeit. Bei der Spaltung ging es um einen einzigen Punkt, nämlich um die Sklaverei im Episkopat. Wer mit der Führungsstruktur der Bischöflichen Methodistenkirche vertraut ist, weiß, dass wir uns entschieden, unsere Prediger beständig reisen zu lassen, weil wir dies für die beste schriftgemäße Methode halten, das Evangelium Jesu Christi erfolgreich zu verbreiten. Wir glauben zwar, dass es hinsichtlich der Dienste nur zwei Anordnungen gibt, nämlich die für Diakone und die für Älteste, und da die Schrift nichts Gegenteiliges sagt, hielt es die Bischöfliche Methodistenkirche, als sie sich anfangs formierte, für zweckdienlich, ein weiteres Amt einzurichten, das des Bischofs. Mit dem Einverständnis aller unserer Reiseprediger entscheidet der Bischof Jahr für Jahr über deren Einsatzgebiete. Dem Dienst wird dadurch eine Menge Zeit und Ärger erspart, denn man muss nicht die Gemeinden abklappern, um sich auf Predigttermine oder einen bestimmten Betrag zu einigen. Außerdem entledigt man sich so der Versuchung, das Evangelium an den Höchstbietenden zu verkaufen und es somit ausschließlich den Reichen zugänglich zu machen und die Armen ohne dieses Mittel zur Errettung sterbend zurückzulassen. Die Verheißung Jesu Christi, gesegnet seien die Armen, denn ihnen würde das Evangelium gepredigt, wird durch unsere Regelung den Armen gegenüber in größerem Umfang erfüllt, als es durch einen anderen Plan möglich wäre. Darüber hinaus ist es die Pflicht unserer Bischöfe, unsere Diakone und Ältesten zu ordinieren, sämtliche Konferenzen zu bereisen und die gesamte Arbeit zu beaufsichtigen. Um sie in die Lage zu versetzen, hinsichtlich einiger Tausend Reiseprediger, denen ihr jeweiliges Einsatzgebiet zugeteilt werden muss, weise und umsichtig zu handeln, wird auch von unseren Bischöfen verlangt, dass sie regelmäßig reisen. Gemäß der Verordnung der Bischöflichen Methodistenkirche verlieren unsere Bischöfe das Recht, ihr Amt auszuüben, wenn sie ihre Reisen durch die Konnexion einstellen, auf denen sie für die Interessen der gesamten Kirche eintreten und ihrer Aufsichtspflicht nachkommen.

An dieser Stelle möchte ich es nicht versäumen, kurz auf die äußerst lächerlichen und verleumderischen Aussagen einzugehen, die ständig von den Kanzeln und durch die Zeitungen einiger voreingenommener Denominationen hinsichtlich der angeblich uneingeschränkten und willkürlichen Macht unserer Bischöfe in Umlauf gebracht werden. Sie behaupten, dass unsere Bischöfe alle Gesetze für unsere Kirche vorgeben und dass unsere Prediger und Kirchenmitglieder sich unter Ausschlussdrohungen ihren Anweisungen beugen müssen. Ferner behaupten sie, das gesamte Kircheneigentum wäre den Bischöfen der Bischöflichen Methodistenkirche urkundlich übertragen worden. Diese Anklage entbehrt jeder Grundlage und ich möchte betonen, und dabei befürchte ich nicht, dass jemand das Gegenteil beweisen könnte, dass ein Bischof der Bischöflichen Methodistenkirche noch nicht einmal ein Stimmrecht hinsichtlich der Regeln und Vorschriften der Kirche hat, ja, noch nicht einmal ein Einspruchsrecht, was die Regeln betrifft, die von der Generalkonferenz verabschiedet werden. Die Anschuldigung, sämtliches Kircheneigentum wäre ihnen urkundlich überschrieben worden, ist eine alte Lüge, die schon immer, damals wie heute, frei erfunden war. Ich wage, zu behaupten, falls ein Heer dieser voreingenommenen und arglistigen Personen, die solche Lügen verbreiten, die gesamten Vereinigten Staaten einschließlich der dazugehörigen Gebiete überprüfen ließe, so würde dennoch kein einziger Fall von so an die Bischöfe übertragenem Kircheneigentum gefunden werden. Weshalb bestehen unsere Gegner darauf, die falschen Anschuldigungen beständig zu wiederholen? Haben sie denn kein bisschen Anstand und Schamgefühl? Niemand ist so blind wie jene, die nichts sehen wollen. Ich fürchte, dass diese erbärmlichen Herausgeber und Flugblattschreiber am Tage der strafenden Gerechtigkeit einen schrecklichen Rechenschaftsbericht werden abgeben müssen. Sie sind nicht in der Lage, sich uns in einer mannhaften und ehrenwerten Diskussion zu stellen, und deshalb lassen sie sich dazu hinreißen, jämmerliche falsche Behauptungen zu erfinden. Sie hoffen, dadurch die Unwissenden übertölpeln zu können.

Wir haben ja bereits erwähnt, dass es bis zu diesem Zeitpunkt (1844) keine schwerwiegende Spaltung innerhalb der Bischöflichen Methodistenkirche gab. Es stimmt zwar, dass ein paar ruhelose Geister auftraten, Prediger, die kleine Gesindelfallen abspalteten, die sich dann Gemeinden nannten. Dazu gehörten: O'Kelly, Stillwell, Hammet oder auch die selbst ernannte Protestantische Methodistenkirche und die Scottiter [Anhänger von Elder Scott], die sich auch „die wahren Wesleyaner" nennen. Doch bei diesen Spaltungen ging es nie um verschiedene Ansichten hinsichtlich grundlegender Lehrinhalte des Evangeliums, wie sie von Herrn Wesley verbreitet und unwiderleglich von dem verschiedenen Herrn Fletcher verteidigt wurden. Möge es bis ans Ende der Zeit so bleiben!

Seit sich die Bischöfliche Methodistenkirche formierte, war sie gegen die Sklaverei. Durch mannigfaltige Regeln und Vorschriften versuchte man, die Sklaverei durch interne Gesetze aus der Kirche zu entfernen. So gelang es der Kirche, vielen Sklaven zur Freiheit zu verhelfen und die Lebensbedingungen

Tausender dieser erniedrigten Menschen zu verbessern. Die Bemühungen der Kirche wurden durch die Gesetzgeber in den Sklavenstaaten sehr behindert. Das geschah insbesondere dadurch, dass man die Tür zur Gleichberechtigung verengte und ungerechte und strenge Gesetze verabschiedete, um die Freilassung der Sklaven zu verhindern. An diesem Kurs des Gesetzgebers nahmen viele Bürger der freien Staaten Anstoß und es entlud sich eine schreckliche Schimpftirade von Beleidigungen gegen den Süden. Das führte dazu, dass die Angelegenheit auf eine politische Ebene kam. Dieser unheilige Krieg der Anschuldigungen und Gegenschläge wurde mit unvertretbarer Härte geführt und hat uns an den Rand eines Bürgerkriegs gebracht - die Unversehrtheit unserer unbeschwerten Union ist in unmittelbarer Gefahr. Nur Gott weiß, wie das enden wird.

Am 1. Mai 1844 traf sich unsere Generalkonferenz in New York. Seit dem Jahre 1824 hatten sich unsere Vorschriften zum Thema Sklaverei nicht geändert. Die Prediger aus den nördlichen Gebieten der Bischöflichen Methodistenkirche, zumindest einige von ihnen, vertraten den übertriebenen Standpunkt, dass der Besitz von Sklaven in jedem Fall Sünde sei und deshalb alle Sklavenhalter, ob mit oder ohne Gesetzesgrundlage, ob praktikabel oder nicht, in jedem Fall aus der Kirche ausgeschlossen werden sollten. Hingegen erkannten die besonnenen und vorausschauenden Prediger und Kirchenmitglieder, dass das so völlig falsch wäre. Sie traten in den Riss und verhinderten so eine schreckliche Teilung der Kirche. Der Staub, der durch den übertriebenen kirchlichen Abolitionismus aufgewirbelt wurde, legte sich mit der kläglichen Abspaltung unter O. Scott sowie ein paar weiteren Menschen gleichen Schlags.

In der Zwischenzeit wurde im Süden die Sklaverei durch strenge Gesetze und die Unterstützung von Menschen, die im geistlichen Dienst standen, mehr und mehr gefestigt. Die Gesetzgeber im Süden blockierten durch ihre Entscheidungen immer mehr den Weg zu einer realisierbaren Sklavenbefreiung. Der Norden geriet darüber schrecklich in Aufruhr. Das führte zu gegenseitigen Beschuldigungen und beide Seiten machten das Problem zu einer politischen Angelegenheit. Anstatt sich im demütigen Gebet an Gott zu wenden und ihn in dieser schwierigen Frage um seine Führung zu bitten, wandten sie sich an den Kaiser. Ein Prediger, der Sklaven besitzt, ist bei der Bischöflichen Methodistenkirche niemals zum Bischof gewählt worden. Außerdem kann ich mich nicht daran erinnern, dass es möglich gewesen wäre, wenn der zur Wahl stehende Kandidat nicht eindeutig erklärt hätte, seine Sklaven freizulassen. Dafür gab es auch einen einfachen Grund. Er hätte die Konnexion niemals so bereisen können, wie es die Vorschriften verlangen, ohne etwas über das Übel der Sklaverei zu sagen. Wenn er selbst noch im Besitz von Sklaven gewesen wäre, hätte man das nicht akzeptieren können. Bei den Südkonferenzen gab es viele bedeutende, hervorragende Prediger, und ohne Zweifel wären einige von ihnen zu Bischöfen gewählt worden, wären sie nicht Sklavenhalter gewesen. Im Jahre 1832 wurde Bischof Andrew von der Generalkonferenz in dieses Amt gewählt, aber nur deshalb, weil wir wirklich davon überzeugt waren, dass er frei von dem Übel der Sklaverei war.

Ich habe keinen Zweifel daran, dass noch weitere Prediger aus dem Süden in dieses Amt gewählt worden wären, wenn sie nichts mit der Sklaverei zu tun gehabt hätten. Als wir uns als Generalkonferenz in New York trafen, stellten wir fest, dass Bischof Andrew durch seine Eheschließung und andere Faktoren in Sklaverei verstrickt war. Diese Erkenntnis kam wie ein furchtbarer Sturm über uns und erfüllte die ganze Generalkonferenz mit Kummer und Trauer. Diejenigen unter uns, die Sklaverei als ein Übel, aber nicht zwingend in jedem Einzelfall als Sünde ansahen, erkannten sofort, dass es unmöglich war, dass Bischof Andrew weiterhin die Konnexion bereiste, um die wichtigen Pflichten, die dieses Amt mit sich bringt, zuverlässig zu erfüllen, außer er würde der Generalkonferenz versprechen, sich so schnell wie möglich von diesem Hindernis zu befreien. Er weigerte sich entschieden, das zu tun. Unsere Brüder aus dem Süden traten entschlossen dafür ein, dass Sklavenbesitz kein Hindernis für die offizielle Beziehung eines Bischofs zur Bischöflichen Methodistenkirche sei.

Die richtige Vorgehensweise seitens der Generalkonferenz gegenüber Bischof Andrew wäre Folgende gewesen: Man hätte ihn wegen ungebührlichen Verhaltens anklagen sollen, so wie es auch in der Verordnung hinsichtlich der Untersuchung eines Bischofs vorgesehen ist, und ihn dann von allen dienstlichen Handlungen suspendieren sollen. Wenn dann die Brüder aus dem Süden erwogen hätten, aus der Kirche auszutreten, dann hätten sie das doch tun sollen, um ihr eigenes Grüppchen zu bilden. Den ganzen Betrug hinsichtlich einer Spaltung einschließlich der Aufteilung des Kircheneigentums hätte man sich dann sparen können. Hätte man die Abspaltung der Kirche von den Stimmen unserer Brüder aus dem Süden abhängig gemacht, wäre sie armselig und klein geblieben. Ich denke, für jeden unvoreingenommenen Menschen ist klar ersichtlich, dass die Abspaltung von unserer geliebten Kirche auf ein paar sklavenhaltende Methodistenprediger, angeführt von einem sklavenhaltenden Bischof, zurückzuführen ist, und nicht etwa auf sklavenhaltende Kirchenmitglieder. Jeder, der mit den näheren Umständen dieses furchtbaren Bruches innerhalb der Kirche, den Handlungen sowie dem Kurs Bischof Soules vertraut ist, wird erkennen, dass er in dieser Angelegenheit die Leitfigur war.

Wie auch immer, ich kann vergeben, aber ich werde niemals vergessen, welch unverantwortlichen Kurs Bischof Soule einschlug, durch den er die Bischöfliche Methodistenkirche teilte. Es ist der Gipfel der Absurdität, dass die Generalkonferenz die Macht hat, die Kirche zu teilen und eine Trennungslinie zu ziehen, damit die Prediger beider Seiten sie nicht überqueren, um ihren sterbenden Mitmenschen die Kunde der Errettung zu bringen. Und dann noch die Kirchenmitglieder auf beiden Seiten der Linie, also im Norden und im Süden, ohne dass sie sich selbst dazu entschieden hätten, zu zwingen, in ihrem jeweiligen Teilgebiet Kirchenmitglied zu bleiben, ist Despotismus höchsten Grades. Ist etwa der Papst in Rom eher in der Lage, blinden Gehorsam und Willfährigkeit zu verlangen, als die Generalkonferenz 1844 bei ihrer ungeheuerlichen Tat? Und eben diese Prediger, aus denen die Generalkonferenz besteht und die gemeinsam mit ihren Mitstreitern im Dienst die Bischöfliche Methodistenkirche als die beste Kirche der Welt gelobt hatten und aktiv daran beteiligt waren, dass die Kirche aus Hunderttausenden von Mitgliedern bestand, hielten sich für bevollmächtigt, die Kirche zu teilen, eine Trennungslinie zu ziehen und den Mitgliedern und Predigern zu sagen: „Bis hierhin könnt ihr gehen, aber nicht weiter."

Bei jeder Erinnerung an die Geschehnisse im Zusammenhang mit dieser Angelegenheit auf der Generalkonferenz im Jahre 1844 bin ich Gott aufrichtig dankbar, dass ich meine bescheidenen Fähigkeiten einsetzen durfte, um diese Katastrophe zu verhindern, obwohl wir in der Minderheit waren. Ich bin froh, sagen zu können, dass es sich um eine ehrwürdige Minderheit handelte, und wir waren überwältigt, dass die Mehrheit für uns stimmte - trotz des Gejammers und der Kriecherei des Südens sowie dem ungerechtfertigten Mitgefühl des Nordens.

Ich sage an dieser Stelle nochmals, was ich bereits an anderer Stelle zuvor gesagt habe: Sowohl die Generalkonferenz 1844 als auch alle Generalkonferenzen, die jemals existierten, hatten nicht mehr Macht, die Kirche zu teilen, als ich - eine Einzelperson. Es ist meine wohlüberlegte Meinung, dass die Mitglieder der Generalkonferenz, die diese Maßnahme der sogenannten Teilung der Kirche ausgeheckt und durchgeführt haben, den vollen Betrag, den der Süden durch die Kirchenprozesse eingenommen hat, zurückerstatten sollten. Von diesem Geld sollte ein Fonds eingerichtet werden, um die armen pensionierten Prediger, ihre Frauen und Kinder sowie die Witwen und Waisen, die seit dem Tod ihrer treuen Ehemänner und Väter nahezu mittellos sind, zu unterstützen.

Für mich ist es sonnenklar, dass die Generalkonferenz seitens der Kirchenverordnung nicht das Recht hatte, diese betrügerische Teilungslinie zu ziehen. Dadurch waren Tausende unserer frommen und hingegebenen Mitglieder südlich der Linie gezwungen, sich einer Kirche anzuschließen, die sich öffentlich zur Sklaverei bekannte, oder für immer ohne die Privilegien einer Kirchenmitgliedschaft zu bleiben. Nachdem das herzzerreißende Wehklagen dieser alleingelassenen Mitglieder, die man von der Kirche ihrer ersten und einzigen Wahl getrennt hatte, vier Jahre lang vernommen wurde, ist es nicht verwunderlich, dass die Generalkonferenz, die 1848 in Pittsburgh tagte, den Beschluss der Generalkonferenz aus dem Jahre 1844 gewissermaßen für verfassungswidrig erklärte. Der Beschluss wurde gänzlich für null und nichtig erklärt und unsere Prediger wurden erneut dazu ermächtigt, uneingeschränkt in alle Welt zu gehen und das Evangelium der ganzen Schöpfung zu predigen (siehe Mk. 16, 15). Das ist nicht verwunderlich, wenn wir die mitleiderregenden Bitten bedenken, die unsere Mitglieder, die wir in der schrecklichen Wüste des Sklavengebiets zurückgelassen hatten, an die Generalkonferenz richteten. Dennoch gibt es eine wunderliche Sache, die mein Gespür für Gerechtigkeit und Wahrheit innerhalb der Bischöflichen Methodistenkirche irritiert, und zwar, dass Kirchenmitglieder, Prediger und Herausgeber unserer Kirchenzeitung sich heftigst einer Neuorganisierung der Konferenzen in den Sklavengebieten widersetzen. Sie sind nicht bereit, unsere Prediger zu senden oder zu unterstützen, die den Auftrag haben, das Evangelium des Sohnes Gottes diesen fehlgeleiteten und blinden Sklavenhaltern sowie den armen entwürdigten, unkundigen Tausenden von Sklaven zu predigen, deren Seelen ebenfalls gerettet werden oder für immer verloren gehen können. Mir ist vollkommen bewusst, dass ich verwunschenen und umstrittenen Boden betrete. Doch weil es vielleicht meine letzte Gelegenheit auf dieser Seite des Grabes ist, zu diesem Thema gehört zu werden, ersuche ich meine Leser - unabhängig davon, ob sie mit mir hinsichtlich der umstrittenen Frage der Sklaverei übereinstimmen oder nicht - mir für einen Augenblick ohne Voreingenommenheit, was die Vorgeschichte des Bruches innerhalb der Bischöflichen Methodistenkirche bei der Generalkonferenz 1844 betrifft, zuzuhören. All denen, die über diese Angelegenheit beunruhigt sind, empfehle ich das hervorragende Buch über die Geschichte des großen Abfalls von Dr. C. Elliot. Auch wenn es ein umfangreiches Werk ist, sollte es doch in keiner Bibliothek der Bischöflichen Methodistenkirche fehlen. Wenn der Leser dieses Buch zur Hand nimmt und die Kapitel 20 und 21 aufschlägt, kann er auf den Seiten 286 bis 318 ausführlicher nachlesen, was sich bei der Generalkonferenz 1844 ereignete. Dieses Buch ist zu empfehlen, denn die Geschehnisse werden detailliert und der Wahrheit entsprechend geschildert. Das Buch ist durchweg lesenswert und jeder Prediger der Bischöflichen Methodistenkirche sollte es gelesen haben.

An dieser Stelle möchte ich erwähnen, dass ich in einem Sklavenstaat geboren wurde und in verschiedenen Sklavenstaaten aufwuchs. Seit mehr als 60 Jahren bin ich mit der Sichtweise der Bischöflichen Methodistenkirche, aber auch mit den Ansichten der Mitglieder und Prediger zum Thema Sklaverei vertraut. Ich sah, wie sich Tausende der armen Sklaven zu Gott bekehrten. Ich sah ebenfalls, dass sich Tausende von Sklavenhaltern eindeutig zu Gott bekehrten. Die Frucht, die anschließend in ihrem Leben sichtbar wurde, belegte eindeutig die Echtheit ihres Glaubens. Da ich in der Lage war, das Thema der Sklaverei zu beurteilen - ich war fest davon überzeugt, dass es ein großes Übel ist -, kann ich, ohne mich dessen zu rühmen, sagen, dass ich ein Werkzeug war, Scharen dieser armen Sklaven nicht nur zur Freiheit zu verhelfen, sondern ihnen auch zu helfen, als freie und glückliche Menschen in ihre Heimat zurückzukehren. Das alles geschah, bevor die Gesetzgeber der Sklavenstaaten durch strenge Gesetze den Weg zur Befreiung versperrten. Diese strengen Gesetze wurden vom Gesetzgeber in den Sklavenstaaten hauptsächlich aus zwei Gründen verabschiedet. Erstens aufgrund des ihnen anhaftenden Hanges zur Unterdrückung und zweitens wegen der extremen und ungestümen Art und Weise, in der sich die fanatischen Gegner der Sklaverei aus dem Norden in die Rechtsansprüche der Sklavenbesitzer im Süden einmischten. Ich stelle jetzt ganz nüchtern die Frage: Was hat dieses ganze stürmische Geschrei und Gezeter der Gegner der Sklaverei zur Befreiung der armen, erniedrigten Sklaven beigetragen? Gar nichts! Nein, sogar unendlich viel weniger als gar nichts. Es hat zu Folgendem geführt: Die Ketten der Sklaverei wurden enger vernietet als jemals zuvor; der Weg, eine vernünftige und durchführbare Lösung für die Befreiung der Sklaven zu finden, wurde versperrt; es erzeugte Vorurteile; es verursachte Feuer sowohl in den Sälen der Gesetzgeber der Bundesstaaten als auch denen der Landesregierung; jedes Jahr werden für hitzige Diskussionen Millionenbeträge ausgegeben; Gesetze, die dem Wohle des Volkes dienen, werden außer Acht gelassen; Zeit, Talente und Geld werden verschwendet; Voreingenommenheit, Streit, Zorn und jede üble Lust werden angeheizt, bis die Unversehrtheit unserer unbeschwerten Union in ernstzunehmende Gefahr gerät – und wohin hat das alles geführt? Nicht ein Sklave wurde befreit; kein Dollar wurde dafür verwendet, die Sklaven anzusiedeln und sie glücklich und als freie Menschen in ihre Heimat zu senden. Es herrscht eine derartig unchristliche Voreingenommenheit, dass Pöbeleien des Mobs an der Tagesordnung sind. Druckerpressen werden zerstört; Prediger des Evangeliums, die aus dem Süden stammen, werden von Bluthunden in Menschengestalt zur Strecke gebracht. Sie werden geteert und gefedert und man droht ihnen mit dem Strang, wenn sie nicht innerhalb weniger Stunden davonziehen. Der Schaden, der durch die bedrohlichen und unchristlichen Donnerschläge dieser kurzsichtigen, einseitigen Amokläufer angerichtet wird, ist so groß, dass sowohl den Sklavenbesitzern als auch den Sklaven in vielen Gebieten der Sklavenstaaten das Evangelium fast gar nicht mehr gebracht wird.

Ich kann fast hören, wie du jetzt denkst: „Dann sollen doch die Prediger, die selbst Sklaven besitzen, den Sklaven und Sklavenhaltern predigen." Wenn aber die Sklaverei in jedem Fall als Sünde angesehen werden muss, wie kann das Evangelium dann von sklavenhaltenden Predigern diesen armen Sündern erfolgreich verkündigt werden? Du sagst nun: „Dann soll sie eben alle der Teufel holen." Oh nein, Gott bewahre! Es muss gewiss einen besseren Weg geben. Diesen armen Sklaven kann man nicht die Schuld für ihre Situation geben. Gibt es denn niemanden, der Mitleid mit ihnen hat und über sie trauert? Viele der Sklavenhalter sind aufgrund von Umständen, auf die sie keinen Einfluss haben, nicht als fanatische, sündige Sklavenhalter anzusehen. Von den Bewohnern des Südens haben vor allem sie ein Recht auf unser Mitleid und Erbarmen. Ganz gewiss sollten wir ihnen das Evangelium bringen, denn wenn wir es nicht tun, wird ihr Blut an unseren Händen kleben.

Gewinnen wir etwa Trunkenbolde zurück, indem wir ihnen sagen, sie sollen Rum stehlen und auf die niederträchtigste Weise lügen, um an ihr berauschendes Getränk zu kommen? Wahrlich nicht. Wir haben Mitleid mit ihnen, reden ihnen gut zu, denn wir überzeugen die Menschen, weil wir den Schrecken des Herrn kennen. Sagen wir etwa, wenn sämtliche Appelle, Maß zu halten, fehlschlagen, dass die Trunksucht das Einfallstor für alle Sünden und somit die Summe aller Schurkereien ist und dass aus ihnen keine Christen werden können? Nein. Wenn alle Appelle fehlschlagen, bemühen wir uns, die Versuchung durch gesetzliche Verfügungen von ihnen fernzuhalten, und ermahnen sie, Christen zu werden. Bringen wir Sünder dazu, sich zu bessern, Buße zu tun und sich zu bekehren, indem wir sie beleidigen und ihnen alle ihre schmutzigen Taten vorhalten? Sagen wir ihnen etwa, dass Menschen, die derartig niederträchtiger Verbrechen schuldig sind, unmöglich Christen werden können? Nein, wir warnen sie in christlichem Geist und Charakter, dem kommenden Zorn zu entfliehen. Wir versichern ihnen, dass die glückseligen Tore der Gnade des Evangeliums Tag und Nacht offen stehen und dass Christus niemanden, der zu ihm kommt, leer fortschicken wird, denn „jeder, der den Namen des Herrn anrufen wird, wird grrettet werden (Apg. 2, 21). Wir ermahnen sie, den Herrn zu suchen, während er sich finden lässt, und ihn anzurufen, während er nahe ist (siehe Jes. 55, 6).

Ich tadele niemanden dafür, dass er glaubt, Sklaverei sei falsch und ein großes Übel – und jeder vernünftige Mensch sollte sie missbilligen. Ich weiß, dass Tausende unserer Bürger im Süden, die Sklaven haben, nicht nur glauben, dass es ein großes Übel ist, sondern es aus ihrer täglichen Erfahrung wissen und bereitwillig jedes zumutbare Opfer bringen würden, sich selbst und ihr Land davon zu befreien. Aufgrund meiner zwanzigjährigen Erfahrung als Reiseprediger in den Sklavenstaaten glaube ich, dass der aussichtsreichste Weg, die Lebensbedingungen der Sklaven zu verbessern, sie zu christianisieren und ihnen schließlich zur Freiheit zu verhelfen, darin besteht, ihre Besitzer freundlich zu behandeln und sich politisch nicht mit dem Thema der Sklaverei zu befassen. Lass die Sklavenbesitzer sehen und wissen, dass deine Mission ganz und gar auf ihre Errettung und die ihrer Sklaven ausgerichtet ist und du keine unterirdische Eisenbahn gebaut hast und nicht die Absicht hast, ihre Sklaven zu entführen. So wird mehr zur Ausrottung der Sklaverei in Amerika beigetragen als durch alle anderen Maßnahmen zusammen, denn diese Fanatiker speien nichts anderes als Tod und Gemetzel.

Außerdem ist es meine feste Überzeugung, dass jeder Methodistenprediger, der als Missionar in die Sklavengebiete gesandt wird, von den Verantwortlichen der Kirche angewiesen werden sollte, sich nicht in das Thema der Sklaverei einzumischen, sondern sich strikt an seine geistliche Mission zu halten. So handhabte es auch das Wesleysche-Missionskomitee, als sie ihre Missionare nach Westindien aussandten. In Westindien gab es Sklaverei in seinen schlimmsten Varianten, und wenn bekannt wurde, dass die Missionare sich nicht an ihre Anweisungen hielten, wurden sie sofort zurückbeordert. Diese Missionare hatten das eine gewaltige Ziel, die Menschen zu christianisieren, und der Sauerteig des Evangeliums wirkte schließlich so nachhaltig, dass die Sklaverei abgeschafft wurde und die allgemeine Freiheit triumphierte. Lasst uns hoffen, dass es hinsichtlich der Sklaverei in Amerika ebenso geschieht. Nachdem wir nun all unseren Zorn aufgewandt haben, ohne etwas Erwähnenswertes erreicht zu haben, lasst uns fortan christliche Waffen, und zwar ausschließlich christliche Waffen, benutzen und das riesige Monster wird fallen.

Ich erkläre feierlich, dass es hinsichtlich des Wohlergehens der Kirche niemals eine Situation gab, die mir so sehr zusetzte wie jene, die sich auf der Generalkonferenz 1844 ereignete. Ich hatte das Gefühl, die schmerzhafte Tatsache einer Teilung der Methodistenkirche nicht durchstehen zu können. Während der langwierigen Debatten war mir klar, dass die Prediger aus dem Süden, wenn sie ihr Anliegen – den Sklavenbesitz im Episkopat zu tolerieren – nicht durchbekämen, vom Zug abspringen und sich unabhängig machen würden. Wenn es dazu käme, würden viele Seelen verletzt werden und vielleicht sogar auf den Weg der Verdammnis zurückkehren. Außerdem würde dann unter Brüdern, die einst in Einheit verbunden waren, Kampf und Streit vorherrschen und es würde notgedrungen eine Kirche der Sklaverei entstehen. Ich litt darunter umso mehr, da jeder Gräuel, der durch die Priesterschaft abgesegnet wird, Auswirkungen auf die Gesellschaft hat. Ich denke, durch die herbeigeführte Situation wird das Übel der Sklaverei weiterhin aufrechterhalten, und vielleicht ist es sogar der erste Schritt zur Auflösung unserer glorreichen Union oder gar des Niedergangs dieser großartigen Republik. Obwohl ich als Einziger von den Delegierten, meinen Kollegen aus meiner geliebten Illinois-Konferenz, meine Stimme gegen die revolutionären und entzweienden Maßnahmen während der Generalkonferenz erhob, war ich sehr erfreut darüber, dass mein Kurs von einer überwältigenden Mehrheit der Prediger und Mitglieder unserer Konferenz befürwortet wurde. Es bereitet mir immer noch unaussprechliche Freude, zu wissen, dass ich mich einst vor meinem Richter für die Sünde der Teilung der Bischöflichen Methodistenkirche nicht werde verantworten müssen, die Teilung einer Kirche, der ich neben Gott für alles, was ich bin und habe, zu Dank verpflichtet bin; einer Kirche, an deren Aufbau ich über viele Jahre hinweg mitzuwirken versuchte und für deren Wohlergehen ich Opfer brachte; einer Kirche, durch die ich mich so vieler unaussprechlicher Privilegien und aller Dinge erfreute, die man in diesem Leben als wahren Segen bezeichnen kann.

Diese Kirche liebe ich und ich will für mich keine andere hier auf Erden. Ich hoffe, in der Gemeinschaft mit ihr zu leben und zu sterben. Ich hoffe, mit ihren Mitgliedern und allen anderen Christen eine glückselige Ewigkeit damit zu verbringen, Gott den Vater, Gott den Sohn und Gott den Heiligen Geist in der Freude der erlösenden Gnade und der unsterblichen Liebe zu verehren.

28

Restriktive Klausel und Sklaverei

Im Herbst des Jahres 1844 wurde unsere Konferenz in der Stadt Nashville in der Provinz Washington in Illinois abgehalten. Bei dieser Konferenz wurde um die Zustimmung für die Maßnahmen der Generalkonferenz gebeten. Bruder Stamper und Bruder Berryman, die ihre Stimmen im Sinne des Südens gegeben hatten, erklärten, weshalb sie für die Zustimmung waren, und ich machte deutlich, weshalb ich dagegen war. Nachdem wir ausgiebig über dieses Thema diskutiert hatten, kam es zur Abstimmung. Die deutliche Mehrheit stimmte dafür, nicht zuzustimmen. Bei unserer Konferenz kam es also nicht zur Zustimmung, ebenso wie bei allen anderen Jahreskonferenzen, denn auch dort wurde die erforderliche Mehrheit von Dreiviertel der Stimmen nicht erreicht. So blieb es trotz der gegenteiligen Empfehlung der Generalkonferenz bei der einschränkenden Klausel unserer Verordnung.

Die Fakten stellten sich folgendermaßen dar: Die meisten Mitglieder der Generalkonferenz wussten – und viele Mitglieder aus Nord und Süd sagten es auch öffentlich im Sitzungssaal der Generalkonferenz –, dass die Generalkonferenz nicht über die Macht verfügte, die Kirche sowie ihren Gewinn aus dem Buchgeschäft oder dem beurkundeten Fonds zu teilen. Sie waren sich ebenfalls darüber im Klaren, dass der Beschluss der Generalkonferenz, den Besitz und die Fonds der Bischöflichen Methodistenkirche zu teilen, nur als vorläufige Regelung zu werten war. Sie wussten, dass es hinsichtlich der Kirchenverordnung verfassungswidrig war, und planten, die einschränkende Klausel der Kirchenverordnung zu ändern, damit der Teilung des Eigentums, der Teilung der Gewinne aus dem Buchgeschäft und der Teilung des beurkundeten Fonds der Bischöflichen Methodistenkirche nichts mehr im Wege stünde. Doch wie sollte diese Änderung verfassungsmäßig korrekt bewerkstelligt werden? Antwort: Schau nach in der Kirchenverordnung, Teil 1, Kapitel II, Abschnitt II, Antwort 6: „Sie (die Generalkonferenz) soll den Gewinn aus dem Buchgeschäft und dem beurkundeten Fonds für keinen anderen Zweck bereitstellen als zur Unterstützung der reisenden, der überzähligen, der pensionierten und der erschöpften Prediger, ihrer Frauen, Witwen und Kinder. Dennoch ist vorgesehen, dass bei einer Zustimmungsempfehlung von Dreiviertel der Mitglieder der verschiedenen Jahreskonferenzen – die zuvor bei erforderlicher Anwesenheit darüber abgestimmt haben – seitens der Generalkonferenz eine Zustimmung mit einer Zweidrittelmehrheit ausreicht, um jede der oben genannten Einschränkungen zu ändern, mit Ausnahme des Artikel 1. Wenn eine oder mehrere solcher Veränderungen zuerst von Zweidrittel der Mitglieder der Generalkonferenz vorgeschlagen und dann von Dreiviertel der Mitglieder der Jahreskonferenzen befürwortet werden, wird die Veränderung sofort wirksam."

Im Jahre 1844 empfahl die Generalkonferenz eine Änderung der sechsten einschränkenden Klausel der Verfassung der Bischöflichen Methodistenkirche. Anschließend wurden alle Jahreskonferenzen aufgefordert, über diese Empfehlung abzustimmen, weil eine Dreiviertelmehrheit der Mitglieder erforderlich war, um diese Änderung durchzusetzen. Obwohl diese Empfehlung dem Süden gelegen kam und obwohl alle Mitglieder der sklavenhaltenden Konferenzen bis auf eine ihre Zustimmung zu dieser unzumutbaren Empfehlung gaben, stellte sich nach der Stimmenauszählung aller Jahreskonferenzen heraus, dass es bei Weitem nicht für eine Dreiviertelmehrheit reichte.

Ist es nicht für jeden ehrenwerten und edelgesinnten Menschen schockierend, zu wissen, dass die Rechtsvertreter so korrupt sein konnten, in den kirchlichen Gerichtsverhandlungen gegen die Bischöfliche Methodistenkirche und zugunsten der Separatisten aus dem Süden zu entscheiden? Ich hoffe, man erlaubt mir, ein paar Anmerkungen zum strittigen Thema der Sklaverei zu machen. Ich halte mich für einen unerschrockenen, konservativen Methodistenprediger. Ich weiß, dass die Sklaverei ein Übel ist, sogar ein großes Übel. Auch wenn der Süden diese Tatsache verneint und schreit: „Abolitionismus! Abolitionismus!" – zumindest manche. Mich hat dieser Schrei keinen Zentimeter bewegt. Ich kann nur beten: „Herr, vergib ihnen; sie wissen nicht, was sie tun."

Neunzig Prozent der Mitglieder und Prediger wussten um die Allgemeinen Regeln und anderen Vorschriften, als sie der Bischöflichen Methodistenkirche beitraten. Sie hätten gar nicht erst eintreten sollen, wenn ihnen die Regeln nicht gefallen. Wenn sie in Unwissenheit über die Regeln der Kirche beigetreten sind und im Nachhinein davon erfahren haben, sie sie aber für völlig falsch halten, hätten sie sich friedlich zurückziehen oder austreten sollen, nicht aber die Kirche spalten und in heftige Unruhen stürzen oder sich abwenden und die Kirche beleidigen, die für Gott das Werkzeug zu ihrer Errettung war. Es war für sie jederzeit deutlich erkennbar, dass die Bischöfliche Methodistenkirche es niemals tolerieren würde, wenn einer ihrer Bischöfe mit Sklaverei zu tun hätte. Sie hatten also kein Recht, sich zu beklagen, als die Generalkonferenz Bischof Andrew Einhalt gebot und ihm zu verstehen gab, dass er seine bischöflichen Aufgaben so lange nicht ausüben könne, bis er sich von dem Hindernis befreite. Als verständiger christlicher Bischof hätte er das aus freien Stücken tun sollen.

Andererseits haben die radikalen Gegner der Sklaverei aus dem Norden, oder wo immer sie auch herkommen mögen, nicht das Recht, sich über mich und andere zu beklagen und uns das ehrwürdige Recht abzusprechen, konservativ zu sein. Sie haben ferner nicht das Recht, uns ihre Flüche entgegenzuschleudern und die lästerliche Anschuldigung vorzubringen, wir seien Befürworter der Sklaverei. Sie behandeln uns sogar respektloser, als Gott es dem Erzengel Michael gegenüber dem Teufel erlaubte – denn er erlaubte Michael nicht, eine lästernde Anklage gegen ihn vorzubringen. Er erlaubte ihm lediglich, zu sagen: „Der Herr schelte dich." Herr Wesley machte die Mitgliedschaft nicht davon abhängig, ob jemand Sklaven besaß, und ebenso wurde es gehalten, als die Bischöfliche Methodistenkirche im Jahre 1784 organisiert wurde. Von den Tagen der Apostel an wurde eine Kirchenmitgliedschaft niemals davon abhängig gemacht, ob jemand Sklaven hatte. Deshalb stelle ich die Frage, was diese Baumeister zu Babel dazu berechtigt, einen neuen Prüfstein hinsichtlich der Mitgliedschaft in der Bischöflichen Methodistenkirche einzuführen. Ebenso wie die Mitglieder aus dem Süden, schlossen auch sie sich der Bischöflichen Methodistenkirche unter den heute für die Sklaverei geltenden Regeln an – und zwar mit offenen Augen. Weshalb sind sie denn eingetreten? Und wenn sie zum Zeitpunkt ihres Kirchenbeitritts nicht von unseren Regeln zur Sklaverei wussten, sondern sich erst hinterher darüber informierten und sie dann nicht akzeptieren konnten, warum verließen sie die Kirche dann nicht im Frieden, statt ständig für Unruhe und Verwirrung zu sorgen? Das hatte zur Folge, dass sie bei den Sklavenhaltern im Süden Vorurteile säten und wir den Zugang zu ihnen und ihren Sklaven verloren. Außerdem bewirkte es, dass die Kirche gespalten und die ganze Nation von den Auswirkungen betroffen ist, denn nun besteht die Gefahr, dass unsere nationale Einheit daran zerbricht und ein verheerender Bürgerkrieg droht. In der Phase, als der Süden sich abspaltete, aber auch schon davor, waren drei Methodistenprediger im Süden als Herausgeber für drei unserer Kirchenzeitungen tätig. Für ihre Tätigkeit wurden sie aus dem Fonds der Bischöflichen Methodistenkirche bezahlt. Es war ihre Aufgabe, geistliches Wissen zu verbreiten und die Lehren und Gebräuche der Bischöflichen Methodistenkirche zu verteidigen – dafür wurden sie bezahlt. Doch was taten sie in Ausübung ihrer Pflichten, wo ihr Amt doch eine so große Verantwortung mit sich bringt? Es stimmt zwar, dass sie viel Gutes schrieben, aber sie setzten ihr Gefühl und ihr Talent auch dafür ein, die Kirche, die ihnen ihr Brot gab, zu beleidigen und sie als radikale Kirche des Abolitionismus anzuprangern. Ist das etwa der Kurs, den wohlgesinnte Männer der Kirche einschlagen sollten? Sicher nicht. Aufgrund der Ungereimtheiten im Süden haben wir hier im Norden und Nordwesten Herausgeber gewählt. Für sie galten exakt die gleichen Bedingungen wie für die Herausgeber im Süden, die von den Mitteln der Kirche lebten – doch auch sie eröffneten das Feuer und beschimpften die Kirche als eine die Sklaverei befürwortende Kirche. „Oh, Beständigkeit, du bist ein Juwel!" Weshalb sind diese Herausgeber nicht von ihrem Amt zurückgetreten, wenn sie wegen des Themas der Sklaverei Gewissenskonflikte hatten? Sie hätten dann ihre eigene Zeitung gründen und ihre Wut über die Bischöfliche Methodistenkirche auf eigene Verantwortung und auf eigene Kosten auslassen können.

Den Mittelweg zwischen diesen radikalen Extremen nenne ich die konservative Grundlage. In der Sprache unserer hervorragenden Kirchenverordnung heißt das: Sklaverei ist ein großes Übel. Die große Frage ist: Wie kann dieses

Übel ausgerottet werden? Ich nehme an, dass von allen Seiten zugegeben wird, dass die Vorgehensweise der Prediger aus dem Süden, nämlich die Sklaverei als richtig zu verteidigen und mit dem Wort Gottes zu rechtfertigen, niemals der richtige Weg zur Ausrottung dieses Übels sein kann.

Wenn wir uns andererseits ansehen, was der radikale Abolitionismus zur Ausrottung dieses Übels beitrug, müssen wir ehrlicherweise Folgendes antworten: Es waren lediglich ein paar Schwarze, die sie entführten oder dazu verleiteten, wegzurennen, oder die sie mit ihrer unterirdischen Eisenbahn wegbrachten. Das führte dazu, dass sie Hunger litten und es ihnen noch schlimmer erging als bei ihren gesetzmäßigen Besitzern. Dann waren da noch die wenigen Sklaven, denen es während des gewaltsamen Vorgehens des Mobs gelang, auszureißen, und die sie dann illegal von ihren rechtmäßigen Besitzern fernhielten. Ansonsten befreiten sie vom Nordosten bis zum Golf von Mexiko keinen einzigen Sklaven. Es geht sogar noch weiter. Sie behinderten überall die Bemühungen der Kolonisationsgesellschaften. Sie vergifteten das Denken der Sklavenbesitzer im Süden und entfachten ihren Zorn derart, dass man jetzt kaum noch durch Sklavengebiete reisen kann, ohne Gefahr zu laufen, geteert und gefedert zu werden oder sogar einen Strick um den Hals zu bekommen. Und das gilt besonders für Prediger aus den freien Staaten. Dieser mächtige Riese des Nordens, der jahrelang unter starken Geburtswehen litt, seufzte und stöhnte, hat etwas zur Welt gebracht – und was? Eine armselige, kleine, unbedeutende *Maus*; wohingegen konservative Methodistenprediger, die durch Erbschaft in den Besitz von Sklaven kamen, sie häufig freiließen oder dafür sorgten, dass sie in Afrika angesiedelt wurden. Wir besuchten die Sklavenbesitzer auf eine friedliche, christliche Art in Delaware, Maryland, Virginia, Tennessee, Kentucky und Missouri und wiesen dabei immer auf das moralische Übel der Sklaverei hin. Wir machten daraus jedoch keine politische Angelegenheit und so konnten wir viele der Sklavenbesitzer davon überzeugen, sich Gott zuzuwenden, sodass sie zum Glauben fanden. Auf diese Weise verhalfen wir Hunderten, ja Tausenden von armen Sklaven zur Freiheit. Mögen die vielen befreiten Sklaven und ihre früheren Besitzer aus den obengenannten Staaten die Wahrheit dessen, was ich berichtet habe, bezeugen. Das ist der feste und unüberwindliche Grund, auf dem ein Konservativer stehen sollte. Auf diese Weise werden die Kirche, die Union, der Sklave und der Sklavenbesitzer gerettet, und ich würde diese Strategie keinesfalls gegen den Radikalismus des Nordens und des Südens zusammengenommen eintauschen – tausendmal nicht!

Im Zusammenhang mit diesem Thema möchte ich etwas zu einer Versammlung sagen, der ich zufällig beiwohnte, als ich in Cincinnati war – ich glaube es war im Jahre 1848. Ich meine, mir wurde nicht gesagt, wie die Versammlung hieß, aber wenn doch, habe ich es vergessen. Wenn ich jetzt eine sehr klägliche Beschreibung der Versammlung wiedergebe, sind vielleicht manche meiner Leser in der Lage, die Brut zu benennen, denn ganz bestimmt hatte sie ihren Ursprung in Großtuerei, und die Krankheit dieser kleinen Gruppe hatte sich dahingehend entwickelt, dass sie schwer zu ertragen war.

Mit anderen Worten: Ich stellte fest, dass die Versammlung aus unzufriedenen, von ihren Gemeinden verurteilten und verstoßenen Predigern bestand. Hauptsächlich kamen die Prediger aus Methodisten-, presbyterianischen und Baptistengemeinden. In dem Gebäude hatten sich die unterschiedlichsten Menschen aller Größen und Hautfarben versammelt – Schwarze, Weiße und Menschen mit gelber Hautfarbe, Frauen und Kinder. Sie hatten jemanden aus ihren Reihen als Diskussionsleiter eingesetzt. Wenn ich mich richtig erinnere, sagte der erste Sprecher, der aufstand und zu der bunten Menge sprach, dass er über viele Jahre hinweg Pastor einer Baptistengemeinde in Kentucky gewesen sei und dass er seine Fähigkeiten und seinen Einfluss dafür eingesetzt hätte, dem schlechten Einfluss der Sklaverei entgegenzuwirken, doch dabei jedes Mal überstimmt worden sei. Er erklärte, dass die Prediger und leitenden Gemeindemitglieder sich oft trafen, um über dieses Thema zu diskutieren, er aber jedes Mal überstimmt worden sei. Sie wollten weder die Sklavenbesitzer aus der Kirche ausstoßen, noch die Kirchenzugehörigkeit davon abhängig machen, ob jemand Sklaven besaß. Nachdem seine gerechte Seele jahrelang wegen der schmutzigen Gespräche und dieses Verhaltens gelitten hatte, empfand er es als seine Pflicht, die Baptistenkirche zu verlassen. Dann warnte er die Mitglieder der genannten Kirche, und auch alle anderen, und forderte sie auf, aus den Kirchen auszutreten, die den Besitz von Sklaven tolerierten: „Geht hinaus, geht hinaus; berührt und kostet nichts Unreines." Diese Rede fand bei den Zuhörern unterschiedlichster Hautfarbe Beifall.

Als Nächstes erhob sich ein gewisser Herr S. Er sagte, er sei protestantischer Methodist, doch er war jahrelang Mitglied und Prediger der Bischöflichen Methodistenkirche gewesen und hatte dort mehrere Jahre im Reisedienst gearbeitet. Er hatte ebenfalls lange dafür gekämpft, die Sklaverei aus der Kirche herauszubekommen, aber es war ihm nicht gelungen, denn sie liebten diese verfluchte Sache. Er behauptete, die Bischöfliche Methodistenkirche wäre in jeder Hinsicht eine Kirche, die für die Sklaverei wäre. Die Menge applaudierte ihm, während er schrie: „Geht hinaus, verlasst sie, mein Volk", und auch seine Rede wurde von den Zuhörern unterschiedlichster Hautfarbe heftig beklatscht.

Der dritte Redner war ein presbyterianischer Prediger. Er sagte, dass er die gleichen Versuchungen, Konflikte und Diskussionen mit den Brüdern aus der Gemeinde erlebt hätte wie seine Brüder, die zuvor berichteten, und auch er sei mit seinen Bemühungen erfolglos geblieben. Er erklärte, dass es ihm sein Gewissen nicht erlaubte, weiterhin Mitglied oder Prediger einer sklavenhaltenden Kirche zu sein – er hätte die Kirche verlassen müssen. Dann ermahnte er die Zuhörer. „Gehet hinaus, sondert euch ab und rührt nichts Unreines an und ich werde euch annehmen, sagt der Herr. Und ich werde euer Gott sein und ihr werdet mein Volk sein, spricht der Herr" (siehe 2. Kor. 6, 17).

Anschließend ergriff ein sehr respektabel aussehender Mann das Wort und widerlegte die meisten Behauptungen der drei Vorredner, die ihre Gemeinden verlassen hatten. Durch klare Argumente machte er deutlich, dass ihre Position falsch war und die Prinzipien, für die sie standen, eindeutig verwüstend und revolutionär waren. Neben mir saß ein Geistlicher, der sagte, er wisse aus eigener Erfahrung, dass den drei Vorrednern Unsittlichkeit zur Last gelegt worden sei, als sie angeblich wegen der Sklaverei aus ihrer Kirche austraten.

Ich habe viele Prediger erlebt, die den gleichen Hintergrund hatten. Wenn ihr schlechtes Verhalten für die ehrbaren Kirchen, denen sie angehörten, nicht länger tragbar war, und ihnen Disziplinarmaßnahmen drohten, flohen sie. Sie suchten sich eine Schwachstelle der Gemeinde oder unterstellten, dass mit ihrer Gemeinde etwas furchtbar falsch sei, liefen umher und schrien: „Gehet hinaus, verlasst sie!" Oh, die Gemeinde Christi, die noch in den Kinderschuhen steckt – wie sehr hat sie unter der Untreue ihrer Prediger gelitten! Bereits in der ersten kleinen Predigerkonferenz wurde Judas zum Verräter und verriet den gesegneten Retter. Petrus, wahrscheinlich der Kühnste der Zwölf, verleugnete ihn unter grauenvollen Schwüren und bitteren Verwünschungen. Was meinst du, ging in den Jüngern in dieser schrecklichen Situation vor sich? Judas reute, was er getan hatte, und er erhängte sich wegen des furchtbaren Unrechts, das er dem unschuldigen Retter angetan hatte. Petrus empfand Reue und weinte bitterlich. Durch die Gnade Gottes fand er nach diesem Abfall zurück und viele Jahre, in denen sie durch Verfolgungen und Versuchungen gingen, stärkte er seine Brüder. Was für einen schrecklichen Rechenschaftsbericht werden jene untreuen Prediger Gott gegenüber am Gerichtstag abgeben müssen, die die Kirche zerrissen und gespalten haben – am Tag des Gerichts werden die vernichtenden Verwünschungen des Himmels auf ihre untreu ergebenen Häupter fallen.

Als ich im Herbst des Jahres 1844 auf dem Weg zur Konferenz nach Nashville war, erkrankte ich plötzlich an Schüttelfrost. Ich war in einer weiten Prärie von etwa 16 Kilometern Durchmesser und zitterte so heftig, dass ich nicht auf meinem zweirädrigen Einspänner sitzen konnte. Ich stieg ab und legte mich ins Gras. Ich dachte tatsächlich, ich würde an Wassermangel sterben. Es gab kein Haus und kein Wasser in der Nähe – es war auch niemand zu sehen, der herbeieilte, um mir zu helfen. Nach etwa zwei Stunden ließ das Schütteln nach und ich fuhr etwa 16 bis 19 Kilometer weiter, um zu einer Lagerversammlung zu gelangen. Die Lagerversammlung fand auf Bruder Gilhams Lagergelände statt und hatte bereits begonnen. Ich blieb ein oder zwei Tage dort. Ein Arzt, der Pflanzenmittel verschrieb, war auf dem Lagergelände. Er wohnte in Alton City und nahm mich freundlicherweise bei sich zu Hause auf und untersuchte die Krankheit ein paar Tage lang. Die anderen Prediger ließen mich allein zurück, denn sie wollten an der Konferenz teilnehmen, die am folgenden Mittwoch beginnen würde. Sie waren sehr beunruhigt und ich selbst auch, ob ich rechtzeitig bei der Konferenz eintreffen würde. Ich war sehr darum bemüht, rechtzeitig dort zu sein, denn es ging darum, dass über die Empfehlung der Generalkonferenz abgestimmt werden sollte.

Ich wartete bis Freitagmorgen. Ich betete für Kraft, um zur Konferenz gehen zu können, und während ich betete, hatte ich den starken Eindruck, dass es möglich wäre. Ich erhob mich von den Knien und war entschlossen, es zu versuchen. Der Doktor protestierte gegen mein Vorhaben, doch ich machte ihm deutlich, dass ich gehen würde, selbst dann, wenn ich bereits nach eineinhalb Kilometern stürbe. Als er sah, wie entschlossen ich war, es trotzdem zu versuchen, stellte er eine Medizin zusammen. Ich fand einen hilfsbereiten Bruder, der mein Pferd für mich führte und, so befremdlich es klingen mag, es ging mir von Meile zu Meile besser. Ich traf am Sonntagmorgen bei der Konferenz ein und konnte meine Aufgaben für den Rest der Sitzung ausführen – vor allem konnte ich an den Diskussionen teilnehmen und dazu beitragen, dass die Wahl zugunsten der Empfehlungsgegner ausging. Ich habe das immer als ein freundliches Eingreifen der göttlichen Vorsehung angesehen. In der Tat hatte Gott selbst dafür gesorgt, dass dieses Vorhaben durch die Jahreskonferenz vereitelt wurde. Wenn die Bischöfliche Methodistenkirche aufgrund des tatsächlichen Sachverhalts auf zivilrechtlichem Wege Recht bekommen hätte, wären die unrechtmäßigen Einnahmen des abgespaltenen Südens gering ausgefallen, doch ich prophezeie, dass sich dieses Geld in ihren Händen nicht vermehren wird.

In diesem Herbst wurde ich in den Bloomington-Bezirk berufen. Folgende Predigtstationen gehörten zu diesem Bezirk: Bloomington, Mount Pleasant, Monticello, Clinton, Havana, Fancy Creek, Decatur und Postville. Es war ein düsteres Konferenzjahr. Wir hatten in unserem Distrikt kaum erwecklichen Einfluss, aber auch in der Konferenz, ja sogar in der Bischöflichen Methodistenkirche, verhielt es sich nicht anders. Als die Delegierten aus dem Süden von der Generalkonferenz zurückkehrten, setzten sie überall Großversammlungen an und ließen ihrer Wut über die Generalkonferenz freien Lauf, die sich insbesondere gegen die meisten ihrer Mitglieder richtete. Sie verkündeten, dass wir alle Abolitionisten wären, und rührten die Werbetrommel für eine Tagung, auf der die Prediger der sklavenhaltenden Konferenzen zusammenkommen sollten. Bischof Soule war der Vorsitzende dieser Tagung. Er saß seelenruhig auf den feurigen Zorneswolken und lenkte den Gewittersturm. Obwohl auf dieser Tagung durch feierliche Abstimmung beschlossen wurde, sich von der Zuständigkeit der Bischöflichen Methodistenkirche loszusagen, und obwohl Bischof Soule gegenüber der Generalkonferenz im Jahre 1844 erklärte, dass er nicht auf dem Altar des Nordens oder Südens, sondern dem der Bischöflichen Methodistenkirche geopfert würde – trotz all dessen und noch tausend anderer Punkte –, besaß er die unglaubliche Dreistigkeit, bei unseren Konferenzen, die nicht abtrünnig geworden waren und ihren Kurs beibehielten, den Vorsitz zu übernehmen. Auf diese Weise trug er weiterhin zur Spaltung bei, bis ihm die Ohio-Konferenz schließlich eine Abfuhr erteilte und ihm den Vorsitz verwehrte. Für den Fall, dass er bei der Rock-River- oder der Illinois-Konferenz aufgetaucht wäre, hatte ich ebenfalls diese Maßnahme zu seiner Ehre vorbereitet, doch nachdem ihm die Ohio-Konferenz diese Abfuhr erteilte, war er zunächst einmal so schlau, unserer Konferenz fernzubleiben. Bischof Morris kam und übte den Vorsitz aus.

Diese sklavenhaltenden Prediger wandten mehr unfaire und schmutzige Methoden an, um eine Kirche zu spalten und zu zerstören, als es jemals zuvor von anderen Predigern getan wurde. Ich kann nicht anders, aber dafür muss ich Bischof Soule mehr als anderen die Schuld geben. Ich werde immer davon überzeugt sein, dass Bischof Andrew ein so gutes Herz hatte, dass er sich gegenüber der Generalkonferenz freiwillig dazu verpflichtet hätte, das Hindernis so schnell wie möglich aus dem Weg zu räumen. Wenn er das getan hätte, wäre dieser Schritt von den Delegierten der dazugehörigen Konferenzen mit einem Jubelruf begrüßt worden - einschließlich der radikalen Abolitionisten. Wie viel besser wäre das für ihn selbst, für den Süden, für die Bischöfliche Methodistenkirche und gewiss auch für unser verstörtes Land insgesamt gewesen! Möglicherweise hätte der Segen eines solchen Handelns durch Bischof Andrew positive Auswirkungen auf Millionen andere in den umliegenden Staaten gehabt und selbst Millionen von Menschen der kommenden Generationen würden ihn noch rühmen. Selbst wenn er tot und bereits im Himmel wäre, würde sein edler, großmütiger Charakter zu einer gottlosen Welt voller Unterdrückung mit Donnergewalt sprechen - sein leuchtendes christliches Beispiel würde hell erstrahlen und sein vorbildliches Verhalten als Bischof der Methodisten spräche zur ganzen Welt: „Folget mir nach, wie ich Christus nachgefolgt bin" (siehe 1. Kor. 11, 1).

In diesem Fall hätte der Bischof niemanden nach dem Fleisch kennen sollen (siehe, 2. Kor. 5, 16). Die Prediger, die der Sklaverei zugetan waren, hielten an ihm fest als ihre letzte Hoffnung darauf, ihr Anliegen, die Sklaverei im Episkopat, durchzusetzen, und dabei hätten sie keinen unbescholteneren Menschen als ihn haben können. Wir wissen, dass Bischof Andrew in diesem Punkt falsch gehandelt hat und sich furchtbar irrte, aber dennoch lieben wir ihn und halten ihn für einen guten Menschen. Wir sind der Ansicht, dass er des Bischofsamtes in jeder Hinsicht würdig war, außer was die Sklaverei betrifft.

Mir blutete das Herz wegen des unbeschreiblichen Schadens, den dieses Zerwürfnis in der Bischöflichen Methodistenkirche auslöste und noch auslösen wird, denn das liegt in der Natur der Sache - ich meine die gefallene Natur. Um sich selbst zu rechtfertigen, werden die Prediger aus dem Süden den Predigern der Bischöflichen Methodistenkirche die Schuld geben, und dadurch werden sie die Gedanken der meisten Mitglieder des sklavenhaltenden Südens vergiften. Sie sind ebenso fanatisch für die Sklaverei, wie die radikalen Abolitionisten dagegen sind. Hinsichtlich dieser beiden extremen Gruppen gibt es keinen Mittelweg, denn sie sind völlig davon überzeugt, Recht zu haben, und rufen aus: „Wer nicht für uns ist, ist gegen uns!" (siehe Lk. 11, 23). Als Prediger der Bischöflichen Methodistenkirche habe ich mit ihnen viele Jahre gestritten. Die absurden Ansichten und Widersprüche dieser extrem aggressiven Gruppen erstaunten mich immer wieder über die Maßen - doch warum sollte mich das wundern? Extreme haben nun einmal Absurdität und offensichtliche Widersprüche zur Folge - das ist so sicher, wie das Prinzip von Ursache und Wirkung. Als einer dieser Extremen sich von der Bischöflichen Methodistenkirche lossagte und die neutralen Prediger und Gemeindemitglieder dadurch vollständig dem Artilleriefeuer der Radikalen aus dem Norden aussetzte, kam in mir die zarte Hoffnung auf, dass die Idealisten aus dem Norden die Bischöfliche Methodistenkirche verlassen würden, um ihre eigene Kirche zu gründen – falls sie nicht mehr mit dem konservativen Methodismus übereinstimmen könnten, wie sie es ja ursprünglich taten. Aber nein, sie scheinen entschlossen zu sein, weiterhin für Unruhe zu sorgen, bis sie uns erneut in eine unrühmliche Spaltung getrieben haben und den schwerverdienten Ertrag behalten können, den unsere konservativen Mitglieder und Prediger von Anfang an erarbeiteten. Doch da kann ich sie beruhigen. Falls das ihr Ziel ist, brauchen sie uns nicht mit Schmeicheleien zu kommen, denn die Bischöfliche Methodistenkirche „hat sich schon durch viele schwere Schlachten gekämpft" und sie „erwartet noch viele Schlachten und wird kämpfen".

Sie wird sich behaupten, so wie sie es immer getan hat. Solange es noch einen Splitter einer zerborstenen Planke des alten Methodistenschiffes „Zion" gibt, werde ich mich an ihm festhalten, selbst im Tod, und wenn nötig, mit meinem letzten Atemzug allen um mich herum zurufen: „Gebt das Schiff nicht auf!"

Ich bin äußerst froh darüber, dass es eine über alles Stehende göttliche Vorsehung gibt, auf die wir unsere Hoffnung und Zuversicht setzen können. Auch wenn wir die zugelassenen göttlichen Fügungen nicht verstehen, so können wir doch immer Gott vertrauen, denn er macht keine Fehler, und sicher sein, dass „denen, die Gott lieben, alle Dinge zum Besten dienen" (siehe Röm. 8,28). Sollte sich nicht auch in diesem Fall der Abspaltung von der Bischöflichen Methodistenkirche aufgrund von Sklaverei die göttliche Vorsehung als stärker erweisen und verdeutlichen, dass menschliche Weisheit in Gottes Augen Torheit ist? Sollte durch das rechtzeitige Eingreifen des Allmächtigen nicht auch die Sklaverei, die schon so lange ein Schandfleck auf dem Wappen der Gerechtigkeit unseres Landes ist, völlig ausgerottet werden? Wer weiß das schon und kann es erraten? Lasst uns auf Gott schauen und beständig feurig beten: „Dein Reich komme, dein Wille geschehe, wie im Himmel so auch auf Erden" (Mt. 6, 10).

Wenn man unsere Protokolle durchsieht, wird man feststellen, dass die Bischöfliche Methodistenkirche in dem Jahr, bevor der Süden sich abspaltete, 100.000 neue Mitglieder dazubekommen hatte, und im Jahr nach der Spaltung die Mitgliederzahl um mehr als 31.000 zurückging. Viele dieser Menschen lebten entlang der sogenannten Trennungslinie und gehörten zu den Grenz-Konferenzen, die keinem der beiden Sektoren zugerechnet wurden. Aufgrund des Durcheinanders in der Kirche und der Unzufriedenheit, die aufkam, gingen viele Mitglieder zu anderen Gemeinden; möglicherweise verließen auch viele Menschen die Kirche und kehrten weder in den Nord- noch in den Südsektor der Kirche zurück und schlossen sich auch keiner anderen christlichen Gemeinde an; vielleicht gingen sie für immer verloren. Was für ein entsetzlicher Gedanke! Das waren die furchtbaren Folgen der Spaltung. Durch den schrecklichen Bruch innerhalb der Bischöflichen Methodistenkirche verbreitete sich Schrecken in nahezu jedem Zweig der Kirche Christi – es blieb nicht verborgen, dass selbst die Grundfesten der amerikanischen Regierung bis ins Mark erschüttert wurden. Viele unserer fähigsten Staatsmänner gerieten in Sorge und hielten es für den ersten Schritt zu politischer Zerrissenheit und dem Niedergang unserer unbeschwerten Republik. Es ist zu befürchten, dass die ständige Hetzerei und das hemmungslose Gefluche dieser rasenden Prediger und der skrupellosen Demagogen, die mehr an ihren persönlichen Interessen als an denen des Landes interessiert sind, die Bande der Nächsten- und Vaterlandsliebe zerbrechen wird. Das wird zur Folge haben, dass binnen Kurzem die Schrecken des Bürgerkrieges über uns hereinbrechen werden, was bedeutet, dass das Land mit Brandfackeln, Pfeilen und Tod übersät sein wird und dass Anarchie, der Pöbel und gesetzlose Schurken herrschen werden. Dann wird das gerechte System unserer unbeschwerten Republik zusammenbrechen und die Freiheit, für die unsere Väter kämpften und die das Blut und das Geld der besten Patrioten kostete, die jemals lebten, für immer verloren gehen. Ich bitte all jene, die ihr Land und ihre Freiheit aufrichtig lieben, inständig darum, gemeinsam gegen jede zerstörerische Lehre, List und politische Verbindung vorzugehen – unabhängig davon, ob die verlogenen Intriganten im Verborgenen oder öffentlich handeln, um unser Land zu ruinieren.

29

Im Winter in der Prärie

Am 3. September 1845 tagte unsere Illinois-Konferenz in Springfield; den Vorsitz hatte Bischof Morris. Ich wurde erneut dem Bloomington-Distrikt zugeteilt, wo sich kaum etwas geändert hatte. Dieser Distrikt liegt in einem großen fruchtbaren Präriegebiet, das mit wunderbaren Baumgruppen durchsetzt ist. Zu jener Zeit war die Gegend dünn besiedelt, aber seither kam es dort zu einer rapiden Bevölkerungszunahme und die Lebensbedingungen verbesserten sich ebenfalls. Der Distrikt erstreckte sich von der Mündung des Sangamon River, der dort in den Illinois River fließt, flussaufwärts fast bis zur Mündung des Mackinaw River und von dort in Richtung Osten bis nach Bloomington und dann immer weiter östlich bis zur Quelle des Sangamon River und schließlich bis zu dessen Mündung. Südlich des Flusses lagen ein Teil des Decatur-Bezirks und der gesamte Monticello-Bezirk, die beide zum Bloomington-Distrikt gehörten. Es war gefährlich, mitten im Winter oder während des Hochwassers im Frühling durch diesen Distrikt zu reisen, und es war anstrengend, die Distriktrunde viermal im Jahr zu bewältigen.

Im Winter 1845 bis 46 begann meine Rundreise zu den Vierteljahresversammlungen. Zunächst schneite es heftig, dann wurde es wieder wärmer und es regnete in Strömen, danach wurde es plötzlich eiskalt. Die meisten Flüsse froren zu und nahezu das ganze Land war eine riesige Eisfläche. Ich war in der Nähe von Bloomington, also an der nördlichen Grenze meines Distrikts, als ich in dieses Unwetter geriet. Meine nächste Vierteljahresversammlung war südlich des Sangamon River, etwa 96 bis 112 Kilometer entfernt. Meine Freunde rieten mir, keinesfalls zu versuchen, dorthin zu gelangen. Ich wusste, dass es äußerst gefährlich war, aber in all den Jahren meines Dienstes als Reiseprediger war es ganz selten vorgekommen, dass ich eine Verabredung nicht eingehalten hatte. Es widerstrebte mir immer schon sehr, einen Termin nicht einhalten zu können, sodass ich seit jeher fest entschlossen war, meine Termine einzuhalten – und wenn ich von widrigen Umständen umgeben war, versuchte ich, sie zu überwinden, denn nur so konnte ich herausfinden, ob ich dazu in der Lage war. Mein Motto lautete, es immer zu versuchen. Wenn ich dann, nachdem ich alles versucht hatte, feststellte, dass die Hindernisse unüberwindlich waren, war ich dennoch glücklich und zufrieden, denn bereits zu Anfang meines Dienstes als Reiseprediger lernte ich die hilfreiche Lektion, nicht gegen die göttliche Vorsehung anzukämpfen. Ich machte mich also auf den Weg, obwohl meine Freunde beharrlich versuchten, mich davon abzuhalten.

Mein Weg führte mich hauptsächlich durch eine eintönige und unbewohnte Prärie. Der schwer erkennbare Pfad, der dort hindurchführte, war jetzt an vielen Stellen durch Schnee und Eis nahezu unsichtbar. Glücklicherweise lag mein Weg aber mehr in südlicher Richtung, und zwar zwischen zwei Flussarmen, die nicht weit von meiner Rechten und Linken entfernt waren. Der Wasserpegel dieser Flüsse war zunächst durch die vorangegangenen Regenfälle erheblich angestiegen, dann froren die Flüsse plötzlich zu. Ich stellte fest, dass es wesentlich einfacher war, sich an den Flüssen zu orientieren als an dem verborgenen Pfad, denn immer, wenn ich rechts zu weit vom Weg abkam, erreichte ich den zugefrorenen Fluss, und ebenso war es, wenn ich mich zu weit links hielt - so war es leicht, die Richtung zu korrigieren. Auf diese Weise legte ich etwa 32 Kilometer zurück, bis ich gegen 13:00 Uhr eine Stelle erreichte, an der diese beiden Flussarme zusammentrafen und nun einen großen Strom bildeten - außerdem waren beide Uferseiten überschwemmt. Seit geraumer Zeit war ich an keinem einzigen Haus vorbeigekommen, doch gerade dort stand eine alte, rauchverhangene Hütte, in der eine arme, schmutzige, in Lumpen gekleidete Familie zitternd an einem kleinen Feuer saß. Der Mann, das Familienoberhaupt, war nicht zu Hause, denn er hatte sich auf die Jagd begeben. Ich hatte Hunger und fragte, ob ich etwas zu Essen bekommen könnte. Die gute Frau sagte mir, dass das nicht möglich sei - und dafür gab es gute Gründe, denn sie hatten selbst nichts zu essen. Als ich mich genauer umsah, wurde mir klar, dass ich dort keinesfalls übernachten konnte. Die Frage war nur, wie ich die Siedlung, die noch etwa neun Kilometer entfernt war, erreichen sollte. Die Frau erklärte mir, dass ich nach etwa elf Kilometern auf Häuser stoßen würde, wenn ich den Flussarm, der mir auf dem Hinweg zur Orientierung gedient hatte, überquerte und mich dann zu dem Wäldchen hielte, das am Rand des großen Flusses war, der sich aus den beiden Flussarmen gebildet hatte. Das Problem, das sich stellte, war nur, wie ich den Flussarm überqueren sollte. Der Flussarm war mindestens 90 Meter breit, da der Wasserpegel durch die Regenfälle angestiegen war. Er war zwar zugefroren, aber die Eisdecke war nicht stark genug, um mein Pferd zu tragen. Ich überlegte einen Moment lang, was ich tun sollte. Mir wurde klar, dass ich meinen Weg zunächst zurückverfolgen musste, um eine Stelle zu suchen, an der ich den Flussarm überqueren konnte, und dass ich zu der Siedlung, von der aus ich gestartet war, zurückkehren müsste, falls es mir nicht gelänge, ihn zu überqueren. Also setzte ich mich auf meinen Einspänner, schwang die Peitsche und fuhr zurück. Ich wurde von freudiger Hoffnung erfüllt, als ich nach ein paar Kilometern feststellte, dass der Flussarm dort erheblich schmaler war.

Ich unternahm mehrere Versuche, den Flussarm zu überqueren, aber mein Pferd brach ein und es gelang mir nur unter großen Schwierigkeiten, zurückzugelangen. Nach weiteren sechs bis acht Kilometern wurde der Flussarm wesentlich breiter, dafür aber auch sehr flach - also wagte ich es aufs Neue. Mein Pferd brach zwar wieder ein, doch weil das Wasser nicht tief war, kam ich sicher ans andere Ufer. Ich orientierte mich weiter an diesem Flussarm, fuhr aber jetzt in südliche Richtung und erreichte bald den Hauptfluss, den ich hinter mir ließ, und ich beeilte mich nun, zur Siedlung zu gelangen.

Obwohl ich noch viele zugefrorene Teiche und Flussarme überqueren musste, mein Pferd am Rande der Erschöpfung war, ich fror, Hunger hatte und sehr müde war, erreichte ich eine Hütte, als es gerade dunkel wurde. Die Hütte war ähnlich wie die, von der ich zuvor aufgebrochen war, allerdings sah diese besser aus. Ich war völlig fremd in dieser Gegend, aber als ich an der Eingangstür grüßte, kam doch tatsächlich ein betagter Klassenleiter und Ermahner der Bischöflichen Methodistenkirche heraus, den ich vor einiger Zeit bei einer Vierteljahresversammlung kennen gelernt hatte. Er grüßte mich als einen Gesegneten des Herrn und hieß mich mit seiner feinen Frau und seinen Kindern herzlich willkommen. Mein Pferd wurde abgeschirrt und gut versorgt und schon bald stand ein gutes, gehaltvolles Abendessen auf dem Tisch. Wir setzten uns an den Tisch, was für mich persönlich ein so großer Genuss war, wie es nur ein erschöpfter und hungriger Mann nachvollziehen kann. Wir beteten zusammen und nahezu alle Versammelten jubelten vor Freude. Während wir zusammen beteten, wurde einer der Söhne von seinen Sünden überführt, und nachdem er wie unter Höllenqualen mehrere Stunden lang gebetet hatte, segnete der Herr ihn mit einer starken Gewissheit der Sündenvergebung. Nachdem wir stundenlang zusammen gesungen, gebetet und laut zum Herrn gerufen hatten, zog ich mich zur Nachtruhe zurück. Ich schlief so gut und fest, als hätte ich auf einem Diwan in König Salomos Palast gelegen. Der junge Mann frohlockte und pries Gott fast die ganze Nacht hindurch.

Das war die Art und Weise, wie Gott die Sünder, die in den entlegenen Gebieten lebten, von ihren Sünden überführte, und dieses Beispiel zeigt, wenn auch nur ansatzweise, wie die pionierhaften Methodistenprediger des Westens im Mississippital den Methodismus pflanzten. Dieser gute, betagte Bruder verweilte noch ein paar Jahre unter uns und bezeugte das gute Bekenntnis. Er verließ diese Welt mit einem Ruf des Triumphes, entschlief in Jesus und ging heim in die Herrlichkeit!

Am nächsten Morgen machte ich mich auf den Weg zu meiner Vierteljahresversammlung. Als ich die Brücke erreichte, die über den Sangamon River führte, stellte ich fest, dass sie vom Hochwasser eingeschlossen war. Dass Wasser war nicht so tief, dass mein Pferd schwimmen musste, es konnte hinüberwaten. Ich kam sicher an die andere Seite und erreichte rechtzeitig meine Vierteljahresversammlung. Obwohl schlechte Witterungsbedingungen herrschten, strömten die Menschen herbei. Sünder wurden vom Wort Gottes ergriffen. Viele von ihnen weinten und schrien um Gnade. Sie machten die glückselige Erfahrung, dass Christus die Macht hat, auf Erden Sünden zu vergeben. Ungefähr 28 Menschen bekehrten sich, wovon die meisten sich der Kirche anschlossen. Der Methodismus wurde dort nachdrücklich gepflanzt und ich vertraue demütig darauf, dass er dort nie wieder ausgerissen wird. Ich habe häufig über das dort Erlebte und viele ähnliche Dinge, die mir während meines langjährigen Dienstes widerfahren sind, nachgedacht. Mir wird dann immer warm ums Herz und ich empfinde tiefe Dankbarkeit gegenüber meinem himmlischen Vater, dass er meinen schwachen, kleinen

Dienst inmitten aller Aufopferungen und Schwierigkeiten, durch die ich als methodistischer Reiseprediger ging, so sehr bestätigt hat. Seinem heiligen Namen sei alle Ehre, jetzt und in Ewigkeit!

Ich hatte viele warmherzige Freunde im Bloomington-Distrikt. Dort wohnten viele Mitglieder, die ich in Kentucky in die Kirche aufgenommen hatte, und bei einigen von ihnen hatte ich schon in jungen Jahren gepredigt. Obwohl es für mich anstrengend war, diesen Distrikt zu bereisen, da meine Familie außerhalb des Distrikts wohnte, hing ich an diesem Einsatzgebiet wie auch an den Brüdern, Predigern und Menschen, die dort lebten. Einige der langjährigen Mitglieder hatten mit mir bereits in Kentucky und West-Tennessee Seite an Seite gekämpft, als der Methodismus dort viele glorreiche Siege über die Sklaverei, den Whiskey und unangemessene Kleidung errungen hatte. In diesen Gebieten waren das die Feinde der Bischöflichen Methodistenkirche, doch nicht nur sie wurden besiegt, sondern auch die Heere der kompromisslosen und hartnäckigen, sektiererischen Gegner. Das hatte zur Folge, dass viele der angesehensten Bürger dieser Staaten der Bischöflichen Methodistenkirche sehr zugetan waren. Inzwischen sind viele der Brüder, die mit uns sangen, beteten und sowohl mit als auch für uns predigten, in Christus entschlafen. Sie singen und jubeln jetzt im Himmel, während ein paar von uns alten Soldaten noch hier an den Ufern der Zeit verweilen und immer noch unter dem Banner Christi kämpfen. Unser Motto lautet: „Sieg oder Tod!“

Unsere nächste Jahreskonferenz tagte am 23. September 1846 in Paris in der Provinz Edgar in Illinois. Den Vorsitz hatte Bischof Hamline. Die darauffolgende Jahreskonferenz fand am 22. September 1847 statt, und zwar in Jacksonville in der Provinz Morgan in Illinois. Bischof Waugh hatte den Vorsitz. Während der drei Jahre, die ich im Bloomington-Distrikt war, hatten wir Frieden und beachtlichen Wohlstand. Ich werde auf einige Begebenheiten näher eingehen, die sich während meines letzten Konferenzjahres in diesem Distrikt ereigneten.

Meine Winterrunde für die Vierteljahrestreffen begann in Bloomington. Bruder Samuel Elliot war dort seit zwei Jahren der verantwortliche Prediger. Es war sehr viel Schnee gefallen, sodass die meisten Wege blockiert waren. Seltsamerweise hatte ich mich hinsichtlich des richtigen Abreisezeitpunkts getäuscht und war deshalb eine Woche zu früh zum Vierteljahrestreffen nach Bloomington aufgebrochen. Es war sehr kalt und ich musste durch eine trostlose Prärie reiten. Am ersten Tag ritt ich etwa 64 Kilometer und gegen Abend erreichte ich das Haus eines sehr hilfsbereiten Bruders. Doch siehe da! Als ich eintrat, fand ich eine große Gesellschaft vor. Es waren mehrere Familien dort, die unter diesem freundlichen Dach Zuflucht vor der strengen Kälte und dem erbarmungslosen Schneesturm gesucht hatten. Es war dort so gemütlich, wie man es von einer Gruppe, die sich bei kaltem Wetter versammelt hat, erwarten konnte. Als es Zeit war, schlafen zu gehen, stellte sich heraus, dass alle verfügbaren Betten für die Frauen benötigt wurden, doch wo sollten die vier oder fünf Männer der Gruppe jetzt schlafen? Unser Nachtlager wurde etwa folgendermaßen hergerichtet: Es wurde ein großes Feuer gemacht und viel

Holz hereingebracht, damit man es die ganze Nacht hindurch am Brennen halten konnte. Große Büffelfelle und Decken wurden vor dem Feuer ausgebreitet und jede Menge Decken, die als Zudecken dienen sollten, bereitgestellt. Nachdem wir zusammen gebetet hatten, legten wir uns schlafen, und obwohl unsere Betten hart waren, schliefen wir fest.

Am nächsten Morgen stand ich früh auf, machte mein Pferd bereit und brach nach Waynesville auf, ein kleines Dorf, nach dem auch einer meiner Bezirke benannt wurde. Bruder John A. Brittenham war dort der verantwortliche Prediger. Er begrüßte mich auf gute, brüderliche Art und erkundigte sich, wo ich hin wollte. Ich teilte ihm mit, dass ich auf dem Weg zum Vierteljahrestreffen in Bloomington sei. Er sagte: „Diese Versammlung ist erst am Samstag in einer Woche, das weiß ich von Bruder Elliot."

Ich war überrascht und schaute sofort im Distriktbuch nach. Ich stellte fest, dass es sich so verhielt. Wie sollte es jetzt weitergehen? Sollte ich die zweitägige Rückreise nach Hause antreten und dann abermals bei dieser Kälte den öden Weg zurücklegen? Oder was sonst sollte ich tun? Bruder Brittenham sagte:

„Bleib hier und lass uns so lange an jedem Abend Versammlungen abhalten, bis es für dich Zeit ist, zu deinem Vierteljahrestreffen nach Bloomington aufzubrechen."

„Einverstanden", antwortete ich.

Es war ein sehr gottloses kleines Dorf. Die Kirche war schwach und brauchte dringend eine Erweckung. Also ließen wir die geplanten Gottesdienste bekanntgeben. Eine kleine Zuhörerschaft fand sich ein und wir bemühten uns, zu ihnen zu predigen. Es gab ein paar ermutigende Anzeichen. Am nächsten Abend kamen wesentlich mehr Menschen zusammen und wir erlebten mehr bestätigende Zeichen. Am dritten Abend war es so voll, dass der Platz für die Besucher nicht ausreichte, und wir erlebten, wie die Kraft Gottes sich mächtig unter uns erwies. Viele Menschen brachen in lauten Lobpreis aus, einige weinten. Unser Altarbereich war überfüllt von bußfertigen Menschen und mehrere Seelen bekehrten sich. Obwohl wegen der Anwesenheit der Kraft Gottes eine ehrfurchtgebietende Atmosphäre herrschte, gab es einige, die spotteten und sich über alles lustig machten. Die Rädelsführer waren zwei sehr niederträchtige Männer. Nachdem sie den Gottesdienst unterbrochen hatten und über die sichtbaren Manifestationen unter dem Volk Gottes lästerten, schwangen sie sich auf ihre Pferde und machten sich auf den Heimweg. Unterwegs machten sie aus, um einen Spottpreis, nämlich eine Flasche Whiskey, ein Wettrennen durchzuführen. Das Rennen begann und sie trieben ihre Pferde mit der Peitsche an. Sie waren noch nicht weit gekommen, als das Pferd des wagehalsigsten und überheblichsten dieser jungen Männer aus der Bahn sprang und seinen Reiter gegen einen Baum schleuderte. Durch den Aufprall schwand ihm der Atem und er gab kein Wort mehr von sich. Dieser junge Mann, der immer noch seine lästerlichen Flüche auf den Lippen hatte, sah sich nun völlig unerwartet mit der Ewigkeit konfrontiert – ganz und gar unvorbereitet, seinem Gott gegenüberzutreten.

Die Nachricht dieses entsetzlichen Ereignisses verbreitete sich in Windeseile in den Dörfern und im Umland. Die Menschen wurden von großer Furcht ergriffen und selten zuvor habe ich beobachtet, dass Angehörige eines Verstorbenen, aber auch die Menschen im Allgemeinen, so sehr weinten und wehklagten. Wir erlebten keine Verfolgung mehr und unsere Versammlung währte nun schon eine ganze Weile. Nachdem dem jungen Mann dieses Unglück widerfahren war, schien es so, als ob das ganze Land darum rang, gerettet zu werden. Viele, sehr viele Menschen bekannten sich zum Glauben und schlossen sich der Kirche an – allerdings kann ich keine konkrete Zahl nennen, weil ich mich nicht mehr genau daran erinnern kann.

Bruder Elliot war damit beschäftigt, in Bloomington eine Reihe von Versammlungen abzuhalten, die ebenfalls noch vor dem Vierteljahrestreffen stattfanden. Diese Versammlungen waren sehr gesegnet. Noch bevor unsere Versammlung beendet war, traf sich Bruder Elliot mit mir in Waynesville. Wir kehrten dann gemeinsam zum Schlachtfeld in Bloomington zurück. Als wir erneut anfingen, Versammlungen abzuhalten, waren wir aufgrund des ständig wachsenden Interesses in der Lage, die Versammlungen eine ganze Weile aufrechtzuerhalten – und zwar Tag und Nacht. Viele Menschen wurden von ihren Sünden überführt, viele wurden zurückgewonnen und viele bekehrten sich und wurden in ihrem allerheiligsten Glauben auferbaut. Ich kann mich nicht mehr genau daran erinnern, wie viele Menschen sich bekehrten und der Kirche beitraten, aber ich meine es waren achtzig oder neunzig. Der Dienst, den Bruder Elliot dort in seinem letzten Jahr als Pastor verrichtete, war sehr gesegnet.

Ich habe den Eindruck, dass ich von einer weiteren Begebenheit berichten sollte, die sich ereignete, als ich in diesem Distrikt war. Es gab in diesem Distrikt viele Siedlungen und Nachbarschaften, in denen die Bewohner Anhänger der Allaussöhnung waren – was ihre Tugendhaftigkeit, oder besser gesagt ihre Unsittlichkeit betrifft, passte diese Lehre gut zu ihnen. Es mag etwas merkwürdig klingen, aber ich fürchte mich nicht vor Kritik, wenn ich sage, dass die meisten Anhänger dieser Lehre zuvor Mitglieder einer christlichen Kirche waren, dann aber vom Glauben abfielen – falls sie überhaupt jemals gläubig waren. Auf einer meiner Reisen traf ich einen ihrer Prediger. Er hielt sich für einen intelligenten, talentierten Menschen und ging keiner Diskussion, ob öffentlich oder privat, aus dem Weg. Aufgrund seiner Kühnheit stand er bei seinen fehlgeleiteten Anhängern in hohem Ansehen. Er war sehr geschwätzig und bediente sich dabei einiger plumper Wortspiele. Nachdem ich mich mit ihm ein paar Minuten unterhalten hatte, gebrauchte ich meinen gesunden Menschenverstand und ließ ihn erst einmal ausreden. Er gab vor, große Ehrfurcht wegen meines grauen Haares zu haben, doch ich stellte sehr schnell fest, dass seine Ehrfurcht vor meinen grauen Haaren wohl eher daher rührte, dass er meine Argumente, die ich aufgrund meiner Lebenserfahrung hatte, fürchtete. Er war ein Mann von schwacher Konstitution und litt sehr stark an einer Augenentzündung. Es bestand sogar die Gefahr, dass er daran erblinden würde. Im Verlauf unseres Gesprächs sagte er, dass so etwas wie ein Teufel, der an jedem Ort zur selben Zeit sein kann, um die Menschheit zum Bösen zu versuchen, nicht existieren könne, und dass es einen Ort der Strafe, die sogenannte Hölle, nicht gäbe. Außerdem kämen die Versuchungen, denen sich die Menschen ausgesetzt sähen, aus ihrer gefallenen Natur und nicht vom Teufel, und die Strafe, die der Mensch erleidet, wären die Gewissensbisse wegen seines sittlichen Vergehens und körperliche Leiden.

„Nun", sagte ich, „mein lieber Herr, wenn das, was sie gesagt haben, stimmen würde, müsste ich zu dem Schluss kommen, dass sie jede Menge Untaten verübt haben."

„Wieso?", antwortete er.

„Nun, mein Herr, aus einem ganz einfachen Grund. Ihre moralischen Vergehen und Gewissensbisse vermag ich nicht zu beurteilen, doch wenn sie ihre körperlichen Leiden als Bestrafung ansehen, kann ich Rückschlüsse ziehen. Ich kann mir kein schlimmeres körperliches Gebrechen vorstellen, als zu erblinden. Da sie ihre Sehkraft fast völlig verloren haben und befürchten, völlig zu erblinden, muss ich sie, vorausgesetzt, dass ihre Lehre wahr ist, zu den größten Sündern auf Erden zählen. Denn Gott ist zu weise, um sich irren zu können, und zu gut, um jemandem eine ungerechte Strafe aufzuerlegen." Ich sage euch, dass seine Fahne jetzt nicht nur auf Halbmast hing, sondern im Staub lag.

Über diesen Prediger und die Frau eines Gastwirts, der eine öffentliche Schänke führte, waren üble Gerüchte im Umlauf. Als ich mit einem anderen Methodistenprediger unterwegs war, übernachteten wir dort. Der Gastwirt war nicht zu Hause. Obwohl wir der Dame bekannt waren, berechnete sie ziemlich viel für die Übernachtung. Sie war auch eine Anhängerin der Lehre der Allaussöhnung und ich glaube, sie hatte ein wenig Gewissensbisse, dass sie von Predigern so viel verlangte, denn sie brachte eine Entschuldigung vor. Sie sagte: „Herr Cartwright, ich nehme an, dass Sie es etwas merkwürdig finden, dass ich Methodistenpredigern etwas berechne, aber das brauchen sie nicht, denn auch mein Prediger, Herr ___, muss bezahlen."

„Oh nein, gnädige Frau", sagte ich, „ganz und gar nicht. Wenn es stimmt, was man über Sie und ihren Prediger, Herrn ___, sagt, dann ist ein solches Verhalten möglicherweise richtig. Ich habe genug Geld, sämtliche Rechnungen aller Anhänger der Allaussöhnung zu bezahlen, denn das Geld brauchen sie ja schließlich, um sich alle Annehmlichkeiten, die dieses Leben zu bieten hat, leisten zu können. Schließlich wird es diese Annehmlichkeiten im zukünftigen Leben für Sie nicht mehr geben." Du kannst dir sicher sein, dass sie jetzt aufhörte, sich zu entschuldigen – von jetzt an schien unsere Gastgeberin stumm zu sein.

Wahrscheinlich wird durch diese flüchtige Schilderung der Ereignisse jedem deutlich, welche Früchte hervorkommen, wenn die falsche Grundlage gelegt wird, in diesem Fall, dass alle Menschen unabhängig von ihrer Herzenshaltung errettet würden. Wer erkennt nicht den verhängnisvollen Irrtum, wenn so trügerische Dinge behauptet werden, wie: Letztendlich werden alle Menschen errettet, auch wenn sie sich nicht bekehrt haben und an unseren Herrn Jesus Christus glauben. Wie viele arme, getäuschte Seelen stützen sich auf diesen zerbrochenen Stab, ohne jemals ihren wahren Zustand zu erkennen, bis sie die schreckliche Botschaft hören: „Denn gekommen ist der große Tag ihres Zorns. Und wer vermag zu bestehen?“ (Offb. 6, 17).

Im Herbst des Jahres 1847, als unsere Jahreskonferenz sich in Jacksonville traf, stand die Wahl der Delegierten für die Generalkonferenz, die 1848 in Pittsburgh tagte, auf der Tagesordnung. Den Konferenzmitgliedern gefiel es, mich zum neunten Mal als ihren Delegierten zur Generalkonferenz zu senden. Diese Generalkonferenz war in vielerlei Hinsicht sehr interessant, insbesondere nachdem es erst kurz zuvor zu besagter Kirchenspaltung gekommen war. Als im Jahre 1844 die Prediger aus dem Süden die Generalkonferenz verließen, war es schon vorher eine beschlossene Sache, dass sie sich von der Zuständigkeit der Bischöflichen Methodistenkirche lossagen würden - das alles wurde geplant und entschieden, bevor die Delegierten New York verließen. Diese Tatsache steht zweifelsohne fest. Doch wie ist dieses Verhalten damit zu vereinbaren, dass die Delegierten gegenüber der Generalkonferenz feierlich versprachen, wenn möglich, etwas gegen die Unruhen im Süden zu tun, wenn sie in ihre Einsatzgebiete zurückkehrten? Wenn es schon zu einem Bruch kommen würde, dann doch deshalb, weil es zwingend notwendig wäre, und nicht aufgrund einer freien Entscheidung. Haben sie sich etwa um eine Lösung bemüht? Wurde auch nur ein einziger Versuch unternommen, etwas zu erreichen? Oh, nein! Niemals, niemals! Es wurde ein anderer Kurs eingeschlagen. Die Sturmglocke des Krieges wurde geläutet. Die Bischöfliche Methodistenkirche wurde als Kirche des Abolitionismus angeprangert und überall ertönte der Ruf nach Selbstverteidigung - von Virginia über Florida bis nach Louisiana. Zu den Waffen! Zu den Waffen, du großes amerikanisches Volk, oder die Abolitionisten der Bischöflichen Methodistenkirche werden auf euch losgehen und eure Sklaven stehlen!

Die Louisville-Versammlung wurde einberufen. Diese Versammlung bestand aus Delegierten der Konferenzen, die für die Sklaverei waren. Die Delegierten erschienen entsprechend ihrer Vorschriften in Uniform und bewaffnet. Man entledigte sich des Jochs der Bischöflichen Methodistenkirche, dieser zügellosen Kirche des Abolitionismus, und gründete eine eigenständige Organisation. Sie setzten ihre Generalkonferenz ein. Bischof Soule trennte sich von der Bischöflichen Methodistenkirche und ging in den Süden, um sich ihnen anzuschließen. Er wurde ihr Oberbefehlshaber. Bischof Andrew, der die schreckliche, außergerichtliche Maßnahme der Abolitionismus-Generalkonferenz im Jahre 1844 unbeschadet überstanden hatte, erschien jetzt dort in seinen priesterlichen Gewändern und schien noch mehr zu erstrahlen als zuvor - durch die Reibungen mit den Abolitionisten war er wohl noch aufpoliert worden. Es wurden noch zwei weitere sklavenhaltende Bischöfe gewählt, und dann wurde zu der Melodie und dem Text von „Lebt wohl ihr Abolitionisten, Negerdiebe und Miesmacher aus dem Norden" gesungen. Nachdem sie die Bischöfliche Methodistenkirche mit allen möglichen Beleidigungen und schändlichen Worten, die das Vokabular des Südens hergab, eingedeckt hatten, sandte die Generalkonferenz Süd in ihrer großen Güte und Weisheit einen Delegierten zur Generalkonferenz der Bischöflichen Methodistenkirche, die 1848 in Pittsburgh tagte. Er ersuchte darum, dass sich die Kirche des Nordens, wie sie unsere Kirche fälschlicherweise nannten, und die Kirche des Südens verbrüderten. Nun, mein unvoreingenommener Leser, was hältst du davon? Einen besseren Mann, als diesen christlichen Ehrenmann, Dr. Pierce, den sie mit dieser Mission beauftragt hatten, hätte der Süden nicht aufbieten können, aber die Bischöfliche Methodistenkirche wurde vom Süden zur Karikatur gemacht, geschmäht, verleumdet und in jeder Hinsicht misshandelt. Ist es daher verwunderlich, dass, während sie verwundet war und aus allen Poren blutete, diese Mission scheiterte und 1848 jedes Mitglied der Generalkonferenz der Bischöflichen Methodistenkirche gegen eine Verbrüderung stimmte? Wenn sie ihre Beleidigungen und verletzenden Reden zurücknehmen und sich festlegen würden, den richtigen christlichen Kurs einzuschlagen, dann, und erst dann, könnte die Bischöfliche Methodistenkirche über eine Verbrüderung nachdenken.

Da die Jahreskonferenzen gegen eine rechtskräftige Änderung der sechsten einschränkenden Klausel der Satzung unserer Kirchenverordnung gestimmt hatten, waren sämtliche Maßnahmen der Generalkonferenz 1844 hinsichtlich einer Teilung der Kirche, einer Teilung des Eigentums einschließlich des Geldvermögens sowie der Trennungslinie null und nichtig. Die Generalkonferenz der Bischöflichen Methodistenkirche, die 1848 tagte, war dennoch nicht bereit, ihrerseits etwas zu unternehmen, um diese Probleme friedlich beizulegen. Sie baten um die erforderliche Dreiviertelmehrheit per Abstimmung durch die Jahreskonferenzen, um einen Rechtsstreit hinsichtlich des Kircheneigentums zu verhindern. Doch noch ehe unsere Bischöfe dazu kamen, diese Maßnahme den Jahreskonferenzen, die an der Einheit der Bischöflichen Methodistenkirche festhielten, vorzuschlagen, leiteten die Kommissare aus dem Süden ein Gerichtsverfahren ein, sodass alle Anstrengungen der Bischöflichen Methodistenkirche, die Angelegenheit friedlich beizulegen, vergebens waren. Die ungerechten Entscheidungen, die in diesen Prozessen getroffen wurden, sind hinlänglich bekannt und ein wesentlicher Bestandteil der Geschichte unseres Landes – insbesondere die ungerechten Gerichtsurteile gegen die Kirche.

Während der Generalkonferenz, die am 22. September 1847 in Jacksonville stattfand, wurde ich dem Springfield-Distrikt zugeteilt. Folgende Predigtstationen gehörten zu diesem Distrikt: Springfield-Station, Taylorsville, Sangamon, Petersburg, Beardstown, Carlinville, Hillsboro und Sharon-Mission. Während des Konferenzjahres 1847 bis 1848 hatten wir einige fantastische Erweckungen, und durch den treuen Dienst von Bruder J. F. Jaquess hatten wir in Springfield einen Zuwachs von mehr als 500 Mitgliedern zu verzeichnen. Es wurde viel Gutes bewirkt – viele Menschen bekehrten sich und wurden

Mitglieder der Kirche. Einige der vielversprechenden Jugendlichen, die sich der Kirche anschlossen und hoffnungsvolle Perspektiven hatten, fielen aufgrund von Verfolgung und weiterer widriger Umstände in ihre alten Gewohnheiten zurück. Sie erlitten im Hinblick auf den Glauben Schiffbruch, aber etliche blieben fest und machten ihrem Bekenntnis Ehre. Einer von ihnen ist heute ein passabler Reiseprediger in der Illinois-Konferenz. Durch den Dienst des für die Taylorsville-Mission verantwortlichen Predigers L. C. Pitner, kam es auch dort zu bemerkenswerten erwecklichen Aufbrüchen. In Petersburg wurde ebenfalls Gutes bewirkt. Es war beachtlich, wie viele Menschen sich dort bekehrten, und durch den fleißigen Einsatz des verantwortlichen Predigers Benjamin Newman wurde dort eine schöne Kirche gebaut, die dem Dorf zur Ehre gereicht.

Im Herbst des Jahres 1848 traf sich unsere Konferenz in Belleville, Provinz St. Clair, und Bischof Morris hatte den Vorsitz. Im Verlauf des Konferenzjahres kam es im Sangamon-Bezirk spürbar zu geistlichen Aufbrüchen, insbesondere in einigen der südlichen Stationen, die inzwischen zum Chatham-Bezirk gehören. W. S. M'Murray gewann dort sehr effektiv viele kostbare Seelen für Christus. Es bekehrten sich viele Menschen und die Gemeinde wuchs beträchtlich. Obwohl W. S. M'Murray inzwischen von uns gegangen ist, um seinen Lohn zu empfangen, werden viele Menschen, die im Sangamon-Bezirk leben, ihm in ihren Herzen noch lange zugetan sein. Es gelang ihm, in der Nähe vom Sugar River eine respektable Kirche zu bauen, die von den dort lebenden Bürgern ihm zu Ehren „M'Murray-Kapelle" genannt wurde.

Bruder M'Murray, seine Frau und seine drei Kinder wurden von Cholera angegriffen und innerhalb weniger Tage fielen sie dieser schrecklichen Krankheit zum Opfer, doch er wird vielen Menschen noch lange in guter Erinnerung bleiben, vor allem denen, die durch ihn zum Glauben kamen. Friede seiner Asche! Möge der Herr sich um die drei Waisenkinder, die Bruder und Schwester M'Murray zurückgelassen haben, kümmern und sie versorgen.

Im Herbst des Jahres 1849 tagte unsere Konferenz in Quincy, Provinz Adams, Illinois – Bischof Janes hatte den Vorsitz. In diesem Jahr wurde ich erneut dem Springfield-Distrikt zugeteilt. Obwohl die Kirche in diesem Konferenzjahr im Großen und Ganzen in einem friedlichen, gesunden Zustand war und auch ein gewisses Wachstum erlebte, kam es in diesem Distrikt zu keinen größeren Erweckungen.

Ich erlaube mir, an dieser Stelle kurz auf unsere Arbeit unter den Deutschen einzugehen. Es ist erst ein paar Jahre her, als es Gott gefiel, Dr. Nast zu erwecken, sodass er sich bekehrte. Dr. Nast ist inzwischen der Redakteur der deutschen Ausgabe des „Apologist". Als er von Deutschland nach Amerika kam, war er Rationalist, also nicht gläubig. Er kam durch den Dienst der Methodisten zum Glauben. Schon bald darauf bekam er die Erlaubnis, zu predigen, und wurde der erste deutsche Missionar für Tausende unserer deutschen Mitbürger. Es dauerte nicht lange, bis Gott seinem Dienst sein bestätigendes Siegel aufdrückte. Gott sandte seine überführende Kraft und einige von Dr. Nasts Landsleuten erlebten eine mächtige Bekehrung. Gott berief auch einige dieser Neubekehrten, damit sie den Deutschen das Evangelium predigten, und so kam es, dass Dr. Nast und seine Mitarbeiter mit der deutschen Missionsarbeit begannen. Bald darauf wurden Bezirke gegründet und das Werk Gottes verbreitete sich in Ohio, Indiana, Missouri und Illinois. Gott berief treue und fähige deutsche Prediger, damit sie die gute Nachricht der Errettung ihren verlorenen Landsleuten brächten - jenen, die dort bereits lebten, und den Tausenden, die nach Amerika kamen. Viele Katholiken, Lutheraner, Rationalisten und Ungläubige bekehrten sich. Das Werk dieses Dienstes wuchs, sodass Stationen, Bezirke und Distrikte gegründet wurden - das ist auch heute noch der Fall. Sie orientierten sich so nahe am altmodischen und schlichten Methodismus, wie ich es bei keinem anderen Volk gesehen habe.

Als ich mich einmal mit Bruder Jacoby unterhielt und ihm riet, die deutschen Methodisten zu amerikanisieren, sagte er: „Es müssen drei Dinge geschehen, ehe Sie einen Deutschen in die richtige Verfassung bringen können. Zuerst muss sein Kopf bekehrt werden, denn er denkt falsch. Zweitens muss sich sein Herz bekehren, denn sein Herz hat die falsche Gesinnung. Drittens muss er hinsichtlich seines Portemonnaies bekehrt werden, denn seine unangemessene Geldliebe verführt ihn sonst. Wenn es uns gelingt, ihn in diesen drei Bereichen zu bekehren, können wir ihn alsbald amerikanisieren und einen guten Methodisten aus ihm machen - das wird er dann auch bleiben."

Man wird sich daran erinnern, dass die Deutschen hier im Westen allesamt zu den Ohio-, Indiana-, Rock-River- und Illinois-Konferenzen gehören. Sie bewirken viel Gutes und der Herr hat ihnen großen Erfolg geschenkt. Tausende Deutsche, die durch englischsprachige Prediger niemals erreicht werden könnten, können durch Prediger, die ihre Sprache sprechen, erreicht werden. Sie brauchen unsere Hilfe und Unterstützung. Lasst uns diese Menschen und das Gute, das sie bewirken, unterstützen. Sie werden Werkzeuge sein, um Hunderttausende zur Erkenntnis der Wahrheit zu bringen - und unsere kühnsten Erwartungen werden noch übertroffen werden. Viele von ihnen sind arm, aber viele sind auch geizig, sodass sie das Evangelium entweder nicht unterstützen können oder nicht unterstützen wollen. Das ändert sich mit ihrer Bekehrung, denn dann werden sie gerne und bereitwillig entsprechend ihrer Möglichkeiten geben. Wenn wir ihnen jetzt helfen und Missionare unterstützen, die in diesen Erntefeldern arbeiten, bis sie sich bekehren und so weit sind, dass sie die Arbeit selbst finanzieren können, tun wir ein gutes Werk.

Es ist ein Segen, dass wir Prediger haben, die ihnen das Evangelium in ihrer Muttersprache bringen, wenn sie an unseren Küsten ankommen. Ich glaube nicht, dass wir unsere Spendengelder besser einsetzen können, als die Prediger zu unterstützen, die allen Fremden, die in unser Land kommen, das Evangelium verkündigen. Außerdem ist es eine wesentlich kostengünstigere Methode, als geeignete Personen in fremde Länder zu senden, wo sie dann erst mühsam die fremde Sprache erlernen oder mit der Hilfe eines Übersetzers predigen müssen. Unsere für die Mission bereitgestellten Mittel reichen länger und es wird mehr Gutes bewirkt. Wenn ich mir anschaue, wie viel Gutes bereits unter der fremdsprachigen Bevölkerung, den Menschen aus verschiedensten Nationen, die hier unter uns leben, bewirkt wurde, erfreut das mein Herz. Ich beobachtete genau, welche Auswirkungen das Evangelium auf die Ausländer hatte, die mit der Bischöflichen Methodistenkirche in Berührung kamen. Ihre innige Teilnahme an Klassenversammlungen, Gebetsversammlungen, Liebesmahlen, Familiengebeten - kurz gesagt an allen Gnadenmitteln ist lobenswert. Ich bin mir darüber im Klaren, dass der große Erfolg der Bischöflichen Methodistenkirche in früheren Jahren darauf zurückzuführen ist, dass die Gnadenmittel aufmerksam beachtet wurden. Die Hauptursache für die Leblosigkeit und Unfruchtbarkeit der Kirche liegt darin begründet, dass die Pflichten hinsichtlich der Beachtung der Gnadenmittel vernachlässigt wurden.

Am 18. September 1850 tagte unsere Konferenz in Bloomington, Provinz M'Lean in Illinois. Den Vorsitz hatte Bischof Hamline. Während dieses Konferenzjahres war einer unserer alten, bewährten und treuen Prediger verstorben. Sein Name war Charles Holliday. Mit ihm war ich viele Jahre lang gut bekannt. Wir hatten lange zusammen gelebt und gearbeitet und ich kann mich nicht daran erinnern, dass es jemals etwas anderes als die Liebe Gottes zwischen uns gegeben hätte. Ich wurde darum gebeten, die Trauerpredigt vor der Konferenz zu halten. Ich tat das, so gut ich konnte, nachdem man mich so unerwartet und kurzfristig dazu aufgefordert hatte. Ich denke, ich kann das, was ich über diesen guten Mann sagen möchte, nicht besser ausdrücken, als es in dem Nachruf geschrieben steht, der in den Protokollen festgehalten wurde. Im Wesentlichen heißt es dort:

„Reverend Charles Holliday verstarb am 8. März 1850 in seinem 79. Lebensjahr. Er war der Sohn von James und Mary Holliday und wurde am 23. November 1771 in der Stadt Baltimore in Maryland geboren. Seine Eltern waren Mitglieder der Presbyterianischen Kirche. Sie unterwiesen ihn nicht nur in den Lehren und moralischen Werten der Presbyterianischen Kirche, sondern seine Ausbildung zielte auch darauf ab, ihn für den Dienst in dieser Kirche vorzubereiten. Seine Eltern verstarben, als er noch minderjährig war, und er verwarf den Gedanken, in den Dienst einzutreten. Nun wandte er sich weltlichen Dingen zu. Wir haben keine genauen Informationen darüber, in welchem Alter er gläubig wurde. Im Mai 1793 wurde er durch Eheschließung mit Fräulein Sarah Watkins vereint. Sie war eine Frau mit gutem Verständnis und gesundem Urteilsvermögen - später wurde sie ein hingebungsvoller, gottesfürchtiger und treuer Christ. Am Tag nach ihrer Hochzeit schlossen sie sich der Bischöflichen Methodistenkirche an und begannen noch am selben Abend damit, Familienandachten abzuhalten. 1797 bekam er seine Lizenz als Lokalprediger. Seine Lizenz wurde Jahr für Jahr bis zum 30. September 1809 erneuert. Danach wurde er probeweise in die Reiseverbindung der Westkonferenz aufgenommen und in den Danville-Bezirk berufen. Im Oktober desselben Jahres wurde er von Bischof Asbury zum Diakon ordiniert. 1810 wurde er in den Lexington-Bezirk berufen. Er blieb dort zwei Jahre und am

11. Oktober 1811 wurde er von Bischof M'Kendree zum Ältesten ordiniert. 1812 wurde er in den Shelby-Bezirk berufen. 1813 wurde er zum Vorsitzenden der Ältestenschaft des Salt-River-Distrikts ernannt. Er blieb dort drei Jahre. Als seine fromme und treue Frau im Juli 1816 verstarb und ihn mit neun Kindern zurückließ, hielt er es für erforderlich, den Reisedienst aufzugeben und sich niederzulassen. Die Bescheinigung über seine Versetzung datiert vom 7. September 1817 und ist von Bischof M'Kendree unterschrieben. In der ersten Jahreshälfte des Jahres 1817 ging er mit Fräulein Elisabeth Spears zum zweiten Mal eine Ehe ein. Diese Dame, die ihren Mann überlebte, erwies sich als hingebungsvolle Frau und liebevolle Mutter seiner Kinder. Da die Kinder wieder versorgt waren, wurde er 1817 wieder für den Reisedienst zugelassen. Er wurde in den Cumberland-Distrikt berufen, der zur Tennessee-Konferenz gehörte, und blieb dort mehrere Jahre. Von 1821 bis 1825 diente er im Green-River-Distrikt in der Kentucky-Konferenz als Vorsitzender der Ältestenschaft. Im Herbst des Jahres 1825 wurde er in die Illinois-Konferenz versetzt und dem Wabash-Distrikt zugeteilt. Dort arbeitete er, bis er 1828 während der Generalkonferenz den Auftrag bekam, in Cincinnati als Buchrepräsentant zu arbeiten. Diese Aufgabe nahm er acht Jahre lang wahr. Als seine Amtszeit für diesen Dienst ablief, wurde er in die Illinois-Konferenz versetzt, und 1836 wurde er zum Vorsitzenden der Ältestenschaft des Lebanon-Distrikts berufen – diese Aufgabe nahm er zwei Jahre lang wahr. 1838 wurde er zum Vorsitzenden der Ältestenschaft des Alton-Distriks berufen. Es war der letzte Distrikt, in dem er wirkte. Er arbeitete weiterhin erfolgreich für die Konferenz, indem er in kleineren Stationen diente und Aufgaben übernahm, die er trotz seiner schwindenden Kräfte noch bewältigen konnte, bis ihm 1846 der Pensionsstatus gewährt wurde – in diesem Pensionsverhältnis stand er bis an sein Lebensende. Im September 1849 besuchte er noch die Konferenz in Quincy. Auf dem Hinweg wurde er von einer Nierenkrankheit angegriffen, von der er sich nicht mehr erholte. Obwohl er sehr unter den Beschwerden dieser Krankheit litt, frohlockte er in der Gnade unseres Herrn Jesus Christus, denn durch die Gnade war er fähig, das Leiden zu ertragen – ohne sich zu beklagen. Er blieb bis zum Schluss bei klarem Verstand. Seit über dreißig Jahren hatte er die Gewohnheit, dreimal am Tag mit seiner Familie zu beten. Bei solch einer Hingabe wundert es uns nicht, dass die Sonne seines Lebens in großem Frieden unterging."

Zusammenfassend lässt sich über den Charakter unseres verstorbenen Bruders Holliday sagen, dass es nur sehr wenige herausragende Eigenschaften gab, die bei ihm nicht besonders stark ausgeprägt waren. Als Prediger war er unmissverständlich, deutlich und praktisch. In Lehrfragen hatte er eine feste Meinung und war doch stets freundlich und liebevoll zu seinem Gegenüber. In allen zwischenmenschlichen Beziehungen, sei es als Ehemann, Vater, Pastor, Freund oder Kamerad, galt er als liebevoller, interessierter Mensch. Hinsichtlich der Leiden und Enttäuschungen des Lebens könnte man sein Verhalten folgendermaßen beschreiben: „Die Liebe ist langmütig, die Liebe ist gütig" (1. Kor. 13, 4). Er starb in Frieden und viele werden ihn in der Ewigkeit glückselig preisen. So lebte und starb eines unserer alten Mitglieder der

Westkonferenz - die einzige Konferenz, die existierte, als unser Bruder seinen Dienst in der natürlichen und moralischen Wüste des Mississippideltas aufnahm. Für mich war der Tod von Bruder Holliday eine schwere Zeit und ich empfand es als eine enorme Belastung, jetzt die Trauerpredigt vor der Konferenz und vielen weiteren Gästen zu halten, zumal ich nur ein paar Minuten zuvor davon erfahren hatte und keine Zeit für die Vorbereitung blieb. Ich fürchtete, dem Leben, dem Dienst und den christlichen Tugenden dieses Mannes Gottes nicht gerecht werden zu können, doch unter den gegebenen Umständen tat ich mein Bestes. Dennoch bitte ich die Zuhörerschaft hinsichtlich aller Unzulänglichkeiten meinerseits um Nachsicht. Lasst uns zusammenstehen und inständig beten, wie es in dem Text während des Trauergottesdienstes hieß: „Lass mich als Gerechten sterben und möge mein Ende wie sein Ende sein." Wenn dieses Gebet erhört wird, werden wir schon bald an den Ort gelangen, an dem keine Klagelieder mehr gesungen werden und der Tod keine Macht mehr hat.

Am 17. September 1851 tagte unsere Konferenz in Jacksonville. Bischof Waugh hatte den Vorsitz. Es wurden die Delegierten für die Generalkonferenz gewählt, die am 1. Mai 1852 in Boston stattfinden sollte. Inzwischen waren aus den vormals zur Illinois-Konferenz gehörenden Indiana-Konferenzen Rock River, Iowa und Wisconsin eigenständige Konferenzen gebildet worden, weil sie so stark gewachsen waren. Aufgrund des rapiden Bevölkerungswachstums in Illinois, insbesondere aber auch wegen der Zunahme an englisch- und deutschsprachigen Predigern, hielt man es für unabdingbar, erneut eine Teilung vorzunehmen. Es sollte die Illinois-Süd-Konferenz gegründet werden und die Delegierten wurden entsprechend angewiesen. Es gefiel der Konferenz, mich als einen der Delegierten zu wählen. Es war das zehnte Mal, dass mir, einem demütigen Mitglied der Jahreskonferenzen, die Ehre zuteil wurde, von den verschiedenen Jahreskonferenzen zum Delegierten gewählt zu werden, um die Interessen der Bischöflichen Methodistenkirche bei der Generalkonferenz zu vertreten.

Bischof Hedding, unser ehrwürdiger Hauptbischof, war bereits während der Konferenz in einer aussichtslosen gesundheitlichen Verfassung. Er verstarb am 9. April 1852. Bischof Hamline befand sich ebenfalls in einem äußerst schlechten Gesundheitszustand, sodass die Hauptlast der umfangreichen Arbeit auf den Bischöfen Waugh, Morris und Janes lag. Uns allen war klar, dass während unserer Jahreskonferenz mehrere neue Bischöfe gewählt werden mussten. Vor diesem Hintergrund und in Anbetracht der Tatsache, dass Bischof Waugh mit zunehmendem Alter ebenfalls gebrechlicher geworden war, hielt er am Ende der Illinois-Konferenz eine sehr eindrucksvolle Rede. Er teilte mit, dass es wahrscheinlich das letzte Mal sei, dass er in unserer Mitte den Vorsitz ausüben würde. Die Konferenz war sehr betroffen, denn die Art und Weise, wie er uns vorstand, fand großen Anklang und wir alle ehrten und liebten ihn sehr. Wir mussten an seinen tadellosen Wandel unter uns denken und daran, wie sehr seine Ratschläge uns geholfen hatten, aber auch daran, wie unparteiisch er sein Amt ausgeübt hatte. Wir kannten ihn als jemanden, der sich immer streng an die Lehren und Vorschriften der Kirche hielt. Er hatte immer ein offenes Ohr für die einfachsten Prediger und Gemeindemitglieder. Wir sahen an ihm, was meiner Meinung nach einen altmodischen Methodistenbischof ausmacht – er führte keine neuen Maßstäbe hinsichtlich der Lehre oder der Verordnungen ein, sondern mahnte uns: „Haltet euch an die guten alten Methodistenregeln und bleibt dabei."

Als meine Zeit im Springfield-Distrikt im Herbst 1851 nach vier Jahren auslief, wurde ich in den Quincy-Distrikt berufen, wo ich bereits 15 Jahre zuvor gearbeitet hatte. Der Distrikt erstreckte sich von der Mündung des Illinois River bis nach Galena. Obwohl dieses Gebiet so hoch im Norden lag, war es von Weißen bewohnt, doch oberhalb von Galena war Indianerland. Dort hatte ich der Missionsarbeit unter den Pottawattomies vorgestanden. Von Norden nach Süden waren es innerhalb des Distrikts zwischen 644 und 804 Kilometer und von Osten nach Westen schätzungsweise 160 Kilometer. Damals hielt ich diesen Distrikt für klein, denn als ich im Herbst 1826 zum ersten Mal in einen Distrikt der Illinois-Konferenz berufen wurde, erstreckte sich mein Distrikt von der Mündung des Ohio River Hunderte von Kilometern in Richtung Norden. Das Gebiet war noch nicht durch die Siedlungen der Weißen begrenzt und es lebten dort unzivilisierte Indianerstämme, die noch nicht christianisiert waren. Doch wie hatte sich das Land seither verändert! Folgende Predigtstationen gehörten zum Quincy-Distrikt: Quincy-Station, Columbus, Warsaw-Mission, Chili, Pulaski, Rushville-Station, Rushville-Bezirk, Havana und Beardstown-Station. Die Entfernung von Osten nach Westen betrug etwa 160 Kilometer und ich schätze von Norden nach Süden waren es zwischen 48 und 64 Kilometer. Es gab kein Distrikt-Pfarrhaus und auch keine sonstigen zentral gelegenen Quartiere. Ich wohnte außerhalb der Distriktgrenzen und musste den Illinois River alle drei Monate fünf- bis sechsmal überqueren. Ich spürte, dass ich bereits einige Jahre auf dem Buckel hatte, denn es fiel mir genauso schwer, diesen kleinen Distrikt zu bereisen, wie seinerzeit meinen ersten Distrikt in der Konferenz, der mehr als zwei Drittel der Fläche des Staates umfasste. Nicht nur das Land hatte sich sehr verändert und an Ruhm und Macht gewonnen, sondern ich mich auch, denn meine Kraft hatte sehr nachgelassen. Inzwischen fürchtete ich eine Reise von 160 Kilometern mehr als damals eine Reise von 1.600 Kilometern. Ich war hinsichtlich meiner Berufung in vielerlei Hinsicht sehr zufrieden. So war ich sehr froh darüber, zu erleben, wie das Land mehr und mehr erschlossen wurde, wie sich viele Menschen ansiedelten, wie die Bischöfliche Methodistenkirche so sehr an Mitgliedern zunahm und große Kirchen gebaut wurden. Darüber hinaus traf ich jetzt Hunderte von Menschen, die ich früher einmal, als das neue Land ihnen viel abverlangte, in die Kirche aufgenommen hatte. Sie bereiteten mir einen herzlichen Empfang und hießen ihren alten Vorsitzenden der Ältestenschaft willkommen. Sie erwiesen mir unmissverständlich ihre Freundschaft und brüderliche Liebe.

Doch trotz alledem und tausend weiterer guter Dinge, die ich aufzählen könnte, stellte ich fest, dass der Methodismus an manchen Orten verlotterte und ausstarb. Um es bildlich auszudrücken, waren einige der bedeutendsten Leiter der Herde zu angriffslustigen Schafsböcken, mürrischen Ochsen oder auch tretenden Eseln geworden. Das machte uns zu schaffen. Einer meiner Prediger, den ich aus mir unbekanntem Grund gar nicht persönlich kannte, war mir gegenüber sehr voreingenommen. Er war in diesem Jahr in die Warsaw-Missionsstation berufen worden. Diese neue, florierende kleine Stadt Warsaw liegt am Ostufer des Mississippi, ganz in der Nähe des Militärpostens Fort Edwards. Wir hatten dort eine ansehnliche kleine Gemeinde, aber kein Kirchengebäude, um dort unsere Gottesdienste abhalten zu können. Die Brüder hatten ein altes, heruntergekommenes Gebäude gemietet, doch es war völlig ungeeignet und lag sehr abgelegen. Die Presbyterianer hatten eine kleine Kirche und boten sie uns für unsere anstehende Vierteljahresversammlung an. Unser verantwortlicher Prediger nahm das Angebot an, wies aber darauf hin, dass die Versammlung eventuell länger dauern würde, als geplant. Sie versicherten uns, dass wir das Gebäude so lange nutzen könnten, wie es uns beliebte. Dieser mir unbekannte Prediger hatte seine Frau aufgrund seiner Vorbehalte gegen mich aufgebracht. Sie kam dennoch zur Versammlung und der Herr segnete sie, denn sie war eine gute Frau. Der Herr berührte auch das Herz ihrer kleinen Tochter, und so trat sie der Gemeinde bei. Danach machte sie ihrem Mann Vorhaltungen und sagte ihm, er solle seine Vorurteile mir gegenüber ablegen. Ferner behauptete sie, dass ich ein guter Mensch sein müsse, weil der Herr meinen Dienst so sehr segne. Der Bruder gab nach, legte seine Vorurteile ab und wir wurden sehr gute Freunde.

Fast immer, wenn wir als Gemeinde zusammenkamen, fiel die Kraft Gottes auf uns, und die Gottesdienste wurden sowohl tagsüber als auch abends sehr gut besucht. Etliche Menschen bekehrten sich. Wir setzten die Versammlungen länger fort, als zunächst geplant war. Wir beabsichtigten eine weitere Verlängerung um mehrere Wochen, doch die Presbyterianer teilten uns mit, dass sie ihr Gebäude ab dem kommenden Samstag wieder für ihre eigenen Gottesdienste benötigten. Daraufhin beendeten wir unsere Versammlung. Wir waren dankbar, dass sie uns ihr Gebäude freundlicherweise überlassen hatten, doch sind wir fest davon überzeugt, dass sie uns die weitere Nutzung deshalb so unverblümt untersagten, weil sie eifersüchtig waren und fürchteten, wir könnten mehr Gelingen haben. Wenn wir hier falsch geurteilt haben, hoffen wir inständig, dass der Herr uns vergeben möge.

Die Vierteljahresversammlung, von der ich soeben berichtete, fand Anfang Februar 1852 statt. Dass uns die weitere Nutzung der Kirche verwehrt wurde, hatte zur Folge, dass viele unserer Mitglieder über die Situation sehr unzufrieden wurden und in unserer Gemeinde, aber auch von anderen Seiten, kam der Wunsch auf, eine eigene Kirche zu bauen, aus der wir nicht mehr vertrieben würden. Um dieses Ziel zu verwirklichen, wurde ein Baugrundstück ausgesucht und eine Spendenkasse eingerichtet. Dank der Spenden der Bürger und mehrerer Hundert Dollar, die außerhalb der Gemeinde zusammengetragen wurden, waren wir in der Lage, im darauffolgenden Jahr eine kleine Kirche zu bauen. Wir hielten unsere Vierteljahresversammlung dort am ersten Sonntag im Februar des Jahres 1853 ab. Die Kraft Gottes war während des Gottesdienstes in unserer Mitte. James I. Davidson war in diesem Jahr der verantwortliche Prediger und sein Dienst wurde von Gott mächtig gesegnet. Die Vierteljahresversammlung zog sich erneut über einen längeren Zeitraum hin und während dieser Zeit predigte ich etwa zehnmal vor einer großen Zuhörerschaft. Viele Sünder wurden von ihren Sünden überführt und bekehrten sich. Mehr als 20 Menschen schlossen sich der Gemeinde an, darunter auch mehrere angesehene Bürger – wir hoffen, dass wir sie im Himmel treffen, um Gott gemeinsam für alle Ewigkeit zu preisen.

An dieser Stelle möchte ich erwähnen, dass wir bei den meisten unserer Erweckungen erlebten, dass viele Menschen, die schlechte Gewohnheiten und einen üblen Ruf hatten, die Kraft Gottes erlebten, sich bekehrten und der Gemeinde beitraten. Daran wird oft Anstoß genommen und die Kirche wird aus diesem Grund in Erweckungszeiten sogar häufig verfolgt. Diese Menschen sollten sich daran erinnern, dass die Aufgabe der Kirche, Seelen zu retten, von Jesus Christus mit einem Fischer verglichen wird, der sein Netz auswirft und damit viele Fische fängt, sowohl gute als auch schlechte. Niemand würde den Fischer verurteilen, weil er gute und schlechte Fische gefangen hat. Es wird doch auch niemand zu dem abwegigen Schluss kommen, das Netz sei schlecht gewesen, weil damit auch einige schlechte Fische gefangen wurden! Das Netz muss ausgeworfen werden, gute und schlechte Fische sollen ins Netz gehen, dann soll das Netz eingeholt und ans Ufer gebracht werden, sodass beide Arten, gute und schlechte Fische, aus ihrem natürlichen Element entfernt werden. Erst dann beginnt der Sortierungsprozess.

In dieser Hinsicht, und das sagen wir in aller Demut, verhält sich die Methodistenkirche schriftgemäß. Sie gibt jedem Sünder eine Chance und gewährt ihm eine halbjährige Probezeit, in der er noch kein Mitglied der Kirche ist, aber unter der Fürsorge der Kirche steht. Wenn diese Mitgliedschaftskandidaten während der Probezeit nicht beweisen, dass sie es ernst meinen und für die Mitgliedschaft bereit sind, ist es unwahrscheinlich, dass sie es in Zukunft noch tun werden. Was tun wir, wenn sie nicht den Nachweis erbringen, dass sie ihre Errettung ernsthaft suchen? Sie ausschließen? Nein, denn sie sind ja keine Mitglieder geworden, also kann man sie auch nicht ausschließen. Was nun? Wir überlassen sie einfach sich selbst und betrachten sie nicht länger als Probekandidaten für eine Mitgliedschaft. Wir lassen sie dorthin zurückgehen, wo wir sie gefunden haben. Wir haben zumindest versucht, ihnen Gutes zu tun, und haben ihnen keinen Schaden zugefügt. Eine sechsmonatige Probezeit ist das Sicherheitsventil der Bischöflichen Methodistenkirche. Was für schreckliche Probleme hatten andere Gemeinden wegen ihrer Verfahrensweise! Im Allgemeinen sind sie der Auffassung, dass ein Christ nicht so sehr abfallen kann, dass er verloren geht, und dass es falsch sei, Menschen, die keine Christen sind, in die Gemeinde aufzunehmen. Um diese Menschen dennoch in die Kirche zu bekommen, drängt man darauf, dass sie sich zum Glauben bekennen, obwohl sie noch gar nicht so weit sind. Wenn sie dann wieder abfallen, ist es demütigend, zugeben zu müssen, dass man sich geirrt hat und dass diese Menschen sich nur etwas vorgemacht haben und in Wirklichkeit gar nicht gläubig waren. Sie fluchen über Methodistenprediger, die auch denjenigen, die sich noch nicht bekehrt haben, eine Probezeit hinsichtlich einer Kirchenmitgliedschaft gewähren. Dabei haben sie doch wesentlich schlimmer gehandelt, denn sie haben Menschen als vollwertige Mitglieder in die Gemeinde aufgenommen, die keine Christen waren. Wenn unser Verfahren falsch ist, was ist dann erst mit ihrem?

Die Bürger Warsaws haben mir während der zwei Jahre, die ich dort diente, viel Gutes erwiesen – möge Gott sie dafür segnen und ihre Gaben hundertfach vermehren.

Milo Butlet, der von der Michigan-Konferenz versetzt worden war, wurde im Herbst des Jahres 1841 dazu berufen, für die Quincy-City-Station die pastorale Verantwortung zu übernehmen. Diese Station war 15 Jahre zuvor unter meiner Leitung entstanden, als ich im Quincy-Distrikt den Vorsitz innehatte. Die Gemeinde hatte Höhen und Tiefen erlebt – Zeiten des Wohlstands und Zeiten der Not. Obwohl die Gemeinde einige hervorragende Mitglieder hatte, war sie zu diesem Zeitpunkt (1851) in einem kalten Zustand und offensichtlich ohne großen Einfluss. Bruder Butler und seiner Familie ging es in diesem Konferenzjahr nicht gut, doch so weit es ihm kräftemäßig möglich war, verrichtete er treu seinen Dienst.

Vor allem durch den Dienst von Bruder Wilson, einem Schwager von Doktor Butler, kam es in diesem Winter in der Kirche zu kleinen Aufbrüchen. Im Herbst des Jahres 1852 wurde L. C. Pitner in die Quincy-Station berufen. Von Dezember 1852 bis Januar 1853 kam es in Quincy zu einer so wunderbaren Erweckung wie niemals zuvor. Es schien tatsächlich so, als ob zeitweise die ganze Stadt davon überwältigt wurde. Menschen hohen und niedrigen Standes, Reiche und Arme, Alte und Junge beugten sich vor der mächtigen Kraft Gottes. Viele Menschen aus nahezu allen Berufen erlebten die Gnade Gottes, bekehrten sich und schlossen sich der Gemeinde an. Als wir im Januar unsere zweite Vierteljahresversammlung hatten und unser Liebesmahl feierten, war unsere relativ große Kirche bis auf den letzten Platz gefüllt. Die City-Mission, die unter der Leitung von James L. Crane stand und zum Griggsville-Distrikt gehörte, hatte großen Anteil an dieser gesegneten Erweckung und auch unsere deutsche Methodistenkirche fing Feuer. Schätzungsweise bekehrten sich über 1.000 Menschen, die in diesem Jahr den verschiedenen Pfarrbezirken und protestantischen Gemeinden hinzugefügt wurden. Die meisten von ihnen erwiesen sich als treu und sind ein Zeugnis für ihren Glauben. Einige sind bereits entschlafen und gehören jetzt der Gemeinde im Himmel an.

Während der zwei Jahre, die ich in diesem Distrikt war, erlebten wir Aufbrüche in der Rushville-Station, im Rushville-Bezirk, in der Ripley-Mission, im Pulaski-Bezirk und im Columbus-Bezirk, wo sich überall einige Menschen bekehrten und der Kirche anschlossen. Sugar Grove gehörte damals zum Columbus-Bezirk, und dort hielten wir auch eine Lagerversammlung ab – ich meine es war der 20. September 1852. Die Brüder J. I. Davidson, Butler und Pitner kamen, um uns zu unterstützen. Sie arbeiteten wie Männer Gottes, aber noch besser war, dass Gott sich in unserer Mitte erwies. Das Wort wurde in Erweisung des Geistes und der Kraft Gottes gepredigt. Die Kirche wurde auferbaut und viele Sünder wurden überführt und bekehrten sich. Etwa 60 Menschen wurden der Gemeinde hinzugefügt.

Es war ein großartiges, erfolgreiches Konferenzjahr für die Kirche. Die beiden Jahre, die ich im Quincy-Distrikt verbrachte, zähle ich zu den schönsten meines Lebens. Wir hatten als Kirche zwar einige Querelen und Anfechtungen durchzustehen, aber Gott waltete über allem und es wurde viel Gutes bewirkt. Die Gemeinde wuchs an Mitgliedern, an tiefer Frömmigkeit und achtete jetzt noch mehr auf ihre Verordnungen, die Gott schon seit so vielen Jahren segnete und bestätigte. Meine Kräfte ließen altersbedingt und wegen der jahrelangen Belastung im Reisedienst nach. Ich wohnte ganz im Osten des Distrikts und musste den Illinois River häufig überqueren. Im Winter fror der Fluss regelmäßig zu und im Frühling trat er über die Ufer. Es kam nicht selten vor, dass es aufgrund der Überschwemmungen acht Kilometer von Ufer zu Ufer waren. Ich musste den Fluss häufig unter solchen Bedingungen überqueren, und wenn es dann noch stürmte, war das sehr gefährlich. Ich riskierte dabei mein Leben und wurde durch die widrigen Umstände manchmal tagelang aufgehalten, sodass ich meine Predigttermine verpasste. Aufgrund dieser Tatsachen sah ich mich gezwungen, den Bischof darum zu bitten, den Distrikt so zu verändern, dass der Fluss die Grenze bildete.

Im Herbst des Jahres 1852 tagte unsere Konferenz in der Stadt Winchester in der Provinz Scott in Illinois und am 12. Oktober 1853 in Beardstown in der Provinz Cass in Illinois. Bischof Scott hatte den Vorsitz und übte sein Amt auf eine sehr angenehme Weise aus. Während dieser Konferenz wurde die eben erwähnte Änderung vorgenommen und es wurde der Pleasant-Plain-Distrikt gegründet. Der Distrikt wurde aus folgenden Predigtstationen gebildet: Beardstown-Station, Meredosia-Bezirk (heute Concord-Bezirk); Havana, Jacksonville-Bezirk; Sangamon, Virginia und Island Grove – also wirklich ein angenehmer kleiner Distrikt. Inzwischen war ich 68 Jahre alt und stand seit mehr als 49 Jahren im Reisedienst. Im Herbst des Jahres 1812, also vor 43 Jahren, wurde ich während der ersten Tennessee-Konferenz in Fountain Head von Bischof Asbury zum Vorsitzenden der Ältestenschaft ernannt. Während dieser 49 Jahre, in denen ich als Reiseprediger tätig war, habe ich die Verantwortlichen der Kirche niemals um ein bestimmtes Einsatzgebiet oder Annehmlichkeiten hinsichtlich meines Einsatzgebiets gebeten. Ich weiß, dass einige meiner Brüder dachten, ich wäre bei der Vergabe der Einsatzgebiete besonders begünstigt worden, doch rufe ich hier die Bischöfe, die mir meine Einsatzgebiete seit über 50 Jahren zugeteilt haben, dazu auf, zu bezeugen, dass ich nicht um die mir zugewiesenen Einsatzgebiete gebeten hatte.

Während dieser Konferenz in Beardstown im Herbst des Jahres 1853 bat ich zum ersten Mal in meinem Leben darum, in den Pleasant-Plains-Distrikt berufen zu werden – falls ich überhaupt in einen Distrikt berufen würde –, doch gleichzeitig wies ich darauf hin, dass ich einen kleinen Distrikt bevorzugte. Mögen Bischof Scott und sein Gremium das bezeugen. Abgesehen von meinem Alter und meiner Gebrechlichkeit gab es einen weiteren Grund für diese Bitte. Ich wollte nämlich ausreichend Zeit haben, um diesen Bericht schreiben zu können. Doch leider schien Freizeit für mich nahezu ausgeschlossen zu sein. Ich bin Mitglied so vieler Konferenzgremien, muss an so vielen Kircheneinweihungen teilnehmen, muss so viele Trauerpredigten halten – neben all den anderen wichtigen Pflichten im Distrikt –, dass ich sehr wenig Freizeit habe. Aufgrund der vielen Aufgaben, die ich für die Kirche wahrnehmen musste, und der langen Abstände zwischen den gelegentlichen Stunden oder Tagen, die ich zum Schreiben dieses Berichtes nutzen konnte, wusste ich nicht mehr, was ich zuletzt geschrieben hatte, wenn ich mich daran machte, weiterzuschreiben. Das war besonders problematisch, wenn es darum ging, auf ein Thema aufzubauen. Es war somit mit zusätzlicher Arbeit verbunden und kostete mich viel Zeit. Wenn ich also einiges wiederholt oder unzusammenhängend wiedergegeben habe, hoffe ich, dass es unter diesem Motto betrachtet wird:

**„Die Gnade, die ich anderen erweise,
diese Gnade erweise auch mir."**

Ich denke, es ist an der Zeit, dass ich nun auf meinen Bericht zurückkomme und von der Generalkonferenz 1852 in Boston berichte. Als die Brüder aus Neuengland 1848 bei der Generalkonferenz in Pittsburgh entschieden dafür eintraten, dass die Generalkonferenz, die für 1852 vorgesehen war, in Boston stattfinden sollte, behaupteten sie, dass in Neuengland noch niemals zuvor eine Generalkonferenz abgehalten worden sei. Eher im Scherz sagte ich zu Bruder Crandall und noch ein paar anderen Neuengländern, dass ich aufgrund dessen, was ich mit den Yankees im Westen erlebt hätte, ein wenig zurückhaltend sei, mich während der Generalkonferenz unter die Bostoner zu wagen, weil nahezu alles, was ich im Westen gesehen hätte, darauf schließen ließe, sie seien so überlegen und gebildet, dass wir armseligen, ungebildeten Hinterwäldler-Prediger kaum in der Lage wären, mit ihnen ein vernünftiges Gespräch zu führen. Deshalb wies ich darauf hin, dass wir keinesfalls wagen sollten, im Gespräch irgendwelche Behauptungen aufzustellen, und wir, wenn wir sie träfen, einfach nur dastehen und sie anschauen sollten, um bereit zu sein, auf ihre Fragen zu antworten.

Bruder Crandall erwiderte freundlich: „Weshalb, mein Herr? Im Westen haben sie nie einen richtigen Yankee zu Gesicht bekommen. Die Yankees, die sie gesehen haben, waren Ausreißer, Heuchler oder Blender. Diese Burschen waren verdorbene Schurken, aber kommen Sie nach Boston, dann zeigen wir Ihnen einen echten, unverfälschten Yankee."

„Also gut", sagte ich, „auf nach Boston."

Auf unserem Weg nach Boston trafen wir in New York noch einige andere Delegierte der verschiedenen Konferenzen. Wir stiegen in den Eisenbahnwagen und unser Dampfross schnaubte los und fuhr Richtung „Hauptstadt der Puritaner"; New York ließen wir weit hinter uns.

Als wir gerade die Staatsgrenze von Massachusetts erreichten, kündigte unser Zugführer eine zehnminütige Pause an. Ich stürzte aus dem Wagen, ohne vorher meinen Hut aufzusetzen. Ich wollte Wasser trinken, und da ich keinesfalls riskieren wollte, dass der Zug ohne mich weiterführe, rannte ich, trank Wasser und eilte schnell zurück, um meinen Platz wieder einzunehmen. Ich bemerkte, dass viele der Prediger herzhaft lachten – auf meine Kosten, vermutete ich.

Ich sagte: „Meine Herren, weshalb lachen Sie?"

Einer von ihnen, dem es gelang, sein Lachen etwas zu unterdrücken, antwortete:

„Wie können Sie es wagen, das klassische Land der Pilgerväter ohne Kopfbedeckung zu betreten?"

„Mein lieber Herr", sagte ich, „Gott, der Allmächtige, brachte mich barhäuptig in diese Welt, und ich meine, es wird Massachusetts ebenso wenig schaden, dass ich ohne Kopfbedeckung ins Land komme, wie die Tatsache, dass der Herr mich ohne Hut in diese Welt gebracht hat."

Ganz in der Nähe saßen mehrere Damen, die sich darauf ihre Hutschleier vors Gesicht zogen und noch lange kicherten.

Wir kamen nach Boston. Außer ein paar Methodistenpredigern, die ich von früheren Generalkonferenzen kannte, erwartete ich nicht, jemanden zu treffen, den ich kannte. In dieser Hinsicht wurde ich allerdings angenehm überrascht, vor allem, als ich erfuhr, dass Herr Merrill, den ich vor einigen Jahren auf der M'Kendree-Akademie kennen gelernt hatte, inzwischen in Boston wohnte und darum ersucht hatte, dass Dr. Akers und ich während der Generalkonferenz bei ihm untergebracht würden. Bruder Merrill war der Sohn von Reverend John A. Merrill, einem Methodistenprediger der alten Zeiten. Ich war seit Langem mit ihm bekannt und er war ein Mann, der das Evangelium Tausenden von Menschen erfolgreich verkündigt und das gute Bekenntnis bekannt hatte. Er führte ein hingebungsvolles Leben, starb glücklich und ist nun zu Hause im Himmel. Für mich war es sehr angenehm, dass ich bei dieser freundlichen und großzügigen Familie wohnen konnte. Herr Merrill war klug, umgänglich und ein angenehmer Gesprächspartner. Seine sympathische Ehefrau war freundlich, zuvorkommend und unkompliziert – ihre Mutter war eine feine, kluge alte Dame. Sie alle waren ungezwungen, familiär und liebenswürdig. Wir schätzten die Gesellschaft von Bruder J. F. Jaques, der ebenfalls dort untergebracht war. Er sammelte Bücher für die Frauenakademie in Jacksonville. Ich hatte befürchtet, in eine kühle, steife und distanzierte Familie zu kommen. Ich empfand es immer wie in einem Gefängnis, wenn ich bei Familien untergebracht war, die förmlich und distanziert waren. Dann wurde mir immer schmerzlich bewusst, wie weit ich doch von zu Hause weg war, doch hier war es anders.

Am zweiten Sonntag, den ich in Boston verbrachte, hatte ich in der Church-Street-Kirche um 11:00 Uhr einen Predigttermin. Als Text wählte ich Hebräer, Kapitel 10, Vers 22. Wir hatten eine große Zuhörerschaft, darunter waren auch mehrere Prediger. Da ich davon ausging, dass die meisten von ihnen kaum etwas über mich wussten und gebildete Menschen waren, setzte ich alles daran, eine gute Figur zu machen. Ich bemühte mich, eine meiner besten Predigten zu halten - ich sprach deutlich, feierlich und ernsthaft. Obwohl ich mich selbst nie für einen großartigen Prediger hielt, war ich davon überzeugt, dass ich dieses Mal eine meiner besten Predigten gehalten hatte. Als ich von der Kanzel stieg, stellte mich ein anderer Prediger einigen berühmten Predigern vor. Als ich ihnen vorgestellt wurde, fragten sie mich sehr eindringlich:

„Sind Sie Peter Cartwright aus Illinois, der alte Pionier des Westens?"

Ich antwortete: „Ja, genau der bin ich."

„Nun", sagten mehrere von ihnen, „Bruder, wir sind sehr enttäuscht. Sie sind weit hinter unseren Erwartungen zurückgeblieben. Wir hatten erwartet, heute eine wesentlich bessere Predigt zu hören."

„Nun ja, Brüder", sagte ich, „was soll man da machen? Ich habe mein Bestes gegeben."

Ich kann euch sagen, das war eine kalte Dusche und bewegte mich. Ich eilte auf mein Zimmer und betete eine Weile. Am Abend hatte ich einen weiteren Predigttermin, den sie für mich mit der Gemeinde in der Nord-Russel-Straße vereinbart hatten. Es waren viele Menschen gekommen, darunter auch einige Prediger. Ich las meinen Bibeltext, Hiob, Kapitel 22, Vers 21 vor. Ich hatte um die Hilfe Gottes gebeten und als ich meinen Text verlas, nahm ich mir vor, mein Bestes zu geben. Doch wie schon am Abend zuvor, konnte ich den Erwartungen der Zuhörer wieder nicht gerecht werden. Als ich in den Altarbereich ging, wurde ich wieder einigen Brüdern vorgestellt. Obwohl sie daran zu zweifeln schienen, dass ich Peter Cartwright, der alte Pionier des Westens, war, ließen sie mich unverblümt wissen, dass ich ihre Erwartungen wieder nicht erfüllt hatte. Im Grunde genommen sagten sie mir, dass meine Predigt ein Fehlschlag war. Als ob das nicht schon schlimm genug gewesen wäre. Ich sage euch, sie provozierten mich und es wurde offenbar, wie wenig Geduld ich hatte. Eher ungehalten sagte ich zu einem von ihnen, dass ich Menschen zwar Erkenntnisse vermitteln, aber ihnen nicht die Fähigkeit geben könne, diese auch zu verstehen - dann verließ ich augenblicklich das Gebäude und ging zu meinem Quartier. Ich war bedrückt und schlief in jener Nacht nur wenig. Ich stellte mir ständig die Frage: „Kann ich tatsächlich nicht predigen, oder woran liegt es?" Es war ein harter Kreuzesweg für mich.

Am nächsten Tag teilte ich Dr. Cummings mit, dass er für mich während der Generalkonferenz keine weiteren Predigttermine arrangieren solle. „Denn", so sagte ich, „Ihre Leute sind nicht in der Lage, eine gute Predigt zu erkennen, wenn sie eine hören."

Den darauffolgenden Sonntag verbrachte ich in Lynn. Ich predigte dort und die Gottesdienste waren gut besucht. Den Sonntag darauf predigte ich in Fall River für die Brüder Allen und Upham – auch dort waren die Versammlungen ein Erfolg. In der darauffolgenden Woche kam Bruder Taylor zu mir und sagte, dass ich am Sonntag in seiner Gemeinde predigen müsse. Er teilte mir mit, dass sowohl Dr. Akers als auch Bruder J. F. Wright in seiner Gemeinde gepredigt hätten, allerdings ohne Erfolg. Er sagte: „Sie sind jetzt meine letzte Hoffnung, und wenn Sie scheitern, wird während der Generalkonferenz kein anderer Prediger aus dem Westen mehr in meiner Gemeinde predigen."

Ich antwortete: „Bruder Taylor, nicht dass Sie denken, dass wir Prediger aus dem Westen uns kaum beherrschen könnten, hier in Boston zu predigen. Die Gottesdienste hier unterscheiden sich so sehr von denen im Westen, dass wir uns sehr wundern. Hier haben Sie ihren hölzernen Gott, eine Orgel, die vom Balkon ertönt, und ein paar herausgeputzte Sänger, die den Lobpreis leiten. Im Grunde singen nur sie, denn die Gemeinde singt nicht mit, und wenn sie zusammen beten, setzen sich die Gemeindemitglieder, anstatt sich hinzuknien. Im Westen machen wir es anders, dort übernehmen keine Stellvertreter die Anbetung für die Gemeinde. Sie sollten sich den Ärger ersparen, einen Prediger aus dem Westen in Ihrer Kirche predigen zu lassen. Wir wollen hier keine Predigtdienste übernehmen, und auch ich denke, dass ich in Boston nicht mehr predigen sollte – es sei denn, Sie würden mir erlauben, es auf meine Art zu tun, nämlich so, wie es im Westen üblich ist."

Bruder Taylor antwortete: „Sie müssen in unserer Gemeinde predigen. Krempeln sie die Ärmel hoch, knöpfen Sie Ihren Halskragen auf und zeigen Sie uns, wie Sie es im Westen machen."

Ich antwortete: „Wenn Sie mir die Freiheit geben, den Gottesdienst zu gestalten und so zu predigen, wie wir es im Westen tun, habe ich keine Bedenken, in Ihrer oder in einer anderen Gemeinde in Boston zu predigen."

„Also gut, so machen wir's", antwortete er.

Inzwischen hatte ich herausgefunden, aus welchem Grund ich den Erwartungen in den Gemeinden, in denen ich bereits gepredigt hatte, nicht gerecht geworden war. Ich wurde mit nahezu sämtlichen kuriosen Geschichten, die in dieser Gegend über Methodistenprediger kursierten, in Verbindung gebracht, und die Menschen waren mit der Erwartung in die Gottesdienste gekommen, hauptsächlich diese kuriosen Geschichten zu hören. Als ihre Erwartungen nicht erfüllt wurden, waren sie enttäuscht. Daran hatte es also gelegen! Am Sonntag versammelten sich dann viele Menschen in der Gemeinde. Zunächst erzählte ich ihnen, dass Bruder Taylor mir die Freiheit gegeben hatte, so zu predigen, wie es im Westen üblich ist. Dann las ich

Matthäus, Kapitel 11, Vers 22 vor. Nach ein paar Kommentaren zu diesem Text ging ich dazu über, ihnen einige Wild-West-Anekdoten zu erzählen. Jetzt hatte ich die volle Aufmerksamkeit meiner Zuhörer. Sie waren total begeistert. Ich kann nicht gerade sagen, dass diese Begeisterung geistlicher Natur war, doch wenn ich jemals fleischliche Begeisterung gesehen habe, dann dort. Der Bann war gebrochen. Nach diesem Gottesdienst ging ich während meines weiteren Aufenthalts in Boston überall als Peter Cartwright, der alte Pionier des Westens, durch. Ich bin mir nicht sicher, ob ich fortan immer noch hinter den Erwartungen der Gemeinden zurückblieb.

Ich möchte darauf hinweisen, dass ich nirgendwo großzügigere, gastfreundlichere und geselligere Menschen gefunden habe als in Boston. Ihre Geselligkeit und ihre freundliche Art, andere Menschen zu begrüßen, erinnerte mich so sehr an den Westen, wie ich es sonst nirgendwo erlebt hatte, und viele von ihnen sind aufrichtige, tiefgläubige Christen. Es gibt allerdings in den Gemeinden auch ein paar Dinge, mit denen ich ganz und gar nicht übereinstimme, und zwar, dass Frauen und Männer nicht getrennt sitzen sowie dass Instrumente gespielt werden. Gehälter für Organisten und Chormitglieder sind Ausgaben, die sich mit dem Wort Gottes nicht rechtfertigen lassen, außerdem lassen die Moralvorstellungen bei vielen Mitarbeitern in diesen Dienstbereichen zu wünschen übrig. Dass Frauen und Männer gemischt auf den Kirchenbänken sitzen, ist der Sünde förderlich. Durch den Einsatz von Chören wird verhindert, dass die Gemeinde sich am Lobpreis beteiligt. Außerdem kam durch diese Praxis die scheußliche Gewohnheit auf, dass die Gemeindemitglieder dem Altar den Rücken zukehren, um dem Chor zuzuschauen. Es besteht die Gefahr, dass die Sitte, demütig auf den Knien zu beten, durch diese Gottesdienstordnung zunichtegemacht wird und in erheblichem Maße zu der kirchenentehrenden Praxis beiträgt, zu sitzen, während die Gemeinde betet. Ich werde hier keine weiteren Argumente gegen diese Übel vorbringen, denn ich vermute, dass es extrem schwierig ist, sie dort abzuschaffen, wo sie bereits an der Tagesordnung sind. Dennoch bin ich davon überzeugt, dass diese Praktiken Förmlichkeit und Stolz fördern und der Anbetung die geistliche Kraft nehmen. Diese Methoden kommen den reichen, stolzen und modebewussten Hörern entgegen, versperren aber den Armen den Weg - doch keinem dieser Kleinen, die an Christus glauben, sollten Stolpersteine in den Weg gelegt werden (siehe Mk. 9, 42).

Ich habe festgestellt, dass die Bostoner mildtätige Zwecke sehr großzügig unterstützen. Ich hatte die Aufgabe, Spendengelder für den Bau einer Kirche in Warsaw im Quincy-Distrikt in Illinois zu sammeln, und die Bostoner Bürger gaben mir mehrere Hundert Dollar für dieses Projekt.

Ich beende dieses Kapitel mit dem Hinweis, dass die Generalkonferenz 1852 in Boston tagte. Es war das zehnte Mal, dass ich an einer Generalkonferenz teilnahm. Die vorangegangenen Generalkonferenzen waren in Cincinnati, Pittsburgh, Baltimore, Philadelphia und New York. Wir wurden dort überall sehr freundlich aufgenommen, doch in Boston wurde die Generalkonferenz von den Bürgern der unterschiedlichsten Gesellschaftsschichten so ehrenvoll behandelt, wie ich es sonst nirgendwo erlebt habe. Um es mit den Worten von Bruder Crandall zu sagen – ja, ich habe Tausende echte, unverfälschte Yankees gesehen. Einige von ihnen waren sehr begabt und fast alle hatten eine gute Ausbildung. Dort kümmert man sich um die Armen und ist bemüht, dass die Kinder eine Schule besuchen können. Trotz ihrer Ernsthaftigkeit würde es allerdings die Bürger im Westen zum Lachen bringen, wenn ihnen ein Neuengländer von seiner etwa zwei Morgen großen Farm erzählte und wie viel es ihn kosten würde, die Steine vom Acker zu entfernen, das Land zu düngen, die Saat auszusäen und die Produkte zu verkaufen, bis er letztendlich tatsächlich Geld dafür bekäme. Sie machten eine richtige Wissenschaft daraus. Ich musste an die Gegensätze denken, denn wir haben in Illinois einige Bauern, die vier- bis fünftausend Morgen große Grundstücke gewinnbringend bewirtschaften. Heil, Boston! Lebe ewig!

30

Generalkonferenz in Boston

Im Jahre 1852 tagte die Generalkonferenz in Boston. Unser geliebter Bischof Hedding war erst vor Kurzem von uns gegangen. Bruder Hamline war im Jahre 1844 zum Bischof gewählt worden, doch nun reichte er aufgrund seines schlechten Gesundheitszustands bei der Generalkonferenz seinen Rücktritt von diesem Amt ein. Wir gaben seiner Bitte statt und hatten jetzt nur noch drei Bischöfe. Die Brüder Waugh und Morris waren auch schon in vorgerücktem Alter, und Bischof Janes Kräfte ließen aufgrund der vielen Arbeit ebenfalls nach, obwohl er in den besten Jahren war. Unsere Kirche wuchs sowohl hier in Amerika als auch in Liberia, Deutschland, Südamerika und anderen Nationen. In unserer Kirchenverordnung ist klar festgelegt, dass die Bischöfe die Konnexion bereisen sollen. Es war offensichtlich, dass wir das Episkopat durch die Wahl weiterer Bischöfe stärken mussten, um die Besuche in der weitverzweigten Konnexion gewährleisten zu können. Dementsprechend wurde mit großer Mehrheit beschlossen, dass vier weitere Bischöfe gewählt werden sollten. Nachdem wir ausgiebig diskutiert und darüber beraten hatten, welche Männer für dieses Amt geeignet wären, wurde einstimmig erklärt, dass die Brüder Scott, Simpson Baker und Ames gewählt würden.

In der Ohio-Konferenz gab es in einer Gemeinde ein Problem wegen des Kirchenbanksystems. Einem unserer Prediger, der für die Einführung dieses Systems war, wurde zur Last gelegt, in dieser Hinsicht unbesonnen gehandelt zu haben. Daraufhin stellte die Ohio-Konferenz einen Antrag, ihn zu verwarnen. Der betroffene Bruder legte daraufhin bei der Generalkonferenz Berufung ein. Als diese Angelegenheit von der Generalkonferenz diskutiert wurde, kam der Meinungsstreit erst richtig ins Rollen. Die Generalkonferenz entschied zugunsten dieses Bruders und er wurde freigesprochen. Es folgten verschiedene Maßnahmen, um unsere Kirchenverordnung hinsichtlich des Kirchenbanksystems zu ändern, bis sie tatsächlich verändert wurde. Es war ein Triumph für die Yankees. Viele Mitglieder der Generalkonferenz stimmten für diese Veränderung, weil sie hofften, dadurch zukünftige Prozesse vermeiden zu können. Das mag ihnen zwar gelungen sein, aber gleichzeitig haben sie tausend weitere Türen für Streit geöffnet, und zwar in den Methodistengemeinden, in denen hinsichtlich dieses Themas ebenfalls Uneinigkeit herrscht. Das Kirchenbanksystem schadet dem Ansehen der Kirche. Jeder ehrenwerte Mensch, der arm ist und es sich nicht leisten kann, eine Kirchenbank zu kaufen oder zu mieten, wird sich erniedrigt und als Eindringling fühlen, wenn er so eine Kirche besucht. Kirchen, in denen die Armen ausgegrenzt werden, verstoßen gegen das göttliche Gesetz, denn sie hindern die Armen daran, an dem Segen teilzuhaben, den Gott für sie bereitet hat. Vor fünfzig Jahren gab es unter den Tausenden Mitgliedern der Bischöflichen Methodistenkirche weder einen Prediger noch ein Gemeindemitglied, die das Kirchenbanksystem in Erwägung gezogen hätten. Doch seit die Kirche weiterhin gewachsen und zu Wohlstand gelangt ist, dauerte es nicht lange, bis das Kirchenbanksystem auf der Tagesordnung stand. Das Kirchenbanksystem muss für die Armen des Herrn zwangsläufig sehr abschreckend wirken, und wir sollten daran denken, dass Jesus sagte, dass es besser sei, wenn man uns einen Mühlstein um den Hals lege und uns ins Meer werfe, als einem dieser Kleinen, die an ihn glauben, zum Stein des Anstoßes zu werden (siehe Mk. 9, 42). Ich empfinde es immer als sehr beschämend, wenn ich in eine Kirche komme, in der mich niemand kennt, und dann von einem Kirchendiener in den hinteren Reihen einen schäbigen Sitzplatz zugewiesen bekomme. Ich frage dann unwillkürlich: „Sind Sie etwa nicht voreingenommen?" Wir hoffen, dass dieses Kirchenbanksystem mit den daraus resultierenden Übeln durch ein entsprechendes Gerichtsurteil und das Engagement gottesfürchtiger Menschen abgeschafft wird und in sämtlichen Kirchen wieder alle Sitzplätze unentgeltlich genutzt werden können, so wie es dem kostenlosen Evangelium entspricht.

Ich hoffe, dass es nicht als die unverzeihbare Sünde angesehen wird, wenn ich nun ein paar Anmerkungen zu den kürzlich im „National Magazine" veröffentlichten Spekulationen mache. Ein talentierter Redakteur berichtete in diesem Artikel über die Qualifikationen der Bischöfe der Bischöflichen Methodistenkirche. Herr Stevens scheint davon überzeugt zu sein, dass unsere Bischöfe, zumindest ein paar von ihnen, für die kleinen und unbedeutenden Aufgaben, die sie in Wahrnehmung ihres Amtes ausüben müssen, überqualifiziert sind. Er ist der Meinung, dass solche Aufgaben eher von Menschen mit weniger kaufmännischem Geschick erledigt werden sollten und die Bischöfe sich nur um die wirklich wichtigen, anspruchsvollen Aufgaben kümmern sollten. Ich muss zugeben, dass mich die Sichtweise dieses Redakteurs sehr überraschte. Allerdings weniger die Tatsache, dass er als Redakteur des „National" diesen Standpunkt vertritt, als vielmehr der Standpunkt an sich. Andererseits sollte es mich in dieser Zeit des Fortschritts nicht wundern, da ich als Produkt einer längst vergangenen Heilszeit meiner Zeit 50 Jahre hinterherhinke. Bis auf Dr. Coke kannte ich jeden Bischof der Bischöflichen Methodistenkirche persönlich. Es ist mir allerdings nie in den Sinn gekommen, dass auch nur einer von ihnen überflüssige Fähigkeiten hatte oder bestimmte Fähigkeiten für die Wahrnehmung seiner vielfältigen Aufgaben nicht brauchte. Wenn ich über die verantwortungsvollen Pflichten eines Bischofs unserer Kirche nachdenke, muss ich sagen, dass ich mir keinesfalls Sorgen darüber mache, dass jemand dieses Amt ehrenvoll und zum Nutzen der Kirche Gottes ausübt und dabei seine Gaben, und mögen sie noch so kaufmännisch sein, nicht einbringen könnte. Die Aufgaben eines Bischofs sind vielfältig: Er beaufsichtigt die gesamte Kirche, insbesondere hinsichtlich ihrer geistlichen Entwicklung, und weist den Tausenden von Reisepredigern Jahr für Jahr ihr Einsatzgebiet zu. Es wäre ermüdend, an dieser Stelle noch die vielen weiteren Pflichten eines Bischofs aufzuzählen. Obwohl ich die Spekulationen dieses geschätzten Redakteurs nicht teile, könnte doch noch etwas Gutes dabei herauskommen, wenn die enttäuschten Anwärter ihre hohen Erwartungen daran messen würden.

Man sagt, dass die Dinge sich durch eine Revolution niemals zurückentwickeln, doch wenn es hinsichtlich der Spekulationen dieses Bruders nicht zu Rückschritten käme, müsste ich mich schon sehr irren. Das alles erinnert mich sehr stark an das, was man den Mitgliedern der britischen Staatskirche nachsagt, nämlich dass Eltern, die einen klugen, verheißungsvollen Sohn haben, veranlassen, dass er eine juristische, medizinische oder anderweitig angesehene Laufbahn einschlägt und die entsprechende Ausbildung bekommt – haben sie einen minderbemittelten Sohn, von dem sich nicht viel erwarten lässt, wird er augenblicklich ein Kandidat für den geistlichen Dienst, denn auf diese Weise wird er seinen Lebensunterhalt nicht aufgrund seiner nützlichen Talente verdienen müssen, sondern vom Staat bezahlt werden. Was für eine Schande für das Evangelium des Sohnes Gottes und welch ein Fluch für die Kirche!

Wie ich bereits erwähnte, wurde ich während unserer Konferenz, die am 12. Oktober 1853 in Beardstown zusammenkam, in den Pleasant-Plain-Distrikt berufen. Dem Quincy-Distrikt sagte ich liebevoll Adieu. Von den Einsatzgebieten, in die ich berufen wurde, gab es keins, mit dem ich mich mehr verbunden fühlte als mit dem Quincy-Distrikt. Ich wäre dort gerne noch mindestens zwei Jahre geblieben, aber in diesem Leben müssen wir uns einst von den besten Freunden trennen, doch haben wir die glückselige Hoffnung, einander in einer anderen und besseren Welt wiederzusehen. Selten zuvor war ich so bedrückt und selten zuvor fiel es mir derartig schwer, ein Einsatzgebiet zu verlassen. Hier waren Hunderte meiner besten Freunde, mit denen ich zusammen in großer Harmonie gelebt und gearbeitet hatte. Wir hatten zusammen gepredigt und gebetet; wir hatten uns oft miteinander gefreut und unsere Stimmen erhoben, um Gott zu preisen, und viele von ihnen sind die geistlichen Kinder, die Gott mir gegeben hat. Wir hatten zusammen gearbeitet und zusammen gelitten, doch jetzt reichten wir uns zum letzten Mal die Hände, um einander Lebewohl zu sagen, bis wir uns dereinst in der Auferstehung wiedersehen würden. Wenn ich daran denke, wie schnell die Zeit vergeht und wie bald schon Gott seine leidenden Kinder nach Hause ruft, dann kann ich nur sagen, wollen wir uns doch dort treffen, wo es keine schmerzhaften Trennungen mehr gibt.

Ehe ich diesen dürftigen Bericht über mein langes Leben beende, möchte ich kurz von einigen meiner Mitstreiter berichten, die viel auf sich genommen haben, um den Methodismus im Wilden Westen voranzubringen. So möchte ich vermeiden, dass ihre Namen und Taten vergessen werden, und erreichen, dass künftige Generationen erkennen, was sie ihnen hinsichtlich des moralischen Standards im Westen schuldig sind. Was auch immer man dem Bildungswesen und anderen Errungenschaften verdientermaßen zuschreibt, schulden diese und kommende Generationen den frühen Methodistenpredigern dennoch Dank, die mit unerschütterlichem Mut und gottergebenem Wirken zur Ordnung in dieser weiten Wildnis beigetragen haben. Als sie ins Land kamen, um das Evangelium zu verkündigen, gab es dort sehr wenige Prediger anderer Denominationen, die bereit waren, die Entbehrungen und Nöte zu ertragen, die der Dienst in den dünn besiedelten Grenzregionen mit sich brachte. Kaum hatten die ersten Einwanderer ihr Zelt oder eine Blockhütte aufgebaut, waren die Methodistenprediger zur Stelle, um ihnen den unausforschlichen Reichtum Christi zu verkündigen. Diese ersten Methodistenprediger folgten Tausenden von Menschen in die Wildnis, die den Annehmlichkeiten in den etablierten Siedlungen und Staaten widerstanden hatten, und gewannen sie für Christus! Viele Prediger anderer Kirchen warteten, bis blühende Städte, Dörfer und dicht besiedelte Siedlungen entstanden waren, die Lebensbedingungen im Land sich verbessert hatten und man ihnen ein dickes Gehalt geben konnte, ehe sie kamen und in die Arbeit der Pioniere eintraten. Wer nicht weiß, was es bedeutet, in einer Grenzregion zu leben, insbesondere vor 50 oder 60 Jahren, hat häufig überhaupt keine Vorstellung davon, mit welchen Schwierigkeiten und Nöten die ersten Siedler sich damals konfrontiert sahen. Beispielsweise zogen die Methodistenprediger von Fort zu Fort und von Hütte zu Hütte, und zwar unabhängig davon, ob Wege oder Pfade dorthin führten oder nicht. Wir gingen über dreckige Fußböden anstatt über Teppiche, saßen auf Hockern und Bänken anstatt auf Sesseln, aßen von Bodenbrettern, benutzten Astgabeln und Taschen- oder Fleischermesser als Messer und Gabel, schliefen nicht in Daunenbetten, sondern auf Bären-, Hirsch- oder Büffelfellen an einem Feuer – und manchmal auch unter freiem Himmel –, benutzten unsere Sättel oder Satteltaschen als Kopfkissen anstelle von Federkissen, und ein neuer, selbstgeschneiderter Anzug reichte einem Methodistenprediger des Westens ein Jahr lang als Kleidung.

Wir überquerten Bäche und große Flüsse, und das nicht auf Brücken oder mit Fähren. Oftmals durchschwammen wir sie auf dem Rücken unserer Pferde oder überquerten sie auf umgestürzten Bäumen. Wir trieben unsere Pferde ans andere Flussufer und wateten häufig durch hüfthohes Wasser; es war ein regelrechter Genuss, wenn wir zufällig einen Einbaum oder ein Kanu hatten, um hinüberzusetzen, während unsere Pferde an das andere Ufer schwammen.

Oh, ihr verhätschelten Gelehrten, ausgebildeten Präsidenten und Professoren, die ihr heutzutage für die Literatur der Methodisten verantwortlich seid, bedenket, dass wir frühen Methodistenprediger unser Diplom erhielten, als wir die Akademie des soeben Beschriebenen durchliefen. Dort lösten wir unsere Rechenaufgaben, deklinierten unsere Nomen, konjugierten unsere Verben und wurden mit den Indianer- und Hinterwäldlerdialekten vertraut.

Angenommen, diese ungebildeten frühen Methodistenprediger hätten gezögert oder auf eine bessere Ausbildung gewartet – wo stünde die Methodistenkirche in diesem weiten Tal des Mississippi dann heute? Stell dir einmal vor, dass Tausende der ersten Siedler und Scharen der ersten Methodistenprediger durch eine Fügung des Schicksals in ein Bibelinstitut oder eine theologische Fabrik geraten wären, in der sie kleine Pedanten herausputzen und dann Prediger nennen – meinst du, wir hätten sie nicht mit den Blümchen auf dem Feld verwechselt? Ich denke schon.

Jesse Walker, der Tausenden von Menschen in Illinois, Missouri, Indiana, Tennessee und Kentucky bekannt ist, kam ursprünglich aus Virginia. Ich kann mich nicht mehr an sein Alter erinnern. Er begann seinen Dienst als Lokalprediger und zog zunächst nach West-Tennessee. Das war ungefähr zur Zeit der großen Cumberland-Erweckung. Obwohl er so gut wie keine Ausbildung hatte und keine tiefgründigen Predigten halten konnte, war er in der Lage, unkompliziert und praktisch zu predigen, außerdem war er ein vollmächtiger Ermahner.

Im Herbst des Jahres 1803 wurde er probeweise in die Reiseverbindung der Westkonferenz aufgenommen. Er wurde in den Red-River-Bezirk, der zum Cumberland-Distrikt gehörte, berufen. John Page war dort Vorsitzender der Ältestenschaft. In jenem Jahr wurde Bruder Walker mit fantastischen Erweckungen gesegnet und er konnte viele Menschen in die Kirche aufnehmen. 1804 wurde er in den Livingston-Bezirk berufen. Es war noch ein relativ neues Einsatzgebiet, denn ich hatte den Bezirk erst im Jahr zuvor unter John Page gegründet. Seine Familie geriet in diesem Bezirk in schwere Bedrängnis und er verlor zwei seiner Kinder. Doch sein Dienst war sehr gesegnet und wurde mehr und mehr von Gott bestätigt.

Er blieb auch 1805 in diesem Bezirk, zu dem auch noch der Hartford-Bezirk hinzugefügt wurde. Sein Dienst wurde in diesem Jahr wieder sehr gesegnet. Viele Menschen bekehrten sich und traten der Kirche bei. Im Jahre 1806 wurde Bruder Walker in den Hartfort-Bezirk berufen und es war ebenfalls ein gedeihliches Jahr für die Kirche. 1807 wurde er in den Illinois-Bezirk berufen, und wie wir sehen werden, gehörten Gebiete aus den Staaten Illinois und Mississippi zum Cumberland-Distrikt. Er verbrachte ein Jahr in diesem Bezirk und hier wurde er mit der Wildnis der Prärie konfrontiert. Im Jahre 1808 wurde er nach Missouri berufen – also noch tiefer in den Wilden Westen. Wie üblich erlebte er auch hier mehrere Erweckungen. Im Jahre 1809 wurde der Indiana-Distrikt gegründet, der Indiana, Illinois und Missouri umschloss. J. Walker wurde in den Illinois-Bezirk berufen. 1810 bis 1811 wurde er nach Missouri, in den Cape-Giradeau-Bezirk berufen. Sein Dienst dort war sehr nützlich und stieß auf große Annahme. Im Herbst des Jahres 1811 änderte man den Namen des Indiana-Distrikts in Illinois-Distrikt. S. Parker war dort der Vorsitzende der Ältestenschaft. Im Jahre 1812 wurde Bruder Walker abermals in den Illinois-Bezirk berufen.

Man sollte sich daran erinnern, dass die Generalkonferenz 1812 in New York tagte - es war die erste Delegierten-Generalkonferenz der Bischöflichen Methodistenkirche. Während dieser Generalkonferenz wurde die Westkonferenz unterteilt, und zwar in die Ohio- und Tennessee-Konferenz. 1815 wurde der Missouri-Distrikt gegründet und im Jahre 1817 wurde Bruder Walker in diesen Distrikt berufen. An dieser Stelle sollten wir uns daran erinnern, dass am 1. Mai 1816, als die Generalkonferenz in Baltimore tagte, die Tennessee-Konferenz geteilt wurde und die Missouri-Konferenz entstand. Die Missouri-Konferenz bestand aus zwei Distrikten, denen jeweils ein Ältester vorstand - es handelte sich um den Illinois- und Missouri-Distrikt. Diese beiden Distrikte umschlossen vier Staaten - Arkansas, Missouri, Illinois und Indiana. Der Missouri-Distrikt erstreckte sich über zwei Staaten westlich des Mississippis - Arkansas und Missouri. Der Illinois-Distrikt deckte die Staaten Illinois und Indiana ab. Diese vier Staaten waren Pioniergebiet, das bedeutete: extrem lange und einsame Ritte; wenig oder keine Unterstützung für Prediger und Vorsitzende der Ältestenschaft. Wenn unsere Distrikte heutzutage immer noch so groß und schwer zu bereisen wären, hätten wir in unseren Konferenzen nicht so viele junge, aufstrebende Anwärter für dieses Amt. Von 1818 bis 1819 brachte er Tausenden verstreuter Siedler in Missouri und Arkansas erfolgreich das Evangelium und viele Menschen aus diesen armen Grenzgebieten werden am Tag des Gerichts aufstehen und glückselig preisen.

Ich meine, es war im Herbst des Jahres 1819, als unser geliebter Bruder, der fast sein ganzes Leben lang gereist war, zu unserer Tennessee-Konferenz nach Nashville kam, um uns zu sehen. Die Witterungsbedingungen hatten ihn sehr mitgenommen und er wirkte kriegsmüde; außerdem fiel uns auf, dass seine Kleidung schon ziemlich heruntergekommen war. Alsbald besorgten wir ihm von dem Geld, das wir gesammelt hatten, einen Anzug. Ich werde nie vergessen, mit welcher Bescheidenheit und Dankbarkeit er diesen Anzug annahm, und niemals zuvor hatte ich eine stärkere Bestätigung der Worte unseres Herrn erlebt, dass Geben seliger ist als Nehmen (siehe Apg. 20, 35). Im Jahre 1820 wurde er zum Konferenzmissionar berufen und arbeitete von 1821 bis 1824 als Missionar für die Missouri-Konferenz.

Im Jahre 1824 wurde er angewiesen, sich um die Indianer innerhalb der Grenzen Missouris zu kümmern. Während seiner vielen Missionsreisen kam er auch nach St. Louis. Nahezu die ganze Stadt hatte sich dem römischen Götzendienst zugewandt. Es gab dort keine Gemeinde der Methodisten - möglicherweise sogar keine einzige protestantische Kirche. Dieses Gebiet wurde schon sehr früh von französischen Katholiken besiedelt. Bei seinem Besuch sah er, in welchem erbärmlichen moralischen Zustand sich diese Stadt befand, und beschloss, den Tausenden Verlorenen das Evangelium zu bringen. Doch wie sollte er das anstellen? Und woher sollte er finanzielle Unterstützung bekommen? Ihm fehlten die finanziellen Mittel. Er machte dieses Problem zu einem Gebetsanliegen und bat Gott um Hilfe. Er nahm seine Position in der Stadt ein und begann mit einer Tagesschule. Es bestand die Möglichkeit, dort den A-, B-, oder C-Abschluss zu erlangen, und außerdem hatte er jetzt eine Einnahmequelle. Das Geld, das er übrig hatte, setzte er für den Bau einer kleinen Kirche ein, und wenn ich mich richtig erinnere, war es die erste protestantische Kirche in dieser Stadt. Gott verachtete nicht den Tag der kleinen Anfänge, sondern krönte seine Anstrengungen mit derartigem Erfolg, dass er nicht nur die Kirche baute, sondern dass die Kirche auch gut besucht wurde und eine Gemeinde entstand, die bis zum heutigen Tag existiert. Der Methodismus verbreitete sich in der ganzen Stadt, sodass viele Pfarrbezirke entstanden und großartige Kirchen gebaut wurden – wir hatten dort mehrere Tausend Mitglieder.

Als die Generalkonferenz 1824 in Baltimore tagte, wurde die Missouri-Konferenz geteilt, und so entstand die Illinois-Konferenz. Bruder Walker wurde als Missionar in die Siedlungen gesandt, die in dem Gebiet zwischen den Flüssen Illinois und Mississippi lagen. Außerdem sollte er unter den Indianern in der Nähe von Fort Clark missionieren. Fort Clark heißt inzwischen Peoria. Er bereiste dieses Gebiet ausgiebig und predigte überall im Land. Es entstanden mehrere Methodistengemeinden, eine davon bei Fort Clark. Er drang in die Indianergebiete vor, traf sich dort mit den Häuptlingen und teilte ihnen mit, dass er unter ihnen eine Missionsarbeit und Schulen aufbauen wollte. Von den Indianerhäuptlingen, insbesondere denen der Pottawattomies, wurde er freundlich aufgenommen, und im Jahre 1826 wurde er zum Missionar dieses Stammes ernannt. Diese Aufgabe übte er von 1827 bis 1828 aus. Als die Indianer ihm ein Stück Land gaben, baute er Häuser, eine Farm und predigte mithilfe eines Übersetzers – außerdem baute er eine Schule auf. Er arbeitete recht erfolgreich unter den Indianern und sie wären heute zivilisiert und christianisiert, hätten korrupte Weiße ihnen nicht Whiskey verkauft und sie um ihre Jahresrenten gebracht. Diese Weißen werden am Tag des Gerichts für das, was sie den Indianern angetan haben, einen furchtbaren Rechenschaftsbericht ablegen müssen. Als Bruder Walker missionarisch unter den Indianern arbeitete, hatte ich die Aufsicht über diese Missionsstation. Ich bin Gott dankbar, dass wir während dieser Zeit erleben durften, wie mehrere Indianer sich bekehrten, wie sie getauft und in die Kirche Jesu Christi aufgenommen werden konnten.

1828 wurde Bruder Walker in der Missionsstation von Bruder Isaak Scarritt abgelöst und in den Peoria-Bezirk gesandt. Wie man es von ihm gewohnt war, leistete er auch dort eine gute Arbeit. 1829 wurde er erneut berufen, unter den Pottawattomies missionarisch zu arbeiten. Die Missionsstation lag am Fox River, und zwar dort, wo er in den Illinois River fließt, etwa 32 Kilometer von Ottawa entfernt. In der Zwischenzeit hatte die Regierung den Indianern, die ihre Ansprüche geltend gemacht hatten, eine Entschädigung gezahlt, und obwohl wir bereits viele Tausend Dollar investiert hatten, verloren wir unsere Gebäude. Das Missionsgrundstück samt Gebäuden wurde für ein Halbblut reserviert. Im Jahre 1830 wurde Bruder Walker in die Chicago-Missionsstation berufen. Die Stadt steckte noch in den Kinderschuhen und auch hier gelang es ihm, den Methodismus zu pflanzen. 1831 wurde er in die Des-Plains-Missionsstation berufen und auch in dieser jungen, aufstrebenden Stadt organisierte er viele kleine Gemeinden.

1832 wurde ein Chicago-Bezirk gegründet. In diesem Gebiet ging es hauptsächlich um Missionsarbeit. Bruder Walker war der Leiter des Missionsbezirks und Missionar für Chicago. Obwohl er schon in fortgeschrittenem Alter und aufgrund seines relativ langen Dienstes in den Grenzgebieten erschöpft war, wurde er nahezu von allen Bewohnern anerkannt und genoss ihr Vertrauen. Auch 1833 blieb er noch in der Chicago-Missionsstation, doch in diesem Jahr beendete er schließlich seinen aktiven Reisedienst. Seit mehr als dreißig Jahren hatte er erfolgreich als Reiseprediger gearbeitet. Er hatte in Armut gelebt und viel durchlitten, aber Tausende Seelen für Christus gewonnen und den Methodismus in dem riesigen Gebiet entlang der Grenze gepflanzt und aufgebaut.

1834 bat er darum, ihm den Pensionsstatus zu gewähren, und seiner Bitte wurde stattgegeben. Es war der 5. Oktober 1835 – er hatte Frieden mit Gott und allen Menschen. Er hatte den guten Kampf gekämpft, den Lauf vollendet und den Glauben bewahrt, als er für den Engel bereit war und diese Welt in heiligem Triumph verließ. Sein erlöster Geist erhob sich siegreich und kam in den Himmel, um von den Tausenden begrüßt und zu Hause willkommen geheißen zu werden, denen er ein Wegweiser zur Errettung geworden war. Ich hoffe, dass ich ihm bald im Himmel begegnen werde. Er war der erste Prediger, der mir aufgrund der ihm von der Methodistenkirche verliehenen Autorität erlaubte, zu ermahnen. Wir haben jahrelang Seite an Seite gekämpft, gemeinsam Hunger und Mangel durchlitten, aber auch häufig zusammen geweint, gebetet und gepredigt. Ich hoffe, wir werden im Himmel gemeinsam singen und frohlocken. Friede seiner Asche!

Samuel H. Thompson wurde am 16. März 1786 in der Provinz Westmoreland, Pennsylvania, geboren. Seine Mutter war eine gottesfürchtige Frau, die ihn sorgfältig in den Grundlagen unseres heiligen Glaubens unterwies, und zwar entsprechend der calvinistischen Sicht der presbyterianischen Kirche. Obwohl er die calvinistischen Lehren ablehnte, hatte er zeitlebens eine hohe Meinung von der Calvinistischen Kirche. Er bekam eine für die damalige Zeit gute Ausbildung und galt als ehrenhafter junger Mann. Mit 18 Jahren kam er als Glaubenssuchender in die Bischöfliche Methodistenkirche. Zwei Jahre lang rang er um die Gewissheit der Vergebung seiner Sünden. Während er betete, empfand er, dass ihm Frieden gewährt wurde, aber er drang nicht zu solcher Gewissheit durch, wie er es begehrte. Doch kurz darauf, während des Familiengebets, hatte er ein deutliches inneres Zeugnis hinsichtlich der Erneuerung seiner gefallenen Natur. Gleich darauf fing er an, seine Kameraden zu ermahnen, dass sie Gott suchen sollten, und er bekam die Lizenz, zu predigen. Im Herbst des Jahres 1810 wurde er probeweise als Reiseprediger in die Westkonferenz aufgenommen. Die Konferenz tagte in Cincinnati und es war die einzige Konferenz westlich der Berge. Er wurde nach Ohio in den Whitewater-Bezirk berufen, der zum Indiana-Distrikt gehörte. Der junge Thompson wurde freundlich empfangen und verrichtete dort einen erfolgreichen Predigtdienst. 1811 wurde er nach Ost-Tennessee in den Nolliechuckie-Bezirk berufen und 1812 in den Clinch-River-Bezirk. In beiden Bezirken arbeitete er eifrig und war ein großer Segen. Im Herbst des Jahres 1812 wurde er zum Diakon ernannt. Als die Westkonferenz geteilt wurde, fiel sein Arbeitsbereich in die Zuständigkeit der Tennessee-Konferenz, und 1813 wurde er in den Knoxville-Bezirk berufen. Seine dortigen Bemühungen waren sehr gesegnet. Im Jahre 1814 wurde er in den Christian-Bezirk berufen, wo sein Dienst vielfältig bestätigt wurde.

Im Herbst des Jahres 1814 wurde er zum Ältesten ernannt und 1815 wurde er zum Vorsitzenden der Ältestenschaft des Mississippi-Distrikts berufen. Er blieb auch im Jahre 1816 noch in diesem Distrikt. Das Grenzland, das Bruder Thompson auskundschaftete, war riesig, doch es gelang ihm, das Evangelium und den Methodismus in vielen Blockhäusern und Grenzsiedlungen zu pflanzen. In dieser Wildnis des Westens errang er viele Lorbeeren für seinen Meister und als Lohn für seine Arbeit gab der Herr ihm viele Seelen.

Während der Generalkonferenz im Jahre 1816 wurde die Missouri-Konferenz von der Tennessee-Konferenz abgetrennt und Bruder Thompson wurde in den Illinois-Distrikt berufen, der nahezu die gesamten bewohnten Gebiete der Staaten Illinois und Süd-Indiana abdeckte. In diesem riesigen Distrikt blieb er zwei Jahre. Er verrichtete seinen Dienst hingegeben und gründete in diesem neuen, aufstrebenden Land viele Methodistengemeinden. Im Jahre 1819 wurde er in die Bezirke Shoal Creek und Illinois berufen. Die Bezirke gehörten zusammen und er verrichtete dort einen sehr gesegneten Dienst. Überall im Westen war das Geld knapp, doch Bruder Thompson war bereit, weiterhin Armut und Mangel zu erdulden. In der Zwischenzeit hatte er geheiratet und musste nun für eine wachsende junge Familie sorgen. Auch im Jahre 1820 blieb er im Illinois-Bezirk und trug wesentlich zum Aufbau der Kirche bei. Im Jahre 1821 wurde er abermals als Vorsitzender der Ältestenschaft im Missouri-Distrikt eingesetzt. Dort blieb er zwei Jahre, in denen er weiterhin für seinen Herrn litt und arbeitete. Er pflanzte den Methodismus in vielen neuen Siedlungen und viele Menschen beriefen sich darauf, dass er das Werkzeug ihrer Errettung gewesen sei – und es waren viele von Neuem geborene Seelen, die in die Freiheit des Evangeliums gebracht wurden, deren begeisterte Freudenschreie sowohl auf den Lagergeländen als auch aus den Blockhütten zu hören waren. Von 1823 bis 1826 war Bruder Thompson im Illinois-Distrikt stationiert, der zur Illinois-Konferenz gehörte. Der Distrikt deckte über zwei Drittel des Staatsgebiets ab, doch er war Tag und Nacht unterwegs – bei Hitze und Kälte, durch überschwemmte Gebiete und Schneestürme, und er verpasste nur äußerst selten einen Predigttermin. Seine Bemühungen wurden sehr gesegnet und er war in diesem Staat bestimmt der beliebteste und effektivste Prediger. Am großen Tag des Gerichts werden unserem geliebten Bruder Hunderte, wenn nicht sogar Tausende, zujubeln und ihn glückselig preisen.

Aufgrund der harten Anforderungen in den Einsatzgebieten, in denen er arbeitete, der dürftigen Ernährung, der Entbehrungen, die er auf sich nahm, und des anstrengenden Predigtdienstes – kurz gesagt, aufgrund der vielen Schwierigkeiten, die der Dienst in diesen Pioniergebieten mit sich brachte, ließen seine körperlichen Kräfte nach, sodass er es für erforderlich hielt, ein wenig kürzerzutreten. Er bat darum, beurlaubt zu werden. Seiner Bitte wurde stattgegeben. Mit Rücksichtnahme auf seine körperliche Verfassung wurde er 1827 in den Illinois-Bezirk berufen. Die Aufgaben, die er dort wahrnahm, entsprachen seinen Möglichkeiten. Er blieb noch ein weiteres Jahr in diesem Bezirk. Im Jahre 1829 - er hatte sich inzwischen gesundheitlich ein wenig erholt - wurde er wieder für dienstfähig erklärt und in den Shoal-Creek-Bezirk berufen. Der Herr gab ihm ein erfolgreiches Jahr und ließ ihn für viele Seelen zum Segen werden. Im Jahre 1830 wurde ein neuer Distrikt gegründet. Es handelte sich um den Kaskaskia-Distrikt und Bruder Thompson wurde als Vorsitzender der Ältestenschaft dorthin berufen. In den Jahren 1831 bis 1832 reiste er ausgiebig in diesem Distrikt. Während dieser Zeit arbeitete er sehr viel und war dabei überaus effektiv. 1833 wurde er zum Reisebevollmächtigten der Lebanon-Akademie berufen. Diese Aufgabe führte er ehrenhaft aus. 1834 wurde er in den Lebanon-Bezirk berufen, und obwohl er dort bereits über viele Jahre hinweg in den meisten Gemeinden gepredigt hatte, wurde er von der Kirche wie ein geliebter Bruder begrüßt. Sein Dienst erwies sich auch hier als erfolgreich und er wurde für viele zum Segen. 1835 erhielt er von der Generalkonferenz einen Pensionsstatus, doch während dieses Jahres kam er durch sein tatkräftiges Engagement erneut zu Kräften, die er dafür einsetzen wollte, Gutes zu tun. Sein Status wurde 1836 in beurlaubt umgewandelt und er wurde in die Alton-Station berufen. Während dieses Jahres arbeitete er nur zeitweise, denn seine Kraft ließ schnell nach. Dementsprechend erhielt er wieder den Pensionsstatus. Doch seine Seele kam nicht zur Ruhe, er vermisste den aktiven Dienst. So bat er im Jahre 1838 darum, wieder für dienstfähig erklärt zu werden, doch die Konferenz gab ihm lediglich den Beurlaubungsstatus und er wurde in die Städte Vandalia und Hillsboro berufen, um dort seinen Dienst zu verrichten. 1839 wurde er erneut in die Alton-City-Station berufen, doch es blieb weiterhin bei dem Beurlaubungsstatus. 1840 wurde er in die Belleville-Station berufen, wo er nur noch wenig arbeitete. Es war offensichtlich, dass seine körperlichen Kräfte rasch nachließen, sodass er 1841 erneut den Pensionsstatus erhielt, und dabei blieb es, bis sein erlöster Geist am 19. März 1842 wieder zu Gott zurückkehrte, der ihn erschaffen hatte.

Mehr als 30 Jahre lang hatte Bruder Thompson schwer gearbeitet und viel erlitten. Während dieser Zeit hatte er in weiten Teilen Ohios, Indianas, Tennessees, Kentuckys, Illinois, Missouris und Arkansas gearbeitet. Viele dieser Gebiete waren unerschlossen und lagen in den Randbezirken der Zivilisation und es mangelte ihm dort an ausreichender Unterstützung. Tag und Nacht trieb ihn sein Eifer wie ein unauslöschliches Feuer durch Einöden, über gewaltige Berge und durch reißende Flüsse. Auf der Suche nach verlorenen und umherirrenden Sündern, die er zu Gott führen wollte, litt er häufig Hunger und Mangel an Kleidung. Tausende sind nun im Himmel, die Gott ewig dafür preisen werden, dass dieser sich so aufopfernde Methodistenprediger sie in ihren verqualmten Lehmhütten den Weg des Lebens lehrte. Im letzten Jahr seines ereignisreichen Lebens versagte seine Gesundheit fast vollständig. Er dürstete so leidenschaftlich nach der Errettung verlorener Seelen, dass er, während er ans Bett gefesselt war, darum bat, seine Nachbarn zu ihm zu rufen. Dann bat er darum, dass man ihn höher bettete, um den Herbeigerufenen eine weitere Predigt halten zu können, ehe er in den Himmel ginge. Dieser Wunsch wurde ihm erfüllt – der Raum war überfüllt von Menschen, und es stellt sich die Frage, ob eine derartige Predigt jemals zuvor über die Lippen eines sterblichen Menschen gekommen ist. Die Kraft Gottes fiel auf die Versammelten – sie weinten laut, fielen zu Boden und für viele begann ihre Reise zum Himmel mit dieser Predigt. Nachdem er seine letzte Predigt gehalten hatte, sagte er: „Meine Arbeit ist getan und jetzt bin ich bereit, zu gehen, um dem Befehl meines Meisters nachzukommen."

Während der kurzen Zeit, die er noch verweilte, machte er unmissverständlich deutlich, dass er in Frieden mit Gott und allen Menschen war und den vollkommenen Sieg uber die Furcht des Todes hatte. Er blieb in dieser himmlischen Verfassung, bis er schließlich in den Armen Jesu entschlief und seinen Geist aushauchte, um in die Herrlichkeit einzutreten. Bruder Thompson war sowohl Christ als auch Ehrenmann. Hinsichtlich der Anwendung der Kirchenverordnung war er sehr bestimmt, aber auch mild. Er war höflich und einfühlsam, und außergewöhnlich treu darin, sowohl Heilige als auch Sünder zu ermahnen, wenn er es für nötig hielt. Er hatte nur wenige persönliche Feinde und seine Seele versprühte den wahren Geist christlicher Freundlichkeit und Liebe. Er hat Tausende zurückgelassen, die ihn als das ehrwürdige Werkzeug ihrer Bekehrung ansehen, und wenn sie treu sind, habe ich keinen Zweifel daran, dass sie ihm im Himmel mit herrlichen Siegesrufen begegnen werden.

John Dew wurde am 19. Juli 1789 im Staate Virginia geboren. In seiner Jugend kam er zum Glauben und schloss sich der Bischöflichen Methodistenkirche an, deren würdiges Mitglied er zeitlebens war. Seine Klasse hatte den starken Eindruck, dass es seine Pflicht sei, das Evangelium zu predigen, und empfahl ihn für den Predigtdienst. Er bekam die Genehmigung, als Lokalprediger zu predigen, und schloss sich der Reiseverbindung der Ohio-Konferenz an. 1813 wurde er in den Salt-River-Bezirk in Kentucky berufen und sein Dienst war mit Erfolg gekrönt. Im Jahre 1814, seinem ersten Jahr als Reiseprediger, wurde er in den Jefferson-Bezirk berufen und verrichtete dort einen guten Dienst für die Kirche. Im Jahre 1815 bereiste er den Madison-Bezirk, wo er eindrücklich bewies, dass er zum Predigtdienst berufen war – der Herr segnete seine Bemühungen. 1816 bereiste er den Guyandotte-Bezirk und erlebte, wie sein Dienst abermals bestätigt wurde. Im Herbst dieses Jahres ließ er sich nieder und blieb acht Jahre sesshaft. Er erwies sich als emsiger, nützlicher Lokalprediger und bewirkte in den unterschiedlichsten Regionen, die er besuchte, viel Gutes. Er predigte im Süden der Staaten Kentucky und Illinois, wo sein Dienst gut aufgenommen wurde.

Im Herbst des Jahres 1824 wurde Bruder Dew wieder für die Reiseverbindung der Illinois-Konferenz zugelassen und in den Illinois-Bezirk berufen, um dort als Reiseprediger zu arbeiten. Er verrichtete dort treu seinen Dienst und leistete gute Arbeit. Auch im Jahre 1825 blieb er in diesem Bezirk. Erst gegen Ende des Jahres wurde er in die Missouri-Konferenz versetzt und zum Vorsitzenden der Ältestenschaft des Missouri-Distrikts ernannt. 1827 wurde er in St. Louis stationiert. 1828 wurde er erneut in die Illinois-Konferenz versetzt und zum Vorsteher und verantwortlichen Verwalter der Pottawattomie-Mission in der Nähe des Fox River ernannt. In diesem Einsatzgebiet erwies er sich als tüchtig, umsichtig und nützlich. 1829 wurde Bruder Dew in die Galena-Station berufen. Diese Station lag im äußersten Nordwesten des Staates Illinois und war mindestens 644 Kilometer von seinem Zuhause entfernt. Das Land war noch relativ unerschlossen und es herrschte eine solche Armut, dass er seine Familie an seinem vorigen Wohnort zurückließ, da sie dort besser versorgt wären. Er selbst war fast das ganze Jahr über von seiner Familie getrennt. Seine Bemühungen in diesem neuen Einsatzgebiet wurden gesegnet und er trug entscheidend dazu bei, dass der Methodismus dort gepflanzt wurde.

1830 wurde er in den Lebanon-Bezirk berufen und erwies sich als fähiger und nützlicher Diener Jesu Christi, indem er sehr zur Auferbauung der Kirche beitrug. 1831 wurden er und unser geliebter Bischof Ames in den Shoal-Creek-Bezirk berufen. Den Methodisten im Shoal-Creek-Bezirk wird er noch lange in Erinnerung bleiben. 1832 wurde er erneut in den Lebanon-Bezirk berufen. Obwohl er dort bereits lange gearbeitet und häufig gepredigt hatte, empfingen ihn die Menschen als einen Boten Gottes und als einen geliebten Bruder. Er verrichtete dort einen nützlichen Dienst.

1833 wurde er in den Kaskaskia-Bezirk berufen, wo er viel Gutes bewirkte und Menschen sich durch seinen Dienst zu Gott bekehrten. Sein Einsatz wurde um ein weiteres Jahr verlängert, sodass Bruder Dew auch 1834 in diesem Bezirk blieb. Da er in schwierigen Einsatzgebieten gedient und nur wenig finanzielle Unterstützung bekommen hatte und für eine junge, wachsende Familie sorgen musste, ließ er sich 1835 nieder. Er beabsichtigte, die nötigen Mittel zu sammeln, um wieder in den Reisedienst eintreten zu können, denn seine Seele war von heiligem Feuer erfüllt und er verlangte danach, die gute Nachricht allerorts zu verbreiten.

1836 wurde er zum Vorsitzenden der M'Kendree-Akademie ernannt. Im Konferenzjahr 1837 bis 1838 wurde er wieder für die Reiseverbindung zugelassen und zum Vorsitzenden der Ältestenschaft des Carlyle-Distrikts berufen. 1839 wurde er in den Lebanon-Distrikt berufen, wo sein kostbares Leben nach zweiwöchiger Krankheit zu Ende ging. Am 5. September 1839 verließ er dieses Ufer, um in eine bessere Welt zu gehen, voller Zuversicht und im Vertrauen auf die Güte und Gnade Gottes. Er ließ eine liebenswerte Frau und sieben Kinder zurück, die seinen Verlust beklagten, wie auch viele Bekannte und ergebene Freunde.

Bruder Dew war ein ausgezeichneter Prediger und in theologischen Fragen versiert. Sein klarer Verstand ermöglichte es ihm, die biblischen Lehren gegen allen Unglauben und die Lehren der Methodisten gegen alle sektiererischen Angriffe zu verteidigen. Er war ein beliebter und nützlicher Prediger, der hart arbeitete und viel erduldete, um das Evangelium zu verbreiten. Zu Lebzeiten wurde er geliebt, und als er starb, von Tausenden beklagt. Er starb in Frieden und ist sicher zu Hause im Himmel angekommen, um seinen ewigen Lohn zu ernten.

31

Generalkonferenz in Indianapolis

Im Oktober 1854 hielten wir unsere Illinois-Jahreskonferenz in Springfield ab – die Regierung hatte ihren Sitz in dieser Stadt. Ich wurde erneut in den Pleasant-Plains-Distrikt berufen. Als Kirche erlebten wir in diesem Jahr Eintracht und Wachstum. Ich meine, wir zählten in jenem Jahr etwa 400 Bekehrungen in diesem Distrikt und fast ebenso viele Menschen traten der Kirche bei. Im Oktober 1855 tagte unsere Jahreskonferenz im Osten des Staates, und zwar in Paris. Ich wurde auch für das dritte Jahr in den Pleasant-Plains-Distrikt gesandt. Der Distrikt wurde erweitert; so waren es nicht mehr sieben, sondern zehn Bezirke und Stationen. Die Distrikte hier im Westen unterscheiden sich wesentlich von denen im Osten und Nordosten. Dort haben sie in einem Distrikt, der von einem Vorsitzenden der Ältestenschaft geleitet wird, 30 bis 40 Predigtstationen, und die meisten ihrer Vierteljahresversammlungen finden an den Abenden der Wochentage, aber nicht an Sonntagen statt. Der Vorsitzende der Ältestenschaft ist auf seinen Rundreisen hauptsächlich damit beschäftigt, bei Verhandlungen, in denen es um Beschwerden oder Berufungen geht, den Vorsitz auszuüben und sich um Finanzfragen zu kümmern. Jemand mag als Prediger noch so talentiert sein, doch unter diesen Umständen werden seine Fähigkeiten nicht zur Geltung kommen. Durch dieses System wurde in den großen Bezirken eher gegen den Methodismus gearbeitet. Infolgedessen wird das Amt des Vorsitzenden der Ältestenschaft nicht wertgeschätzt – wie sollte es unter diesen Bedingungen auch anders sein? Das ist der Grund für das Geschrei und Gezeter hinsichtlich dieses Amtes. Im Westen schließen alle Vierteljahresversammlungen auch einen Sonntag ein, und der Dienst eines Vorsitzenden der Ältestenschaft wird so wertgeschätzt, wie es sich gebührt. Würden diese Erneuerer des Nordens zu den alten Methoden des Reisedienstes zurückkehren und weniger unnötig kleine Stationen einrichten, wären die Vorsitzenden der Ältestenschaft wieder so nützlich wie in den glorreichen alten Tagen. Kein Wunder, dass sowohl Prediger als auch Gemeindemitglieder über die aktuelle Situation klagen, denn die Arbeit findet in diesen kleinen, unbedeutenden Stationen statt, die so schlecht aufgeteilt worden sind, dass die finanzielle Unterstützung des Dienstes sehr schnell zu einem Problem wird. Greift wieder auf die Methoden der alten Methodistenprediger zurück, schließt bei keiner Vierteljahresversammlung die Sonntage aus, dann wird die Arbeit des Reisemissionars sich auch wieder gut entwickeln. Wenn ihr die Arbeitsbereiche allerdings weiterhin zerstückelt, um kleine

Stationen einzurichten, könnt ihr damit rechnen, dass die Mitglieder der Generalkonferenz so lange unter den Bittgesuchen der Unterdrückten zu leiden haben werden, die sie ersuchen werden, das Amt des Vorsitzenden der Ältestenschaft zu verändern, bis sich der Kongregationalismus etabliert hat.

Diese Jahreskonferenz war die fünfzigste, bei der ich einen Sitz innehatte, und während eines halben Jahrhunderts hatte ich bis auf eine, der ich wegen Krankheit ferngeblieben war, keine einzige verpasst. Während dieser Konferenz wählten wir unsere Delegierten für die zwölfte Generalkonferenz, die am 1. Mai 1856 in Indianapolis tagte. Neben fünf weiteren Delegierten wurde auch ich gewählt. Es war das elfte Mal, dass ich gewählt wurde, um die Interessen der Bischöflichen Methodistenkirche auf einer Generalkonferenz zu vertreten.

An dieser Generalkonferenz nahmen mehr als 220 Delegierte teil. Sie kamen aus Kalifornien, Oregon und allen Gebieten der Vereinigten Staaten einschließlich der dazugehörigen Territorien. Es waren sogar Delegierte der Wesleyschen Methodisten aus England, Kanada und Irland dabei – auch Bruder Jakobi aus Deutschland war gekommen.

Aufgrund der Unruhen in unserem Land rechneten wir auch hinsichtlich unserer Generalkonferenz mit schwierigen Diskussionen, insbesondere zum Thema der Sklaverei in Amerika. Viele unserer Prediger, die entschiedene Gegner der Sklaverei waren, hatten sich durch intrigante Demagogen zu sehr begeistern lassen. Es sollte doch jedem völlig klar sein, insbesondere den Methodistenpredigern, dass diese Demagogen sich recht wenig um die menschliche Freiheit oder die Freiheit der armen, unterdrückten Afrikaner scheren. Nein, es geht ihnen um das Brot und die Fische, genauer gesagt darum, aus einer Position Vorteile zu ziehen. Während sie die Ketten dieser armen Schwarzen zehnmal enger vernieten als bisher und damit drohen, die Union zu zerbrechen, ist es ihnen relativ egal, was mit ihnen passiert, solange sie ihre gewünschte Position siegreich einnehmen und sich von öffentlichen Mitteln nähren können. Sie tun rein gar nichts gegen die Sklaverei. Doch es fanden sich genug Prediger an Bord des Schiffes, die sich an den altbewährten Regeln unserer geliebten Satzungen und Verordnungen orientierten, um das alte, lang erprobte Boot in gutem Zustand zu erhalten und diese Erneuerer und Verderber des klassischen Methodismus in großer Entfernung zurückzulassen. Möge es immer so sein!

So sicher, wie eine Bleikugel aufgrund der Schwerkraft zu Boden fällt, wird es auf lokaler Ebene zum Kongregationalismus kommen, wenn wir weiterhin unsere Stationen ausbauen. Heutzutage wäre es für die Methodistenkirche besser, ja viel besser, wenn wir niemals Stationen gehabt hätten. Es wäre besser, die gesamte Arbeit in Bezirke einzubinden und so viele Prediger einzusetzen, wie es für die dort lebenden Menschen erforderlich ist und inwieweit sie in der Lage sind, die Prediger zu unterstützen. Lasst die Kirche mit dem Gewürz der Vielfalt, also einem ständigen Wechsel der Prediger gesegnet sein. Es kam zu einigen Veränderungen hinsichtlich des Reisesystems der Bischöflichen Methodistenkirche. Auf der Basis dieser grundlegenden

Strukturen haben wir das Evangelium mit so großem Erfolg verkündigt, wie es seit den Tagen der Apostel in keinem Zweig der Kirche geschehen ist. Ich hoffe, dass man es mir nachsieht, wenn ich mich zu diesem Thema kurz näher äußere.

Während unserer letzten Generalkonferenz traten einige Prediger dafür ein, eine Veränderung hinsichtlich der Einsatzdauer in einem Bezirk oder einer Station vorzunehmen, und zwar wünschten sie eine Verlängerung von bisher zwei auf drei Jahre. Sie drängten darauf, diese Veränderung aus folgenden Gründen vorzunehmen: Erstens würde es dazu führen, dass die Prediger sich mehr mit dem Wort beschäftigen müssten, um ihren Zuhörern vielfältige Predigten halten zu können. Zweitens wären zwei Jahre zu kurz, um mit den Menschen so vertraut zu werden, wie es für eine gewinnbringende pastorale Arbeit notwendig wäre. Drittens verwiesen sie darauf, dass die Tochter der Bischöflichen Methodistenkirche der Vereinigten Staaten, nämlich die Kanadische Methodistenkirche, die Zeitdauer, die ein Prediger in einem Einsatzgebiet wirken kann, von einem auf fünf Jahre aufgestockt hätte, ja, dass selbst die Großmutter der Kanadischen Methodistenkirche, also die Wesleysche Methodistenkirche Englands, mit Erfolg Veränderungen hinsichtlich der Einsatzzeit vorgenommen hätte und dass es deshalb auch bei uns gut funktionieren würde.

Dazu habe ich Folgendes zu sagen. Erstens: Ich kann aufgrund meiner fünfzigjährigen Erfahrung sagen, dass bereits das zweite Jahr im gleichen Einsatzgebiet weniger erfolgreich ist als das erste. Zweitens: Wenn ein Prediger lediglich aus reiner Notwendigkeit dazu angetrieben wird, zu lesen, um seinen Zuhörern eine interessante Vielfalt an Predigten bieten zu können, wird er seiner pastoralen Pflicht nicht ernstlich nachkommen und diese erzwungenen Predigten werden wenig geistliche Substanz haben. Seine Predigten sind dann hauptsächlich Vorträge, die mit echten geistlichen Predigten wenig zu tun haben. Drittens: Nachdem unsere Tochter – die Kanadische Methodistenkirche – uns aufgrund ihrer schwierigen Arbeitsbedingungen unter kanadischem Recht darum gebeten hatte, als eigenständige Kirche handeln zu können, warf sie sich aus diesem Grund, nämlich damit die Prediger länger in ihren Einsatzgebieten bleiben könnten, in die Arme ihrer Großmutter (die Wesleysche Methodistenkirche Englands), statt den glorreichen Fußspuren ihrer Mutter (die Bischöfliche Methodistenkirche) zu folgen. Großmüttern sagt man ja nach, dass sie häufig senil und, falls überhaupt, nur äußerst selten in der Lage sind, ihre Enkel richtig zu erziehen. Es ist anzunehmen, dass die Kanadier diese radikalen Veränderungen, was das Reisesystem der Bischöflichen Methodistenkirche betrifft, von einer senilen Großmutter übernommen haben. Wie gut dieses System auch in Kanada oder Neuengland funktionieren mag, hier in den Vereinigten Staaten kann es nur dazu führen, dass unsere Prediger sich niederlassen und unser Reisesystem letztendlich zerstört wird. Wenn das tatsächlich geschehen sollte, können wir uns von dem triumphalen Erfolg der Bischöflichen Methodistenkirche verabschieden.

Bei unserer letzten Generalkonferenz wurde eine weitere Veränderung eingebracht, zu der ich mich äußern möchte. Es geht um das Erlangen der Mitgliedschaft und darum, dass Prediger, die ihr ganzes Leben noch keinen einzigen Tag im Reisedienst verbracht haben oder als Reiseprediger pastorale Verantwortung übernommen haben, zu Vorsitzenden unserer Universitäten, Akademien und weiterer Bildungseinrichtungen ernannt werden. Es wird dafür gesorgt, dass Männer, denen die Entbehrungen und die Opfer unbekannt sind, die der Reisedienst mit sich bringt, sich niederlassen und dicke Gehälter bekommen. Unsere Akademien verbreiten sich rasch und ich hoffe, dass es so weitergeht, aber es ist doch offensichtlich, dass unsere örtlichen Bevollmächtigten, Vorsitzenden und Professoren wahrscheinlich in ein paar Jahren bei unseren Jahresversammlungen die Mehrheit bilden werden. Dann würde unser Reisesystem einem Mann ähneln, der an einem Rennen teilnimmt, aber die Zügel an einem Baumstumpf festgebunden hat. Es ist falsch, völlig falsch. Der Reiseprediger sollte sich auch weiterhin völlig unbelastet auf seinen Dienst konzentrieren können und wir sollten Männer aussuchen, die an den Tischen dienen - in diesem Fall, sich um die Ausbildung anderer kümmern, aber unsere Reiseprediger sollten im „Dienst des Wortes verharren" (Apg. 6, 4). Politisch gesehen und hinsichtlich unseres Glaubens leben wir in gefährlichen Zeiten und die Kirche befindet sich tatsächlich in einer Krise, doch ich hoffe, dass Gott das Schiff des Staates und der Kirche leiten wird. Sicher ist jetzt nicht die Zeit, um alte und lang erprobte Methoden zugunsten neuartiger Experimente abzuschaffen.

32

Bekehrung eines ungläubigen Doktors

Vor etwa 25 Jahren arbeitete ich im Cumberland-Distrikt in West-Tennessee. In diesem Distrikt lebte Dr. ___, ein wohlhabender und äußerst bekannter praktizierender Arzt. Er hatte eine große Praxis. Der Doktor war ein Mann mit feinen Manieren, gastfreundlich und nett. Seine Familie war sehr angesehen – seine Frau war ein hingebungsvoller Christ und ein treues Mitglied der Bischöflichen Methodistenkirche. Sei lebten in Wohlstand, waren mildtätig und unterstützten großzügig das Evangelium. Ich wurde dem Doktor und seiner liebenswerten Familie während einer Lagerversammlung vorgestellt, die nur wenige Kilometer von seinem Wohnhaus entfernt abgehalten wurde. Da ich zwischen meinen Lagerversammlungen ein paar Tage Pause hatte, wurde ich vom Doktor und seiner Familie freundlich dazu eingeladen, diese Ruhetage in seinem Haus zu verbringen – ich willigte ein. Als die Lagerversammlung vorbei war, begab ich mich mit ein paar weiteren Predigern zum Haus des Doktors. Wir wurden herzlich empfangen und fürstlich behandelt. Es wurde alles Menschenmögliche unternommen, dass wir uns wohlfühlten. Morgens und abends wurden die Hausbewohner, sowohl Schwarze als Weiße, zum gemeinsamen Gebet zusammengerufen, und als wir uns am reich gedeckten Tisch versammelt hatten, wurden wir gebeten, das Tischgebet zu sprechen. Als wir am nächsten Morgen nach dem Frühstück im Salon zusammensaßen, ließ mich der Doktor wissen, dass er keinesfalls Christ sei – dass er die Bibel zwar wieder und wieder gelesen hätte, sie aber nicht als eine Offenbarung Gottes ansehen könne. Ferner sagte er, dass ihm bei den Christen die moralischen Wertvorstellungen gefielen; dass er das Evangelium gern aus dem Grund unterstützte, weil es einen guten Einfluss auf die Moralvorstellungen des Menschen ausübe; und dass er es nicht nur als einen Akt der Mildtätigkeit ansähe, zu geben, sondern es für eine absolute Pflicht hielte, das Evangelium zu unterstützen – und zwar erstens, weil es fromme Ehrfurcht Gott gegenüber lehrt; zweitens, weil es allen Menschen Frieden und Gottes Wohlwollen vermittelt; drittens, weil es Wahrheit, Tugendhaftigkeit, Aufrichtigkeit lehrt und der Mensch zur Nächstenliebe angehalten wird und in dieser Hinsicht Gott gegenüber Rechenschaft ablegen muss.

Lieber Leser, du kannst dir sicher vorstellen, dass ich ein wenig überrascht war und darum rang, die richtigen Worte zu finden, oder vielmehr starke Argumente ebenso wie sanfte Worte. Ich hielt einen Moment inne, dann schaute ich dem Doktor geradewegs ins Gesicht und sagte:

„Doktor, ich hoffe, Sie glauben, dass es einen Gott gibt. Glauben Sie das?"

„Gewiss", antwortete er.

„Doktor, glauben Sie, dass Gott zu weise ist, um sich zu irren, und zu gut, um seinen unschuldigen und harmlosen Geschöpfen Schmerzen oder Kummer zuzufügen?"

„Gewiss glaube ich das, mein Herr."

„Nun Doktor, wären Sie so gut, Ihre Bibel beiseitezulegen und mir zu erklären, wie ein weiser und guter Gott die Menschheit hervorbringen konnte, um sie dann allen Arten mentaler, moralischer und körperlicher Qualen auszusetzen? Wenn er der über alle erhabene Gott ist, weise, gerecht und heilig, wie konnte dann der unschuldige Mensch, der gerade erst durch die Hand Gottes geformt worden war, mit so vielen unheiligen und unreinen Leidenschaften erfüllt werden, wie wir es in der menschlichen Natur sehen?"

„Ich muss zugeben", sagte der Doktor, „dass ich es nicht erklären kann - es ist ein unerklärliches Geheimnis."

„Nun, Doktor, wenn wir wissen, dass Gott über alle Maßen gut und weise ist und der Mensch körperlich und verstandesmäßig begrenzt ist und hinsichtlich seines Urteilsvermögens und seiner Taten Irrtümern und Nöten unterliegt, können wir uns dann nicht sehr gut vorstellen, dass Gott, der die Quelle der besten sittlichen Werte ist und dessen Erbarmen über allen seinen Werken waltet, innerlich so bewegt war, dass er dem Menschen, nachdem er ihn zu seinem Wohlgefallen geschaffen hatte und dieser gefallen war, eine Richtschnur für sein Verhalten gab? Was sonst ist die Bibel? Würde es all die herrlichen Eigenschaften Gottes nicht für immer überschatten, wenn er Millionen sündiger Menschen, die aus seinem Willen auf dieser Welt leben und selbst keinen Einfluss darauf haben, ob es sie gibt oder nicht, sich selbst überlassen hätte, ohne ihnen eindeutige Regeln hinsichtlich des Glaubens und Verhaltens zu geben? Menschen, die in den Labyrinthen sündiger Leidenschaften umherirren?"

Der Doktor hielt inne und gab dann eine erbärmliche Antwort. Ich sah, dass ich eine Bresche in die scheinbar unüberwindliche Mauer geschlagen hatte, hinter der er sich mit seinem Unglauben verbarg. Ich erkannte, dass es galt, keine Zeit zu verlieren. Ich beeilte mich, meinen Rammbock auszurichten, um bei meinem nächsten Angriff die Bresche weiter aufzubrechen und in die Festung einzudringen, damit ich den ungläubigen Doktor gefangen nehmen könnte und seinen Widerstand gegen die Wahrheit zum Schweigen brächte. Doch plötzlich sagte er: „Herr Cartwright, ich weiß, dass Sie intelligent sind und einen gesunden Menschenverstand haben. Ich glaube, dass ich Ihnen beweisen kann, dass es keinen erfahrbaren Glauben gibt, sondern alles nur auf Einbildung und Illusion beruht. Sie werden meine Argumente nicht widerlegen können."

„Also gut, Doktor, versuchen Sie es."

„Nun, mein Herr", sagte er, „beruht nicht alle Erkenntnis, geht es um Menschliches oder Göttliches, auf empirischen Beweisen?"

„Ja, mein Herr."

„Nun, verhält es sich hinsichtlich des Glaubens nicht ebenso?"

„Ja, mein Herr."

„Ich will Ihnen einen einfachen Fall schildern. Angenommen, Sie würden aufgefordert, in einem Gerichtsverfahren als Richter oder Geschworener zu agieren, und sie hätten es mit fünf Zeugen zu tun – alles ehrwürdige Männer –, an deren Aufrichtigkeit niemand zweifeln würde. Menschen, die allgemein dafür bekannt sind, zuverlässig und rechtschaffen zu sein. Nehmen wir weiter an, dass diese fünf Männer in einer umstrittenen Angelegenheit vor Ihnen als glaubwürdige Zeugen aussagten und einer von Ihnen den Angaben des Klägers A. widerspräche. Anschließend träten die anderen vier Zeugen nach vorne und widersprächen ebenso eindeutig den Angaben des Angeklagten B. Nun, mein Herr", fuhr der Doktor fort, „da alle Zeugen in gleichem Maße als intelligent, wahrhaftig und glaubwürdig gelten, wie würden Sie in diesem Fall entscheiden? Würden Sie nicht augenblicklich zugunsten der vier Zeugen entscheiden, die den Angaben des Angeklagten widersprachen, und schlussfolgern, dass der eine Zeuge, der den Aussagen des Klägers widersprach, sich irren muss?"

Ich antwortete: „Wahrscheinlich würde ich gegen den Angeklagten B. entscheiden."

„Also, mein Herr", sagte der Doktor, „Sie behaupten, dass der christliche Glaube erfahrbar ist, nämlich, dass alle Christen die Erfahrung einer Herzensveränderung machen, was sie dann „Glaube" nennen. Der Mensch hat fünf Sinne, er kann sehen, hören, schmecken, riechen und fühlen. Erfahrbarer Glaube muss auf das übereinstimmende Zeugnis dieser fünf Sinnesorgane gegründet sein. Wenn jemand behauptet, um Tatsachen zu wissen, diese aber nicht durch die Sinnesorgane nachweisbar sind, dann liegt er falsch. Es handelt sich in einem solchen Fall also um einen Trugschluss. Mein Herr", sagte der Doktor, „erlauben Sie mir nun, Ihnen einige ernste Fragen zu stellen. Ich erwarte, dass Sie die Fragen ehrlich, spontan und unmissverständlich beantworten. Haben Sie den Glauben jemals gesehen?"

Ich antwortete: „Nein."

„Haben Sie den Glauben jemals gehört?"

„Nein."

„Haben Sie den Glauben jemals gerochen?"

„Nein."

„Haben Sie den Glauben jemals geschmeckt?"

„Nein."

„Haben Sie den Glauben jemals gefühlt?"

„Ja."

„Also", sagte der Doktor, mit einem Ausdruck des Triumphes. „Ich habe zweifelsfrei durch vier Zeugen bewiesen, dass der Glaube nicht gesehen, gehört, gerochen oder geschmeckt werden kann. Nur durch eine Sinneswahrnehmung wurde bezeugt, dass der Glaube eine erfahrbare Tatsache ist. Die Beweislast ist erdrückend, mein Herr. Sie müssen sich geschlagen geben."

Ich hielt inne, denn ich war erstaunt und perplex. Nachdem ich mich ein wenig gesammelt hatte, sagte ich: „Doktor, sind Sie bereit, Ihre Grundsätze und berufliche Erfahrung mit den gleichen Maßstäben messen zu lassen, die Sie angewandt haben, um den offenbarten Glauben zu widerlegen?"

„Ja, mein Herr."

„Nun, mein Herr, Sie behaupten, die medizinische Wissenschaft zu verstehen. Sie haben eine große, rentable Praxis. Sie behaupten, dass Sie verschiedene verzwickte Krankheiten geheilt und Menschen von den unterschiedlichsten Schmerzen befreit haben – und das, obwohl die Schmerzursache häufig schwer zu erkennen war. Sie haben mit ihrer erfolgreichen Praxis ein Vermögen gemacht."

„Das ist richtig", sagte der Doktor.

„Nun, mein Herr, wissen Sie nicht, dass Sie ein Heuchler sind und die Menschen erbärmlich betrogen haben?"

„Nein, mein Herr", antwortete er entschieden.

„Warum denn nicht, Doktor?", fragte ich. „Ein Mann mit solch fundierten wissenschaftlichen Kenntnissen wie Sie müsste doch auf jeden Fall wissen, dass der menschliche Körper keine Schmerzen hat. Auch wenn das von unkundigen Menschen behauptet wird, müssten Sie es besser wissen. Jedes Mal, wenn Sie diese armen Tölpel besuchten, die meinten, starke Schmerzen zu haben, und ihnen Medizin verabreichten und so den Eindruck vermittelten, Sie hätten sie von ihren Schmerzen befreit, und sich das auch noch gut bezahlen ließen, haben Sie die Menschen betrogen – das wissen Sie doch selbst am besten. Sie nahmen das Geld zu Unrecht an, denn Sie wissen doch bestimmt, dass es so etwas wie Schmerzen nicht gibt."

Der Doktor erwiderte aufgebracht: „Davon weiß ich absolut nichts, mein Herr."

Ich antwortete: „Nun Doktor, ich werde Ihnen ein paar Fragen stellen, wenn ich darf. Ich erwarte, dass Sie die Fragen ehrlich und prompt beantworten."

„Also gut“, sagte der Doktor.

„Haben Sie jemals Schmerzen gesehen, mein Herr?“

„Nein, mein Herr.“

„Haben Sie jemals Schmerzen gehört?“

„Nein, mein Herr.“

„Haben Sie jemals Schmerzen gerochen?“

„Nein, mein Herr.“

„Haben Sie jemals Schmerzen geschmeckt?“

„Nein, mein Herr.“

„Haben Sie jemals Schmerzen gespürt?“

„Natürlich habe ich das, mein Herr.“

Nun hatte ich ihm den Wind aus den Segeln genommen und sein Gesicht verriet Verwirrung, doch ich ließ ihm keine Pause und sagte: „Machen Sie sich keine Sorgen, Doktor. Wir haben vier Zeugen, die uns bestätigen, dass es im menschlichen Körper keinen Schmerz gibt, und nur einen, der bestätigt, dass es Schmerz gibt. Aus diesem Grund ist die Behauptung, dass es im menschlichen Körper Schmerzen gibt, falsch. Sie sollten sich jetzt aufmachen und den Leuten ihr Geld zurückzahlen und ihren Betrug zugeben. So etwas sollten Sie in Zukunft nicht mehr tun. Da Sie ein Ehrenmann sind, fordere ich Sie dazu auf. Sie sollten Ihre betrügerischen Machenschaften einstellen.“

Seine Familie hatte das Gespräch fast die ganze Zeit über sehr aufmerksam verfolgt und ich bemerkte, dass seiner Frau häufig die Tränen über die Wangen liefen. Der Doktor verstummte und schwieg für eine ganze Weile. Als ich mich seiner Frau und den Kindern zuwandte, um mit ihnen zu reden, segnete der Herr die fromme Frau auf mächtige Weise. Sie schrie laut und pries den Herrn dafür, dass er ihr den Glauben offenbart hatte. Sie rannte zu ihrem Mann, umarmte ihn und ermahnte ihn unter Tränen mit feurigen Worten, sich mit Gott versöhnen zu lassen. Ich sagte: „Lassen Sie uns alle niederknien und beten.“ Der Doktor fiel auf seine Knie und weinte wie ein Kind. Er betete mit großer Ernsthaftigkeit. Die Tiefen seines Herzens brachen auf und sein Unglaube löste sich auf. Zum ersten Mal in seinem Leben weinte und betete er. Den darauffolgenden Tag lebte er in kindlicher Einfachheit. Er floh in die Wälder und suchte ernstlich Errettung. Am Abend zog er sich in sein Schlafzimmer zurück, doch nicht, um zu schlafen. Er betete unter großen Qualen, doch gegen Mitternacht schenkte Gott seiner unruhigen Seele Frieden. Wir wurden alle wach, standen auf und gingen zu ihm, um gemeinsam mit ihm zu beten und Gott zu preisen. Selten zuvor hatte ich so freudige Schreie aus dem Munde eines sterblichen Menschen gehört. Mit seiner Bekehrung begann in der Siedlung eine herrliche Erweckung und viele Seelen wurden durch die Gnade Gottes gerettet. Viele von den Sklaven des Doktors und weitere Sklaven aus dem Wohnviertel kamen zum Glauben. Der Doktor staffierte seine Sklaven aus und schickte die meisten von ihnen nach Liberia. Ich bin Gott dankbar, dass ich das Vorrecht hatte, Sklaven und Sklavenhaltern das Evangelium zu verkündigen. Durch den Glauben werden es bessere Sklaven und bessere Sklavenhalter. Auf diese Weise wird mehr erreicht, als durch den fanatischen Abolitionismus. Kurz darauf erhielt der Doktor die Erlaubnis, zu predigen. Er führte ein frommes, fruchtbringendes Leben und Gott bestätigte seinen Dienst auf vielfältige Weise. Er ist bereits vor langer Zeit entschlafen und nach Hause, in den Schoß Abrahams zurückgekehrt, während ich noch ein wenig länger an den Ufern der Zeit verweile. Doch jetzt, während ich diesen kleinen Bericht verfasse, wird mein Herz von heiligem Feuer erwärmt und ich hoffe, dass ich den Doktor und seine reizende Familie bald im Himmel treffe – aber auch die vielen, vielen anderen geistlichen Kinder, die Gott mir geschenkt hat. Amen.

33

Bräuche der Methodisten

In diesem Kapitel möchte ich kurz auf die Bräuche der Bischöflichen Methodistenkirche eingehen. Als ich mich der Kirche anschloss, waren die Prediger und Mitglieder einfache Menschen – schlicht gekleidet und einfach in ihren Gesprächen. Du konntest einen Methodistenprediger schon von Weitem an seiner schlichten Kleidung erkennen. Die Kirchenmitglieder waren ebenfalls schlicht, sehr schlicht gekleidet. Sie trugen keinen Schmuck – es war ihnen auch nicht erlaubt –, keine unnötigen Accessoires und keine extravagante Kleidung. Das waren die Regeln, an die wir uns hielten – ob arm oder reich, jung oder alt. Wir wussten damals genauso gut wie heute, dass die Lehre Jesu Christi nicht drauf beruht, wie man sich kleidet, aber wir wussten, dass extravagante Kleidung und unnötiger Schmuck zu Stolz und vielen schädlichen Lüsten führen, die in direktem Konflikt mit der demütigen und gottgefälligen Haltung stehen, die uns als Christen so gut zu Gesicht steht. Wenn wir uns darüber hinaus bewusst machen, dass Millionen gefallener Menschen in ihren Sünden sterben, weil sie das Evangelium nicht gehört haben, und eine Ursache dafür ist, dass die finanziellen Mittel fehlen, Missionare auszusenden, sollten wir uns dann nicht vor Gott fragen, ob es richtig ist, uns mit kostspieliger, extravaganter Kleidung zu schmücken? Wäre es nicht christlicher und gottwohlgefälliger, wenn wir das Geld, das wir für kostspielige Kleidung verwenden, dafür einsetzten, das Evangelium den armen Menschen zu senden, die Seelen haben, die für immer gerettet oder verloren sein können? Werden wir uns nicht vor Gott dafür verantworten müssen, wie wir die Mittel eingesetzt haben, die er uns gegeben hat? Wenn allein die Mitglieder der Methodistenkirche ihren Schmuck verkaufen würden, käme bereits ein ansehnlicher Betrag zusammen, um das Evangelium zu Hunderttausenden von Menschen zu senden, die wahrscheinlich ohne dieses kleine Opfer derer, die von sich behaupten, Christus zu lieben, verloren gingen. Es heißt in der Bibel: „Ob ihr nun esst oder trinkt oder sonst etwas tut, tut alles zur Ehre Gottes!" (1. Kor. 10,31). Lass diese Regel zu deinem Gewissen sprechen. Wenn du das tust, habe ich keinen Zweifel daran, dass du dich richtig entscheiden wirst – nämlich, das Opfer zu bringen, das du bringen solltest, und das Beispiel zu sein, das du sein solltest.

Für einen Christen ist das Gebet mit der Familie eine Pflicht. Gott hat dem Haupt der Familie eine sehr wichtige und verantwortungsvolle Position gegeben. Schon in den frühen Tagen des Christentums wurde das Gebet mit der Familie von allen, die behaupteten, gottesfürchtig zu sein, erwartet. Wie könnten wir Gott und unseren Familien gegenüber schuldlos bleiben, wenn wir diese Pflicht vernachlässigen, wo wir doch unsere Kinder in der Zucht und Ermahnung des Herrn aufziehen sollen und bekennen, dass wir mit unseren Familien dem Herrn dienen (siehe Eph. 6, 4)? Eine der größten Nöte der Kirche besteht darin, dass der Glaube innerhalb der Familie nicht ausreichend praktiziert wird, und hat Gott nicht gesagt, dass er seinen Grimm und Zorn über die Familien ausgießen wird, die seinen Namen nicht anrufen? Wie viele Tausend glückliche Kinder werden Gott für immer dankbar sein für das Gebet in der Familie – oder mit anderen Worten, weil ihre betenden Eltern sie morgens und abends um sich versammelten, um mit ihnen und für sie zu beten. Eltern, denkt daran, welche guten Auswirkungen es hat, wenn ihr dieser Pflicht nachkommt. Viele eurer Kinder werden euch im Himmel ewiglich dafür danken, dass ihr in der Familie für sie gebetet habt.

Und doch muss ich immer wieder hören, dass viele Mitglieder der Bischöflichen Methodistenkirche die heilige Pflicht des Gebets mit der Familie schändlich vernachlässigen. Wie sollen wir das vor Gott verantworten? Ist das nicht auch einer der Gründe, weshalb so viele unserer Mitglieder das Gefühl haben, nicht ausreichend ausgerüstet zu sein, um sich zu engagieren, wenn Gott in Erweckungszeiten seinen Geist ausgießt und Sünder überführt? Möglicherweise wären wir auch besser vorbereitet, das Evangelium unserer Errettung zu verstehen, wenn wir zu Hause mehr beteten. Lass dich weder durch deine Arbeit noch durch Besucher davon abhalten oder dazu verleiten, diese Pflicht zu vernachlässigen. Sorge dafür, dass dein Familienaltar intakt bleibt und immer ein Opfer darauf zu finden ist. Dann erhebe deinen Blick und erwarte, dass Gott sein heiliges Feuer sendet, um dein Opfer, sei es groß oder klein, zu verzehren, noch während du betest. Ich sehne den Tag herbei, an dem Gott in den Kirchen die Familienandacht wieder aufleben lässt. Dann, und möglicherweise nur dann, werden wir das herrliche Wirken Gottes unter uns intensiver und häufiger erleben. Ich kann mich noch an die Gebetsversammlungen der Methodisten erinnern, als Männer und Frauen, Jung und Alt, öffentlich beteten. Uns ist ja bekannt, dass es Einwände gab, dass Frauen öffentlich beteten, aber ich bin mir sicher, dass ich nicht übertreibe, wenn ich sage, dass ich häufig erlebt habe, wie unsere langweiligen Gebetsversammlungen sich plötzlich verwandelten und zu einem himmlischen Genuss wurden, wenn eine Schwester aufgefordert wurde, zu beten. Die Schwester beugte sich ehrfurchtsvoll nieder, nahm ihr Kreuz auf sich und empfing dann himmlische Worte. Die Worte, die sie gebrauchte, brannten wie Feuer, und das Feuer fiel. Während die Betenden mit dem Feuer des Himmels getauft wurden, fingen viele Sünder an, zu zittern und zu beben – selbst harte, trotzige Sünder. Sie schrien um Gnade, und während sie schrien, fanden sie durch unseren Herrn Jesus Christus Frieden mit Gott. In diesen Gebetsversammlungen erlebten viele Bußfertige, die klagten und weinten, die Vergebung aller ihrer Sünden. Auch die Kirchenmitglieder wurden mächtig gesegnet und zogen in der Freude des Herrn ihres Weges.

Eine der besten Erweckungen, die ich je erlebt habe, begann während einer Gebetsversammlung. Die Gemeindemitglieder hatten sich zum Gebet getroffen und es wurde noch nicht einmal gepredigt. Die Gemeinde hatte bemerkt, dass ihr die Durchschlagskraft fehlte. Die Mitglieder verpflichteten sich, eine Woche lang jeden Abend zusammenzukommen, um für Erweckung zu beten. Am ersten Abend erlebten sie, dass Gott viele von ihnen segnete. Am zweiten Abend erlebten zwei Seelen eine mächtige Bekehrung. Die Versammlungen gingen ungefähr 20 Tage lang weiter und bei jeder Zusammenkunft bekehrten sich bis zu zwölf Personen. Sie ließen mich für die Abschlussversammlungen am Samstag und Sonntag holen, damit ich die restlichen Brocken einsammelte und nichts umkäme (siehe Joh. 6, 12). Am Samstag verlas ich unsere allgemeinen Regeln. Ich erklärte ihnen die Regeln und machte sie auf die Prinzipien der Bischöflichen Methodistenkirche aufmerksam. Am Sonntag predigte ich über die Taufe und gab dann Gelegenheit, der Kirche beizutreten. Ich nahm 119 Menschen in die Kirche auf. 47 Erwachsene und 30 Kinder wurden von mir im Altarbereich getauft. Anschließend gingen wir zu einem Bach, wo ich abermals 27 Menschen durch Untertauchen taufte. Insgesamt wurden also 119 Menschen probeweise in die Gemeinde aufgenommen und 104 Menschen getauft – es war die Frucht einer Gebetsversammlung.

Die Klassenversammlungen der Bischöflichen Methodistenkirche wurden von Gott bestätigt und gesegnet. Aus fünfzigjähriger Erfahrung kann ich sagen, dass dieses Gnadenmittel vermutlich mehr zum erfolgreichen Aufbau der Bischöflichen Methodistenkirche beigetragen hat, als irgendein anderes. Über viele Jahre hinweg hielten wir die Türen für die Öffentlichkeit geschlossen und erlaubten niemandem, die Klasse häufiger als zwei- oder dreimal zu besuchen, es sei denn, die betreffenden Personen signalisierten, dass sie Kirchenmitglieder werden wollten. Die Klassenversammlungen wurden den Menschen zum Segen: Die Schwachen wurden stark; die Niedergebeugten wurden aufgerichtet; diejenigen, die den Versuchungen erlegen waren, erfuhren befreiende Gnade; die Zweifelnden wurden von ihren Zweifeln und Ängsten befreit und die gesamte Klasse erlebte, dass dies nichts anderes war als „das Haus Gottes und die Pforte des Himmels" (siehe 1. Mo. 28, 17). Hier wurden harte Herzen erweicht und kalte Herzen durch das heilige Feuer Gottes erwärmt – hier wurde der durch Versuchungen verdunkelte Verstand von sämtlichen dunklen Wolken befreit und die Sonne der Gerechtigkeit mit ihrer strahlenden Herrlichkeit ging über den Betroffenen auf „mit Heilung unter ihren Flügeln" (siehe Mal. 3, 20). Für viele, die den Glauben suchten, wurden die Klassenversammlungen zur geistlichen Geburtsstätte – dort wurden ihre toten Seelen in Gott lebendig und Teil der himmlischen Familie.

Jeder Christ, der sich seines Glaubens erfreut und die mächtigen Tröstungen des Glaubens erfahren möchte, liebt die Klassenversammlungen und möchte daran teilnehmen – vorausgesetzt, er hat den Sinn der Klassenversammlungen verstanden. Es ist sehr traurig, dass die Klassenversammlungen der Bischöflichen Methodistenkirche so vernachlässigt werden. Sind es nicht sogar Tausende unserer Mitglieder, die den Klassenversammlungen regelmäßig fernbleiben? Ist es da ein Wunder, dass so viele unserer Mitglieder kalt und gleichgültig werden und schließlich abfallen? Sind unsere Klassenversammlungen nicht deshalb nicht mehr effektiv, weil wir es versäumt haben, unsere Regeln diesbezüglich durchzusetzen? Wir haben sehr viele Gemeindemitglieder, die weltlich gesinnt, stolz und modebewusst sind. Sie sind nur dem Namen nach Methodisten und plädieren ständig dafür, dass die Gemeindemitgliedschaft nicht von der Teilnahme an den Klassenversammlungen abhängig gemacht werden sollte. Doch nun lasst uns ehrlich vor Gott sein – liegen nicht auch viele unserer Prediger in dieser Angelegenheit falsch? Sie selbst besuchen die Klassenversammlungen auch nicht regelmäßig und erlauben vielen Klassenleitern, die ihren Pflichten nicht nachkommen, im Amt zu bleiben. Ist es nicht furchtbar, mit ansehen zu müssen, dass sie die Tausenden Mitglieder, die bereits seit Wochen, Monaten oder Jahren den Klassenversammlungen fernbleiben, nicht mit ihrem Fehlverhalten konfrontieren? So sicher es ist, dass unsere Prediger unsere Regeln weder für die Klassenversammlungen noch hinsichtlich der Leiter und Mitglieder durchsetzten, so sicher wird die Kraft des Glaubens in der Bischöflichen Methodistenkirche verloren gehen. Wir brauchen treue, heilige Prediger und treue, heilige Klassenleiter! Dann werden wir auch treue, heilige Mitglieder haben. Möge es niemals dazu kommen, dass die Klassenversammlungen der Bischöflichen Methodistenkirche abgeschafft werden oder dass die Mitgliedschaft in der Bischöflichen Methodistenkirche nicht mehr von der Teilnahme an den Klassen abhängig gemacht wird! Ich ersuche die Klassenleiter darum, die Klassenversammlungen regelmäßig pünktlich zu besuchen und den Mitgliedern nachzugehen, die den Versammlungen fernbleiben – findet heraus, weshalb sie nicht kommen, betet mit ihnen und weist sie ausdrücklich auf ihre Pflicht hin, die Klassenversammlungen regelmäßig zu besuchen. Viel, sehr viel hängt von gewissenhaften, treuen Klassenleitern ab – und wie wird ein untreuer Klassenleiter am Gerichtstag vor Gott stehen, wenn aufgrund seiner Nachlässigkeit viele Mitglieder abgefallen sind und letztendlich verloren gehen?

34
Schluss

Im Jahre 1803, also vor fast 53 Jahren, trat ich mit 18 Jahren in den Reisedienst ein, um das Evangelium zu predigen. In den ersten fünf Jahren war ich ledig, dann heiratete ich und war fortan 48 Jahre als verheirateter Mann im Reisedienst tätig. Meine Frau gebar neun Kinder - sieben Töchter und zwei Söhne. Wir zogen acht Kinder groß - unsere allerliebste Tochter verloren wir, als sie noch klein war. Wir sind so alt geworden, dass wir erleben durften, wie unsere Kinder heirateten, nur eine unserer Töchter ist seither gestorben, und sie starb in Frieden. Inzwischen haben wir 38 Enkel und acht Urenkel. Alle unsere Kinder sind Mitglieder der Bischöflichen Methodistenkirche und wir hoffen, dass sie sich bemühen, ein gutes Glaubensleben zu führen. Auch mehrere unserer Enkel sind Kirchenmitglieder und bemühen sich, Gott zu dienen und in den Himmel zu kommen. Vor 48 Jahren wurde ich von Bischof Asbury zum Vorsitzenden der Ältestenschaft ernannt, und bis auf wenige Jahre stehe ich bis zum heutigen Tage in diesem Amt - möglicherweise bin ich der älteste Vorsitzende der Ältestenschaft im ganzen Westen. Ich nahm an 53 Sitzungen der Jahreskonferenzen teil. In all den Jahren kam es nur einmal vor, dass ich eine Jahreskonferenz versäumte. Von 1816 bis 1856 wurde ich elfmal für die Generalkonferenz gewählt.

Als ich meinen Dienst als Reiseprediger begann, durfte ein lediger Prediger 80 Dollar pro Jahr bekommen, vorausgesetzt, er bekam sie von den Menschen, die in dem Bezirk wohnten, in dem er diente. Damals kam es selten vor, dass ein lediger Prediger mehr als 30 oder 40 Dollar erhielt. Er bekam meistens wesentlich weniger. Hätten wohlwollende Freunde der Kirche uns nicht ab und an ein paar Geschenke gemacht und wir nicht durch Traugottesdienste ein paar Dollar dazuverdient, hätten wir noch wesentlich mehr gelitten, als es der Fall war. Doch der Herr versorgte uns, und auch wenn es der heutigen Generation merkwürdig vorkommen mag, wir kamen zurecht; wir verhungerten nicht und waren nicht ohne Kleidung. An dieser Stelle möchte ich über meinen Erfolg und über den Gewinn und Verlust während meines Dienstes als Reiseprediger berichten. Ich bin mir zwar bewusst, dass es nur eine unvollkommene Schilderung ist, aber dennoch so genau, wie ich es meinen alten und muffigen Abrechnungsfragmenten entnehmen kann. In den 53 Jahren hatte ich einen Verlust von ungefähr 5.000 Dollar zu verzeichnen. Dazu kamen folgende finanziellen Verluste: 1.000 Dollar für Pferde, die ich zum Reisen brauchte; 200 Dollar Verlust durch den Verkauf geistlicher Bücher; 150 Dollar, die mir gestohlen wurden; Kleidung im Wert von 50 Dollar, die mir gestohlen wurde. Insgesamt also 6.400 Dollar.

Ich verkaufte Bücher im Wert von 10.000 Dollar, daran verdiente ich 1.000 Dollar. Die Gebühren für die Traugottesdienste, die ich abhielt, beliefen sich auf 500 Dollar; Geschenke in Form von Geld, Kleidung, Pferden und dergleichen entsprachen einem Wert von 500 Dollar. Insgesamt also 2.000 Dollar.

Folgende Beträge gab ich: 500 Dollar für den Bau von Kirchen und Pfarrhäusern; 800 Dollar für die Missionsgesellschaft, die Bibelgesellschaft, den Sonntagsschulverband und weitere mildtätige Gesellschaften; 700 Dollar für Universitäten, Akademien und andere Bildungseinrichtungen; 300 Dollar für Reiseprediger, deren zurückgelassene Witwen und Waisen und für andere dringliche Fälle; 500 Dollar für hilfsbedürftige und erschöpfte Menschen. Insgesamt also 2.800 Dollar.

Ich bereiste elf Bezirke und zwölf Distrikte und nahm insgesamt 10.000 Menschen in die Bischöfliche Methodistenkirche auf – sowohl auf Probe als auch auf Empfehlung. Ich taufte 8.000 Kinder und 4.000 Erwachsene. Ich predigte auf 500 Beerdigungen. Obwohl ich weiß, welche Leiden es mit sich bringt, als Methodistenprediger zu arbeiten, und obwohl ich erlebt habe, was es bedeutet, sowohl Hunger und Durst zu leiden als auch ein wenig Überfluss zu haben, sehe ich mich heute als ein äußerst unnützer Diener.

Jedes Mal, wenn ich während dieser 53 Jahre in einen Bezirk oder Distrikt berufen wurde, führte ich Buch darüber, wann und wo ich predigte, welche Schriftstellen ich für meine Predigten benutzte, wie viele Menschen sich bekehrten, taufen ließen und der Gemeinde beitraten. Aufgrund dieser alten Aufzeichnungen kann ich ziemlich genau sagen, wie häufig ich predigte. Während der ersten 20 Jahre meines Dienstes predigte ich häufig zweimal am Tag, manchmal sogar dreimal. Damals kam es selten vor, dass wir mehr als einen Ruhetag pro Woche hatten, sodass ich mit Sicherheit sagen kann, dass ich vierhundertmal pro Jahr predigte. Das würde bedeuten, dass ich innerhalb von 20 Jahren 8.000 Predigten hielt. Ich denke, ich kann mit ziemlicher Sicherheit sagen, dass ich während der letzten 33 Jahre durchschnittlich viermal pro Woche predigte. Es waren aber mindestens 200 Predigten pro Jahr; das würde bedeuten, dass ich innerhalb von 33 Jahren 6.600-mal gepredigt habe. Insgesamt also 14.600-mal.

Ich bekehrte mich auf einem Lagergelände, worüber ich an anderer Stelle bereits berichtete. Nachdem ich zum Vorsitzenden der Ältestenschaft ernannt wurde, verbrachte ich über viele Jahre hinweg zwei bis drei Monate im Jahr in Zeltlagern, die in Wäldern aufgeschlagen wurden.

Leider muss ich sagen, dass die Bischöfliche Methodistenkirche, seitdem sie gewachsen und wohlhabend geworden ist, die Lagerversammlungen inzwischen fast ganz aufgegeben hat. Ich bin mir sicher, dass die erfolgreichste Zeit meines Dienstes auf Lagergeländen stattgefunden hat. Dort wurden Tausende mit dem Wort Gottes erreicht. Diese Menschen wären durch die üblichen Gnadenmittel wahrscheinlich nie erreicht worden. Dieses Jahr, wir haben das Jahr 1856, wurde in meinem Distrikt, Pleasant Plains, erneut unter

Beweis gestellt, wie praktisch und nützlich diese Lagerversammlungen sind. Ich wünsche mir sehr, dass ich noch einmal eine Erweckung der Lagerversammlungen in der Bischöflichen Methodistenkirche erlebe, ehe ich gehe und nicht mehr bin – oder anders ausgedrückt, ehe ich die Mauern Zions verlasse. Nur zu, meine geliebten Methodistenbrüder! Ihr seid sehr wohl in der Lage, in jedem Bezirk eine Woche pro Jahr auf einem Zeltgelände zu verbringen. Es müssen allerdings alle mitmachen, dann ist es keine große Belastung – wenn es nur wenige sind, die sich darauf einlassen, wird es zu beschwerlich, und das würde letztendlich dazu führen, dass die Lagerversammlungen ganz und gar aufhören.

Möge niemals der Tag kommen, an dem es in der Bischöflichen Methodistenkirche keine Lagerversammlungen, Klassenversammlungen, Gebetsversammlungen oder Liebesmahle mehr gibt!

Doch nun muss ich meinen unvollkommenen Lebensbericht beenden. Ich bin jetzt in meinem zweiundsiebzigsten Lebensjahr. Ich habe erlebt, wie sehr sich die Lebensbedingungen hier in der weiten Wildnis des Westens verbessert haben – es ist geschichtlich wohl einmalig, zu welchem Wohlstand dieses Land gelangt ist. Ich habe alle Familienangehörigen der Familie meines Vaters überlebt. Mein Vater, meine Mutter und meine Geschwister leben nicht mehr. Ich habe alle Klassenmitglieder der Klasse überlebt, der ich 1800 beitrat. Bis auf ein oder zwei Mitglieder habe ich alle Mitglieder der Westkonferenz des Jahres 1804 überlebt. Bis auf fünf oder sechs Mitglieder habe ich alle Mitglieder der ersten Generalkonferenz, der ich als delegiertes Mitglied im Jahre 1816 in Baltimore beiwohnte, überlebt. Ich habe alle meine Bischöfe überlebt. Ich habe alle Vorsitzenden der Ältestenschaft der Bezirke, in denen ich arbeitete, überlebt. Ich habe Hunderte, ja sogar Tausende meiner Zeitgenossen – Prediger und Gemeindemitglieder – überlebt, ebenso wie jene, die jünger waren als ich, während ich immer noch an diesen sterblichen Ufern verweile. Wenngleich diese gestorben sind, so werden sie doch leben, und durch die Gnade Gottes werde ich mit ihnen für immer im Himmel vereint sein. Wie es kommt, dass ich noch lebe – Gott allein weiß es. Ich habe mich wahrlich so sehr gequält und habe so sehr gelitten, dass es eintausend Männer hätte umbringen können, doch ich will mich nicht beklagen. Dank sei Gott für die Gesundheit, Kraft und Stärke, durch die er mich aufrechterhalten hat. Dank sei Gott, dass ich während meines langen Lebens trotz meiner unzähligen Unzulänglichkeiten und Fehler niemals von einer fürchterlichen Sünde überwältigt wurde!

Und nun bitte ich alle Leser dieses unvollkommenen Berichts über mein ereignisreiches Leben, für mich zu beten, solange ich noch an diesen irdischen Ufern verweile, damit meine Sonne ungetrübt untergeht und ich würdig erachtet werde, an der ersten Auferstehung teilzuhaben – und möge ich, oh, möge ich euch allen im Himmel begegnen. Lebt wohl, bis wir uns am Gerichtstag wiedersehen!

Der
Schokoladen-
Soldat